ŒUVRES
DE
P. L. COURIER

PRÉCÉDÉES DE SA VIE

PAR ARMAND CARREL

PAMPHLETS POLITIQUES
FRAGMENTS D'UNE TRADUCTION D'HÉRODOTE
PASTORALE DE LONGUS
CORRESPONDANCE

PARIS

LIBRAIRIE DE FIRMIN-DIDOT ET CIE
IMPRIMEURS DE L'INSTITUT DE FRANCE
RUE JACOB, 56

ŒUVRES

DE

P. L. COURIER

Typographie Firmin-Didot. — Mesnil (Eure).

PAUL LOUIS COURIER.

ŒUVRES

DE

P. L. COURIER

PRÉCÉDÉES DE SA VIE

PAR ARMAND CARREL

PAMPHLETS POLITIQUES
FRAGMENTS D'UNE TRADUCTION D'HÉRODOTE
PASTORALES DE LONGUS
CORRESPONDANCE

PARIS

LIBRAIRIE DE FIRMIN-DIDOT ET CIE

IMPRIMEURS DE L'INSTITUT, RUE JACOB, 56

1877

ESSAI

SUR

LA VIE ET LES ÉCRITS

DE P. L. COURIER[1].

La vie d'un grand écrivain est le meilleur commentaire de ses écrits ; c'est l'explication et pour ainsi dire l'histoire de son talent. Cela est vrai, surtout de celui qui n'a point suivi les lettres comme une carrière, et dont l'imagination, dans l'âge de l'activité et des vives impressions, ne s'est point appauvrie entre les quatre murs d'un cabinet ou dans l'étroite sphère d'une coterie littéraire. S'il est aujourd'hui peu d'écrivains dont on soit curieux de savoir la vie, après les avoir lus, c'est qu'il en est peu qui frappent par un caractère à eux, et chez qui se révèle l'homme éprouvé et développé, à travers un grand nombre de situations diverses. Les mêmes études faites sous les mêmes maîtres, sous l'influence des mêmes circonstances et des mêmes doctrines, le même poli cherché dans un monde qui se compose de quelques salons, voilà les sources de l'originalité pour beaucoup d'écrivains, qui, se tenant par la main depuis le collège jusqu'à l'Académie, vivant entre eux, voyant peu, agissant moins encore, s'imitent, s'admirent, s'entre-louent avec bien plus de bonne foi

---

[1] Cette notice a été écrite en 1829 pour la première édition des œuvres complètes de Paul-Louis Courier, nous la conservons dans cette nouvelle édition sans aucun changement. Mais depuis, de si étranges choses se sont passées ; tant de prédictions de Paul-Louis Courier se sont accomplies ; ses jugements les plus hardis sur les hommes et sur les choses ont reçu une vérification si triste ! Il a été, d'un autre côté, si cruellement démenti dans les seuls éloges qu'il ait eu en sa vie le tort de donner à un personnage de sang royal, qu'une revue des écrits de Paul-Louis Courier eût inspiré aujourd'hui M. Armand Carrel tout autrement qu'en 1829. Depuis lors le nom de Paul-Louis Courier a beaucoup grandi ; celui de son biographe de 1829 a acquis une importance politique et littéraire qui ajoute au prix de ses premiers écrits. L'*Essai sur la vie et les écrits de Paul-Louis Courier* a d'ailleurs été assez remarqué en 1829 pour qu'on puisse le considérer comme inséparable de toute édition qui pourrait être ultérieurement donnée des *Œuvres de Paul-Louis Courier*. (*Note des éditeurs.*)

qu'on ne leur en suppose. De là vient que tant de livres, dans les genres les plus différents, ont une physionomie tellement semblable, qu'on les prendrait pour sortis de la même plume. Vous y trouvez de l'esprit, du savoir, de la profondeur parfois. Le cachet d'une individualité un peu tranchée n'y est jamais. C'est toujours certaine façon roide, précieuse, uniforme, assez exacte, mais sans chaleur, sans vie, décolorée ou faussement pittoresque ; cette manière, enfin, qu'un public, trop facilement pris aux airs graves, a tout à fait acceptée comme un grand progrès littéraire. L'exemple est contagieux, et l'applaudissement donné au mauvais goût pervertit le bon : aussi n'a-t-on plus aspiré à des succes d'un certain ordre, qu'on ne se soit efforcé d'écrire comme les hommes soi-disant forts; il a fallu revêtir cette robe de famille pour se faire compter comme capacité, pour n'être point accusé de folle résistance à la révolution opérée par le dix-neuvième siècle dans les formes de la pensée.

Si l'affranchissement complet du joug des conventions d'une époque peut être regardé comme le principal caractère du talent, Paul-Louis Courier a été l'écrivain le plus distingué de ce temps; car il n'est pas une page sortie de sa plume qui puisse être attribuée à un autre que lui. Idées, préjugés, vues, sentiments, tour, expression, dans ce qu'il a produit, tout lui est propre. Vivant avec un passé que seul il eut le secret de reproduire, et devenu lui-même la tentation et le désespoir des imitateurs, il a toujours été, pour ainsi parler, seul de son bord, allant à sa fantaisie, tenant peu de compte des réputations, même des gloires contemporaines, et marchant droit au peuple des lecteurs, parce qu'il était plus assuré d'être senti par le grand nombre illettré qu'approuvé par les académiciens et les docteurs de bonne compagnie. Trop savant pour n'avoir pas vu que nul ne l'égalait en connaissance des ressources générales du langage et du génie particulier de notre littérature, convaincu que ses vagabondes études lui avaient appris ce que les livres n'avaient pu enseigner à aucun autre, il n'écouta ni critiques ni conseils. Au milieu de gens qui semblaient travailler à se ressembler les uns aux autres, et qui faisaient commerce des douceurs réciproques de la confraternité littéraire, il se présenta seul, sans prôneurs, sans amis, sans compères, parla comme il avait appris, du ton qu'il jugea lui convenir le mieux, et fut écouté. Il arriva jusqu'à la célébrité sans avoir consenti à se réformer sur aucun des exemples qui l'entouraient, sans avoir subi aucune des influences sous lesquelles des talents non moins heureusement formés que le sien avaient perdu le mouvement, la liberté, l'inspiration. Mais aussi quelle vie plus errante et plus recueillie; plus semée d'occupations, d'aventures, de fortunes diverses; plus absorbée par l'étude des livres et plus singulièrement partagée en épreuves, en expériences, en mécomptes du côté des événements et des hommes? En considérant cette vie, on convient qu'en effet Courier devait rester de son temps un écrivain tout à fait à part.

Paul-Louis Courier est né à Paris en 1773. Son père, riche bourgeois, homme de beaucoup d'esprit et de littérature, avait failli être assassiné par les gens d'un grand seigneur, qui l'accusait d'avoir séduit sa femme, et qui en revanche lui devait, sans vouloir les lui rendre, des sommes considérables. L'aventure avait eu infiniment d'éclat, et le séducteur de la duchesse d'O... avait dû quitter Paris et aller habiter une province. Cette circonstance fut heureuse pour le jeune Courier. Son père, retiré dans les beaux cantons de Touraine, dont les noms ont été popularisés par le *Simple Discours* et la *Pétition des Villageois qu'on empêche de danser*, se consacra tout à fait à son éducation. Ce fut donc en ces lieux mêmes, et dans les premiers entretiens paternels, que notre incomparable pamphlétaire puisa l'aversion qu'il a montrée toute sa vie pour une certaine classe de nobles, et ce goût si pur de l'antiquité que respirent tous ses écrits. Il s'en fallait beaucoup, toutefois, que l'élève fût deviné par le maître. Paul-Louis était destiné par son père à la carrière du génie. A quinze ans, il était entre les mains des mathématiciens Callet et Labey. Il montrait sous ces excellents professeurs une grande facilité à tout comprendre, mais peu de cette curiosité, de cette activité d'esprit, qui seules font faire de grands progrès dans les sciences exactes. Son père eût voulu que ses exercices littéraires ne fussent pour lui qu'une distraction, un soulagement à des travaux moins riants et plus utiles. Mais Paul-Louis était toujours plus vivement ramené vers les études qui avaient occupé sa première jeunesse. La séduction opérée sur lui par quelques écrivains anciens, déjà ses modèles favoris, augmentait avec les années et par les efforts qu'on faisait pour le rendre savant plutôt qu'érudit : il eût donné, disait-il, toutes les vérités d'Euclide pour une page d'Isocrate. Ses livres grecs ne le quittaient point; il leur consacrait tout le temps qu'il pouvait dérober aux sciences. Il entrait toujours plus à fond dans cette littérature unique, devinant déjà tout le profit qu'il en devait tirer plus tard en écrivant sa langue maternelle. Cependant la révolution éclatait. Les événements se pressaient, et menaçaient d'arracher pour longtemps les hommes aux habitudes studieuses et retirées. Le temps était venu où il fallait que chacun eût une part d'activité dans le mouvement général de la nation. On se sentait marcher à la conquête de la liberté. La guerre se préparait. On pouvait présager qu'elle durerait tant qu'il y aurait des bras en France et des émigrés au delà du Rhin. Les circonstances voulurent donc que le jeune Courier sacrifiât ses goûts aux vues que son père avait de tout temps formées sur lui. Il entra à l'école d'artillerie de Châlons : il y était au moment de l'invasion prussienne de 1792. La ville était alors tout en trouble, et le jeune Courier, employé comme ses camarades à la garde des portes, fut soldat pendant quelques jours. L'invasion ayant cédé aux hardis mouvements de Dumouriez dans l'Argone, Paul-Louis eut le loisir d'achever ses études militaires ; enfin, en 1793, il sortit de l'école de Châlons officier d'artillerie, et fut dirigé sur la frontière.

Ici commence la vie militaire de Courier, l'une des plus singulières assurément qu'aient vues les longues guerres et les grandes armées de la révolution. Ceci n'est point une exagération. Ouvrez nos énormes biographies contemporaines. Presque à chaque page est l'histoire de quelqu'un de ces citoyens, soldats improvisés en 1792, qui, faisant peu à peu de la guerre leur métier, s'avancèrent dans les grades et moururent, çà et là, sur les champs de bataille, obtenant une mention plus ou moins brillante. Quelle famille n'a pas eu ainsi son héros, dont elle garde encore le plumet républicain ou la croix impériale, et qu'elle a eu le soin d'immortaliser par une courte notice dans *le Moniteur* ou dans les tables nécrologiques de M. Panckoucke? Toutes ces vies d'officiers morts entre le grade de capitaine et celui de commandant de brigade ou de division se ressemblent. Quand on a dit leur enthousiasme de vingt ans, le feu sacré de leur âge mûr, leurs campagnes par toute l'Europe, les victoires auxquelles ils ont contribué, perdus dans les rangs, les drapeaux qu'ils ont pris à l'ennemi, enfin leurs blessures, leurs membres emportés, leur fin glorieuse, il ne reste rien à ajouter qui montre en eux plus que l'homme fait pour massacrer et pour être massacré. C'est vraiment un bien autre héros que Courier. Soldat obligé à l'être, et sachant le métier pour l'avoir appris, comme Bonaparte, dans une école, il prend la guerre en mépris dès qu'il la voit de près, et toutefois il reste où l'éducation et les événements l'ont placé. Le bruit d'un camp, les allées et venues, décorées du nom de marches savantes, lui paraissent convenir autant que le tapage d'une ville à la rêverie, à l'observation, à l'étude sans suite et sans travail de quelques livres, faciles à transporter, faciles à remplacer. Le danger est de plus ; mais il ne le fuit ni ne le cherche. Il y va pour savoir ce que c'est et pour avoir le droit de se moquer des braves qui ne sont que braves. On s'avance autour de lui; on fait parler de soi; on se couvre de gloire; on s'enrichit de pillage; pour lui, les rapports des généraux, le tableau d'avancement, l'ordre du jour de l'armée, ne sont que mensonges et cabales d'état-major : il se charge souvent des plus mauvaises commissions, sans trouver moyen de s'y distinguer, comme si c'était science qu'il ignore; et quant à son lot de vainqueur, il le trouve à voir et revoir les monuments des arts et de la civilisation du peuple vaincu. Encore est-ce à l'insu de tout le monde qu'il est érudit, qu'il se connaît en inscriptions, en manuscrits, en langues anciennes; il est aussi peu propre à faire un héros de bulletin qu'un savant à la suite des armées, pensionné pour estimer les dépouilles ennemies, et retrouver ce qui n'est pas perdu. Quinze années de sa vie sont employées ainsi, et au bout de ce temps les premières pages qu'il livre au public révèlent un écrivain tel que la France n'en avait pas eu depuis Pascal et la Fontaine. Assurément ce n'était pas trop de dire que cette carrière militaire a été unique en son genre pendant les longues guerres de notre révolution.

Sans doute, avec de l'instruction et du caractère, il fallait bien peu ambitionner l'avancement pour n'en pas obtenir un très-rapide, lorsque Courier arriva, en 1793, à l'armée du Rhin. C'était le fort de la révolution, et il suffisait d'être jeune et de montrer de l'enthousiasme pour être porté aux plus hauts grades. Hoche, général d'armée, âgé de vingt-trois ans, et commandant sur le Rhin, avait un chef d'état-major de dix-huit ans [1], et était entouré de colonels et de chefs de brigade qui n'en avaient pas vingt. Il en était de même sur toute la frontière. Courier, qui servit jusqu'en 1795 aux deux armées du Rhin et de Rhin-et-Moselle, n'eut point le feu républicain que les commissaires de la Convention récompensaient avec tant de libéralité. Il n'éprouva probablement pas non plus pour les proconsuls le dévouement et l'admiration qu'ils inspiraient à de jeunes militaires plus ardents et moins instruits que lui. Se laissant employer, et s'offrant peu aux occasions, il passait le meilleur de son temps à bouquiner dans les abbayes et les vieux châteaux des deux rives du Rhin. Les lettres qu'il écrivait alors à sa mère sont, comme toutes celles de l'époque, retenues, mystérieuses, faisant à peine allusion aux affaires; un sentiment triste et peu confiant dans l'avenir y do-

---

[1] Voir les Mémoires publiés par le maréchal Gouvion Saint-Cyr.

mine. Mais à la manière dont le jeune officier d'artillerie parle de ses études et de ses livres, on voit déjà sa carrière et ses systèmes d'écrivain tout à fait tracés : « J'aime, dit-il, à relire les livres que « j'ai déjà lus nombre de fois, et par là j'acquiers une érudition moins « étendue, mais plus solide. Je n'aurai jamais une grande connais-« sance de l'histoire, qui exige bien plus de lectures ; mais j'y ga-« gnerai autre chose, qui vaut mieux, selon moi. » C'est ainsi que Courier a étudié toute sa vie ; tel a été aussi presque invariablement son peu de goût pour l'histoire. Il ne l'a jamais lue pour le fond des événements, mais pour les ornements dont les grands écrivains de l'antiquité l'ont parée. Bonaparte, tout jeune, avait deviné la politique et la guerre dans Plutarque. Courier, lieutenant d'artillerie, faisait ses délices du même historien ; mais il le prenait comme artiste, comme ingénieux conteur. La vie d'Annibal ne le ravissait que comme Peau-d'Ane *conté* eût charmé la Fontaine. Il a toujours persisté dans cette préférence qui semble d'un esprit peu étendu, et cependant, en s'abandonnant à elle, il a su de l'histoire tout ce qu'il lui en fallait pour être un écrivain politique de premier ordre. Il a beaucoup cité, beaucoup pris en témoignage l'histoire de tous les temps, et toujours avec un sens qui n'appartenait qu'à lui, avec une raison, une force, une sûreté d'applications toujours accablantes pour les puissances qu'il voulait abattre.

En 1795, on voit Courier, toujours officier subalterne dans l'artillerie, quitter subitement l'armée devant Mayence, et rentrer en France sans autorisation du gouvernement. La misère, les privations, les travaux sans compensation de gloire et de succès à ce blocus de Mayence, sont peut-être la plus rude épreuve qu'aient eue à subir nos armées républicaines : le maréchal Gouvion Saint-Cyr en fait dans ses Mémoires une peinture lamentable. A propos de cette campagne, Courier a depuis écrit : « J'y pensai geler et jamais je ne « fus si près d'une cristallisation complète. » Mais il paraît qu'il eut pour abandonner son poste un motif plus excusable que la crainte d'être surpris par le froid dans la tranchée et cristallisé. Son père venait de mourir, et la nécessité toute filiale de voler auprès de sa mère malade et désespérée, lui avait fait oublier le devoir qui l'attachait à ses canons. A la suite de cette escapade, il alla s'enfermer dans une petite campagne aux environs d'Alby, où il se mit à traduire avec une admirable sécurité la harangue *Pro Ligario*, tandis qu'on le réclamait de l'armée comme déserteur, et que peut-être il courait grand risque d'être traité comme tel. Des amis plus prudents que lui s'employaient pendant ce temps pour le mettre à couvert des poursuites qu'il avait encourues. Ils y réussirent, mais la note resta, et peut-être elle a beaucoup aidé Courier dans la suite de sa carrière à se maintenir dans son philosophique éloignement des hauts grades. Vinrent les belles années de 1796 et 1797, qui assurèrent le triomphe de la révolution. Pendant que, sous Bonaparte, en Italie, la victoire faisait sortir des rangs une foule d'hommes nouveaux dont les noms ne cessaient plus d'occuper la renommée, Courier comptait des boulets et inspectait des affûts dans l'intérieur; service qui pouvait passer pour une disgrâce dans de telles circonstances. Mais Courier s'arrangeait de tout. Il avait alors vingt-trois ans. Ses premières années, au sortir de l'école de Châlons, avaient été attristées par le sombre régime imposé aux armées sous la Convention. Entrer dans le monde au temps de la terreur avec l'amour de l'indépendance et des libres jouissances de l'esprit, c'était avoir bien mal rencontré; aussi Courier donna-t-il vivement dans la réaction, non sanglante, mais fort bruyante, que la première période du Directoire vit éclater contre l'austérité décrétée par la Convention; réaction plus emportée et plus folle dans le Midi que partout ailleurs. On se ruait en fêtes, en danses, en festins, en plaisirs de toutes sortes. Hommes et femmes éprouvaient à se retrouver ensemble comme amis, comme parents, comme gens du même cercle, non plus comme citoyens et citoyennes, un plaisir qui n'était pas lui-même sans inconvénient pour la paix intérieure des familles. Notre philosophe apprit à danser avec la plus sérieuse application, et courut les bals, les spectacles, les sociétés. Sa gaieté, sa verve comique, qui n'étaient pas encore tournées à la satire et à l'amertume, le firent rechercher des femmes. Il plut si bien, qu'un beau matin il lui fallut quitter Toulouse pour échapper comme son père au ressentiment d'une famille outragée. Sa société en hommes était très-nombreuse; il affectionnait surtout un Polonais fort savant et antiquaire d'un grand goût. Il passait des journées entières en tête-à-tête avec lui, soit dans une chambre, soit en suivant les allées qui bordent le canal du Midi. Ce qu'étaient ces conversations, on peut s'en faire une idée en lisant les lettres, malheureusement peu nombreuses, adressées d'Italie par Courier à M. Chlewaski.

En passant à Lyon (en 1798) pour se rendre en Italie, où on l'envoyait prendre le commandement d'une compagnie d'artillerie, Courier écrivait à M. Chlewaski : « Lectures, voyages, spectacles, « bals, auteurs, femmes, Paris, Lyon, les Alpes, l'Italie, voilà

« l'odyssée que je vous garde. Mes lettres vous pleuvront une page
« pour une ligne. » Il ne tint parole qu'en partie. En général, plus
on voit, moins on écrit ; plus les impressions sont vives, accumulées, pressantes, moins on est tenté de les vouloir rendre. Et puis
il s'en fallut beaucoup que cette Italie que Courier avait toujours
désirée, lui vint fournir les riantes peintures auxquelles son imagination s'était sans doute préparée. A peine eut-il passé les Alpes, que
l'état d'oppression, d'avilissement et de misère dans lequel était le
pays, affligèrent son âme d'artiste. Il traversa la belle et triste Péninsule, et de Milan jusqu'à Tarente il eut le même spectacle. Il vit
le trop sévère régime imposé par Bonaparte à sa conquête, menaçant
déjà de tomber en ruine, et rendu insupportable par l'avidité, l'ignorante et brutale morgue des hommes qu'il avait fallu employer à
ces gouvernements improvisés. Il vit l'élite de la société italienne
rampant bassement sous les agents français, faisant sa cour à nos
soldats parvenus, bien que les appréciant ce qu'ils valaient ; et toute
cette race abâtardie s'épuisant en démonstrations républicaines, méprisée de ses maîtres, se laissant dépouiller, mettre à nu par des commis, des valets d'armée, des fournisseurs qui, prévoyant nos prochains revers, se faisaient auprès des généraux un mérite d'emporter tout ce qui ne pouvait se détruire. On ne saurait nier que ce ne
fût là l'état de l'Italie après le premier départ de Bonaparte, et que
les plus honteux désordres, le plus effréné pillage n'y déshonorassent avec impunité la domination française. La guerre qui s'était
déclarée entre les commissaires du gouvernement et les commandants
militaires avait rendu toute discipline, toute administration régulière impossible, et il n'y avait si bas agent qui ne se crût autorisé à
imiter Bonaparte faisant payer en chefs-d'œuvre la rançon des villes
d'Italie. Courier ne sera point compté parmi les détracteurs de notre
révolution, pour avoir écrit sous l'impression d'un pareil spectacle
ces éloquentes protestations, auxquelles il n'a manqué, pour émouvoir toute l'Europe éclairée et la soulever contre les déprédateurs
de l'Italie, que d'être rendues publiques à l'époque où elles furent
écrites.

« Dites, écrivait-il à son ami Chlewaski, dites à ceux qui veulent
« voir Rome, qu'ils se hâtent, car chaque jour le fer du soldat et la
« serre des agents français flétrissent ses beautés naturelles et la dé-
« pouillent de sa parure. Permis à vous, Monsieur, qui êtes accou-
« tumé au langage naturel et noble de l'antiquité, de trouver ces ex-
« pressions trop fleuries, ou même trop fardées ; mais je n'en sais

« point d'assez tristes pour vous peindre l'état de délabrement, de
« misère et d'opprobre où est tombée cette pauvre Rome que vous
« avez vue si pompeuse, et de laquelle à présent on détruit jusqu'aux
« ruines. On s'y rendait autrefois, comme vous savez, de tous les
« pays du monde. Combien d'étrangers qui n'y étaient venus que
« pour un hiver, y ont passé toute leur vie ! Maintenant il n'y reste
« plus que ceux qui n'ont pu fuir, ou qui, le poignard à la main,
« cherchent encore dans les haillons d'un peuple mourant de faim
« quelque pièce échappée à tant d'extorsions et de rapines....... Les
« monuments de Rome ne sont guère mieux traités que le peuple.......
« Je pleure encore un joli Hermès enfant, que j'avais vu dans son
« entier, vêtu et encapuchonné d'une peau de lion, et portant sur son
« épaule une petite massue. C'était, comme vous voyez, un Cupidon
« dérobant les armes d'Hercule ; morceau d'un travail exquis, et
« grec, si je ne me trompe. Il n'en reste que la base, sur laquelle j'ai
« écrit avec un crayon : *Lugete, Veneres, Cupidinesque*, et les mor-
« ceaux dispersés, qui feraient mourir de douleur Mengs et Winckel-
« mann, s'ils avaient eu le malheur de vivre assez longtemps pour
« voir ce spectacle. Tout ce qui était aux Chartreux, à la Villa Albani,
« chez les Farnèse, les Honesti, au muséum Clémenti, au Capitole,
« est emporté, pillé, perdu ou vendu. Des soldats, qui sont entrés
« dans la bibliothèque du Vatican, ont détruit, entre autres raretés,
« le fameux Térence du Bembo, manuscrit des plus estimés, pour
« avoir quelques dorures dont il était orné. Vénus de la Villa Bor-
« ghèse a été blessée à la main par quelque descendant de Diomède,
« et l'Hermaphrodite, *immane nefas!* a un pied brisé...... »

Qu'on juge de l'effet qu'eussent produit à Paris, en 1798, dans certains cercles où l'on se croyait la mission de rallumer parmi nous le flambeau demi-éteint de l'intelligence, beaucoup de passages de ce genre, expression si vive, si touchante et si gracieuse encore de ce qu'éprouvait dans un coin de l'Italie, confondu parmi les dévastateurs de cette infortunée patrie des arts, un jeune officier, amateur exquis de l'antiquité, savant inconnu, écrivain déjà parfait. Car ces premières lettres d'Italie ont toute la verve, toute l'originalité qu'on trouve dans les plus célèbres écrits de l'âge mûr de Courier. Elles sont avec cela d'un goût irréprochable : nulle affectation, nulle manière ne s'y fait sentir ; chacune d'elles est un petit chef-d'œuvre d'élégance et de pureté de langage, de convenance de ton, d'éloquence même, toutes les fois que la matière le comporte, comme lorsqu'elles peignent l'avilissement du caractère italien, et sondent si énergiquement, dix ans avant que personne y pensât, la plaie de notre révolution, l'esprit d'envahissement et de destruction, plus noblement appelé l'esprit militaire. Et cependant celui qui, dans sa droiture naturelle, jugeait si bien d'illustres pillages, sur lesquels la France n'a ouvert les yeux que lorsque, vaincue, on la paya de représailles, l'homme qui, seul peut-être dans nos armées, écrivait et pensait ainsi, était exposé chaque jour de sa vie à périr obscurément sous le poignard italien, victime privée de la haine qu'inspiraient les Français. Il y songeait à peine, disant gaiement que, pour voir l'Italie, il fallait bien se faire conquérant ; qu'on n'y pouvait avancer un pas sans une armée ; et que, puisqu'à la faveur de son harnais, il avait à souhait un pays admirable, l'antique, la nature, les ruines de Rome, les tombeaux de la grande Grèce, c'était le moins qu'il ne sût pas toujours *où il serait ni s'il serait le lendemain.* On ne saurait conter après lui les périlleuses rencontres auxquelles ses excursions d'antiquaire, bien plus que son service d'officier d'artillerie, l'exposèrent tant de fois parmi les montagnards du midi de l'Italie. Portant un sabre et des pistolets comme on porte un chapeau et une chemise, il était toujours à la découverte en curieux, point en héros. Facile à prendre et à désarmer, il se tirait d'affaire par sa présence d'esprit, son grand usage de la langue italienne, ou par le sacrifice d'une partie de son bagage ; et le lendemain il allait affronter *les brigands* sans plus de précaution, sans plus de crainte, surtout sans désirs de vengeance. Ces malheureux Calabrais lui paraissaient tout à fait dans leur droit quand ils nous assassinaient en embuscade, et il ne pouvait sans horreur les voir massacrer au nom du droit des gens par nos professeurs de tactique.

Ce débonnaire et nonchalant mépris du danger était chose plus rare aux armées que la bouillante valeur qui emportait des redoutes. C'était une bravoure à part. Courier la portait dans l'esprit, non dans le sang ; et comme elle n'allait point sans quelque mélange d'insubordination, elle ne devait guère plus sûrement le mener au bâton de maréchal que le *Pamphlet des pamphlets* à l'Académie. Aussi n'avançait-il qu'en science, et n'était-il récompensé que par la science des dangers qu'il était venu chercher. Il aimait à raconter qu'un jour les douze ou quinze volumes qu'il portait toujours avec lui, ayant été enlevés par les hussards de Wurmser, l'officier commandant le détachement les lui avait renvoyés avec une lettre fort aimable. Cette politesse, extrêmement remarquable de la part d'un ennemi dans une guerre qui se faisait sans courtoisie, souvent même sans humanité, lui paraissait une exception très-flatteuse, et faite uniquement pour lui ; car nul autre n'eût été capable de la mériter par la perte d'un tel bagage. Moins heureux dans sa prédilection de savant pour le séjour de Rome, Courier faillit y être mis en pièces, lorsque les Français furent obligés de l'abandonner. Il faisait partie de la division que Macdonald, en marchant vers la Trébia, avait laissée dans Rome. Cette division capitula, et dut être embarquée et transportée en France. Courier voulut dire un dernier adieu à la bibliothèque du Vatican ; il oublia l'heure marquée pour le départ de la division, et lorsqu'il en sortit, il n'y avait déjà plus un seul Français dans Rome. C'était le soir ; on le reconnut à la clarté d'une lampe allumée devant une madone. On cria sur lui au *giaccobino ;* un coup de fusil tiré sur lui tua une femme, et, à la faveur du tumulte que cela causa, il parvint à gagner le palais d'un noble Romain qui l'aimait et qui l'aida à fuir. Voilà comme il quitta Rome et l'Italie pour la première fois.

A cette époque, certains départements de la France ne valaient guère mieux que l'Italie pour les militaires républicains. Courier, débarqué à Marseille, et se rendant à Paris, fut encore traité comme *giaccobino* par les honnêtes gens qui pillaient les voitures publiques sur les grandes routes, au nom de la religion et de la légitimité. Il perdit argent, papiers, effets, et arriva à Paris ainsi dépouillé et de plus atteint d'un crachement de sang qui l'a tourmenté toute sa vie. Bientôt éclata la révolution qui mit aux mains de Bonaparte la dictature militaire. Courier ne s'était point mêlé jusque-là de politique d'une manière active. Il ne s'était point déclaré avec les militaires contre les avocats, ni avec ceux-ci contre les traîneurs de sabres. Il resta donc sous le consulat ce qu'il avait été sous le Directoire, bornant son ambition à rechercher la société du petit nombre de savants que la révolution avait laissés s'occupant obscurément d'antiquités et de philologie. Riche d'observations, le goût formé, apprécié déjà des érudits qu'il avait rencontrés en Italie, il fut accueilli, encouragé. Il eut pour amis Akerbald, Millin, Clavier, Sainte-Croix, Boissonnade, qui certes ne devinèrent point son avenir, mais qui donnèrent à ses Essais l'attention qu'ils méritaient. Ce ne fut guère que pour obtenir les suffrages d'un petit cercle d'amis et de connaisseurs qu'il composa, de 1800 à 1802, divers Opuscules, longtemps ignorés d'ailleurs : l'*Éloge d'Hélène*, ouvrage nouveau, comme il le dit quelque part, donné sous un titre ancien et comme une simple traduction d'Isocrate : *le Voyage de Ménélas à Troie pour redemander Hélène*, composition d'un autre genre, dans laquelle il semblait s'être proposé d'effacer l'auteur de Télémaque, comme imitateur de la narration antique; enfin un article sur l'édition de l'Athénée de Schweighæuser, le morceau de critique le plus habilement et le plus élégamment écrit qui ait paru dans le Magasin encyclopédique de Millin. Sans les Pamphlets, qui ont fait la célébrité de Courier, on saurait à peine aujourd'hui l'existence de ces opuscules. On est étonné de ne les trouver guère inférieurs aux publications qui ont suivi. C'est que le grand style qu'on ne se lasse point d'admirer dans Courier, n'a pas été moins en lui un don naturel que le produit des études de toute sa vie.

Le consulat approchait de sa fin, et avec lui la paix conquise sur les champs de bataille de Marengo et de Hohenlinden. Courier fut désigné pour aller commander comme chef d'escadron l'artillerie d'un des corps qui occupaient l'Italie, redevenue française. Les travaux qu'il avait entrepris, les relations qu'il s'était faites pendant trois années de non-activité, ne furent rien auprès du bonheur de revoir un pays, des mers, un ciel qu'il aimait avec passion, et dont il ne parlait jamais sans ravissement. Il était à peine en Italie, que l'ordre y vint de prendre l'opinion des différents corps sur un nouveau changement dans le gouvernement de la France. La république n'était déjà plus qu'un mot, et Bonaparte voulait au pouvoir, qu'il exerçait seul et presque sans contrôle, un titre plus décidé. L'empire était créé, mais il fallait le légitimer par une apparence de délibération nationale. Nous n'avons point encore de mémoires qui nous apprennent comment fut accueillie par l'armée cette consultation extraordinaire, qui par elle-même était déjà la destruction de la république. Les militaires qui servaient à cette époque, et qui depuis, rentrés dans la vie civile, ont mieux connu le prix de la liberté, assurent généralement qu'ils virent avec indignation le pouvoir d'un seul succéder à la volonté de tous. Mais aucun fait éclatant n'a prouvé cette disposition des armées de la république. N'est-il pas bien plus probable que les choses se passèrent partout comme on le voit dans ce comique récit de Courier, où tout un corps d'officiers, assis en rond autour du général d'Anthouard, reste muet à la question : « Voulez-vous encore la républi- « que, ou bien aimez-vous mieux un empereur? » En effet, pour des militaires, dire non, c'était tirer l'épée, ou protester inutilement. Car, où était l'autorité qui présiderait au dépouillement de ce vaste scrutin? Qui compterait les voix, et répondrait du respect de Bonaparte pour les répugnances de la majorité? Courier se garda bien de dire non; il avait son opinion, cependant. « Un homme comme Bo-

« naparte, disait-il énergiquement, soldat, chef d'armée, le premier « capitaine du monde, vouloir qu'on l'appelle Majesté!... Être Bo- « naparte et se faire Sire!... Il aspire à descendre... »

Si le caractère indépendant, mais peu vigoureux, de Courier, si son esprit frondeur plutôt qu'arrêté en certains principes, sont assez compris par ce qui précède, on ne s'étonnera point qu'il continuât à servir malgré son peu de goût pour la nouvelle forme de gouvernement établie en France. Courier n'avait jamais aimé la république. La Convention, il l'avait repoussée comme violente et impitoyable. Il avait méprisé le Directoire comme incapable et vénal. Il n'avait guère éprouvé le bienfait du consulat que par le loisir dont trois années de paix l'avaient laissé jouir. Peu porté d'ailleurs à accorder aux actions humaines des intentions bien profondes, il vit moins dans l'élévation de Bonaparte à l'empire un attentat d'ambition qu'un égarement de vanité digne de compassion. Le mot d'usurpation ne lui vint même pas pour caractériser l'entreprise du nouveau César, et il ne s'enveloppa point contre lui dans la sombre haine d'un Brutus. L'empire avec ses cordons, ses titres, ses hautes dignités, ses princes, ses ducs, ses barons, estropiant la langue et l'étiquette, sa grotesque fusion de la noblesse des deux régimes, ses conquêtes féodales et ses distributions de royaumes, lui parut d'un bout à l'autre une farce parfois odieuse, presque toujours bouffonne à l'excès. Dans ses lettres écrites d'Italie de 1803 et 1809, il épuise les traits de la plus amère satire contre ces généraux devenus des Majestés à l'image de l'empereur, contre ces états-majors transformés en petites cours, et livrés à la brigue des parentés, à l'adoration des noms anciens et des illustrations nouvelles.

Assurément, c'est bien là l'époque prise par son côté ridicule; côté de vérité, oui, mais qui n'est point toute la vérité. L'histoire y saura montrer autre chose. Si l'on ne s'attache ici qu'au moindre aspect, celui des travers individuels, des vanités, du sot orgueil de tant d'hommes qui, enchaînés à une pensée supérieure, firent, réunis, de si grandes choses, c'est que cet aspect frappa surtout Courier. Il faut voir un instant les choses comme il les vit, pour concevoir, en ce qu'elles ont eu de fort excusable, des préventions qu'on lui a trop reprochées. L'empire avec ses foudroyantes campagnes de trois jours, ses armées transportées par enchantement d'un bout de l'Europe à l'autre, ses trônes élevés et renversés en un trait de plume, son prodigieux agrandissement, sa calamiteuse et retentissante chute, sera de loin un grand spectacle; mais, de près, un contemporain y aura vu des misères que la postérité ne verra point. Il y a mieux ; il fallait en être à distance pour l'embrasser dans son vaste ensemble, qui seul est digne d'admiration. Tant qu'il exista, ses grandeurs ne furent célébrées que par des préfets ou des poëtes à gages ; et tel qui paraîtrait aujourd'hui un esprit libre, en jugeant cette fameuse administration de Bonaparte comme elle doit l'être, se serait tu par pudeur sous la censure impériale, ou n'aurait pas vu, comme aujourd'hui, les choses par leur grand côté. Les lettres de Courier tiendront une toute première place parmi les mémoires du temps ; elles font l'histoire, malheureusement assez triste, du moral de nos armées, depuis le moment où Bonarparte eut ouvert à toutes les ambitions la perspective d'arriver à tout par du dévouement à sa personne autant que par des services réels.

Courier se vantait de posséder et de pouvoir publier, quand il le voudrait, comme pièces à l'appui de ses portraits et de ses récits, un grand nombre de lettres à lui écrites aux diverses époques de la révolution par les maréchaux, généraux, grands seigneurs de l'empire, dévoués depuis 1815 à la maison de Bourbon. On aurait vu, disait-il, les mêmes personnages professer dans ces lettres, et avec un égal enthousiasme, suivant l'ordre des dates révolutionnaires, les principes républicains les plus outrés et les doctrines les plus absolues de la servilité ; tenir à honneur d'être regardés comme ennemis des rois, et ramper orgueilleusement dans leurs palais ; commencer leur fortune en sans-culotte et la finir en habit de cour. Mais ce monument des contradictions politiques du temps, et de la versatilité humaine dans tous les temps, ne s'est point trouvé dans les papiers de Courier, et la perte assurément n'est pas grande. Le ridicule et l'odieux méritent peu de vivre par eux-mêmes. C'est le coup de pied que leur donne en passant le génie qui les immortalise. Les précieuses, les marquis, les faux dévots du temps de Louis XIV, seraient oubliés sans Molière. Peut-être on s'occuperait peu de nos révolutionnaires scapins dans cinquante ans ; les ravissantes lettres de Courier les feront vivre plus que leurs lâchetés.

Mais voici qui va bien surprendre de la part de l'homme qu'on a vu jusqu'ici tant détaché des idées de gloire et d'ambition ! Courier sollicitant la protection d'un grand seigneur de l'empire, et briguant l'occasion de se distinguer sous les yeux de l'empereur ! C'est pourtant ce qui arriva à l'auteur des lettres écrites d'Italie. Il eut son grain d'ambition, son quart d'heure de folie, comme un autre ; la tête aussi lui tourna. Mais cela ne dura guère ; il en revint bientôt avec mécompte et corrigé pour toute sa vie. Voici l'histoire. Vers la fin de l'année 1808, Courier ayant sollicité, sans pouvoir l'obtenir, un congé qui lui permît d'aller prendre un peu de soin de ses affaires domestiques, avait donné sa démission. Il arrive à Paris, se donnant aux érudits, ses anciens amis, comme séparé pour jamais de son *vil métier*, comme ayant de la gloire par-dessus les épaules. Mais voilà qu'une nouvelle guerre se déclare du côté de l'Allemagne. Les immenses préparatifs de la campagne de 1809 mettent la France entière en mouvement. Paris est encore une fois agité, transporté dans l'attente de quelqu'une de ces merveilles d'activité et d'audace auxquelles l'empereur a habitué les esprits, et dont les récits plaisent a cette population mobile, comme ceux des victoires d'Alexandre au peuple d'Athènes. C'était alors le flot le plus impétueux de notre débordement militaire; et Bonaparte, comme porté et poussé par cet ouragan, brisait et abîmait sous lui de trop impuissantes digues. En ce moment, il revenait d'Espagne, où il lui avait suffi de paraître un instant pour ramener à nous toutes les chances d'une guerre d'abord peu favorable. D'autres armées l'avaient précédé vers le Danube, et il y courait en toute hâte, parce que déjà ses instructions étaient mal comprises, ses ordres mal exécutés. Quel homme alors, en le contemplant au passage, n'eût été atteint de la séduction commune? Courier ne résista point au désir de voir s'achever cette guerre, qui commençait comme une Iliade. Ce n'était point un esprit sec, étroit, absolu. Il avait la prompte et hasardeuse imagination d'un artiste. Faire une campagne sous Bonaparte, lui qui n'avait jamais vu que des généraux médiocres; rencontrer peut-être l'homme qu'il lui fallait, l'occasion qu'il n'avait jamais eue; montrer que s'il faisait fi de la gloire, ce n'était pas qu'il ne fût point fait pour elle : toutes ces idées l'entraînèrent.

Le voilà donc faisant son paquet et partant furtivement dans la crainte du blâme de ses amis. La difficulté était d'être rétabli sur les contrôles de l'armée après une démission, chose que l'empereur ne pardonnait pas. Il se glisse comme ami dans l'état-major d'un général d'artillerie; et, sans fonctions, sans qualités bien décidées, il arrive à la grande armée. Mais Courier ne savait pas ce que c'était que la guerre comme Bonaparte la faisait. Quoiqu'il eût assisté à plusieurs affaires chaudes, il n'avait jamais vu les hommes noyés par milliers, les généraux tués par cinquantaines, les régiments entiers disparaissant sous la mitraille; les tas de morts et de blessés servant de rempart ou de pont aux combattants ; l'artillerie, la cavalerie roulant, galopant sur un lit de débris humains, et quatre cents pièces de canon faisant pendant deux jours et deux nuits l'accompagnement non interrompu de pareilles scènes. Or, il y eut de tout cela pendant les quarante-huit heures que Courier passa dans la célèbre et trop désastreuse île de Lobau. Notre canonnier ne vit rien, ne comprit rien, ne sut que faire dans l'immense destruction qui l'entourait. La faim, la fatigue, l'horreur, eurent bientôt triomphé de l'illusion qui l'avait amené. Il tomba d'épuisement au pied d'un arbre, et ne se réveilla qu'à Vienne, où on l'avait fait transporter. Aussi prompt à revenir qu'à se prendre, il quitta la ville autrichienne comme il avait quitté Paris ; et, sans permission, sans ordre, se regardant comme libre de partir, parce que les dernières formalités de sa réintégration n'avaient pas été entièrement remplies, il alla se remettre en Italie des épouvantables impressions qu'il avait été chercher à la grande armée. Depuis lors, son opinion sur les héros, sur la guerre, sur le génie des grands capitaines, a été ce qu'on la voit dans la *Conversation chez la duchesse d'Albani*. Courier n'a plus voulu croire qu'une pensée, une intention quelconque, aient jamais présidé à un désordre tel que celui dont il avait été témoin. Il a été jusqu'à nier absolument qu'il y eût un art de la guerre. A la vérité, on pouvait tomber mieux qu'à Essling et Wagram pour saisir et voir en quelque sorte opérer le génie militaire de Bonaparte. Ce n'est pas à ces deux sanglantes journées, mais aux quinze jours de marches et d'opérations qui les amenèrent, que la campagne de 1809 doit sa juste immortalité. Courier l'eût compris mieux que personne, si ses émotions de Wagram ne l'eussent brouillé sans retour avec la guerre.

La vie de Courier n'est désormais plus que littéraire. A peine arrivé en Italie, il se rendit à Florence pour y chercher dans la bibliothèque Laurentine un manuscrit de Longus, dans lequel existait un passage inédit qui remplissait la lacune remarquée dans toutes les éditions de ce roman. Mais, dans le transport avec lequel il se livrait au bonheur de sa découverte, une certaine quantité d'encre se répandit sur le précieux passage. C'est là l'histoire de ce fameux pâté qui sembla, en barbouillant trois mots grecs, avoir détruit le palladium de Florence. Les bibliothécaires dénoncèrent Courier au monde savant, comme ayant anéanti ce grec dans l'original pour trafiquer de la copie, ou pour empêcher qu'on pût vérifier la découverte qu'il s'attribuait. L'affaire eût fait peu de bruit si Courier n'eût voulu répondre aux attaques des bouquinistes qui le poursuivaient; mais il fit, sous le titre de *Lettre à M. Renouard*, libraire de Paris, qui s'était trouvé présent à la découverte de Longus, quelques pages remplies de ce fiel satirique, de cette verve de raillerie méprisante et cruelle, dont il n'y avait plus de modèles depuis les réponses de Voltaire à Fréron et à Desfontaines; et c'était le style des *Provinciales*. La lettre à Monsieur Renouard ne pouvait manquer d'attirer l'attention. Le gouvernement lui-même s'en inquiéta. Courier avait voulu intéresser à sa querelle l'opinion française, toute faible qu'elle était alors. Il insinuait que les pédants florentins ne s'attaquaient à lui si vivement que parce qu'il était Français, et qu'on était bien aise en Italie de s'en prendre à un pauvre savant de la haine qu'inspirait la vice-royauté. La chose étant montée si haut, on sut que l'homme de la tache d'encre était précisément un chef d'escadron qu'on réclamait à l'armée depuis Wagram. Voilà Courier dans un grand embarras pour s'être si bien vengé des bibliothécaires florentins. Le ministre de l'intérieur voulait le poursuivre comme voleur de grec, et dans le même temps celui de la guerre prétendait le faire juger comme déserteur. Il s'en tira toutefois, mais à la condition de ne plus employer contre personne cette plume qui venait de révéler sa terrible puissance : il se le tint pour dit. Courier ne fit donc plus qu'étudier et voyager jusqu'à la paix. Il voyageait en 1812, à l'époque de la conspiration de Mallet. Il était sans passeport; on l'arrêta comme suspect, puis on le relâcha en reconnaissant qu'il ne se mêlait point de politique. Ce fut là son dernier démêlé avec le régime militaire impérial.

La restauration des Bourbons, le retour et la seconde chute de Bonaparte, se succédèrent trop rapidement pour tirer Courier de l'inactivité politique à laquelle il s'était condamné. La catastrophe lui avait paru dès longtemps inévitable, et peut-être il y voyait à gémir à la fois et à espérer. D'ailleurs, un mariage, qui, sur ces entrefaites mêmes, était venu combler tous ses vœux, l'absorbait en partie. Ainsi, dans ces deux années désastreuses, dont les résultats dominent encore l'époque actuelle, Courier ne prit point parti entre Bonaparte et la coalition, entre la vieille cause de Fleurus, qui de lassitude laissait tomber l'épée, et celle de Coblentz, hypocritement parée de l'olivier de paix. Mais, voir la France deux fois envahie, pillée, insultée, mise à contribution, et tous ces malheurs, toute cette honte ne tourner d'abord qu'au profit d'une famille qui trouvait le trône vide et s'y replaçait; voir une poignée d'émigrés, vagabonds et mendiants de la veille, se donner l'orgueil et revendiquer insolemment l'odieux de ces deux conquêtes; voir d'affreuses persécutions éclater jusque dans la plus paisible, et de tout temps la moins révolutionnaire de nos provinces, contre quiconque n'avait pas refusé un gîte et du pain à nos tristes vaincus de Waterloo; il n'y avait pas d'animosité contre Bonaparte, pas de ressentiment contre la tyrannie militaire, pas d'amour du repos et de préférence studieuse, qui pût tenir à un pareil spectacle, chez un homme aussi droit, aussi impressionnable que l'était Courier. Aussi, bientôt se montra-t-il parmi les adversaires du nouvel ordre de choses. Alors seulement il éprouva quelque fierté d'avoir autrefois combattu l'étranger dans les armées de la république; alors aussi il cessa de se désavouer lui-même comme soldat de l'empire; car à Florence, à Mayence, à Marengo, à Wagram, c'était le même drapeau, c'était la même nécessité révolutionnaire : vaincre pour n'être pas enchaînés, conquérir pour n'être pas conquis.

En se déterminant à élever la voix et à dire au public son avis sur les affaires, Courier avait senti, comme un autre, le besoin d'arranger son personnage; et, par un bonheur peu commun, tout dans sa vie passée prenait sans effort le caractère du patriotisme le plus désintéressé. La singularité si rare d'avoir été quinze ans les armes à la main contre les coalitions et l'émigration, sans obtenir, sans briguer faveur ni titres, sans être d'aucun des partis qui s'étaient disputé le pouvoir, lui devenait d'un merveilleux secours pour l'autorité de ses paroles. Ce qui parfois était le fait d'une humeur un peu bizarre, d'un esprit distrait et capricieux, passait sur le compte de la fermeté de caractère et de la supériorité de jugement. Le vigneron de Touraine faisait désormais un même homme avec l'ancien canonnier à cheval. Ce n'était plus par hasard, mais par amour du pays, qu'il était allé à la frontière en 1792. Ce n'était plus par insouciance qu'il était demeuré dans son humble condition, mais par haine du pouvoir qui corrompt. Soldat par devoir, paysan par goût, écrivain par passe-temps, tel il se donnait et tel il fut pris. D'ailleurs ne voulant de la charte qu'autant que le gouvernement en voulait, ni plus ni moins, et ne croyant pas à la subite illumination des aveugles-nés, il prétendait appeler les choses par leur nom, parler aux puissances, suivant leurs intentions bien connues, et non pas suivant celles qu'une opposition trop polie voulait bien leur accorder : l'attitude était vraiment unique.

En tout cela Courier n'obéissait pas moins à l'instinct de son talent qu'à son indignation d'honnête homme et de citoyen, contre un système de persécution qui atteignait autour de lui quiconque ne voulait point être persécuteur. Son début ne se fit pas longtemps attendre. Au mois de décembre 1816, il adressa aux chambres, pour les habitants de Luynes, la fameuse pétition : *Messieurs, je suis Tourangeau* : la sensation fut des plus vives. Ce n'était que le tableau de la réaction royaliste dans un village de Touraine; mais la France entière s'y pouvait reconnaitre, car partout la situation était la même, avec une égale impossibilité de publier la vérité. Courier avait rendu à la nation cet immense service de publicité, dans un écrit de six pages fait pour être recherché de ceux mêmes qui, s'intéressant moins aux victimes qu'aux persécuteurs, se piquaient d'aimer l'esprit en gens de cour. Or, c'était là le point : tout dire dans une feuille d'impression, et savoir se faire lire. Courier y avait réussi ; aucune porte fermée n'avait pu empêcher cette vérité d'arriver à son adresse. M. Decazes, alors ministre de la police, se servit de la pétition contre le parti extrême qu'il ne gouvernait plus et qui voulait le renverser lui-même. Il chercha par toutes sortes de moyens à s'attacher Courier, mais inutilement. Courier ne voulait pas plus qu'auparavant se faire une carrière politique. Il était bien réellement paysan, occupé de sa vigne, de ses bois, de ses champs. Précisément alors ses propriétés avaient à souffrir de la part de gens qui trouvaient protection auprès des autorités du pays ; et il était toujours allant et venant de Paris à sa terre, de sa terre à Paris ; poussant un procès contre l'un, demandant inutilement justice contre l'autre. Comme M. Decazes réitérait auprès de lui ses assurances d'envie de lui être utile, il crut pouvoir profiter de dispositions si rares de la part d'un ministre, au moins pour obtenir dans son village, repos du côté des autorités, et satisfaction de ceux qui volaient impunément ses bois. Il parut dans les salons ministériels du temps, et cela seul suffit pour faire changer de conduite à son égard le préfet du département, et tout ce qui dépendait du préfet. C'était là tout ce qu'il voulait; il remercia, salua, et ne reparut plus.

La lettre *A Messieurs de l'Académie des Inscriptions et belles-lettres*, donnée en 1820, coupa court aux petites attentions ministérielles, dont Courier avait continué d'être l'objet depuis la pétition de Luynes. Ses amis avaient tous blâmé l'âpreté de ce nouvel écrit. Lui s'étonnait qu'on pût y voir autre chose que ce que tout le monde pensait des académies et de certains académiciens. On sait l'histoire de cette lettre. Courier s'était présenté pour succéder, à l'Académie des Inscriptions, à Clavier, son beau-père. A l'en croire, il avait parole du plus grand nombre des académiciens, et cependant, au jour de l'élection, il avait été unaniment rejeté. Il s'en fâcha, et fit la lettre. On remarqua que, puisqu'il avait trouvé la place de Clavier assez honorable pour la vouloir occuper après lui, il s'était fustigé lui-même sur cette prétention en voulant humilier le corps entier des académiciens; qu'il était peu conséquent à lui d'avoir frappé à la porte d'une académie, uniquement fondée, d'après son dire actuel, « pour composer des devises aux tapisseries du roi et, en un besoin, « aux bonbons de la reine. » Si Courier était coupable ici de quelque légèreté, il en fut puni dans le temps par l'endroit le plus sensible à un auteur. Sa lettre, aujourd'hui si admirée, n'eut d'abord point de succès. Ce qu'on appelait la méchanceté et la vanité blessée de l'académicien aspirant ferma beaucoup d'yeux sur l'art infini avec lequel était composé ce petit écrit, ou plutôt on fut sciemment injuste, parce que la personnalité maniée si cruellement effraye jusqu'aux rieurs, pour peu qu'ils soient exposés à rencontrer un si terrible homme et à lui déplaire. « Nulle part cependant Courier n'a répandu « avec plus de bonheur les traits d'une satire à la fois bouffonne et « sérieuse, qui excite le rire en même temps qu'elle soulève l'indi- « gnation et le mépris, telle qu'on l'admire dans les immortelles Pro- « vinciales. » C'est le jugement émis par Courier lui-même dans une courte notice sur sa personne et sur ses écrits, qui n'a point été publiée sous son nom, mais dans laquelle il est impossible de le méconnaître, et dont il serait ridicule de rougir ici pour lui [1]. S'il était possible de prendre ainsi sur le fait tous ceux qui, dans les biographies et dans les journaux, se sont chargés de parler d'eux-mêmes, et l'ont fait avec quelque avantage pour leur réputation, l'histoire littéraire de ce temps aurait à recueillir nombre de plaisantes confidences d'amour-propre : tel n'est point le caractère de la petite notice dont il est question ici. Courier n'y a point changé sa manière si connue; il n'a probablement ni espéré ni désiré qu'on s'y trompât; et sans précautions oratoires, sans ambages, sans grimaces de fausse modestie, il a dit de chacun de ses écrits, bonnement, franchement, avec la plus naïve conviction, ce qu'il en pensait. Ce trait peint bien moins les mœurs littéraires de l'époque qu'il ne peint Courier lui-

---

[1] L'opinion de Madame Courier et de quelques personnes qui ont connu très-particulièrement Courier, est que cette notice n'est point de lui. L'auteur de cet Essai a cru pouvoir, malgré des autorités si respectables, persister dans l'assertion qu'il a émise ici.

même. Le curieux n'est point en effet à ce qu'il se soit loué de sa propre plume comme tant d'autres, mais au peu de façon et de déguisement avec lequel il s'est rendu ce petit témoignage d'une bonne conscience.

Après tout, qu'on ne s'y trompe pas, ces éloges sont, littérairement parlant, l'exacte mesure de l'homme, telle qu'on serait charmé de l'avoir de Corneille, de la Fontaine, de Montesquieu, de Molière, si ces grands écrivains avaient été capables de parler d'eux-mêmes avec cette liberté ou plutôt cette ingénuité de bonne opinion. N'est-ce point, par exemple, une bonne fortune de trouver sur les *Lettres au Censeur*, qui parurent en 1820, l'opinion de l'écrivain même qui nous ravit, et nous vengea par ces hardis opuscules? « La petite
« collection des *Lettres au Censeur*, dit Courier, commença à popu-
« lariser le nom de l'auteur. Jusque-là, les éloquentes et courageuses
« dénonciations dont il avait poursuivi les magistrats iniques qui
« faisaient peser leur despotime sur la population timide et muette
« des campagnes, n'avaient guère retenti au delà du département
« d'Indre-et-Loire. Il était l'écrivain patriote de sa commune, de
« son canton; il n'était pas encore l'homme populaire de toute la
« France. Les *Lettres au Censeur*, assez répandues, révélèrent au pu-
« blic ce talent et ce courage nouveau d'un sincère ami du pays,
« dont l'esprit élevé au-dessus de tous les préjugés voit partout la
« vérité, la dit sans aucune crainte, et la dit de manière à la rendre
« accessible à tous, vulgaire, et, si l'on veut même, triviale et villa-
« geoise. Ajoutez à cela que, par un prodige tout à fait inouï, cet
« écrivain, qui semble ne chercher que le bon sens, s'exprime avec
« une pureté et une élégance de langage entièrement perdues de nos
« jours, et qui empreint ses écrits d'un caractère inimitable. »

Tout le monde assurément aura reconnu ici la plume du maître, et s'il est impossible de rien ajouter à cet éloge des Lettres au Censeur, on conviendra aussi qu'il n'y a rien à en ôter. C'est de ce même ton, avec cette même absence de pruderie littéraire, que la notice, dont l'anonyme est assez dévoilé, continue l'histoire et l'examen des écrits du vigneron de la Chavonnière. Cette notice est postérieure au Pamphlet des pamphlets, et conséquemment le dernier écrit de Courier, comme s'il eût dû terminer sa carrière par ce rapide et glorieux coup d'œil jeté sur elle avec un sentiment si juste de sa valeur d'écrivain. Il est bien impossible de ne pas s'aider de cette curieuse pièce quand on l'a sous les yeux, et ce serait faire au lecteur un véritable tort, que de ne pas laisser parler Courier toutes les fois qu'on est de son avis sur lui-même. On accepte bien un grand capitaine ou un politique fameux pour historien de ses propres actions : on trouve même qu'il est trop peu de tels historiens ; que le plus capable de faire de grandes choses est aussi le plus capable d'en bien parler. Pourquoi un grand écrivain ne serait-il pas aussi quelquefois le meilleur commentateur de ses propres ouvrages? Courier, par exemple, l'homme de son temps qui sut le mieux l'histoire de notre langue, le seul qui ait possédé le génie particulier de chacun des âges de cette langue, quel serait aujourd'hui le critique compétent à le juger sur toutes ses parties d'écrivain? Boileau, le grand critique du dix-septième siècle, n'osa point parler de la Fontaine ; Voltaire en déraisonna ; et jusqu'à ces derniers temps, c'est-à-dire jusqu'à Paul Courier, le bonhomme, dont Molière seul comprit la supériorité, n'avait peut-être rencontré ni biographe, ni commentateur qui en sût assez pour parler de lui.

Entre la dernière *Lettre au Censeur*, et le *Simple discours* sur la souscription pour Chambord, il y eut un immense progrès dans la réputation de Courier ; cependant le talent est le même dans ces deux opuscules. Tout l'avantage du Simple discours est dans l'à-propos, aussi heureux que hardi, de ce fer chaud appliqué sur l'épaule des courtisans, dans le temps même où ils s'agitaient pour donner à un tribut imposé à la faiblesse de beaucoup de gens la couleur d'une amoureuse offrande nationale. Courier fut condamné pour cette brochure à deux mois de prison et à trois cents francs d'amende. On trouva qu'en disant tout haut : Je ne souscrirai point pour donner Chambord au duc de Bordeaux, il avait offensé la morale. « Or, le Simple discours, comme dit très-bien le biographe anonyme, est un des plus éloquents plaidoyers qu'on ait parlés jamais en faveur de la morale, non publique et telle qu'on l'inscrit dans nos lois, mais de la morale véritable, telle que les croyances populaires l'ont reconnue. » On ne s'étonnera point de voir ce mot d'éloquence appliqué à une production en apparence toute simple, toute naïve. Le vigneron de la Chavonnière semble ne parler qu'à des paysans comme lui ; mais tout en s'accommodant à leur intelligence, il trouve moyen de faire entendre sur la cour, sur les courtisans, sur les mœurs de l'ancien régime, naturellement rappelées par Chambord, ce lieu témoin de tant d'illustres débauches, des choses à faire frémir les intéressés.

La brochure dans laquelle Courier rend compte de son procès est elle-même un délicieux pamphlet. Quant à l'admirable plaidoyer qui le termine, on ne pense pas que Courier ait jamais sérieusement pense à le réciter en face de ses juges. Il avait montré trop d'émotion dans les réponses, où il se peint d'une fermeté et d'une ironie si imperturbables, pour être capable de l'assurance nécessaire au débit d'un pareil morceau. Il est probable même que cette harangue étudiée, si belle à la lecture, eût manqué son effet à l'audience ; on y eût trop reconnu les effets oratoires calculés dans le cabinet. Si la parole est souveraine, c'est quand l'enfantement de la pensée est visible comme un spectacle, c'est quand un homme privilégié semble divulguer à toute une assemblée le secret de la plus haute des facultés humaines, l'inspiration.

La veille du jour où expirait sa détention de deux mois, Courier fut tiré de la prison de Sainte-Pélagie et conduit devant le tribunal pour un nouveau pamphlet, la *Pétition pour des villageois qu'on empêche de danser*. Il en fut quitte cette fois pour une simple réprimande ; mais, reconnaissant à ce second réquisitoire qu'il lui était désormais impossible de causer, comme il le disait, avec le gouvernement, par la voie de la presse légale, il eut recours à la presse clandestine. Son secret fut si bien gardé, que ses meilleurs amis ne surent pas comment il s'y prenait pour faire imprimer et répandre ses nouvelles causeries, lesquelles se succédaient avec une rapidité plus surprenante encore pour ceux qui avaient entendu parler de la sévérité et de la nécessaire lenteur que Courier apportait dans ses compositions. Ainsi parurent de 1822 à 1824, sans être avouées de leur auteur, mais le faisant trop bien reconnaître, *la première et la deuxième Réponse aux anonymes* ; l'une des deux admirable par le récit du forfait de Maingrat et cette poétique et vivante peinture des combats du jeune prêtre confessant la jeune fille qu'il aime ; enfin par ce continuel et si facile passage de la simplicité villageoise la plus naïve, au pathétique le plus déchirant et au raisonnement le plus rigoureux, le plus élevé, le plus entraînant. Tout le dix-huitième siècle a écrit contre les couvents d'hommes et de femmes, contre les vœux de religion, contre la confession des jeunes filles par les jeunes prêtres. Si l'on en excepte la Profession de foi du vicaire savoyard de Jean-Jacques, qu'a-t-on produit dans ce siècle de guerre emportée qui fasse descendre dans les âmes la conviction de l'abus, aussi bien que cette éloquente lettre où le prêtre, excusé et plaint comme homme, intéresse presque dans son irrésistible passion, comme victime de cette robe qui n'empêche point le cœur de battre, mais qui lui prescrit le mensonge s'il est faible, qui le pousse au meurtre si l a peur de voir révéler son secret l'a saisi.

Le *Livret de Paul-Louis*, la *Gazette du village*, ces croquis délicieux, ces comiques boutades d'un *ennemi du gouvernement*, plus artiste et homme d'esprit que factieux ; enfin la *Pièce diplomatique*, supposition bien hardie, sans doute, de ce qui pouvait se passer en 1823 au fond d'une âme royale quelque peu double et assez mal dévote, précédèrent de très-peu de temps le Pamphlet des pamphlets, qui fut le chant du cygne, comme on l'a bien et tristement dit quelque part. « Cet ouvrage, a dit Courier dans la notice
« anonyme, est, à proprement parler, la justification de tous les
« autres. L'auteur, qui toujours a su resserrer en quelques pages les
« vérités qu'il a voulu dire, s'attache à démontrer que le pamphlet
« est, de sa nature, la plus excellente sorte de livre, la seule vrai-
« ment populaire par sa brièveté même. Les gros ouvrages peu-
« vent être bons pour les désœuvrés des salons ; le pamphlet s'a-
« dresse aux gens laborieux de qui les mains n'ont pas le loisir de
« feuilleter une centaine de pages. Cette thèse heureuse à la fois et
« ingénieuse est soutenue en une façon qu'on appellerait volontiers
« dramatique. L'opinion d'un libraire parisien est mise en face de
« celle d'un baronnet anglais ; l'un prétend flétrir, l'autre glorifier
« l'auteur du titre de pamphlétaire ; et des débats sortent une foule
« de ces bonnes vérités qui vont à leur adresse. » Voilà bien l'esquisse décolorée, ou, si l'on veut, tout simplement la donnée du Pamphlet des pamphlets. Mais ici le biographe anonyme laisse trop à dire sur ce magnifique discours, dont la lecture doit rendre à jamais déplorable la fin prématurée de Courier. Tout ce qu'il avait produit jusque-là, parfait à beaucoup d'égards, n'était point sans déplaire à quelques lecteurs par le retour fréquent des mêmes formes, par le suranné d'expressions qui montrent la recherche et n'ajoutent pas toujours au sens, par le maniéré de cette naïveté villageoise, un peu trop ingénieuse, qui va se transformant à travers les combinaisons de raisonnements les plus déliées, du paysan au savant et du soldat au philosophe. En un mot, l'art du monde le plus raffiné semblait embarrassé de lui-même. Ce pamphlétaire, qui ne se gênait d'aucune vérité périlleuse à dire, hésitait sur un mot, sur une virgule, se montrait timide à toute façon de parler qui n'était pas de la langue de ses auteurs. Le Pamphlet des pamphlets montra le talent de Courier arrivé à ce période de puissance où l'écrivain n'imite plus personne et prétend servir d'exemple à son tour. On peut voir dans sa correspondance avec madame Courier la confiance lui venant avec ses succès. D'abord il s'étonne, il s'effraye presque de sa célébrité

si rapide, il la comprend à peine. N'ayant eu jusque-là de l'esprit que pour lui et pour quelques amis, il semble ne pouvoir se reconnaitre dans l'écrivain qui fait la curiosité des salons, et que les feuilles publiques appellent le Rabelais de la politique, le Montaigne du siècle, l'émule heureux de Pascal, l'imitateur heureux de tout ce qu'il y a jamais eu d'inimitable. Mais, assez vite, Paul-Louis se rassure; il s'habitue à sa réputation; il éprouve la sympathie universelle du public français pour un talent qu'il n'avait connu, lui, que par le laborieux et pénible côté de la composition. A mesure qu'il produit, on peut remarquer son allure plus dégagée, plus libre, sa manière se séparant de plus en plus de celle des écrivains auxquels on a pu d'abord le comparer, jusqu'à ce qu'enfin elle soit tout à fait l'expression de l'originalité de son esprit et de la trempe un peu sauvage de son caractère. Cet assouplissement graduel est assez marqué depuis la lettre à Monsieur Renouard jusqu'au Simple discours; mais, depuis le Simple discours jusqu'au Pamphlet des pamphlets, il l'est bien davantage. C'est là seulement que la lente formation de ce talent de premier ordre, qui tout à l'heure va disparaitre, est accomplie. La maturité peut-être un peu factice des premiers écrits de Courier a fait place à une maturité réelle, dans laquelle la vigueur est alliée à la grâce et l'originalité la plus âpre au naturel le plus parfait. On voit que ce lumineux et mordant génie a rencontré enfin la langue qui convient à ses amères impressions sur les hommes et les choses de son temps, et qu'il va marcher armé de toutes pièces. Dans le Pamphlet des pamphlets ce n'est plus un villageois discourant savamment sur les intérêts publics, c'est Paul-Louis se livrant avec une sorte d'enthousiasme au besoin de dire sa vocation de pamphlétaire et de la venger des mépris d'une portion de la société. Il s'est mis en cause commune avec Socrate, Pascal, Cicéron, Franklin, Démosthène, saint Paul, saint Basile; il s'est environné de ces grands hommes, comme d'une glorieuse milice d'apôtres de la liberté de penser, de publier, d'imprimer; il les montre pamphlétaires comme lui, faisant, chacun de son temps, contre une tyrannie ou contre l'autre, ce qu'il a fait du sien, lançant de petits écrits, attirant, prêchant, enseignant le peuple, malgré les plaisanteries de la cour, le blâme des honnêtes gens, la fureur des hypocrites et les réquisitoires du parquet; les uns allant en prison comme lui, les autres forcés d'avaler la ciguë ou mourant sous le fer de quelque ignoble soldat. Voilà le Pamphlet des pamphlets, morceau d'un entrainement irrésistible, et dont le style, d'un bout à l'autre en harmonie avec le mouvement de l'inspiration la plus capricieuse et la plus hardie, est peut-être ce que l'on peut citer dans notre langue de plus achevé comme goût et de plus merveilleux comme art.

On ne s'est point arrêté aux derniers travaux de Courier comme helléniste. Le plus important, sa traduction d'Hérodote, n'a point été achevé. Ce n'est guère ici le lieu de discuter le système dans lequel cette traduction a été commencée. Courier s'en est expliqué dans une préface qui n'a point mis tout le monde de son avis, mais qui a peut-être donné l'idée la plus complète des richesses littéraires silencieusement acquises par lui pendant ses campagnes, ses voyages, ses séjours à Naples, à Rome, à Paris, et sa dernière retraite en Touraine. Ce n'est pas trop de dire qu'il avait encore toute une réputation à se faire comme critique.

Voilà l'écrivain que la France a perdu dans toute la vigueur de son talent, et la tête plus que jamais pleine de projets. L'Europe sait que Paul-Louis Courier a été, le 10 avril 1825, atteint d'un coup de fusil à quelques pas de sa maison, et qu'il est mort sur la place.

On verra qu'une année avant sa tragique fin, Courier se faisait dire dans son Livret : *Paul-Louis, les cagots te tueront*. Le procès auquel a donné lieu cette déplorable mort n'a point accusé les cagots : aujourd'hui même encore on n'accuse personne. Quelques amis de Courier savent seulement que, devenu dans ses dernières années d'une humeur assez difficile, il n'était pas sans ennemis dans son voisinage. Mais ce dont il est impossible de n'être pas vivement frappé, c'est le vague pressentiment de malheur qui règne dans la dernière partie du Pamphlet des pamphlets. Quelques lignes semblent être un confus adieu de Courier à la vie, à ses études favorites, à sa carrière déjà si glorieuse, un involontaire retour sur lui-même, et comme un touchant désaveu de ses préventions contre son temps. « Détournez de moi ce calice, dit-il ; la ciguë est amère, et le monde « se convertit assez sans que je m'en mêle, chétif ; je serai la mou- « che du coche, qui se passera bien de mon bourdonnement ; il va, « mes chers amis, et ne cesse d'aller. Si sa marche nous paraît lente, « c'est que nous vivons un instant ; mais que de chemin il a fait de- « puis cinq ou six siècles ! A cette heure, en pleine roulant, rien ne le « peut plus arrêter. »

C'est parmi ces espérances d'un temps meilleur pour la France et pour l'humanité, que l'ardent ennemi des oppresseurs de grande et de petite taille, héros ou cagots, semblait pressentir à la fois et la fin et l'inutilité prochaine de son rôle de pamphlétaire. Il y a six ans de cela, et certes le coche n'est point resté depuis lors immobile. Hier il avançait, aujourd'hui il recule. C'est toujours la lutte des passions et des ineptes fantaisies de quelques débris d'ancien régime contre les résultats de la révolution. Assurés de vaincre un jour, mais pressés d'en finir, qui de nous n'a point senti cruellement dans ses derniers temps l'absence de Paul-Louis Courier? Combien de fois ne s'est-on pas surpris à penser qu'en tel acte arbitraire ou honteux, le pouvoir, qui se riait des attaques concertées de cent journaux, eût tremblé à l'idée de rencontrer la petite feuille du pamphlétaire? Non, Courier n'est point oublié et ne le sera point. La place qu'il occupa dans nos rangs demeurera vide jusqu'à la fin du combat. Mais, avant de rencontrer sa destinée, il a du moins gravé sur l'airain tous les sentiments qui lui furent communs avec nous, et qui absoudraient cette génération, si jamais elle était accusée d'avoir été muette spectatrice de toutes les hontes de la France depuis quinze ans.

ARMAND CARREL.

1ᵉʳ décembre 1829.

PAMPHLETS POLITIQUES.

PÉTITION AUX DEUX CHAMBRES.

(1816.)

Messieurs,

Je suis Tourangeau; j'habite Luynes, sur la rive droite de la Loire, lieu autrefois considérable, que la révocation de l'édit de Nantes a réduit à mille habitants, et que l'on va réduire à rien par de nouvelles persécutions, si votre prudence n'y met ordre.

J'imagine bien que la plupart d'entre vous, Messieurs, ne savent guère ce qui s'est passé à Luynes depuis quelques mois. Les nouvelles de ce pays font peu de bruit en France, et à Paris surtout. Ainsi je dois, pour la clarté du récit que j'ai à faire, prendre les choses d'un peu haut.

Il y a eu un an environ à la Saint-Martin, qu'on commença chez nous à parler de bons sujets et de mauvais sujets. Ce qu'on entendait par là, je ne le sais pas bien; et si je le savais, peut-être ne le dirais-je pas, de peur de me brouiller avec trop de gens. En ce temps, François Fouquet, allant au grand moulin, rencontra le curé, qui conduisait un mort au cimetière de Luynes. Le passage était étroit; le curé, voyant venir Fouquet sur son cheval, lui crie de s'arrêter; il ne s'arrête point; d'ôter son chapeau, il le garde; il passe, il trotte, il éclabousse le curé en surplis. Ce ne fut pas tout; aucuns disent, et je n'ai pas peine à le croire, qu'en passant il jura, et dit qu'il se moquait (vous m'entendez assez) du curé et de son mort. Voilà le fait, Messieurs; je n'y ajoute n'y n'en ôte; je ne prends point, Dieu m'en garde, le parti de Fouquet, ni ne cherche à diminuer ses torts. Il fit mal; je le blâme, et le blâmai dès lors. Or, écoutez ce qui en advint.

Trois jours après, quatre gendarmes entrent chez Fouquet, le saisissent, l'emmènent aux prisons de Langeais, lié, garrotté, pieds nus, les menottes aux mains, et pour surcroît d'ignominie, entre deux voleurs de grand chemin. Tous trois, on les jeta dans le même cachot. Fouquet y fut deux mois; pendant ce temps sa famille n'eut, pour subsister, d'autre ressource que la compassion des bonnes gens, qui, dans notre pays, heureusement, ne sont pas rares. Il y a chez nous plus de charité que de dévotion. Fouquet donc étant en prison, ses enfants ne moururent pas de faim; en cela il fut plus heureux que d'autres.

On arrêta, vers le même temps, et pour une cause aussi grave, Georges Mauclair, qui fut détenu cinq à six semaines. Celui-là avait mal parlé, disait-on, du gouvernement. Dans le fait, la chose est possible; peu de gens chez nous savent ce que c'est que le gouvernement; nos connaissances sur ce point sont assez bornées; ce n'est pas le sujet ordinaire de nos méditations; et si Georges Mauclair en a voulu parler, je ne m'étonne pas qu'il en ait mal parlé; mais je m'étonne qu'on l'ait mis en prison pour cela. C'est être un peu sévère, ce me semble. J'approuve bien plus l'indulgence qu'on a eue pour un autre, connu de tout le monde à Luynes, qui dit en plein marché, au sortir de la messe, hautement, publiquement, qu'il gardait son vin pour le vendre au retour de Bonaparte, ajoutant qu'il n'attendrait guère, et d'autres sottises pareilles. Vous jugerez là-dessus, Messieurs, qu'il ne vendait ni ne gardait son vin, mais qu'il le buvait. Ce fut mon opinion dans le temps. On ne pouvait plus mal parler. Mauclair n'en avait pas tant dit pour être emprisonné; celui-là cependant on l'a laissé en repos, pourquoi? c'est qu'il est bon sujet : et l'autre? il est mauvais sujet; il a déplu à ceux qui font marcher les gendarmes : voilà le point, Messieurs. Châteaubriand a dit dans le livre défendu que tout le monde lit : *Vous avez deux poids et deux mesures; pour le même fait, l'un est condamné, l'autre absous.* Il entendait parler, je crois, de ce qui se passe à Paris : mais à Luynes, Messieurs, c'est toute la même chose. Êtes-vous bien avec tels ou tels? bon sujet, on vous laisse vivre. Avez-vous soutenu quelque procès contre un tel, manqué à le saluer, querellé sa servante, ou jeté une pierre à son chien? vous êtes mauvais sujet, partant séditieux on vous applique la loi, et quelquefois on vous l'applique un peu rudement, comme on fit dernièrement à dix de nos plus paisibles habitants, gens craignant Dieu et monsieur le maire, pères de famille, la plupart vignerons, laboureurs, artisans, de qui nul n'avait à se plaindre, bons voisins, amis officieux, serviables à tous, sans reproche dans leur état, dans leurs mœurs, leur conduite; mais mauvais sujets. C'est une histoire singulière, qui a fait et fera longtemps grand bruit au pays; car nous autres, gens de village, nous ne sommes pas accoutumés à ces coups d'État. L'affaire de Mauclair et de l'autre mis en prison pour n'avoir pas ôté son chapeau, en passant, au curé, au mort, n'importe; tout cela n'est rien au prix.

Ce fut le jour de la mi-carême, le 25 mars, à une heure du matin; tout dormait; quarante gendarmes entrent dans la ville; là, de l'auberge où ils étaient descendus d'abord, ayant fait leurs dispositions, pris toutes leurs mesures et les indications dont ils avaient besoin, dès la première aube du jour ils se répandent dans les maisons. Luynes, Messieurs, est, en grandeur, la moitié du Palais-Royal. L'épouvante fut bientôt partout. Chacun fuit ou se cache; quelques-uns, surpris au lit, sont arrachés des bras de leurs femmes ou de leurs enfants; mais la plupart, nus, dans les rues, ou fuyant dans la campagne, tombent aux mains de ceux qui les attendaient dehors. Après une longue scène de tumulte et de cris, dix personnes demeurent arrêtées : c'était tout ce qu'on avait pu prendre. On les emmène; leurs parents, leurs enfants les auraient suivis, si l'autorité l'eût permis.

L'autorité, Messieurs, voilà le grand mot en France. Ailleurs on dit la loi, ici l'autorité. Oh! que le père Canaye [1] serait content de nous, s'il pouvait revivre un moment! il trouverait partout écrit : *Point de raison; l'autorité.* Il est vrai que cette autorité n'est pas celle des Conciles, ni des Pères de l'Église, moins encore des jurisconsultes; mais c'est celle des gendarmes, qui en vaut bien une autre.

On enleva donc ces malheureux, sans leur dire de quoi ils étaient accusés, ni le sort qui les attendait, et on défendit à leurs proches de les conduire, de les soutenir jusqu'aux portes des prisons. On repoussa des enfants qui demandaient encore un

---

[1] Voyez la conversation du père Canaye et du maréchal d'Hocquincourt, dans Saint-Évremont.

regard de leur père, et voulaient savoir en quel lieu il allait être enseveli. Des dix arrêtés cette fois, il n'y en avait point qui ne laissât une famille à l'abandon. Brulon et sa femme, tous deux dans les cachots six mois entiers, leurs enfants autant de temps sont demeurés orphelins. Pierre Aubert, veuf, avait un garçon et une fille; celle-ci de onze ans, l'autre plus jeune encore, mais dont, à cet âge, la douceur et l'intelligence intéressaient déjà tout le monde. A cela se joignait alors la pitié qu'inspirait leur malheur; chacun de son mieux les secourut. Rien ne leur eût manqué, si les soins paternels se pouvaient remplacer; mais la petite bientôt tomba dans une mélancolie dont on ne la put distraire. Cette nuit, ces gendarmes, et son père enchaîné, ne s'effaçaient point de sa mémoire. L'impression de terreur qu'elle avait conservée d'un si affreux réveil, ne lui laissa jamais reprendre la gaieté ni les jeux de son âge; elle n'a fait que languir depuis, et se consumer peu à peu. Refusant toute nourriture, sans cesse elle appelait son père. On crut, en le lui faisant voir, adoucir son chagrin, et peut-être la rappeler à la vie : elle obtint, mais trop tard, l'entrée de la prison. Il l'a vue, il l'a embrassée, il se flatte de l'embrasser encore; il ne sait pas tout son malheur, que frémissent de lui apprendre les gardiens mêmes de ces lieux. Au fond de ces terribles demeures, il vit de l'espérance d'être enfin quelque jour rendu à la lumière, et de retrouver sa fille; depuis quinze jours elle est morte.

Justice, équité, providence! vains mots dont on nous abuse! quelque part que je tourne les yeux, je ne vois que le crime triomphant, et l'innocence opprimée. Je sais tel qui, à force de trahisons, de parjures et de sottises tout ensemble, n'a pu consommer sa ruine; une famille qui laboure le champ de ses pères est plongée dans les cachots, et disparaît pour toujours. Détournons nos regards de ces tristes exemples, qui feraient renoncer au bien et douter même de la vertu.

Tous ces pauvres gens, arrêtés comme je viens de vous raconter, furent conduits à Tours, et là mis en prison. Au bout de quelques jours, on leur apprit qu'ils étaient bonapartistes; mais on ne voulut pas les condamner sur cela, ni même leur faire leur procès. On les renvoya ailleurs, avec grande raison;

car il est bon de vous dire, Messieurs, qu'entre ceux qui les accusaient et ceux qui devaient les juger comme bonapartistes, ils se trouvaient les seuls peut-être qui n'eussent point juré fidélité à Bonaparte, point recherché sa faveur, ni protesté de leur dévouement à sa personne sacrée. Le magistrat qui les poursuit avec tant de rigueur aujourd'hui, sous prétexte de bonapartisme, traitait de même leurs enfants il y a peu d'années, mais pour un tout autre motif, pour avoir refusé de servir Bonaparte. Il faisait par les mêmes suppôts saisir le conscrit réfractaire, et conduire aux galères l'enfant qui préférait son père à Bonaparte. Que dis-je! au défaut de l'enfant, il saisissait le père même, faisait vendre le champ, les bœufs et la charrue du malheureux dont le fils avait manqué deux fois à l'appel de Bonaparte. Voilà les gens qui nous accusent de bonapartisme. Pour moi, je n'accuse ni ne dénonce, car je ne veux nul emploi, et n'ai de haine pour qui que ce soit; mais je soutiens qu'en aucun cas on ne peut avoir de raison d'arrêter à Luynes dix personnes, ou à Paris cent mille; car c'est la même chose. Il n'y saurait avoir à Luynes dix voleurs reconnus parmi les habitants, dix assassins domiciliés; cela est si clair, qu'il me semble aussitôt prouvé que dit. Ce sont donc dix ennemis du roi qu'on prive de leur liberté, dix hommes dangereux à l'État. Oui, Messieurs, à cent lieues de Paris, dans un bourg écarté, ignoré, qui n'est pas même lieu de passage, où l'on n'arrive que par des chemins impraticables, il y a là dix conspirateurs, dix ennemis de l'État et du roi, dix hommes dont il faut s'assurer, avec précaution toutefois. Le secret est l'âme de toute opération militaire. A minuit on monte à cheval; on part; on arrive sans bruit aux portes de Luynes; point de sentinelles à égorger, point de postes à surprendre; on entre, et, au moyen de mesures si bien prises, on parvient à saisir une femme, un barbier, un sabotier, quatre ou cinq laboureurs ou vignerons, et la monarchie est sauvée.

Le dirai-je? les vrais séditieux sont ceux qui en trouvent partout; ceux qui, armés du pouvoir, voient toujours dans leurs ennemis les ennemis du roi, et tâchent de les rendre tels à force de vexations; ceux enfin qui trouvent dans Luynes dix hommes à arrêter, dix familles à désoler, à ruiner de par le roi; voilà les ennemis du roi. Les faits parlent, Messieurs. Les auteurs de ces violences ont assurément des motifs autres que l'intérêt public. Je n'entre point dans cet examen ; j'ai voulu seulement vous faire connaître nos maux, et par vous, s'il se peut, en obtenir la fin. Mais je ne vous ai pas encore tout dit, Messieurs.

Nos dix détenus, soupçonnés d'avoir mal parlé, le tribunal de Tours déclarant qu'il n'était pas juge des paroles, furent transférés à Orléans. Pendant qu'on les traînait de prison en prison, d'autres scènes se passaient à Luynes. Une nuit, on met le feu à la maison du maire. Il s'en fallut peu que cette famille, respectable à beaucoup d'égards, ne pérît dans les flammes. Toutefois les secours arrivèrent à temps. Là-dessus gendarmes de marcher : on arrête, on emmène, on emprisonne tous ceux qui pouvaient paraître coupables. La justice cette fois semblait du côté du maire ; il soupçonnait tout le monde, peut-être avec raison. Je ne vous fatiguerai point, Messieurs, des détails de ce procès, que je ne connais pas bien, et qui dure encore. J'ajouterai seulement que, des dix premiers arrêtés, on en condamna deux à la déportation (car il ne fallait pas que l'autorité eût tort) ; deux sont en prison ; six renvoyés sans jugement, revinrent au pays, ruinés pour la plupart, infirmes, hors d'état de reprendre leurs travaux. Ceux-là, il est permis de croire qu'ils n'avaient pas même mal parlé. Dieu veuille qu'ils ne trouvent jamais l'occasion d'agir?

Mais vous allez croire Luynes un repaire de brigands, de malfaiteurs incorrigibles, un foyer de révolte, de complots contre l'État. Il vous semblera que ce bourg, bloqué en pleine paix, surpris par les gendarmes à la faveur de la nuit, dont on emmène dix prisonniers, et où de pareilles expéditions se renouvellent souvent, ne saurait être peuplé que d'une engeance ennemie de toute société. Pour en pouvoir juger, Messieurs, il vous faut remarquer d'abord que la Touraine est, de toutes les provinces du royaume, non-seulement la plus paisible, mais la seule peut-être paisible depuis vingt-cinq ans. En effet, où trouverez-vous, je ne dis pas en France, mais dans l'Europe entière, un coin de terre habitée, où il n'y ait eu, durant cette période, ni guerre, ni proscriptions, ni troubles d'aucune espèce? C'est ce qu'on peut dire de la Touraine, qui, exempte à la fois des discordes civiles et des invasions étrangères, sembla réservée par le ciel pour être, dans ces temps d'orage, l'unique asile de la paix. Nous avons connu par ouï-dire les désastres de Lyon, les horreurs de la Vendée, et les hécatombes humaines du grand prêtre de la raison, et les massacres calculés de ce génie qui inventa la grande guerre et la haute police; mais alors, de tant de fléaux, nous ne ressentions que le bruit, calmes au milieu des tourmentes, comme ces oasis entourées des sables mouvants du désert.

Que si vous remontez à des temps plus anciens, après les funestes revers de Poitiers et d'Azincourt, quand le royaume était en proie aux armées ennemies, la Touraine, intacte, vierge, préservée de toute violence, fut le refuge de nos rois. Ces troubles, qui, s'étendant partout comme un incendie, couvrirent la France de ruines, durant la prison du roi Jean, s'arrêtèrent aux campagnes qu'arrosent le Cher et la Loire. Car tel est l'avantage de notre position; éloignés des frontières et de la capitale, nous sentons les derniers les mouvements populaires et les secousses de la guerre. Jamais les femmes de Tours n'ont vu la fumée d'un camp.

Or, dans cette province, de tout temps si heureuse, si pacifique, si calme, il n'y a point de canton plus paisible que Luynes. Là, on ne sait ce que c'est que vols, meurtres, violences; et les plus anciens de ce pays, où l'on vit longtemps, n'y avaient vu ni prévôts ni archers, avant ceux qui vinrent, l'an passé, pour apprendre à vivre à Fouquet. Là, on ignore jusqu'aux noms de factions et de partis; on cultive ses champs; on ne se mêle d'autre chose. Les haines qu'a semées partout la révolution n'ont point germé chez nous, où la révolution n'avait fait ni victimes ni fortunes nouvelles. Nous pratiquons surtout le précepte divin d'obéir aux puissances; mais, avertis tard des changements, de peur de ne pas crier à propos : Vive le roi! vive la Ligue! nous ne crions rien du tout; et cette politique nous avait réussi, jusqu'au jour où Fouquet passa devant le mort sans ôter son chapeau. A présent même, je m'étonne qu'on ait pris ce prétexte de cris séditieux pour nous persécuter : tout autre eût été plus plausible; et je trouve qu'on eût aussi bien fait de nous brûler comme entachés de l'hérésie de nos ancêtres, que de nous déporter ou nous emprisonner comme séditieux.

Toutefois vous voyez que Luynes n'est point, Messieurs, comme vous l'auriez pu croire, un centre de rébellion, un de ces repaires qu'on livre à la vengeance publique, mais le lieu le plus tranquille de la plus soumise province qui soit dans tout le royaume. Il était tel, du moins, avant qu'on y eût allumé, par de criantes iniquités, des ressentiments et des haines qui ne s'éteindront de longtemps. Car je dois vous le dire, Messieurs, ce pays n'est plus ce qu'il était; s'il fut calme pendant des siècles, il ne l'est plus maintenant. La terreur à présent y règne, et ne cessera que pour faire place à la vengeance. Le feu mis à la maison du maire, il y a quelques mois, vous prouve à quel degré la rage était alors montée; elle est augmentée depuis, et cela chez des gens qui, jusqu'à ce moment, n'avaient montré que douceur, patience, soumission à tout régime supportable. L'injustice les a révoltés. Réduits au désespoir par ces magistrats mêmes, leurs naturels appuis, opprimés au nom des lois qui doivent les protéger, ils ne connaissent plus de frein, parce que ceux qui les gouvernent n'ont point connu de mesure. Si le devoir des législateurs est de prévenir les crimes, hâtez-vous, Messieurs, de mettre un terme à ces dissensions. Il faut que votre sagesse et la bonté du roi rendent à ce malheureux pays le calme qu'il a perdu.

Paris, le 10 décembre 1816.

LETTRES
AU RÉDACTEUR DU CENSEUR.
(1819 - 1820.)

LETTRE PREMIÈRE.

Véretz, le 10 juillet 1819.

Vous vous trompez, Monsieur, vous avez tort de croire que mon placet imprimé [1], dont vous faites mention dans une de vos

[1] Le placet aux ministres

feuilles, n'a produit nul effet. Ma plainte est écoutée. Sans doute, comme vous le dites, il est fâcheux pour moi que l'innocence de ma vie ne puisse assurer mon repos; mais c'est la faute des lois, non celle des ministres. Ils ont écrit à leurs agents comme je le pouvais désirer, et plût à Dieu qu'ils eussent écrit de même aux juges, quand j'avais des procès, et à l'Académie, quand j'étais candidat. Cela m'eût mieux valu que tous les droits du monde, pour avoir le fauteuil et pour garder mon bien. Il faut en convenir, de trois sortes de gens auxquels j'ai eu affaire depuis un certain temps, savants, juges, ministres, je n'ai pu vraiment faire entendre raison qu'à ceux-ci. J'ai trouvé les ministres incomparablement plus amis des *belles-lettres* que l'Académie de ce nom, et plus justes que *la justice*. Ceci soit dit sans déroger à mes principes d'opposition.

Vous nous plaignez beaucoup, nous autres paysans, et vous avez raison, en ce sens que notre sort pourrait être meilleur. Nous dépendons d'un maire et d'un garde-champêtre qui se fâchent aisément. L'amende et la prison ne sont pas des bagatelles. Mais songez donc, Monsieur, qu'autrefois on nous tuait pour *cinq sous parisis.* C'était la loi. Tout noble ayant tué un vilain devait jeter cinq sous sur la fosse du mort. Mais les lois libérales ne s'exécutent guère, et la plupart du temps on nous tuait pour rien. Maintenant il en coûte à un maire sept sous et demi de papier marqué pour seulement mettre en prison l'homme qui travaille, et les juges s'en mêlent. On prend des conclusions, puis on rend un arrêté conforme au bon plaisir du maire et du préfet. Vous paraît-il, Monsieur, que nous ayons peu gagné en cinq ou six cents ans? Nous étions la gent *corvéable, taillable et tuable* à volonté; nous ne sommes plus qu'*incarcérables*. Est-ce assez, direz-vous? Patience; laissez faire; encore cinq ou six siècles, et nous parlerons au maire *tout comme je vous parle;* nous pourrons lui demander de l'argent, s'il nous en doit, et nous plaindre, s'il nous en prend, sans encourir peine de prison.

Toutes choses ont leurs progrès. Du temps de Montaigne, un vilain, son seigneur le voulant tuer, s'avisa de se défendre. Chacun en fut surpris, et le seigneur surtout, qui ne s'y attendait pas, et Montaigne qui le raconte. Ce manant devinait les droits de l'homme. Il fut pendu, cela devait être. Il ne faut pas devancer son siècle.

P. L. COURIER.

Sous Louis XIV, on découvrit qu'un paysan était un homme, ou plutôt cette découverte, faite depuis longtemps dans les cloîtres par de jeunes religieuses, alors seulement se répandit, et d'abord parut une rêverie de ces bonnes sœurs, comme nous l'apprend la Bruyère. *Pour des filles cloîtrées*, dit-il, *un paysan est un homme.* Il témoigne là-dessus combien cette opinion lui semble étrange. Elle est commune maintenant, et bien des gens pensent sur ce point tout comme les religieuses, sans en avoir les mêmes raisons. On tient assez généralement que les paysans sont des hommes. De là à les traiter comme tels, il y a loin encore. Il se passera longtemps avant qu'on s'accoutume, dans la plupart de nos provinces, à voir un paysan vêtu, semer et recueillir pour lui ; à voir un homme de bien posséder quelque chose. Ces nouveautés choquent furieusement les propriétaires ; j'entends ceux qui pour le devenir n'ont eu que la peine de naître.

LETTRE II.

PROJET D'AMÉLIORATION DE L'AGRICULTURE,

PAR J. BUJAULT,

Avocat, à Melle, département des Deux-Sèvres.

Brochure de cinquante pages où l'on trouve des calculs, des remarques, des idées dignes de l'attention de tous ceux qui ont étudié cette matière. L'auteur aime son sujet, le traite en homme instruit, et dont les connaissances s'étendent au delà. Il ne tiendrait qu'à lui d'approfondir les choses qu'il effleure en passant ; plein de zèle d'ailleurs pour le bonheur public et la gloire de l'État, il conseille au gouvernement d'*encourager l'agriculture.* Il veut qu'on *dirige la nation vers l'économie rurale*, *qu'on instruise les cultivateurs*, et il en indique les moyens. Rien n'est mieux pensé ni plus louable. Mais, avec tout cela, il ne contentera pas les gens, en très-grand nombre, qui sont persuadés que toute influence du pouvoir nuit à l'industrie, et qui croient *gouvernement* synonyme d'*empêchement*, en ce qui concerne les arts. Ils diront à M. Bujault : Laissez le gouvernement percevoir des impôts et répandre des grâces ; mais, pour Dieu, ne l'engagez point à se mêler de nos affaires. Souffrez, s'il ne peut nous oublier, qu'il pense à nous le moins possible. Ses intentions à notre égard sont sans doute les meilleures du monde, ses vues toujours parfaitement sages, et surtout désintéressées ; mais, par une fatalité qui ne se dément jamais, tout ce qu'il encourage languit, tout ce qu'il dirige va mal, tout ce qu'il conserve périt, hors les maisons de jeu et de débauche. L'Opéra, peut-être, aurait peine à se passer du gouvernement ; mais nous, nous ne sommes pas brouillés avec le public. Laboureurs, artisans, nous ne l'ennuyons pas, même en chantant ; à qui travaille, il ne faut que la liberté.

Voilà ce que l'on pourra dire, et que certainement diront à M. Bujault les partisans du libre exercice de l'industrie. Mais les mêmes gens l'approuveront, lorsqu'il reproche aux oisifs, dont abondent la ville et la campagne, aux jeunes gens, et, chose asssurément remarquable, aux grands propriétaires de terres, leur dédain pour l'agriculture, suite de cette fureur pour les places, qui est un mal ancien chez nous, et dont Philippe de Comines, il y a plus de trois cents ans, a fait des plaintes toutes pareilles. *Ils n'ont*, dit-il, *souci de rien*, parlant des Français de son temps, *sinon d'offices et états, que trop bien ils savent faire valoir, cause principale de mouvoir guerres et rébellions.* Les choses ont peu changé ; seulement cette convoitise des *offices et états* (curée autrefois réservée à nobles limiers) est devenue plus âpre encore, depuis que tous y peuvent prétendre, et ne donne pas peu d'affaires au gouvernement. Quelque multiplié que paraisse aujourd'hui le nombre des emplois, qui ne se compare plus qu'aux étoiles du ciel et aux sables de la mer, il n'a pourtant nulle proportion avec celui des demandeurs, et on est loin de pouvoir contenter tout le monde. Suivant un calcul modéré de M. Bujault, il y a maintenant en France, pour chaque place, dix aspirants, ce qui, en supposant seulement deux cent mille emplois, fait un effectif de deux millions de solliciteurs actuellement dans les antichambres, *le chapeau dans la main, se tenant sur leurs membres*, comme dit un poëte [1] : accordons qu'ils ne fassent nul mal (ainsi la charité nous oblige à le croire),

[1] Régnier, *Satires.*

ils pourraient faire quelque bien, et par une honnête industrie fuir les tentations du malin. C'est ce que voudrait M. Bujault, et qu'il n'obtiendra pas, selon toute apparence : l'esprit du siècle s'y oppose. Chacun maintenant cherche à se placer, ou, s'il est placé, à se pousser. On veut être quelque chose. Dès qu'un jeune homme sait faire la révérence, riche ou non, peu importe, il se met sur les rangs; il demande des gages, en tirant un pied derrière l'autre : cela s'appelle se présenter ; tout le monde se présente pour être quelque chose. On est quelque chose en raison du mal qu'on peut faire. Un laboureur n'est rien ; un homme qui cultive, qui bâtit, qui travaille utilement, n'est rien. Un gendarme est quelque chose ; un préfet est beaucoup ; Bonaparte était tout. Voilà les gradations de l'estime publique, l'échelle de la considération suivant laquelle chacun veut être Bonaparte, sinon préfet, ou bien gendarme. Telle est la direction générale des esprits, la même depuis longtemps, et non prête à changer. Sans cela, qui peut dire jusqu'où s'élancerait le génie de l'invention? où atteindrait avec le temps l'industrie humaine, à laquelle Dieu sans doute voulut mettre des bornes, en la détournant vers cet art de se faire petit pour complaire, de s'abaisser, de s'effacer devant un supérieur, de s'ôter à soi-même tout mérite, toute vertu, de s'anéantir, seul moyen d'être quelque chose ?

LETTRE IV.

Véretz, 10 septembre 1819.

Monsieur,

Quelqu'un se plaint, dans une de vos feuilles, que, sous prétexte de vacances, on lui a refusé l'entrée de la Bibliothèque du Roi. Je vois ce que c'est, on l'a pris pour un de ces curieux, comme il en vient là fréquemment, qui ne veulent que voir des livres, et gênent les gens studieux. Ceux-ci n'ont point à craindre un semblable refus, et la Bibliothèque pour eux ne vaque jamais. Aux autres on assigne certains jours, certaines heures, ordre fort sage ; votre ami, pour peu qu'il y veuille réfléchir, lui-même en conviendra. S'il m'en croit, qu'il retourne à la Bibliothèque, et, parlant à quelqu'un de ceux qui en ont le soin, qu'il se fasse connaître pour être de ces hommes auxquels il faut, avec des livres, silence, repos, liberté ; je suis trompé, s'il ne trouve des gens aussi prompts à le satisfaire que capables de l'aider et de le diriger dans toutes sortes de recherches. J'en ai fait l'expérience ; d'autres la font chaque jour à leur très-grand profit. Après cela, s'il a voyagé, s'il a vu en Allemagne les livres enchaînés, en Italie *purgés,* c'est-à-dire biffés, raturés, mutilés, par la cagoterie, enfermés le plus souvent, ne se communiquer que sur un ordre d'en haut, il cessera de se plaindre de nos bibliothèques, de celle-là surtout ; enfin il avouera, s'il est de bonne foi, que cet établissement n'a point de pareil au monde, pour les facilités qu'y trouvent ceux qui vraiment veulent étudier.

Quant au factionnaire suisse qu'il a vu à la porte, ce n'étaient pas sans doute les administrateurs qui l'avaient placé là. Rarement les savants posent des sentinelles, si ce n'est dans les guerres de l'École de droit. Je ne connais point messieurs de la Bibliothèque assez pour pouvoir vous rien dire de leurs sentiments ; mais je les crois Français, et je me persuade que, s'il dépendait d'eux, on ferait venir *d'Amiens des gens pour être suisses,* puisque enfin il en faut dans la garde du roi.

LETTRE V.

Véretz, 18 octobre 1819.

Monsieur,

Le hasard m'a fait tomber entre les mains une lettre d'un procureur du roi à un commandant de gendarmes. En voici la copie, sauf les noms que je supprime.

Monsieur le commandant, veuillez faire arrêter et conduire en prison un tel, *de* tel endroit.

Voilà toute la lettre. Je crois, si vous l'imprimez, qu'on vous en saura gré. Le public est intéressé dans une pareille correspondance ; mais il n'en connaît d'ordinaire que les résultats. Ceci est bref, concis ; c'est le style impérial, ennemi des longueurs et des explications. *Veuillez mettre en prison,* cela dit tout. On n'ajoute pas : *car tel est notre plaisir*. Ce serait rendre raison, alléguer un motif; et, en style de l'empire, on ne rend raison de rien. Pour moi, *je suis charmé de ce petit morceau.*

Quelqu'un pourra demander (car on devient curieux, et le monde s'avise de questions maintenant qui ne se faisaient pas autrefois), on demandera peut-être combien de gens en France ont le droit ou le pouvoir d'emprisonner qui bon leur semble, sans être tenus de dire pourquoi. Est-ce une prérogative des procureurs du roi et de leurs substituts? Je le croirais, quant à moi. Ces places sont recherchées; ce n'est pas pour l'argent. On en donnait jadis, on en donnait beaucoup pour être procureur du roi. Fouquet vendit sa charge dix-huit cent mille francs, cinq millions d'aujourd'hui, et elles coûtent à présent bien plus que de l'argent. Ce qu'achètent si cher *d'honnêtes gens*, c'est l'honneur (*l'honneur seul peut flatter un esprit généreux*), ce sont les priviléges attachés à ces places. En est-il en effet de plus beau, de plus grand que de pouvoir dire : Gendarmes, qu'on l'arrête, qu'on le mène en prison. Cela ne sent pas du tout le robin, l'homme de loi. On ne voit rien là dedans de ces lentes et pesantes formalités de justice que le cardinal de Retz reproche, avec tant de raison, à la magistrature, et qui, tant de fois, le firent enrager, comme lui-même le raconte.

Il ne se plaindrait pas maintenant : tout a changé au delà même de ce qu'il eût pu désirer alors. Notre jurisprudence, nos lois sont prévôtales; nos magistrats aussi doivent être expéditifs et le sont. Vite, tôt; emprisonnez, tuez; on n'aurait jamais fait s'il fallait tant d'ambages et de circonlocutions. Tout chez nous porte empreint le caractère de ce héros; le génie du pouvoir, qui faisait en une heure une constitution, en quelques jours un code pour toutes les nations, gouvernait à cheval, organisait en poste, et fonda, en se débottant, un empire qui dure encore.

Tout bien considéré, le parti le plus sûr, c'est de respecter fort les procureurs du roi, leurs substituts et leurs clercs; de les éviter, de fuir toute rencontre avec eux, tout démêlé; de leur céder non-seulement le haut du pavé, mais tout le pavé, s'il se peut. Car enfin, on le sait, ce sont des gens fort sages, qui ne mettent en prison que pour de bonnes raisons, exempts de passions, calmes, imperturbables, des hommes éprouvés sous le grand Napoléon, *qui, cent fois dans le cours de sa gloire passée, tenta leur patience et ne l'a point lassée.* Mais ce ne sont pas des saints ; ils peuvent se fâcher. Un mot avec paraphe, le commandant est là. *Veuillez......* et aussitôt gendarmes de courir, prison de s'ouvrir ; quand vous y serez, la Charte ne vous en tirera pas. Vous pourrez rêver à votre aise la liberté individuelle. Non, respectons les gens du roi, ou les gens de l'empereur, qui happent au nom du roi. C'est le conseil que je prends pour moi, et que je donne à mes amis.

Mais je me suis trompé, Monsieur, je m'en aperçois ; ce n'est pas là toute la lettre du procureur du roi : avec ce que je vous ai transcrit, il y a quelque chose encore. Il y a d'abord ceci : *Le procureur du roi, à M. le commandant de la gendarmerie. Monsieur le commandant,* et puis, *j'ai l'honneur d'être, Monsieur le commandant, avec considération, votre très-humble et très-obéissant serviteur.*

Le tout s'accorde parfaitement avec *veuillez mettre en prison. Veuillez,* c'est comme on dit : Faites-moi l'amitié, obligez-moi de grâce, rendez-moi ce service, à la charge d'autant. *Je suis votre serviteur,* cela s'entend. Il est serviteur du gendarme qui, au besoin, sera le sien ; ils sont serviteurs l'un de l'autre contre l'*administré* qui les paye tous deux ; car l'homme qu'on emprisonne est un cultivateur. C'est un bon paysan qui a déplu au maire en lui demandant de l'argent. Celui-ci, par le moyen du procureur du roi, dont il est serviteur, a fait juger et condamner l'insolent vilain, que ledit procureur du roi, par son serviteur le gendarme, a fait constituer ès-prisons. C'est l'histoire connue ; cela se voit partout.

Oh ! que nos magistrats donnent de grands exemples ! quelle sévérité ! quelle exactitude scrupuleuse dans l'observation de toutes les formes de la civilité ! Celui-ci peut-être oublie dans sa lettre quelque chose, comme de faire mention d'un jugement ; mais il n'oubliera pas le très-humble serviteur, l'honneur d'être, et le reste, bien plus important que le jugement, et tout, pour monsieur le gendarme. Au bourreau, sans doute, il écrit : Monsieur le bourreau, veuillez tuer, et je suis votre serviteur. Les procureurs du roi ne sont pas seulement d'honnêtes gens, ce sont encore des gens fort honnêtes. Leur correspondance est civile comme les parties de monsieur Fleurant. Mais on pourrait leur dire aussi comme le malade imaginaire : *Ce n'est pas tout d'être civil*, ce n'est pas tout pour un magistrat d'être serviteur des gendarmes ; il faudrait être bon et ami de l'équité.

LETTRE VI.

Véretz, 12 novembre 1819.

MONSIEUR,

Dans ces provinces, nous avons nos *bandes noires*, comme vous à Paris, à ce que j'entends dire. Ce sont des gens qui n'assassinent point, mais ils détruisent tout. Ils achètent de gros biens pour les revendre en détail, et de profession décomposent les grandes propriétés. C'est pitié de voir quand une terre tombe dans les mains de ces gens-là ; elle se perd, disparaît. Château, chapelle, donjon, tout s'en va, tout s'abîme. Les avenues rasées, labourées de çà, de là, il n'en reste pas trace. Où était l'orangerie s'élève une métairie, des granges, des étables pleines de vaches et de cochons. Adieu bosquets, parterres, gazons, allées d'arbrisseaux et de fleurs ; tout cela morcelé entre dix paysans, l'un y va fouir des haricots, l'autre de la vesce. Le château, s'il est vieux, se fond en une douzaine de maisons qui ont des portes et des fenêtres ; mais ni tours, ni créneaux, ni ponts-levis, ni cachots, ni antiques souvenirs. Le parc seul demeure entier, défendu par de vieilles lois, qui tiennent bon contre l'industrie ; car on ne permet pas de défricher les bois dans les cantons les mieux cultivés de la France, de peur d'être obligé d'ouvrir ailleurs des routes, et de creuser des canaux pour l'exploitation des forêts. Enfin, les gens dont je vous parle se peuvent nommer les fléaux de la propriété. Ils la brisent, la pulvérisent, l'éparpillent encore après la révolution, mal voulus pour cela d'un chacun. On leur prête, parce qu'ils rendent, et passent pour exacts ; mais d'ailleurs on les hait, parce qu'ils s'enrichissent de ces spéculations ; eux-mêmes paraissent en avoir honte ; et n'osent quasi se montrer. De tous côtés on leur crie *hepp ! epp !* Il n'est si mince autorité qui ne triomphe de les *surveiller*. Leurs procès ne sont jamais douteux, les juges se font parties contre eux. Ces gens me semblent bien à plaindre, quelques succès qu'aient, dit-on, leurs opérations, quelques profits qu'ils puissent faire.

Un de mes voisins, homme bizarre, qui se mêle de raisonner, parlant d'eux l'autre jour, disait : Ils ne font de mal à personne, et font du bien à tout le monde; car ils donnent à l'un de l'argent pour sa terre, à l'autre de la terre pour son argent ; chacun a ce qu'il lui faut, et le public y gagne. On travaille mieux et plus. Or, avec plus de travail, il y a plus de produits, c'est-à-dire plus de richesse, plus d'aisance commune, et, notez ceci, plus de mœurs, plus d'ordre dans l'État comme dans les familles. Tout vice vient d'oisiveté, tout désordre public vient du manque de travail. Ces gens donc, chaque fois que simplement ils achètent une terre et la revendent fort bien, font une chose utile; très-utile et très-bonne, quand ils achètent d'un pour revendre à plusieurs; car, accommodant plus de gens, ils augmentent d'autant plus le travail, les produits, la richesse, le bon ordre, le bien de tous et de chacun. Mais lorsqu'ils revendent et partagent cette terre à des hommes qui n'avaient point de terre, alors le bien qu'ils font est grand, car ils font des propriétaires, c'est-à-dire d'honnêtes gens, selon Côme de Médicis. *Avec trois aunes de drap fin*, disait-il, *je fais un homme de bien*, avec trois quartiers de terre il aurait fait un saint. En effet, tout propriétaire veut l'ordre, la paix, la justice hors qu'il ne soit fonctionnaire ou pense à le devenir. Faire propriétaire, sans dépouiller personne, l'homme qui n'est que mercenaire; donner la terre au laboureur, c'est le plus grand bien qui se puisse faire en France, depuis qu'il n'y a plus de serfs à affranchir. C'est ce que font ces gens.

Mais une terre est détruite; mais le château, les souvenirs, les monuments, l'histoire....... Les monuments se conservent où les hommes ont péri, à Balbek, à Palmyre, et sous la cendre du Vésuve; mais ailleurs l'industrie, qui renouvelle tout, leur fait une guerre continuelle. Rome elle-même a détruit ses antiques édifices, et se plaint des Barbares. Les Goths et les Vandales voulaient tout conserver. Il n'a pas tenu à eux qu'elle ne demeurât, et ne soit aujourd'hui telle qu'ils la trouvèrent. Mais, malgré leurs édits portant peine de mort contre quiconque endommageait les statues et les monuments, tout a disparu, tout a pris une forme nouvelle. Et où en serait-on? que deviendrait le monde, si chaque âge respectait, révérait, consacrait, à titre d'ancienneté, toute œuvre des âges passés, n'osait toucher à rien, défaire ni mouvoir quoi que ce soit? scrupule de madame de Harlai, qui, plutôt que de remuer le fauteuil et les pantoufles du feu chancelier, son grand-père, toute sa vie vécut dans sa vieille, incommode et malsaine maison. M. Marcellus chérit, dans les forêts, le souvenir des druides, et, pour cela, ne veut pas qu'on exploite aucun bois, qu'on abatte même un arbre, le plus creux, le plus caduc, tout, de peur d'oublier les sacrifices humains et les dieux teints de sang de ces bons Gaulois nos aïeux. Il défend tant qu'il peut, en mémoire du vieux âge, les ronces, les broussailles, les landes féodales, que d'ignobles guérets chaque jour envahissent. Les souvenirs! dit-on. Est-ce par les souvenirs que se recommandent ces châteaux et ces cloîtres gothiques? Autour de nous, Chenonceaux, le Plessis-lès-Tours, Blois, Amboise, Marmoutiers, que retracent-ils à l'esprit? de honteuses débauches, d'infâmes trahisons, des assassinats, des massacres, des supplices, des tortures, d'exécrables forfaits, le luxe et la luxure, et la crasse ignorance des abbés et des moines, et pis encore, l'hypocrisie. Les monuments, il faut l'avouer, pour la plupart ne rappellent guère que des crimes ou des superstitions, dont la mémoire, sans eux, dure toujours assez; et s'ils ne sont utiles aux arts comme modèles, ce qui se peut dire d'un petit nombre, que gagne-t-on à les conserver, lorsqu'on en peut tirer parti pour l'avantage de tous ou de quelqu'un seulement? Les pierres d'un couvent sont-elles profanées, ne sont-elles pas plutôt purifiées, lorsqu'elles servent à élever les murs d'une maison de paysan, d'une sainte et chaste demeure, où jamais ne cesse le travail, ni par conséquent la prière? Qui travaille prie.

Une terre non plus n'est pas détruite; c'est pure façon de parler. Bien le peut être un marquisat, un titre noble, quand la terre passe à des vilains. Encore, dit-on qu'il se conserve et demeure au sang, à la race; tant qu'il y a race; je m'en rapporte....... *Prenez le titre*, a dit la Fontaine, *et laissez-moi la rente*. C'est, je pense, à peu près le partage qui a lieu, lors-

qu'un fief tombe en roture, malheur si commun de nos jours !
Le gentilhomme garde son titre, pour le faire valoir à la cour
Le vilain acquiert seulement le sol, et n'en demande pas davantage : content de posséder la glèbe à laquelle il fut attaché, il la fait valoir à sa mode, c'est-à-dire par le travail. Or, plus la glèbe est divisée, plus elle s'améliore et prospère. C'est ce que l'expérience a prouvé. Telle terre, vendue il y a vingt-cinq ans, est à cette heure partagée en dix mille portions, qui vingt fois ont changé de mains depuis la première aliénation, toujours de mieux en mieux cultivée (on le sait : nouveau propriétaire, nouveau travail, nouveaux essais); le produit d'autrefois ne payerait pas l'impôt d'aujourd'hui. Recomposez un peu l'ancien fief par les procédés indiqués dans le *Conservateur*, et que chaque portion retourne du propriétaire laboureur à ce bon seigneur adoré de ses vassaux dans son château, pour être *substitué à lui et à ses hoirs, de mâle en mâle, à perpétuité; ses hoirs* ne laboureront pas, ses vassaux peu. Plus d'industrie. Tout ce qui maintenant travaille se fera laquais, ou mendiant, ou moine, ou soldat, ou voleur. Monseigneur aura ses pacages et ses lods et ventes, avec les grâces de la cour. Bientôt reparaîtront les créneaux, puis les ronces et les épines, et puis les forêts, les druides de M. de Marcellus; et la terre alors sera détruite.

Ils ne songent pas, les bonnes gens qui veulent maintenir toutes choses intactes, qu'à Dieu seul appartient de créer ; qu'on ne fait point sans défaire; que ne jamais détruire, c'est ne jamais renouveler. Celui-ci, pour conserver les bois, défend de couper une solive, un autre conservera les pierres de la carrière; à présent, bâtissez. L'abbé de la Mennais conserve les ruines, les restes de donjons, les tours abandonnées, tout ce qui pourrit et tombe. Que l'on construise un pont du débris délaissé de ces vieilles masures, qu'on répare une usine, il s'emporte, il s'écrie : *L'esprit de la révolution est éminemment destructeur.* Le jour de la création, quel bruit n'eût-il pas fait! il eût crié : Mon Dieu, conservons le chaos.

En somme, ces gens-ci, ces destructeurs de terres, font grand bien à la terre, divisent le travail, aident à la production, et faisant leurs affaires, font plus pour l'industrie et l'agriculture que jamais ministre, ni préfet, ni société d'encouragement, sous l'autorisation du préfet. Le public les estime peu. En revanche, il honore fort ceux qui le dépouillent et l'écrasent; toute fortune faite à ses dépens lui paraît belle et bien acquise.

Voilà ce que me dit mon voisin. Mais, moi, tous ces discours me persuadent peu. Je ne suis pas né d'hier, et j'ai mes souvenirs. J'ai vu les grandes terres, les riches abbayes; c'était le temps des bonnes œuvres. J'ai vu mille pauvres recevoir mille écuelles de soupe à la porte de Marmoutiers. Le couvent et les terres vendues, je n'ai plus vu ni écuelles, ni soupes, ni pauvres, pendant quelques années, jusqu'au règne brillant de l'empereur et roi, qui remit en honneur toute espèce de mendicité. J'ai vu jadis, j'ai vu madame la duchesse, marraine de nos cloches, le jour de Sainte-Andoche, donner à la fabrique cinquante louis en or, et dix écus aux pauvres. Les pauvres ont acheté ses terres et son château, et ne donnent rien à personne. Chaque jour la charité s'éteint, depuis qu'on songe à travailler, et se perdra enfin, si la Sainte-Alliance n'y met ordre.

LETTRE VII.

Véretz, 30 novembre 1819.

Monsieur,

Il faut mettre de l'encre et tirer avec soin. Dites cela, je vous prie, de ma part à votre imprimeur, s'il a quelque envie que ses feuilles sortent lisibles de la presse. Je déchiffre à peine la moitié d'un de vos paragraphes du 22, dans lequel je vois bien pourtant que vous louez les Français comme un peuple rempli de sentiments chrétiens, et faites un juste éloge de notre dévotion, bonne conduite, soumission aux pasteurs de l'Église. Nous vous en sommes bien obligés; cela est généreux à vous, dans un moment où tant de gens nous traitent de mauvais sujets, et appellent pour nous corriger les puissances étrangères. Votre dessein, si je ne me trompe, est de faire voir que nous pouvons nous passer de missions, et que, chez nous, les bons pères prêchent des convertis. Vous dites d'abord excellemment : *La religion est honorée;* puis vous ajoutez quelque chose que j'eusse voulu pouvoir lire, car la matière m'intéresse. Mais, dans mon exemplaire, je distingue seulement ces lettres *l. p..p.e cro.t .t p..e;* là-dessus, quoi que nous ayons pu faire, moi et tous mes amis, *à grand renfort de bésicles,* comme dit maître François, nous sommes encore à deviner si vous avez écrit en style d'Atala, *le peuple croit et prie,* ou moins poétiquement, *le peuple croît* (circonflexe) *et paye.* Voilà sur quoi nous disputons, moi et ces messieurs, depuis deux jours. Ils soutiennent la première leçon; je défends la seconde, sans me fâcher néanmoins, car mon opinion est probable; mais, comme disent les jésuites, le contraire est probable aussi.

Mes raisons cependant sont bien bonnes. Mais je veux premièrement vous dire celles de mes adversaires, sans vous en rien dissimuler ni rien diminuer de leur force. Le peuple croit, disent-ils, cela est évident. Il croit qu'on songe à tenir ce qu'on lui a promis; que tout à l'heure on va exécuter la Charte, et il prie qu'on se hâte, parce qu'il se souvient de la poule au pot qu'on lui promit jadis, et qui lui fut ravie par un de ces tours que *l'agneau enseigne à ceux de la société* (belle expression du père Garasse). Or, le peuple, en même temps qu'on lui présente la Charte, aperçoit dans un coin la société de l'agneau, et cela l'inquiète.

Il croit que ses mandataires vont faire ses affaires. Il croit bien d'autres choses, car il est fort crédule. Il prie les gouvernants de l'épargner un peu, et il croit qu'on l'écoute. En un mot, le peuple est toujours priant et croyant. Croire et prier, c'est son état, sa façon d'être de tout temps; et le journaliste, homme d'esprit, ne peut avoir eu d'autre idée. C'est ainsi qu'ils expliquent et commentent ce passage. Doctement!

Mais je dis : Le peuple croît (avec un accent circonflexe). Il croît à vue d'œil, comme le fils de Garguantua, et paye. Ce sont deux vérités que le journaliste, en ce peu de mots, a heureusement exprimées. Le peuple croît et multiplie; se peut-il autrement? tout le monde se marie. Les jeunes gens prennent femme dès qu'ils pensent savoir ce que c'est qu'une femme. Peu font vœu de chasteté, parce qu'un pareil vœu *sent le liberti-*

nage; ou plutôt, on sait aujourd'hui qu'il n'y a de chasteté que dans le mariage. Aussi les filles n'attendent guère. Autrefois, dans ce pays, une mariée de village avait rarement moins de trente ou trente-cinq ans. A cet âge, maintenant, elles sont toutes grand'mères, et fort éloignées de s'en plaindre. On ne craint plus d'avoir des enfants, depuis qu'on a de quoi les élever, et même de quoi les racheter quand le gouvernement s'en empare. Chaque paysan presque possède ce que nous appelons *goulée de benace,* un ou deux arpents de terre en huit ou dix morceaux qui, labourés, retournés, travaillés sans relâche, font vivre la famille. C'est un grand mal que cela. Mais on y va remédier. On va recomposer les grandes propriétés pour les gens qui ne veulent rien faire. La terre alors se reposera. Chaque gentilhomme ou chanoine aura, pour sa part, mille arpents, à charge de dormir, et s'il ronfle, le double.

Ce qui fait aussi que le peuple croît, c'est qu'en tout on vit mieux à présent qu'autrefois. On est nourri, vêtu, logé bien mieux qu'on ne l'était, et les mœurs s'améliorent avec le vivre physique. Moins de célibataires, moins de vices, moins de débauches. Nous n'avons plus de couvents : détestable sottise qui se pratiquait jadis, de tenir ensemble enfermés, contre tout ordre de nature, des mâles sans femelles, et des femelles sans mâles, dans l'oisiveté du cloître, où fermentait une corruption qui, se répandant au dehors, de proche en proche, infectait tout. Dieu sans doute ne permettra pas que ceux qui, chez nous, veulent rétablir de pareils lieux d'impureté, réussissent dans leurs desseins. Nos péchés, quelque grands qu'ils soient, n'ont pas mérité ce châtiment; notre orgueil, cette humiliation. Il en faut convenir pourtant, ce serait une chose curieuse à voir parmi le peuple actif, laborieux, dont chaque jour l'industrie augmente, les travaux se multiplient, et dont par conséquent la morale s'épure, car l'un suit l'autre; ce serait un bizarre contraste, qu'au milieu d'un tel peuple une société de gens faisant vœu publiquement de fainéantise et de mendicité, si l'on ne veut dire encore et d'impudicité.

Parmi les causes d'accroissement de la population, il ne faut pas compter pour peu le repos de Napoléon. Depuis que ce grand homme est là où son rare génie l'a conduit, s'il eût continué de l'exercer, trois millions de jeunes gens seraient morts pour sa gloire, qui ont femmes et enfants maintenant; un million serait sous les armes, sans femmes, corrompant celles des autres. Il est donc force, en toute façon, que le peuple croisse : ainsi fait-il, ayant repos, *biens et chevances*, peu de soldats et point de moines.

A présent je dis, le peuple paye, et nul ne me contredira. Si ce n'est là, Monsieur, ce que vous avez écrit, c'est ce qu'il fallait écrire, pour n'avoir point de dispute. Le peuple prie, est une thèse un peu sujette à examen. Le peuple paye, est un axiome de tout temps, de tout pays, de tout gouvernement. Mais le peuple français sur ce point se distingue entre tous, et se pique de payer largement, d'entretenir magnifiquement ceux qui prennent soin de ses affaires, de quelque nation, condition, mérite ou qualité qu'ils soient; aussi n'en manque-t-il jamais. Quand tous ses gouvernants s'en allèrent un jour, croyant lui faire pièce et le laisser en peine, d'autres se présentèrent qu'on ne demandait pas, et s'impatronisèrent; puis les premiers revenant comme on y pensait le moins (avec quelques voisins), grand conflit, grand débat, que le peuple accommoda en les payant tous, et tous ceux qui s'étaient mêlés de l'affaire; tant il est de bonne nature; peuple charmant, léger, volage, muable, variable, changeant, mais toujours payant. Qui l'a dit? Je ne sais, Bonaparte ou quelque autre : le peuple est fait pour payer; et lisez là-dessus, si vous en êtes curieux, un chapitre du testament de ce grand cardinal de Richelieu, dans lequel il examine, en profond politique et en homme d'État, cette importante question : *Jusqu'à quel point on doit permettre que le peuple soit à son aise?* Trop d'aise le rend insolent; il faut le faire payer pour lui ôter ce trop d'aise. Trop peu l'empêche de payer; il faut lui laisser quelque chose, comme aux abeilles on laisse du miel et de la cire. Il lui faut même encore, sans quoi il ne travaillerait, n'amasserait, ni ne payerait, un peu de liberté. Mais combien? c'est là le point. M. Decazes nous le dira. En attendant nous lui payons, bon an mal an, neuf cents millions; et s'il payait comme nous tout ce qu'on lui demande, il aurait bien moins de querelles.

A vrai dire aussi, on le chicane sur l'emploi de ces neuf cents millions. Le meilleur usage qu'il en pût faire, ce serait, selon moi, de les jouer au biribi, ou d'en entretenir des nymphes d'Opéra, à l'insu de madame la comtesse. Cela serait tout à fait dans le bel air de la cour, et vaudrait mieux pour nous que de le voir donner notre argent à des soldats qui communient et nous *suicident* dans les rues, qui escortent la procession et nous coupent le nez en passant; à des juges qui appliquent la loi si rudement aux uns, si doucement aux autres; à des prêtres qui ne nous enterrent que quand nous mourons à leur guise et en restituant. Il arriverait que bientôt, ne comptant plus sur ces gens-là, nous essayerions de nous en passer, de nous garder, de nous juger, de nous enterrer les uns les autres, et, en un besoin, de nous défendre nous-mêmes sans soldats; seul moyen, ce dit-on, d'être bien défendus, et tout en irait mieux. La cour passerait le temps gaiement, sans s'embarrasser de contenter les puissances étrangères. Voilà le conseil que je donne à M. Decazes, par la voie de votre journal. Mais M. Decazes ne vous lit point; il travaille avec Mademoiselle.

Au reste, il est bien vrai, Monsieur, et vous avez raison de le dire, que nous sommes un peuple religieux, et plus que jamais aujourd'hui. Nous gardons les commandements de Dieu bien mieux depuis qu'on nous prêche moins. Ne point voler, ne point tuer, ne convoiter la femme ni l'âne, honorer père et mère, nous pratiquons tout cela mieux que n'ont fait nos pères, et mieux que ne font actuellement, non tous nos prêtres, mais quelques-uns, revenus de lointain pays. *Rarement à courir le monde devient-on plus homme de bien;* mais un ecclésiastique, dans la vie vagabonde, prend d'étranges habitudes. Messire Jean Chouart était bon homme, tout à son bréviaire, à ses ouailles; il était doux et humble de cœur, secourait l'indigent, confortait le dolent, assistait le mourant; il apaisait les querelles, pacifiait les familles : le voilà revenu d'Allemagne ou d'Angleterre, espèce de hussard en soutane, dont le hardi regard fait rougir nos jeunes filles, et dont la langue sème le trouble et la discorde; hardi, querelleur, cherchant noise; c'est un drôle qui n'a pas peur, tout prêt à faire feu sur les bleus, au premier signe de son évêque. Tels sont nos prêtres de retour de l'émigration. Ils ont besoin de bons exemples et en trouveront parmi nous. Mais si nous sommes plus forts qu'eux sur les commandements de Dieu, ils nous en remontrent à leur tour sur les commandements de l'Église, qu'ils se rappellent mieux que nous, et dont le principal est, je crois, donner tout son bien pour le ciel. *Vous me demandez*, disait ce bon prédicateur Barlette, *comment on va en paradis? Les cloches du couvent vous le disent : donnez, donnez, donnez.* Le latin du moine est joli. *Vos quæritis a me, fratres carissimi, quomodo itur ad paradisum? Hoc dicunt vobis campanæ monasterii, dando, dando, dando.*

LETTRE VIII.

Véretz, 20 décembre 1819.

Monsieur,

Chacun ici commente à sa manière le discours royal d'ouverture. Il y a des gens qui disent : On ne restaure point un culte. Les *ruines d'une maison*, c'est le mot du bonhomme, *se peuvent réparer*, non les ruines d'un culte, Dieu a permis que l'Église romaine, depuis le temps de Léon X, déchût constamment jusqu'à ce jour. Elle ne périra point, parce qu'il est écrit : *Les portes de l'enfer...*; mais sont-ce nos ministres qui la doivent relever avec le télégraphe, ou M. de Marcellus avec quelques grimaces? Pour restaurer le paganisme à Rome, les empereurs firent tout ce qu'ils purent, et ils pouvaient beaucoup ; ils n'en vinrent point à bout. Marie, en Angleterre, et d'autres souverains, essayèrent aussi de restaurer l'ancien culte ; ils n'y réussirent pas, et même, comme on sait, mal en prit à quelques-uns. En matière de religion, ainsi que de langage, le peuple fait loi ; le peuple de tout temps a converti les rois. Il les a faits chrétiens, de païens qu'ils étaient ; de chrétiens catholiques, schismatiques, hérétiques, il les fera raisonnables, s'il le devient lui-même ; il faut finir par là.

D'autres disent : Il y aurait moyen, si on le voulait tout de bon, de rallumer le zèle dans les cœurs un peu tièdes pour la vraie religion ; le moyen serait de la persécuter : infaillible recette éprouvée mille fois, et même de nos jours. La religion doit plus aux gens de 93 qu'à ceux de 1815. Si elle languit encore, et s'il faut un peu d'aide au culte dominant, comme l'assurent les ministres, la chose est toute simple. Au lieu de gager les prêtres, mettez-les en prison et défendez la messe; demain le peuple sera dévot, autant qu'il le peut être à présent qu'il travaille; car l'abbé de la Mennais a dit une vérité : Le mal de notre siècle, en fait de religion, ce n'est pas l'hérésie, l'erreur, les fausses doctrines; c'est bien pis, c'est l'indifférence. La froide indifférence a gagné toutes les classes, tous les individus, sans même en excepter l'abbé de la Mennais et d'autres orateurs de la cause sacrée, qui ne s'en soucient pas plus, et le font assez voir. Ces amis de l'autel ne s'en approchent guère : *Je ne remarque point qu'ils hantent les églises.* Quel est le confesseur de M. de Châteaubriand ? Certes, ceux qui nous prêchent ne sont pas des Tartufes, ce ne sont pas des gens qui veuillent en imposer. A leurs œuvres on voit qu'ils seraient bien fâchés de passer pour dévots, d'abuser qui que ce soit : ils ont le masque à la main.

C'est toi qui l'as nommé, docte abbé : notre mal et le tien, l'indifférence pour la religion. Il en a fait un livre, comme ces médecins qui composent les traités sur une maladie dont eux-mêmes sont atteints, et en raisonnent d'autant mieux. Il dit en un endroit, et j'ai bonne mémoire : *Est-ce faute de zèle qu'on ne dispute plus, ou faute de disputes qu'il n'y a plus de zèle?* Je trouve, quant à moi, que l'on dispute assez et que le zèle ne manque pas; mais depuis quelque temps il a changé d'objet : car, même dans ce qui s'écrit sur la religion maintenant, de quoi est-il question ? De la présence réelle ? en aucune façon. De la fréquente communion ? nullement. De la lumière du Thabor, de l'immaculée conception, de l'accessibilité, de la consubstantialité du Père et du Fils, aussi peu ? De quoi donc s'agit-il ? du revenu des prêtres, des biens vendus, de la dîme et des bois du clergé, soit futaies ou taillis : voilà de quoi l'on dispute. Ajoutez-y les donations, les legs par testament, l'argent, l'argent comptant, les espèces ayant cours : voilà ce qui enflamme le zèle de nos docteurs, voilà sur quoi on argumente; mais *de Caron*, pas un mot. Du dogme, on n'en dit rien; il semble que là-dessus tout le monde soit d'accord; on s'embarrasse peu que les cinq propositions soient ou ne soient pas dans le livre de Jansénius. Il est question de savoir si les évêques auront de quoi entretenir des chevaux, des laquais, et des...

On demandait naguère au grand vicaire de S.... : Quels sont vos sentiments sur la grâce efficace, sur le pouvoir que Dieu nous donne d'exécuter les commandements? Comment accordez-vous avec le libre arbitre le *mandata impossibilia volentibus et conantibus?* Que pensez-vous de la suspension du sacrement dans les espèces, et croyez-vous qu'il en dépende, comme la substance de l'accident? Je pense, répondit-il en colère, je pense à ravoir mon prieuré, et je crois que je le raurai.

C'est un homme à connaître, que ce grand vicaire de S...., homme de bonne maison et d'excellente compagnie. On dit bien : l'air aisé ne se prend qu'à l'armée. Il a tant vu le monde! sa vie est un roman. C'est lui dont l'aventure à Londres fit du bruit, quand sa jeune pénitente, belle fille vraiment, épousa le comte d***, officier de cavalerie. Au bout de quinze jours, la voilà qui accouche. Le mari se fâcha; demandez-moi pourquoi? et l'abbé s'en alla, par prudence, en Bohême. Là, on le fit aumônier d'un régiment de Croates. Cette vie lui convenait. Sain, gaillard et dispos, se tenant aussi bien à cheval qu'à table, il disait bravement sa messe sur un tambour, et ne pouvait souffrir que de jeunes officiers restassent sans maîtresse, lorsqu'il connaissait des filles vertueuses qui n'avaient point d'amant; obligeant, bon à tout, le quartier-maître un jour le prend pour secrétaire. Fort peu de temps après, la caisse se trouva, non comme la pénitente. Bref, l'abbé s'en alla encore cette fois; et de retour en France, depuis quelques années, il y prêche les bonnes mœurs et la restitution.

LETTRE IX.

Véretz, 12 février 1820.

Messieurs,

Vous vous fâchez contre M. Decazes, et je crois que vous avez tort. Il nous méprise, dites-vous. Sans doute cela n'est pas bien. Mais d'abord, je vous prie, d'où le pouvez-vous savoir, que M. Decazes nous méprise? quelle preuve en avez-vous? Il l'a dit. Belle raison! Vous jugez par ce qu'il dit de ce qu'il pense. En vérité, vous êtes simples. Et s'il disait tout le contraire, vous l'en croiriez? Il n'en faudrait pas davantage pour vous persuader que M. le comte nous honore, nous estime et révère, et n'a rien tant à cœur que de nous voir contents. Un homme de cœur agit-il, parle-t-il d'après sa pensée? Il l'a dit, je le veux, plusieurs fois, publiquement et en pleine assemblée, à la droite, à la gauche; eh bien! que prouve cela? qu'il entre dans ses vues, pour quelque combinaison de politique profondes que nous ignorons vous et moi, de parler de la sorte, de se donner pour un homme qui fait peu de cas de nous et de nos députés; qui craint Dieu et le congrès, et n'a point d'autre crainte; se moque également de la noblesse et du tiers, n'ayant d'égard, que pour le clergé. Voilà certainement ce qu'il veut qu'on croie de lui; mais de là à ce qu'il pense, vous ne pouvez rien conclure, ni même former de conjectures, fussiez-vous son intime ami, son confident, ou mieux, son valet de chambre. Car il n'est pas donné à l'homme de savoir ce que pense un courtisan, ni s'il pense. *O altitudo!*

Vous n'avez donc nulle preuve, et n'en sauriez avoir, de ces sentiments que vous attribuez au premier ministre; mais quand vous en auriez, quand nous serions certains (comme, à vous dire vrai, j'y vois de l'apparence) que M. Decazes au fond n'a pas pour nous beaucoup de considération, faudrait-il nous en plaindre et nous en étonner? Il nous voit si petits de ces hautes régions où la faveur l'emporte, qu'à peine il nous distingue; il ne nous connaît plus; il ne se souvient plus des choses d'ici-bas, ni d'avoir joué à la fossette. Et, en un autre sens, M. Decazes est de la cour; il n'est pas de Paris, de Gonesse ou de Rouen, comme, par exemple, nous sommes de notre pays, chacun de son village, et tous Français; mais lui: *La cour est mon pays; je n'en connais point d'autre;* et, de fait, y en a-t-il d'autre? On le sait; dans l'idée de tous les courtisans, la cour est l'univers; leur coterie, c'est le monde; hors de là, c'est néant. La nature, pour eux, se borne à l'OEil-de-bœuf. La faveur, la disgrâce, le lever, le débotter, voilà les phénomènes. Tout roule là-dessus.

Demandez-leur la cause du retour des saisons, du flux de l'Océan, du mouvement des sphères; c'est le petit coucher. Ainsi M. Decazes, absorbé tout entier dans la contemplation de l'étiquette, des présentations, du tabouret, des préséances, ne nous méprise pas, à proprement parler, il nous ignore.

Mais soit, je veux, pour vous satisfaire, qu'il ait dit sa pensée, comme un homme du commun, naïvement, sans détour, ainsi qu'il eût pu faire avant d'être ce qu'il est; qu'enfin il nous méprise dans le vrai sens du mot, ayant pour nous ce dédain qu'à sa place montrèrent pour la gent gouvernée Mazarin, Bonaparte, Alberoni, Dubois; je lui pardonne encore, et comme moi, Monsieur, vous lui pardonnerez, si vous faites attention à ce que je vais vous dire. On juge par ce qu'on voit de ce qu'on ne voit pas; du tout par la partie que l'on a sous les yeux. Faiblesse de nos sens et de l'entendement humain! on juge d'une nation, d'une génération, de tous les hommes par ceux avec qui l'on déjeûne; et ce voyageur disait, apercevant l'hôtesse : Les femmes ici sont rousses. Ainsi fait M. Decazes, ainsi faisons-nous tous. Cette nation qu'il méprise, nous l'estimons; pourquoi? c'est qu'à nos yeux s'offrent des gens dont la vie tout entière s'emploie à des choses louables, et de qui l'existence est fondée sur le travail, père des bonnes mœurs, la foi dans les contrats, la confiance publique, l'observation des lois. Je vois des laboureurs aux champs dès le matin, des mères occupées du soin de leur famille, des enfants qui apprennent les travaux de leur père, et je dis (supposant qu'ils jeûnent le carême) : Il y a d'honnêtes gens. Vous voyez à la ville des savants, des artistes, l'honneur de leur patrie, de riches fabricants, d'habiles artisans, dont l'industrie chez nous, secondée par la nature, lutte contre les taxes et les encouragements; une jeunesse passionnée pour tous les genres d'études et de belles connaissances, instruite, non par ses docteurs, de ce qui importe le plus à l'homme de savoir, et mieux inspirée qu'enseignée sur le véritable devoir : vous n'avez garde, je crois, de mal penser des Français, de mépriser cette nation, la connaissant par là. Mais le comte Decazes, par où nous connaît-il? et que voit-il? la cour.

Mazarin, étant roi, disait familièrement aux grands qui l'entouraient : « *Affe* (dans son langage demi-*trasteverin*), vous m'aviez bien trompé, *signori Francesi*, avant que j'eusse l'honneur de vous voir comme je fais. Que je sois *impiso*, si je me doutai d'abord de votre caractère. Je vous trouvais un air de fierté, de courage, de générosité. Non, je ne plaisante point; je vous croyais du cœur. Je m'en souviens très-bien, quoiqu'il y ait longtemps. » Ceci est dit notable, et vient à mon propos. Jules *Mazarini*, arrivant de son pays avec peu d'équipage et petit compagnon, estime les Français, parce qu'il voit la nation; devenu cardinal, ministre, il les méprise, parce qu'il voit la cour, et cependant la cour alors était polie.

Je ne la vois pas, moi, de ma vie je ne l'ai vue, ni ne la verrai, j'espère; mais j'en ai ouï parler à des gens instruits. Les témoignages s'accordent, et, par tous ces rapports, autant que par calcul, méthode géodésique et trigonométrique, je suis parvenu, Monsieur, à connaître la cour mieux que ceux qui n'en bougent; comme on dit que d'Anville, n'étant jamais sorti, je crois, de son cabinet, connaissait mieux l'Égypte que pas un Égyptien; et d'abord je vous dirai, ce qui va vous surprendre et que je pense avoir le premier reconnu : la cour est un lieu bas, fort bas, fort au-dessous du niveau de la nation. Si le contraire paraît, si chaque courtisan se croit, par sa place, et semble élevé plus ou moins, c'est erreur de la vue, ce qu'on nomme proprement *illusion optique*, aisée à démontrer : soit A le point où se trouve M. Decazes à cette heure (haut selon l'apparence, comme serait un cerf-volant dont le fil répondrait aux Tuileries, à Londres ou à Vienne, peu importe), B le point le plus bas appelé point de chute, où gît M. Benoît avec *l'abbé de Pure*, entendez bien ceci, car le reste en dépend : le rayon visuel passant d'un milieu rare et pur, celui où nous vivons, dans un milieu plus dense, l'atmosphère fumeuse et chargée de miasmes de la cour, nécessairement il y a réfraction; ce qui paraît dessus est en effet dessous. Vous comprenez maintenant; ou, s'il vous demeurait quelque difficulté, consultez les savants, le marquis de Laplace, le chevalier Cuvier; ces gentilshommes, à moins qu'ils n'aient oublié toute leur géométrie en apprenant le blason et l'étiquette, vous sauront dire de combien de degrés la cour est au-dessous de l'horizon national; et remarquez aussi, tout notre argent y va, tout, jusqu'au moindre sou ; jamais n'en revient à nous rien. Je vous le demande, notre argent, chose pesante de soi, tendante en bas! M. Decazes, quelque adroit et soigneux qu'on le suppose de tirer à soi tout, saurait-il si bien faire qu'il ne lui en échappe entre les doigts quelque peu, qui, par son seul poids, nous reviendrait naturellement si nous étions au-dessous? Telle chose jamais n'arrive, jamais n'est arrivée. Tout s'écoule, s'en va toujours de nous à lui : donc il y a une pente ; donc nous sommes en haut, M. Decazes en bas, conséquence bien claire ; et la cour est un trou, non un sommet, comme il paraît aux yeux du stupide vulgaire.

Ne sait-on pas d'ailleurs que c'est un lieu fangeux, *où la vertu respire un air empoisonné*, comme dit le poëte, et aussi ne demeure guère. Ce qui s'y passe est connu ; on y dispute des prix de différentes sortes et valeurs dont le total s'élève chaque année à plus de huit cents millions. Voilà de quoi exciter l'émulation sans doute ; et l'objet de ces prix anciennement fondés, depuis peu renouvelés, accrus, multipliés par Napoléon le Grand, c'est de favoriser et de récompenser avec une royale munificence toute espèce de vice, tout genre de corruption. Il y en a pour le mensonge et toutes ses subdivisions, comme flatterie, fourberie, calomnie, imposture, hypocrisie, et le reste. Il y en a pour la bassesse beaucoup et de fort considérables, non moins pour la sottise, l'ineptie, l'ignorance; d'autres pour l'adultère et la prostitution, les plus enviés de tous, dont un seul fait souvent la grandeur d'une famille. Mais pour ceux-là, ce sont les femmes qui concourent : on couronne les maris ; du reste, point de faveur, de préférence injuste; la palme est au plus vil, l'honneur au plus rampant, sans distinction de naissance; ainsi le veut la Charte, et le roi l'a jurée. C'est un droit garanti par la constitution, acheté de tout le sang de la révolution ; le vilain peut prétendre à vivre et s'enrichir comme le gentilhomme sans industrie, talents, mœurs ni probité, dont la noblesse enrage, et sur cela réclame ses antiques priviléges.

Tout le monde cependant use du droit acquis, comme si on craignait de n'en pas jouir longtemps. Chacun se lance ; non : à la cour, on se glisse, on s'insinue, on se pousse. Il n'est fils de bonne mère qui n'abandonne tout pour être présenté, faire sa révérence avec l'espoir fondé, si elle est agréée, d'emporter pied ou aile, comme on dit, du budget, et d'avoir part aux grâces. Les grâces à la cour pleuvent soir et matin; et une fois admis, il faudrait être bien brouillé avec le sort, avoir bien peu de souplesse, ou une femme bien sotte, pour ne rien attraper, lorsqu'on est alerte, à l'épreuve des dégoûts, et qu'on ne se rebute pas. Sans humeur, sans honneur; c'est le mot, la devise : *Quiconque ne sait pas digérer un affront...*

Alerte, il le faut être. Bien des gens croient la cour un pays de fainéants, où, dès qu'on a mis le pied, la fortune vous cherche, les biens viennent en dormant; erreur. Les courtisans, il est vrai, ne font rien; nulle œuvre, nulle besogne qui paraisse. Toutefois, les forçats ont moins de peine, et le comte de Sainte-Hélène dit que les galères, au prix, sont un lieu de repos. Le laboureur, l'artisan, qui chaque soir prend somme, et répare la nuit les fatigues du jour, voilà de vrais paresseux. Le courtisan jamais ne dort, et l'on a calculé mathématiquement que la moitié des soins perdus dans les antichambres, la moitié des travaux, des efforts, de la constance, nécessaires pour seulement parler à un sot en place, suffirait, employée à des objets utiles, pour décupler en France les produits de l'industrie, et porter tous les arts à un point de perfection dont on n'a nulle idée.

Mais la patience surtout, la patience aux gens de cour, est ce qu'est aux fidèles la charité, tient lieu de tout autre mérite. *Monseigneur, j'attendrai,* dit l'abbé de Bernis au ministre qui lui criait : *Vous n'aurez rien,* et le chassait, le poussait dehors par les épaules. J'en sais qui sur cela eussent pris leur parti, cherché quelque moyen de se passer de monseigneur, de vivre par eux-mêmes, comme le cocher de fiacre : *La cour me blâme, je m'en...;* c'est-à-dire : je travaillerai. Ignoble mot, langage de routier né pour toujours l'être. Le gentilhomme de Louis XVI, noble de race, dit *j'attendrai.* Le gentilhomme de Bonaparte, noble par grâce, dit *j'attendrons.* Et tous deux se prennent la main, s'embrassent, amis de cour!

LETTRE X.

Véretz, 10 mars 1820.

MONSIEUR,

C'est l'imprimerie qui met le monde à mal. C'est la lettre moulée qui fait qu'on assassine depuis la création ; et Caïn lisait les journaux dans le paradis terrestre. Il n'en faut point douter, les ministres le disent ; les ministres ne mentent pas, à la tribune surtout.

Que maudit soit l'auteur de cette damnable invention, et avec lui ceux qui en ont perpétué l'usage, ou qui jamais apprirent aux hommes à se communiquer leurs pensées ! pour telles gens l'enfer n'a point de chaudières assez bouillantes. Mais remarquez, Monsieur, le progrès toujours croissant de perversité. Dans l'état de nature célébré par Jean-Jacques avec tant de raison, l'homme, exempt de tout vice et de la corruption des temps où nous vivons, ne parlait point, mais criait, murmurait ou grognait, selon ses affections du moment. Il y avait plaisir alors à gouverner. Point de pamphlets, point de journaux, point de pétitions pour la Charte, point de réclamations sur l'impôt. Heureux âge qui dura trop peu !

Bientôt des philosophes, suscités par Satan pour le renversement d'un si bel ordre de choses, avec certains mouvements de la langue et des lèvres, articulèrent des sons, prononcèrent des syllabes. Où étais-tu Séguier ? Si on eût réprimé dès le commencement ces coupables excès de l'esprit anarchique, et mis au secret le premier qui s'avisa de dire *ba be bi bo bu,* le monde était sauvé ; l'autel sur le trône, ou le trône sur l'autel, avec le tabernacle, affermis pour jamais, en aucun temps il n'y eût eu de révolutions. Les pensions, les traitements augmenteraient chaque année. La religion, les mœurs... Ah ! que tout irait bien ! Nymphes de l'Opéra, vous auriez part encore à la mense abbatiale et au revenu des pauvres. Mais fait-on jamais rien à temps ? Faute de mesures préventives, il arriva que les hommes parlèrent, et tout aussitôt commencèrent à médire de l'autorité, qui ne le trouva pas bon, se prétendit outragée, avilie ; fit des lois contre les abus de la parole ; la liberté de la parole fut suspendue pour trois mille ans, et, en vertu de cette ordonnance, tout esclave qui ouvrait la bouche pour crier sous les coups ou demander du pain, était crucifié, empalé, étranglé, au grand contentement de tous les honnêtes gens. Les choses n'allaient point mal ainsi, et le gouvernement était considéré.

Mais, quand un Phénicien (ce fut, je m'imagine, quelque manufacturier, sans titre, sans naissance) eut enseigné aux hommes à peindre la parole, et fixer par des traits cette voix fugitive, alors commencèrent les inquiétudes vagues de ceux qui se lassaient de travailler pour autrui, et en même temps le dévouement monarchique de ceux qui voulaient à toutes forces qu'on travaillât pour eux. Les premiers mots tracés furent *liberté*, *loi*, *droit*, *équité*, *raison*; et dès lors on vit bien que cet art ingénieux tendait directement à rogner les pensions et les appointements. De cette époque datent les soucis des gens en place, des courtisans.

Ce fut bien pis, quand l'homme de Mayence (aussi peu noble, je le crois, que celui de Sidon) à son tour eut imaginé de serrer entre deux ais la feuille qu'un autre fit de chiffons réduits en pâte; tant le démon est habile à tirer parti de tout pour la perte des âmes! L'Allemand, par tel moyen, multipliant ses traits de figures tracées qu'avait inventées le Phénicien, multiplia d'autant les mots que fait la pensée. O terrible influence de cette race qui ne sert ni Dieu ni le roi, adonnée aux sciences mondaines, aux viles professions mécaniques! engeance pernicieuse, que ne ferait-elle pas si on la laissait faire, abandonnée sans frein à ce fatal esprit de connaître, d'inventer et de perfectionner! Un ouvrier, un misérable ignoré dans son atelier, de quelques guenilles fait une colle, et de cette colle, du papier qu'un autre rêve de gaufrer avec un peu de noir; et voilà le monde bouleversé, les vieilles monarchies ébranlées, les canonicats en péril. Diabolique industrie! rage de travailler, au lieu de chômer les saints et de faire pénitence! Il n'y a de bons que les moines, comme dit M. de Coussergue, la noblesse présentée, et messieurs les laquais. Tout le reste est perverti, tout le reste raisonne, ou bientôt raisonnera. Les petits enfants savent que deux et deux font quatre. *O tempora! o mores!* O M. Clauzel de Coussergue, ô Marcassus de Marcellus!

Tant il y a qu'il n'y a plus qu'un moyen de gouverner, surtout depuis qu'un autre émissaire de l'enfer a trouvé cette autre invention de distribuer chaque matin à vingt ou trente mille abonnés une feuille où se lit tout ce que tout le monde dit et pense, et les projets des gouvernants et les craintes des gouvernés. Si cet abus continuait, que pourrait entreprendre la cour, qui ne fût contrôlé d'avance, examiné, jugé, critiqué, apprécié? Le public se mêlerait de tout, voudrait fourrer dans tout son petit intérêt, compterait avec la trésorerie, surveillerait la haute police, et se moquerait de la diplomatie. La nation enfin ferait marcher le gouvernement, comme un cocher qu'on paye, et qui doit nous mener, non où il veut, ni comme il veut, mais où nous prétendons aller, et par le chemin qui nous convient; chose horrible à penser, contraire au droit divin et aux capitulaires.

Mais comme si c'était peu de toutes ces *machinations* contre les bonnes mœurs, la grande propriété et les priviléges des hautes classes, voici bien autre chose. On mande de Berlin que le docteur Kirkausen, fameux mathématicien, a depuis peu imaginé de nouveaux caractères, une nouvelle presse maniable, légère, mobile, portative, à mettre dans la poche, expéditive surtout, et dont l'usage est tel, qu'on écrit comme on parle, aussi vite, aisément : c'est une *tachitypie*. On peut, dans un salon, sans que personne s'en doute, imprimer tout ce qui se dit, et, sur le lieu même, tirer à mille exemplaires toute la conversation, à mesure que les acteurs parlent. La plume, de cette façon, ne servira presque plus, va devenir inutile. Une femme, dans son ménage, au lieu d'écrire le compte de son linge à laver, ou le journal de sa dépense, l'imprimera, dit-on, pour avoir plus tôt fait. Je vous laisse à penser, Monsieur, quel déluge va nous inonder, et ce que pourra la censure contre un pareil débordement. Mais on ajoute, et c'est le pis pour quiconque pense bien ou touche un traitement, que la combinaison de ces nouveaux caractères est si simple, si claire, si facile à concevoir, que l'homme le plus grossier apprend en une leçon à lire et à écrire. Le docteur en a fait publiquement l'expérience avec un succès effrayant, et un paysan qui, la veille, savait à peine compter ses doigts, après une instruction de huit à dix minutes, a composé et distribué aux assistants un petit discours, fort bien tourné, en bon allemand, commençant par ces mots : *Despotès ho nomos;* c'est-à-dire, comme on me l'a traduit, *la loi doit gouverner.* Où en sommes-nous, grand Dieu! Qu'allons-nous devenir! Heureusement l'autorité avertie a pris des mesures pour la sûreté de l'État : les ordres sont donnés ; toute la police de l'Allemagne est à la poursuite du docteur, avec un prix de cent mille florins à qui le livrera mort ou vif, et on attend à chaque moment la nouvelle de son arrestation. La chose n'est pas de peu d'importance; une pareille invention, dans le siècle où nous sommes, venant à se répandre, c'en serait fait de toutes les bases de l'ordre social; il n'y aurait plus rien de caché pour le public. Adieu les ressorts de la politique : intrigues, complots, notes secrètes; plus d'hypocrisie qui ne fût bientôt démasquée, d'imposture qui ne fût démentie. Comment gouverner après cela?

LETTRE XI.

Véretz, 10 avril 1820.

Je trouve comme vous, Monsieur, que nos orateurs ont fait merveille pour la liberté de la presse. Rien ne se peut imaginer de plus fort ni de mieux pensé que ce qu'ils ont dit à ce sujet, et leur éloquence me ravit, en même temps que sur bien des choses j'admire leur peu de finesse. L'un, aux ministres qui se plaignent de la licence des écrits, répond que la famille royale ne fut jamais si respectée; qu'on n'imprime rien contre le roi. En bonne foi, il faut être un peu de son département pour croire qu'il s'agit du roi, lorsqu'on crie *vengez le roi*. Ainsi ce bonhomme, au théâtre, voyant représenter le *Tartufe*, disait : Pourquoi donc les dévots haïssent-ils tant cette pièce? il n'y a rien contre la religion. L'autre, non moins naïf, s'étonne, trouve que partout tout est tranquille, et demande de quoi on s'inquiète. Celui-là, certes, n'a point de place, et ne va pas chez les ministres; car il y verrait que le monde (le monde, comme vous savez, ce sont les gens à places), bien loin d'être tranquille, est au contraire fort troublé par l'appréhension du plus grand de tous les désastres, la diminution du budget, dont le monde en effet est menacé, si le gouvernement n'y apporte remède. C'est à éloigner ce fléau que tendent ses soins paternels, bénis de Dieu jusqu'à ce jour. Car, depuis cinq ou six cents ans, le budget, si ce n'est à quelques époques de Louis XII et de Henri IV, a continuellement augmenté, en raison composée, disent les géomètres, de l'avidité des gens de cour et de la patience des peuples.

Mais de tous ceux qui ont parlé dans cette occasion, le plus amusant, c'est M. Benjamin Constant, qui va dire aux ministres : Quoi! point de journaux libres! point de papiers publics (ceux que vous censurez sont à vous)! Comment saurez-vous ce qui se passe? Vos agents vous tromperont, se moqueront de vous, vous feront faire mille sottises, comme ils faisaient avant que la presse fût libre. Témoin l'affaire de Lyon. Car, qu'était-ce, en deux mots? On vous mande qu'il y a là une conspiration. Eh bien! qu'on coupe les têtes, répondîtes-vous d'abord bonnement. L'ordre part; et puis, par réflexion, vous envoyez quelqu'un savoir un peu ce que c'est. Le moindre journal libre vous l'eût appris à temps, bien mieux qu'un maréchal et à bien moins de frais. Que sûtes-vous par le rapport de votre envoyé? peu de chose. A la fin, on imprime, tout devient public, et il se trouve qu'il n'y a point eu de conspiration. Cependant les têtes étaient coupées. Voilà un furieux pas de clerc, une bévue qui coûte cher, et que la liberté des journaux vous eût certainement épargnée. De pareilles âneries font grand tort, et voilà ce que c'est que d'enchaîner la presse.

Là-dessus, dit-on, le ministère eut peine à se tenir de rire; et M. Pasquier, le lendemain, s'égaya aux dépens de l'honorable membre, non sans cause. Car on pouvait dire à M. Benjamain Constant : Oui, les têtes sont à bas, mais monseigneur est duc; il n'en faut plus qu'autant, le voilà prince de plein droit. Les bévues des ministres coûtent cher, il est vrai, mais non pas aux ministres. Mieux vaut tuer un marquis, disent les médecins, que guérir cent vilains : cela vaut mieux pour le médecin; pour les ministres non; mieux vaut tuer les vilains, et, selon leurs conséquences, les fautes changent de nom. Contenter le public, s'en faire estimer, est fort bien; il n'y a nul mal assurément, et Laffitte a raison de se conduire comme il fait, parce qu'il a besoin, lui, de l'estime, de la confiance publique, étant homme de négoce, roturier, non pas duc. Mais le point pour un ministre, c'est de rester ministre : et pour cela il faut savoir, non ce qui s'est fait à Lyon, mais ce qui s'est dit au lever, dont ne parlent pas les journaux. La presse étant libre, il n'y a point de conspiration, dites-vous, messieurs de gauche. Vraiment, on le sait bien. Mais, sans conspiration, comment sauver l'État, le trône, la monarchie? et que deviendraient les agents de sûreté, de surveillance? Comme le scandale est nécessaire pour la plus grande gloire de Dieu, aussi sont les conspirations pour le maintien de la haute police. Les faire naître, les étouffer, charger la mine, l'éventer, c'est le grand art du ministère; c'est le fort et le fin de la science des hommes d'État; c'est la politique transcendante chez nous, perfectionnée depuis peu par d'excellents hommes en ce genre, que l'Anglais jaloux veut imiter et contrefait, mais grossièrement. N'y ayant ni complots, ni machinations, ni ramifications, que voulez-vous qu'un ministre fasse de son génie et de son zèle pour la dynastie? Quelle intrigue peut-on entamer avec espoir de la mener à bien, si tout est affiché le même jour? Quelle trame saurait-on mettre sur le métier? Les journaux apprennent aux ministres ce que le public dit, chose fort indifférente; ils apprennent au public ce que les ministres font, chose fort intéressante, ou ce qu'ils veulent faire, encore meilleur à savoir. Il n'y a nulle parité; le profit est tout d'une part. Outre que les ministres, dès qu'on sait ce qu'ils veulent faire, aussitôt ne le veulent ou ne le peuvent plus faire. Politique connue, politique perdue; affaires d'État, secrets d'État, secrétaires d'État!...... Le secret, en un mot, est l'âme de la politique, et la publicité n'est bonne que pour le public.

Voilà une partie de ce qu'on eût pu répondre aux orateurs de gauche, admirables d'ailleurs dans tout ce qu'ils ont dit pour la défense de nos droits, et forts sur la logique autant qu'imperturbables sur la dialectique. Leurs discours seront des monuments de l'art de discuter, d'éclaircir la question; réfuter les sophismes, analyser, approfondir. Courage, mes amis, courage, les ministres se moquent de nous; mais nous raisonnons bien mieux qu'eux. Ils nous mettent en prison, et nous y consentons; mais nous les mettons dans leur tort, et ils y consentent aussi. Que cette poignée de protégés du général Foy nous lie, nous dépouille, nous égorge; il sera toujours vrai que nous les avons menés de la belle manière; nous leur avons bien dit leur fait, sagement toutefois, prudemment, décemment. La décence est de rigueur dans un gouvernement constitutionnel.

Mais ce qui m'étonne de ces harangues si belles dans *le Moniteur*, si bien déduites, si frappantes par le raisonnement, qu'il ne semble pas qu'on puisse répliquer un mot; ce qui me surprend, c'est de voir le peu d'effet qu'elles produisent sur les auditeurs. Nos Cicérons, avec toute leur éloquence, n'ont guère persuadé que ceux qui, avant de les entendre, étaient de leur avis. Je sais la raison qu'on en donne : ventre n'a point d'oreilles, et il n'est pire sourd... Vous dirai-je ma pensée? Ce sont d'habiles gens, sages et bien disants, orateurs, en un mot ; mais ils ne savent pas faire usage de l'apostrophe, une des plus puissantes machines de la rhétorique, ou n'ont pas voulu s'e servir dans le cours de ces discussions, par civilité, je m'imagine, par ce même principe de décence, preuve de la bonne éducation qu'ils ont reçue de leurs parents ; car l'apostrophe n'est pas polie ; j'en demeure d'accord avec M. de Corday. Mais aussi trouvez-moi une tournure plus vive, plus animée, plus forte, plus propre à remuer une assemblée, à frapper le ministère, à étonner la droite, à émouvoir le ventre? L'apostrophe, Monsieur, l'apostrophe, c'est la mitraille de l'éloquence. Vous l'avez vu, quand Foy, artilleur de son métier...... Sans l'apostrophe, je vous défie d'ébranler une majorité, lorsque son parti est bien pris. Essayez un peu d'employer, avec des gens qui ont dîné chez M. Pasquier, le syllogisme et l'enthymême. Je vous donne toutes les figures de Quintilien, tous les tropes de Dumarsais et tout le sublime de Longin. Allez attaquer avec cela un M. Poyféré de Cerre ; poussez à Marcassus, poussez à Marcellus la métaphore, l'antithèse, l'hypotypose, la catachrèse ; polissez votre style et choisissez vos termes ; à la force du sens unissez l'harmonie infuse dans vos périodes, pour charmer l'oreille d'un préfet, ou porter le cœur d'un ministre à prendre pitié de son pays,

> Vous serez étonné, quand vous serez au bout,
> De ne leur avoir rien persuadé du tout.

Pas un seul ne vous écoutera ; vous verrez la droite bâiller, le ministère se moucher, le ventre aller à ses affaires. Mais que Foy, dans ce moment de verve, applaudi de toute la France, prélude une espèce d'apostrophe, sans autrement, peut-être, y penser, on dresse l'oreille aussitôt, l'alarme est au camp, les muets parlent, tout s'émeut ; et s'il eût continué sur ce ton (mais il aima mieux rendre hommage aux classes élevées), s'il eût pu soutenir ce style, la scène changeait : M. Pasquier, surpris comme un fondeur de cloches, eût remis ses lois dans sa poche, et moi, petit propriétaire, ici je taillerais ma vigne, sans crainte des honnêtes gens. O puissance de l'apostrophe !

C'est, comme vous savez, une figure au moyen de laquelle on a trouvé le secret de parler aux gens qui ne sont pas là, de lier conversation avec toute la nature, interroger au loin les morts et les vivants. *Ou ma tous en Marathôni!* s'écrie Démosthène en fureur. Cet *ou ma tous* est d'une grande force, et Foy l'eût pu traduire ainsi : Non, par les morts de Waterloo, qui tombèrent avec la patrie; non, par nos blessures d'Austerlitz et de Marengo; non jamais de tels misérables......... Vous concevez l'effet d'une pareille figure poussée jusqu'où elle peut aller, et dans la bouche d'un homme comme Foy; mais il aima mieux embrasser les auteurs des Notes secrètes.

Moi, si j'eusse été là (c'est mon fort que l'apostrophe, et je ne parle guère autrement; je ne dis jamais : *Nicole, apporte-moi mes pantoufles;* mais je dis, *ô mes pantoufles! et toi, Nicole, et toi!......*), si j'eusse été là, député des classes inférieures de mon département, quand on proposa cette question de la liberté de la presse, j'aurais pris la parole ainsi :

Milord Castlereagh, mêlez-vous de vos affaires; pour Dieu, *Herr Metternich*, laissez-nous en repos; et vous, *mein lieber Hardemberg*, songez à bien cuire vos *saur kraut*...

Ou je me trompe, ou cette tournure eût fait effet sur l'assemsemblée, eût éveillé son attention, premier point pour persuader, premier précepte d'Aristote. Il faut se faire écouter, dit-il; et c'est à quoi n'ont pas pensé nos députés de gauche; à employer quelque moyen, tel qu'en fournit l'art oratoire pour avoir audience de l'assistance. Autre chose ne leur a manqué; car du langage, ils en avaient, et des raisons, ils l'ont fait voir; de l'invention et du débit, et avec tout cela n'ont su se faire écouter, faute de quoi? d'apostrophes, de ces vives apostrophes aux hommes et aux dieux, dans le goût des anciens. Sans laisser au ventre le temps de se rendormir, j'aurais continué de la sorte :

Excellents ministres des hautes puissances étrangères, ne vous fiez pas trop à vos amis de deçà. Ils vous en font accroire avec leurs Notes secrètes; non que je les soupçonne de vouloir vous trahir. Ce sont d'honnêtes gens, fidèles, sur lesquels vous pouvez compter, dont les services vous sont acquis, et la reconnaissance assurée pour jamais; incapables de manquer à ce qu'ils vous ont promis, d'oublier ce qu'ils vous doivent. J'entends par là, seulement, qu'ils s'abusent et vous trompent avec le zèle le plus pur pour vos excellences étrangères. Venez, il y fait bon; accourez, vous disent-ils : cette nation est lâche. Ce ne sont plus des Français, la terreur de l'Europe, l'admiration du monde. Ils furent grands, fiers, généreux; mais domptés aujoud'hui, abattus, mutilés, bistournés par Napoléon, ils se laissent ferrer et monter à tous venants : il n'est bât qu'ils refusent, coups dont ils se ressentent, ni joug trop humiliant pour eux. Quand d'abord nous revînmes derrière vous dans ce pays, nous les appréhendions; ce nom, cette gloire, nous en imposaient, et longtemps nous n'osâmes les regarder en face. Mais à présent nous les bravons, chaque jour nous les insultons, et non-seulement ils le souffrent, mais, le croiriez vous? il nous craignent; nous, que vous avez vus dans l'opprobre, la fange, rebutés partout, signalés parmi les espions, les escrocs, à toutes les polices de l'Europe, nous sommes ici l'épouvantail de ceux qui vous firent trembler; et c'est de nous qu'on les menace, lorsqu'on veut qu'ils obéissent. Venez donc, accourez; butin sûr, proie facile et tributs vous attendent; ou ne bougez; fiez-vous à nous. Avec sept hommes, nous nous chargeons de tondre et d'écorcher le Français pour votre compte, moyennant part dans la dépouille, et récompense, comme de raison.

Voilà ce qu'ils vous mandent par M. de Montlosier. Gardez-vous de les croire; puissances étrangères, ne les écoutez *mie;* car ils vous mèneraient loin. Leurs Notes ne sont pas mot d'Évangile. Demandez à Fouché ce qu'il en pense, et combien de fois lui-même a été pris pour dupe, lorsqu'il croyait, par leur moyen, en attraper d'autres. Il faut l'avouer, néanmoins, il y a du vrai dans ce qu'ils vous disent. Nous souffrons des choses..... des gens...... Quinze ans de galère, tranchons le mot, ont abaissé notre humeur fière, et sont cause que nous endurons nos correspondants; ce qui à bon droit les étonne. Cependant, par bonheur, échappés du bagne de Napoléon, nous avons des hommes encore, et ne sommes pas sans quelque vigueur; témoin tant de machines qu'on emploie pour nous empêcher de faire acte de virilité, à quoi même on ne réussit pas. Préfets, télégraphes, gendarmes, censure, loi des suspects, rien n'y sert; missionnaires, jésuites, aumôniers, y perdent leur peu de latin : et l'on a beau prêcher, menacer, caresser, promettre, destituer, dès qu'il s'agit d'élire, les choix tombent sur des hommes. Soit hasard ou malice, en voilà cent quinze de compte fait dans une seule chambre où il y en aurait bien plus, n'était ce qui s'y introduit de la cour et des antichambres ministérielles. Anglais, dont on nous vante ici *l'esprit public*, ayant fait ce mot, vous avez la chose sans doute; mais, en bonne foi, croyez-vous vos ministres fort empêchés à écarter de leur chemin les citoyens incorruptibles, à se débarrasser de ces gens que rien ne peut gagner, qui ne composent point, ne connaissent que leur mandat, et ne voient de bien pour eux que dans le bien commun de tous; préférant l'estime publique aux places offertes ou acquises, aux rangs, aux honneurs, à l'argent, et, que sert de le dire? à la vie, moins chère, moins nécessaire aux hommes, sans quoi les verrait-on en faire si bon marché? Aurions-nous vu, dans le cours de nos révolutions, tant d'âmes à l'épreuve du péril, si peu à l'épreuve de l'or et des discussions, et souvent le plus brave soldat être le plus lâche courtisan, s'il n'était vrai qu'on aime les biens et les honneurs plus que la vie? Celui qui meurt pour son pays fait moins que celui qui refuse de gouverner contre les lois. Or, de telles gens, nous en avons; nous avons de ces hommes qui savent rendre un portefeuille, mépriser une préfecture, une direction de la Banque, et qui, avant de vous livrer, messieurs du congrès, cette terre, soit à vous, soit à vos féaux, y périront eux et bien d'autres : car tout le peuple est avec eux, non tel qu'on vous le dépeint, faible, abattu, timide. Cette nation n'est point avilie : par vous provoquée au combat, usant de la victoire, elle vous fit esclaves et le fut avec vous, parce qu'autrement ne se peut. Insensé qui croit asservir et se dispenser d'obéir; mais, rompue la chaîne commune, il vous en reste plus qu'à nous.

Ne vous hâtez donc point, n'accourez pas si vite, ne cédez pas sitôt aux vœux qui vous appellent; et ne croyez point trop aux promesses qu'on vous fait, de peur, en arrivant, de trouver du mécompte; car voici, en peu de mots, comment vous serez reçus, si vous venez ici au secours du parti habile, fort et nombreux.

Les missionnaires prêcheront pour vous, les religieuses du Sacré-Cœur prieront Dieu, non de vous convertir, mais de vous amener à Paris, et lèveront au ciel leurs innocentes mains en faveur des Pandours, supplieront en mauvais latin le Seigneur infiniment miséricordieux d'exterminer la race impie, de livrer à la fureur du glaive les ennemis de son saint nom, c'est-à-dire ceux qui refusent la dîme; et d'écraser contre la pierre les têtes de leurs enfants. Mais malheureusement tout n'est pas moines chez nous.

La nation (laissons là cette classe élevée pour qui le général Foy a tant d'estime depuis qu'il ne la protége plus, poignée de fidèles tout à vous, qui ne peut se passer de vous, et n'a de patrie qu'avec vous), la nation se divise en nobles et vilains : des nobles, les uns le sont par la grâce de Dieu, les autres par le bon plaisir de Napoléon. Lequel vaut mieux? on ne sait. Ce sont deux corps qui s'estiment, dit Foy, réciproquement, s'admirent, et volontiers prennent des airs l'un de l'autre. La Tulipe, homme de cour, a quitté son briquet pour se faire talon rouge : c'est maintenant, on le peut dire, un cavalier parfait, rempli de savoir vivre et de délicatesse : on n'a pas meilleur ton que monsieur ou monseigneur le comte de la Tulipe. Et voilà Dorante hussard; depuis quand? depuis la paix. Sentant la caserne, si ce n'est peut-être le bivouac. Sous le fardeau de deux énormes épaulettes, il jure comme Lannes, bat ses gens comme Junot, et, faute de blessures, il a des rhumatismes, fruit de la guerre; entendez-vous, de ses campagnes de Hyde-Park et de Bond-Street; éperonné, botté, prêt à monter à cheval, il attend le boute-selle. L'esprit de Bonaparte n'est pas à Sainte-Hélène, il est ici dans les hautes classes. On rêve, non les conquêtes, mais la grande parade; on donne le mot d'ordre, on passe des revues, on est fort satisfait. Un grand ne va point p.....r sans son état-major, et le p..... d. M..... couche en bonnet de police. La vieille garde cependant grasseye et porte des odeurs.

Telle est l'admiration qu'ont les uns pour les autres, ces gens de deux régimes en apparence contraires : ils s'imitent, se copient. Ni les uns ni les autres ne vous donneront d'embarras. Vous trouverez des manières dans l'ancienne noblesse, et dans la nouvelle des formes. Les seigneurs vous accueilleront avec cette grâce vraiment française et cette politesse chevaleresque, apanage de la haute naissance. Nos aimables barons, formés sur le modèle d'Elleviou, vous enseigneront la belle tenue de l'état-major de Berthier et l'étiquette des maréchaux, sans oublier le dévouement, l'enthousiasme, le *feu sacré*. Tout ce qui est issu de race, ou destiné à faire race, s'accommode sans peine avec vous. Ces gens qui tant de fois ont juré de mourir, ces gens toujours prêts à verser leur sang jusqu'à la dernière goutte pour un maître chéri, une famille auguste, une personne sacrée; ces gens qui meurent et ne se rendent pas, sont de facile composition, et vous le savez bien. Mais il y a chez nous une classe moins élevée, quoique mieux élevée, qui ne meurt pour personne, et qui, sans dévouement, fait tout ce qui se fait; bâtit, cultive, fabrique autant qu'il est permis; lit, médite, calcule, invente, perfectionne les arts; sait tout ce qu'on sait à présent, et sait aussi se battre, si se battre est une science. Il n'est vilain qui n'en ait fait son apprentissage, et qui là-dessus n'en remontre aux descendants des du Guesclin. Georges le laboureur, André le vigneron, Pierre, Jacques le bonhomme, et Charles, qui cultive ses trois cents arpents de terre, et le marchand, l'artisan, le juge, l'avocat, et notre digne vicaire, tous ont porté les armes, tous vous ont fait la guerre. Ah! s'ils n'eussent jamais eu le grand homme à leur tête...... sans la troupe dorée, les comtes, les ducs, les princes, les officiers de marque... si la roture en France n'eût jamais dérogé, ni la valeur dégénéré en gentilhommerie, jamais nos femmes n'eussent entendu battre vos tambours.

Or ces gens-là et leurs enfants, qui sont grandis depuis Waterloo, ne font pas chez nous si peu de monde, qu'il n'y en ait bien quelques millions n'ayant ni manières de Versailles, ni *formes* de la Malmaison, et qui, au premier pas que vous ferez sur leurs terres, vous montreront qu'ils se souviennent de leur ancien métier; car il n'est alliance qui tienne; et si vous venez les piller au nom de la très-sainte et très-indivisible Trinité, eux, au nom de leurs familles, de leurs champs, de leurs troupeaux, vous tireront des coups de fusil. Ne comptan plus pour les défendre sur le génie de l'empereur, ni sur l'héroïque valeur de son invincible garde, ils prendront le parti de se défendre eux-mêmes; fâcheuse résolution, comme vous savez bien, qui déroute la tactique, empêche de faire la guerre *par raison démonstrative*, et suffit pour déconcerter les plans d'attaque et de défense le plus savamment combinés. Alors, si vous êtes sages, rappelez-vous l'avis que je vais vous donner. Lorsque vous marcherez en Lorraine, en Alsace, n'approchez pas des haies, évitez les fossés, n'allez pas le long des vignes, tenez-vous loin des bois, gardez-vous des buissons, des arbres, des taillis, et méfiez-vous des herbes hautes; ne passez point trop près des fermes, des hameaux, et faites le tour des villages avec précaution; car les haies, les fossés, les arbres, les buissons, feront feu sur vous de tous côtés, non feu de file ou de peloton, mais feu qui ajuste, qui tue; et vous ne trouverez pas, quelque part que vous alliez, une hutte, un poulailler qui n'ait garnison contre vous. N'en voyez point de parlementaires, car on les retiendra; point de détachements, car on les détruira; point de commissaires, car....... Apportez de quoi vivre; amenez des moutons, des vaches, des cochons, et puis n'oubliez pas de les bien escorter, ainsi que vos fourgons. Pain, viande, fourrage et le reste, ayez provision de tout; car vous ne trouverez rien où vous passerez, si vous passez, et vous coucherez à l'air, quand vous vous coucherez; car nos maisons, si nous ne pouvons vous en écarter, nous savons qu'il vaut mieux les rebâtir que les racheter, cela est plus tôt fait, coûte moins. Ne vous rebutez pas d'ailleurs, si vous trouviez dans cette façon de guerroyer quelques inconvénients. Il y a peu de plaisir à conquérir des gens qui ne veulent pas être conquis, et nous en savons des nouvelles. Rien ne dégoûte de ce métier comme d'avoir affaire aux classes inférieures. Mais ne perdez point courage, car si vous reculiez, s'il vous fallait retourner sans avoir fait la paix, ni stipulé d'indemnités, alors, peu d'entre vous iraient conter à leurs enfants ce que c'est que la France en tirailleurs, n'ayant ni héros ni péquins.

Apprenez, dit le Prophète, *apprenez*, *grands de la terre*; c'est-à-dire, messieurs du congrès, renoncez aux vieilles sottises. *Instruisez-vous*, *arbitres du monde*; c'est-à dire, excellences, regardez ce qui se passe, et faites-vous sages, s'il se peut. L'Espagne se moque de vous, et la France ne vous craint pas.

P.-L. COURIER

Vos amis ont beau dire et faire, nous ne sommes pas disposés à nous gouverner par vos ordres ; et ni eux, avec leurs sept hommes, ni vous, avec vos sept cent mille, ne nous faites la moindre peur ; partant, je ne vois nulle raison de changer notre allure pour vous plaire, et je conclus à rejeter toute la loi venant d'eux ou de vous.

Voilà ce que j'aurais dit après le général Foy, si j'eusse pu, député indigne, lui succéder à la tribune.

A MESSIEURS

DU CONSEIL DE PRÉFECTURE A TOURS.

(1820.)

Messieurs,

Je paye dans ce département 1314 francs d'impôts, et ne puis obtenir d'être inscrit sur la liste des électeurs. A la préfecture, on me dit que mon domicile est à Paris, que je ne dois pas voter ici, et l'on me renvoie à l'article 104 du Code civil, ainsi conçu :

« Le domicile est au lieu du principal établissement.

« Le changement de domicile s'opérera par le fait d'une ha-
« bitation réelle dans un autre lieu, joint à l'intention d'y fixer
« son principal établissement.

« La preuve de l'intention résultera d'une déclaration expresse
« faite, tant à la municipalité du lieu que l'on quittera, qu'à
« celle du lieu où l'on aura transféré son domicile. »

Cette déclaration, je ne l'ai faite nulle part, ni à Paris, ni ailleurs ; mon principal établissement est la maison de mon père, à Luynes ; là est le champ que je cultive, et dont je vis avec ma famille ; là, mon toit paternel, la cendre de mes pères, l'héritage qu'ils m'ont transmis et que je n'ai quitté que quand il a fallu le défendre à la frontière. N'ayant rempli, en aucun lieu, aucune des formalités qui constituent, suivant la loi, le changement de domicile, je suis à cet égard comme si jamais je n'eusse bougé de ma maison de Luynes. C'est l'opinion des gens de loi que j'ai consulté là-dessus, et j'en ai consulté plusieurs qui, de contraire avis en tout le reste (car ils suivent différents partis dans nos malheureuses dissensions), sur ce point seul n'ont qu'une voix. En résumé voici ce qu'ils disent :

Mon domicile de droit est, selon le Code, à Luynes. Mon domicile de fait à Véretz, où j'ai, depuis deux ans, maison, femme et enfants. Ces deux communes étant dans le même arrondissement du département d'Indre-et-Loire, mon domicile est, de toute façon, dans ce département, où je dois voter comme électeur. Si je nommais les jurisconsultes de qui je tiens cette décision, vous seriez étonnés, Messieurs, vous admireriez, j'en suis sûr, qu'entre des hommes de sentiments si opposés, surtout en matière d'élections, il ait pu se trouver un point sur lequel tous fussent d'accord, et c'est ce qui donne d'autant plus de poids à leur avis.

Mais que dire après cela d'une note qu'on me produit comme pièce convaincante, et d'une autorité irréfragable, décisive? Cette note du maire de Véretz, adressée au préfet de Tours, porte en termes clairs et précis : *Courier, propriétaire domicilié à Paris*. Dans ce peu de mots, je trouve, Messieurs, deux choses à remarquer : l'une que le maire de Véretz, qui me voit depuis deux ans établi à sa porte, dans cette commune, dont il est le premier magistrat, et où lui-même m'a adressé des citations à domicile, ne veut pas néanmoins que j'y sois domicilié; l'autre, chose fort remarquable, est qu'en même temps il me déclare domicilié à Paris. Le préfet, prenant acte de cette déclaration, part de là. Mon affaire est faite, ou la sienne peut-être, j'entends celle du préfet. Il refuse, quelque réclamation que je lui puisse adresser, de m'admettre au rang des électeurs, et me voilà déchu de mon droit.

Que signifie cependant cette assertion du maire? sur quoi l'a-t-il fondée? Il pouvait nier mon domicile dans la commune de Véretz, si je n'en avais fait aucune déclaration légale; mais avancer et affirmer que mon domicile est à Paris, où je n'ai pas une chambre, pas un lit, pas un meuble, c'est être un peu hardi, ce me semble. De quelque part qu'aient pu lui venir ces instructions, fût-ce même de Paris, il est mal informé. Aussi mal informé est le préfet, qui, sur ce point, eût mieux fait de s'en rapporter à la notoriété publique, recommandée par les ministres comme un bon moyen de compléter les listes électorales. Cette notoriété lui eût appris d'abord que nul n'est mieux que moi établi et domicilié dans ce département, et que je n'eus de ma vie domicile à Paris, non plus qu'à Vienne, à Rome, à Naples et dans les autres capitales, où tour à tour me conduisirent les chances de la guerre et l'étude des arts, et où j'ai résidé plus longtemps qu'à Paris, sans perdre pour cela mon domicile au lieu de mon unique établissement dans le département d'Indre-et-Loire.

Certes, quand je bivouaquais sur les bords du Danube, mon domicile n'était pas là. Quand je retrouvais, dans la poussière des bibliothèques d'Italie, les chefs-d'œuvre perdus de l'antiquité grecque, je n'étais pas à demeure dans ces bibliothèques. Et depuis, lorsque seul, au temps de 1815, je rompis le silence de la France opprimée, j'étais bien à Paris, mais non domicilié. Mon domicile était à Luynes, dans le pays malheureux alors dont j'osai prendre la défense.

Si je me présentais pour voter à Paris, où on me dit domicilié, le préfet de Paris, sans doute aussi scrupuleux que celui-ci, ne manquerait pas de me dire : Vous êtes Tourangeau, allez voter à Tours, vous n'avez point ici de domicile élu, votre établissement est à Luynes. Et si je contestais, il me présenterait une pièce imprimée, signée de moi, connue de tout le monde à Paris. C'est la pétition que j'adressai en 1816 aux deux Chambres, en faveur de la commune de Luynes, et qui commence par ces mots : Je suis Tourangeau, j'habite Luynes. Vous voyez bien, me dirait-il, que quand vous parliez de la sorte pour les habitants de Luynes, persécutés alors et traités en ennemis par les autorités de ce temps, vous vous regardiez comme ayant parmi eux votre domicile. Montrez-moi que depuis vous avez transporté ce domicile à Paris, et je vous y laisse voter. Le préfet de Paris, me tenant ce langage, aurait quelque raison ; les ministres l'approuveraient indubitablement, et le public ne pourrait le blâmer. Mais ici le cas est différent, j'en ai donné ci-dessus la preuve, et n'ai pas besoin d'y revenir ; j'y ajouterai seulement que, pour m'ôter mon domicile et le droit de voter dans ce département où est mon manoir paternel, il faudrait me prouver que j'ai fait élection de domicile ailleurs, et non le dire simplement ; au lieu que ma négative suffit quand on n'y oppose aucune preuve ; et ce n'est pas à moi de prouver cette négative, ce qui ne se peut humainement ; c'est à ceux qui veulent m'ôter l'usage de mon droit de faire voir que je l'ai perdu, sans quoi mon droit subsiste, et ne peut m'être enlevé par la seule parole du préfet.

Un mot encore là-dessus, Messieurs. Je prouve mon domicile ici, non-seulement par le fait de mon établissement héréditaire à Luynes, mais par une infinité d'actes, de citations, de jugements, acquisitions et ventes de propriétés foncières faites en différents temps par moi, dans ce département. Il faudrait, pour détruire ces preuves, m'opposer un acte formel d'élection de domicile ailleurs. Ce sont là des choses connues de tout le monde et de moi-même, qui ne sais rien en pareille matière.

Vous êtes bien surpris, Messieurs ; ceux d'entre vous qui ont pu voir et connaître, dans ce pays, mon père, ma mère et mon grand-père, et qui m'ont vu leur succéder ; qui savent que non-seulement j'ai conservé les biens de mon père dans ce département, mais qu'ailleurs je ne possède rien, et ne puis être chez moi qu'ici, dans la maison de mon père, à Luynes, où je n'ai jamais cessé d'avoir, je ne dis pas mon principal, mais mon unique établissement, connu de tous ceux qui me connaissent ; les personnes qui savent tout cela penseront que ce qui m'arrive a quelque chose d'extraordinaire, et ne concevront sûrement pas qu'on puisse nier, parlant à vous, mon domicile parmi vous ; car autant vaudrait, moi présent, nier mon existence. Oui, de pareilles chicanes sont extraordinaires. Cela est nouveau, surprenant, et je pardonne à ceux qui refusent d'y ajouter foi, l'ayant seulement entendu dire. Voici cependant une chose encore plus, dirai-je incroyable ? non ! plus bizarre, plus singulière.

Quand je serais domicilié (comme il est clair que je ne le suis pas, puisque le maire l'assure au préfet), quand même je serais domicilié dans ce département, payant 1,300 francs d'impôts, cela ne suffirait pas encore, il me faudrait, pour exercer mes droits d'électeur, prouver à M. le préfet, et le convaincre, qui plus est, que je n'ai voté nulle part ailleurs, nulle part depuis quatre ans. Entendez bien ceci, Messieurs ; je vais le répéter. Pour qu'on me laisse user de mes droits de citoyen dans ce département, il faut que je fasse voir clairement au préfet, par des documents positifs, par des preuves irrécusables, que je n'ai pas voté comme électeur à Lyon ; que je n'ai pas voté à Rouen ; point voté à Bordeaux, ni à Nantes, ni à Lille, ni...; mais prenez la liste de tous les départements, c'est celle des preuves de non-vote et de non-exercice de mes droits que je dois fournir au préfet ; sans compter que, quand j'aurai prouvé que je n'ai point voté cette année, il me faudra faire la même preuve pour l'an passé, pour l'autre année, enfin pour toutes les années, tous les chefs-lieux de départements où j'ai pu voter depuis qu'on vote. Comprenez-vous maintenant, Messieurs ? Si vous refusez de m'en croire, lisez la circulaire imprimée du préfet, en date du 16 septembre ; vous y trouverez ce paragraphe :

Dans le cas où vous n'auriez pas encore joui de vos droits d'électeur dans le département (c'est, Messieurs, le cas où je me trouve), *il est nécessaire que vous vouliez bien m'envoyer un acte qui constate que depuis quatre ans vous n'avez pas exercé ces droits dans un autre département.*

Que vous en semble, Messieurs ? Pour moi, lisant cela, je me crus déchu sans retour du droit que la Charte m'octroie, et sans pouvoir m'en plaindre, puisque c'était la loi. Ainsi l'avait réglé la loi que le préfet citait exactement. Car, à ce même paragraphe, la circulaire ajoute : *Comme le prescrit la loi du 5 février* 1817. Le moyen, je vous prie, Messieurs, de fournir la preuve qu'on demandait ? Comment démontrer au préfet, de manière à le satisfaire, que depuis quatre ans je n'ai voté dans aucun des quatre-vingt-quatre départements qui, avec celui-ci, composent toute la France ? Il m'eût fallu pour cela non un acte seulement, mais quatre-vingt-quatre actes d'autant de préfets aussi sincères et d'aussi bonne foi que celui de Tours ; encore ne pourrais-je, avec toutes leurs attestations, montrer que je n'ai point voté. Quelque absurde en soi que me parût la demande d'une telle preuve, de la preuve d'un fait négatif, je croyais bonnement, je l'avoue, cette demande autorisée par la loi qu'on me citait, et n'avais aucun doute sur cette allégation, tant je connaissais peu les ruses, les profondeurs... J'admirais qu'il pût y avoir des lois si contraires au bon sens. Or, on me l'a fait voir cette loi, où j'ai lu ce qui suit à l'article cité :

« Le domicile politique de tout Français est dans le départe-
« ment où il a son domicile réel. Néanmoins il pourra le trans-
« férer dans tout autre département où il payera des contri-
« butions directes, à la charge par lui d'en faire, six mois
« d'avance, une déclaration expresse devant le préfet du départe-
« ment où il aura son domicile politique actuel, et devant le
« préfet du département où il voudra le transférer.

« La translation du domicile réel ou politique ne donnera
« l'exercice du droit politique, relativement à l'élection des dé-
« putés, qu'à celui qui, dans les quatre ans antérieurs, ne l'aura
« point exercé dans un autre département. »

Tout cela paraît fort raisonnable ; mais s'y trouverait-il un seul mot qui autorise le préfet à demander un acte tel que celui dont il est question dans la circulaire, et qui m'oblige à le produire ? Il ne s'agit là d'autre chose que de translation de domicile, et l'on m'applique cet article à moi, cultivant l'héritage de mon père et de mon grand-père, et de cette application résulte la demande négative d'une preuve qu'aucune loi ne peut exiger.

Il faut cependant m'y résoudre et montrer à la préfecture que je n'ai voté nulle part. Sans cela je ne puis voter ici, sans cela je perds mon droit, et le pis de l'affaire, c'est que ce sera ma faute. La même circulaire le dit expressément, et finit par ces mots :

J'ai lieu de croire que vous vous empresserez de m'envoyer la pièce dont la loi réclame la remise (quoique la loi n'en dise rien), *afin de ne pas vous priver de l'avantage de concourir à des choix utiles et honorables. On aurait droit de vous reprocher votre négligence, si vous en apportiez dans cette circonstance.*

Belle conclusion! Si je néglige de prouver que je n'ai voté nulle part, si je ne produis une pièce impossible à produire, je suis déchu de mon droit, et de plus ce sera ma faute. Ciel, donnez-nous patience! C'est là ce qu'on appelle ici administrer, et ailleurs gouverner.

Je ne m'arrêterai pas davantage, Messieurs, à vous faire sentir le ridicule de ce qu'on exige de moi. La chose parle d'elle-même. Je n'ai vu personne qui ne fût choqué de l'absurdité de telles demandes, et affligé en même temps de la figure que font faire au gouvernement ceux qui emploient, en son nom, de si pitoyables finesses, en les servant, à ce qu'ils disent. Dieu nous préserve, vous et moi, d'être jamais servis de la sorte! Non, parmi tant d'individus qui dans les choses de cette nature diffèrent d'opinion presque tous, et desquels on peut dire avec juste raison, autant de têtes, autant d'avis et de façons de voir toutes diverses, je n'en ai pas trouvé un seul qui pût rien comprendre aux prétextes dont on se sert pour m'écarter de l'assemblée électorale. Et par quelle raison veut-on m'en éloigner? Que craint-on de moi qui, depuis trente ans, ayant vu tant de pouvoirs nouveaux, tant de gouvernements se succéder, me suis accommodé à tous, et n'en ai blâmé que les abus, partisan déclaré de tout ordre établi, de tout état de choses supportable, ami de tout gouvernement, sans rien demander à aucun? D'où peut venir, Messieurs, ce système d'exclusion dirigé contre moi, contre moi seul? car je ne crois pas qu'on ait fait à personne les mêmes difficultés, et j'ai lieu de penser que des lettres imprimées, et en apparence adressées à tous les électeurs de ce département, ont été composées pour moi. Par où ai-je pu m'attirer cette attention, cette distinction? Je l'ignore, et ne vois rien dans ma vie, dans ma conduite, jusqu'à ce jour, qui puisse être suspect de mauvaise intention, de cabale, d'intrigue, de vue particulière ou d'esprit de parti, ni faire ombrage à qui que ce soit. Est-ce haine personnelle de M. le préfet? me croit-il son ennemi, parce qu'il m'est arrivé de lui parler librement? Il se tromperait fort. Ce n'est pas d'aujourd'hui, ni avec lui seulement, que j'en use de cette façon. J'ai bien d'autres griefs, moi Courier, contre lui, qui cherche à me ravir le plus beau, le plus cher, le plus précieux de mes droits, et pourtant je ne lui en veux point. Je sais à quoi oblige une place, ou je m'en doute, pour mieux dire, et plains les gens qui ne peuvent ni parler ni agir d'après leur sentiment, s'ils ont un sentiment.

Mon droit est évident, palpable, incontestable. Tout le monde en convient, et nul n'y contredit, excepté le préfet. Je vous prie donc, Messieurs, de m'inscrire sur les listes où mon nom doit paraître et n'a pu être omis que par la plus insigne mauvaise foi. Je suis électeur, je veux l'être et en exercer tous les droits. Je n'y renoncerai jamais, et je déclare ici, Messieurs, devant vous, devant tous ceux qui peuvent entendre ma voix, je les prends à témoin que je proteste ici contre toute opération que pourrait faire, sans moi, le collége électoral, et regarde comme nulle toute nomination qui en résulterait, à moins qu'une décision légale n'ait statué sur la requête que jai l'honneur de vous adresser.

LETTRES PARTICULIÈRES.

Ire LETTRE PARTICULIÈRE.

Tours, le 18 octobre 1820.

J'ai reçu la vôtre du 12. Nos métayers sont des fripons qui vendent la poule au renard; leurs valets me semblent, comme à vous, les plus méchants drôles qu'on ait vus depuis bien du temps. Ils ont mis le feu aux granges, et maintenant, pour l'éteindre, ils appellent les voleurs. Que faire? sonner le tocsin? les secours sont à craindre presque autant que le feu. Croyez-moi; sans esclandre, à nous seuls, étouffons la flamme, s'il se peut. Après cela nous verrons; nous ferons un autre bail avec d'autres fripons; mais il faudra compter, il faudra faire une part à cette valetaille, puisqu'on ne peut s'en passer, et surtout point de pot-de-vin.

Voilà mon sentiment sur ce que vous nous mandez. En revanche, apprenez les nouvelles du pays. A Saumur, il y a eu bataille, coups de fusil, mort d'homme; le tout à cause de Benjamain Constant. Cela se conte de deux façons.

Les uns disent que Benjamin, arrivant à Saumur, dans sa chaise de poste avec madame sa femme, insulta sur la place toute la garnison qu'il trouva sous les armes, et particulièrement l'école d'équitation. Cela ne me surprend point; il a l'air ferrailleur, surtout en bonnet de nuit, car c'était le matin. Douze officiers se détachent, tous gentilshommes de nom, marchent à Benjamin, voulant se battre avec lui; l'arrêtent, et d'abord, en gens déterminés, mettent l'épée à la main. L'autre mit ses lunettes pour voir ce que c'était. Ils lui demandaient *raison*. Je vois bien, leur dit-il, que c'est ce qui vous manque. Vous en avez besoin; mais je n'y puis que faire. Je vous recommanderai au bon docteur Pinel, qui est de mes amis. Sur ces entrefaites, arrive l'autorité, en grand costume, en écharpes, en habit brodé, qui intime l'ordre à Benjamin de vider le pays, de quitter sans délai une ville où sa présence mettait le trouble. Mais lui : C'est moi, dit-il, qu'on trouble. Je ne trouble personne, et je m'en irai, messieurs, quand bon me semblera. Tandis qu'il contestait, refusant également de partir et de se battre, la garde nationale s'arme, vient sur le lieu, sans en être requise, et *proprio motu*. On s'aborde; on se choque; on fait feu de part et d'autre. L'affaire a été chaude. Les gentilshommes seuls en ont eu l'honneur. Les officiers de fortune et les bas officiers ont refusé de donner, ayant peu d'envie, disaient-ils, de combattre avec la noblesse, et peu de chose à espérer d'elle. Voilà un des récits.

Mais notez en passant que les bas officiers n'aiment point la noblesse. C'est une étrange chose : car enfin la noblesse ne leur dispute rien, pas un gentilhomme ne prétend être caporal ou sergent. La noblesse, au contraire, veut assurer ces places à ceux qui les occupent, fait tout ce qu'elle peut pour que les bas officiers ne cessent jamais de l'être, et meurent bas officiers, comme jadis au bon temps. Eh bien! avec tout cela, ils ne sont pas contents. Bref, les bas officiers ou ceux qui l'ont été, qu'on appelle à présent officiers de fortune, s'accommodent mal avec les officiers de naissance, et ce n'est pas d'aujourd'hui.

De fait, il m'en souvient; ce furent les bas officiers qui firent la révolution autrefois. Voilà pourquoi peut-être ils n'aiment point du tout ceux qui la veulent défaire, et ceci rend vraisemblable le dialogue suivant, qu'on donne pour authentique, entre un noble lieutenant de la garnison de Saumur et son sergent-major.

Prends ton briquet, Francisque, et allons assommer ce Benjamin Constant. — Allons, mon lieutenant. Mais, qui est ce Benjamin ? — C'est un coquin, un homme de la révolution. — Allons, mon lieutenant, courons vite l'assommer. C'est donc un de ces gens qui disent que tout allait mal du temps de mon grand-père ? — Oui. — Oh le mauvais homme ! et je gage qu'il dit que tout va mieux maintenant ? — Oui. — Oh le scélérat! Dites-moi, mon lieutenant, on va donc rétablir tout ce qui était jadis ? — Assurément, mon cher. — Et ce Benjamin ne veut pas ? — Non, le coquin ne veut pas. — Et il veut qu'on maintienne ce qui est à présent ? — Justement. — Quel maraud ! Dites-moi, mon lieutenant, ce bon temps-là, c'était le temps des coups de bâton, de la *schlague* pour les soldats ? — Que sais-je, moi ? — C'était le temps des coups de plat de sabre ? — Que veux-tu que je te dise ? ma foi, je n'y étais pas. — Je n'y étais pas non plus ; mais j'en ai ouï parler ; et, s'il vous plaît, il dit, ce monsieur Benjamin, que tout cela n'était pas bien ? — Oui. C'est un drôle qui n'aime que sa révolution ; il blâme généralement tout ce qui se faisait alors. — Alors, mon lieutenant, nous autres sergents, pouvions-nous devenir officiers ? — Non certes, dans ce temps-là. — Mais la révolution changea cela, je crois, nous fit des officiers, ôta les coups de bâton ? — Peut-être ; mais qu'importe ? — Et ce Benjamin-là, dites-vous, mon lieutenant, approuve la révolution, ne veut pas qu'on remette les choses comme elles étaient ? — Que de discours ; marchons. — Allez, mon lieutenant ; allez, en m'attendant. — Ah ! coquin, je te devine ; tu penses comme Benjamin ; tu aimes la révolution. — Je hais les coups de bâton. — Tu as tort, mon ami ; tu ne sais pas ce que c'est. Ils ne déshonorent point quand on les reçoit d'un chef ou bien d'un camarade. Que moi, ton lieutenant, je te donne la bastonnade, tu la donnes aux soldats en qualité de sergent ; aucun de nous, je t'assure, ne serait déshonoré.— Fort bien. Mais, mon lieutenant, qui vous la donnerait ? — A moi ? personne, j'espère. Je suis gentilhomme. — Je suis homme. — Tu es un sot, mon cher. C'était comme cela jadis. Tout allait bien. L'ancien régime vaut mieux que la révolution. — Pour vous, mon lieutenant. — Puis c'est la discipline des puissances étrangères : Anglais, Suisses, Allemands, Russes, Prussiens, Polonais, tous bâtonnent le soldat. Ce sont nos bons amis, nos fidèles alliés ; il faut faire comme eux. Les cabinets se fâcheront, si nous voulons toujours vivre et nous gouverner à notre fantaisie. Martin bâton commande les troupes de la Sainte-Alliance. — Ma foi, mon lieutenant, je n'ai pas grande envie de servir sous ce général; et puis, je vous l'avoue, j'aime l'avancement. Je voudrais devenir, s'il y avait moyen, maréchal. — Oui, j'entends, maréchal des logis dans la cavalerie. — Non, ce n'est pas cela. — Quoi! maréchal ferrant? — Non. — Propos séditieux. Tu te gâtes, Francisque. Qui diable te met donc ces idées dans la tête? tu ne sais ce que tu dis. Tu rêves, mon ami, ou bien tu n'entends pas la distinction des classes. Moi, noble, ton lieutenant, je suis de la haute classe. Toi, fils de mon fermier, tu es de la basse classe. Comprends-tu maintenant? Or, il faut que chacun demeure dans sa classe; autrement ce serait un désordre, une cohue; ce serait la révolution. — Pardon, mon lieutenant; répondez-moi, je vous prie. Vous voulez, j'imagine, devenir capitaine? — Oui. — Colonel ensuite? — Assurément. — Et puis général? — A mon tour. — Puis maréchal de France? — Pourquoi non? Je peux bien l'espérer comme un autre. — Et moi, je reste sergent? — Quoi! ce n'est pas assez pour un homme de ta sorte, né rustre, fils d'un rustre? Souviens-toi donc, mon cher, que ton père est paysan. Tu voudrais me commander peut-être? — Mon lieutenant, le maréchal duc de... qui nous passe en revue, est fils d'un paysan? — On le dit. — Il vous commande. — Eh! vraiment c'est le mal. Voilà le désordre qu'a produit la révolution. Mais on y remédiera, et bientôt, j'en suis sûr, mon oncle me l'a dit; on arrangera cela en dépit de Benjamin, qui sera pendu le premier, si nous ne l'assommons tout à l'heure. Viens, Francisque, mon ami, mon frère de lait, mon camarade; viens, sabrons tous ces vilains avec leur Benjamin. Il n'y a point de danger; tu sais bien qu'à Paris ils se sont laissé faire. — Allez, mon lieutenant, mon camarade; allez devant et m'attendez. — Francisque, écoute-moi. Si tu te conduis bien, que tu sabres ces vilains quand je te le commanderai, si je suis content de toi! j'écrirai à mon père qu'il te fasse laquais, garde-chasse ou portier. — Allez, mon lieutenant. — Oh! le mauvais sujet! Va, tu en mangeras, de la prison; je te le promets.

D'autres content autrement. L'arrivée de Benjamin, annoncée

à Saumur, fit plaisir aux jeunes gens, qui voulurent le fêter : non que Benjamin soit jeune ; mais ils disent que ses idées sont de ce siècle-ci, et leur conviennent fort. La jeunesse ne vaut rien nulle part, comme vous savez ; à Saumur, elle est pire qu'ailleurs. Ils sortent au-devant du député de gauche, et vont à sa rencontre avec musique, violons, flûtes, fifres, haut-bois. Les gentilshommes de la garnison, qui ne veulent entendre parler ni du siècle ni de ses idées, trouvèrent celle-là très-mauvaise ; et, résolus de toubler la fête, attaquent les donneurs d'aubade, croyant ne courir aucun risque. Mais, en ce pays-là, la garde nationale ne laisse point sabrer les jeunes gens dans les rues ; aussi n'est-elle pas commandée par un duc. La garde nationale armée fit tourner la tête aux nobles assaillants, qui bientôt, malmenés, quittent le champ de bataille en y laissant des leurs. Tel est le second récit.

A Nogent-le-Rotrou, il ne faut point danser, ni regarder danser, de peur d'aller en prison. Là, les droits réunis s'en viennent au milieu d'une fête de village *exercer* (c'est le mot, nous appelons cela *vexer*); on chasse mes coquins. Gendarmes aussitôt arrivent ; en prison le bal et les violons, danseurs et spectateurs, en prison tout le monde. Un maire verbalise ; un procureur du roi (c'est comme qui dirait *un loup quelque peu clerc*) voit là dedans des complots, des machinations, des ramifications. Que ne voit pas le zèle d'un procureur du roi ! Il traduit devant la cour d'assises vingt pauvres gens qui ne savaient pas que le roi eût un procureur. Les uns sont artisans, les autres laboureurs, quelques-uns parents du maire, tous perdus sans ressource. Qui sèmera leur champ ? Qui fera leurs travaux, pendant six mois de prison ou plus ? Qui prendra soin de leurs familles ? Et sortis, s'ils en sortent, que deviendront-il après ? mendiants ou voleurs par force ; nouvelle matière pour le zèle de M. le procureur du roi.

Ici, scène moins grave ; il s'agit de préséance. A l'église, c'était grande cérémonie : office pontifical, cierges allumés, faux-bourdon, procession, cloches en branle ; le concours des fidèles, et cet ordre pompeux, faisaient plaisir à voir. Au beau milieu du chœur, deux champions couverts d'or se gourment, s'apostrophent. — Ote-toi. — Non, c'est ma piace. — C'est la mienne. — Tu mens. Coups de pied, coups de poing. Tu n'es pas royaliste. — Je le suis plus que toi. — Non, mais moi plus que toi ; je te le prouverai, je te le ferai voir. Votre mère sainte Église, affligée du scandale, y voulut mettre fin ; le ministre du Très-Haut arrive crossé, mitré. Ah! monsieur le général ! ah ! monsieur le commandant de la garde nationale ! Mon cher comte! mon cher chevalier ! Laissez-là cette chaise, monsieur le général ; rengaînez votre épée, monsieur le commandant.

Par malheur, le payeur ne se trouvait pas là, car il eût apaisé la noise tout d'abord, en faisant savoir à ces messieurs ce que chacun d'eux touche par mois du gouvernement ; on eût pu calculer, en francs, de combien l'un était plus royaliste que l'autre, et régler les rangs sans dispute. La charge de payeur devrait toujours s'unir à celle de maître des cérémonies. Je l'ai dit à Perceval, un de nos députés ; il en fera la proposition dès qu'il sera conseiller d'État.

Mais dites-moi, je vous prie, vous qui avez couru, sauriez-vous un pays où il n'y eût ni gendarmes, ni rats de cave, ni maire, ni procureur du roi, ni zèle, ni appointements (je voulais dire *dévouement;* n'importe, c'est tout un), ni généraux, ni commandants, ni nobles, ni vilains qui pensent noblement ? Si vous savez un tel pays sur la mappemonde, montrez-le-moi, et me procurez un passe-port.

Voilà Perceval en bon chemin. Secrétaire de la guerre! cela s'appelle tirer son épingle du jeu. C'est un habile garçon ; il n'en demeurera pas là : tant vaut l'homme, tant vaut la députation. Les sots n'attrapent rien ; quelques-uns y mettent du leur. Il n'ose, dit-on, revenir ici, de peur de la sérénade. Quelle faiblesse ! je me moquerais et de la sérénade et de mes commettants. Bellart n'en est pas mort à Brest. Un autre de nos députés, M. Gouin Moisan, est ici un peu fâché, à ce qu'on dit, de n'avoir pu encore rien tirer des ministres, ni pour lui, ni pour sa famille. Ce M. Gouin Moisan est un honnête marchand que la noblesse méprise, et qui vote avec elle sans qu'elle le méprise moins, comme vous pensez bien. Pour les services par lui rendus au parti gentilhomme, il voudrait qu'on le fît noble ; il se contenterait du titre de baron. La noblesse française n'a point de baron Gouin, et s'en passe volontiers ; mais Gouin ne se passe pas de noblesse. Depuis trois ans entiers, il se lève, il s'assied avec le côté droit, dans l'espérance d'un parchemin. Quand on peut à ce prix rendre les gens heureux, il faut avoir le cœur bien ministériel pour les laisser languir. Le service des nobles est dur et profite peu; on leur sacrifie tout; on renie ses amis, ses œuvres, ses paroles; on abjure le vrai; toujours dire et se dédire, parler contre son sens; combattre l'évidence, et mentir sans tromper; je ne m'étonne pas que de Serre en soit malade. Renoncer à toute espèce de bonne foi, d'approbation de soi-même et d'autrui; affronter le haro, l'indignation publique! pour qui? pour des ingrats qui vous payent d'un cordon et disent : Le sieur Lainé, le nommé de Villèle, un certain Donnadieu. Eh! bonjour, mon ami; votre père fait-il toujours de bons souliers? Çà, vous dinerez chez moi, quand je n'aurai personne. Voilà la récompense. Va, pour telles gens, va trahir ton mandat, et livre à l'étranger ta patrie et tes dieux. Ainsi parle un vilain dégoûté de bien penser; mais *la moindre faveur d'un coup d'œil caressant* le rengage comme Sosie, et fait taire la conscience, la patrie et le mandat.

Nous en allons faire de nouveaux, je dis des députés; Dieu sait quels, blancs ou noirs, mais bonnes gens, à coup sûr. En attendant ce jour, on rit de la querelle de Paul et du préfet : c'est affaire d'élections [1]. Paul veut être électeur; le préfet ne veut pas qu'il le soit, et lui fait la plus plaisante chicane... Paul n'a pas de domicile, dit le préfet, attendu qu'il a été soldat; il a femme et enfant dans ce département, cultive son héritage, habite la maison de son père et de son grand-père, paye treize cents francs d'impôts : tout cela n'y fait rien. Il a été soldat pendant seize ans, rebelle aux puissances étrangères, aux cabinets de l'Europe; il a quitté le pays. Que ne restait-il chez lui? ou, s'il eût émigré... C'est un mauvais sujet, un vagabond, indigne d'être même électeur. Cette bouffonnerie réjouit toute la ville, et le département, et le bonhomme Paul qui, labourant son champ, se moque des cabinets. Adieu, portez-vous bien; que tout ceci soit entre nous.

---

[1] Voir la requête au conseil de préfecture, qui précède.

IIᵉ LETTRE PARTICULIÈRE.

Tours, 28 novembre 1820.

Vous êtes babillard, et vous montrez mes lettres, ou bien vous les perdez ; elles vont de main en main, et tombent dans les journaux. Le mal serait petit, si je ne vous mandais que les nouvelles du Pont-Neuf ; mais de cette façon tout le monde sait nos affaires. Et croyez-vous, je vous prie, moi qui ai toujours fui la mauvaise compagnie, que je prenne plaisir à me voir dans la Gazette ?

Notre vigne n'est point si chétive qu'on le voudrait bien faire croire. Les vieilles souches, à vrai dire, sont pourries jusqu'au cœur, et le fruit n'en vaut guère ; mais un jeune plant s'élève, qui va prendre le dessus et couvrir tout bientôt. Laissez-le croître avec cette vigueur, cette séve, seulement cinq ou six ans encore, et vous m'en direz des nouvelles.

Si vous me promettiez de tenir votre langue, je vous conterais... mais non ; car vous iriez tout dire, et je suis averti ; je vous conterais nos élections, comment tout cela s'est passé, la messe du Saint-Esprit, le noble pair et son urne, le club des gentilshommes, l'embarras du préfet, et d'autres choses non moins utiles à savoir qu'agréables ; mais quoi ! vous ne pouvez rien taire ; un peu de discrétion est bien rare aujourd'hui. Les gens crèveraient plutôt que de ne point jaser, et vous tout le premier. Vous ne saurez rien cette fois ; pas un mot, nulle nouvelle ; pour vous punir, je veux ne vous rien dire, si je puis.

Oui, par ma foi, c'était une chose curieuse à voir. Figurez-vous, sur une estrade, un homme tout brillant de crachats ; devant lui une table, et sur la table une urne. Si vous me demandez ce que c'est que cette urne, cela m'avait tout l'air d'une boîte de sapin. L'homme, c'était le président comte Villemanzy, noble pair, dont le père n'était ni pair ni noble, mais procureur fiscal, ou quelque chose d'approchant. Je note ceci pour vous qui aimez la nouvelle noblesse. Jadis la Rochefoucauld était de votre avis, il la voulait toute neuve ; neuve elle se vendait alors ; elle valait mieux. La vieille ne se vendait pas. Pour moi ce m'est tout un, l'ancienne, la nouvelle, la Tremouille ou Godin, Rohan ou Ravigot, j'en donne le choix pour une épingle.

Il tira de sa poche une longue écriture (c'est le président que je dis), et lut : *Le roi tout seul pouvait faire les lois ; il en avait le droit et la pleine puissance ; mais, par un rare exemple de bonté paternelle, il veut bien prendre notre avis.* Je n'entendis pas le reste ; on cria vive le roi, les princes, les princesses et le duc de Bordeaux. Puis le président se lève. Nous étions au parterre quelque deux cent cinquante, choisis par le préfet pour en choisir d'autres qui doivent lui demander des comptes. Le président, debout, nous donna des billets sur lesquels chacun de nous devait écrire deux noms; mais il fallait jurer d'abord. Nous jurâmes tous. Nous levâmes la main de la meilleure grâce du monde et en gens exercés; puis, nos billets remplis, le président les reprenait avec le doigt index et le pouce seulement, ses manchettes retroussées, les remettait dans la boîte, d'où nous vîmes sortir un ultraroyaliste et un ministériel.

Sans être son compère, j'avais parié pour cela, et deviné d'abord ce qui devait sortir de la boîte ou de l'urne, par un raisonnement tout simple, et le voici : Nous étions trois sortes de gens appelés là par le préfet, gens de droite, aisés à compter; gens de gauche, aussi peu nombreux; et gens du milieu à foison, qui, se tournant d'un côté, font le gain de la partie, et se tournent toujours du côté où l'on mange. Or, en arrivant, je sus que tous ceux de la droite dînaient chez le préfet ou chez l'homme aux crachats avec ceux du milieu, et que ceux de la gauche ne dînaient nulle part. J'en conclus aussitôt que leur affaire était faite; qu'ils perdraient la partie, et payeraient le dîner dont ils ne mangeaient pas : je ne me suis point trompé.

J'étais là le plus petit des grands propriétaires, ne sachant où me placer parmi tant d'honnêtes gens qui payaient plus que moi, quand je trouvai, devinez qui? Cadet Roussel, vieille connaissance, à qui je dis, en l'abordant ; Qu'as-tu, Cadet? puis je me repris : Qu'avez-vous, M. de Cadet? (car c'est sa nouvelle fantaisie de mettre un *de* avec son nom, depuis qu'il est éligible et maire de sa commune). Je vous vois soucieux, inquiet. Ce n'est pas sans sujet, me dit-il. J'ai trois maisons, comme vous savez : l'une est celle de mon père, où je n'habite plus ; l'autre appartenait ci-devant à M. le marquis de... chose, qui s'en alla, je ne sais pourquoi, dans le temps de la révolution. J'achetai sa maison pendant qu'il voyageait. C'est celle où je demeure et me trouve fort bien. La troisième appartenait à Dieu, et de même je m'en suis accommodé. Je viens de voir là-bas, vers la droite, des gens qui parlaient de restituer, et disaient que de mes trois maisons la dernière doit retourner à Dieu, les deux autres pourraient servir à recomposer une grande propriété pour le marquis. A ce compte, je n'aurais plus de maison. Je vous avoue que cela m'a donné à penser. C'est dommage pour vous, lui dis-je, que d'autres comme vous, peu amis de la restitution, ne se trouvent point ici. On ne les a pas invités, et je m'étonne de vous y voir. Ah! me-dit-il, c'est que je pense bien. Je ne pense point comme la canaille. Je vois la haute société, ou je la verrai bientôt du moins, car mon fils me doit présenter chez ses parents. — Qui? quels parents? — Eh! oui, mon fils de la Rousselière se marie; ne le savez-vous point? il épouse une fille d'une famille........ Ah! il sera dans peu quelque chose. J'espère par son moyen arranger tout. — J'entends, vous voudriez par son moyen voir la haute société et ne point restituer. — Justement. — Garder l'hôtel de *chose* et y recevoir le marquis. — C'est cela. — Vous aurez de la peine.

Comme je regardais curieusement partout, j'aperçus Germain dans un coin, parlant à quelques-uns de la gauche; il semblait s'animer, et, m'approchant, je vis qu'il s'agissait entre eux de ce qu'on devait écrire sur ces petits billets. Écrivez, disait-il, écrivez le bonhomme Paul, qui demeure là-haut, sur le coteau du Cher. Il n'est pas jacobin, mais il ne veut point du tout qu'on pende les jacobins; il n'aime pas Bonaparte, mais il ne veut point qu'on emprisonne les bonapartistes : nommez-le, croyez-moi. Il sait écrire, parler; il vous défendra bien : vous êtes sûrs au moins qu'il ne vous vendra pas; c'est quelque chose à présent. Non, répondirent-ils, ce Paul n'est pas des nôtres. Il en sera bientôt, reprit Germain, car on l'a vu toujours du parti opprimé. Aristocrate sous Robespierre, libéral en 1815, il va être pour vous, et ne vous renoncera que quand vous serez forts, c'est-à-dire insolents. — Non, nous voulons des nôtres. — Mais personne n'en veut; vous allez être seuls, et que pensez-vous faire?
— Rien, nous voulons ceux-là. Ils ne savent pas grand'chose,

et sont peut-être un peu sujets à caution. Mais ce sont nos compères, et Paul, dont vous parlez, n'est compère de personne. Germain, à ce discours : Mes amis, leur dit-il, je crois que vous serez pendus, vous et les vôtres, oui, pendus à vos pruniers, et j'aurai le plaisir d'y avoir contribué. Car je vais de ce pas me joindre à messieurs de droite, et voter avec eux. Que me faut-il à moi? culbuter les ministres? pour cela les ultras sont aussi bons que d'autres, sinon meilleurs. Adieu.

Je voulais passer avec lui du côté des honnêtes gens. Mais en chemin je trouvai des ministériels qui parlaient de *places*, et disaient : Il n'y en a point qui soit sûre. Comme j'entends un peu la fortification, je m'arrêtai à les écouter. Il n'y en a pas une, disaient-ils, sur laquelle on puisse compter. C'est sans doute, leur dis-je, que les remparts ne sont pas bien entretenus, ou faute d'approvisionnement! Ils me regardaient étonnés. Oui, reprit un d'eux, que je meure s'il y a une place à présent qu'aucune compagnie d'assurance voulût garantir pour un mois. Cependant, leur dis-je, il me semble qu'avec de grandes demi-lunes, des fronts en ligne droite et un bon défilement, on doit tenir un certain temps. Ils me regardèrent plus surpris que la première fois, et le même homme continua : Ma foi, vu leur peu de sûreté, les places aujourd'hui ne valent pas grand'chose. Vous voulez dire, lui répliquai-je, que les meilleures ont été livrées à l'ennemi.

Comme je semblais les gêner, je m'en allai, fâché de quitter cette conversation; et plus loin je rencontrai l'honnête procureur, qui passe pour mener tout le parti noble ici. C'est Calas ou Colas qu'on le nomme, je crois; garçon d'un vrai mérite. Avez-vous remarqué que depuis quelque temps les nobles nulle part ne font rien, s'ils ne sont menés par des vilains? Qu'est-ce que Lainé, de Villèle, Ravez, Donnadieu, Martainville, sinon les chefs de la noblesse, et tous vilains? Sans eux, que deviendrait le parti des puissances étrangères, réduit à M. de Marcellus? et chez ces puissances, qu'aurait fait la noblesse allemande, si les vilains ne l'eussent entraînée contre l'armée de Bonaparte, qui elle-même alla très-bien, étant menée par des vilains, mal aussitôt qu'elle fut commandée par des nobles? autre point à noter. Mais où en étions-nous? à Colas, procureur et chef de la noblesse. Je suis content, disait-il, oui, je suis fort content de M. de Duras; il a du caractère, et je n'aurais pas cru qu'un gentilhomme, un duc........ aussi l'ai-je fait président de notre club des Carmélites, club d'honnêtes gens. Nous nous assemblâmes hier, lui président, moi secrétaire; nous avons tous prêté serment entre les mains de M. le duc. Ils ont juré foi de gentilhomme, moi, foi de procureur, et j'ai fait le procès-verbal de la séance. Mais le bon de l'affaire, c'est que le préfet s'est avisé d'y trouver à redire. Là-dessus nous l'avons mené de la bonne manière, et M. de Duras a montré ce qu'il est. Monsieur, lui a-t-il dit, je vous défends, au nom de mon gouvernement, de vous mêler des élections. Voilà parler, cela, et voilà ce que c'est que de la fermeté. Le pauvre préfet n'a su que dire. Je vous assure, moi, que la noblesse a du bon, et fera quelque chose, Dieu aidant, avec les puissances étrangères. Tout cela ne demande qu'à être un peu conduit, et j'en fais mon affaire.

Il continua, et je l'écoutais avec grand plaisir, quand le président, m'appelant, me donna un de ces billets où il fallait écrire deux noms. Pour moi, j'y voulais mettre Aristide et Caton. Mais on me dit qu'ils n'étaient pas sur la liste des éligibles. J'écrivis Bignon et un autre; Bignon, vous le connaissez, je crois, celui qui ne veut pas qu'on proscrive; et je m'en allai comme j'étais venu, à travers les gendarmes.

Je voudrais bien répondre à ce monsieur du journal. Car, comme vous savez, j'aime assez causer. Je me fais tout à tous, et ne dédaigne personne; mais je le crois fâché. Il m'appelle jacobin, révolutionnaire, plagiaire, voleur, empoisonneur, faussaire, pestiféré, ou pestifère, enragé, imposteur, calomniateur, libelliste, homme horrible, ordurier, grimacier, chiffonnier. *C'est tout, si j'ai mémoire.* Je vois ce qu'il veut dire; il entend que lui et moi sommes d'avis différent; peut-être se trompe-t-il.

Il aime les ministres, et moi aussi je les aime; je leur suis trop obligé pour ne pas les aimer. Jamais je n'ai eu recours à eux, qu'ils ne m'aient rendu bonne et prompte justice. Ils m'ont tiré trois fois des mains de leurs agents. C'est bien, si vous voulez un peu ce que ce Romain appelait *beneficium latronis, non occidere.* Mais enfin c'est *beneficium.* Et quand tout le monde est larron, le meilleur est celui qui ne tue pas.

J'aime bien mieux les ministres que messieurs les jurés nommés par le préfet, beaucoup mieux que les électeurs choisis par le préfet, beaucoup mieux que mes juges qu'on appelle naturels, et dont je n'ai jamais pu obtenir une sentence qui eût le moindre air d'équité. J'aime cent fois mieux le gouvernement ministériel qu'un jeu, une piperie, une ombre de gouvernement rimant en *el*; je suis plus ministériel que monsieur du journal, et *si* je le suis gratis.

Il dit que nous sommes libres, et j'en dis tout autant; nous sommes libres, comme on l'est la veille d'aller en prison. Nous vivons à l'aise, ajoute-t-il, et rien ne nous gêne à présent. Je sens ce bonheur, et j'en jouis comme faisait Arlequin, dit-on, qui, tombant du haut d'un clocher, se trouvait assez bien en l'air, avant de toucher le pavé.

Il n'est que de s'entendre. Cet homme-là et moi sommes quasi d'accord, et ne nous en doutions pas. Il se plaint de mon langage. Hélas! je n'en suis pas plus content que lui. Mon style lui déplaît; il trouve ma phrase obscure, confuse, embarrassée. Oh! qu'il a raison, selon moi! Il ne saurait dire tant de mal de ma façon de m'exprimer, que je n'en pense davantage, ni maudire plus que je ne fais la faiblesse, l'insuffisance des termes que j'emploie. Autant la plupart s'étudient à déguiser leur pensée, autant il me fâche de savoir si peu mettre la mienne au jour. Ah! si ma langue pouvait dire ce que mon esprit voit, si je pouvais montrer aux hommes le vrai qui me frappe les yeux, leur faire détourner la vue des fausses grandeurs qu'ils poursuivent, et regarder la liberté, tous l'aimeraient, la désireraient! Ils connaîtraient en rougissant, qu'on ne gagne rien à dominer; qu'il n'est tyran qui n'obéisse, ni maître qui ne soit esclave; et perdant la funeste envie de s'opprimer les uns les autres, ils voudraient vivre et laisser vivre. S'il m'était donné d'exprimer, comme je le sens, ce que c'est que l'indépendance, Decazes reprendrait la charrue de son père, et le roi, pour avoir des ministres, serait obligé d'en requérir, ou de faire faire ce service à tour de rôle, par corvée, sous peine d'amende et de prison.

Sur les injures, je me tais : il en sait plus que moi; je n'aurais pas beau jeu. Mais il m'appelle *loustic*, et c'est là-dessus que je le prends. Il dit, et croit bien dire, parlant de moi, *le loustic du parti national*, et fait là une faute, sans s'en douter, le bon homme! Ce mot est étranger. Lorsqu'on prend le mot des puissances étrangères, il ne faut pas le changer. Les puissances étrangères disent *loustig*, non *loustic*, et je crois même qu'il ignore ce que c'est que le *loustig* dans un régiment *Teutsche*. C'est le plaisant, le jovial qui amuse tout le monde, et fait rire le régiment. je veux dire les soldats et les bas officiers; car tout le reste est noble, et, comme de raison, rit à part. Dans une marche, quand le *loustig* a ri, toute la colonne rit, et demande : Qu'a-t-il dit? Ce ne doit pas être un sot. Pour faire rire des gens qui reçoivent des coups de bâton, des coups de plat de sabre, il faut quelque talent, et plus d'un journaliste y serait embarrassé. Le *loustig* les distrait, les amuse, les empêche quelquefois de se pendre, ne pouvant déserter; les console un moment de la *schlague*, du pain noir, des fers, de l'insolence des nobles officiers. Est-ce là l'emploi qu'on me donne? Je vais avoir de la besogne. Mais quoi? j'y ferai de mon mieux. Si nous ne rions encore, quoi qu'il puisse arriver, il ne tiendra pas à moi; car j'ai toujours été de l'avis du chancelier Thomas Morus : Ne faire rien contre la conscience, et rire jusqu'à l'échafaud inclusivement. Comme cet emploi d'ailleurs n'a point de traitement, ni ne dépend des ministres, je m'en accommode d'autant mieux.

Tout cela ne serait rien, et je prendrais patience sur les noms qu'il me donne. Mais voici pis que des injures. Il me menace du sabre, non du sien, je ne sais même s'il en a un, mais de celui du soldat. Écoutez bien ceci : Quand le soldat, dit-il (faites attention ; chaque mot est officiel, approuvé des censeurs), quand le soldat voit ces gens qui n'aiment pas les hautes classes, les classes à privilége, il met d'abord la main sur la garde de son sabre. *Tudieu! ce ne sont pas des prunes que cela*. Le chiffonnier valait mieux. On ne me sabre pas encore, comme vous voyez; mais on tardera peu; on n'attend que le signal du noble qui commande. Profitons de ce moment; je quitte mon journaliste, et je vais au soldat. Camarade, lui dis-je! Il me regarde à ce mot : Ah! c'est vous, bonhomme Paul. Comment se portent mon père, ma mère, ma sœur, mes frères et tous nos bons voisins? Ah! Paul, où est le temps que je vivais avec eux et vous, vous souvient-il? labourant mon champ près du vôtre.

Combien ne m'avez-vous pas de fois prêté vos bœufs lorsque les miens étaient las! Aussi vous aidais-je à semer, ou serrer vos gerbes, quand le temps menaçait d'orage. Ah! bonhomme, si jamais...... Comptez que vous me reverrez. Dites à mes bons parents qu'ils me reverront, si je ne meurs. — Tu n'as donc point, lui dis-je, oublié tes parents? — Non plus que le premier jour. — Ni ton pays? — Oh! non. Pays de mon enfance! terre qui m'as vu naître! — Mon ami, tu es triste. Tu te promènes seul; tu fuis tes camarades; tu as le mal du pays. — Nous l'avons tous, bonhomme Paul.

Touché de pitié, je m'assieds, et il continue : Vous savez, père Paul, comment je vivais chez nous, toujours travaillant, labourant ou façonnant ma vigne, et chantant la vendange ou le dernier sillon; attendant le dimanche pour faire danser ma Sylvine aux *assemblées* de Véretz ou de Saint-Avertin. On m'a ôté de là pourquoi? pour escorter la procession, ou bien prendre les armes lorsque le bon Dieu passe. On m'apprend la charge en douze temps. A quoi bon? Pour quelle guerre? On s'y prend de manière à n'avoir jamais de querelle avec les puissances étrangères. Pourquoi donc charger, et sur qui faire feu? Je sers; mais à quoi sers-je? A rien, bonhomme Paul. Tout cela nous ennuie, et nous fait regretter le pays dans nos casernes. Ah! Véretz! ah! Sylvine! ah! mes bœufs, mes beaux bœufs! Fauveau à la raie noire, et l'autre qui avait une étoile sur le front! Vous en souvient-il, bonhomme Paul?

Là-dessus, sans répondre, je lui glisse ce mot : Sais-tu bien ce qu'on m'a dit de toi? Mais je n'en crois rien. Je me suis laissé dire que tu voulais nous sabrer. — Moi, vous sabrer, bonhomme Quiconque vous l'a dit est un.... — Oui, mon ami, c'est un gazetier censuré.

Mais que fais-tu? Comment te trouves-tu à ton régiment? Es-tu content, dis-moi, de tes chefs? — Fort content, bonhomme, je vous jure. Nos sergents et nos caporaux sont les meilleures gens du monde. Voilà là-bas Francisque, notre sergent-major, brave soldat, bon enfant; il a fait les campagnes d'Égypte et de Russie, et il fait aujourd'hui sa première communion. — Tout de bon? — Oui vraiment; c'est aujourd'hui le numéro cinq, demain ce sera le numéro six. — Comment? que veux-tu dire? — Nous communions par numéros de compagnie, la droite en tête. — Fort bien. Tes officiers? — Mes officiers? Ma foi, je ne les connais guère. Nous les voyons à la parade. Nous autres soldats, bonhomme Paul, nous ne connaissons que nos sergents. Ils vivent avec nous, ils logent avec nous, ils nous mènent à vêpres. — En vérité? Cependant tu dois savoir, mon cher, si ton capitaine te veut du bien. — Notre capitaine n'a pas rejoint; nous ne l'avons jamais vu. Il prêche les missions dans le Midi. — Bon! Mais ton colonel?— Oh! celui-là; nous l'aimons tous. C'est un joli garçon, bien tourné, fait à peindre, bel homme en uniforme, jeune; il est né peu de temps avant l'émigration. — Dis-moi : il a servi? —Oh! oui; en Angleterre il a servi la messe; et il y paraît bien, car il aime toujours l'Angleterre et la messe.

A ce que je puis voir, tu ne te soucies point de rester au régiment, de suivre jusqu'au bout la carrière militaire. — Où me mènerait-elle? Sergent après vingt ans, la belle perspective! — Mais, par la loi Gouvion, ne peux-tu pas aussi devenir officier? — Ah! officier de fortune! Si vous saviez ce que c'est! J'aime mieux labourer et mener bien ma charrue, que d'être ici lieutenant mal mené par les nobles. Adieu, bonhomme Paul; la retraite m'appelle. Au revoir, mon bonhomme. — Au revoir, mon ami.

A quatre pas de là, je trouve le seigneur du fief de Haubert et je lui dis : Mon gentilhomme, vous n'aurez jamais ces gens-là. — Pourquoi, s'il vous plaît? — C'est qu'ils ont en tête de l'avancement. Vous voulez toutes les places, mais surtout vous voulez toutes les places d'officier, et vous avez raison; car sans cela point de noblesse. Eux veulent avancer. Le marquis aura beau faire, c'est une fantaisie qu'il ne leur ôtera pas. Je ne vois guère moyen de vous accommoder. M. Quatremère de Quincy, bourgeois de Paris, vous accordera ce que vous voudrez : priviléges, pensions, traitements, et la restitution, et la substitution, et la grande propriété. Vous le gagnerez aisément en l'appelant mon cher ami, et lui serrant la main quelquefois. Mais les soldats ne se payent point de cette monnaie. Pour lui, l'ancien régime est une chose admirable, c'est le temps des belles manières; mais, pour les soldats, c'est le temps des coups de bâton.

Vous ne les ferez pas aisément consentir à rétrograder jusque-là. Puis le public est pour eux. On sait qu'un bon soldat est un bon officier et un bon général, tant qu'il ne se fait point gentilhomme. On ne le savait pas autrefois. En un mot comme en cent, vous n'aurez jamais en ce pays une armée à vous. — Nous aurons les gendarmes et le procureur du roi.

P. S. M. le Tissier, le dernier de nos députés (j'entends dernier nommé) nous assure, par une circulaire, qu'il a de la vertu plus que nous ne croyons. Il n'acceptera, nous dit-il, ni places, ni titres, ni argent. Beau sacrifice! car sans doute on ne manquera pas de lui tout offrir. Ses talents oratoires, ses rares connaissances, sa grande réputation vont lui donner une influence prodigieuse sur l'assemblée des députés de la nation. Les ministres tenteront tout pour s'acquérir un homme comme M. le Tissier; mais leurs avances seront perdues; il n'acceptera rien, dit-il, quand on voudrait le faire gentilhomme et le mettre à la garde-robe.

On va ici couper le cou à un pauvre diable pour tentative d'homicide. Il se plaint, et dit à ses juges : Supposons qu'en effet j'aie voulu tuer un homme. Vous connaissez des gens qui ont tenté de faire tuer la moitié de la France par les puissances étrangères. Ils voulaient de l'argent, et moi aussi. Le cas est tout pareil. Vous n'avez contre moi que des preuves douteuses; vous avez leurs notes secrètes signées d'eux; vous me coupez le cou, et vous leur faites la révérence.

Je lis avec grand plaisir les Mémoires de Montluc. C'est un homme admirable, il raconte des choses! par exemple, celle-ci : Un jour, il avait pris quinze cents huguenots, et ne sachant qu'en faire, il écrit à la cour. Le roi lui mande de les bien traiter. La reine lui fait dire de les tuer. Le roi, qui alors négociait avec leur parti, se flattait d'un accommodement. Mais la reine mère ne voulait point d'accommodement. Voilà le bon maréchal en peine entre deux ordres si contraires. Enfin il se décide. Je crus, dit-il, ne pouvoir faillir en obéissant à la reine. Je tuai mes huguenots, et fis bien; car le traité manqua, la guerre continua, et la reine me sut gré de tout. Ce livre est plein de traits pareils. Mais, pour en entendre le fin, il faut savoir l'histoire du temps. Il y avait en France alors deux gouvernements.

Est-il donc vrai que les notes secrètes ne savent plus où s'adresser, et que tout se brouille là-bas? Leurs excellences européennes veulent, dit-on, se couper la gorge; l'Anglais défie l'Allemand. Celui-ci, plus rusé, lui joue d'un tour de diplomate, gagne le postillon de milord, qui verse Sa Grâce dans un trou, pensant bien lui rompre le cou. Mais l'Anglais roule jusqu'au fond sans s'éveiller, et cuve son vin; puis sorti de là, demande raison. Voilà les contes qu'on nous fait, et nous écoutons tout cela. Que vous êtes heureux à Paris de savoir ce qui se passe, et de voir les choses de près, surtout la garde-robe et Rapp dans ses fonctions! C'est là ce que je vous envie.

SIMPLE DISCOURS DE PAUL-LOUIS,

VIGNERON DE LA CHAVONNIÈRE,

AUX MEMBRES DU CONSEIL DE LA COMMUNE DE VÉRETZ,
DÉPARTEMENT D'INDRE ET LOIRE,

A L'OCCASION D'UNE SOUSCRIPTION PROPOSÉE PAR S. E. LE MINISTRE DE L'INTÉRIEUR

POUR L'ACQUISITION DE CHAMBORD.

(1821.)

Si nous avions de l'argent à n'en savoir que faire, toutes nos dettes payées, nos chemins réparés, nos pauvres soulagés, notre église d'abord (car Dieu passe avant tout) pavée, recouverte et vitrée, s'il nous restait quelque somme à pouvoir dépenser hors de cette commune, je crois, mes amis, qu'il faudrait contribuer, avec nos voisins, à refaire le pont de Saint-Avertin, qui, nous abrégeant d'une grande lieue le transport d'ici à Tours, par le prompt débit de nos denrées, augmenterait le prix et le produit des terres dans tous ces environs; c'est là, je crois, le meilleur emploi à faire de notre superflu, lorsque nous en aurons. Mais d'acheter Chambord pour le duc de Bordeaux, je n'en suis pas d'avis, et ne le voudrais pas quand nous aurions de quoi, l'affaire étant, selon moi, mauvaise pour lui, pour nous et pour Chambord. Vous l'allez comprendre, j'espère, si vous m'écoutez, il est fête et nous avons le temps de causer.

Douze mille arpents de terre enclos que contient le parc de Chambord, c'est un joli cadeau à faire à qui les saurait labourer. Vous et moi connaissons des gens qui n'en seraient pas embarrassés, à qui cela viendrait fort bien; mais lui, que voulez-vous qu'il en fasse? Son métier, c'est de régner un jour, s'il plaît à Dieu, et un château de plus ne l'aidera de rien. Nous allons nous gêner et augmenter nos dettes, remettre à d'autres temps nos dépenses pressées, pour lui donner une chose dont il n'a pas besoin, qui ne lui peut servir, et servirait à d'autres. Ce qu'il lui faut pour régner, ce ne sont pas des châteaux, c'est notre affection; car il n'est sans cela couronne qui ne pèse. Voilà le bien dont il a besoin et qu'il ne peut avoir en même temps que notre argent. Assez de gens là-bas lui diront le contraire, nos députés tout les premiers, et sa cour lui répétera que plus nous payons, plus nous sommes sujets amoureux et fidèles; que notre dévouement croît avec le budget. Mais, s'il en veut savoir le vrai, qu'il vienne ici, et il verra, sur ce point-là et sur bien d'autres, nos sentiments fort différents de ceux des courtisans. Ils aiment le prince en raison de ce qu'on leur donne; nous, en raison de ce qu'on nous laisse; ils veulent Chambord pour en être, l'un gouverneur, l'autre concierge, bien gagés, bien logés, bien nourris, sans faire œuvre, et peu leur importe du reste. L'affaire sera toujours bonne pour eux, quand elle serait mauvaise pour le prince, comme elle l'est, je le soutiens; acquérant de nos deniers pour un million de terres, il perd pour cent millions au moins de notre amitié : Chambord, ainsi payé, lui coûtera trop cher; de telles acquisitions le ruineraient bientôt, s'il est vrai, ce qu'on dit, que les rois ne sont riches que de l'amour des peuples. Le marché paraît d'or pour lui, car nous donnons et il reçoit : il n'a que la peine de prendre; mais lui sans débourser de fait, y met beaucoup du sien, et trop, s'il diminue son capital dans le cœur de ses sujets : c'est spéculer fort mal et se faire grand tort. Qui le conseille ainsi n'est pas de ses amis, ou comme dit l'autre, mieux vaudrait un sage ennemi.

Mais quoi? je vous le dis, ce sont les gens de cour dont l'imaginative enfante chaque jour ces merveilleux conseils; ils ont plus tôt inventé cela que le semoir de Fehlemberg, ou bien le bateau à vapeur. On a eu l'idée, dit le ministre, de faire acheter Chambord par les communes de France, pour le duc de Bordeaux. On a eu cette pensée! qui donc? Est-ce le ministre? il ne s'en cacherait pas, il ne se contenterait pas de l'honneur d'approuver en pareille occasion. Le prince? à Dieu ne plaise que sa première idée ait été celle-là, que cette envie lui soit venue avant celle des bonbons et des petits moulins? Les communes donc, apparemment? non pas les nôtres, que je sache, de ce côté-ci de la Loire, mais celles-là peut-être qui ont logé deux fois les Cosaques du Don. Ici nous nous sentons assez des bienfaits de la Sainte-Alliance : mais c'est tout autre chose là où on a joui de sa présence, possédé Sacken et Platow ; là naturellement on s'avise d'acheter des châteaux pour les princes, et puis on songe à refaire son toit et ses foyers.

Du temps du bon roi Henri IV, le roi du peuple, le seul roi dont il ait gardé la mémoire, pareils dons furent offerts à son fils nouveau-né ; on eut l'idée de faire contribuer toutes les communes de France en l'honneur du royal enfant, et, de la seule ville de la Rochelle, des députés vinrent apportant cent mille écus en or, somme énorme alors. Mais le roi : « C'est trop, mes amis, leur dit-il, c'est trop pour de la bouillie; gardez cela, et l'employez à rebâtir chez vous ce que la guerre a détruit, et n'écoutez jamais ceux qui vous parleront de me faire des présents, car telles gens ne sont vos amis ni les miens. » Ainsi pensait ce roi, protecteur déclaré de la petite propriété, qui, toute sa vie, fut brouillé avec les puissances étrangères, et qui faisait couper la tête aux courtisans, aux favoris, quand il les surprenait à faire des notes secrètes.

Ceci soit dit, et revenant à l'idée d'acheter Chambord, avouons-le, ce n'est pas nous, pauvres gens de village, que le ciel favorise de ces inspirations ; mais qu'importe, après tout? Un homme s'est rencontré dans les hautes classes de la société, doué d'assez d'esprit pour avoir cette heureuse idée : que ce soit un courtisan fidèle, jadis pensionnaire de Fouché, ou un gentilhomme de Bonaparte employé à la garde-robe, c'est la même chose pour nous qui n'y saurions avoir jamais d'autre mérite que celui de payer. Laissons aux gens de cour, en fait de flatterie, l'honneur des inventions, et nous, exécutons; les frais seuls nous regardent; il saura bien se nommer, l'auteur de celle-ci, demander son brevet; et nous suffise à nous, habitants de Véretz, qu'il ne soit pas du pays.

Elle est nouvelle assurément l'idée que le ministre admire et nous charge d'exécuter. On avait vu de tels dons payer de grands services, des actions éclatantes; Eugène, Marlborough, à la fin d'une vie toute pleine de gloire, obtinrent des nations qu'ils avaient su défendre ces témoignages de la reconnaissance publique; et Chambord même (sans chercher si loin des exemples), qu'on veut donner au prince pour sa layette, fut au comte de Saxe le prix d'une victoire qui sauva la France à Fontenoi. La France, par lui libre, je veux dire indépendante, délivrée de l'étranger, au dedans florissante, respectée au dehors, fit présent de cette terre à son libérateur, qui s'y vint reposer de trente ans de combats. Monseigneur n'a encore que six mois de nourrice, et, il faut en convenir, de Maurice vainqueur au prince à la bavette, il y a quelque différence, à moins qu'on ne veuille dire peut-être que, commençant sa vie où l'autre a fini la sienne, il finira par où Maurice a commencé, par nous débarrasser des puissances étrangères. Je le souhaite et l'espère du sang de ce Henri qui chassa l'Espagne de France; mais le payer déjà, je crois que c'est folie, et n'approuve aucunement qu'il ait ses invalides avant de sortir du maillot. Récompenser l'enfant d'être venu au monde comme le capitaine qui gagna des batailles, et, par d'heureux exploits, acquit à ce pays et la paix et la gloire, c'est ce qu'on n'a point vu, c'est là l'idée nouvelle, qui ne nous fût pas venue sans l'avis officiel. Pour inventer cela, et mettre à la place des hulans du comte de Saxe les dames du berceau, il faut avoir, non pas l'esprit, mais le génie de l'adulation, qui ne se trouve que là où ce genre d'industrie est puissamment encouragé; ce trait sort des bassesses communes, et met son auteur, quel qu'il soit, hors du gros des flatteurs de cour. Il se moque fort apparemment de ses camarades qui, marchant dans la route battue des vieilles flagorneries usées, ne savent rien imaginer; on va l'imiter maintenant jusqu'à ce qu'un autre aille au delà.

Quand le gouverneur d'un roi enfant dit à son élève jadis : Maître, tout est à vous; ce peuple vous appartient, corps et biens, bêtes et gens; faites-en ce que vous voudrez; cela fut remarqué. La chambre, l'antichambre et la galerie répétèrent : Maître, tout est à vous, qui, dans la langue des courtisans, voulait dire tout est pour nous, car la cour donne tout aux princes, comme les prêtres tout à Dieu ; et ces domaines, ces apanages, ces listes civiles, ces budgets ne sont guère autrement pour le roi que le revenu des abbayes n'est pour Jésus-Christ: Achetez, donnez Chambord, c'est la cour qui le mangera; le prince n'en sera ni pis ni mieux. Aussi ces belles idées de nous faire contribuer en tant de façons, viennent toujours de gens de cour, qui savent très-bien ce qu'ils font en offrant au prince notre argent. L'offrande n'est jamais pour le saint, ni nos épargnes pour les rois, mais pour cet essaim dévorant qui sans cesse bourdonne autour d'eux, depuis leur berceau jusqu'à Saint-Denis.

Car après la leçon du sage gouverneur, au temps dont je vous parle, bon temps, comme vous savez, les princes ayant appris une fois et compris que tout était à eux, on leur enseignait à donner; un précepteur, abbé de cour, en lisant avec eux l'histoire, leur faisait admirer cet empereur Titus qui, dit-on, donnait à toutes mains, croyant perdu le jour qu'il n'avait rien donné, *qu'on n'alla jamais voir sans revenir heureux,* avec une pension, quelque gratification ou des coupons de rente; prince adoré de tout ce qui avait les grandes entrées ou qui montait dans les carrosses. La cour l'idolâtrait; mais le peuple? le peuple? il n'y en avait pas : l'histoire n'en dit mot. Il n'y avait alors que les honnêtes gens, c'est-à-dire, les gens présentés : c'était là le monde, tout le monde, et le monde était heureux. Faites ainsi, mon maître, vous serez adoré comme ce bon empereur; la cour vous bénira; les poëtes vous loueront, et la postérité en croira les poëtes. Voilà les éléments d'histoire qu'on enseignait alors aux princes. Peu de mention d'ailleurs de ces rois tels que Louis XII et Henri IV, en leur temps maudits de la cour pour n'avoir su donner comme d'autres faisaient si généreusement, si magnifiquement, avec choix néanmoins. Donner au riche, aider le fort, c'est la maxime du bon temps, de ce bon temps qui va revenir tout à l'heure, sans aucun doute, à moins que jeunesse ne grandisse et vieillesse ne périsse.

Mais la jeunesse croît chez nous, et voit croître avec elle ses princes; je dis avec elle, et je m'entends. Nos enfants, plus heureux que nous, vont connaître leurs princes élevés avec eux, et en seront connus. Déjà voilà le fils aîné du duc d'Orléans, je sais cela de bonne part, et vous le garantis plus sûr que si les gazettes le disaient, voilà le duc de Chartres au collége, à Paris. Chose assez simple, direz-vous, s'il est en âge d'étudier : simple sans doute, mais nouvelle pour les personnes de ce rang. On n'a point encore vu de prince au collége; celui-ci, depuis qu'il y a des colléges et des princes, est le premier qu'on ait élevé de la sorte, et qui profite du bienfait de l'instruction publique et commune; et de tant de nouveautés écloses de nos jours, ce n'est pas la moins faite pour surprendre. Un prince étudier, aller en classe! un prince avoir des camarades? Les princes jusqu'ici ont eu des serviteurs, et jamais d'autre école que celle de l'adversité, dont les rudes leçons étaient perdues souvent. Isolés à tout âge, loin de toute vérité, ignorant les choses et les hommes, ils naissaient, ils mouraient dans les liens de l'étiquette et du cérémonial, n'ayant vu que le fard et les fausses couleurs étalées devant eux; ils marchaient sur nos têtes, et ne nous apercevaient que quand par hasard ils tombaient. Aujourd'hui, connaissant l'erreur qui les séparait des nations, comme si la clef d'une voûte, pour user de cette comparaison, pouvait en être hors et ne tenir à rien, ils veulent voir des hommes, savoir ce que l'on sait, et n'avoir plus besoin des malheurs pour s'instruire; tardive résolution, qui, plus tôt prise, leur eût épargné combien de fautes, et à nous combien de maux! Le duc de Chartres au collége, élevé chrétiennement et monarchiquement, mais, je pense, aussi un peu constitutionnellement, aura bientôt appris ce qu'à notre grand dommage ignoraient ses aïeux, et ce n'est pas le latin que je veux dire, mais ces simples notions de vérités communes que la cour tait aux princes, et qui les garderaient de faillir à nos dépens. Jamais de Dragonnades ni de Saint-Barthélemy, quand les rois, élevés au milieu de leurs peuples, parleront la même langue, s'entendront avec eux sans truchement ni intermédiaire; de

Jacquerie non plus, de Ligues, de Barricades. L'exemple ainsi donné par le jeune duc de Chartres aux héritiers des trônes, ils en profiteront sans doute. Exemple heureux autant qu'il est nouveau! Que de changements il a fallu, de bouleversements dans le monde pour amener là cet enfant! Et que dirait le grand roi, le roi des honnêtes gens, Louis le Superbe, qui ne put souffrir confondus avec la noblesse du royaume, ses bâtards mêmes, ses bâtards! tant il redoutait d'avilir la moindre parcelle de son sang! Que dirait ce parangon de l'orgueil monarchique, s'il voyait aux écoles, avec tous les enfants de la race sujette, un de ses arrière-neveux, sans pages ni jésuites, suivre des exercices et disputer des prix; tantôt vainqueur, tantôt vaincu; jamais, dit-on, favorisé ni flatté en aucune sorte, chose admirable au collége même (car où n'entre pas cette peste de l'éducation?), croyable pourtant, si l'on pense que la publicité des cours rend l'injustice difficile, qu'entre eux les écoliers usent peu de complaisance, peu volontiers cèdent l'honneur, non encore exercés aux feintes qu'ailleurs on nomme déférences, égards, ménagements, et qu'a produits l'horreur du vrai? Là, au contraire, tout se dit, toutes choses ont leur vrai nom et le même nom pour tous; là, tout est matière d'instruction, et les meilleures leçons ne sont pas celles des maîtres. Point d'abbé Dubois, point de menins : personne qui dise au jeune prince : Tout est à vous, vous pouvez tout; il est l'heure que vous voulez. En un mot, c'est le bruit commun qu'on élève là le duc de Chartres comme tous les enfants de son âge; nulle distinction, nulle différence, et les fils de banquiers, de juges, de négociants, n'ont aucun avantage sur lui; mais il en aura lui beaucoup, sorti de là, sur tous ceux qui n'auront pas reçu cette éducation. Il n'est, vous le savez, meilleure éducation que celle des écoles publiques; ni pire que celle de la cour. Ah! si au lieu de Chambord pour le duc de Bordeaux, on nous parlait de payer sa pension au collége (et plût à Dieu qu'il fût er âge, que je l'y pusse voir de mes yeux), s'il était question de cela, de bon cœur j'y consentirais et voterais ce qu'on voudrait, dût-il m'en coûter ma meilleure coupe de sainfoin : il ne nous faudrait pas plaindre cette dépense; il y va de tout pour nous. Un roi ainsi élevé ne nous regarderait pas comme sa propriété, jamais ne penserait nous tenir à cheptel de Dieu ni d'aucune puissance.

Mais à Chambord qu'apprendra-t-il? ce que peuvent enseigner et Chambord et la cour. Là, tout est plein de ses aïeux. Pour cela précisément je ne l'y trouve pas bien, et j'aimerais mieux qu'il vécût avec nous qu'avec ses ancêtres. Là, il verra partout les chiffres d'une Diane, d'une Châteaubriand, dont les noms souillent encore ces parois, infectées jadis de leur présence. Les interprètes, pour expliquer de pareils emblèmes, ne lui manqueront pas, on peut le croire; et quelles instructions pour un adolescent destiné à régner! Ici, Louis, le modèle des rois, vivait (c'est le mot à la cour) avec la femme Montespan, avec la fille la Vallière, avec toutes les femmes et les filles que son bon plaisir fut d'ôter à leurs maris, à leurs parents. C'était le temps alors des mœurs, de la religion; et il communiait tous les jours. Par cette porte rentrait sa maîtresse le soir, et le matin son confesseur. Là, Henri fait pénitence entre ses mignons et ses moines; mœurs et religion du bon temps! Voici l'endroit où vint une fille éplorée demander la vie de son père, et l'obtint (à quel prix!) de François, qui là mourut de ses bonnes mœurs. En cette chambre, un autre Louis.....; en celle-ci, Philippe.....; sa fille.... O mœurs! ô religion! perdues depuis que chacun travaille et vit avec ses enfants. Chevalerie, cagoterie, qu'êtes-vous devenues? Que de souvenirs à conserver dans ce monument, où tout respire l'innocence des temps monarchiques! et quel dommage c'eût été d'abandonner à l'industrie ce temple des vieilles mœurs, de la vieille galanterie (autre mot de cour, qui ne se peut honnêtement traduire), de laisser s'établir des familles laborieuses et d'ignobles ménages sous ces lambris, témoins de tant d'augustes débauches! Voilà ce que dira Chambord au jeune prince, logé là d'ailleurs comme l'était le roi François Ier, et comme aucun de nous ne voudrait l'être. Dieu préserve tout honnête homme de jamais habiter une maison bâtie par le Primaticcio! Les demeures de nos pères ne nous conviennent non plus aujourd'hui que leurs lois, et comme nous valons mieux qu'eux, à tous égards, sans nous vanter trop, ce me semble, et à n'en juger seulement que par la conduite des princes qui n'étaient pas, je crois, pires que leurs sujets; vivant mieux de toute manière, nous voulons être et sommes en effet mieux logés.

Que si l'acquisition de Chambord ne vaut rien pour celui à qui on le donne, je vous laisse à penser pour nous qui le payons. J'y vois plus d'un mal, dont le moindre n'est pas le voisinage de la cour. La cour, à six lieues de nous, ne me plaît point. Rendons aux grands ce qui leur est dû; mais tenons-nous-en loin le plus que nous pourrons, et, ne nous approchant jamais d'eux, tâchons qu'ils ne s'approchent point de nous, parce qu'ils peuvent nous faire du mal, et ne nous sauraient faire de bien. A la cour tout est grand, jusqu'aux marmitons. Ce ne sont là que grands officiers, grands seigneurs, grands propriétaires. Ces gens, qui ne peuvent souffrir qu'on dise mon champ, ma maison; qui veulent que tout soit terre, parc, château, et tout le monde seigneurs ou laquais, ou mendiants; ces gens ne sont pas tous à la cour. Nous en avons ici, et même c'est de ceux-là qu'on fait nos députés; à la cour il n'y en a point d'autres. Vous savez de quel air ils nous traitent, et le bon voisinage que c'est. Jeunes, ils chassent à travers nos blés avec leurs chiens et leurs chevaux, ouvrent nos haies, gâtent nos fossés, nous font mille maux, mille sottises; et plaignez-vous un peu, adressez-vous au maire, ayez recours, pour voir, aux juges, au préfet, puis vous m'en direz des nouvelles quand vous serez sorti de prison. Vieux, c'est encore pis; ils nous plaident, nous dépouillent, nous ruinent juridiquement, par arrêt de *messieurs* qui dînent avec eux, honnêtes gens comme eux, incapables de manger viande le vendredi ou de manquer la messe le dimanche; qui, leur adjugeant votre bien, pensent faire œuvre méritoire et recomposer l'ancien régime. Or, dites, si un seul près de vous de ces honnêtes éligibles suffit pour vous faire enrager et souvent quitter le pays, que sera-ce d'une cour à Chambord, lorsque vous aurez là tous les grands réunis autour d'un plus grand qu'eux? Croyez-moi, mes amis, quelque part que vous alliez, quelque affaire que vous ayez, ne passez point par là; détournez-vous plutôt, prenez un autre chemin, car en marchant, s'il vous arrive d'éveiller un lièvre, je vous plains. Voilà les gardes qui accourent. Chez les princes, tout est gardé; autour d'eux, au loin et au large, rien ne dort qu'au bruit des tambours et à l'ombre des baïonnettes: vedettes, sentinelles, observent, font le guet;

infanterie, cavalerie, artillerie en bataille, rondes, patrouilles, jour et nuit; armée terrible à tout ce qui n'est pas étranger. Le voilà : qui vive? Wellington; ou bien laissez-vous prendre et mener en prison. Heureux si on ne trouve dans vos poches un pétard! Ce sont là, mes amis, quelques inconvénients du voisinage des grands. Y passer est fâcheux, y demeurer est impossible, à qui du moins ne veut être ni valet ni mendiant.

Vous seriez bientôt l'un et l'autre. Habitant près d'eux, vous feriez comme tous ceux qui les entourent. Là, tout le monde sert ou veut servir. L'un présente la serviette, l'autre le vase à boire. Chacun reçoit ou demande salaire, tend la main, se recommande, supplie. Mendier n'est pas honte à la cour : c'est toute la vie du courtisan. Dès l'enfance, appris à cela, voué à cet état par honneur, il s'en acquitte bien autrement que ceux qui mendient par paresse ou nécessité. Il y apporte un soin, un art, une patience, une persévérance et aussi des avances, une mise de fonds; c'est tout, en tout, genre d'industrie. Gueux à la besace, que peut-on faire? Le courtisan mendie en carrosse à six chevaux, et attrape plus tôt un million que l'autre un morceau de pain noir. Actif, infatigable, il ne s'endort jamais; il veille la nuit et le jour, guette le temps de demander, comme vous celui de semer, et mieux. Aucun refus, aucun mauvais succès ne lui fait perdre courage. Si nous mettions dans nos travaux la moitié de cette constance, nos greniers chaque année rompraient. Il n'est affront, dédain, outrage ni mépris qui le puissent rebuter. Éconduit, il insiste; repoussé, il tient bon : qu'on le chasse, il revient : qu'on le batte, il se couche à terre. *Frappe, mais écoute,* et donne. Du reste, prêt à tout. On est encore à inventer un service assez vil, une action assez lâche, pour que l'homme de cour, je ne dis pas s'y refuse, chose inouïe, impossible, mais n'en fasse point gloire et preuve de dévouement. Le dévouement est grand à la personne d'un maître; c'est à la personne qu'on se dévoue, au corps, au contenu du pourpoint, et même quelquefois à certaines parties de la personne, ce qui a lieu surtout quand les princes sont jeunes.

La vertu semble avoir des bornes. Cette grande hauteur, qu'ont atteinte certaines âmes, paraît en quelque sorte mesurée. Caton et Washington montrent où peut s'élever le plus beau, le plus noble de tous les sentiments, l'amour du pays et de la liberté. Au-dessus on ne voit rien. Mais le dernier degré de bassesse n'est pas connu; et ne me citez point ceux qui proposent d'acheter des châteaux pour les princes, d'ajouter à leur garde une nouvelle garde; car on ira plus bas, et eux-mêmes, demain, vont trouver d'autres inventions qui feront oublier celles-là.

Vous, quand vous aurez vu les riches demander, chacun recevoir des aumônes proportionnées à sa fortune, tous les honnêtes gens abhorrer le travail et ne fuir rien tant que d'être soupçonnés de la moindre relation avec quiconque a jamais pu faire quelque chose en sa vie, vous rougirez de la charrue, vous renierez la terre votre mère, et l'abandonnerez, ou vos fils vous abandonneront, s'en iront valets de valets à la cour, et vos filles, pour avoir seulement ouï parler de ce qui s'y passe, n'en vaudront guère mieux au logis.

Car, imaginez ce que c'est. La cour... il n'y a ici ni femmes ni enfants. Écoutez : La cour est un lieu honnête, si l'on veut, cependant bien étrange. De celle d'aujourd'hui, j'en sais peu de nouvelles; mais je connais, et qui ne connaît celle du grand Louis XIV, le modèle de toutes, la cour par excellence, dont il nous reste tant de Mémoires, qu'à présent on n'ignore rien de ce qui s'y fit jour par jour? C'est quelque chose de merveilleux : par exemple, leur façon de vivre avec les femmes.... Je ne sais trop comment vous dire. On se prenait, on se quittait, ou, se convenant, on s'arrangeait. Les femmes n'étaient pas toutes communes à tous; ils ne vivaient pas pêle-mêle. Chacun avait la sienne, et même ils se mariaient. Cela est hors de doute. Ainsi je trouve qu'un jour, dans le salon d'une princesse, deux femmes au jeu s'étant piquées comme il arrive, l'une dit à l'autre : Bon Dieu, que d'argent vous jouez! combien donc vous donnent vos amants? Autant, repartit celle-ci, sans s'émouvoir, autant que vous donnez aux vôtres. Et la chronique ajoute : Les maris étaient là. Elles étaient mariées; ce qui s'explique peut-être en disant que chacune était la femme d'un homme, et la maîtresse de tous. Il y a de pareils traits une foule. Ce roi eut un ministre, entre autres, qui, aimant fort les femmes, les voulut avoir toutes; j'entends celles de la cour qui en valaient la peine : il paya, et les eut. Il lui en coûta. Quelques-unes se mirent à haut prix, connaissant sa manie. Mais enfin il les eut toutes comme il voulut. Tant que, voulant avoir aussi celle du roi, c'est-à-dire sa maîtresse d'alors, il la fit marchander, dont le roi se fâcha, et le mit en prison. S'il fit bien, c'est un point que je laisse à juger; mais on en murmura. Les courtisans se plaignirent. Le roi veut, disaient-ils, entretenir nos femmes, c...... avec nos sœurs, et nous interdire ses...; je ne vous dis pas le mot; mais ceci est historique, et si j'avais mes livres, je vous le ferais lire. Voilà ce qui fut dit, et prouve qu'il y avait du moins quelque espèce de communauté, nonobstant les mariages et autres arrangements.

Une telle vie, mes amis, vous paraît impossible à croire. Vous n'imaginez pas que, dans de pareils désordres, une famille, une maison subsistent, encore moins qu'il y eût jamais un lieu où tout le monde se conduisît de la sorte. Mais quoi? ce sont des faits, et m'est avis aussi que vous raisonnez mal. Vos maisons périraient, dites-vous, si les choses s'y passaient ainsi. Je le crois. Chez vous on vit de travail, d'économie; mais à la cour on vit de faveur. Chez vous, l'industrie du mari amène tous les biens à la maison, où la femme dispose, ordonne, règle chaque chose. Dans le ménage de cour, au contraire, la femme au dehors s'évertue. C'est elle qui fait les bonnes affaires. Il lui faut des liaisons, des rapports, des amis, beaucoup d'amis. Sachez qu'il n'y a pas en France une seule famille noble, mais je dis noble de race et d'antique origine, qui ne doive sa fortune aux femmes; vous m'entendez. Les femmes ont fait les grandes maisons; ce n'est pas, comme vous croyez bien, en cousant les chemises de leurs époux ni en allaitant leurs enfants. Ce que nous appelons, nous autres, honnête femme, mère de famille, à quoi nous attachons tant de prix, trésor pour nous, serait la ruine du courtisan. Que voudriez-vous qu'il fît d'une dame *Honesta*, sans amants, sans intrigues, qui, sous prétexte de vertu, claquemurée dans son ménage, s'attacherait à son mari? Le pauvre homme verrait pleuvoir des grâces autour de lui, et n'attraperait jamais rien. De la fortune des familles nobles il en paraît bien d'autres causes, telles que le pillage, les concussions, l'assassinat, les proscriptions, et surtout les confiscations. Mais qu'on y regarde, et on verra qu'aucun de ces moyens n'eût pu être mis en œuvre sans la faveur d'un grand, obtenue par quelque femme. Car, pour piller, il faut avoir commandements, gouvernements, qui ne s'obtiennent que par les femmes ; et ce n'était pas tout d'assassiner Jacques Cœur ou le maréchal d'Ancre, il fallait, pour avoir leurs biens, le bon plaisir, l'agrément du roi, c'est-à-dire, des femmes qui gouvernaient alors le roi ou son ministre. Les dépouilles des huguenots, des frondeurs, des traitants, autres faveurs, bienfaits qui coulaient, se répandaient par les mêmes canaux aussi purs que la source. Bref, comme il n'est, ne fut, ni ne sera jamais, pour nous autres vilains, qu'un moyen de fortune, c'est le travail ; pour la noblesse non plus il n'y en a qu'un, et c'est... c'est la prostitution, puisqu'il faut, mes amis, l'appeler par son nom. Le vilain s'en aide parfois quand il se fait homme de cour, mais non avec tant de succès.

C'en est assez sur cette matière, et trop peut-être. Ne dites mot de tout cela dans vos familles ; ce ne sont pas des contes à faire à la veillée, devant vos enfants. Histoire de cour et des courtisans, mauvais récits pour la jeunesse, qui ne doit pas de nous apprendre jusqu'à quel point on peut mal vivre, ni même soupçonner au monde de pareilles mœurs. Voilà pourquoi je redoute une cour à Chambord. Qu'une fois ils entendent parler de cette honnête vie, et d'un lieu, non loin d'ici, où l'on gagne gros à se divertir et à ne rien faire ; où, pour être riche à jamais, il ne faut que plaire un moment, chose que chacun croit facile, en n'épargnant aucun moyen ; à ces nouvelles, je vous demande qui les pourra tenir qu'ils n'aillent d'abord voir ce que c'est ; et l'ayant vu, adieu parents, adieu le champ qui paye si mal un labeur sans fin, rendant quelques gerbes au bout de l'an pour tant de fatigues, de sueurs. On veut chaque mois toucher des gages, et non s'attendre à des moissons ; on veut servir, non travailler. De là, mes amis, tout ce qu'engendre l'oisiveté, plus féconde encore quand elle est compagne de servitude. La cour, centre de corruption, étend partout son influence ; il n'est nul qui ne s'en ressente, selon la distance où il se trouve. Les plus gâtés sont les plus proches ; et nous, que la bonté du ciel fit naître à cent lieues de cette fange, nous irions payer pour l'avoir à notre porte ! à Dieu ne plaise !

C'est ce que me disait un bonhomme du pays de Chambord

même, que je vis dernièrement à Blois; car, comme je lui demandai ce qu'on pensait chez lui de cette affaire, et que désiraient les habitants : Nous voudrions bien, me dit-il, avoir le prince, mais non la cour. Les princes, en général, sont bons, et, n'était ce qui les entoure, il y aurait plaisir à demeurer près d'eux; ce seraient les voisins du monde les meilleurs : charitables, humains, secourables à tous, exempts des vices et des passions que produit l'envie de parvenir, comme ils n'ont point de fortune à faire. J'entends les princes qui sont nés princes; quant aux autres, sans eux eût-on jamais deviné jusqu'où peut aller l'insolence? Nous en pouvons parler, habitants de Chambord. Mais ces princes enfin, quels qu'ils soient, d'ancienne ou de nouvelle date, par la grâce de Dieu ou de quelqu'un, affables ou brutaux, nous ne les voyons guère; nous voyons leurs valets, gentilshommes ou vilains, les uns pires que les autres; leurs carrosses qui nous écrasent, et leur gibier qui nous dévore. De tout temps le gibier nous fit la guerre. Une seule fois il fut vaincu, en mil sept cent quatre-vingt-neuf : nous le mangeâmes à notre tour. Maîtres alors de nos héritages, nous commencions à semer pour nous, quand le héros parut, et fit venir d'Allemagne des parents ou alliés de nos ennemis morts dans la campagne de quatre-vingt-neuf. Vingt couples de cerfs arrivèrent, destinés à repeupler les bois, et ravager les champs pour le plaisir d'un homme; et la guerre ainsi rallumée continue. Depuis lors nous sommes sur le qui-vive, menacés chaque jour d'une nouvelle invasion de bêtes fauves, ayant à leur tête Marcellus ou Marcassus. Paris en saura des nouvelles, et devrait y penser au moins autant que nous. Paris fut bloqué huit cents ans par les bêtes fauves; et sa banlieue, si riche, si féconde aujourd'hui, ne produisait pas de quoi nourrir les gardes-chasse. Pour moi, je vous l'avoue, en de pareilles circonstances, songeant à tout cela, considérant mûrement, rappelant à ma mémoire ce que j'ai vu dans mon jeune âge, et qu'on parle de rétablir, je fais des vœux pour la bande noire, qui, selon moi, vaut bien la bande blanche, servant mieux l'État et le roi. Je prie Dieu qu'elle achète Chambord.

En effet, qu'elle l'achète six millions; c'est le moins à cinq cents francs l'arpent : tel arpent de la futaie vaut dix fois plus;

que le tout soit revendu à huit millions à trois ou quatre mille familles, comme nous avons vu dépecer tant de terres ici et ailleurs. Je trouve à cela beaucoup et de grands avantages pour le public, et pour un nombre infini de particuliers. Premièrement, acheteurs et vendeurs s'enrichissent, travaillent, cultivent au profit de tous et de chacun. L'État, le trésor ou le roi, ou enfin qui vous voudrez, reçoit, tant en impôts que droits de mutation, la valeur du fonds en vingt ans : huit millions, c'est par an quatre cent mille francs qu'on diminuera du budget, quand le budget se pourra diminuer; nous, voisins de Chambord, nous y gagnerons sur tous. Plus de gibier qui détruise nos blés, plus de gardes qui nous tourmentent, plus de valetaille près de nous, fainéante, corrompue, corruptrice, insolente; au lieu de tout cela, une colonie heureuse, active, laborieuse, dont l'exemple autant que les travaux nous profiteront pour bien vivre; colonie qui ne coûte rien, ni transport, ni expédition, ni flotte, ni garnison; point de frais d'état-major ni de gouvernement; point de permission ni de protection à obtenir de l'Angleterre; c'est autre chose que le Sénégal. Et de fait, remarquez, me dit-il, que l'on envoie ici des missionnaires chez nous, et en Afrique des gens qui ont besoin de terre; double erreur : en Afrique, il faut des missionnaires ; en France, des colonies. Là doivent aller ces bons pères, où ils auront à convertir païens, musulmans, idolâtres; ici doivent rester les colons, où il y a tant à défricher, et où les domaines de la couronne sont encore tels que les trouva le roi Pharamond.

Cette pensée me plut; mais les gens de Chambord, comme vous voyez, ont peu d'envie de faire partie d'un apanage, croyant peut-être qu'il vaut mieux être à soi qu'au meilleur des princes, à part l'intérêt que chacun peut y avoir personnellement; car il n'en est pas un, je crois, qui n'achetât plus volontiers pour lui-même un morceau de Chambord que le tout pour les courtisans; ils aiment mieux d'ailleurs pour voisins de bons paysans comme eux, laboureurs, petits propriétaires, qu'un grand, un protecteur, un prince; et en tant qu'il nous touche, je suis de cet avis. Je prie Dieu pour la bande noire, qui d'elle-même doit avoir Dieu favorable, car elle aide à l'accomplissement de sa parole. Dieu dit : Croissez, multipliez, remplissez la terre, c'est-à-dire, cultivez-la bien, car sans cela, comment peupler? et la partagez; sans cela, comment cultiver? Or, c'est à faire ce partage d'accord, amiablement, sans noise, que s'emploie la bande noire, bonne œuvre et sainte, s'il en est.

Mais il y a des gens qui l'entendent autrement. La terre, selon eux, n'est pas pour tous, et surtout elle n'est pas pour les cultivateurs, appartenant de droit divin à ceux qui ne la voient jamais et demeurent à la cour. Ne vous y trompez pas : le monde fut fait pour les nobles. La part qu'on nous en laisse est pure concession, émanée de lieu haut, et partant révocable. La petite propriété, octroyée seulement, comme telle peut être suspendue et le sera bientôt, car nous en abusons, ainsi que de la Charte. D'ailleurs, et c'est le point, la grande propriété est la seule qui produise. On ne recueillera plus, on va mourir de faim, si la terre se partage, et que chacun en ait ce qu'il peut labourer. Au laboureur aussi cultivant pour soi seul, sans ferme ni censive, la terre ne rend rien. Il la paye bien cher; il achète l'arpent huit ou dix fois plus cher que le gros éligible qui place à deux et demi; c'est qu'il n'en tire rien. Si tant est qu'il laboure, le petit propriétaire; la bêche, l'ignoble bêche, disent nos députés, déshonore le sol, bonne tout au plus à nourrir une famille, et quelle famille! en blouse, en guêtres, en sabots. Le pis, c'est que la terre morcelée, une fois dans les mains de la gent corvéable, n'en sort plus. Le paysan achète du monsieur, non celui-ci de l'autre, qui, ayant payé cher, vendrait plus cher encore. L'honnête homme, bloqué chez lui par la petite propriété, ne peut acquérir aux environs, s'étendre, s'arrondir (il en coûterait trop), ni le château ravoir les champs qu'il a perdus. La grande propriété, une fois décomposée, ne se recompose plus. Un fief, une abbaye sont malaisés à refaire; et comme chaque jour les gens les mieux pensants, les plus mortels ennemis de la petite propriété, vendent pourtant leurs terres, alléchés par le prix, à l'arpent, à la perche, et en font les morceaux les plus petits qu'ils peuvent, la bêche gagne du terrain, la rustique famille bâtit et s'établit, sans aller pour cela en Amérique, aux Indes; les grandes terres disparaissent; et le capitaliste, las d'espérer, de craindre ou la hausse ou la baisse, ne sait comment placer. Il y aurait moyen de se faire un domaine sans acheter en détail : ce serait de défricher. Mais

diantre, il ne faut pas, et les lois s'y opposent, afin de conserver ;
on en viendra là cependant, si le morcellement continue : les landes, les bruyères périront. Quelle pitié ! quel dommage ! O vous,
législateurs nommés par les préfets, prévenez ce malheur, faites des lois, empêchez que tout le monde ne vive ! Otez la terre
au laboureur et le travail à l'artisan, par de bons priviléges, de
bonnes corporations; hâtez-vous, l'industrie, aux champs comme
à la ville, envahit tout, chasse partout l'antique et noble barbarie ; on vous le dit, on vous le crie : que tardez-vous encore?
qui vous peut retenir? peuple, patrie, honneur? lorsque vous
voyez là emplois, argent, cordons, et le baron de Frimont.

AUX AMES DÉVOTES

DE LA PAROISSE DE VÉRETZ (DÉPARTEMENT D'INDRE-ET-LOIRE)

(1821.)

On recommande à vos prières le nommé Paul-Louis, vigneron de la Chavonnière, bien connu dans cette paroisse. Le pauvre
homme est en grande peine, ayant eu le malheur d'irriter contre lui tout ce qui s'appelle en France courtisans, serviteurs,
flatteurs, adulateurs, complaisants, flagorneurs et autres gens
vivant de bassesses et d'intrigues, lesquels sont au nombre, dit-on, de quatre ou cinq cent mille, tous enrégimentés sous diverses enseignes, et déterminés à lui faire un mauvais parti; car
ils l'accusent d'avoir dit, en taillant sa vigne :

Qu'eux, gens de cour, sont à nous autres, gens de travail et
d'industrie, cause de tous maux;

Qu'ils nous dépouillent, nous dévorent au nom du roi, qui
n'en peut mais [1] ;

Que les sauterelles, la grêle, les chenilles, le charançon ne
nous pillent pas tous les ans, au lieu que lesdits courtisans des

[1] Voyez pag. 102.

hautes classes s'abattent sur nous chaque année, au temps du budget, enlèvent du produit de nos champs le plus clair, le plus net, le meilleur et le plus beau, dont bien fâche audit seigneur roi, qui n'y peut apporter remède [1];

Que tous ces impôts, qu'on lève sur nous en tant de façons, vont dans leur poche, et non pas dans celle du roi [2]; étant par eux seuls inventés, accrus, multipliés chaque jour à leur profit, comme au dommage du roi non moins que des sujets [3];

Que lesdits courtisans veulent manger Chambord et le royaume et nous, et le peuple et le roi, devant lequel ils se prosternent, se disant dévoués à sa personne [4];

Que les princes sont bons, charitables, humains, secourables à tous et bien intentionnés [5]; mais qu'ils vivent entourés d'une mauvaise valetaille [6] qui les sépare de nous, et travaille sans cesse à corrompre eux et nous;

Que c'est là un grand mal, et que, pour y remédier, il serait bon d'élever les princes au collége, loin desdits courtisans [7], comme on voit à Paris le jeune duc de Chartres, enfant qui promet d'être quelque jour un homme de bien, et dont on espère beaucoup;

Que par ce moyen lesdits princes, intruits à l'égal de leurs sujets, élevés au milieu d'eux, parlant la même langue, s'entendraient avec eux contre lesdits gens de cour, et peut-être parviendraient à délivrer le monde de cette engeance perverse, détestable, maudite;

Qu'ainsi, on ne verrait plus ni Saint-Barthélemi, ni Frondes, ni Dragonnades, ni révolutions, contre-révolutions [8], qui, après force coups et grand massacre de gens, tournent toutes au profit de la susdite valetaille;

Qu'un tel amendement aux choses de ce monde, bien loin d'être impossible [9], comme quelques-uns le croient, se fait quasi de soi, sans qu'on y prenne garde; que le temps d'à présent vaut mieux que le passé; que princes et sujets sont meilleurs qu'autrefois [10]; qu'il y a parmi nous moins de vices, plus de vertus; ce qui tend à insinuer calomnieusement, contre toute vérité, que même les courtisans, exerçant près des rois l'art de la flagornerie, sont

---

[1] Voyez page 103. — [2] *Ibid.* — [3] *Ibid.* — [4] *Ibid.* — [5] pag. 111. — [6] *Ibid.* — [7] pag. 104. — [8] *Ibid.* — [9] pag. 106. — [10] pag. 105.

maintenant moins vils, moins lâches, moins dévoués, moins fidèles au trésor que ne furent leurs devanciers.

Et pour conclusion, que les princes nés princes sont les seuls bons, aimables, avec qui l'on puisse vivre. Que les autres, connus sous les noms de héros ou princes d'aventure, ne valent rien du tout. Que nous en avons vu [1] montrer une insolence à nulle autre pareille; et que ceux qui les flattaient valaient encore moins, apôtres aujourd'hui de la légitimité, prêts à verser pour elle leur sang, etc.

Lesquelles propositions scandaleuses, impies et révolutionnaires, auraient été par lui recueillies, mises en lumière dans un amphlet intitulé *Simple Discours*, espèce de *factum* pour les princes contre les courtisans, saisi par la police comme contraire aux pensions, gratifications et dilapidations de la fortune publique; poursuivi par M. le procureur du roi, comme propre à éclairer lesdits princes et rois sur leurs vrais intérêts.

Tels sont les principaux griefs articulés contre Paul-Louis par les syndics du corps de la flagornerie, Siméon, Jacquinot de Pampelune et autres, poursuivant en leur nom, et comme fondés de pouvoir de la corporation.

Et ajoutent lesdits syndics, aux charges ci-dessus énoncées, qu'en outre Paul-Louis, voulant porter atteinte à la bonne renommée dont jouissent dans le monde lesdites gens de cour, aurait mal à propos, sans en être prié, conté à tout venant les histoires oubliées de leurs pères et grands-pères, rappelé les aventures de leurs chastes grand'mères, en donnant à entendre que tous chiens chassent de race, et autres discours pleins de malice et d'imposture.

Et que, par maints propos plus coupables encore, subversifs de tout ordre et de toute morale, comme de toute religion, il aurait essayé de troubler aucunement lesdites gens de cour dans l'antique, légitime et juste possession où ils sont, de tous temps, de partager entre eux les revenus publics, le produit des impôts, dont l'objet principal, ainsi que chacun le sait, est d'entretenir la paresse et d'encourager la bassesse de tous les fainéants du royaume.

[1] Pag. 111.

A raison de quoi ils ont cité et personnellement ajourné ledit Paul-Louis à comparoir devant les assises de Paris, comme ayant *offensé la morale publique*, en racontant tout haut ce qui se passe chez eux, *et la personne du Roi* [1] dans celle des courtisans : le tout conformément à l'article connu du titre... de la loi... du code des gens de cour, commençant par ces mots : *Qui n'aime pas Cottin n'estime point son roi, etc.*

Et doit en conséquence ledit Paul, ci-devant canonnier à cheval, aujourd'hui vigneron, laboureur, bûcheron, etc., etc., comparoir en personne aux assises de Paris, le 27 du présent mois, pour s'ouïr condamner à faire aux courtisans, fainéants, intrigants, réparation publique et amende honorable, déclarant qu'il les tient pour valets aussi bons, aussi bas, aussi vils, aussi rampants que furent oncques leurs pères et prédécesseurs ; qu'à tort et méchamment il a dit le contraire ; et en même temps confesser, la hart au cou, la torche au poing, que le passé seul est bon, que le présent ne vaut rien, n'a jamais rien valu, ne vaudra jamais rien ; qu'autrefois il y eut d'honnêtes gens et des mœurs ; mais qu'aujourd'hui les femmes sont toutes débauchées, les enfants tous fils de coquettes, garnements tous nos jeunes gens, et nous marauds à pendre tous, si Bellart faisait son devoir.

Après quoi ledit Paul sera détenu et conduit ès prisons de Paris, pour y apprendre à vivre et faire pénitence, sous la garde d'un geôlier gentilhomme de nom et d'armes, qui répondra de sa personne aussi longtemps qu'il conviendra pour l'entière satisfaction desdits courtisans, gens de cour, flatteurs, flagorneurs, flagornant par tout le royaume, etc., etc.

Voila, mes chers amis, en quelle extrémité se trouve réduit le bonhomme Paul, que nous avons vu faire tant et de si bons fagots dans son bois de Larçai, tant de beau sainfoin dans son champ de la Chavonnière ; sage s'il n'eût fait autre chose ! On l'avait maintes fois averti que sa langue lui attirerait quelque méchante affaire ; mais il n'en a tenu compte, Dieu sans doute le voulant châtier, afin d'instruire ses pareils, qui ne se peuvent empêcher de crier quand on les écorche. Le voilà mis en juge-

---

[1] Voyez le réquisitoire signé Jacquinot-Pampelune, pag. 57.

ment et condamné, ou autant vaut. Car vous savez tous comme il est chanceux en procès. Chaque fois qu'on le volait ici, c'était lui qui payait l'amende. Et de fait, se peut-il autrement? Il ne va pas même voir les juges! Prions Dieu pour lui, mes amis, et que son exemple nous apprenne à ne jamais dire ce que nous pensons des gens qui vivent à nos dépens.

PROCÈS DE PAUL-LOUIS COURIER.

(1821.)

Assez de gens connaissent la brochure intitulée *Simple Discours*. Lorsqu'elle parut, on la lut; et déjà on n'y pensait plus, quand le gouvernement s'avisa de réveiller l'attention publique sur cette bagatelle oubliée, en persécutant son auteur qui vivait aux champs, loin de Paris. Le pauvre homme, étant à labourer un jour, reçut un long papier, signé *Jacquinot-Pampelune*, dans lequel on l'accusait d'avoir offensé la morale publique, en disant que la cour autrefois ne vivait pas exemplairement; d'avoir en même temps offensé la personne du roi, et, de ce non content, provoqué à offenser ladite personne. A raison de quoi Jacquinot proposait de le mettre en prison, et l'y retenir douze années, savoir : deux ans pour la morale, cinq ans pour la personne du roi, et cinq pour la provocation. Si jamais homme tomba des nues, ce fut Paul-Louis, à la lecture de ce papier timbré. Il quitte ses bœufs, sa charrue, et s'en vient courant à Paris, où il trouve tous ses amis non moins surpris de la colère de ce monsieur de Pampelune, et en grand émoi la plupart. Il n'alla point voir Jacquinot, comme lui conseillaient quelques-uns, ni le substitut de Jacquinot, qu'on lui recommandait de voir aussi, ni le président, ni les juges, ni leurs suppléants, ni leurs clercs, non qu'il ne les crût honnêtes gens et de fort bonne compagnie; mais c'est qu'il n'avait point envie de nouvelles connaissances. Il se tint coi; il attendit, et bientôt il sut que Jacquinot, ayant dû premièrement faire approuver son accusation par un tribunal, ne sais quel, les juges lui avaient rayé l'offense à la personne du roi, et la provocation d'offense. C'était le meilleur et le plus beau de son papier *réquisitoire* : chose fâcheuse pour Pampelune; bonne affaire pour Paul-Louis, qui en eut la joie qu'on peut croire, se voyant acquitté par là de dix ans de prison sur douze, et néanmoins, encore inquiet de ces deux qui restaient, se fût accommodé à un an avec Jacquinot, pour n'en entendre plus parler, s'il n'eût trouvé M® Berville, jeune avocat déjà célèbre, qui lui défendit de transiger, se faisant fort de le tirer de là. Votre cause, lui disait-il, est imperdable de tout point; il n'y en eut jamais de pareille, et je défie M. Régley de faire un jury qui vous condamne. Où M. Régley trouvera-t-il douze individus qui déclarent que vous offensez la morale en copiant les prédicateurs? que vous corrompez les mœurs publiques en blâmant les mœurs corrompues et la dépravation des cours? Régley n'aura jamais douze hommes qui fassent cette déclaration, qui se chargent de cet opprobre. Allez, bonhomme, laissez-moi faire; et si l'on vous condamne, je me mets en prison pour vous.

Paul-Louis toutefois doutait un peu. Maître Berville, se disait-il, est dans l'âge où l'on s'imagine que le bon sens et l'équité ont quelque part aux affaires du monde; où l'on ne saurait croire encore

> Les hommes assez vils, scélérats et pervers,
> Pour faire une injustice aux yeux de l'univers [1].

Or, comme dans cette opinion qu'il a du monde en général il se trompe visiblement, il pourrait bien se tromper aussi dans son opinion sur le cas particulier dont il s'agit. Ainsi raisonnait Paul-Louis; et cependant écoutait le jeune homme bien disant, auquel à la fin il s'en remet, lui confiant sa cause imperdable. Il la perdit, comme on va le voir; il fut condamné tout d'une voix, déclaré coupable du fait et des circonstances par les jurés, choisis, triés, tous gens de bien, propriétaires, ayant, dit-on, *pignon sur rue*, et de probité non suspecte. Mais, par la clémence des juges, il n'a que pour deux mois de prison : cela est un peu différent des douze ans de maître Jacquinot, qui, à ce

[1] Molière.

que l'on dit, en est piqué au vif, et promet de s'en venger sur le premier auteur, ayant quelque talent, qui lui tombera entre les mains. De fait, pour un écrit tel que le *Simple Discours*, goûté aussi généralement et approuvé de tout le monde, on ne pouvait guère en être quitte à meilleur marché aujourd'hui.

Ce fut le 28 août dernier, au lieu ordinaire des séances de la cour d'assises, que, la cause appelée, comme on dit au barreau, l'accusé comparut. La salle était pleine. On jugea d'abord un jeune homme qui avait fait quelques sottises, à ce qu'il paraissait du moins, ayant perdu tout son argent dans une maison privilégiée du gouvernement, avec des femmes protégées, taxées par le gouvernement; après quoi le gouvernement accusa Paul-Louis, vigneron, d'offense à la morale publique, pour avoir écrit un discours contre la débauche : mais il faut conter tout par ordre. On lut l'acte d'accusation, puis le président prit la parole, et interrogea Paul-Louis.

Le président. Votre nom?

Courier. Paul-Louis Courier.

Le président. Votre état?

Courier. Vigneron.

Le président. Votre âge?

Courier. Quarante-neuf ans.

Le président. Comment avez-vous pu dire que la noblesse ne devait sa grandeur et son illustration qu'à l'assassinat, la débauche, la prostitution?

Courier. Voici ce que j'ai dit : Il n'y a pour les nobles qu'un moyen de fortune, et de même pour tous ceux qui ne veulent rien faire; ce moyen, c'est la prostitution. La cour l'appelle galanterie. J'ai voulu me servir du mot propre, et nommer la chose par son nom.

Le président. Jamais le mot de galanterie n'a eu cette signification. Au reste, si l'histoire a fait quelques reproches à des familles nobles, ils peuvent également s'appliquer aux familles qui n'étaient pas nobles.

Courier. Qu'appelez-vous reproches, M. le président? Tous les Mémoires du temps vantent cette galanterie, et la noblesse en tait fière comme de son plus beau privilége. La noblesse prétendait devoir seule fournir des maîtresses aux princes; et quand

Louis XV prit les siennes dans la roture, les femmes titrées se plaignirent.

Le président. Jamais l'histoire n'a fait l'éloge de la prostitution.

Courier. De la galanterie, M. le président, de la galanterie.

Le président. Vous avez employé le mot de prostitution. Vous savez ce que vous dites; vous êtes un homme instruit. On rend justice à vos talents, à vos rares connaissances.

Courier. J'ai employé ce mot, faute d'autre plus précis. Il en faudrait un autre; car, à dire vrai, cette espèce de prostitution n'est pas celle des femmes publiques; elle est différente, et infiniment pire.

Le président. Comment la souscription pour S. A. R. Mgr le duc de Bordeaux ne vous a-t-elle inspiré que de pareilles idées?

Courier. Dans ce que j'ai écrit, il n'y a rien contre la famille royale.

Le président. Aussi n'est-pas de quoi l'on vous accuse ici.

Courier. C'est qu'on ne l'a pas pu, M. le président. On eût bien voulu faire admettre cette accusation; mais il n'y a pas eu moyen. On cherchait un délit plus grave; on n'a trouvé que ce prétexte d'offense à la morale publique.

Le président. Vous insultez une classe, une partie de la nation.

Courier. Je n'insulte personne. J'ai parlé des ancêtres de la noblesse actuelle, dans laquelle je connais de fort honnêtes gens qui ne vont point à la cour. J'en ai vu à l'armée faire comme les vilains, défendre leur pays. Serait-ce insulter les Romains, de dire que leurs aïeux furent des voleurs, des brigands? Ferais-je tort aux Américains, si je les déclarais descendus de malfaiteurs et de gens condamnés à la déportation? J'ai voulu montrer l'origine des grandes fortunes dans la noblesse, et de la grande propriété.

Le président. Vous avez outragé tout le corps de la noblesse. l'ancienne et la nouvelle, et vous ne respectez pas plus l'une que l'autre.

Courier. Sans m'expliquer là-dessus, je vous ferai remarquer, M. le président, que j'ai spécifié, particularisé la noblesse de race et d'antique origine.

Le président. Eh bien! dans l'ancienne noblesse il y a des familles sans tache, qui ne doivent rien aux femmes : les Noailles, les Richelieu...

Courier. Les Richelieu! Tout le monde sait l'histoire du pavillon d'Hanovre, et de la guerre d'Allemagne. Madame de Pompadour étant premier ministre...

Le président. Assez : point de personnalités.

Courier. Je réponds à vos questions, M. le président. Sans madame de Maintenon, les Noailles...

Le président. On ne vous demande pas ces détails historiques.

Courier. La prostitution, M. le président, toujours la prostitution.

Le président. Les faveurs de la cour s'obtiennent sur le champ de bataille, par des services...

Courier. Par des femmes, M. le président.

Le président. Votre décoration de la Légion d'honneur, l'avez-vous donc eue par les femmes?

Courier. Ce n'est pas une faveur, et je n'ai pas fait fortune : il s'agit des fortunes. Je n'ai jamais eu rien de commun avec la cour, et puis je ne suis pas noble.

Le président. Vous avez la noblesse personnelle, vous êtes noble.

Courier. J'en doute, M. le président, permettez-moi de vous le dire; je doute fort que je sois noble. Mais enfin je veux bien m'en rapporter à vous.

(A chaque réponse de l'accusé, il s'élevait dans l'assemblée un murmure qui peu à peu se changeait en applaudissements. — L'avocat général crut devoir mettre ordre à cela. M. le président, dit-il, ce bruit est contraire à la loi.)

Le président. Messieurs, point d'applaudissements. Vous n'êtes pas au spectacle. Je ferai sortir d'ici tous les perturbateurs. — Prévenu, vous avez dit que la cour mangerait Chambord.

Courier. Oui. Qu'y a-t-il en cela qui offense la morale?

Le président. Mais qu'entendez-vous par la cour?

Courier. La définir serait difficile. Toutefois je dirai que la cour est composée des courtisans, des gens qui n'ont point d'autre état que de faire valoir leur dévouement, leur soumission respectueuse, leur fidélité inviolable.

Le président. Il n'y a point chez nous de courtisans en titre. La cour, ce sont les généraux, les maréchaux, les hommes qui entourent le roi. Et que veut dire encore : Les prêtres donnent tout à Dieu? Cela est contre la religion.

Courier. Contre les prêtres tout au plus. Ne confondons point les prêtres avec la religion, comme on veut toujours faire.

Le président. Les prêtres sont désintéressés; ils ne veulent rien que pour les pauvres.

Courier. Oui; le pape se dit propriétaire de la terre entière; c'est donc pour la donner aux pauvres. Au reste, ce que j'ai écrit n'offense pas même les prêtres; car il signifie simplement : Les prêtres voudraient que tout fût consacré à Dieu.

Après cet interrogatoire, où le public ne parut pas un seul moment indifférent, l'avocat général, maître Jean de Broë, prit la parole, ou, pour mieux dire, prit son papier, car il lisait. C'est un homme de petite taille, qui parle de grands magistrats, et assure que la noblesse leur appartient de droit avec ce qui s'ensuit, honneurs et priviléges; d'où l'on peut sans faute conclure que, dans cette affaire, croyant plaider sa propre cause et combattre pour ses foyers, il y aura mis tout son savoir. Il prononça un discours long, et que peu de gens auront lu imprimé dans le *Moniteur*, mais que personne ne comprendrait si on le raportait ici, tant les pensées en sont obscures, le langage impropre. C'est vraiment une chose étrange à concevoir que cette barbarie d'expression dans les apôtres du grand siècle. Les amis de Louis XIV ne parlent pas sa langue. On entend célébrer Bossuet, Racine, Fénelon, en style de Marat; et la cour polie, en jargon des antichambres des Fouché. Il y en a chez qui cette bizarrerie passe toute créance; et si je citais une phrase comme celle-ci, par exemple : *Qui profitera d'un bon coup ? Les honnêtes gens ? Laissez donc ; ils sont si bêtes !* vous la croiriez de quelque valet, et des moins *éduqués*. Elle est du marquis de Castelbajac, imprimée sous son nom dans le *Conservateur*. Ainsi parlent ces gens nés autrement que nous, c'est-à-dire, bien nés, qui se rangent à part, avec quelque raison; classe privilégiée, supérieure, distinguée. Voilà leur langage familier. Veulent-ils s'exprimer noblement? ce ne sont qu'altesses, majestés, excellences, éminences. Ils croient que le style noble est celui du blason. Malheur des courtisans, ne point connaître le peuple, qui est la source de tout bon sens. Ils ne voient en leur vie que des grands et des laquais ; leur être se compose de manières et de bassesses.

Je dis donc, revenant à maître de Broë, que pour ceux qui l'emploient,

> C'est un homme impayable, et qui, par son adresse,
> Eût fait mettre en prison les sept sages de Grèce,

comme mauvais sujets, perturbateurs. Sa prose est bonne pour les jurés, s'ils sont amis de M. Régley. Mais à moins de cela, on ne saurait y prendre plaisir. Son discours, qui d'abord ennuie dans la *Gazette officielle,* assomme au second paragraphe; et, par cette considération, je renonce à le placer ici, comme je voulais, si je n'eusse craint d'arrêter tout court mes lecteurs; car qui pourrait tenir à ce style : *Un exécrable forfait avait privé la France d'un de ses meilleurs princes. Un espoir restait toutefois. Un prodige, une royale naissance, bien plus miraculeuse que celle dont nos aïeux furent témoins, se renouvela. Un cri de reconnaissance et d'admiration se fit entendre. Une antique et auguste habitation avait fait partie des apanages de la couronne. Une pensée noble se présenta tout à coup, et elle fut répétée; elle fut suivie de l'exécution : ce fut à l'amour qu'un appel fut adressé.*

Ouf! demeurons-en là sur l'appel à l'amour. Si vous ne dormez pas, cherchez-moi, je vous prie, par plaisir, inventez, imaginez quelque chose de plus lourd, de plus maussade et de plus monotone que cette psalmodie de maître de Broë, par laquelle il exprime pourtant son allégresse. L'auteur de la brochure n'y a point mis d'allégresse, dit maître de Broë, qui, pour cette omission, le condamne à la prison. Lui, de peur d'y manquer, il commence par là, et d'abord se réjouit.

> D'aise on entend sauter la pesante haleine [1].

Mais il a un peu l'air de se réjouir par ordre, par devoir, par état ; et on lui dirait presque comme le président disait à Paul-

---

[1] Homère.

Louis : Sont-ce là les pensées qu'a pu vous inspirer la royale naissance ? Est-ce ainsi que le cœur parle ? une si triste joie, un hymne si lugubre, sont plus suspects que le silence. Ne poussons pas trop cet argument, de peur d'embarrasser le pauvre magistrat ; car il ne faudrait rien pour faire de son allégresse une belle et bonne offense à la morale publique, et même à la personne du prince, s'il est vrai

. . . . . Qu'un froid panégyrique
Déshonore à la fois le héros et l'auteur.

Abrégeons son discours, au risque de donner quelque force à ses raisons en les présentant réunies. Voici ce notable discours, brièvement, compendieusement traduit de *baragouin* en français, comme dit Panurge.

Il commence par son commencement ; car on assure qu'il n'en a qu'un pour toutes les causes de ce genre : Le duc de Berry est mort ; le duc de Bordeaux est né. On a voulu offrir Chambord au jeune prince. Éloge de Chambord et de la souscription.

A cet exorde déjà long, et qui remplirait plusieurs pages, il en fait succéder un autre non moins long, pour fixer, dit-il, *le terrain*, c'est-à-dire le point de la question, comme on parle communément.

Il ne s'agit pas d'un impôt dans la souscription proposée pour l'acquisition de Chambord, et le mot même indique un acte volontaire. De quoi donc s'avise Paul-Louis de contrarier la souscription, qui ne l'oblige point, ne lui coûtera rien ? C'est fort mal fait à lui, cela le déshonore. *Vous ne voulez pas souscrire ? eh bien ! ne souscrivez pas. Qui vous force ?* Un moment, de grâce, entendons-nous, M. l'avocat général. Je ne souscrirai pas, sans doute, si je ne veux ; car je n'ai point d'emploi, de place qu'on me puisse ôter. Je ne cours aucun risque, en ne souscrivant pas, d'être *destitué*. Mais je payerai pourtant, si ma commune souscrit ; je payerai malgré moi, si mon maire veut faire sa cour à mes dépens. Et quand je dis *doucement : Je ne veux pas payer*, vous, monsieur de Broë, vous criez · *En prison*, ajoutant que je suis maître, qu'il dépend bien de moi, que la souscription est toute volontaire, que ce n'est pas un impôt. Comment l'entendez-vous ?

Or cette *pensée noble*, cette *récompense noble*, cette *souscription noble* et *libre*, comme on voit, l'auteur entreprend de l'arrêter. Il veut empêcher de souscrire les gens qui en seraient tentés, *paralyser l'élan, glacer l'élan des cœurs un peu plus généreux que le sien*, tandis que maître Jean, par de nobles discours, chauffe l'élan des cœurs. Mais ne le copions pas; j'ai promis de le traduire, et de l'abréger surtout, afin qu'on puisse le lire.

Voilà l'objet de la brochure. Elle est écrite contre l'*élan*, et on ne saurait s'y méprendre. Puis il y a des accessoires, des diatribes contre les rois, les prêtres et les nobles.

Il est vrai que l'auteur ne parle pas des prêtres; ou n'en dit qu'un seul mot bien simple, et que partout il loue les princes. Mais ce sont des *parachutes*. Il ne pense pas ce qu'il dit des princes, et pense ce qu'il ne dit pas des prêtres.

Deux remarques ensuite : 1° L'auteur ne s'afflige point de la mort du duc de Berry, ne se réjouit point de la naissance du duc de Bordeaux. Il n'a pas dit un mot de mort ni de naissance. Il n'y a *ni allégresse, ni désolation* dans sa brochure. 2° L'auteur parle du jeune prince comme d'un enfant à la mamelle. Il dit le *maillot* simplement, sans dire l'*auguste maillot*; la *bavette*, et non pas la *royale bavette*. Il dit, chose horrible! de ce prince, qu'un jour *son métier sera de régner*.

Après s'être étendu beaucoup sur tous ces points, maître de Broë déclare enfin qu'il ne s'agit pas de tout cela. Ce n'est pas là-dessus que porte l'accusation, dit-il. On n'attaque pas le fond de la brochure, ni même les accessoires dont nous venons de parler, mais des propositions incidentes seulement. Là-dessus il s'écrie : *Voilà le terrain fixé*.

Puis il entame un autre exorde.

Dans les affaires de cette nature, on n'examine que les passages déterminés suivant la loi par l'acte même d'accusation. Or il y en a quatre ici.

La loi est fort insuffisante. *Les écrivains sont si adroits*, qu'ils échappent souvent au procureur du roi. Il faut *leur appliquer, d'une manière frappante, la loi* (style de Broë). *La liberté d'écrire jouit de tous ses droits;* elle est libre (Broë tout pur), bien qu'elle aille en prison quelquefois. Elle en-

jambe sur la licence (Broë! Broë!) par l'excessive indulgence des magistrats.

On avait d'abord essayé, dans le premier réquisitoire, d'accuser l'auteur de cet écrit d'offense à la personne du roi. On y a renoncé par réflexion.

Vient enfin l'examen des passages inculpés, dont le premier est celui-ci :

« Car la cour donne tout au prince, comme les prêtres tout à
« Dieu; et ces domaines, ces apanages, ces listes civiles, ces
« budgets, ne sont guère autrement pour le roi que le revenu des
« abbayes n'est pour Jésus-Christ. Achetez, donnez Chambord,
« c'est la cour qui le mangera; le prince n'en sera ni pis ni
« mieux. »

Les prêtres, tout à Dieu? Ah! oui, demandez aux pauvres. Tirade d'éloquence. Des abbayes! Oh! non. Il n'y a plus d'abbayes. Tirade de haut style sur la révolution. De morale, pas un mot, ni des phrases inculpées.

Le second passage est celui-ci :

« Mais à Chambord qu'apprendra-t-il? Ce que peuvent en-
« seigner et Chambord et la cour. Là, tout est plein de ses aïeux.
« Pour cela précisément je ne l'y trouve pas bien, et j'aimerais
« mieux qu'il vécût avec nous qu'avec ses ancêtres... »

Maître de Broë n'examine point non plus ce passage, ni ce qu'il peut avoir de contraire à la morale. Il le cite et le laisse là, sans autrement s'en occuper. Mais, dit-il, ensuite de ces phrases, il y en a d'autres horribles. Il ne les lira pas, parce qu'il n'en est point parlé dans l'acte d'accusation. Cependant elles sont horribles. Beau mouvement d'éloquence à propos de ces phrases, dont il n'est pas question et qu'on n'accuse pas. L'auteur, dit maître Jean, représente nos rois, ou du moins quelques-uns, comme ayant mal vécu, et donné en leur temps de fort mauvais exemples. Il les peint corrompus, dissolus, pleins de vices, et condamne *leurs déportements* sans avoir égard *aux convenances*. Les tableaux qu'il en fait (non de sa fantaisie, mais d'après les histoires) sont scandaleux, d'accord, et en outre *immoraux, licencieux, déshonnêtes*. Le scandale abonde de nos jours, et la brochure y ajoute encore, mettant les vieux scandales à côté des nouveaux. Chapitre le plus long de tous, et le meilleur par conséquent, sur la différence qu'il y a de l'historien au pamphlétaire, qu'il appelle aussi libelliste. L'un peut dire la vérité, parce qu'il fait de gros volumes qu'on ne lit pas. L'autre ne doit pas dire vrai, parce qu'on le lit en petit volume. L'auteur de la brochure va vous conter qu'il a copié les historiens ; *mensonge, messieurs, mensonge odieux, aussi dangereux que coupable ;* car l'histoire n'est pas toute dans sa brochure. Il devait copier tout, ou rien. Il montre le laid, cache le beau. Louis eût des bâtards ; mensonge ; car ce n'est pas le beau de son histoire. Il y avait bien d'autres choses à vous dire de Louis le Grand. Ne les pas dire toutes, selon maître Broë, c'est mentir, et de plus insulter la nation. Qui ne sent, dit-il, qui ne sent...? Il croit que tout le monde sent cela. Vengez, messieurs, vengez la nation, la morale.

Outre les historiens, Paul-Louis cite les Pères et les prédicateurs, morts il y a longtemps. Maître de Broë lui répond par une autorité vivante ; c'est celle de monseigneur le garde des sceaux actuel, dont il rapporte (en s'inclinant) les propres paroles extraites d'un de ses discours, page 10, sans songer que peut-être ailleurs monseigneur a dit le contraire.

Et puis l'Écriture, et les Pères, et les sermons de Massillon appartiennent aux honnêtes gens. Les écrivains ne doivent pas s'en servir pour se justifier. Développement de cette proposition, appliquée à l'auteur d'un roman condamné, qui osa dernièrement alléguer l'Évangile.

Nota que cet épisode sur les horribles phrases dont on ne parle pas occupe deux colonnes entières du *Moniteur*.

Troisième passage :

« Sachez qu'il n'y a pas en France une seule famille noble
« mais je dis noble de race et d'antique origine, qui ne doive sa
« fortune aux femmes ; vous m'entendez. Les femmes ont fait
« les grandes maisons ; ce n'est pas, comme vous croyez bien,
« en cousant les chemises de leurs époux, ni en allaitant leurs
« enfants. Ce que nous appelons, nous autres, honnête femme,
« mère de famille, à quoi nous attachons tant de prix, trésor
« pour nous, serait la ruine du courtisan. Que voudriez-vous
« qu'il fît d'une dame *Honesta*, sans amant, sans intrigue, qui,
« sous prétexte de vertu, claquemurée dans son ménage, s'at-

« tacherait à son mari ? Le pauvre homme verrait pleuvoir les
« grâces autour de lui, et n'attraperait jamais rien. De la fortune
« des familles nobles, il en paraît bien d'autres causes, telles
« que le pillage, les concussions, l'assassinat, les proscriptions,
« et surtout les confiscations. Mais qu'on y regarde, et on verra
« qu'aucun de ces moyens n'eût pu être mis en œuvre sans la
« faveur d'un grand, obtenue par quelque femme ; car, pour
« piller, il faut avoir commandements, gouvernements, qui ne
« s'obtiennent que par les femmes ; et ce n'était pas tout d'assas-
« siner Jacques Cœur ou le maréchal d'Ancre, il fallait, pour
« avoir leurs biens, le bon plaisir, l'agrément du roi, c'est-à-dire,
« des femmes qui gouvernaient alors le roi ou son ministre. Les
« dépouilles des huguenots, des frondeurs, des traitants, autres
« faveurs, bienfaits qui coulaient, se répandaient par les mêmes
« canaux aussi purs que la source. Bref, comme il n'est, ne fut,
« ni ne sera jamais, pour nous autres vilains, qu'un moyen de
« fortune, c'est le travail ; pour la noblesse non plus il n'y en a
« qu'un, et c'est........ c'est la prostitution, puisqu'il faut, mes
« amis, l'appeler par son nom. »

Quatrième exorde pour fixer encore le *terrain*.

La Charte fait des nobles qui descendent de leurs pères, et d'autres nobles qui ne descendent de personne, et puis de grands magistrats qui sont nobles aussi. Longue dissertation, à la fin de laquelle il déclare qu'il ne s'agit pas de la noblesse, qu'il ne la défend pas.

Mais l'auteur outrage une classe, *une généralité d'individus*. Il offense la morale évidemment. *L'honneur de certaines familles fait partie de la morale ;* et l'auteur blesse ces familles, quand il répète mot à mot ce que l'histoire en dit, et qui est imprimé partout. Il blesse la morale ; et le pis, c'est qu'il empêche toutes les autres familles d'imiter celles-là, de vivre noblement. Réprimez, messieurs, réprimez. Oui, punissons, punissons. Ne souffrons pas, ne permettons pas, etc.

Maître Jean, qui appelle toujours l'auteur de la brochure libelliste, et l'associe, dans sa réplique, aux écrivains les plus déshonorés en ce genre, ajoute que c'est l'*avidité* qui a fait écrire Paul-Louis, qu'il écrit par *spéculation,* qu'il est fabricant et marchand de libelles diffamatoires : et quand il disait cela, maître Jean de Broë venait de lire à haute voix une déclaration de l'imprimeur Bobée, portant que jamais Paul-Louis n'a tiré nulle rétribution des ouvrages par lui publiés. N'importe, c'est un compte à régler du libelliste à l'imprimeur. Hé quoi! maître Jean, selon vous rien ne se fait gratis au monde, rien par amour? tout est payé? Je vous crois; même les réquisitoires, même le zèle et le dévouement.

Quatrième passage inculpé :

« O vous, législateurs nommés par les préfets, prévenez ce
« malheur (celui du morcellement des grandes propriétés); faites
« des lois, empêchez que tout le monde ne vive! ôtez la terre au
« laboureur et le travail à l'artisan, par de bons priviléges, de
« bonnes corporations. Hâtez-vous; l'industrie, aux champs
« comme à la ville, envahit tout, chasse partout l'antique et
« noble barbarie. On vous le dit, on vous le crie : que tardez-
« vous encore? Qui vous peut retenir? peuple, patrie, honneur?
« lorsque vous voyez là emplois, argent, cordons, et le baron de
« Frimont. »

Il y a ici injure à la nation entière : car on l'accuse de se laisser mener par les préfets, et ceux-ci de mener la nation. Quelle insigne fausseté! Voyez la médisance! Accuser la nation d'une si lâche faiblesse, les préfets d'une telle audace, n'est-ce pas outrager à la fois et la morale publique et celle des préfets? Il faut donc venger la morale, qui est, dit maître de Broë, le patrimoine du peuple. Oui, que le peuple ait la morale; c'est son vrai patrimoine. Cela vaut mieux que des terres; et vengeons, punissons. Variations sur cet air : oui, punissons, vengeons.

Pour conclure, maître de Broë prie, dans son patois, les jurés de réprimer vigoureusement tous ceux qui écrivent en français, et se font lire avec plaisir. Sûr de son affaire, il s'écrie : *La société* sera satisfaite! (C'est *la société de Jésus.*)

Tel fut, en substance, le dire de M. l'avocat général; et toutes ses raisons, si longuement déduites que personne, hors les intéressés, n'eut la patience de l'écouter, furent encore étendues, développées, amplifiées dans le résumé très-prolixe qu'en fit M. le président, où même il ajouta du sien, disant que l'auteur de la brochure écrivait pour encourager la prostitution, et gâter, par ce vilain mot, l'innocence des courtisans. Mais ceci vint ensuite ; il s'agit à présent de la belle harangue de maître de Broë.

Ce discours, m'a-t-on dit, n'est pas extraordinaire au barreau, où l'on entend des choses pareilles, chaque jour, en plein tribunal, prononcées avec l'assurance que n'avaient pas les d'Aguesseau. Nous en sommes surpris, nous à qui cela est nouveau, et concevons malaisément qu'un homme siégeant, comme on dit, sur les fleurs de lis, sachant lire, un homme ayant reçu l'éducation commune, puisse manquer assez de sens, d'instruction, de goût, pour ne trouver dans ces paroles d'un paysan à un grand prince, *ton métier sera de régner,* qu'une injure, et ne pas sentir que ce mot vulgaire de *métier* relève, ennoblit l'expression, par cela même qu'il est vulgaire ; tellement qu'elle ne serait pas déplacée dans un poëme, une composition du genre le plus élevé, une ode à la louange du prince. Si on n'en saurait dire autant des autres termes employés par l'auteur dans le même endroit, ils ont tous du moins le ton de simplicité naïve convenable au personnage qui parle ; et le public ne s'y est pas trompé, souverain juge en ces matières. Personne, ayant le sens commun, n'a vu là dedans rien d'offensant pour le jeune prince, auquel il serait à souhaiter qu'on fît entendre ce langage de bonne heure, et toute sa vie. Mais il ne faut pas l'espérer ; car tous les courtisans sont des Jean de Broë, qui croient ou font semblant de croire qu'on outrage un grand, quand d'abord, pour lui parler, on ne se met pas la face dans la boue. Ils ont leurs bonnes raisons, comme dit la brochure, pour prétendre cela, et trouvent leur compte à empêcher que jamais front d'homme n'apparaisse à ceux qu'ils obsèdent. Cependant, il faut l'avouer, quelques-uns peuvent être de bonne foi, qui, habitués comme tous le sont aux sottes exagérations de la plus épaisse flagornerie, finissent par croire insultant tout ce qui est simple et uni, insolent tout ce qui n'est pas vil. C'est par là, je crois, qu'on pourrait excuser maître de Broé ; car il n'était pas né peut-être avec cette bassesse de sentiments. Mais une place, une cour à faire......

> Le même jour qui met un homme libre aux fers
> Lui ravit la moitié de sa vertu première.

Et voilà comme généralement on explique la persécution élevée contre cette brochure, au grand étonnement des gens les plus sensés du parti même qu'elle attaque. Répandue dans le public, elle est venue aux mains de quelques personnages comme Jean de Broë, mais placés au-dessus et en pouvoir de nuire, qui, aux seuls mots de *métier,* de *layette,* de *bavette,* sans examiner autre chose, aussi incapables d'ailleurs de goût et de discernement que d'aucune pensée tant soit peu généreuse, crurent l'occasion belle pour déployer du zèle, et crièrent outrage aux personnes sacrées. Mais on se moqua d'eux, il fallut renoncer à cette accusation. Un duc, homme d'esprit, quoique infatué de son nom, trouva ce pamphlet piquant, le relut plus d'une fois, et dit : Voilà un écrivain qui ne nous flatte point du tout. Mais d'autres ducs ou comtes, et le sieur Siméon, qui ne sont pas gens à rien lire, ayant ouï parler seulement du peu d'étiquette observée dans cette brochure, prirent feu là-dessus, tonnèrent contre l'auteur, comme ce président qui jadis voulut faire pendre un poëte pour avoir tutoyé le prince dans ses vers. Si maître Jean a des aïeux, s'il descend de quelqu'un, c'est de ce bon président ; *et si vous n'en sortez, vous en devez sortir* [1], maître Jean Broë

Mais qu'est-ce donc que la cour, où des mots comme ceux-là soulèvent, font explosion ? et quelle condition que celle des souverains entourés, dès le berceau, de pareilles gens ? Pauvre enfant ! O mon fils, né le même jour, que ton sort est plus heureux ! Tu entendras le vrai, vivras avec les hommes ; tu connaîtras qui t'aime ; ni fourbes ni flatteurs n'approcheront de toi.

Après l'avocat général, M⁰ Berville parla pour son client, et dit :

Messieurs les jurés,

Si, revêtus du ministère de la parole sacrée, vous veniez annoncer aux hommes les vérités de la morale, on ne vous verrait point sans doute, timides censeurs, faciles moralistes, composer avec la corruption, et dégrader, par des ménagements prévaricateurs, votre auguste caractère. Vous sauriez vous armer, pour remplir vos devoirs, d'indépendance et d'austérité. La haine du vice ne se cacherait point sous les frivoles delicatesses d'un lan-

[1] Boileau.

gage adulateur; vos paroles, animées d'une vertueuse énergie, lanceraient tour à tour sur les hommes dépravés les foudres de l'indignation et les traits pénétrants du sarcasme. Vous n'iriez point contrister le pauvre, alarmer la conscience du faible, et baisser, devant le vice puissant, un œil indignement respectueux; mais votre voix, généreuse autant que sévère, flétrirait jusque sous la pourpre les bassesses de la flatterie et de la corruption des cours. Faudrait-il vous applaudir, ou vous plaindre? Je sais quel prix vous serait dû : sais-je quel prix vous serait réservé! Seriez-vous offerts à l'estime publique en apôtres des mœurs, de la vérité? Seriez-vous traduits en criminels devant la cour d'assises?

Qu'a fait de plus l'auteur que je défends? A l'exemple des écrivains les plus austères, il a opposé aux vices brillants des cours la simplicité des vertus rustiques; on a pris contre lui la défense des cours : il s'est indigné contre des scandales, on s'est scandalisé de son indignation; il a plaidé la cause de la morale publiquement outragée, on l'accuse d'avoir outragé la morale publique.

Je ne dois point vous dissimuler, messieurs les jurés, l'embarras extrême que j'ai éprouvé lorsqu'il s'est agi de préparer la défense de cette cause. Ordinairement, l'expérience des doctrines du ministère public, que nous partageons rarement, mais que du moins nous avons appris à connaître, nous permet de prévoir, en quelque façon, le système de l'accusation, d'en démêler l'erreur, et de méditer nos réponses. Ici, je l'avoue, j'ai vainement cherché à deviner le système du ministère accusateur; il m'a été impossible de concevoir par quels arguments, je ne dis pas raisonnables, mais du moins soutenables, on pourrait trouver dans les pages incriminées un délit *d'outrage à la morale publique;* et l'accusation doit à l'excès même de son absurdité l'avantage de surprendre son adversaire, et de le trouver désarmé.

Soyons justes toutefois, et, après avoir écouté l'orateur du ministère public, reconnaissons que l'embarras de l'accusation a dû surpasser encore l'embarras de la défense. Vous en pouvez juger par le soin avec lequel on a constamment évité d'aborder la question. Vous aviez imaginé sans doute que, dans une accusation d'*outrage à la morale publique*, on allait commencer par définir *la morale publique*, et puis expliquer comment l'auteur l'avait outragée. Point du tout. Vous avez entendu de nombreux mouvements oratoires, d'éloquentes amplifications sur le clergé, sur la noblesse, sur François Ier, sur Louis XIV, sur le duc de Bordeaux, sur Chambord; des personnalités amères (et beaucoup trop amères) contre l'écrivain inculpé...; mais de la *morale publique*, pas un mot : tout se trouve traité dans le réquisitoire du ministère accusateur, hormis l'accusation.

Ainsi, je me félicitais d'avoir enfin à défendre, en matière de délits de la presse, une cause étrangère à la politique. « Du moins, me disais-je, je ne serai plus condamné à traiter ces questions si délicates, que l'on n'aborde qu'avec inquiétude, que l'on ne discute jamais avec une entière liberté. Je n'aurai plus à redouter dans mes juges la dissidence des opinions, l'influence des préventions politiques. Tout le monde est d'accord sur les principes de la morale; nous parlerons, le ministère public et moi, un langage commun, que toutes les opinions pourront comprendre et juger... »

Et voilà qu'on nous fait une morale politique! Voilà qu'on s'efforce encore, dans une cause où la politique n'a rien à démêler, de parler aux passions politiques! On commence par reprocher à M. Courier d'avoir dit irrespectueusement, en parlant du duc de Bordeaux, que *son* MÉTIER *est de régner un jour*, et d'avoir employé d'autres expressions également familières, sans songer que c'est un villageois que l'auteur a mis en scène, et que le langage d'un villageois ne peut pas être celui d'un académicien! On lui impute à crime *d'avoir traité un pareil sujet sans dire un seul mot de l'auguste naissance du jeune prince;* de sorte que désormais les écrivains devront répondre à la justice, non-seulement de ce qu'ils auront dit, mais encore de ce qu'ils n'auront pas dit! Enfin, par une réflexion un peu tardive, on reconnaît que ce n'est pas là l'objet de l'accusation; et cependant on a cru pouvoir se permettre d'en faire un sujet d'accusation!

Vous le voyez, messieurs les jurés, la marche incertaine de l'accusation trahit à chaque pas sa faiblesse et sa nullité. Aux définitions qu'on n'ose donner, on substitue les lieux communs oratoires; à défaut de la raison qu'on ne peut convaincre, **on** cherche à soulever les passions; au délit de la loi qu'on ne peut établir, on s'efforce de substituer le délit d'opinion.

Ce n'est point ainsi que procédera la défense; tout, chez elle, sera clair et précis. Mais avant d'aborder la discussion relative à l'écrit, qu'il nous soit permis de rappeler les considérations personnelles à l'écrivain. Ces considérations ne sont pas indifférentes. Dans les délits purement politiques, la criminalité peut, jusqu'à certain point, être indépendante du caractère de l'auteur : la passion, l'erreur, le préjugé, peuvent faire d'un honnête homme un citoyen coupable; mais l'auteur d'un *outrage à la morale publique* est nécessairement un homme immoral : il y a incompatibilité entre la moralité de la conduite et l'immoralité des principes; et justifier l'auteur, c'est déjà justifier l'ouvrage.

Paul-Louis Courier, un de nos savants les plus estimés et de nos plus spirituels écrivains, entra, au sortir de ses études, dans le corps du génie militaire. Officier d'artillerie, distingué par ses talents, il pouvait fournir une carrière brillante; mais lorsqu'il vit le chef de l'armée envahir le pouvoir et dévorer la liberté, il refusa de servir la tyrannie, il s'éloigna. Retiré à la campagne, il partagea ses journées entre les utiles travaux de l'agriculture et les nobles travaux des lettres et des arts. Gendre d'un helléniste célèbre [1], il marcha sur ses traces avec honneur; nous devons à ses recherches le complément d'un des précieux monuments de la littérature ancienne. L'ouvrage de Longus offrait une lacune importante; M. Courier, dans un manuscrit vainement exploré par d'autres mains, découvrit le passage jusqu'alors inconnu, et donna un nouveau prix à sa découverte par l'habileté avec laquelle, imitant le vieux style et les grâces naïves d'Amyot, il compléta la traduction en même temps que l'original. Ce succès eut pour lui des suites assez fâcheuses : par un bizarre effet de la fatalité qui semble le poursuivre, l'auteur, qu'on accuse aujourd'hui pour un écrit moral, fut alors persécuté à l'occasion d'un *roman pastoral*. Sa fermeté triompha de la persécution. Depuis ce temps, retiré à la campagne, cultivateur laborieux, père, époux, citoyen estimable, il a constam-

---

[1] M. Clavier, de l'Institut.

ment vécu loin de la capitale, étranger aux partis, quelquefois persécuté, jamais persécuteur; refusant, pour garder son indépendance, les places qu'on lui offrit plus d'une fois; se délassant, par l'étude des lettres, de ses travaux agricoles, et ne tirant aucun profit de ses ouvrages, que les applaudissements du public et l'estime des juges éclairés. C'est là qu'il s'occupait encore d'un nouveau travail honorable pour sa patrie, lorsqu'une accusation, bien imprévue sans doute, est venue l'arracher à ses études, à ses champs, à sa famille : étrange récompense des hommes qui font la gloire de leur pays!

Voilà l'écrivain *immoral* que l'on traduit devant vous! voilà le *libelliste* qu'on signale à votre indignation! Certes, il conviendrait que l'accusation y regardât à deux fois avant de s'attaquer à de tels hommes.

Par quelle inconcevable fatalité tout ce qu'il y a de plus honorable dans la littérature française semble-t-il successivement appelé à siéger sur le banc des accusés? Tour à tour le spirituel rédacteur de la *Correspondance administrative*, et l'ingénieux *Ermite de la Chaussée d'Antin*, l'auteur des *Deux Gendres*, et l'auteur des *Délateurs*, ont porté sur ce banc leurs lauriers; les Bergasse et les Lacretelle, leurs cheveux blancs; l'archevêque de Malines, sa toge épiscopale; le peintre de Marius, ses longues infortunes. La cour d'assises semble être devenue une succursale de l'Académie française....... Messieurs, cette exubérance de poursuites, cette succession d'attaques, non pas contre d'obscurs pamphlétaires, mais contre les plus distingués de nos écrivains, cette guerre déclarée par le ministère public à la partie la plus éclairée de la nation française, révèle nécessairement une erreur fondamentale dans les doctrines de l'accusation. Lorsqu'en dépit des persécutions, des emprisonnements, des amendes, les meilleurs esprits s'obstinent à comprendre la loi, à user de la loi dans un sens opposé au pouvoir qui les accuse, il est évident que ce pouvoir entend mal la loi, et se fait illusion par un faux système. Cette erreur, involontaire sans doute, le ministère public nous saura gré de la lui signaler. Elle consiste à considérer comme coupable, non ce qui est qualifié délit par la loi, mais ce qui déplaît aux organes de l'accusation; sans réfléchir que la liberté de la presse n'est pas la liberté de dire ce qui plaît au pouvoir, mais ce qui peut lui déplaire. Une proposition nous blesse; nous commençons par poser en principe qu'il faut mettre l'auteur en jugement. Ensuite, comme pour mettre un homme en jugement il faut bien s'appuyer sur un texte de loi, nous cherchons dans la loi pénale quelque texte qui puisse, tant bien que mal, s'ajuster à l'écrit en question. Les uns sont trop précis; il n'y a pas moyen d'en faire usage, d'autres sont rédigés d'une manière plus vague, et par conséquent plus élastique; on s'en empare, et c'est ainsi que, dans les procès de la presse, nous voyons revenir sans cesse ces accusations banales *d'attaque contre l'autorité constitutionnelle du roi et des chambres, de provocation à la désobéissance aux lois, d'outrages à la morale publique.*

Voilà précisément ce qui est arrivé dans le procès de M. Courier. On ne l'accusait pas seulement, dans le principe, d'*outrage à la morale publique :* d'autres textes avaient été essayés; mais leur rédaction, trop précise, n'a pas permis de s'en servir; il a fallu les abandonner. L'*outrage à la morale publique* est resté seul, parce que le sens de ces termes, fixé, à la vérité, aux yeux des jurisconsultes, offre pourtant, aux personnes qui n'ont point étudié la législation, une sorte de latitude et d'arbitraire dont l'accusation peut profiter.

Aussi, remarquez avec quel soin l'accusation a évité de définir la *morale publique.* En bonne logique, pourtant, c'est par cette définition qu'elle aurait dû commencer : la première chose à faire, quand on signale un délit, c'est d'expliquer en quoi consiste ce délit : et c'est la première chose que l'accusation ait oubliée! Cela s'explique facilement : son intérêt est d'éluder les définitions, afin que le vague qui peut exister dans les termes de la loi favorise l'extension illimitée qu'elle cherche à leur donner. Nous, dont l'intérêt, au contraire, est de tout éclaircir, nous suivrons une marche opposée, et nous nous demanderons, avant d'entrer dans la discussion, ce que la loi entend par le délit d'*outrage à la morale publique.*

Pourquoi lisons-nous dans la loi ces mots : *Outrage à la morale* PUBLIQUE? Pourquoi le législateur n'a-t-il pas dit simplement : *Les outrages à la morale ?* Que signifie cette épithète (*publique*) qu'il a cru devoir ajouter?

Messieurs, il faut le reconnaître : ces expressions sont un avertissement donné par le législateur aux fonctionnaires chargés de poursuivre les délits ; un avertissement de ne point intenter d'accusations téméraires, de ne point faire du Code pénal le vengeur de leurs doctrines personnelles, de ne point voir une infraction dans ce qui pourrait contrarier leurs opinions *particulières*. La morale du législateur n'est point la morale d'un homme, d'une secte, d'une école : c'est cette morale absolue, universelle, immuable, contemporaine de la société elle-même ; toujours constante au milieu des vicissitudes sociales, émanée de la Divinité, et supérieure à toutes les opinions humaines ; qui n'est point de réflexion, mais de sentiment ; point de raisonnement, mais d'inspiration ; qu'on ne trouve point autre à Paris, autre à Philadelphie. C'est cette morale qui sanctionne la foi des engagements, consacre la couche conjugale, unit par un lien sacré les pères et les enfants ; c'est elle qui flétrit le mensonge, le larcin, le meurtre, l'impudicité : c'est celle-là seule qui prend le nom de morale *publique*, parce que, fondée sur l'assentiment de tous les hommes, elle a son témoignage, sa garantie, dans la conscience *publique*.

Quel est donc l'écrivain qui outrage la morale publique ? C'est celui qui ose mentir à l'honnêteté naturelle, à la conscience universelle ; celui dont le langage soulève dans tous les cœurs le mépris et l'indignation. N'allez point chercher ailleurs les caractères d'un tel délit. Ici, toute argumentation est vaine : le cri de la conscience outragée, voilà le témoignage que l'accusation doit invoquer ; c'est la voix du genre humain qui doit prononcer la condamnation.

Si l'écrit qui vous est déféré outrageait en effet la morale publique, vous n'eussiez point supporté de sang-froid la lecture des passages inculpés. Vos murmures auraient à l'instant même révélé votre horreur et votre indignation ; un cri de réprobation se serait élevé parmi vous ; vos regards se seraient détournés avec dégoût de l'auteur immoral ; et votre conscience n'aurait pas attendu, pour se soulever, les syllogismes d'un orateur.

Est-ce là, j'ose vous le demander, l'impression qu'a produite sur vos esprits la lecture de l'ouvrage ? Avez-vous ressenti du dégoût, de l'indignation ? De l'horreur excitée par l'écrit, avez-vous passé au mépris pour l'auteur? Non, je ne crains pas de le proclamer devant vous-mêmes; non, telle n'est point l'impression que vous avez éprouvée. Je pose en fait qu'il n'est point dans cette enceinte un seul homme, je n'en excepte pas même l'auteur de l'accusation, qui, au sortir de cette audience, refusât de se trouver dans le même salon avec l'écrivain qu'on accuse; qui n'y conduisît ses enfants; qui ne s'honorât d'une telle société. Condamnez maintenant l'écrivain immoral et scandaleux!

Non, ce n'est pas contre des écrits tels que celui qui nous occupe qu'est dirigée la sévérité des lois. Les lois ont voulu frapper ces auteurs infâmes qui se jouent de ce qu'il y a de plus sacré, et dont les pages révoltantes font frémir à la fois la pudeur et la nature. C'est contre ces écrits monstrueux que le législateur s'est armé d'une juste rigueur; c'est contre eux qu'il a voulu donner des garanties à la société : et qu'il me soit permis de m'étonner que ses intentions aient pu être méconnues au point de traduire un père de famille estimable, un écrivain distingué, un citoyen honorable, sur le banc préparé pour les de Sade et pour les Arétin.

C'est en vain que, dans un discours travaillé avec un art digne d'une meilleure cause, on a cherché à vous faire illusion sur vos propres impressions, à déguiser sous l'éclat des ornements oratoires la nullité de l'accusation. Que signifient dans une accusation d'*outrage à la morale publique*, ces argumentations, ces insinuations artificieuses, ces inductions subtiles, ces déclamations éloquentes? Quoi! la morale publique est outragée, et il faut que le ministère public vous en fasse apercevoir! Quoi! la morale publique est outragée, et il faut que l'élégante indignation d'un orateur vienne vous avertir de vous indigner! Ah! la discussion du ministère public prouve du moins une chose : c'est que, puisqu'il est besoin de discuter pour établir l'outrage à la morale publique, il n'existe point d'outrage à la morale publique.

Toutefois examinons cette discussion elle-même; et puisqu'on vous a parlé du caractère général de l'ouvrage et du caractère particulier des passages attaqués, suivons l'accusation dans la double carrière qu'elle s'est tracée.

Considéré dans son caractère général, l'écrit de M. Courier est, je ne crains pas d'en convenir, une critique de la souscription de Chambord. L'acquisition de ce domaine lui paraît *une mauvaise affaire* pour le prince, pour le pays, pour Chambord même.

Pour le prince : Ce n'est pas lui qui en profitera, ce seront les courtisans ; ce sacrifice imposé aux communes, en son nom, affaiblira l'affection dont il a besoin pour régner ; enfin, le séjour de Chambord, plein de souvenirs funestes pour les mœurs, pourra corrompre sa jeunesse.

Pour le pays : La cour viendra l'habiter ; les fortunes des habitants, leur innocence, pourront souffrir de ce dangereux voisinage.

Pour Chambord : Douze mille arpents de terre rendus à la culture vaudraient mieux que douze mille arpents consacrés à un parc de luxe.

Certes, il serait difficile de trouver dans ces idées générales rien de contraire à la morale publique. La dernière est une vue d'économie politique, que je crois très-juste, et qui, dans tous les cas, n'a rien à démêler avec la morale ; les deux premières sont au contraire conformes aux principes de la morale la plus pure.

En conséquence de ses réflexions, M. Courier blâme l'opération de Chambord ; il la croit inspirée moins par l'amour du prince et de son auguste famille, que par la flatterie et par des vues d'intérêt personnel. A cette occasion il s'élève, au nom de la morale, contre l'esprit d'adulation et contre la licence des cours.

Et ce qu'il y a de remarquable, c'est que les considérations présentées par M. Courier contre la souscription de Chambord se retrouvent, en grande partie, dans le rapport soumis à S. M. par le ministre de l'intérieur [1].

M. Courier craint que ce présent ne soit plus onéreux que profitable au jeune prince. — Le ministre avait dit « qu'on a
« exprimé le désir de la conservation de Chambord, *sans songer*
« *à ce qu'elle coûtera de réparations foncières et d'entretien,*
« *à toutes les dépenses* qu'exigeront son ameublement et son
« habitation. »

M. Courier se demande si ce sont les communes qui ont conçu la pensée d'acheter Chambord pour le prince. « Non pas, ré-

---

[1] Voir le *Journal de Paris*, du 31 décembre 1820.

« pond-il, les nôtres, que je sache, de ce côté-ci de la Loire;
« mais celles-là peut-être qui ont logé deux fois les Cosaques...
« Là naturellement on s'occupe d'acheter des châteaux pour les
« princes, et puis on songe à refaire son toit et ses foyers. » Le
ministre avait dit, presque dans les mêmes termes : « Les conseils
« qui ont voté l'acquisition de Chambord n'ont point été arrêtés
« *par les embarras de finances qu'éprouvent* PRESQUE TOU-
« TES *les communes,* les unes *épuisées* par la suite DES GUER-
« RES, PAR L'INVASION ET LE LONG SÉJOUR DES ÉTRANGERS;
« les autres appauvries par *les fléaux du ciel, la grêle, les gelées,*
« *les inondations, les incendies ;* obligées *la plupart* de recourir
« *à des impositions extraordinaires* pour acquitter LES CHAR-
« GES COURANTES DE LEURS DETTES. Dans d'autres circons-
« tances, l'administration devrait examiner, pour chaque com-
« mune, *si les moyens répondent à son zèle.* »

« Nous allons, dit M. Courier, nous gêner et augmenter nos
« dettes, pour lui donner (au prince) une chose DONT IL N'A
« PAS BESOIN. »

« Il n'appartiendrait qu'à V. M., avait dit le ministre, de re-
« fuser, au nom de son auguste pupille, un présent DONT IL N'A
« PAS BESOIN. *Assez de châteaux seront un jour à sa dispo-
« sition,* et ce sont les chambres qui auront à composer, au nom
« de la nation, son apanage. »

M. Courier paraît craindre que les offrandes ne soient pas
toujours suffisamment libres et spontanées. Le ministre avait
conçu les mêmes craintes : « Le don du pauvre, avait-il dit,
« mérite d'être accueilli comme le tribut du riche; *mais il ne
« faut pas le demander.* IL SERAIT A CRAINDRE qu'on ne vît
« une sorte de CONTRAINTE dans une invitation solennelle ve-
« nue de si haut, AU NOM D'UNE RÉUNION DE PERSONNAGES
« IMPORTANTS, qui s'occuperaient à donner une si vive impul-
« sion à tous les administrés. Des dons, qui ne sont acceptables
« que parce qu'ils sont spontanés, *paraîtraient peut-être com-
« mandés par des considérations* qui doivent être étrangères à
« des sentiments dont l'expression n'aura plus de mérite si elle
« n'est entièrement libre. »

En critiquant l'acquisition de Chambord, M. Courier n'a donc rien dit qui ne soit permis, qui ne soit plausible, qui ne soit conforme aux observations du ministre lui-même.

— *N'importe; il a voulu arrêter l'élan généreux des Français ; il a voulu s'opposer à l'allégresse publique....*

Quoi donc! blâmer un témoignage d'allégresse inconvenant ou intéressé, est-ce blâmer l'allégresse elle-même? Parce qu'un nom sacré aura servi de voile à un acte imprudent et blâmable, cet acte deviendra-t-il également sacré? Pour moi, s'il faut le dire, je crois qu'il était beaucoup d'autres manières plus convenables d'honorer la naissance du duc de Bordeaux. Je ne parle point ici de ces bruits trop fâcheux qui se sont répandus sur l'origine de cette souscription, et sur les moyens employés pour faire souscrire : je ne veux ni les écouter, ni les répéter. Mais ces dons d'argent, de terres, de châteaux, adressés à l'héritier d'un trône; ces présents qu'on fait offrir au riche par le pauvre, par des communes épuisées, au neveu d'un roi de France, s'accordent mal dans mon esprit avec la délicatesse qui doit présider aux hommages rendus par des Français à leurs princes. Je ne puis d'ailleurs oublier que naguère on faisait offrir aussi, par les communes, des adresses, des chevaux, des soldats, à l'homme qui avait usurpé la liberté publique; et j'aurais désiré, je l'avoue, que l'héritier d'un pouvoir légitime fût honoré d'une autre manière que le ravisseur d'un pouvoir absolu.

Croyez-moi, messieurs, il est pour les princes des hommages plus délicats et plus purs, que l'adulation ne saurait contrefaire, et que la tyrannie ne saurait usurper. Ce sont ces pleurs d'allégresse qu'on verse à leur aspect, ces vœux d'un peuple accouru sur leur passage ; ce sont les joies du pauvre, les actions de grâces du laboureur, les bénédictions des mères de famille. Voilà les hommages que le peuple français rendait à Henri IV; voilà ceux que ses descendants vous demandent, et non ces tributs mendiés, qu'on ne refusa jamais à la puissance. Les princes français ne ressemblent point à ces despotes de l'Orient, que la prière n'ose aborder qu'un présent à la main ; et, loin d'obliger la pauvreté à doter leur opulence, ils consacrent leur opulence à soulager la pauvreté.

M. Courier a donc pu, non-seulement sans être coupable, mais sans manquer aux convenances les plus sévères, voir, dans la souscription de Chambord, un acte de flatterie ou une spéculation intéressée. Il a pu blâmer cet hommage indiscret et suspect, qui compromet, sous prétexte de l'honorer, tout ce qu'il y a de plus élevé et de plus respectable ; et celui-là peut-être avait quelque droit de s'élever contre la flatterie, qui, sous aucun pouvoir, ne fut aperçu parmi les flatteurs.

Si l'esprit général de l'ouvrage est irréprochable, les détails en sont-ils criminels? Examinons les passages sur lesquels le ministère public a fondé son accusation.

Maintenant que nous avons fait connaître l'idée que la loi attache à l'expression de *morale publique*, vous aurez peine peut-être à vous empêcher de sourire en écoutant la lecture de ces passages. La plupart ont si peu de rapport à la morale publique, qu'on se demande par quel étrange renversement des notions les plus communes, l'accusation a pu rapprocher deux idées d'une nature si différente

Ainsi M. Courier veut prouver que le don de Chambord ne profitera pas au prince, mais aux courtisans. Après une sortie assez vive contre les flatteurs, il cite le trait de ce courtisan qui disait au prince, son élève : *Tout ce peuple est à vous*; puis il ajoute : « Ce qui, dans la langue des courtisans, voulait dire : « Tout est pour nous. *Car la cour donne tout aux princes,* « *comme les prêtres donnent tout à Dieu; et ces domaines,* « *ces apanages, ces listes civiles, ces budgets, ne sont guère* « *autrement pour le roi que le revenu des abbayes n'est pour* « *Jésus-Christ. Achetez, donnez Chambord : c'est la cour qui* « *le mangera; le prince n'en sera ni pis ni mieux.* »

N'est-il pas déplorable que l'on soit réduit à justifier devant les tribunaux un pareil langage! Quoi! désormais on ne pourra plus dire, sans se faire une affaire avec la justice, que les courtisans font souvent servir l'auguste nom du prince, les prêtres le nom sacré de Dieu, à leur intérêt personnel ! Quoi! cette vérité de morale, devenue triviale à force d'applications, va devenir un délit digne de la prison ! *Mais vous outragez les prêtres!* Mais il ne s'agit point d'outrages aux prêtres : vous m'accusez d'outrages à la morale publique; prouvez que j'ai outragé la morale publique. *Mais outrager une généralité, c'est outrager la morale publique.* Vraiment? A ce compte, je plains nos auteurs comiques. Désormais il ne leur sera plus permis de dire, sous peine d'amende, que les médecins tuent leurs malades, que les cabaretiers sont fripons, que les femmes sont indiscrètes, et (puisqu'enfin il faut s'exécuter) que les avocats sont bavards. Au surplus, qu'a dit l'auteur à l'égard du clergé, que le respectable abbé Fleury, que Massillon, que tant d'autres écrivains non moins graves, n'aient dit avant lui, et n'aient dit quelquefois d'une manière beaucoup plus sévère ? *Mais c'est calomnier le malheur.* Le malheur ? Vous oubliez que le clergé figure pour vingt-cinq millions au budget de l'État. Ce sont sans doute des fonds très-bien employés; nous ne le contestons pas : mais lorsque cet exemple existe, ne venez donc pas nous parler de *malheur*, même pour en tirer un effet d'éloquence. Laissons là les lieux communs oratoires, et revenons toujours à l'unique question du procès : Ai-je outragé la morale publique ? ai-je fait l'apologie du vice ? ai-je attaqué les bases de nos devoirs ?

Je viens au second passage : « Ah ! dit M. Courier, si, au lieu
« de Chambord pour le duc de Bordeaux, on nous parlait de
« payer sa pension au collége (et plût à Dieu qu'il fût en âge
« que je l'y pusse voir de mes yeux!); s'il était question de cela,
« de bon cœur j'y consentirais, et voterais ce qu'on voudrait,
« dût-il m'en coûter ma meilleure coupe de sainfoin... *Mais à*
« *Chambord, qu'apprendra-t-il? Ce que peuvent enseigner et*
« *Chambord et la cour. Là, tout est plein de ses aïeux. Pour*
« *cela précisément je ne l'y trouve pas bien, et j'aimerais*
« *mieux qu'il vécût avec nous qu'avec ses ancêtres.* »

Il faut assurément être doué d'une admirable sagacité, pour découvrir dans ces paroles un outrage à la morale publique. Pour moi, je l'avoue, j'aurais cru, dans ma simplicité, qu'ici l'auteur, loin d'offenser la morale, parlait en bon et sage moraliste. Oh! s'il était venu nous vanter les mœurs des cours, nous les offrir en exemple, nous inviter à les imiter, je conçois qu'alors on pourrait l'accuser d'avoir outragé la morale; mais il a fait précisément le contraire. Ces mœurs dissolues, scandaleuses, il les a censurées; il a voulu arracher un jeune prince à leur contagion; et c'est lui, c'est le défenseur des mœurs, que vous accusez d'avoir offensé les mœurs! et c'est au censeur **des cours** que vous venez reprocher l'immoralité de ses doctrines!

Ah! si c'est un crime à vos yeux de médire de la cour, faites donc le procès à tout ce que la France compte d'écrivains célèbres. Condamnez l'immortel auteur de l'*Esprit des lois*. Que direz-vous en effet des couleurs dont il ose tracer le tableau des cours? « L'ambition dans l'oisiveté, la bassesse dans l'orgueil,
« *le désir de s'enrichir sans travail*, l'aversion pour la vérité,
« *la flatterie*, la trahison, la perfidie, l'abandon de tous ses
« engagements, le mépris des devoirs du citoyen, *la crainte de*
« *la vertu du prince*, l'ESPÉRANCE DE SES FAIBLESSES, et
« plus que tout cela *le ridicule perpétuel jeté sur la vertu*,
« forment, je crois, le caractère du plus grand nombre des cour-
« tisans, marqué *dans tous les lieux* et *dans tous les temps*. »

Mais peut-être récusera-t-on l'autorité de Montesquieu; c'est un auteur profane, c'est un philosophe.... Eh bien! écoutons un Père de l'Église, écoutons Massillon : « Que de bassesses pour
« parvenir! Il faut paraître, non pas tel qu'on est, mais tel qu'on
« nous souhaite. Bassesse d'adulation, on encense et on adore
« l'idole qu'on méprise; bassesse de lâcheté, il faut savoir es-
« suyer des dégoûts, dévorer des rebuts, et les recevoir pres-
« que comme des grâces; bassesse de dissimulation, point de
« sentiments à soi, et ne penser que d'après les autres; bas-
« sesse *de déréglement*, devenir les complices et peut-être les
« MINISTRES *des passions de ceux de qui nous dépendons*... Ce
« n'est point là une peinture imaginée, *ce sont les mœurs des*
« *cours*, ET L'HISTOIRE DE LA PLUPART DE CEUX QUI Y
« VIVENT.... »

« .... Le peuple regarde comme un bon air de marcher sur
« vos traces; la ville croit se faire honneur en prenant tout le
« mauvais de la cour; *vos mœurs forment un poison* qui gagne
« les peuples et les provinces, qui infecte tous les états, *qui*
« *change les mœurs publiques*, qui donne *à la licence* un air de
« noblesse et de bon goût, et qui substitue à la simplicité de nos
« pères et à l'innocence des mœurs anciennes la nouveauté de
« vos plaisirs, de votre luxe, de vos profusions, *et de vos indé-*
« *cences profanes*. » (C'est là précisément ce qu'a dit M. Courier.) « Ainsi, c'est de vous que passent jusque dans le peuple
« les modes immodestes, la vanité des parures, les artifices qui

« déshonorent un visage où la pudeur toute seule devait être
« peinte, la fureur des jeux, *la facilité des mœurs*, *la licence*
« *des entretiens, la liberté des passions*, ET TOUTE LA CORRUP-
« TION DE NOS SIÈCLES. »

Messieurs, c'était aussi pour conserver l'innocence d'un prince enfant, du dernier rejeton d'une race royale, que Massillon élevait sa voix éloquente. Il est triste de penser que si Massillon vivait encore, il se verrait probablement traduit sur les bancs d'une cour d'assises!...

Au surplus, ce n'est point une assertion sèche et dénuée de preuves que l'auteur vous présente. Il ne s'est pas borné à censurer les mœurs de la cour : il a justifié sa censure par des faits ; sa critique n'est que la conséquence forcée de ces faits : avant d'attaquer la conséquence, prouvez que les faits sont controuvés.

Voici la triste alternative que je présente à l'accusation. Ou vous niez, lui dirai-je, les faits rapportés dans l'écrit; et alors les monuments historiques sont là pour vous confondre : ou vous les avouez, mais vous en faites l'apologie; et alors c'est vous-même qui outragez la morale publique : ou vous les avouez et les condamnez, et vous prétendez cependant que j'aurais dû les taire, parce que les coupables ont siégé sur le trône ou près du trône ; et alors c'est encore au nom de la morale publique que je repousse cette doctrine honteuse. Quoi! des désordres coupables auront été commis, et l'histoire, l'institutrice des peuples et des rois, devra garder le silence! Quoi! l'adultère aura souillé les palais, et vous commanderez, au nom des mœurs, respect pour l'adultère! il y aura des vices privilégiés! Des scandales auront un brevet d'impunité; et si, à l'aspect des mœurs outragées, je laisse éclater mon indignation, c'est mon indignation qui sera criminelle; c'est moi qui aurai outragé les mœurs!

Messieurs, l'Égypte honorait ses rois, mais elle jugeait leur cendre, et le jugement des morts était la leçon des vivants et de la postérité.

Que signifie cette distinction qu'on s'est efforcé d'établir entre l'histoire et d'autres écrits? La vérité a-t-elle, pour se montrer, des formes privilégiées? existe-t-il un genre d'ouvrages dans lesquels la vérité soit criminelle?

C'est, il faut le dire, c'est la première fois qu'on voit un écrivain traduit devant les tribunaux pour avoir rapporté des faits dont on ne conteste point la sincérité! C'est la première fois que l'accusation vient nous tenir cet étrange langage : *Cela est vrai, mais vous ne deviez pas le dire.* Nous avons vu incriminer des doctrines, condamner des opinions ; il nous restait à voir accuser des souvenirs historiques ; il nous manquait de voir traîner la vérité devant la cour d'assises !

C'est, dites-vous, *attenter à la gloire nationale, c'est dépouiller la nation de son plus riche patrimoine.*

Ce ne serait plus alors qu'une simple question d'amour-propre national, et non plus une question de morale politique.

Mais est-ce donc flétrir la nation, que de flétrir les vices de quelques hommes dont les noms figurent dans son histoire? une nation est-elle solidaire pour tous les individus qui la composent? Le patrimoine de l'honneur national se compose-t-il des vices ou des crimes dont elle a été le témoin? Vous nous reprochez d'avoir attenté à la gloire nationale? Ai-je donc essayé d'avilir les trophées de Fontenoi, les vertus de Sully, les lauriers de Racine? Voilà le patrimoine de l'honneur national ; la France peut revendiquer la solidarité de la gloire ; elle ne revendiquera jamais la solidarité de la honte.

On a plus vivement encore insisté sur le troisième chef d'accusation. Suivons le ministère public sur ce nouveau terrain.

M. Courier s'attache à prouver, comme nous l'avons vu, que le voisinage de la cour est dangereux pour les simples habitants de la campagne. Une des choses qu'il redoute dans ce voisinage, c'est la contagion des mauvaises mœurs. Voici, à cet égard, comme il s'exprime :

« Sachez qu'il n'y a pas en France une seule famille noble,
« mais je dis noble de race et d'antique origine, qui ne doive sa
« fortune aux femmes ; vous m'entendez. Les femmes ont fait les
« grandes maisons ; et ce n'est pas, comme vous croyez bien,
« en cousant les chemises de leurs époux, ni en allaitant leurs
« enfants. Ce que nous appelons, nous autres, honnête femme,
« mère de famille, à quoi nous attachons tant de prix, trésor pour
« nous, serait la ruine du courtisan. Que voudriez-vous qu'il fît
« d'une dame *Honesta*, sans amants, sans intrigues, qui, sous
« prétexte de vertu, claquemurée dans son ménage, s'attache-

« rait à son mari ? Le pauvre homme verrait pleuvoir les grâces
« autour de lui, et n'attraperait jamais rien. De la fortune des
« familles nobles, il en paraît bien d'autres causes, telles que le
« pillage, les concussions, l'assassinat, les proscriptions, et
« surtout les confiscations. Mais qu'on y regarde, et on verra
« qu'aucun de ces moyens n'eût pu être mis en œuvre sans la
« faveur d'un grand, obtenue par quelque femme; car, pour
« piller, il faut avoir commandements, gouvernements, qui ne
« s'obtiennent que par les femmes; et ce n'était pas tout d'as-
« sassiner Jacques Cœur ou le maréchal d'Ancre, il fallait, pour
avoir leurs biens, le bon plaisir, l'agrément du roi, c'est-à-
« dire des femmes qui gouvernaient alors le roi ou son ministre.
« Les dépouilles des huguenots, des frondeurs, des traitants,
« autres faveurs, bienfaits, qui coulaient, se répandaient par les
« mêmes canaux aussi purs que la source. Bref, comme il n'est,
« ne fut ni ne sera jamais, pour nous autres vilains, qu'un
« moyen de fortune, c'est le travail; pour la noblesse non plus
« il n'y en a qu'un, et c'est... c'est la prostitution, puisqu'il faut,
« mes amis, l'appeler par son nom. »

Laissant de côté tous les commentaires plus ou moins infidèles
qu'on a faits sur ce passage, et le réduisant à son expression la
plus simple, qu'y découvrons-nous ? Cette proposition fondamentale, et dont le passage entier n'est qu'un développement :
« Que les mœurs des courtisans sont corrompues. » J'aurais
difficilement imaginé que cette proposition fût outrageante pour
la morale publique, et que les mœurs des cours dussent être
pour nous un objet de vénération. Depuis quand n'est-il donc
plus permis de dire, d'une manière générale, que tel vice, tel
défaut, tel genre de dépravation règne dans telle classe de la société ?

Ici, j'interpelle encore l'accusation. Niez-vous les faits ? J'offre
de les prouver. Les avouez-vous ? J'ai donc eu raison d'avancer
ce que j'ai avancé.

Expliquez-vous enfin d'une manière catégorique. Est-ce pour
avoir controuvé des faits que vous m'accusez ? Ce n'est plus
qu'une question de vérité historique; nous pouvons la décider
avec des autorités. M'accusez-vous pour avoir dit des vérités
fâcheuses à quelques amours-propres ? Alors, je vous demande

où est la loi qui condamne la vérité, et qui fait du mensonge un devoir de morale publique. Mais du moins expliquez-vous : parlez; qu'on sache ce que vous voulez, ce que vous prétendez. Niez franchement les faits, ou bien avouez-les franchement, sans vous perdre en vaines déclamations qui ne prouvent rien, si ce n'est votre embarras et votre faiblesse.

Pour moi, je vous dirai que, de tout temps, l'historien, le moraliste, l'écrivain satirique, ont été en possession de censurer les vices généraux, et surtout les vices des cours. Je vous dirai que l'auteur que vous accusez n'a fait que redire, avec moins de force peut-être, ce que mille auteurs estimés avaient dit avant lui. On vous a cité Massillon et Montesquieu; écoutez maintenant Mézeray et Bassompierre.

Mézeray parle de l'introduction des femmes à la cour. « Du « commencement, dit-il, cela eut de fort bons effets, cet aima- « ble sexe y ayant amené la politesse et la courtoisie, en donnant « de vives pointes de générosité aux âmes bien faites. Mais de- « puis que *l'impureté* s'y fut mêlée, et que *l'exemple des plus* « *grands eut autorisé la corruption*, ce qui était auparavant « une belle source d'honneur et de vertu ADVINT UN SALE « BOURBIER DE TOUS LES VICES; *le déshonneur* SE MIT EN « CRÉDIT, LA PROSTITUTION SE SAISIT DE LA FAVEUR; on *y* « *entrait*, on *s'y maintenait par ce moyen :* bref, les charges « et les emplois se distribuaient à la fantaisie des femmes; et « parce que d'ordinaire, quand elles sont une fois déréglées, « elles se portent à l'injustice, aux fourberies, à la vengeance « et à la malice avec plus d'effronterie que les hommes mêmes, « elles furent cause qu'il s'introduisit de très-méchantes maxi- « mes dans le gouvernement, et que l'ancienne candeur gauloise « fut rejetée *encore plus loin que la chasteté. Cette corruption* « *commença sous le règne de François I*er, *se rendit presque* « *universelle sous celui de Henri II*, et se DÉBORDA ENFIN « JUSQU'AU DERNIER PÉRIODE SOUS *Charles IX et Henri* « *III.* » — Mézeray, Hist. de France, Henri III, tom. III, pag. 446, 447.

Voyons maintenant comment Bassompierre s'exprime sur le compte d'un courtisan. « C'était un homme assez mal fait; et il « y a lieu de s'étonner qu'il ait réussi en ce temps-là, *où l'on*

« *ne parvenait à rien que par les femmes, comme je pense*
« *qu'il en a été* DE TOUS TEMPS, *dans* TOUTES *les cours;* et
« *crois que qui voudrait y regarder de bien près,* TROUVERAIT
« PLUS DE MAISONS QUI SE SONT FAITES GRANDES PAR CETTE
« VOIE QU'AUTREMENT. »

Je pourrais multiplier ces citations à l'infini ; il faut se borner : passons à un autre point.

Le dernier chef d'accusation a été soutenu avec moins d'insistance ; et si quelque chose m'étonne encore, c'est qu'on ne l'ait pas entièrement abandonné. Vous penserez comme moi sans doute, quand je l'aurai remis sous vos yeux.

« O vous, législateurs nommés par les préfets, prévenez ce
« malheur (le morcellement des grandes propriétés) ; faites des
« lois, empêchez que tout le monde ne vive ! ôtez la terre au la-
« boureur, et le travail à l'artisan, par de bons priviléges, de
« bonnes corporations ; hâtez-vous ; l'industrie, aux champs
« comme à la ville, envahit tout, chasse partout l'antique et
« noble barbarie : on vous le dit, on vous le crie ; que tardez-
« vous encore ? qui vous peut retenir ? peuple, patrie, honneur ?
« lorsque vous voyez là emplois, argent, cordons, et le baron
« de Frimont. »

Je dois vous le confesser ; dans ma simplicité, j'avais imaginé que, par une méprise étrange, mais qui n'est pas plus étrange que le reste de l'accusation, le ministère public avait pris au sérieux les conseils ironiques de l'auteur, et qu'il allait lui reprocher d'avoir engagé les pouvoirs législateurs à faire des lois pour empêcher que tout le monde ne vive, etc., etc...... C'est ainsi seulement que je concevais la possibilité d'une accusation d'outrage à la morale publique, et je me promettais de vous désabuser facilement.

Je m'étais trompé, l'accusation a pris une autre marche : et ici, je ne la comprends plus.

S'il s'agissait d'une accusation politique, je la trouverais seulement très-mal fondée ; mais enfin je la concevrais, puisque le passage a trait à la politique : mais c'est une accusation de morale publique qu'on vous présente ; or, qu'ont de commun avec la morale publique le mode d'élection des députés, et la recomposition de la grande propriété ?

C'est insulter la nation, que de prétendre qu'elle abandonne à ses préfets le choix de ses législateurs. Toujours des reproches étrangers à la question! Mais qu'a donc écrit ici M. Courier, que le gouvernement lui-même n'ait dit cent fois à la tribune? Les ministres ne nous ont-ils pas souvent entretenus de la nécessité de donner au gouvernement de l'influence dans les élections? Et comment le gouvernement exerce-t-il cette influence? Par ses agents, apparemment? Et ces agents, qui sont-ils, dans les départements? Les préfets! Qu'a donc dit M. Courier?

Vous offensez les chambres, en les supposant disposées à faire des lois pour ôter le pain au laboureur. Encore une accusation étrangère au procès, car nous ne sommes point accusés d'offense envers les chambres, mais d'outrages à la morale publique.

Je répondrai d'un seul mot : Si les chambres se croyaient offensées, elles avaient droit de rendre plainte et de provoquer des poursuites. Elles ne l'ont pas fait : elles ne se sont donc pas jugées offensées; et vous, vous n'avez pas droit, quand elles gardent le silence, de devancer leur plainte et d'agir sans leur provocation.

Avant de quitter cette discussion, je veux, messieurs les jurés, vous proposer une épreuve irrécusable pour discerner la vérité de l'erreur, et pour apprécier les charges de l'accusation. Vous n'ignorez pas, et c'est un des plus simples axiomes de la logique, que le contraire d'une proposition fausse est nécessairement une proposition vraie : par la même raison, toute proposition qui outragera la morale publique aura nécessairement pour contraire une vérité fondamentale de morale publique. Ainsi, qu'un auteur fasse l'apologie du larcin ou du mensonge, vous n'aurez qu'à renverser sa proposition, et vous trouverez que le mensonge, que le larcin, sont des actions répréhensibles : ce sont là, en effet, des principes de morale incontestables.

Si, au contraire, la proposition ainsi renversée ne nous donne qu'un sens insignifiant, indifférent ou ridicule, il est évident que la proposition primitive ne renfermait pas d'outrage à la morale publique.

Appliquons aux propositions incriminées cette méthode d'appréciation.

La cour donne tout au prince ;
Les prêtres donnent tout à Dieu ;
Les apanages, les listes civiles ne sont pas pour les princes ;
Le revenu des abbayes n'est pas pour Jésus-Christ ;
Le prince, à Chambord, apprendra ce que peuvent enseigner Chambord et la cour ;
J'aimerais mieux qu'il vécût avec nous qu'avec ses ancêtres ;
Les courtisans s'enrichissent par la prostitution ;
Les préfets ont beaucoup d'influence dans la nomination des députés....

Prenons les propositions inverses, et voyons quel est le catéchisme de morale publique que le ministère accusateur voudrait nous faire adopter :

La cour ne donne rien aux princes :
Les prêtres ne donnent rien à Dieu ;
Les apanages, les listes civiles sont exclusivement pour les princes ;
Le revenu des abbayes est exclusivement pour Jésus-Christ ;
Le prince n'apprendra pas à Chambord ce que peut enseigner Chambord ;
J'aimerais mieux qu'il vécût avec ses ancêtres qu'avec nous ;
Les courtisans ne s'enrichissent pas par la prostitution ;
Les préfets n'ont aucune influence sur la nomination des députés.

Voilà ces hautes vérités morales que le ministère public veut nous contraindre d'observer, à peine d'amende et de prison ! Messieurs, il n'en faut pas davantage. Il n'est point de subtilité, point de sophisme, qui puissent résister à cette épreuve, aussi simple qu'infaillible : vous en avez vu les résultats ; l'accusation est jugée.

Si, après cette épreuve, vous condamnez l'écrit qui vous est déféré, plus de loi qui puisse rassurer les citoyens, plus d'écrit qui ne puisse être condamné, plus d'écrivain qui soit assuré de conserver sa fortune et sa liberté. L'accusation d'*outrage à la morale publique* va devenir pour la France ce que fut, pour Rome dégénérée, l'accusation de lèse-majesté.

C'est à vous de conserver à la loi son empire, à la liberté ses garanties; c'est à vous d'empêcher que ce glaive de la justice ne s'égare, et, par un abus déplorable, ne devienne l'instrument des amours-propres offensés. Il est, vous le savez, deux sortes de jugements : les uns, fruits de l'erreur, des préventions ou des ressentiments, sont l'effroi de la société; l'opinion publique les dénonce à l'histoire, et l'inexorable histoire les inscrit sur ses tables vengeresses : les autres, dictés par l'équité, rassurent le corps social, affermissent les États, et sont transmis par la reconnaissance publique à l'estime de la postérité. Voilà quel jugement nous attendons de vous : j'ose croire que cette attente ne sera point trompée.

Ainsi parla M⁰ Berville, avec beaucoup de facilité, de netteté dans l'expression, et assez de force parfois. A ce discours Paul-Louis voulait ajouter quelques mots; mais ses amis l'en empêchèrent, en lui remontrant qu'il n'avait de sa vie parlé en public, et que ce serait un vrai miracle qu'il pût soutenir les regards de toute une assemblée; qu'ignorant entièrement les convenances du barreau, où s'est établie une sorte de cérémonial, d'étiquette gênante, impossible à deviner, il ferait des fautes dont ses ennemis ne manqueraient pas de profiter, et demeurerait étonné à la moindre contradiction; qu'il n'avait là pour lui que le public, auquel on imposait silence, dont même il risquait de diminuer à son égard la bienveillance par une harangue mal dite, peu entendue, interrompue; que les gens de lettres, qui avaient tenté cette épreuve avec moins de désavantage, s'en étaient rarement bien tirés; qu'il ne devait pas se flatter, pour avoir su écrire quelques brochures passables, de pouvoir aussi bien se faire entendre de vive voix : ces deux arts n'étant pas seulement fort différents en plusieurs points, mais contraires autant que l'est la concision, qui fait le mérite des écrits, au langage diffus de la tribune; qu'enfin, piqué comme il l'était, et de l'absurdité de l'affaire en elle-même, et du choix des jurés, et de la mauvaise foi du procureur du roi, et de la partialité servile du président, il ne pouvait manquer de s'exprimer vivement, avec peu de mesure, et de gâter sa cause aux yeux de tout le monde. Il se rendit à ces raisons, et prit patience, en enrageant de ne pouvoir au moins répondre, et confondre le mauvais sens de ses accusateurs, chose facile assurément car s'il n'eût mieux aimé déférer en cela aux conseils des gens sages qui lui veulent du bien, soit par attachement personnel ou conformité de principes, il eût prononcé ce discours, ou quelque chose d'approchant :

MESSIEURS ;

Dans ce que vous a dit M. l'avocat général, je comprends ceci clairement. Il désapprouve les termes dont je me suis servi pour désigner la source, respectable selon lui, très-impure selon moi, des fortunes de cour, et la manière aussi dont j'ai parlé des grands dans l'imprimé qu'il vous dénonce comme contraire à la morale, scandaleux, licencieux, horrible. Pour moi, aux premières nouvelles d'une pareille accusation, à laquelle je m'attendais peu, sûr de mon intention, n'ayant à me reprocher aucune pensée qui méritât ce degré de blâme, je crus d'abord qu'aisément j'avais pu me méprendre sur le sens de quelques mots, et donner à entendre une chose pour une autre, en expliquant mal mes idées. Car, comme savent assez ceux qui se mêlent un peu de parler ou d'écrire, rien n'est si rare que l'expression juste ; on dit presque toujours plus ou moins qu'on ne veut dire ; et par l'exemple même de M. l'avocat du roi, qui me nomme ici libelliste, homme avide de gain, spéculateur d'injure et de diffamation, vous avez pu juger combien il est plus facile d'accumuler dans un discours ces traits de la haute éloquence, que d'appliquer à chaque chose le ton, le style, le langage qui conviennent exactement.

Je crus donc avoir failli, Messieurs, et ne m'en étonnais en aucune façon. Il m'est rarement arrivé, dans ma vie, de lire une page dont je fusse satisfait, bien moins encore d'écrire sans faute. Mais en examinant ceci attentivement, avec des gens qui n'ont nulle envie de me flatter, considérant le tout, et chaque phrase à part, chaque mot, chaque syllabe (je vous dis la pure vérité), nous n'y avons trouvé à reprendre qu'une seule chose, mais grave et fâcheuse vraiment pour l'auteur, une chose dont M. le procureur du roi ne s'est point avisé ; c'est que cet écrit n'apprend rien : dans les passages inculpés, ni dans le reste de l'ouvrage, il n'y a rien de nouveau, rien qui n'ait été dit et redit mille fois. En effet, qu'y voit-on ? les vices de la cour, les bassesses, la lâcheté, l'hypocrisie, l'avidité, la corruption des courtisans. A proprement parler, l'auteur de ce pamphlet est un homme qui crie : Venez, accourez, voyez la malice des singes, le venin des 'iles, et la rapacité des animaux de proie : j'ai découvert tout cela. Que sa naïveté vous amuse un moment, riez-en, si vous voulez ; mais le condamner après, comme ayant outragé ces classes distinguées de malfaisantes bêtes, l'envoyer en prison, ah ! ce serait conscience.

Pas un mot, messieurs, pas un mot ne se trouve dans cet imprimé, qui ne soit partout dans les livres que chacun a entre les mains, et que vous approuvez comme bons. Mon avocat vous l'a fait voir par de nombreuses citations ; non-seulement les orateurs, les historiens, les moralistes, mais les prédicateurs et les Pères de l'Église, ont dit ces mêmes choses, déjà dites avant eux et connues de tout temps. Tellement qu'il paraîtrait bien que l'auteur d'un pareil écrit, si ce n'est ignorance à lui et simplicité villageoise d'avoir cru dignes de l'impression des observations si vulgaires, s'est un peu moqué du public, en lui débitant pour nouveau ce que les moindres enfants savent. Mais quelle loi du Code a prévu ce délit ?

Quant aux expressions qui déplaisent à vous, monsieur le président, à monsieur l'avocat du roi, débauche, prostitution, et autres que je ne feindrais non plus de répéter, c'est une grande question entre les philosophes, de savoir si l'on peut pécher par les paroles, quand le sens du discours en soi n'a rien de mauvais, comme lorsqu'on blâme certains vices en les appelant par leur nom. La dispute est ancienne, et ce sont, notez bien, ce sont les sectes rigides qui croient les mots indifférents. Nous autres, paysans, tenons cette opinion de nos maîtres stoïques, gens de travail jadis. Nous regardons aux actes surtout, au langage peu : le sens, dans le discours, non les termes, nous touche. Mais d'autres pensent autrement, et les sages, suivant la cour, parmi lesquels on peut compter messieurs les procureurs du roi, sont farouches sur les paroles. La morale est toute dans les mots, selon eux, plus sévères que ceux qui la mettent toute dans les grimaces. Ainsi, qu'on joue sur vos théâtres *George Dandin* et d'autres pièces où l'adultère est en action, mais où le mot ne se prononce pas, ils n'y voient rien à redire, rien contre la morale publique, et applaudissent à la peinture des vieilles mœurs qu'on veut nous rendre. Moi, que je me trouve là par hasard, homme des champs, dont les paroles vous scandalisent, monsieur l'avocat général, je rougis en voyant représentée, figurée, en public admirée, la dégoûtante débauche, la corruption infecte; je murmure, et c'est moi qui offense la morale. On me le prouvera bien. Autre exemple : en tous lieux, et même dans les églises, j'entends chanter ici *Charmante Gabrielle*, au grand contentement de tous les magistrats conservateurs des mœurs. Apprenant ce que c'est que cette Gabrielle, je m'écrie aussitôt : Infâme créature, débauchée, prostituée ! Là-dessus, réquisitoire, mandat de comparoir. Pour venger la morale, le procureur du roi conclut à la prison. Est-ce le fait? Oui, messieurs ; j'ai parlé des vieilles mœurs qu'on nous prêche aujourd'hui, de la vieille galanterie des cours que l'on nous vante; sans cacher ma pensée, ni voiler mes paroles, j'ai dit sale débauche, infâme prostitution, et me voilà devant vous, messieurs.

Mais je suis du peuple ; je ne suis pas des hautes classes, quoi que vous en disiez, monsieur le président; j'ignore leur langage, et n'ai pas pu l'apprendre. Soldat pendant longtemps, aujourd'hui paysan, n'ayant vu que les camps et les champs, comment saurais-je donner aux vices des noms aimables et polis? Peut-être aussi ne le voudrais-je pas, s'il était en moi de quitter nos rustiques façons de dire, pour vos expressions, vos formules. Dans cet écrit, d'ailleurs, je parle à des gens comme moi, villageois, laboureurs, habitants des campagnes ; et si l'on m'imprime à Paris, vous savez bien pourquoi, messieurs ; c'est qu'ailleurs il y a des préfets qui ne laissent pas publier autre chose que leur éloge. Les gens pour qui j'écris n'entendent point à demi-mot, ne savent ce que c'est que finesse, délicatesse, et veulent à chaque chose le nom, le nom français. Leur ayant dit maintes fois : Nous valons mieux que nos pères (proposition qui m'a toujours paru sans danger, car elle n'offense que les morts), pour le prouver il m'a fallu leur dire les mœurs du temps passé. J'ai cru faire merveille d'user des termes mêmes de tant d'auteurs qui nous ont laissé des Mémoires : puis il se trouve que ces termes choquent le procureur du roi, qui les approuve dans mes auteurs, et les poursuit partout ailleurs. Pouvais-je deviner cela, prévoir, me douter seulement que des traits délicieux, divins, venant d'une marquise de Sévigné, d'une mademoiselle de Montpensier, ou d'une princesse de Conti, répétés par moi, feraient horreur; et que les propres mots de ces femmes célèbres, loués, admirés dans leurs écrits, dans les miens seraient des attentats contre la décence publique?

Oh! que vous serez bien surpris, bonnes gens du pays, mes voisins, mes amis, quand vous saurez que notre morale, à Paris, passe pour *déshonnête*; que ces mêmes discours, qui là-bas vous semblaient austères, ici alarment la pudeur, et scandalisent les magistrats! Quelle idée n'allez-vous pas prendre de la sévérité, de la pureté des mœurs dans cette capitale, où l'on met au rang des vauriens, on interroge sur la sellette l'homme qui chez vous parut juste, et dont la vie fut au village exemple de simplicité, de paix, de régularité! Tout de bon, messieurs, peut-on croire que cette accusation soit sérieuse? Le moyen de se l'imaginer? où trouver la moindre apparence, le moindre soupçon d'offense à la morale publique, dans un écrit dont le public, non-seulement approuve la morale, mais la juge même trop rigide pour le train ordinaire du monde, et dont plusieurs se moqueraient comme d'un sermon de janséniste, s'il n'était appuyé, soutenu de la pratique et de la vie tout entière de celui qui parle? En bonne foi, je commence à croire qu'il y a du vrai dans ce qu'on m'a dit. Ce sont des gens instruits de vos façons d'agir, messieurs les procureurs du roi, qui m'ont averti de cela. Dans les écrits, vous attaquez rarement ce qui vous déplaît. Quand vous criez à la morale, ce n'est pas la morale qui vous blesse. Ici, après beaucoup d'hésitation, de doute, pour fonder une accusation, vous prenez quelques passages, les plus abominables, les plus épouvantables que vous ayez pu découvrir; et ces passages, les voici : écoutez, de grâce, messieurs; juges et jurés, écoutez, si vous le pouvez, sans frémir, ces horreurs que l'on vous dénonce : *Les prêtres donnent tout à Dieu; les leçons de la cour ne sont pas les meilleures; les préfets quelquefois font des législateurs ; nos princes avec nous seraient mieux qu'avec leurs ancêtres.* C'est là ce qui vous émeut, avocats généraux et procureurs du roi! pour cela vous faites tant de bruit? Votre zèle s'enflamme, et la fidélité.... Non, vous avez beau dire, il y a quelque autre chose ; si tout était de ce ton dans le pamphlet que l'on poursuit au nom de la décence et des mœurs, si tout eût ressemblé à ces phrases coupables, on n'y eût pas pris garde, et la morale publique ne serait pas offensée. Prenez, messieurs, ouvrez ce scandaleux pamphlet aux passages inculpés, calomnieux, horribles, pleins de noirceur, atroces. Vous êtes étonnés, vous ne comprenez pas ; mais tournez le feuillet, vous comprendrez alors, vous entendrez l'affaire ; vous devinerez bientôt et pourquoi l'on se fâche, et d'où vient qu'on ne veut pas pourtant dire ce qui fâche. Feuilletez, messieurs, lisez : *Un prince...* Vous y voilà ; *un jeune prince, au collége....* C'est cela même. Que dis-je ? il s'agit de morale, de la morale publique ou de la mienne, je crois, ou de celle du pamphlet, n'importe ; la morale est l'unique souci de ceux qui me font cette affaire ; ils n'ont point d'autre objet, ne voient autre chose ; ils chérissent la morale et la cour tout ensemble, l'une et l'autre en même temps. Pourquoi non ? Des gens ont aimé la liberté et Bonaparte à la fois *indivis*.

Mais que vous fait cela, vous, messieurs les jurés ? vous n'êtes pas de la cour, j'imagine. Étrangers à ses momeries, vous devez vouloir dans vos familles la véritable honnêteté, non pas un jargon, des manières. Conterez-vous, sortant d'ici, à vos femmes, à vos filles : Un homme a osé dire que les dames autrefois, ces grandes dames qui vivaient avec tout le monde, excepté avec leurs maris, étaient d'indignes créatures ; il les appelle des prostituées : j'ai puni cet homme-là, je l'ai déclaré coupable ; on va le mettre en prison pour la morale ? Jurés, si vous leur contez cela, ne manquez pas après de leur faire chanter *Charmante Gabrielle*, et d'ajouter encore : Oui, mes filles, ma femme, cette Gabrielle était une charmante personne. Elle quitta son mari pour vivre avec le roi, et, sans quitter le roi, elle vivait avec d'autres. Aimable friponnerie, fine galanterie, coquetterie du beau monde ! Il y a des gens, mes filles, qui appellent cela débauche ; ils offensent la morale, et ce sont des coquins qu'il faut mettre en prison. Évitez, sur toutes choses, les mots, mes filles, les mots de débauche, d'adultère ; et tant que vous vivrez, gardez-vous des paroles qui blessent la décence, le bon ton : ainsi faisait la charmante Gabrielle.

Voilà ce qu'il vous faudra dire dans vos familles, si vous me condamnez ici; et non-seulement à vos familles, mais à toutes, vous recommanderez de tels exemples, de telles mœurs. Autant qu'il est en vous, de la France industrieuse, savante et sage qu'elle est, vous ferez la France galante d'autrefois; chez vous, dans vos maisons, vous prêcherez le vice, en me punissant, moi, de l'avoir blâmé ailleurs. Femmes, quittez ces habitudes d'ordre, de sagesse, d'économie; tout cela sent le siècle présent. Vivez à la mode des vieilles cours, non comme ces Ninon de l'Enclos, qui restaient filles, ne se mariaient point pour pouvoir disposer d'elles-mêmes, redoutaient le nœud conjugal; mais comme celles qui le bravaient, moins timides, s'engageaient exprès, afin de n'avoir aucun frein, se faisaient épouses pour être libres; qui... prenons garde d'offenser encore la morale! comme ces belles dames, enfin, dont la conduite est naïvement représentée dans l'écrit coupable. Il y aura cela de curieux dans votre arrêt, s'il m'est contraire, que ne pouvant nier la vérité de cette peinture des anciennes mœurs (car qu'opposer au témoignage des contemporains?), tout en avouant qu'elles étaient telles, vous me condamneriez seulement pour les avoir appelées mauvaises. Ainsi vous les trouveriez bonnes, et engageriez un chacun à les imiter; chose peu croyable de vous, jurés, à moins que vous n'ayez des grâces à demander, des faveurs, et vos profits particuliers sur la dépravation commune.

Il serait aussi bien étrange qu'ayant loué le présent aux dépens du passé, je n'en pusse être absous par vous, gens d'à présent, par vous, magistrats, qui vivez de notre temps, ce me semble; que vous me fissiez repentir de vous avoir jugés meilleurs que vos devanciers, et d'avoir osé le publier; car cela même est exprimé ou sous-entendu dans l'imprimé qu'on vous dénonce, et où je soutiens, bien ou mal, que le monde actuel vaut au moins celui d'autrefois, ce qui suppose que je vous préfère aux conseillers de chambre ardente, aux juges d'Urbain Grandier, de Fargue, aux Laubardemont, aux d'Oppède, vous croyant plus instruits, plus justes, et même... oui, messieurs, moins esclaves du pouvoir. Est-ce donc à vous de m'en dédire, de me prouver que je m'abusais; et serais-je, par vous, puni de vous avoir estimés trop? J'aurais meilleur marché, je crois, des morts dont j'ai médit, si les morts me jugeaient, que des vivants loués par moi. Tous les écoliers de Ramus, revenant au monde aujourd'hui, conviendraient sans peine que les nôtres en savent plus qu'eux, et sont plus sages ; car au moins ils ne tuent pas leurs professeurs. Les dames galantes de Brantôme, en avouant la vérité de ce que j'ai dit d'elles, s'étonneraient du soin qu'on prend de leur réputation. Si j'osais évoquer ici, par un privilége d'orateur, l'ombre du grand Laubardemont, de ce zélé, de ce dévoué procureur du roi en son temps, il prendrait mon parti contre son successeur ; il serait avec moi contre vous, monsieur l'avocat général, et vous soutiendrait que vous et nous en tout vivons mieux que nos anciens, comme je l'ai dit, le redis et le dirai, dussiez-vous, messieurs, pour ce délit, me condamner au maximum de la peine. Mais n'en faites rien, et plutôt écoutez ce que j'ajoute ici. J'ai employé beaucoup d'étude à connaître le temps passé, à comparer les hommes et les choses d'autrefois avec ce qui est aujourd'hui, et j'ai trouvé, foi de paysan, j'ai trouvé que tout va mieux maintenant, ou moins mal. Si quelques-uns vous disent le contraire, ils n'ont pas, comme moi, compulsé tous les registres de l'histoire, pour savoir à quoi s'en tenir. Ceux qui louent le passé ne connaissent que le présent.

Ainsi de la morale, messieurs : c'est moi qu'il en faut croire là-dessus, et non pas le procureur du roi. J'en sais plus que lui sans nul doute, et mon autorité prévaut sur la sienne en cette matière. Pourquoi ? Par la même raison que je viens de vous dire, l'étude, qui fait que j'en ai plus appris, et par d'autres raisons encore ; car la morale a deux parties, la théorie et la pratique. Dans la théorie, je suis plus fort que messieurs les procureurs du roi, ayant eu plus qu'eux le loisir et la volonté de méditer ce que les sages en ont écrit depuis trois mille ans jusqu'à nos jours. Mes principes... fiez-vous-en, messieurs, à un homme qui chaque jour lit Aristote, Plutarque, Montaigne, et l'Évangile dans la langue même de Jésus-Christ. Le procureur du roi en dirait-il autant, lui occupé de tout autre chose ? car enfin les devoirs de sa charge, les soins toujours assez nombreux d'une louable ambition, sans laquelle on n'accepte point de tels emplois, et d'autres devoirs qu'impose la société à ceux qui veulent y tenir un rang : visites, assemblées, jeu, repas, cérémonies, tant de soucis, d'amusements, laissent peu de temps à l'homme en place pour s'appliquer à la morale, que j'étudie sans distraction. Je dois la savoir, et la sais mieux, n'en doutez pas; et voilà pour la théorie. Quant à la pratique, ma vie laborieuse, studieuse, active, chose à noter, et contemplative en même temps ; ma vie aux champs, libre de passions, d'intrigues, de plaisirs, de vanités, me donnerait trop d'avantages dans quelque parallèle que ce fût ; et je puis, je dois même dire que je ferais honneur à ceux avec qui je me comparerais, fût-ce même avec vous, monsieur le procureur du roi. Oui, sur ce banc où vous m'amenez, et où tant d'autres se sont vus condamner à des peines infâmes, sur ce banc même, je vous le dis, ma morale est au-dessus de la vôtre à tous égards, sous quelque point de vue qu'il vous plaise de l'envisager ; et si l'un de nous en devait faire des leçons à l'autre, ce ne serait pas vous qui auriez la parole : par où j'entends montrer seulement que je ne me tiens point avili de l'espèce d'injure que je reçois, et dont la honte, s'il y en a, est et demeurera toute à ceux qui s'imagineraient m'outrager.

En effet, le monde ne s'abuse point, et les sentences des magistrats ne sont flétrissantes qu'autant que le public les a confirmées. Caton fut condamné cinq fois ; Socrate mourut comme ayant offensé la morale. Je ne suis Caton, ni Socrate, et sais de combien il s'en faut. Toutefois me voilà dans le même chemin, poursuivi par les hypocrites et les flatteurs de la puissance. Quel que soit votre arrêt, messieurs, et ceci, j'espère, ne sera point pris en mauvaise part, oui, messieurs, je veux qu'on le sache, et regrette qu'il n'y ait ici plus de gens à m'écouter, en respectant votre jugement, je ne l'attends pas néanmoins pour connaître si j'ai bien fait. J'en aurais pu douter avant ce qui m'arrive, n'ayant encore que la conscience de mon intention. Mais par le mal que l'on me veut, je comprends que mon œuvre est bonne. Aussi n'aurais-je fâché personne, si personne ne m'eût applaudi. La voix publique, se déclarant autant qu'elle le peut aujourd'hui, m'apprend ce que je dois penser, et ce que sans doute vous pensez avec tout le monde, de l'écrit qu'on accuse devant vous. Parmi tant de gens qui l'ont lu, de tout âge, de toute condition, j'ajoute même encore et de toute opinion, je n'ai vu nul qui ne m'en parût satisfait quant à la morale, et, grâce au ciel, je suis d'un rang, d'une fortune qui ne m'exposent point à la flatterie. Une chose donc fort assurée, dont je ne puis faire aucun doute, c'est que le public m'approuve, me loue. Si cependant, messieurs, vous me déclarez coupable, j'en souffrirai de plus d'une façon, outre le chagrin de n'avoir pu vous agréer, comme à tant d'autres; mais j'aime mieux qu'il soit ainsi, que si le contraire arrivait, et que je fusse absous par vous, coupable aux yeux de tout le monde.

Voilà ce que Paul-Louis voulait dire. Ces paroles, et d'autres qu'il eût pu ajouter, n'eussent pas été perdues peut-être : car, en de tels débats, la voix de l'accusé a une grande force; mais peut-être aussi n'eût-il pas empêché par là les jurés de le condamner, comme ils ont fait, unanimement et quasi sans délibérer, tant le fait leur parut éclairci par la lumineuse harangue de M. l'avocat général. Le président posa deux questions : Paul-Louis est-il coupable? Oui. Bobée est-il coupable? Non. La cour renvoie Bobée, condamne Paul-Louis à deux mois de prison et 200 fr. d'amende. Appel en cassation. Si le pourvoi est admis, l'accusé parlera, et touchera des points qui sont encore intacts dans cette affaire vraiment curieuse.

COLLECTION

DE LETTRES ET ARTICLES PUBLIÉS DANS DIFFÉRENTS JOURNAUX.

(1822—1824).

COURRIER FRANÇAIS. — 23 mai 1822.

LETTRE EN RÉPONSE A UN ARTICLE DU DRAPEAU BLANC, INSÉRÉ DANS LE NUMÉRO DU 14 MAI 1822.

Au rédacteur du Drapeau Blanc.

Monsieur,

Je lis dans votre journal qu'aux élections de Chinon, M. le marquis d'Effiat a obtenu deux cent vingt voix, et que son concurrent (c'est moi, sans vanité, que vous nommez ainsi) en a eu cent soixante. Cela peut être vrai, je ne le conteste point ; j'aime mieux m'en rapporter, comme vous avez fait, aux scrutateurs choisis par M. le marquis : mais, de grâce, corrigez cette façon de parler. Je ne fus concurrent de personne à Chinon, n'ayant nulle part concouru, que je sache, avec qui que ce soit ; je n'ai demandé ni souhaité d'être député ; non que je ne tinsse à grand honneur d'être *vraiment élu,* comme dit Benjamin Constant ; mais diverses raisons me le faisaient plutôt craindre que désirer : les périls de la tribune, l'appréhension fondée de mal remplir l'attente de ceux qui me croyaient capable de quelque chose pour le bien général ; plus que tout, l'embarras d'être d'une assemblée où je n'aurais pu me taire en beaucoup d'occasions sans trahir mon mandat, ni parler sans risquer d'outre-passer la mesure de ce qui s'y peut dire : vous m'entendez assez. Pour M. le marquis, de tels inconvénients n'étaient point à redouter. Il sera dispensé de parler, et peut opiner du bonnet, chose qui ne m'eût pas été permise. Il n'aura qu'à recueillir les fruits de sa nomination ; c'est pour lui une bonne affaire ; aussi s'en était-il occupé de longue main, avec l'attention et le soin que méritait la chose. Il a heureusement réussi, aidé de toute la puissance du gouvernement, de son pouvoir comme maire du lieu, de son influence comme président, de sa fortune considérable ; tandis que moi, son concurrent, pour user de ce mot avec vous, moi, laboureur, je n'ai bougé de ma charrue.

Quelques personnes, dont l'estime ne m'est nullement indifférente, m'ont blâmé de cette tranquillité. On n'exigeait pas de moi de tenir table ouverte comme un riche marquis, de loger, défrayer, nourrir et transporter à mes dépens les électeurs ; mais on voulait qu'au moins je parusse à Chinon. Un homme de grand sens [1], qui s'est rendu célèbre en enseignant et pratiquant la philosophie, a dit à ce sujet qu'il ne donnerait sa voix, s'il était électeur, qu'à quelqu'un qui la demanderait, à un candidat déclaré : je n'ai pu savoir ses raisons. Il en a sans doute, et de fort bonnes. Quant à moi, le raisonnement n'est pas ce qui me guide en cela ; c'est une répugnance invincible à postuler, solli-

---

[1] Le professeur Cousin.

citer: j'ai pour moi des exemples, à défaut de raisons. Montaigne et Bodin furent tous deux députés aux états de Blois sans l'avoir demandé. Pareille chose est arrivée de nos jours, en Angleterre, à Samuel Romilly, et, je pense aussi, à Sheridan. Voilà de graves autorités; vous me citerez Caton, qui demanda le consulat: ce n'est pas ce qu'il a fait de mieux; on lui préféra Vatinius, le plus grand maraud de ce temps-là. Mon désappointement, si j'eusse brigué comme Caton, serait moins fâcheux que le sien. M. le marquis d'Effiat est un honnête homme, et même je crois ses scrutateurs de fort honnêtes gens aussi.

D'ailleurs je suis élu, dans le sens de Benjamin; je suis vraiment élu, comme vous allez voir; car aux cent soixante voix que m'accorde le bureau de M. le marquis d'Effiat, si vous ajoutez celles des électeurs absents par différentes causes, qui tous étaient miens sans nul doute, et puis les voix de ceux des électeurs présents qui n'osèrent, sous les yeux de M. le marquis, écrire un autre nom que le sien, de ceux qui, ne sachant pas lire... de ceux encore...... Mais que sert? Voilà déjà bien plus que la majorité. Je puis donc dire que je suis l'élu du département, et que M le marquis est l'élu des ministres. Cela vaut mieux pour lui, je crois; l'autre me convient davantage. Que si, sortant un peu de la salle électorale, nous prenions les votes de ceux qui payent moins de cent écus, ou n'ont pas trente ans d'âge, parmi ceux-là, monsieur, j'aurais beaucoup de voix. En effet, les amis de M. le marquis se trouvaient là tous dans cette salle, où pas un d'eux ne manqua de se rendre; gens dont la grande affaire, l'unique affaire, était l'élection du marquis. Au lieu que mes amis à moi, dispersés, occupés ailleurs, dans les champs, dans les ateliers, partout où se faisait quelque chose d'utile, n'étaient qu'en petite partie: la millième partie ne se trouvait pas là présente. J'ai pour amis tous ceux qui ne mangent pas du budget, et qui, comme moi, vivent de travail. Le nombre en est grand dans ce pays, et augmente tous les jours. En un mot, s'il faut vous le dire, mes amis ici sont dans le peuple; le peuple m'aime: et savez-vous, monsieur, ce que vaut cette amitié? Il n'y en a point de plus glorieuse; c'est de cela qu'on flatte les rois. Je n'ai garde, avec cela, d'envier au marquis la faveur des ministres, et ses deux cent vingt voix, pour lesquelles je ne donnerais pas, je vous assure, mes cent soixante, non quêtées, non sollicitées.

J'ai l'honneur d'être, etc.

Véretz, le 18 mai.

COURRIER FRANÇAIS. —1ᵉʳ février 1823.

(Le public entendit mal cette lettre : on y chercha des allusions qui n'y étaient pas. Ce fut la faute de l'auteur; le public ne peut avoir tort. Il s'agit d'un fait véritable, le procès de Paul-Louis Courier contre certains chasseurs anglais. Cette affaire fut arrangée par l'entremise de quelques amis.)

Au rédacteur du Courrier Francais.

MONSIEUR,

Apparemment vous savez, comme tout le monde, mon procès avec cet Anglais qui est venu chasser dans mes bois. Vous serez bien aise d'apprendre que nous nous sommes accommodés. La chose fait grand bruit; on ne parle que de cela depuis le Chêne Fendu jusqu'à Saint-Avertin ; et, comme il arrive toujours dans les affaires d'importance, on parle diversement. Les uns disent que j'ai bien fait d'entendre à un arrangement; que la paix vaut mieux que la guerre ; que l'Angleterre est à ménager dans les circonstances présentes; qu'on ne sait ce qui peut arriver. Mais d'autres soutiennent que j'ai eu tort d'épargner ces coureurs de renards; qu'il en fallait faire un exemple ; qu'il y va du repos de toute notre commune. Pour moi, c'était mon sentiment; aussi l'avais-je fait assigner, et j'allais parler de la sorte devant les juges:

« Messieurs, d'après le procès-verbal qu'on vient de mettre sous vos yeux, vous voyez de quoi il s'agit. Monsieur Fisher, Anglais, cité devant vous plusieurs fois pour avoir chassé sur les terres de différents particuliers, autant de fois condamné, paye l'amende, et se croit quitte envers ceux dont il a violé la propriété. C'est une grande erreur que cela, et vous le sentirez, j'espère. Outre que ceux même qui reçoivent de lui quelque argent ne sont point par là satisfaits, plusieurs ne reçoivent rien, et souffrent par son fait; car nos terres, comme vous savez, étant, grâce à Dieu, divisées en une infinité de petites portions, et les héritages mêlés, avec ses chiens et ses piqueurs il ravage les champs de cent cultivateurs, ou de mille peut-être, et n'en dédommage qu'un seul qui a le temps et les moyens de lui faire un procès, c'est-à-dire le riche. Celui qui ne possède qu'un arpent, un quartier, raccommode sa haie comme il peut, refait son fossé; le blé foulé cependant ne se relève pas, ni la vigne froissée ne reprend son bourgeon. Le bonhomme disait, du temps de la Fontaine : *Ce sont là jeux de princes*, et on le laissait dire; mais aujourd'hui les princes même ne se permettent plus de pareils jeux; et l'on m'assure qu'en Angleterre, dans son pays, M. Fisher ne ferait pas ce qu'il fait ici. Je ne sais et ne veux point trop examiner ce qui en est; mais vous y pourrez réfléchir, et m'entendez à demi-mot. Votre pensée, sans doute, n'est pas qu'on doive tout endurer de messieurs les Anglais, et qu'ils puissent ici, chez nous, ce qu'ils n'osent chez eux ni ailleurs.

« Vous jugerez celui-ci d'après nos lois françaises; vous ne sauriez guère faire autrement; et la chose même semble juste au premier coup d'œil. Cependant il y a beaucoup à dire. Si j'allais, moi Français, en Angleterre chasser sur les terres de M. Fisher, ne croyez pas, messieurs, que je fusse jugé d'après la loi commune, ainsi qu'un Anglais natif. Les étrangers, en ce pays-là, sont tolérés, non protégés; une loi est établie pour eux : contre eux serait plutôt le mot. En vertu de cette loi, qu'on appelle *alien-bill*, si on faisait là quelque sottise, comme de courir avec une meute à travers vignes et guérets (il n'y a point de vignes, je le sais bien, faute de soleil, en Angleterre; mais je parle par supposition), si je commettais là de semblables dégâts, d'abord on me punirait d'une peine arbitraire, selon le bon plaisir du juge; puis je serais banni du royaume, ou, pour mieux dire, déporté : cela s'exécute militairement. L'étranger qui se conduit mal ou déplaît, on le prend, on le mène au port le plus proche, on l'embarque sur le premier bâtiment prêt à faire voile, qui le jette sur la première côte où il aborde. Voilà comme on me traiterait si j'allais chasser sur les terres de M. Fisher, ou même, sans que j'eusse chassé, si M. Fisher témoignait n'être pas content de moi dans son pays. Pour un même délit, on distingue les étrangers des nationaux; on ne punit point l'un comme l'autre. Et quoi de plus juste en effet ? Puis-je, avec mon hôte, en user comme je ferais avec mes enfants ? Si mon hôte casse mes vitres, je les lui fais payer, je le bats, je le chasse ; mon fils, je le gronde seulement. Vous comprenez la différence, grande sans doute, et cette loi admirable de l'*alien-bill* que je voudrais voir appliquer à M. Fisher, non pas les nôtres, faites pour nous. De notre part, ce serait justice, réciprocité, représailles ; non pas le faire jouir avec nous des bénéfices d'une société dont il ne supporte aucune charge. Soyons, si vous voulez, plus polis que les Anglais, afin de conserver le caractère national ; ne chassons pas M. Fisher. Sans l'embarquer ni le conduire où peut-être il n'aurait que faire, prions-le de s'en aller et ne point revenir ; enfin, délivrons-nous de lui, qui trouble l'ordre de céans. Si vos pouvoirs, messieurs, ne s'étendent pas jusque-là, c'est un grand mal, et c'est le cas de demander une loi exprès. J'en veux bien faire la pétition au nom de toutes nos communes, et m'offre pour cela volontiers, quelque danger qu'il puisse y avoir, comme je le sais par expérience, à user de ce droit aujourd'hui. »

J'avais ce discours dans ma poche, et l'aurais lu au tribunal, sans y changer une syllabe ; car lorsqu'il faut improviser, j'appelle mon ami Berville. Mais comme je montais l'escalier, plus animé, plus échauffé que je ne le fus jamais, l'Anglais vint à moi, me parla, me fit parler par des personnes auxquelles on ne peut rien refuser. Que voulez-vous ? Ma foi, monsieur, l'affaire en est demeurée là. J'en suis fâché, lorsque j'y pense ; car enfin l'intérêt de toute la commune a cédé, en cette rencontre, aux recommandations, sollicitations de femmes, d'amis, que sais-je ? C'est, je crois, la première fois que cela soit arrivé en France, et sans doute ce sera la dernière.

Je suis, monsieur, etc.

COURRIER FRANÇAIS. — 4 octobre 1823.

A monsieur le Rédacteur du Courrier Français.

MONSIEUR,

Dans une brochure publiée sous mon nom en pays étranger,

on attaque des gens que je ne connais point, et d'autres que j'honore. L'imposture est visible; peu de personnes, je crois, y ont été trompées. Cependant je vous prie, à telle fin que de raison, de vouloir bien déclarer que cet écrit n'est pas de moi. On y parle de grands, ce que je ne fais point sans quelque nécessité; on y blâme le gouvernement d'actes, selon moi, pernicieux. En ce sens je pourrais être auteur de la brochure; mais on blâme en ennemi, ce n'est pas ma manière; je suis aussi loin de haïr que d'approuver le gouvernement dans la marche qu'il suit; je n'en espère pas de sitôt un meilleur, et le crois moins mauvais que ceux qui l'ont précédé.

Annoncez, je vous prie, ma traduction de *Longus*, qui s'imprime à présent, corrigée, terminée : c'est un joli ouvrage, un petit poëme en prose, où il s'agit de moutons, de bergers, de gazons. La première édition fut saisie à Florence par ordre de l'empereur Napoléon le Grand : j'imprimai le grec à Rome; il fut saisi de même. Revenu à Paris quand il n'y eut plus d'empereur, et toujours occupé de Chloé, de ses brebis, je retouchais ma version, lorsqu'on me mit en prison à Sainte-Pélagie : ce fut là que je fis ma seconde édition. La troisième va bientôt paraître chez Merlin, quai des Augustins, beau papier, impression de Didot.

J'ai l'honneur, etc.

CONSTITUTIONNEL. — 8 octobre 1823.

A monsieur le Rédacteur du Constitutionnel.

Monsieur,

Parlez un peu, je vous prie, dans vos feuilles, de ma belle traduction d'*Hérodote*, fort belle suivant mon opinion. Des personnes habiles, sur un premier essai qui parut l'an passé, en ont dit leur avis, qui n'est pas tout à fait d'accord avec le mien. Je leur réponds aujourd'hui par un autre fragment traduit du même auteur, avec une préface où je défends ma méthode, expose mes principes, montrant d'une façon claire et incontestable que j'ai raison contre la critique, dont pourtant je tâche de profiter : *Croire conseil* est ma devise.

Annoncez l'édition des *Cent Nouvelles nouvelles*, à laquelle je travaille avec M. Merlin, jeune libraire instruit, qui m'est d'un grand secours, soit pour la collation des premiers imprimés et des vieux manuscrits, soit dans les recherches qu'exigent ma préface et mes notes : mes notes font un volume. J'essaye sur ce texte de comparer nos mœurs à celles de nos pères ; matière délicate, sujet intéressant, où il est malaisé de contenter tout le monde.

Qui vous empêcherait de dire un mot en passant de ma traduction de *Longus*, corrigée, terminée enfin selon mon petit pouvoir? Elle se vend chez Merlin; et celle-là, monsieur, on ne l'a point critiquée; mais on a fait bien pis, on l'a persécutée. La première édition fut saisie à Florence; je fis la seconde en prison à Sainte-Pélagie; la troisième va paraître.

A propos de prison et de Sainte-Pélagie, vous pourriez dire encore que je n'ai aucune part à certaines brochures qui mènent là tout droit, imprimées sous mon nom en pays étranger. On y parle d'un prince, dont certes je n'oserais faire un éloge public, bien que sa vie, ses mœurs, ses sentiments connus, méritent à mon gré toute sorte de louanges ; mais c'est le grand chemin de Sainte-Pélagie, et j'en sais des nouvelles. Dans ces écrits, on blâme des choses sur lesquelles je dis peu ma pensée, parce qu'il y a du danger ; et quand je veux la dire, j'emploie d'autres termes. Je puis blâmer quelquefois, mais non pas en ennemi, ce que fait le gouvernement, dont, en un certain sens, je suis toujours content; car c'est Dieu qui gouverne, ce ne sont pas les hommes. Ainsi le monde est bien, et tout va pour le mieux quand je ne suis pas en prison.

Agréez, etc.

CONSTITUTIONNEL. — Paris, 14 octobre 1823.

A monsieur le Rédacteur du Constitutionnel.

MONSIEUR,

Conseillez-moi, je vous prie, dans un cas extraordinaire. Je serai bref, la vie est courte.

J'étais ici; on me cite là-bas, à Tours, lieu de mon domicile, devant un juge d'instruction. Je vais là-bas; on me dit que le dossier des pièces (vous entendez cela, j'imagine), sont retournés à Paris. Je reviens, et fait demander au parquet, par mon avocat, à qui des juges d'instruction mon affaire se trouve renvoyée; on refuse de lui répondre. Ainsi me voilà sans savoir par qui je dois être jugé, ou interrogé seulement; car je ne pense pas que la chose puisse aller plus loin. Il s'agit, m'a-t-on dit, de mauvaises brochures auxquelles je n'ai, monsieur, non plus de part que vous, quoiqu'on y ait mis mon nom. Quel avis me donnerez-vous *dedans cette occurrence*, comme dit le grand Corneille? D'attendre; car que faire? Mais il est bon que ceux qui me doivent juger sachent que je les cherche; ils l'apprendront si cette feuille tombe entre leurs mains.

J'ai l'honneur, etc.

CONSTITUTIONNEL. — 18 octobre 1823.

Nos abonnés de Tours sont priés de faire lire l'article suivant à madame Courier, femme de **Paul-Louis**, vigneron.

« Envoie-moi, ma chère amie, six chemises et six paires de bas.
« Point de lettre dans le paquet, afin qu'il me puisse parvenir. Je
« sais que tu ne reçois pas les miennes, et que tu t'inquiètes fort.
« Sois tranquille, il y a dans ce monde plus de justice que tu ne
« crois. Je ne suis ni mort, ni malade, ni en prison pour le mo-
« ment.

« Adieu. Ton mari. »

Idem. — 1er novembre 1823.

M. Courier, avant-hier, allant dîner chez ses amis, fut arrêté en pleine rue par plusieurs agents de police, et conduit en fiacre à l'hôtel de la Préfecture. Là, d'abord on l'interrogea sur ses nom, prénoms, qualités, sa demeure, les mois de son séjour à Paris. Il satisfit à tout, et fut mis en dépôt (c'est le mot) à la salle Saint-Martin. M. Courier, l'homme du monde le moins propre à être en prison, goûte peu la salle Saint-Martin, qu'il n'a pas trouvée cependant un lieu si terrible qu'on le dit. Seul dans une chambre passable, il a dormi dans un bon lit : même le porte-clefs semblait assez bonhomme, causeur et communicatif. Le lendemain, qui était hier, M. Courier fut entendu, sur des écrits qu'on lui impute, par un des juges d'instruction. Visite faite de ses papiers, dans l'appartement qu'il occupe, rien ne s'y est trouvé suspect. Il se loue fort, en général, du procédé de ces messieurs. On ne saurait être écroué avec plus de civilité, interrogé plus sagement, ni élargi plus promptement qu'il n'a été.

JOURNAL DU COMMERCE. — 3 novembre 1823.

Au rédacteur de la Quotidienne.

Vous parlez de moi, monsieur, dans une de vos feuilles, et paraissez peu informé de ce qui me touche. Vous dites que *Paul-Louis, vigneron*, moi-même, votre serviteur, *ensuite de petits démêlés avec la justice, fut quelque temps en prison à Sainte-Pélagie;* et puis ajoutez : *Nous le savons bien.* Non, vous le savez mal, monsieur ; et cela n'est pas surprenant qu'ayant à parler de tant de choses, de tant de gens, vous vous méprêniez, et trompiez quelquefois le public. Sur votre parole, il va croire que j'ait fait des tours de Scapin, dont on m'a justement puni. C'est ce que vous pensez ou donnez à penser par de telles expressions. La vérité m'oblige de vous apprendre, monsieur, que le cas était bien plus grave pour lequel je fus condamné, l'affaire autrement scandaleuse. Il ne s'agissait pas de quelques peccadilles, mais d'un outrage fait à la morale publique. Oui, monsieur, je l'avoue et le déclare ici, afin que mon exemple instruise. Je fus en prison deux mois à Sainte-Pélagie, par l'indulgence des magistrats, pour avoir outragé la morale publique, crime de Socrate, comme vous savez. Sur la morale particulière, un peu différente de l'autre, je n'ai eu de démêlés avec qui que ce soit, et même n'entends point dire qu'on me reproche rien.

A ce propos, Monsieur, un doute m'est venu souvent à l'esprit; question purement littéraire, que vous me pourrez éclaircir. M. de Lamartine, dont vous louez les ouvrages, me semble avoir pris dans nos lois une bonne partie de son style, ou bien nos lois ont été faites en style de M. de Lamartine, celles au moins qui ne sont pas vieilles. Outrager la morale publique, est une phrase tout à fait dans le goût des *Méditations*, et hors de ce commun langage que le monde parle et entend ; elle s'applique à bien des choses. Si le ministre des finances fait quelque faute dans ses calculs, un de nos députés lui dira qu'il outrage l'arithmétique publique. Nos Codes sont des odes. Enfin, sur une loi si sagement écrite, le tribunal, requis du procureur du roi, mes réponses ouïes, sur ce delibéré, m'envoya en prison deux mois. Ce fut bien fait, et je n'ai garde de m'en plaindre.

A quelque temps de là, pour un acte pareil, qui semblait récidive, on me remit en jugement. Le procureur du roi, défenseur vigilant de la morale publique, demandait contre moi treize mois de prison et mille écus d'amende. Le cas parut aux juges seulement répréhensible, et ils me renvoyèrent blâmé, mais moins coupable que la première fois. On ne peut devenir tout à coup homme de bien. Voilà, monsieur, la vérité que vous devez à vos lecteurs, au sujet de mes démêlés avec la justice.

Mais, sur un autre point, vous me chagrinez fort, en me prêtant des termes et des façons de dire dont je n'usai jamais. Selon vous, je me plains de certaines brochures imprimées sous mon nom, *dans l'étranger,* dites-vous ; et vous notez ces mots. Monsieur, excusez-moi, je n'ai pas dit ainsi ; vous êtes de la cour, et parlez comme vous voulez, avec pleine licence et liberté entière. Nous, gens de village, sommes tenus de parler français, pour n'être point repris ; et nous disons qu'une brochure s'imprime *en pays étranger.* Du moins, c'est ainsi qu'on s'exprime généralement à Larçay, Cormery, Ambillon, Montbazon, et autres lieux que je fréquente.

Vous changez encore mes paroles, quand vous me faites dire, monsieur, qu'il y a un prince dont les sentiments me sont connus, à moi vigneron ! Y pensez-vous ? Corrigez cela, s'il vous plaît, et de vos quatre mots n'en effacez pas trois, comme le veut Boileau, mais un ; et vous direz, en toute vérité, que les sentiments de ce prince sont connus, c'est-à-dire publics, et que personne ne les ignore. Il croit, par exemple, que les princes sont faits pour les peuples, et non les peuples pour les princes ; sentiment moins bizarre que vous ne l'imaginez, vous autres courtisans. Il n'est ni le premier, ni le seul de sa maison à penser de la sorte, si les bruits en sont vrais.

Êtes-vous plus exact et mieux instruit, monsieur, quand vous nous assurez que monsieur le duc d'Orléans part pour l'Angleterre? J'ai foi à vos discours, où le mensonge n'entre point; *le ciel n'est pas plus pur...* Mais à ceci je vois bien peu de vraisemblance. On sait, et c'est encore une chose connue, qu'il aime son pays, et n'en sort pas volontiers, ayant pour cela moins de raisons qu'en aucun temps, comme vous dites, lorsqu'il voit une guerre d'abord mal entreprise.... être heureusement terminée.

Rare bonheur si, en effet, elle est terminée sans qu'il nous en coûte autre chose que des millions et quelques hommes! L'état-major est sain et sauf...... Remarquez-vous, monsieur, comme il y a peu de guerres à présent, et dans ces guerres peu de combats? Jamais on n'a moins massacré. Cependant, vous me l'avouerez, jamais on n'a tant raisonné, tant lu, tant imprimé; ce qui me ferait quasi croire que le raisonnement et la lecture ne sont pas cause de tous maux, comme des gens ont l'air de se l'imaginer. Nous en voilà au point que les révolutions se font sans tuer personne, et les guerres presque sans batailles. Si les contre-révolutions se pouvaient adoucir de même, ce serait un grand changement et amendement; qu'en dites-vous? Le faut-il espérer, à moins que ceux qui les font ne se mettent à lire? mais ils haïssent les livres. Ils ne voulurent point de l'Évangile lorsqu'il parut, et le combattent dans la Grèce. Malgré eux, l'Évangile, mis en langue vulgaire, est entendu de tous. Par lui, peut-être, eux-mêmes enfin s'humaniseront quelque jour, et consentiront les derniers à vivre et laisser vivre; mais cependant voilà passées une dizaine d'années sans beaucoup de carnage dans le monde; ce qu'on n'avait guère vu encore, si ce n'est sous les Antonins, quand la philosophie régnait.

P. S. Pourrez-vous m'apprendre, monsieur, si monsieur l'abbé de Lamennais continue son *Indifférence en matière de religion;* ouvrage auquel je m'intéresse? Le temps ne saurait lui manquer, car je le crois quitte à présent de ses fonctions de journaliste. Ses actions sont vendues, tous ses comptes réglés avec ses associés. Un petit mot là-dessus dans votre prochain numéro me satisferait extrêmement

Note du rédacteur. L'auteur de cet écrit est homme de **bon** sens, et sur bien des choses nous paraît penser assez juste. Mais il vit loin du monde, et ignore la mesure de ce qui se peut dire. En publiant sa lettre, nous en avons retranché quelques phrases, et des mots que ceux qui connaissent son style n'auront nulle peine à suppléer.

CONSTITUTIONNEL. — 4 mars 1824.

ANNONCE.

Pamphlet des pamphlets, par Paul-Louis Courier, vigneron; brochure où il n'est point question des élections. On a fort engagé l'auteur à publier son opinion sur ce qui se passe actuellement, et ce qu'il a vu de curieux aux assemblées électorales du département d'Indre-et-Loire. Il s'y est refusé, vu la difficulté de parler de ces choses avec modération et en termes décents. Dix ans de Sainte-Pélagie ne lui pouvaient manquer, dit-il, s'il eût touché cette matière; et c'est même pour s'en distraire qu'il a composé la brochure que nous annonçons sur une thèse générale, sans aucune allusion aux affaires présentes, de peur d'inconvénient.

Idem. — 7 mars 1824.

Plusieurs libraires auraient envie d'imprimer le *Pamphlet des pamphlets*, par Paul-Louis Courier, vigneron; mais aucun n'ose s'en charger. Les uns refusent, d'autres promettent, ou même commencent et n'achèvent pas, tant l'entreprise leur paraît hardie, périlleuse, scabreuse. Ce n'est pas pourtant qu'ils voient rien, dans cet écrit, qui dût fâcher monsieur le procureur du roi, et leur attirer des affaires, si l'on agit légalement; mais le nom de l'auteur les effraye. Ils s'imaginent, on ne sait pourquoi, que Paul-Louis ne sera pas traité comme un autre, et que, quelque bien qu'il puisse dire, on le poursuivra au nom de la morale publique, lui, ses libraires et imprimeurs. Pour les rassurer, il a fait de grandes coupures, et retranché de cet opuscule tout ce qui regardait les jésuites, dix pages des mœurs de la cour, tout le chapitre intitulé *Obligations d'un député ministériel,* avec cette épigraphe de saint Paul : *La viande est pour le ventre, le ventre est pour la viande ;* une magnifique apostrophe aux abbés universitaires, deux paragraphes sur la Sorbonne (grand dommage, car ce morceau était travaillé avec soin), et sa péroraison entière sur l'état actuel de l'Espagne. Au moyen de ces sacrifices, qui coûtent tant à un auteur, il espère que son ouvrage, réduit à moitié environ, cessera d'être la terreur des libraires et des imprimeurs, et qu'il pourra paraître enfin, Dieu aidant, la semaine prochaine.

PÉTITION

A LA CHAMBRE DES DÉPUTÉS,

POUR LES VILLAGEOIS QUE L'ON EMPÊCHE DE DANSER

(1820.)

Messieurs,

L'objet de ma demande est plus important qu'il ne semble ; car bien qu'il ne s'agisse, au vrai, que de danse et d'amusements, comme d'une part ces amusements sont ceux du peuple, et que rien de ce qui le touche ne vous peut être indifférent ; que d'autre part, la religion s'y trouve intéressée, ou compromise, pour mieux dire, par un zèle mal entendu, je pense, quelque peu d'accord qu'il puisse y avoir entre vous, que tous vous jugerez ma requête digne de votre attention.

Je demande qu'il soit permis, comme par le passé, aux habitants d'Azai de danser le dimanche sur la place de leur commune, et que toutes défenses faites, à cet égard, par le préfet, soient annulées.

Nous y sommes intéressés, nous gens de Véretz, qui allons aux fêtes d'Azai, comme ceux d'Azai viennent aux nôtres. La distance des deux clochers n'est que d'une demi-lieue environ :

nous n'avons point de plus proches ni de meilleurs voisins. Eux ici, nous chez eux, on se traite tour à tour, on se divertit le dimanche, on danse sur la place, après midi, les jours d'été. Après midi viennent les violons et les gendarmes en même temps ; sur quoi j'ai deux remarques à faire.

Nous dansons au son du violon ; mais ce n'est que depuis une certaine époque. Le violon était réservé jadis aux bals des honnêtes gens ; car d'abord il fut rare en France. Le grand roi fit venir des violons d'Italie, et en eut une compagnie pour faire danser sa cour gravement, noblement, les cavaliers en perruque noire, les dames en vertugadin. Le peuple payait ces violons, mais ne s'en servait pas ; dansait peu, quelquefois au son de la musette ou cornemuse, témoin ce refrain : *Voici le pèlerin jouant de sa musette : danse, Guillot; saute, Perrette.* Nous, les neveux de ces Guillots et de ces Perrettes, quittant les façons de nos pères, nous dansons au son du violon, comme la cour de Louis le Grand. Quand je dis comme, je m'entends ; nous ne dansons pas gravement, ni ne menons, avec nos femmes, nos maîtresses et nos bâtards. C'est là la première remarque ; l'autre, la voici :

Les gendarmes se sont multipliés en France, bien plus encore que les violons, quoique moins nécessaires pour la danse. Nous nous en passerions aux fêtes du village, et à dire vrai ce n'est pas nous qui les demandons : mais le gouvernement est partout aujourd'hui, et cette *ubiquité* s'étend jusqu'à nos danses, où il ne se fait pas un pas dont le préfet ne veuille être informé, pour en rendre compte au ministre. De savoir à qui tant de soins sont plus déplaisants, plus à charge, et qui en souffre davantage, des gouvernants ou de nous gouvernés, surveillés, c'est une grande question et curieuse, mais que je laisse à part, de peur de me brouiller avec les classes, ou de dire quelque mot tendant à je ne sais quoi.

Outre ces danses ordinaires les dimanches et fêtes, il y a ce qu'on nomme l'assemblée une fois l'an, dans chaque commune, qui reçoit à son tour les autres. Grande affluence ce jour-là, grande joie pour les jeunes gens. Les violons n'y font faute, comme vous pouvez croire. Au premier coup d'archet, on se place, et chacun mène sa prétendue. Autre part on joue à des jeux que n'afferme point le gouvernement : au palet, à la boule, aux quilles. Plusieurs, cependant, parlent d'affaires; des marchés se concluent, mainte vache est vendue qui n'avait pu l'être à la foire. Ainsi ces assemblées ne sont pas des rendez-vous de plaisir seulement, mais touchent les intérêts du public et de chacun, et le lieu où elles se tiennent n'est pas non plus indifférent. La place d'Azai semble faite exprès pour cela ; située au centre de la commune, en terrain battu, non pavé, par là propre à toutes sortes de jeux et d'exercices; entourée de boutiques, à portée des hôtelleries, des cabarets; car peu de marchés se font sans boire, peu de contredanses se terminent sans vider quelques pots de bière; nul désordre, jamais l'ombre d'une querelle. C'est l'admiration des Anglais, qui nous viennent voir quelquefois, et ne peuvent quasi comprendre que nos fêtes populaires se passent avec tant de tranquillité, sans coups de poing comme chez eux, sans meurtres comme en Italie, sans ivres-morts comme en Allemagne.

Le peuple est sage, quoi qu'en disent les Notes secrètes. Nous travaillons trop pour avoir temps de penser à mal; et s'il est vrai, ce mot ancien, que tout vice naît d'oisiveté, nous devons être exempts de vices, occupés comme nous le sommes six jours de la semaine sans relâche, et bonne part du septième, chose que blâment quelques-uns. Ils ont raison, et je voudrais que ce jour-là toute besogne cessât; il faudrait, dimanches et fêtes, par tous les villages, s'exercer au tir, au maniement des armes, penser aux puissances étrangères, qui pensent à nous tous les jours. Ainsi font les Suisses nos voisins, et ainsi devrions-nous faire, pour être gens à nous défendre en cas de noise avec les forts. Car de se fier au ciel et à notre innocence, il vaut bien mieux apprendre la charge en douze temps, et savoir au besoin ajuster un Cosaque. Je l'ai dit et le redis : labourer, semer à temps, être aux champs dès le matin, ce n'est pas tout : il faut s'assurer la récolte. Aligne tes plants, mon ami, tu provigneras l'an qui vient, et quelque jour, Dieu aidant, tu feras du bon vin. Mais qui le boira? Rostopschin, si tu ne te tiens prêt à le lui disputer. Vous, messieurs, songez-y pendant qu'il en est temps : avisez entre vous s'il ne conviendrait pas, vu les circonstances présentes ou imminentes, de vaquer le saint jour du dimanche sans préjudice de la messe, à des exercices qu'approuve le Dieu des armées, tels que le pas de charge et les feux de bataillon. Ainsi pourrions-nous employer, avec très-grand profit pour l'État et pour nous, des moments perdus à la danse.

Nos dévots toutefois l'entendent autrement. Ils voudraient que, ce jour-là, on ne fît rien du tout que prier et dire ses heures. C'est la meilleure chose et la seule nécessaire, l'affaire du salut. Mais le percepteur est là; il faut payer et travailler pour ceux qui ne travaillent point. Et combien pensez-vous qu'ils soient à notre charge? enfants, vieillards, mendiants, moines, laquais, courtisans; que de gens à entretenir, et magnifiquement la plupart! Puis, la splendeur du trône, et puis la Sainte-Alliance; que de coûts, quelles dépenses! et pour y satisfaire, a-t-on trop de tout son temps? Vous le savez d'ailleurs et le voyez, messieurs; ceux qui haïssent tant le travail du dimanche veulent des traitements, envoient des garnisaires, augmentent le budget. Nous devons chaque année, selon eux, payer plus et travailler moins.

Mais quoi? la lettre tue et l'esprit vivifie. Quand l'Église a fait ce commandement de s'abstenir à certains jours de toute œuvre servile, il y avait des serfs alors liés à la glèbe; pour eux, en leur faveur, le repos fut prescrit; alors il n'était saint que la gent corvéable ne chômât volontiers; le maître seul y perdait, obligé de les nourrir, qui, sans cela, les eût accablés de travail; le précepte fut sage et la loi salutaire dans ces temps d'oppression. Mais depuis qu'il n'y a plus ni fiefs, ni haubert; qu'affranchis, peu s'en faut, de l'antique servitude, nous travaillons pour nous quand l'impôt est payé, nous ne saurions chômer qu'à nos propres dépens; nous y contraindre, c'est... c'est pis que le budget, car le budget du moins profite aux courtisans, mais notre oisiveté ne profite à personne. Le travail qu'on nous défend, ce qu'on nous empêche de faire, le vivre et le vêtement qu'on nous ôte par là, ne produisent point de pensions, de grâces, de traitements : c'est nous nuire en pure perte.

Les Anglais, en voyant nos fêtes, montrent tous la même surprise, font tous la même réflexion; mais, parmi eux, il y en a qu'elles étonnent davantage : ce sont les plus âgés qui, venus en France autrefois, ont quelque mémoire de ce qu'était la vieille Touraine et le peuple des bons seigneurs. De fait, il m'en souvient : jeune alors, j'ai vu, avant cette grande époque où, soldat volontaire de la révolution, j'abandonnai des lieux si chers à mon enfance, j'ai vu les paysans affamés, déguenillés, tendre la main aux portes et partout sur les chemins, aux avenues des villes, des couvents, des châteaux, où leur inévitable aspect était le tourment de ceux-là même que la prospérité commune indigne, désole aujourd'hui. La mendicité renaît, je le sais, et va faire, si ce qu'on dit est vrai, de merveilleux progrès, mais n'atteindra de longtemps ce degré de misère. Les récits que j'en ferais seraient faibles pour ceux qui l'ont vue comme moi ; aux autres, sembleraient inventés à plaisir : écoutez un témoin, un homme du grand siècle, observateur exact et désintéressé ; son dire ne peut être suspect, c'est la Bruyère.

« On voit, dit-il, certains animaux farouches, des mâles et des
« femelles, répandus dans la campagne, noirs, livides, nus, et
« tout brûlés du soleil, attachés à la terre, qu'ils fouillent et re-
« muent avec une opiniâtreté invincible. Ils ont comme une voix
« articulée, et quand ils se lèvent sur leurs pieds, ils montrent
« une face humaine, et en effet ils sont des hommes ; ils se reti-
« rent la nuit dans des tanières, où ils vivent de pain noir,
« d'eau et de racines. Ils épargnent aux autres hommes la peine
« de semer, de labourer et de recueillir pour vivre, et méri-
« tent ainsi de ne pas manquer de ce pain qu'ils ont semé. »

Voilà ses propres mots ; il parle des heureux, de ceux qui avaient du pain, du travail ; et c'était le petit nombre alors.

Si la Bruyère pouvait revenir, comme on revenait autrefois, et se trouver à nos assemblées, il y verrait non-seulement des faces humaines, mais des visages de femmes et de filles plus belles, surtout plus modestes que celles de sa cour tant vantée, mises de meilleur goût sans contredit, parées avec plus de grâce, de décence ; dansant mieux, parlant la même langue (chose particulière au pays), mais d'une voix si joliment, si doucement articulée, qu'il en serait content, je crois. Il les verrait le soir se retirer, non dans des tanières, mais dans leurs maisons proprement bâties et meublées. Cherchant alors ces animaux il a fait la description, il ne les trouverait nulle part, et sans doute bénirait la cause, quelle qu'elle soit, d'un si grand, si heureux changement.

Les fêtes d'Azai étaient célèbres entre toutes celles de nos villages, attiraient un concours de monde des champs, des communes d'alentour. En effet, depuis que les garçons, dans ce pays, font danser les filles, c'est-à-dire, depuis le temps que nous commençâmes d'être à nous, paysans des rives du Cher, la place d'Azai fut toujours notre rendez-vous de préférence pour la danse et pour les affaires. Nous y dansions comme avaient fait nos pères et nos mères, sans que jamais aucun scandale, aucune plainte en fût avenue, de mémoire d'homme; et ne pensions guère, sages comme nous sommes, ne causant aucun trouble, devoir être troublés dans l'exercice de ce droit antique, légitime, acquis et consacré par un si long usage, fondé sur les premières lois de la raison et du bon sens; car, apparemment, c'est chez soi qu'on a droit de danser : et où le public sera-t-il, sinon sur la place publique? On nous en chasse néanmoins. Un *firman* du préfet, qu'il appelle arrêté, naguère publié, proclamé au son du tambour, *Considérant*, etc., défend de danser à l'avenir, ni jouer à la boule ou aux quilles, sur ladite place, et ce, sous peine de punition. Où dansera-t-on ? nulle part; il ne faut point danser du tout. Cela n'est pas dit clairement dans l'arrêté de M. le préfet; mais c'est un article secret entre lui et d'autres puissances, comme il a bien paru depuis. On nous signifia cette défense quelques jours avant notre fête, notre assemblée de la Saint-Jean.

Le désappointement fut grand pour tous les jeunes gens, grand pour les marchands en boutique, et autres qui avaient compté sur quelque débit. Qu'arriva-t-il ? la fête eut lieu, triste, inanimée, languissante; l'assemblée se tint, peu nombreuse, et comme dispersée çà et là. Malgré l'arrêté, on dansa hors du village, au bord du Cher, sur le gazon, sous la coudrette; cela est bien plus pastoral que les échoppes du marché, de meilleur effet dans une églogue, et plus poétique en un mot. Mais chez nous, gens de travail, c'est de quoi on se soucie peu; nous aimons mieux, après la danse, une omelette au lard, dans le cabaret prochain, que le murmure des eaux et l'émail des prairies.

Nos dimanches d'Azai, depuis lors, sont abandonnés. Peu

de gens y viennent de dehors, et aucun n'y reste. On se rend à Véretz, où l'affluence est grande, parce que là nul arrêté n'a encore interdit la danse. Car le curé de Véretz est un homme sensé, instruit, octogénaire quasi, mais ami de la jeunesse, trop raisonnable pour vouloir la réformer sur le patron des âges passés, et la gouverner par des bulles de Boniface ou d'Hildebrand. C'est devant sa porte qu'on danse, et devant lui le plus souvent. Loin de blâmer ces amusements, qui n'ont rien en eux-mêmes que de fort innocent, il y assiste, et croit bien faire, y ajoutant par sa présence, et le respect que chacun lui porte, un nouveau degré de décence et d'honnêteté. Sage pasteur, vraiment pieux, le puissions-nous longtemps conserver pour le soulagement du pauvre, l'édification du prochain et le repos de cette commune, où sa prudence maintient la paix, le calme, l'union, la concorde.

Le curé d'Azai, au contraire, est un jeune homme bouillant de zèle, à peine sorti du séminaire, conscrit de l'Église militante, impatient de se distinguer. Dès son installation, il attaqua la danse, et semble avoir promis à Dieu de l'abolir dans sa paroisse, usant pour cela de plusieurs moyens, dont le principal et le seul efficace, jusqu'à présent, est l'autorité du préfet. Par le préfet, il réussit à nous empêcher de danser, et bientôt nous fera défendre de chanter et de rire. Bientôt! que dis-je? il y a eu déjà de nos jeunes gens mandés, menacés, réprimandés pour des chansons, pour avoir ri. Ce n'est pas, comme on sait, d'aujourd'hui que les ministres de l'Église ont eu la pensée de s'aider du bras séculier dans la conversion des pécheurs, où les apôtres n'employaient que l'exemple et la parole, selon le précepte du maître. Car Jésus avait dit : Allez et instruisez. Mais il n'avait pas dit : Allez avec des gendarmes, instruisez de par le préfet; et depuis, l'ange de l'école, saint Thomas, déclara nettement qu'on ne doit pas contraindre à bien faire. On ne nous contraint pas, il est vrai; on nous empêche de danser. Mais c'est un acheminement; car les mêmes moyens, qui sont bons pour nous détourner du péché, peuvent servir et serviront à nous décider aux bonnes œuvres. Nous jeûnerons par ordonnance, non du médecin, mais du préfet.

Et ce que je viens de vous dire n'a pas lieu chez nous seulement. Il en est de même ailleurs, dans les autres communes de ce département où les curés sont jeunes. A quelques lieues d'ici, par exemple à Fondettes, de là les deux rivières de la Loire et du Cher, pays riche, heureux, où l'on aime le travail et la joie autant pour le moins que de ce côté, toute danse est pareillement défendue aux administrés par un arrêté du préfet. Je dis toute danse sur la place, où les fêtes amenaient un concours de plusieurs milliers de personnes des villages environnants et de Tours, qui n'en est qu'à deux lieues. Les hameaux près de Paris, les bastides de Marseille, au dire des voyageurs, avec plus d'affluence, en gens de ville surtout, avaient moins d'agrément, de rustique gaieté. N'en soyez plus jaloux, bals champêtres de Sceaux et du pré Saint-Gervais : ces fêtes ont cessé, car le curé de Fondettes est aussi un jeune homme sortant du séminaire, comme celui d'Azai du séminaire de Tours, maison dont les élèves, une fois en besogne dans la vigne du Seigneur, en veulent extirper d'abord tout plaisir, tout divertissement, et faire d'un riant village un sombre couvent de la Trappe. Cela s'explique : on explique tout dans le siècle où nous sommes ; jamais le monde n'a tant raisonné sur les effets et sur les causes. Le monde dit que ces jeunes prêtres, au séminaire, sont élevés par un moine, un frère picpus, frère Isidore, c'est son nom ; homme envoyé des hautes régions de la monarchie, afin d'instruire nos docteurs, de former les instituteurs qu'on destine à nous réformer. Le moine fait les curés, les curés nous feront moines. Ainsi l'horreur de ces jeunes gens pour le plus simple amusement leur vient du triste picpus, qui lui-même tient d'ailleurs sa morale farouche. Voilà comme en remontant dans les causes secondes on arrive à Dieu, cause de tout. Dieu nous livre au picpus. Ta volonté, Seigneur, soit faite en toute chose. Mais qui l'eût dit à Austerlitz ?

Une autre guerre que font à nos danses de village ces jeunes séminaristes, c'est la confession. Ils confessent les filles, sans qu'on y trouve à redire, et ne leur donnent l'absolution qu'autant qu'elles promettent de renoncer à la danse ; à quoi peu d'entre elles consentent, quelque ascendant que doive avoir, et sur le sexe et sur leur âge, un confesseur de vingt-cinq ans, à qui les aveux, le secret, et l'intimité qui s'ensuit nécessairement, donnent tant d'avantages, tant de moyens pour persuader ; mais les pénitentes aiment la danse. Le plus souvent aussi elles aiment un danseur qui, après quelque temps de poursuite et d'amour, enfin devient un mari. Tout cela se passe publiquement : tout cela est bien, et en soi beaucoup plus décent que des conférences tête à tête avec ces jeunes gens vêtus de noir. Y a-t-il de quoi s'étonner que de tels attachements l'emportent sur l'absolution, et que le nombre des communiants se trouve diminué cette année de plus des trois quarts, à ce qu'on dit ? La faute en est toute au pasteur, qui les met dans le cas d'opter entre ce devoir de religion et les affections les plus chères de la vie présente, montrant bien par là que le zèle pour conduire les âmes ne suffit pas, même uni à la charité. Il y faut ajouter encore la discrétion, dit saint Paul, aussi nécessaire aujourd'hui, dans ce mystère pieux, qu'elle le fut au temps de l'apôtre.

En effet, le peuple est sage, comme j'ai déjà dit, plus sage de beaucoup, et plus heureux aussi qu'avant la révolution ; mais il faut l'avouer, il est bien moins dévot. Nous allons à la messe le dimanche à la paroisse, pour nos affaires, pour y voir nos amis ou nos débiteurs ; nous y allons : combien reviennent (j'ai grand'honte à le dire) sans l'avoir entendue, partent, leurs affaires faites, sans être entrés dans l'église ! Le curé d'Azai, à Pâques dernier, voulant quatre hommes, pour porter le dais, qui eussent communié, ne les put trouver dans le village ; il en fallut prendre de dehors, tant est rare chez nous et petite la dévotion. En voici la cause, je crois. Le peuple est d'hier propriétaire, ivre encore, épris, possédé de sa propriété ; il ne voit que cela, ne rêve d'autre chose, et, nouvel affranchi de même quant à l'industrie, se donne tout au travail, oublie le reste et la religion. Esclave auparavant, il prenait du loisir, pouvait écouter, méditer la parole de Dieu, et penser au ciel, où était son espoir, sa consolation. Maintenant il pense à la terre qui est à lui, et le fait vivre. Dans le présent ni dans l'avenir, le paysan n'envisage plus qu'un champ, une maison qu'il a ou veut avoir, pour laquelle il travaille, amasse, sans prendre repos ni repas. Il n'a d'idée que celle-là ; et vouloir l'en distraire, lui parler d'autre chose, c'est perdre son temps. Voilà d'où vient l'indifférence, qu'à bon droit nous reproche l'abbé de Lamennais, en matière de religion. Il dit bien vrai ; nous ne sommes pas de ces tièdes que Dieu vomit, suivant l'expression de saint Paul ; nous sommes froids, et c'est le pis. C'est proprement le mal du siècle. Pour y remédier, et nous amener de cette indifférence à la ferveur qu'on désire, il faut user de ménagements, de moyens doux et attrayants ; car d'autres produiraient un effet opposé. La prudence y est nécessaire, ce qu'entendent mal ces jeunes curés, dont le zèle, admirable d'ailleurs, n'est pas assez selon la science. Aussi leur âge ne le porte pas.

Pour en dire ici ma pensée, j'écoute peu les déclamations contre la jeunesse d'à présent, et tiens fort suspectes les plaintes qu'en font certaines gens, me rappelant toujours le mot, *vengeons-nous par en médire* (si on médisait seulement ! mais on va plus loin) ; pourtant il doit y avoir du vrai dans ces discours, et je commence à me persuader que la jeunesse séculière, sans mériter d'être sabrée, foulée aux pieds, ou fusillée, peut ne valoir guere aujourd'hui, puisque même ces jeunes prêtres, dans leurs pacifiques fonctions, montrent de telles dispositions, bien éloignées de la sagesse et de la retenue de leurs anciens. Je vous ai déjà cité, messieurs, notre bon curé de Véretz, qui semble un père au milieu de nous ; mais celui d'Azai, que remplace le séminariste, n'avait pas moins de modération, et s'était fait de même une famille de tous ses paroissiens, partageant leurs joies, leurs chagrins, leurs peines comme leurs amusements, où de fait on n'eût su que reprendre ; voyant très-volontiers danser filles et garçons, et principalement sur la place ; car il l'approuvait là bien plus qu'en quelque autre lieu que ce fût, et disait que le mal rarement se fait en public. Aussi trouvait-il à merveille que le rendez-vous des jeunes filles et de leurs prétendus fût sur cette place plutôt qu'ailleurs, plutôt qu'au bosquet ou aux champs, quelque part loin des regards, comme il arrivera quand nos fêtes seront tout à fait supprimées. Il n'avait garde de demander cette suppression, ni de mettre la danse au rang des péchés mortels, ou de recourir aux puissances pour troubler d'innocents plaisirs. Car enfin, ces jeunes gens, disait-il, doivent se voir, se connaître avant de s'épouser ; et où se pourraient-ils jamais rencontrer plus convenablement que là, sous les yeux d leurs amis, de leurs parents et du public, souverain juge en fait de convenance et d'honnêteté?

Ainsi raisonnait ce bon curé, regretté de tout le pays, homme de bien s'il en fut oncques, irréprochable dans ses mœurs et dans sa conduite, comme sont aussi, à vrai dire, les jeunes prêtres successeurs de ces anciens-là ; car il ne se peut voir rien de plus exemplaire que leur vie. Le clergé ne vit pas maintenant comme autrefois, mais il fait paraître en tout une régularité digne des temps apostoliques. Heureux effet de la pauvreté! heureux fruit de la persécution soufferte à cette grande époque où Dieu visita son Église! Ce n'est pas un des moindres biens qu'on doive à la révolution, de voir non-seulement les curés, ordre respectable de tout temps, mais les évêques, avoir des mœurs.

Toutefois, il est à craindre que de si excellents exemples, faits pour grandement contribuer au maintien de la religion, ne soient en pure perte pour elle, par l'imprudence des nouveaux prêtres, qui la rendent peu aimable au peuple, en la lui montrant ennemie de tout divertissement, triste, sombre, sévère, *n'offrant de tous côtés que pénitence à faire et tourments mérités*, au lieu de prêcher sur des textes plus convenables à présent : *Sachez que mon joug est léger*; ou bien celui-ci : *Je suis doux et humble de cœur*. On ramènerait ainsi des brebis égarées, que trop de rigueur effarouche. Quelque grands que soient nos péchés, nous n'avons guère maintenant le temps de faire pénitence : il faut semer et labourer. Nous ne saurions vivre en moines, en dévots de profession, dont toutes les pensées se tournent vers le ciel. Les règles faites pour eux, détachés de la terre, *et comme du fumier regardant tout le monde*, ne conviennent point à nous qui avons ici-bas et famille et chevance, comme dit le bonhomme, et malheureusement tenons à toutes ces choses. Puis, que faisons-nous de mal, quand nous ne faisons pas bien, quand nous ne travaillons pas? Nos délassements, nos jeux, les jours de fête, n'ont rien de blâmable en eux-mêmes, ni par aucune circonstance. Car ce qu'on allègue au sujet de la place d'Azai, pour nous empêcher d'y danser; cette place est devant l'église, dit-on; danser là, c'est danser devant Dieu, c'est l'offenser ; et depuis quand? Nos pères y dansaient, plus dévots que nous, à ce qu'on nous dit; nous y avons dansé après eux. Le saint roi David dansa devant l'arche du Seigneur, et le Seigneur le trouva bon; il en fut aise, dit l'Écriture; et nous qui ne sommes saints ni rois, mais honnêtes gens néanmoins, ne pourrons danser devant notre église, qui n'est pas l'arche, mais sa figure, selon les sacrés interprètes! Ce que Dieu aime de ses saints, de nous l'offense; l'église d'Azai sera profanée du même acte qui sanctifia l'arche et le temple de Jérusalem! Nos curés, jusqu'à ce jour, étaient-ils mécréants, hérétiques, impies, ou prêtres catholiques, aussi sages pour le moins que des séminaristes? Ils ont approuvé de tels plaisirs, et pris part à nos amusements, qui ne pouvaient scandaliser que les élèves du picpus. Voilà quelques-unes des raisons que nous opposons au trop de zèle de nos jeunes réformateurs.

Partant, vous déciderez, messieurs, s'il ne serait pas convenable de nous rétablir dans le droit de danser, comme auparavant, sur la place d'Azai, les dimanches et les fêtes; puis vous pourrez examiner s'il est temps d'obéir aux moines et d'apprendre des oraisons, lorsqu'on nous couche en joue de près, à bout touchant; lorsqu'autour de nous toute l'Europe en armes fait l'exercice à feu, ses canons en batterie, et la mèche allumée.

Véretz, 15 juillet 1822.

RÉPONSE AUX ANONYMES

QUI ONT ÉCRIT DES LETTRES

A PAUL-LOUIS COURIER, VIGNERON

(1822.)

I.

Je reçois quelquefois des lettres anonymes : les unes, flatteuses, me plaisent, car j'aime la louange; d'autres, moqueuses, piquantes, me sont moins agréables, mais beaucoup plus utiles : j'y trouve la vérité, trésor inestimable, et souvent des avis que ne me donneraient peut-être aucuns de ceux qui me veulent le plus de bien. Afin donc que l'on continue à m'écrire de la sorte, pour mon très-grand profit, je réponds à ces lettres par celle-ci imprimée, n'ayant autre moyen de la faire parvenir à mes correspondants, et répondrai de même à tous ceux qui voudraient me faire part de leurs sentiments sur ma conduite et mes écrits. Un pareil commerce, sans doute, aurait quelques difficultés sous ces gouvernements faibles, peureux, ennemis de toute publicité; serait même de fait impossible sans la liberté de la presse, dont nous jouissons, comme dit bien M. de Broë, dans toute son étendue, depuis la restauration. Si la presse n'était pas libre, comme elle l'est par la Charte, il pourrait arriver qu'un commissaire de police saisît chez l'imprimeur toute ma correspondance; qu'un procureur du roi envoyât en prison et l'imprimeur, et moi, et mon libraire, et mes lecteurs. Ces choses se font dans les pays où règne un pouvoir odieux, complice de quelques-uns et ennemi de tous. Mais en France, heureusement, sous l'empire des lois, de la constitution, de la Charte jurée, sous un gouvernement ami de la nation et cher à tout le monde, rien de tel n'est à craindre. On dit ce que l'on pense; on imprime ce qui se dit, et personne n'a peur de parler ni d'entendre. J'imprime donc ceci, non pour le public, mais pour ces personnes seulement qui me font l'honneur de m'écrire sans me dire leur nom ni leur adresse.

Paul-Louis Courier, vigneron de la Chavonnière, bûcheron de la forêt de Larçay, laboureur de la Filonnière, de la Houssière, et autres lieux, à tous anonymes inconnus qui ces présentes verront, salut :

J'ai reçu la vôtre, signée *le trop rusé marquis d'Effiat;* elle m'a diverti, instruit, par les curieuses notes qu'elle contient sur l'histoire ancienne et moderne;

Et la vôtre, timbrée de Béfort, non signée, où vous me reprochez d'une façon peu polie, mais franche, que je ne suis point modeste. M'examinant là-dessus, j'ai trouvé qu'en effet je ne suis pas modeste, et que j'ai de moi-même une haute opinion; en quoi je puis me tromper, comme bien d'autres. Vous en jugez ainsi à tort et par envie, à ce qu'il me paraît : toutefois l'avis est bon, et, pour en profiter, j'userai des formules dont se couvre l'estime que chacun fait de soi, heureuse invention de nos académies! Je dirai de mes écrits, qui sont assurément les plus beaux de ce siècle : Faibles productions qu'accueille avec bonté le public indulgent; et de moi : Le premier homme du monde sans contredit, votre très-humble serviteur, vigneron, quoique indigne.

Dans celle-ci, venant d'Amiens, sans signature pareillement, vous dites, monsieur, que je serai pendu. Pourquoi non? D'autres l'ont été, d'aussi bonne maison que moi : le président Brisson, honnête homme et savant, pour avoir conseillé au roi de se défier des courtisans, fut pendu par les Seize, royalistes quand même, défenseurs de la foi, de l'autel et du trône. Il demanda, comme grâce, de pouvoir achever, avant qu'on le pendît, son *Traité des usages et coutumes de Perse*, qui devait être, disait-il, une tant belle œuvre. Peu de chose y manquait; c'eût été bientôt fait. Il ne fut non plus écouté que le bon homme Lavoisier depuis, en cas pareil, et Archimède jadis. Parmi tous ces grands noms, je n'ose me placer; mais pourtant j'ai aussi quelque chose à finir, et l'on va me juger, et je vois bien des Seize. Tout beau, soyons modeste.

Dans la vôtre, monsieur, qui m'écrivez de Paris, vous me dites...... voici vos termes : « Je suis de vos amis, monsieur, et comme tel je vous dois un avis. On va vous remettre en prison ; c'est une chose résolue, et je le sais de bonne part, non pas pour votre pétition des villageois qui veulent danser, écrit innocent et bénin, où personne n'a rien vu qui pût offenser le parti régnant. C'est le prétexte tout au plus, l'occasion qu'on cherchait pour vous persécuter, mais non le vrai motif. On vous en veut parce que vous êtes orléaniste, ami particulier du duc d'Orléans. Vous l'avez loué dans quelques brochures, vous êtes du parti d'Orléans. Voilà ce qui se dit de vous, et que bien des gens croient, non pas moi. Je juge de vous tout autrement. Vous n'êtes point orléaniste, ami et partisan du duc : vous n'aimez aucun prince, vous êtes républicain. »

Ce sont vos propres mots. Suis-je donc républicain? J'ai lu de bons auteurs, et réfléchi longtemps sur le meilleur gouvernement. J'y pense même encore à mes heures de loisir : mais j'avance peu dans cette recherche, et, loin d'avoir acquis par de telles études l'opinion décidée que vous me supposez, je trouve, s'il faut l'avouer, que plus je médite, et moins je sais à quoi m'en tenir; d'où vient que dans la conversation et bien des gens m'en font un reproche) aisément je me range, sans nulle complaisance, à l'avis de ceux qui me parlent, pourvu qu'ils aient un avis, et non de simples intérêts, sur ces grandes questions, débattues de nos jours avec tant de chaleur. Je conteste fort peu : j'aime la liberté par instinct, par nature. Je serais républicain avec vous en causant, car vous l'êtes, je le vois bien, et vous m'étaleriez toutes les bonnes raisons qui se peuvent donner en faveur de ce gouvernement. Vous n'auriez point de peine à me gagner : mais bientôt, rencontrant quelqu'un qui me dirait et montrerait par vives raisons qu'il peut y avoir liberté dans la monarchie, s'il n'allait même jusqu'à prétendre (car c'est l'opinion de plusieurs, et elle se peut soutenir) qu'il n'y a de liberté que dans la monarchie, alors je passerais de ce côté, abandonnant la république, tant je suis maniable, docile, doutant de mes propres idées, en tout aisé à convertir, pour peu qu'on me veuille prêcher, non forcer.

Et voilà le tort qu'ont avec moi les gouvernants et leurs agents : ils ne causent jamais, ne répondent à rien. Je leur dis qu'il ne faut pas nous faire payer Chambord, et le prouve de mon mieux, assez clairement, ce me semble. Étant d'avis contraire, s'ils daignaient s'expliquer, s'ils entraient en propos, on verrait leurs raisons, et le moindre discours, fondé sur quelque apparence de bon sens, m'amènerait aisément à croire que je me trompe; qu'acheter Chambord est pour nous la meilleure affaire, et que nous avons de l'argent de reste. On m'a persuadé des choses plus étranges; mais ils ne répondent mot, et me mettent en prison. Quel argument, je vous prie? Est-ce là raisonner? Dès lors plus de doute. J'ai dit la vérité; j'abonde dans mon sens, et n'en veux pas démordre : ma remarque subsiste. Me voilà convaincu, et le public avec moi, qu'ils ne savent que dire, qu'ils n'ont pas même pour eux de mauvaises raisons; que, ne voulant s'amender ni s'avouer dans l'erreur, c'est le vrai qui les fâche; et je triomphe en prison.

Une autre fois je les avertis que de jeunes curés dans nos campagnes, par un zèle indiscret, compromettent la religion, en éloignent le peuple au lieu de l'y ramener. Que font mes gouvernants là-dessus? Vous croyez qu'ils vont examiner si je dis vrai, afin d'y apporter remède. J'en use de la sorte, et vous aussi, je pense, quand on vous donne quelque avis. Mais des ministres, fi! ce serait s'abaisser; ce serait ce qu'à la cour on nomme recevoir la loi des sujets. Sans rien examiner, on me remet en prison, et je triomphe encore, comme Wackefield à Newgate : il y mourut. Voici l'histoire :

C'était un homme de bien, fameux par son savoir. Les ministres, voulant augmenter le budget, vantaient l'économie et la gloire que ce serait à la nation anglaise à payer plus d'impôts qu'aucune de l'Europe. Les impôts, selon eux, ne pouvaient être trop forts. Que l'on ôte à chacun la moitié de son bien, le rapport des fortunes entre elles restant le même, personne n'est appauvri. Si, disaient-ils, une maison s'enfonçait d'un étage ou deux, en gardant son niveau, elle en serait plus solide. Ainsi la réduction de toutes les fortunes au profit du trésor consolide l'État, et cette réduction est une chose en soi absolument indifférente. Oui, bien pour vous, dit Wackefield dans un écrit célèbre alors, pour vous qui habitez le haut de la maison; mais nous, dans les étages bas, nous sommes enterrés, monseigneur. Ce mot parut séditieux, offensant le roi, la morale, subversif de l'ordre social; et le bon Wackefield, traduit devant ses juges naturels qui tous dépendaient des ministres, avec un avocat également naturel qui dépendait des juges, son procès instruit dans la forme, s'entendit condamner à trois ans de prison. Il n'y fut pas ce temps : au bout de quelques mois, malade, ses amis, comme il était peu riche, avaient souscrit entre eux pour que sa femme et ses enfants pussent loger près de la prison; mais l'autorité s'y opposant au nom de l'ordre social, il mourut sans secours, sans consolation, moins à plaindre que ceux qui le persécutaient; car il avait pour lui l'approbation publique, l'assurance d'avoir bien dit et bien fait. Mais ils vécurent eux, dévorés de soucis, de rage ambitieuse, ou se coupèrent le cou, las de mentir, de tromper, d'augmenter le budget, et de faire curée des entrailles du peuple à de lâches courtisans.

Ainsi périt Wackefield pour une seule parole. Rien n'est si dangereux que de parler à ceux qui sont forts et veulent de l'argent : c'est la bourse à la main qu'il faut répondre. Eh bien! connaissant ces exemples, que n'en profitiez-vous? De semblables leçons devaient vous rendre sage, même avant celle que vous avez eue en votre personne; voilà ce qu'on me dit. Pourquoi écrire enfin? et qui diantre vous pousse à vous faire imprimer? Ne sauriez-vous vous taire, et, comme dit Boileau, imiter de Conrart le silence prudent? Ce Conrart, bel esprit, par principe de conduite, parlait peu et n'écrivait point; il réussit dans le monde, et fut de l'Académie : car alors aussi on faisait académiciens ceux qui n'écrivaient point, sans toutefois mettre en prison ceux qui écrivaient. Vous, Paul-Louis, vous deviez être non-seulement prudent, mais muet, afin, sinon de parvenir à l'Académie, de vivre en paix du moins. Il fallait vous tenir coi, tailler votre vigne, non votre plume; vous faire petit, ne bouger, de peur d'être le moins du monde aperçu, entendu. On vous guettait, vous le voyez; on ne vous pardonnera pas. Pourquoi cela, monsieur l'anonyme, s'il vous plaît? On a bien pardonné à M. Pardessus. Mais écoutez encore, avant que je réponde, écoutez ce récit, qui ne vous tiendra guère.

Un écrivain célèbre en Angleterre, auteur d'un des meilleurs ouvrages que l'on ait jamais fait, l'auteur de *Robinson*, Daniel de Foe, publia un écrit tendant à insinuer que les dépenses de la cour étaient considérables. Aussitôt les ministres le livrent à leurs juges. On le mit en prison; il écrivit encore, on le mit au carcan. Ses amis le blâmaient; mais il leur répondit : Il ne dépend pas de moi de parler ou de me taire; et lorsque l'esprit souffle, il faut lui obéir. C'était le langage du temps. On tirait tout de l'Écriture, comme à présent de Jean-Jacques. On parlait la Bible, aujourd'hui on parle Rousseau. Un abbé met en pièces Émile, pour prêcher aux indifférents en matière de religion.

Quant à moi, ce n'est pas l'esprit, c'est la sottise qui me fait aller en prison. J'ai cru bonnement à la Charte; j'ai donné dans la Charte en plein, je le confesse, à ma très-grande honte; et pourtant de plus fins y ont été pris comme moi. De ma vie, sans la Charte, je n'eusse imaginé de parler au public de ce qui l'intéresse. Robespierre, Barras et le grand Napoléon, depuis plus de vingt ans, m'avaient appris à me taire : Bonaparte surtout; ce héros ne trompait pas. Il ne nous baillait pas le lièvre par l'oreille, jamais ne nous leurra de la liberté de la presse ni d'aucune liberté. Un peu Turc dans sa manière, il mettait au bagne ce bon peuple, mais sans l'abuser le moins du monde ; et ne nous cacha point sa royale pensée, qui fut toujours d'avoir en propre nos corps et nos biens seulement. Des âmes, il en faisait peu de cas : ce n'est que depuis lui qu'on a compté les âmes. Voulant parler tout seul, il imposa silence à nous premièrement, puis à l'Europe entière, et le monde se tut : personne ne souffla, homme ne s'en plaignit ; ayant cela de commode, qu'avec lui on savait du moins à quoi s'en tenir. J'aime cette façon, et j'ai tâté de l'autre. La Charte vint, on me dit : Parlez, vous êtes libre, écrivez, imprimez ; la liberté de la presse et toutes libertés vous sont garanties. Que craignez-vous ? Si les puissants se fâchent, vous avez le jury et la publicité, le droit de pétition ; vos députés à vous, élus, nommés par vous. Ils ne souffriraient pas que l'on vous fasse tort. Parlez un peu pour voir ; dites-nous quelque chose. Moi pauvre, qui ne connaissais pas le gouvernement provocateur, pensant que c'était tout de bon, j'ouvre la bouche, et dis : Je voudrais, s'il vous plaisait, ne pas payer Chambord. Sur ce mot, on me prend, on me met en prison. Sorti, je ne pus croire, tant j'étais de mon pays, qu'il n'y eût à cela quelque malentendu. Ils m'auront mal compris, me disais-je, assurément. Un peu de sens commun (chose rare !) eût suffi pour me tirer d'erreur : mais, imbu de ma Charte et de mes garanties, persuadé qu'on m'écouterait sans mauvaise humeur, cette fois je hasarde une autre requête. Si c'était, dis-je, tenant mon chapeau à deux mains, si c'était votre bon plaisir de nous laisser danser devant notre logis le dimanche........ Gendarmes, qu'on le mène en prison ; maximum de la peine, amende, etc. Du jury, point de nouvelles ; droit de pétition, chansons ; mes députés, ils sont à moi comme mon préfet à peu près. La publicité des jugements ; savez-vous, monsieur, ce que c'est ? Mes ennemis pourront, s'ils le jugent à propos, imprimer ma défense dans des feuilles à eux, me faire dire cent sottises ; à eux il est permis de déduire mes raisons comme ils veulent au public ; à moi, à mes amis, défendu d'en dire mot, de réfuter, de démentir en aucune façon les réponses absurdes et les impertinences qu'il leur aura plu m'attribuer. Voilà ce que je gagne à la publicité des débats judiciaires. Heureux, cent fois heureux, ceux que Laubardemont faisait condamner à huis clos, par ordre de Son Éminence! ils étaient opprimés, mais non déshonorés.

Ce langage est monarchique, de tels sentiments ne sont point du tout républicains; et si je me contente, en pareille matière, des formes usitées sous ce grand cardinal, je ne suis pas si Romain que vous l'imaginez. Sur quel fondement? je ne sais, et ne devine pas davantage ce qui vous a pu faire croire que je n'aimais ni le duc d'Orléans, ni aucun prince. Assurément rien n'est plus loin de la vérité. J'aime, au contraire, tous les princes, et tout le monde en général; et le duc d'Orléans particulièrement (voyez comme vous vous trompiez), parce qu'étant né prince il daigne être honnête homme. Du moins n'entends-je point dire qu'il attrape les gens. Nous n'avons, il est vrai, aucune affaire ensemble, ni pacte, ni contrat. Il ne m'a rien promis, rien juré devant Dieu; mais, le cas avenant, je me fierais à lui, quoiqu'il m'en ait mal pris avec d'autres déjà. Si faut-il néanmoins se fier à quelqu'un. Lui et moi nous n'aurions, m'est avis, nulle peine à nous accommoder; et l'accord fait, je pense qu'il le tiendrait sans fraude, sans chicane, sans noise, sans en délibérer avec de vieux voisins, gentilshommes et autres, qui ne me veulent point de bien, ni en consulter les jésuites. Voici ce qui me donne de lui cette opinion. Il est de notre temps, de ce siècle-ci, non de l'autre, ayant peu vu, je crois, ce qu'on nomme ancien régime. Il a fait la guerre avec nous, d'où vient, dit-on, qu'il n'a pas peur des sous-officiers: et depuis, émigré malgré lui, jamais ne la fit contre nous, sachant trop ce qu'il devait à la terre natale, et qu'on ne peut avoir raison contre son pays. Il sait cela, et d'autres choses qui ne s'apprennent guère dans le rang où il est. Son bonheur a voulu qu'il en ait pu descendre, et, jeune, vivre comme nous. De prince, il s'est fait homme. En France, il combattait nos communs ennemis; hors de France, les sciences occupaient son loisir. De lui n'a pu se dire le mot: Rien oublié ni rien appris. Les étrangers l'ont vu s'instruire, et non mendier. Il n'a point prié Pitt ni supplié Cobourg de ravager nos champs, de brûler nos villages, pour venger les châteaux; de retour, n'a point fondé des messes, des séminaires, ni doté des couvents à vos dépens; mais, sage dans sa vie, dans ses mœurs, donne un exemple qui prêche mieux que les missionnaires. Bref, c'est un homme de bien. Je voudrais, quant à moi, que tous les princes lui ressemblassent; aucun d'eux n'y perdrait, et nous y gagnerions : ou je voudrais qu'il fût maire de la commune; j'entends, s'il se pouvait (hypothèse toute pure), sans déplacer personne; je hais les destitutions. Il ajusterait bien des choses, non-seulement par cette sagesse que Dieu a mise en lui, mais par une vertu non moins considérable et trop peu célébrée : c'est son économie, qualité si l'on veut bourgeoise, que la cour abhorre dans un prince, et qui n'est pas matière d'éloge académique, ni d'oraison funèbre; mais pour nous si précieuse, pour nous administrés, si belle dans un maire, si... comment dirai-je? divine qu'avec celle-là je le tiendrais quitte quasi de toutes les autres.

Lorsque j'en parle ainsi, ce n'est pas que je le connaisse plus que vous, ni peut-être autant, ne l'ayant même jamais vu. Je ne sais que ce qui se dit; mais le public n'est point sot, et peut juger les princes, car ils vivent en public. Ce n'est pas non plus que je veuille être son garde-champêtre, au cas qu'il devienne maire. Je ne vaux rien pour cet emploi, ni pour quelque autre que ce soit : capable tout au plus de cultiver ma vigne, quand je ne suis pas en prison. J'y serais, je crois, moins souvent; mais cela même n'étant pas sûr, je puis dire que tout changement dans la mairie et les adjoints, pour mon compte, m'est indifférent. Au reste, ce qu'on pense de lui généralement, vous l'avez pu voir ou savoir ces jours-ci, lorsqu'il parut au théâtre avec sa famille. On ne l'attendait pas; l'assemblée n'était point composée, préparée comme il se pratique pour les grands. C'était bien là le public, et il n'y avait rien que l'on pût soupçonner d'être arrangé d'avance. La police n'eut point de part aux marques d'affection qui lui furent données en cette occasion; ou si de fait elle était là, comme on le peut croire aisément, partout invisible et présente, ce n'était pas pour accueillir le duc d'Orléans. Il entra, on le vit; et les mains et les voix applaudirent de toutes parts. On n'a point mis, que je sache, le parterre en jugement, ni traduit l'assemblée à la salle Saint-Martin. Aussi ne crois-je pas, moi qui l'ai loué moins haut de ce qu'il a fait de louable, que ce soit pour cela qu'on me réemprisonne. Mais vous pouvez être là-dessus beaucoup mieux instruit.

Ainsi, contre votre opinion, monsieur, j'aime le duc d'Orléans; mais son ami, je le ne suis pas, comme ces gens le croient, dites-vous. A moi tant d'honneur n'appartient; et, sans vouloir examiner (ce dont on a douté quelquefois) si les princes ont des amis, ou si lui, moins prince qu'un autre, ne pourrait pas faire exception, je vous dirai que j'ai toujours ri de Jean-Jacques Rousseau, philosophe, qui ne put souffrir ses égaux, ni s'en faire supporter, et en toute sa vie crut n'avoir eu d'ami que le prince de Conti.

Bien moins suis-je son partisan ; car il n'a point de parti, premièrement. Le temps n'est plus où chaque prince avait le sien, et jamais je ne serai du parti de personne. Je ne suivrai pas un homme, ne cherchant pas fortune dans les révolutions, contre-révolutions, qui se font au profit de quelques-uns. Né d'abord dans le peuple, j'y suis resté par choix. Il n'a tenu qu'à moi d'en sortir comme tant d'autres qui, pensant s'ennoblir, de fait ont dérogé. Quand il faudra opter suivant la loi de Solon, je serai du parti du peuple, des paysans comme moi.

Accusez réception, s'il vous plaît, de la présente.

II.

Véretz, le 6 février 1823.

Vous êtes deux qui m'engagez à faire encore des pétitions. A votre aise vous en parlez, et vous n'irez pas en prison pour les avoir lues. Mais moi, voyez ce qu'a pensé me coûter la dernière. Quinze mois de cachot et mille écus d'amende, sont-ce des bagatelles? De combien s'en est-il fallu que je ne fusse condamné? Les juges ont trouvé mon fait répréhensible, et plus répréhensible encore mon intention. La police, dans sa plainte, me dénonce comme un homme profondément pervers: messieurs de la police m'ont déclaré pervers, et ont signé Delavau, Vidocq, etc. Je prenais patience. Mais ce procureur du roi, m'accuser de cynisme ! Sait-il bien ce que c'est, et entend-il le grec ? *Cynos* signifie chien; cynisme, acte de chien. M'insulter en grec, moi helléniste juré! j'en veux avoir raison. Lui rendant grec pour grec, si je l'accusais d'*ânisme*, que répondrait-il ? mot. Il serait étonné. Quand il me donne du chien, si je lui donne de l'âne, pourvu toutefois que ce ne soit pas dans l'exercice de ses fonctions, serons-nous quittes? je le crois.

Voilà pourtant, mes chers anonymes, comme on traite votre correspondant, pour avoir demandé à danser le dimanche; et notez bien, peut-être n'aurais-je pas dansé, s'il m'eût été permis : on n'use pas de toute permission qu'on obtient. Peut-être ensuite m'eût-on fait danser malgré moi ; car ces choses arrivent : tel, dont je tais le nom, sollicita la guerre, et, contraint de la faire, enrage. Mais que serait-ce, si j'allais demander, comme vous le voulez, la punition du prêtre qui a tué sa maîtresse, ou le mariage de celui qui a rendu la sienne grosse? Alors triompherait le procureur du roi ; la morale religieuse me poursuivrait, aidée de la morale publique et de toutes les morales, hors celle que nous connaissons, que longtemps nous avons crue la seule.

D'ailleurs je ne suis pas si animé que vous contre ce curé de Saint-Quentin. Je trouve dans son état de prêtre de quoi, non l'excuser, mais le plaindre. Il n'eût pas tué assurément sa seconde maîtresse, s'il eût pu épouser la première devenue grosse, et qu'il a tuée aussi, selon toute apparence. Voici comme on conte cela, dont vous semblez mal informés.

Il s'appelle Mingrat ; n'avait guère plus de vingt ans quand, au sortir du séminaire, on le fit curé de Saint-Opre, village à six lieues de Grenoble. Là, son zèle éclata d'abord contre la danse et toute espèce de divertissement. Il défendit ou fit défendre par le maire et le sous-préfet, qui n'osèrent s'y refuser, les assemblées, bals, jeux champêtres, et fit fermer les cabarets, nonseulement aux heures d'office, mais, à ce qu'on dit, tout le jour les dimanches et fêtes. Je n'ai pas de peine à le croire ; nous voyons le curé de Luynes défendre aux vignerons de boire le jour de Saint-Vincent, leur patron. L'autre entreprit de réformer l'habillement des femmes. Les paysannes en manches de chemise, ayant le bras tout découvert, lui parurent un scandale affreux.

Remarquez que sur ce point les prêtres ont varié. Menot, du temps de Henri II, prêcha contre les nudités en termes moins décents peut-être que la chose qu'il reprenait. Aussi firent Maillard, Barlette, Feu-Ardent et le petit Feuillant. C'est même le texte ordinaire de leurs sermons, qu'on a encore. Mais depuis, sous Louis XIV vieux, un curé trouva fort mauvais que la duchesse de Bourgogne vînt à l'église en habit de chasse qui boutonnait jusqu'au menton, et avait des manches. Il la renvoya s'habiller, hautement loué du roi et de la cour. La duchesse alla s'habiller, et revint bientôt à peu près nue, les épaules, les bras, le dos, le sein découverts, la chute des reins bien marquée. C'était l'habit décent, et elle fut admise à faire ses dévotions.

Mais l'abbé Mingrat ne souffrait point qu'un bras nu se montrât à l'église, et même ne pouvait sans horreur, dans les vêtements d'une femme, soupçonner la forme du corps. Ami du temps passé d'ailleurs, il prêchait les vieilles mœurs à l'âge de vingt ans, la restauration, la restitution, tonnant contre la danse et les manches de chemise. Les autorités le soutenaient, les hautes classes l'encourageaient, le peuple l'écoutait, les gendarmes aussi et le garde-champêtre, qui jamais ne manquaient au sermon. Enfin, il voulait rétablir, d'accord avec ses supérieurs, la pureté de l'ancien régime. Pour y mieux réussir, il forma chez sa tante, venue avec lui à Saint-Opre, une école de petites filles, auxquelles elle montrait à lire, les instruisant et préparant pour la communion. Il assistait aux leçons, dirigeait l'enseignement. Deux déjà parmi elles approchaient de quinze ans, et lui parurent mériter une attention particulière. Il les fit venir chez lui, distinction enviée de toutes leurs compagnes, flatteuse pour leurs parents. Ces jeunes filles donc vont chez le jeune curé. Partout cela se fait depuis quelques années, aux champs comme à la ville ; les magistrats l'approuvent, et les honnêtes gens en augurent le prompt rétablissement des mœurs. Elles y allaient souvent, ensemble ou séparées ; c'était pour écouter des lectures chrétiennes, répéter le catéchisme, apprendre des versets, des psaumes, des oraisons ; et tant y allèrent, qu'à la fin une d'elles se sent mal à l'aise, souffrante ; elle avait des maux de cœur.

Lisez l'histoire, et comparez, monsieur l'anonyme, le passé avec le présent. Pour moi, je ne fais autre chose ; c'est la meilleure étude qu'il y ait. Je trouve que, du temps de nos pères, Guillaume Roze, étant curé d'une paroisse de Paris, catéchisait de jeunes filles, qui s'assemblaient pour recevoir les pieuses leçons chez une dame. Là venait entre autres assidûment la fille unique, âgée de treize à quatorze ans, du président de Neuilly, qui bientôt fut grosse des œuvres de l'abbé Guillaume. Au temps des bonnes mœurs, pareille chose arrivait sans qu'on y prît trop garde, quand les filles n'avaient point de père président. Celui-ci porta plainte; on décréta Guillaume; le clergé intervint. La justice n'a jamais beau jeu contre le clergé, qui d'abord ne veut pas qu'on le juge, et en ce temps-là menait le peuple. Messire Guillaume se moqua du parlement, du président, et de la fille, et de l'enfant, puis fut évêque de Senlis, dévoué au pape son créateur, comme on dit à Rome.

De ce genre est un autre fait moins ancien, mais horrible, et par là plus semblable à celui de Mingrat. Il n'y a pas quarante ans que, dans un couvent près de Nogent-le-Rotrou, on élevait de jeunes demoiselles sous la direction d'un saint homme prêtre, abbé, qui les confessait, les instruisait, catéchisait, et continua longues années, sans qu'on eût de lui nul soupçon. Mais à la fin on découvrit qu'il en avait séduit plusieurs, et que quand une devenait grosse, il l'empoisonnait, la gardait, écartant d'elle tout le monde, sous prétexte de confession ou d'exhortation à la mort, ne la quittait point qu'elle ne fût morte, ensevelie, enterrée. De tels faits rarement parviennent à la connaissance du public. Le saint personnage fut enlevé secrètement et enfermé, suivant la coutume d'alors. Retournons à l'abbé Mingrat.

Cette enfant se trouve grosse, ne sachant comment faire, ayant peur de sa mère, va se confesser au curé d'un village non loin de celui-là, à un homme tout différent de Mingrat. Il laissait danser, ne songeait point aux manches de chemise. La pauvrette lui dit son malheur, et, refusant de déclarer qui en était cause, ne voulait accuser qu'elle seule. Mais, lui dit le curé, ma fille, est-il marié cet homme? — Non. — Il faut l'épouser. — Impossible! Elle se trompait; car qui peut empêcher un homme de se marier, s'il ne l'est? de faire une épouse de celle qu'il a rendue mère? quelle loi le défend? quelle morale? Elle devait dire, pauvre enfant: Dieu, les hommes, le bon sens, la nature, l'Évangile et la religion le veulent; mais le pape ne veut pas; et pour cela je meurs, pour cela je suis perdue. Ainsi à peine répondait-elle, avec plus de sanglots que de mots, aux questions de ce bon curé, qui enfin pourtant, parvenu à lui faire nommer l'abbé Mingrat, dès le soir même alla chez lui et lui parla. L'autre se fâche au premier mot, s'emporte et crie contre le siècle, accusant Voltaire et Rousseau, et la philosophie, et la corruption de la révolution. Le bon homme eut beau dire et faire, il n'en put tirer autre chose. Au bout de quelques jours la fille disparut, sans que jamais parents ni amis en pussent avoir de nouvelles. On en demanda de tous côtés et longtemps inutilement; on finit par n'y plus penser. Voilà la première partie de l'histoire du curé Mingrat.

La seconde est connue par les papiers publics, où vous avez pu voir comment, à cause des bruits qui couraient, on le transféra de Saint-Opre à la cure de Saint-Quentin. C'est la discipline. Quand un prêtre a donné quelque part du scandale, on l'envoie ailleurs. Dans les cas graves seulement, il est suspendu *a sacris*, privé pour un temps de dire messe; et si la justice s'en mêle, le clergé proteste aussitôt; car on ne peut juger les oints. Le curé de Pezay en Poitou, l'abbé Gelée, ex-capucin, ayant commis là une grosse et visible faute contre son vœu de chasteté, la justice se tut, malgré toutes les plaintes; on le transféra où il est, et ne semble pas corrigé, comme ne le fut point l'abbé Mingrat, qui dans sa nouvelle paroisse, redoublant de sévérité, fit la guerre plus que jamais à la danse et aux manches de chemise. Certaine dévote bientôt, femme d'un tourneur, jeune et belle, le prit pour confesseur, et le voyait chez elle souvent, sans qu'on en causât néanmoins, car elle passait pour très-sage. Un soir qu'elle était venue sur le tard à confesse, il la retint longtemps, puis l'envoie voir sa tante, qui demeurait chez lui, mais qu'il savait, absente, ne devoir point revenir ce jour-là; et partant par un autre chemin, arrive avant cette femme, entre, quand elle vint la fit entrer. Ce qui se passa là dedans, on l'ignore. Il l'emporta morte dans une grotte près du village, où, avec un couteau de poche, l'ayant dépecée par morceaux, un à un, il les alla jeter dans la rivière; c'est l'Isère. Ces lambeaux, quelque temps après, furent trouvés flottants sur l'eau, et réunis et reconnus, comme le couteau plein de sang oublié lui dans la grotte. Alors on se souvint de la fille de Saint-Opre.

Vous savez aussi comme il s'est soustrait aux poursuites, qui n'eussent pas eu lieu sans le maire. Par le maire seul tous les faits furent constatés, publiés malgré les dévots et le clergé, qui ne voulaient pas qu'on en parlât. Telle est leur maxime de tout temps. S'il arrive, dit Fénelon, que le prêtre fasse une faute, on doit modestement baisser les yeux et se taire. Mais le bruit d'un acte si atroce s'étant promptement répandu, on essaya d'en jeter le soupçon sur quelque autre. Même un grand vicaire à Grenoble, l'abbé Bochard, prêcha un sermon tout exprès sur les jugements téméraires, disant : « Mes frères, prenez garde ; tel peut vous paraître coupable, qui, par son devoir, est tenu, lui en dût-il coûter et l'honneur et la vie, de celer le crime d'autrui, et la malice d'autre part est si grande en ce siècle-ci, que, pour se laver, on ne craint point de calomnier et de noircir les plus gens de bien. » C'était le mari de cette femme qu'on indiquait par là comme son vrai meurtrier, et le curé comme un martyr du secret de la confession. Cette pieuse invention, soutenue de toute la cabale dévote, aurait peut-être réussi et donné le change au public, sans le maire de Saint-Quentin, qui, n'étant dévot ni dévoué, mais honnête homme seulement, par une information qu'il fit, força la justice d'agir. Le curé ne fut pas arrêté, parce que le Seigneur a dit : Gardez de toucher à mes oints. Condamné comme contumace, il s'est retiré en Savoie, où maintenant il passe pour un saint et fait des miracles. On vient à lui de la vallée, de la montagne, en pèlerinage ; on accourt, les femmes surtout, le voir, lui demander sa bénédiction. Cette main les bénit ; il leur tend cette main qu'elles baisent, femmes et filles, sans penser, sans frémir, sachant ce qu'il a fait ; car d'un lieu si voisin, personne ne l'ignore. Mais on lui pardonne beaucoup, parce qu'il a beaucoup aimé ; ou peut-être il se repent, et dès lors il vaut mieux que quatre-vingt-dix-neuf justes. Qu'il en confesse encore quelqu'une jeune, jolie, et qu'elle lui résiste, il en fera comme des autres, sans perdre pour cela le paradis. Saint Bon avait tué père et mère. Saint Mingrat ne tue que ses maîtresses, et ensuite fait pénitence.

Vous l'appelez hypocrite ; moi je le crois dévot, sincère et de bonne foi. La dévotion s'allie à tout. Lorsqu'on fait en Italie assassiner son ennemi, cela coûte vingt ou dix ducats, selon qu'on veut le damner ou qu'on ne le veut pas. Pour ne le point damner, on lui dit avant de le tuer : Recommande ton âme à Dieu, pardonne-moi, et fais un acte de contrition. Il dit son *In manus*, pardonne, et on l'égorge ; il va en paradis. Mais voulant le damner, on s'y prend autrement. Il faut tâcher de le trouver en péché mortel ; et pour le plus sûr, on lui dit, le poignard levé : Renie Dieu, ou je te tue. Il renie, on le tue ; et il va en enfer. Ces choses se font tous les jours, là où personne ne voudrait, pour rien au monde, avoir goûté d'un potage gras le vendredi. Voilà la dévotion vraie, naïve, non feinte, non suspecte d'hypocrisie. La morale, dit-on, est fondée là-dessus.

Ces gens sont dévots sans nul doute, et Mingrat l'est aussi, amoureux de plus, c'est-à-dire, sujet à l'amour, qui, chez les hommes de sa robe, se tourne souvent en fureur. Un grand médecin l'a remarqué : cette maladie, sorte de rage qu'il appelle érotomanie, semble particulière aux prêtres. Les exemples qu'on en a vus, assez nombreux, sont tous de prêtres catholiques, tels que celui qui massacra, comme raconte Henri Estienne, tous les habitants d'une maison, hors la personne qu'il aimait ; et l'autre dont parle Buffon. Celui-là, parce qu'on sut à temps le lier et le traiter, guérit ; sans quoi il eût commis de semblables violences. Il a lui-même écrit au long, dans une lettre qui depuis est devenue publique, l'histoire de sa frénésie, dont il explique les causes, aisées à concevoir. Dévot et amoureux, jeune, confessant les filles, il voulut être chaste.

Quelle vie en effet, quelle condition que celle de nos prêtres ! on leur défend l'amour, et le mariage surtout ; on leur livre les femmes. Ils n'en peuvent avoir une, et vivent avec toutes familièrement ; c'est peu ; mais dans la confidence, l'intimité, le secret de leurs actions cachées, de toutes leurs pensées. L'innocente fillette, sous l'aile de sa mère, entend le prêtre d'abord, qui bientôt l'appelant, l'entretient seul à seule ; qui, le premier, avant qu'elle puisse faillir, lui nomme le péché. Instruite, il la marie ; mariée, la confesse encore et la gouverne. Dans ses affections il précède l'époux, et s'y maintient toujours. Ce qu'elle n'oserait confier à sa mère, avouer à son mari, lui prêtre le doit savoir, le demande, le sait, et ne sera point son amant. En effet, le moyen ? n'est-il pas tonsuré ? Il s'entend déclarer à l'oreille, tout bas, par une jeune femme, ses fautes, ses passions, ses désirs, ses faiblesses, recueille ses soupirs sans se sentir ému, et il a vingt-cinq ans.

Confesser une femme! imaginez ce que c'est. Tout au fond de l'église, une espèce d'armoire, de guérite, est dressée contre le mur exprès, où ce prêtre, non Mingrat, mais quelque homme de bien, je le veux, sage, pieux, comme j'en ai connu, homme pourtant et jeune (ils le sont presque tous), attend le soir après vêpres sa jeune pénitente qu'il aime; elle le sait : l'amour ne se cache point à la personne aimée. Vous m'arrêterez là : son caractère de prêtre, son éducation, son vœu.... Je vous réponds qu'il n'y a vœu qui tienne; que tout curé de village, sortant du séminaire, sain, robuste et dispos, aime sans aucun doute une de ses paroissiennes. Cela ne peut être autrement; et si vous contestez, je vous dirai bien plus, c'est qu'il les aime toutes, celles du moins de son âge; mais il en préfère une, qui lui semble, sinon plus belle que les autres, plus modeste et plus sage, et qu'il épouserait; il en ferait une femme vertueuse, pieuse, n'était le pape. Il la voit chaque jour, la rencontre à l'église ou ailleurs, et, devant elle assis aux veillées de l'hiver, il s'abreuve, imprudent! du poison de ses yeux.

Or, je vous prie, celle-là, lorsqu'il l'entend venir le lendemain, approcher de ce confessionnal, qu'il reconnaît ses pas et qu'il peut dire, C'est elle, que se passe-t-il dans l'âme du pauvre confesseur? Honnêteté, devoir, sages résolutions, ici servent de peu, sans une grâce du ciel toute particulière. Je le suppose un saint; ne pouvant fuir, il gémit apparemment, soupire, se recommande à Dieu; mais si ce n'est qu'un homme, il frémit, il désire, et déjà malgré lui, sans le savoir peut-être, il espère. Elle arrive, se met à ses genoux, à genoux devant lui, dont le cœur saute et palpite. Vous êtes jeune, monsieur, ou vous l'avez été; que vous semble, entre nous, d'une telle situation? Seuls la plupart du temps, et n'ayant pour témoins que ces murs, que ces voûtes, ils causent; de quoi? hélas! de tout ce qui n'est pas innocent. Ils parlent, ou plutôt murmurent à voix basse, et leurs bouches s'approchent, leur souffle se confond. Cela dure une heure ou plus, et se renouvelle souvent.

Ne pensez pas que j'invente. Cette scène a lieu telle que je vous la dépeins, et dans toute la France; chaque jour se renouvelle par quarante mille jeunes prêtres, avec autant de jeunes filles qu'ils aiment parce qu'ils sont hommes, confessent de la sorte, entretiennent tête à tête, visitent parce qu'ils sont prêtres, et n'épousent point parce que le pape s'y oppose. Le pape leur pardonne tout, excepté le mariage, voulant plutôt un prêtre adultère, impudique, débauché, assassin, comme Mingrat, que marié. Mingrat tue ses maîtresses; on le défend en chaire : ici on prêche pour lui; là on le canonise. S'il en épousait une, quel monstre! il ne trouverait d'asile nulle part. Justice en serait faite bonne et prompte, comme du maire qui les aurait mariés. Mais quel maire oserait?

Réfléchissez maintenant, monsieur, et voyez s'il était possible de réunir jamais en une même personne deux choses plus contraires que l'emploi de confesseur et le vœu de chasteté; quel doit être le sort de ces pauvres jeunes gens, entre la défense de posséder ce que nature les force d'aimer, et l'obligation de converser intimement, confidemment avec ces objets de leur amour; si enfin ce n'est pas assez de cette monstrueuse combinaison pour rendre les uns forcenés, les autres je ne dis pas coupables, car les vrais coupables sont ceux qui, étant magistrats, souffrent que de jeunes hommes confessent de jeunes filles, mais criminels, et tous extrêmement malheureux. Je sais là-dessus leur secret.

J'ai connu à Livourne le chanoine Fortini, qui peut-être vit encore, un des savants hommes d'Italie, et des plus honnêtes du monde. Lié avec lui d'abord par nos études communes, puis par une mutuelle affection, je le voyais souvent, et ne sais comme un jour je vins à lui demander s'il avait observé son vœu de chasteté. Il me l'assura, et je pense qu'il disait vrai en cela comme en toute autre chose. Mais, ajouta-t-il, pour passer par les mêmes épreuves, je ne voudrais pas revenir à l'âge de vingt ans. Il en avait soixante et dix. J'ai souffert, Dieu le sait, et m'en tiendra compte, j'espère; mais je ne recommencerais pas. Voilà ce qu'il me dit, et je notai ce discours si bien dans ma mémoire, que je me rappelle ses propres mots.

A Rocca di Papa, je logeais chez le vicaire, où je tombai malade. Il eut grand soin de moi, et prit cette occasion pour me parler de Dieu, auquel je pensais plus que lui et plus souvent, mais autrement. Il voulait me convertir, me sauver, disait-il. Je l'écoutais volontiers; car il parlait toscan, et s'exprimait des mieux dans ce divin langage. A la fin je guéris; nous devînmes amis; et comme il me prêchait toujours, je lui dis : Cher abbé, demain je me confesse, si tu veux te marier et vivre heureux. Tu ne peux l'être qu'avec une femme, et je sais celle qu'il te faut. Tu la vois chaque jour, tu l'aimes, tu péris. Il me mit la main sur la bouche, et je vis que ses yeux se remplissaient de pleurs. J'ai ouï conter de lui, depuis, des choses fort étranges, et qui me rappelèrent ce qu'on lit d'Origène.

Voilà où les réduit le malheur de leur état. Mais pourquoi, me direz-vous, quand on est susceptible de telles impressions, se faire prêtre? Hé! monsieur, se font-ils ce qu'ils sont? Dès l'enfance élevés par la milice papale, séduits, on les enrôle; ils prononcent ce vœu abominable, impie, de n'avoir jamais femme, famille, ni maison; à peine sachant ce que c'est, novices, adolescents, excusables par là; car un vœu de la sorte, celui qui le ferait avec une pleine connaissance, il le faudrait saisir, séquestrer en prison, ou reléguer au loin dans quelque île déserte. Ce vœu fait, ils sont oints, et ne s'en peuvent dédire : que si l'engagement était à terme, certes peu le renouvelleraient. Aussitôt on leur donne filles, femmes à gouverner. On approche du feu le soufre et le bitume; car ce feu a promis, dit-on, de ne point brûler. Quarante mille jeunes gens ont le don de continence pris avec la soutane, et sont dès lors comme n'ayant plus ni sexe ni corps. Le croyez-vous? De sages, il en est, si sage se peut dire qui combat la nature. Quelques-uns en triomphent; mais combien, au prix de ceux que la grâce abandonne dans ces tentations? La grâce est pour peu d'hommes, et manque même au plus juste. Comment auraient-ils, eux, ce don de continence, jeunes, dans l'ardeur de l'âge, quand les vieux ne l'ont pas?

Ce curé de Paris, que Vautrin, tapissier, le trouvant avec sa femme, tua et jeta par la fenêtre, il y a peu d'années (l'aventure est connue dans le quartier du Temple; on n'en fit point de bruit, à cause du clergé); ce curé avait soixante ans, et celui de Pezay en a soixante-huit, qui ne l'ont pas empêché, dernièrement encore, de prendre dans les boues une fille mendiante et tombant du haut mal. Il en fit sa maîtresse : autre affaire étouffée par le crédit des oints, car le père se plaignit, voyant sa fille grosse; mais l'Église intervint. Celui qui ne peut à cet âge s'abstenir d'un objet horrible et dégoûtant, que pensez-vous qu'il ait fait à vingt ou vingt-cinq ans, gouverneur d'innocentes et belles créatures? Si vous avez une fille, envoyez-la, monsieur, au soldat, au hussard, qui pourra l'épouser, plutôt qu'à l'homme qui a fait vœu de chasteté, plutôt qu'à ces séminaristes. Combien d'affaires à étouffer, si tout ce qui se passe en secret avait des suites évidentes, ou s'il y avait beaucoup de maires comme celui de Saint-Quentin! Que d'horreurs laissent entrevoir ces faits, qui transpirent malgré la connivence des magistrats, les mesures prises pour arrêter toute publicité, le silence imposé sur de telles matières! Et sans même parler des crimes, quelles sources d'impuretés, de désordres, de corruption que ces deux inventions du pape, le célibat des prêtres et la confession nommée auriculaire! que de mal elles font! que de bien elles empêchent! Il le faut voir et admirer là où la famille du prêtre est le modèle de toutes les autres, où le pasteur n'enseigne rien qu'il ne puisse montrer en lui, et, parlant aux pères, aux époux, donne l'exemple avec le précepte. Là, les femmes n'ont point l'impudence de dire à un homme leurs péchés; le clergé n'est point hors du temple, hors de l'État, hors de la loi; tous abus établis chez nous dans les temps de la plus stupide barbarie, de la plus crédule ignorance, difficiles à maintenir aujourd'hui que le monde raisonne, que chacun sait compter ses doigts.

GAZETTE DU VILLAGE.

(1823.)

Ce journal n'est ni littéraire, ni scientifique, mais rustique. A ce titre, il doit intéresser tous ceux que la terre fait vivre, ceux qui mangent du pain, soit avec un peu d'ail, soit avec d'autres mets moins simples. Les rédacteurs sont gens connus, demeurant la plupart entre le pont Clouet et le Chêne Fendu, laboureurs, vignerons, bûcherons, scieurs de long et botteleurs de foin, dont les opinions, les principes, n'ont jamais varié, incapables de feindre ou d'avoir d'autres vues que leur propre intérêt, qui, comme chacun sait, est celui de l'État; tranquilles sur le reste, et croyant qu'eux repus, tout le monde a dîné. Paul-Louis, quelque peu clerc, écoute leurs récits, recueille leurs propos, sentences, dits notables, qu'il couche par écrit, et en fait ces articles, sans y rien sous-entendre. Il ne faut point chercher ici tant de finesse. Nous nommons par leur nom les choses et les gens. Quand nous disons un chou, des citrouilles, un concombre, ce n'est point de la cour ni des grands que nous parlons. *Si gros Pierre bat sa femme*, nous n'irons pas écrire : *Le bruit courait hier que M. de G... P...;* ou *dans certains salons, on se dit à l'oreille...* Nous contons bonnement, comme on conte chez nous, et plaignons l'embarras de nos pauvres confrères, ayant à satisfaire à la fois les lecteurs qui demandent du vrai, le gouvernement qui prétend que nulle vérité n'est bonne à dire.

— Monsieur le maire a entendu la messe dans sa tribune. Après le service divin, monsieur le maire a travaillé dans son cabinet avec monsieur le brigadier de la gendarmerie; ensuite de quoi ces messieurs ont expédié leur messager, dit le Bossu, avec un paquet pour monsieur le préfet en main propre. Nous savons cela de bonne part, et le porteur doit revenir avec la réponse ou le reçu : même on l'a vu passer près de la Ville aux Dames, où il a bu un coup. Quant au contenu de la dépêche, rien n'a transpiré. On soupçonne qu'il s'agit de quelques mauvais sujets qui veulent danser le dimanche et travailler le jour de Saint-Gilles.

Madame, femme de monsieur le maire, est accouchée d'un gentilhomme, au son des cloches de la paroisse.

— Les rossignols chantent, et l'hirondelle arrive; voilà la nouvelle des champs. Après un rude hiver et trois mois de fâcheux temps, pendant lesquels on n'a pu faire charrois ni labours, l'année s'ouvre enfin, les travaux reprennent leur cours.

— Charles Avenet est en prison pour avoir parlé aux soldats.

Revenant hier de Sainte-Maure, il rencontra quelques soldats, et les mena au cabaret. Ils furent bientôt bons amis ; Avenet a servi longtemps ; il est membre, non chevalier de la Légion d'honneur. En buvant bouteille, Camarades, leur dit il, qu'il ne vous déplaise, où allez-vous le sac au dos ? A l'armée, dirent ces jeunes gens. Fort bien. Et demandant une seconde bouteille : Qu'allez-vous faire ? Hé ! mais, la guerre apparemment. Fort bien, répond Avenet. A la troisième bouteille : Çà, dites-moi, pour qui allez-vous faire la guerre ? Ils se mirent à rire. On parla des affaires. Deux gendarmes étaient là, qui, connaissant Avenet, l'appellent et lui disent : Va-t'en, Avenet, va-t'en. Il les crut, s'en alla ; les gendarmes aussi. Mais il revint bientôt, rejoignit ses convives, et reprit son propos. Alors on l'arrêta. C'étaient d'autres gendarmes. On l'a mis au cachot. Le cas est grave : il a dit ce qui se dit entre soldats, après trois bouteilles bues.

— Les vaches ne se vendent point. Les filles étaient chères à l'assemblée de Véretz, les garçons hors de prix. On n'en saurait avoir. Tous et toutes se marient à cause de la conscription. Deux cents francs un garçon ! sans le denier à Dieu, sabots, blouse et chapeau pour la première année. Une fille, vingt-cinq écus. La petite Madelon les refuse de Jean Bedout ; encore ne sait-elle boulanger ni traire.

— On voit dans nos campagnes des gens qui, ne gagnant rien, dépensent gros, étrangers, inconnus. L'un, marchand d'allumettes, l'autre, venu pour vendre un cheval qui vaut vingt francs, s'établissent à l'auberge, et mangent dix francs par jour. Ils font des connaissances, jouent et payent à boire les dimanches, les jours de fête ou d'assemblée. Ils parlent des Bourbons, de la guerre d'Espagne ; causent et font causer : c'est leur état. Pour cela, ils vont par les villages, non pour aucun négoce. On appelle ces gens, à la ville, des mouchards ; à l'armée, des espions ; à la cour, des agents secrets ; aux champs, ils n'ont point de nom encore, n'étant connus que depuis peu. Ils s'étendent, se répandent à mesure que la morale publique s'organise.

— M. le maire est le télégraphe de notre commune ; en le voyant, on sait tous les événements. Lorsqu'il nous salue, c'est que l'armée de la Foi a reçu quelque échec ; bonjour de lui veut dire une défaite là-bas. Passe-t-il droit et fier ? la bataille est gagnée; il marche sur Madrid, enfonce son chapeau pour entrer dans la ville capitale des Espagnes. Que demain on l'en chasse, il nous embrassera, touchera dans la main, amis comme devant. D'un jour à l'autre il change, et du soir au matin est affable ou brutal. Cela ne peut durer; on attend des nouvelles, et, selon la tournure que prendront les affaires, on élargira la prison ou les prisonniers.

— Pierre Moreau et sa femme sont morts, âgés de vingt-cinq ans. Trop de travail les a tués, ainsi que beaucoup d'autres. On dit, Travailler comme un nègre, comme un forçat; il faudrait : Travailler comme un homme libre.

— Milon fut quatre ans en prison pour son opinion, au temps de 1815; sa femme, cependant, et sa fille moururent; il en sortit ruiné; corrigé, non; son opinion est la même qu'auparavant, ou pire. Ce qu'il n'aimait pas, il l'abhorre à présent. Ils sont dans la commune dix mal pensants, que le maire fit arrêter un jour, et qui souffrirent longtemps; en mémoire de quoi tous les ans, le 2 mai, ils font ensemble un repas. On n'y boit point à la santé du maire ni du gouvernement. Le 2 mai, cette année, ils étaient chez Bourdon, à l'auberge du Cygne, et leur banquet fini, déjà se levaient de table, quand le maire passant, Milon, qui l'aperçut, le montra aux autres; chacun se mord le bout du doigt. Quelques moments après, soit hasard ou dessein, survint le garde-champêtre. Milon, sans dire gare, tombe sur lui, le chasse à coups de pied, de poing, et le poursuit dehors, l'appelant espion, mouchard. Celui-là s'en allait malmené du combat; arrive Métayer ou monsieur Métayer, car il a terre et vigne. Milon va droit à lui : Êtes-vous royaliste? Oui, répond Métayer. L'autre, d'un revers de main, le jette contre la porte, et voulait redoubler; mais l'hôte le retint. Voilà une grosse affaire. Milon se cache, et fait bien. Les battus cependant n'ont point porté de plainte; l'un garde son soufflet, l'autre ses horions. Le maire ne dit mot. Qu'en sera-t-il? on ne sait. Il faut voir ce que fera notre armée en Espagne pour les révérends pères jésuites.

— Le curé d'Azai, jeune homme qui empêche de danser et de travailler le dimanche, est bien avec l'autorité, mais mal avec ses paroissiens. Il perd deux cents francs de la commune, que le conseil assemblé lui retire cette année : résolution hardie, presque séditieuse. Ceux qui l'ont proposée, soutenue et votée, pourront ne s'en pas bien trouver. A Véretz, au contraire, on donne un supplément au curé, qui laisse danser, brouillé avec l'autorité. Les deux communes pensent de même. Rien ne fait tant de tort aux prêtres que l'appui du gouvernement : rien ne les recommande comme la haine du gouvernement.

— Simon Gabelin, ne voulant point aller à l'armée, a vendu tout son bien pour acheter un homme, et se fait remplacer. Il avait trois bons quartiers de vigne et un demi-arpent de terre joignant sa maison. Il a fait de tout dix-huit cents francs, et emprunte le reste (car il lui faut cent louis), espérant regagner cela par son travail de maréchal ferrant. On a eu beau lui remontrer qu'il travaillerait à l'armée, gagnerait plus qu'ici, et reviendrait un jour ayant, outre son bien, bonne somme de deniers; il ne veut point, dit-il, faire la guerre à Malmort. Malmort est en Espagne, avec trois cent mille hommes, cent mille pièces de canon, et son fils.

— A Amboise, on plantait la croix dimanche passé, en grande pompe. Monseigneur y était, non pas notre archevêque, mais le coadjuteur, tous les curés des environs, et un concours de spectateurs. La fête fut belle. Dans cette foule, trois carabiniers se trouvaient en sale veste d'écurie, bonnet de police sur la tête. Un missionnaire les voit, leur crie : Bas le bonnet! Eux font la sourde oreille. Même cri, même contenance. Carabiniers ne s'émeuvent non plus que si on eût parlé à d'autres. Le prélat en colère arrête sa procession; le clergé, les dévots cessent leurs litanies. Le peuple regardait. Les gendarmes enfin (car toute scène en France finit par les gendarmes) empoignent mes mutins, les mènent en prison. Ils gardèrent leur bonnet. Le soldat est du peuple, et n'a point de dévotion.

— Paul-Louis, sur les hauts de Veretz, fait des choses admirables. C'est le premier homme du monde pour terrasser un arpent de vigne. Il amène, d'un bois non fort voisin de là, cinq cents charges de gazon ou terre de bruyère. Il la laisse mûrir à l'air, de temps en temps la vire, la remue avec cent à cent cinquante charges de fumier qu'il entremêle parmi. Puis, ouvrant une fosse entre deux rangs de ceps, il y place ce terreau; sa vigne, au bout de deux ans, jeune d'ailleurs, et n'ayant besoin que d'aliments, se trouve en pleine valeur. Ainsi amendé, un arpent, pourvu qu'on l'entretienne avec soin, diligence, patience, peine et travail, produit au vigneron cent cinquante francs par an, et. de plus, treize cents francs aux fainéants de la cour. Le compte en est aisé.

Cet arpent donne quelquefois vingt-quatre pièces ou poinçons de vin aux bonnes années, quelquefois rien : produit moyen, douze poinçons, qui se vendent chacun soixante francs ; somme, sauf erreur, sept cent vingt. Déduisez les façons, l'impôt, le coulage, l'entretien, la garde, le coût de ce terreau qu'il faut renouveler tous les cinq ans, vous trouverez net cent cinquante francs pour le bonhomme.

Mais pour la cour, c'est autre chose. Ces douze poinçons vont a Paris, où l'on en fait du vin de Bourgogne. Ils payent à l'entrée soixante et quinze francs chacun ; plus, six francs de remuage, taxe de l'usurpateur devenue légitime ; autant pour droit de patente, et quatre fois autant d'avanies, qu'on appelle réunies, sans les autres faites par la police au marchand détaillant; plus, trente francs d'impôt sur le fonds, dont la valeur en outre, par droit de mutation, passe entière dans les mains du fisc tous les vingt ans. Comptez, et n'en oubliez rien : droit d'entrée, droit de remuage, droit de patente, droit de police, droit direct, droits indirects, droits réunis plusieurs ensemble, droit de mutation, c'est tout; faisant bien chaque année treize cents francs pour les courtisans, ou douze cent nonante et six, que je ne mente.

Paul-Louis a dix arpents qu'il cultive et façonne de la sorte avec sa famille. Ces bonnes gens en tirent tous les ans, comme on voit, quinze cents francs, dont ils vivent, et treize mille francs pour la splendeur du trône. Ce sont les appointements du procureur du roi qui a mis en prison Paul-Louis, et l'y remettra pour avoir fait ce calcul.

— On nous mande d'Azai : Le préfet a cassé l'arrêté de la commune, qui ôtait au curé son traitement de deux cents francs. Ordre de s'assembler une seconde fois, de voter le traitement. On s'assemble, on se regarde ; les plus hardis tremblaient. Quelqu'un prend la parole : « Je vote le traitement à monsieur le curé, car c'est un homme de bien. » Tout le monde aussitôt :
« C'est un homme de bien, il lui faut un traitement. » L'affaire

allait passer à l'unanimité. Louis Bournegal se lève : « Ce que j'ai dit est dit, je ne m'en dédis pas. Le curé se mêle de tout, il veut tout gouverner ; il nous fait enrager ; partant, point de traitement. » De tous côtés : « Point de traitement! » On va aux voix ; refusé. Il tonne fort d'en haut sur la pauvre commune.

— Vendredi dernier, les gendarmes, en passant, mirent pied à terre à l'auberge chez Jean Ricaut. Nos déserteurs, cachés dans différentes maisons (car on les plaint, le monde les recueille volontiers), prirent peur et s'enfuirent, les uns gagnant le bois, les autres traversant la rivière à la nage. Tous se sauvèrent, excepté Urbain Chevrier. Urbain, depuis peu revenu, ayant fait son temps de conscrit, quand il se vit rappelé par la nouvelle loi, en eut tant de chagrin, qu'il semblait ne connaître plus parents ni amis, toujours seul et pensif. A la rumeur que fit l'arrivée des gendarmes, lui, comme hors de sens et déjà se croyant pris, s'en va tête baissée se jeter dans son puits, d'où on l'a retiré mort. Six semaines auparavant, il s'était marié avec Rose Deschamps. Jamais noce ne fut si joyeuse, jamais gens si heureux, de longtemps s'entr'aimant, s'étant promis d'enfance. Leur aise a duré peu. La pauvre veuve est grosse, et fait pitié à voir.

— Nous sommes douze paysans qui achetâmes, il y a deux ans, les terres de la Borderie, vendues par messieurs de la bande noire. Elles nous coûtèrent deux cents francs l'arpent, que pas un de nous ne donnerait à moins de huits cents francs maintenant, et produisent bien quatre fois ce qu'en payait le fermier, quand il payait. Car, mourant de faim, il a mis la clef sous la porte et s'en est allé, comme on sait. Cinq familles ont trouvé logis dans les bâtiments délabrés de cette Borderie ; chacun s'y est accommodé ; chacun non-seulement a réparé le vieux toit, mais bâti à neuf quelque grange ou quelque pressoir avec jardin, chenevière, saulaie autour de sa demeure. Voilà un village naissant qui va s'étendre et prospérer, jusqu'à ce que le gouvernement y fasse attention.

— Brisson ne pouvait payer ses dettes ; il s'est jeté dans l'eau et noyé. La femme Praut, d'Azai-sur-Cher, et à Mont-Louis un tonnelier, en ont fait autant cette semaine, lui sans raison connue, elle parce qu'on l'accusait d'avoir volé de l'herbe aux champs. L'an passé, Jean Choinart, fermier de la commune de Toucigny, approchant l'août, va voir ses blés, trouve sa récolte trop belle (il avait spéculé sur la hausse des grains), rentre chez lui, et se défait. Beaucoup de gens embarrassés dans leurs affaires prennent ce parti, le seul qui ne soit pas sujet au repentir. On aime mieux maintenant être mort que ruiné. Nos aïeux ne se tuaient point. Naissant pour la misère, ils la savaient souffrir. Ils n'ambitionnaient point un champ, une maison, s'en passaient comme de pain, n'espérant rien en ce monde, et ayant peur de l'autre.

— Nous voilà saufs de Saint-Anicet, temps critique pour nos bourgeons. Si la vigne peut passer fleur et ne point couler, on ne saura où mettre tout le vin cette année. Jamais tant de lame ne s'est vue au cep, ni si bien préparée. Les champs aussi promettent du blé à pleine faucille. Laboureur et vigneron sont contents jusqu'ici, chose rare ; tous deux se louent du ciel et du temps. Mais combien de hasards encore avant que l'un ou l'autre puisse faire argent de son labeur, payer sa quote, et vivre ! Sécheresse, pluie, orages, ordonnances royales, arrêtés du préfet, du maire, mille chances, mille fléaux, et rien d'assuré que l'impôt. Il y a des gens dont la récolte ne craint ni temps ni grêle, et ce ne sont pas ceux qui, versant, labourant, font le meilleur guéret, mais qui, ayant une place, ne font rien, ou font la cour. Sans autre avance ni embarras, ils moissonnent en toute saison. Quand le bonhomme a dit, Travaillez, prenez de la peine, il sommeillait un peu, ce semble. Pour bien parler, il fallait dire : Présentez des respects, faites des révérences, c'est le fonds qui manque le moins.

— Personne maintenant ne veut être soldat. Ce métier sous les nobles, sans espoir d'avancement, est une galère, un supplice à qui ne s'en peut exempter : on aime encore mieux être prêtre. De jeunes paysans n'ayant rien se mettent volontiers au séminaire ; mais avant de prendre les ordres, ceux qui trouvent quelque ressource jettent la soutane et s'en vont, comme fit naguère Berthelot Sylvain, le second fils de Berthelot de Ponceau. Agé de vingt-deux ans, il avait étudié pour se faire d'Église. Une veuve l'épouse, le sauve et du service militaire (car elle paye un homme pour lui) et du service divin, qui n'est guère meilleur. Ils vont vivre heureux dans leur ferme entre Pernay et Embillon.

— La bande noire achète encore le château des Ormes, le château de Chanteloup et le château de Leugny, voulant dépecer tous ces châteaux au très-grand profit du pays, et tous les biens qui en dépendent. On vendra là des matériaux à bon marché, des terres fort cher. Plus de cinq cents maisons vont se refaire du débris de ces vieux donjons, depuis longtemps inhabités ou inhabitables. Plus de six mille arpents vont être cultivés par des propriétaires, au lieu de nonchalants fermiers. La bande noire fait beaucoup de bien. C'est une société infiniment utile, charitable, pieuse, qui divise la terre, et veut que chacun en ait, selon l'ordre de Dieu. Mais une autre bande vraiment noire, ennemie du partage, prétend que toute terre lui appartient, propriétaire universelle de droit divin; acquiert tous les jours, ne vend point; bande la pire qui soit et la plus malfaisante, si on ne la connaissait.

— Quand Bonaparte reviendra, ou son fils que voilà tantôt grand, il ôtera les droits réunis, et ne lèvera d'argent que ce qu'il en faudra pour les dépenses publiques. Il mariera les prêtres, car enfin ces gens-là ne se peuvent passer de femmes et ne s'en passent pas; cela fait du désordre. Il avancera les soldats, nos enfants seront officiers. Nous élirons nos maires, nos juges de paix; ce sera le bon temps, qu'on attend depuis longtemps.

— Le maire de Véretz a battu le curé qui laisse danser, et en le battant lui a dit qu'il était mauvais prêtre; que sa messe ne valait rien; que chaque fois qu'il la disait, il commettait un sacrilége et recrucifiait Jésus-Christ. Le curé est un vieillard de quatre-vingt-deux ans, instruit et sage; le maire, un jeune homme de trente ans, beaucoup plus occupé des filles que du sacrifice de la messe. Le soufflet qu'il a donné dans cette occasion parut tel aux témoins, qu'aucun prêtre, disent-ils, n'en a reçu de pareil depuis Boniface VIII. Le maire de Véretz n'a pas mis un gant de fer, comme fit l'ambassadeur pour souffleter ce pape au nom du roi son maître, mais du coup a jeté par terre le bonhomme, qui ne s'est pas relevé, garde encore le lit. Les apparences sont que Véretz ne dansera plus.

— On a volé au Polonais deux mille francs qu'il amassait depuis qu'il est ici. Chacun le plaint. C'est un homme doux, simple, bon, serviable comme tous ces déserteurs des armées étrangères. Il y en a plusieurs établis dans nos environs, mariés, vivant bien, sans aucun regret du pays où le seigneur leur donnait la schlague, et leur vendait le brandevin au prix qu'il voulait. Mauvais laboureurs la plupart, pour gouverner les chevaux ils n'ont point de pareils.

— La veuve Raillard, qui vend du vin aux bateliers, a une cave secrète que nous connaissons tous, mais que les commis ignorent. Elle en venait hier, sa clef dans une main, dans l'autre une bouteille, quand les commis l'arrêtent au détour des Ruaux, saisissent sa bouteille. Elle, d'un coup de clef, la brise entre leurs mains. Tout le monde en a ri. La contrebande n'est point une chose qu'on blâme. Peu de gens aujourd'hui mettent dans un contrat le vrai prix de la vente. Le gouvernement trompe, et qui le peut tromper est approuvé de tous. Il enseigne lui-même la fourbe, le parjure, la fraude et l'imposture. *D'un empire si saint la moitié n'est fondée.*

— Des gens ont conseillé au curé de Véretz, battu par le jeune maire, d'en demander justice, ayant preuves et témoins. Il l'a fait, il s'est plaint; les juges..... Ce curé est un de ceux de la révolution; il prêta le serment, et même fut grand vicaire constitutionnel, homme qui s'est assis dans la chaire empestée; il a contre lui toute sa robe. Tout ce qui pense bien le tient dûment battu, et applaudit au maire. Le procureur du roi, sans doute ignorant cela, d'abord prit fait et cause pour l'Église outragée; dans l'ardeur de son zèle, voulait couper le poing qui avait frappé l'oint; mais, averti depuis, il a changé de langage, trop tard; on ne lui pardonne pas d'avoir agi et fait agir la justice dans cette affaire, sans prendre le mot des jésuites. Messieurs les gens du roi, entre la chancellerie et la grande aumônerie, n'ont pas besogne faite, et sont en peine souvent. Le préfet, mieux avisé, instruit d'ailleurs, guidé par le coadjuteur, les moines, les dévotes et les séminaristes, en appuyant son maire, et criant anathème au prêtre de Baal, a montré qu'il entend la politique du jour. Les juges.... Comment faire contre un parti régnant? Ils en eurent grand'honte, et, sortant de l'audience, ne regardaient personne après cette sentence. Ils ont, bien malgré eux, pauvres gens, en dépit de la clameur publique, des preuves, des témoins, condamné le plaignant aux frais et aux dépens. Le parti voulait plus, il voulait une amende, que messieurs de la justice ont bravement refusée. Le battu ne paye pas l'amende ; c'est quelque chose, c'est beaucoup au temps où nous vivons. Il n'en faut pas exiger plus, et ce courage aux juges pourra ne pas durer.

Le maire, ainsi vainqueur du prêtre octogénaire, après avoir battu, dans une seule personne, la danse et la révolution, se flatte avec raison des bonnes grâces du parti puissant et gouvernant. C'est une action d'éclat dont on lui saura gré, d'autant plus qu'ayant pour tout bien une terre qui appartient à M. le marquis de Chabrillant, bien d'émigré s'il faut le dire, il semblerait intéressé à se conduire tout autrement, et ne devrait pas être ami de la contre-révolution. Mais son calcul est fin ; il raisonne à merveille. Se rangeant avec ceux qui le nomment voleur, il fait rage contre ceux qui le veulent maintenir dans sa propriété ; conduite très-adroite. Si ces derniers triomphent, la révolution demeure, et tout ce qu'elle a fait ; il tient le marquisat, se moque du marquis. Les autres l'emportant, il pense mériter non-seulement sa grâce et de n'être pas pendu, mais récompense, emploi, et peut-être, qui sait? quelque autre terre confisquée sur les libéraux lorsqu'ils seront émigrés.

— ANNONCE. Paul-Louis vend sa maison de Beauregard, acquise par lui de David Bacot, huguenot, et pourtant honnête homme. La demeure est jolie ; le site, un des plus beaux qu'il y ait en Touraine, romantique de plus, et riche en souvenirs. Le château de la Bourdaisière se voit à peu de distance. Là furent inventées les faveurs par Babeau ; là naquirent sept sœurs, galantes comme leur mère, et célèbres sous le nom des Sept péchés mortels ; une desquelles était Gabrielle, maîtresse de ce bon roi Henri, et de tant d'autres à la fois, féaux et courtois chevaliers. Par le seigneur lui-même, père des belles filles et mari de Babeau, cette terre fut nommée un clapier de p.t.... Vieux temps, antiques mœurs, qu'êtes-vous devenus? On aura ces souvenirs par-dessus le marché, en achetant Beauregard, voisin de la Bourdaisière.

On aura trente arpents de terre, vigne et pré, grande propriété sur nos rives du Cher, où tout est divisé, où se trouvent à peine deux arpents d'un tenant, susceptibles d'ailleurs de beaucoup augmenter en valeur ou en étendue, selon les chances de la guerre qui se fait maintenant en Espagne. Car si le Trappiste là-bas met l'inquisition à la place de la constitution, Beauregard aussitôt redevient ce qu'il était jadis, fief, terre seigneuriale, étant bâti pour cela. Tours, tourelles, colombier, girouette, rien n'y manque. Vol du chapon, jambage, cuissage, etc., nous en avons les titres. Par le triomphe du Trappiste et le retour du bon régime, la petite culture disparaît, le seigneur de Beauregard s'arrondit et s'étend, soit en achetant à bas prix les terres que le vilain ne peut plus cultiver, soit en le plaidant à Paris devant messieurs de la grand'chambre, tous parents ou amis des possesseurs de fiefs, soit par voie de confiscation, ou autres moyens inventés ou pratiqués du temps des mœurs. Toute la garenne de Beauregard, si Dieu favorise don Antonio Maragnon, tout ce qui est maintenant plantation, vigne, verger, clos, jardin, pépinière, se convertit en nobles landes et pays de chasse à la grande bête, seigneurie de trois mille arpents, pouvant produire par an quinze cents livres tournois, et ne payant nul impôt. Beauregard gagne en domaines, mouvances, droits seigneuriaux, par la contre-révolution.

Si sa Révérence, au contraire, était malmenée en Espagne, et pendue, ce qu'à Dieu ne plaise! Beauregard alors est et demeure maison, terre de vilain, et à ce titre paye l'impôt; mais la petite culture continuant sous le régime de la révolution, par le partage des héritages et le progrès de l'industrie, nos trente arpents haussent en valeur, croissent en produits tous les ans, et quelque jour peuvent rapporter trois, quatre, cinq et six mille francs, que bon nombre de gens préfèrent à quinze cents livres tournois, tout en regrettant peut-être les droits et les mille arpents honorifiques de chasse au loup. En somme, il n'y a point de meilleur placement, plus profitable ni plus sûr, quoi qu'il puisse arriver; car enfin, si faut-il que le Trappiste batte ou soit battu. Dans les deux cas, Beauregard est bon, et le devient encore davantage.

Pour plus amples renseignements, s'adresser à Paul-Louis vigneron, demeurant près ladite maison ou château, selon qu'il en ira de la conquête des Espagnes.

Au rédacteur de la GAZETTE DU VILLAGE.

MONSIEUR,

Je suis.... malheureux ; j'ai fâché monsieur le maire ; il me faut vendre tout, et quitter le pays. C'est fait de moi, monsieur, si je ne pars bientôt.

Un dimanche, l'an passé, après la Pentecôte, en ce temps-ci justement, il chassait aux cailles dans mon pré, l'herbe haute, prête à faucher, et si belle !... c'était pitié. Moi, voyant ce manége, monsieur, mon herbe confondue, perdue, je ne dis mot, et pourtant il m'en faisait grand mal ; mais je me souvenais de Christophe, quand le maire lui prit sa fille unique, et au bout de huit jours la lui rendit gâtée. Je le fus voir alors : Si j'étais de toi, Christophe, ma foi je me plaindrais, lui dis-je. Ah ! me dit-il, n'est-ce pas monsieur le maire ? Pot de fer et pot de terre.... Il avait grand'raison ; car il ne fait pas bon cosser avec telles gens, et j'en sais des nouvelles. Me souvenant de ce mot, je regardais et laissais monsieur le maire fouler, fourrager tout mon pré, comme eussent pu faire douze ou quinze sangliers, quand de fortune passent Pierre Houry d'Azai, Louis Bezard et sa femme, Jean Proust, la petite Bodin, allant à l'assemblée. Pierre s'arrête, rit, et en gaussant me dit : La voilà bonne ton herbe ; vends-la-moi, Nicolas ; je t'en donne dix sous, et tu me la faucheras. Moi, piqué, je réponds : Gageons que je vas lui dire !... Quoi ? Gageons que j'y vas. Bouteille, me dit-il, que tu n'y vas pas ! Bouteille ? je lui tape dans la main. Bouteille chez Panvert, aux Portes de Fer. Va. Je pars, tenant mon chapeau ; j'aborde monsieur le maire. Monsieur, lui dis-je, monsieur, cela n'est pas bien à vous ; non, cela n'est pas bien. Je gagnai la bouteille ainsi ; je me perdis. Je fus ruiné dès l'heure.

Ce qui plus lui fâchait, c'était sa compagnie, ces deux messieurs, et tous les passants regardant. M. le maire est gentilhomme par sa femme, née demoiselle : voilà pourquoi il nous tutoie et rudoie nous autres paysans, gens de peu, bons amis pourtant de feu son père. Il semble toujours avoir peur qu'on ne le prenne pour un de nous. S'il était noble de son chef, nous le trouverions accostable. Les nobles d'origine sont moins fiers, nous accueillent au contraire, nous caressent, et ne haïssent guère

COURIER.

qu'une sorte de gens, les vilains anoblis, enrichis, parvenus.

Il ne répondit mot, et poursuivit sa chasse. Le lendemain, on m'assigne comme ayant outragé le maire dans ses fonctions; on me met en prison deux mois, monsieur, deux mois dans le temps des récoltes, au fort de nos travaux! Hors de là, je pensais reprendre ma charrue. Il me fait un procès pour un fossé, disant que ce fossé, au lieu d'être sur mon terrain, était sur le chemin. Je perdis encore un mois à suivre ce procès, que je gagnai vraiment; mais je payai les frais. Il m'a fait cinq procès pareils, dont j'ai perdu trois, gagné deux; mais je paye toujours les frais. Il s'en va temps, monsieur, il est grand temps que je parte.

Quand j'épousai Lise Baillet, il me joua d'un autre tour. Le jour convenu, à l'heure dite, nous arrivons pour nous marier à la chambre de la commune. Il s'avise alors que mes papiers n'étaient pas en règle, n'en ayant rien dit jusque-là; et cependant la noce prête, tout le voisinage paré, trois veaux, trente-six moutons tués.... Il nous en coûta nos épargnes de plus de dix ans. Qu'y faire? il me fallut renvoyer les conviés, et m'en aller à Nantes querir d'autres papiers. Ma fiancée, qui avait peur que je ne revinsse pas, étant déjà *embarrassée*, en pensa mourir de tristesse, et de regret de sa noce perdue. Nous empruntâmes à grosse usure, afin de faire une autre noce quand je fus de retour, et cette fois il nous maria. Mais le soir... écoutez ceci : Nous dansions gaiement sur la place; car le curé ne l'avait pas encore défendu. Monsieur le maire envoie ses gens et ses chevaux caracoler tout au travers de nos contredanses. Son valet, qui est Italien, disait, en nous foulant aux pieds : *Gente codarda e vile, soffrirai questo e peggio.* Il prétend, ce valet, que notre nation est lâche, et capable de tout endurer désormais; que ces choses chez lui ne se font point. Ils ont, dit-il, dans son pays, deux remèdes contre l'insolence de messieurs les maires, l'un appelé *stilettata*, l'autre *scopettata*. Ce sont leurs garanties, bien meilleures, selon lui, que notre conseil d'État. Où *scopettade* manque, *stilettade* s'emploie; au moyen de quoi là le peuple se fait respecter. Sans cela, dit-il, le pays ne serait pas tenable. Pour moi, je ne sais ce qui en est; mais semblable recette chez nous n'étant point d'usage, il ne me reste qu'un parti, de vendre ma besace et déloger sans bruit. Si je le rencontrais seulement, je serais un homme perdu. Il me ferait remettre en prison comme ayant outragé le maire : il conte ce qu'il veut dans ses procès-verbaux. Les témoins, au besoin, ne lui manquent jamais; contre lui ne s'en trouve aucun. Déposer contre le maire en justice, qui oserait?

Si vous parlez de ceci, monsieur, dans votre estimable journal, ne me nommez pas, je vous prie. Quelque part que je sois, il peut toujours m'atteindre. Un mot au maire du lieu, et me voilà coffré. Ces messieurs entre eux ne se refusent pas de pareils services.

Je suis, monsieur, etc.

Nota. En faveur de nos abonnés de la ville de Paris surtout, qui ne savent pas ce que c'est qu'un maire de village, nous publions cette lettre avec les précautions requises, toutefois, pour assurer l'incognito à notre bon correspondant. Tout Paris s'imagine qu'aux champs on vit heureux du lait de ses brebis, en les menant paître sous la garde, non des chiens seulement, mais des lois : par malheur, il n'y a de lois qu'à Paris. Il vaut mieux être là ennemi déclaré des ministres, des grands, qu'ici ne pas plaire à monsieur le maire.

LIVRET
DE PAUL-LOUIS, VIGNERON,
PENDANT SON SÉJOUR A PARIS, EN MARS 1823.

AVIS DU LIBRAIRE-ÉDITEUR.

Nous ne donnons que des extraits du Livret de Paul-Louis, vigneron, dans lequel se trouvent beaucoup de choses intelligibles pour lui seul, d'autres trop hardies pour le temps, et qui pourraient lui faire de fâcheuses affaires. Nous avons supprimé ou adouci ces traits. Il faut respecter les puissances établies de Dieu sur la terre, et ne pas abuser de la liberté de la presse [1].

— Monsieur de Talleyrand, dans son discours au roi pour

[1] Nous n'avons pas besoin de dire que cet avis est de Courier lui-même ; il

l'empêcher de faire la guerre, a dit : Sire, je suis vieux. C'était dire : Vous êtes vieux ; car ils sont du même âge. Le roi, choqué de cela, lui a répondu : Non, monsieur de Talleyrand, non, vous n'êtes point vieux ; l'ambition ne vieillit pas.

Talleyrand parle haut, et se dit responsable de la Restauration.

Ces mots *vieillesse* et *mort* sont durs à la vieille cour. Louis XI les abhorrait, celui de mort surtout ; et afin de ne le point entendre, il voulut que quand on le verrait à l'extrémité, on lui dît seulement : *Parlez peu*, pour l'avertir de sa situation. Mais ses gens oublièrent l'ordre ; et lorsqu'il en vint là, lui dirent crûment le mot, qu'il trouva bien amer. (Voir Philippe de Comines.)

— Marchangy, lorsqu'il croyait être député, se trouvant chez M. Peyronnet, examinait l'appartement, qui lui parut assez logeable ; seulement il eût voulu le salon plus orné, l'antichambre plus vaste, afin d'y faire attendre et la cour et la ville, peu content d'ailleurs de l'escalier. Le Gascon, qui connut sa pensée, eut peur de cette ambition, et résolut de l'arrêter, comme il fit en laissant paraître les nullités de son élection, dont sans cela on n'eût dit mot.

— Quatre gardes du corps ont battu le parterre au Gymnase dramatique. On dit que cela est contraire à l'ordonnance de Louis XIII, qui leur défend de maltraiter ni frapper les sujets du roi *sans raison*. Mais il y avait une raison : c'est que le parterre ne veut point applaudir des couplets qui plaisent aux gardes du corps, et leur promettent la victoire en Espagne s'ils y font la guerre, ce qui n'est nullement vraisemblable.

— Près des Invalides, six Suisses ont assailli quelques bouchers. Ceux-ci ont tué deux Suisses et blessé tous les autres, qui se sont sauvés en laissant sabres et shakos. Les bouchers devraient quelquefois aller au parterre, et les Suisses toujours se souvenir du 10 août.

— Lebrun trouve dans mon Hérodote un peu trop de vieux français, quelques phrases traînantes. Béranger pense de même,

---

se trouvait en tête de la première édition du *Livret* ; nous l'avons conservé.
(*Note de l'éditeur.*)

sans blâmer cependant cette façon de traduire. On est content de la préface.

— Le boulevard est plein de caricatures, toutes contre le peuple. On le représente grossier, débauché, crapuleux, semblable à la cour, mais en laid. Afin de le corrompre, on le peint corrompu. L'adultère est le sujet ordinaire de ces estampes. C'est un mari avec sa femme sur un lit et le galant dessous, ou bien le galant dessus et le mari dessous. Des paroles expliquent cela. Dans une autre, le mari, lorgnant par la serrure, voit les ébats de sa femme ; scène des Variétés. Ce théâtre aura bientôt le privilége exclusif d'en représenter de pareilles. Il jouera seul les pièces qu'on appelle grivoises, c'est-à-dire, sales, dégoûtantes, comme *la Marchande de goujons*. Les censeurs ont soin d'en ôter tout ce qui pourrait inspirer quelque sentiment généreux. La pièce est bonne pourvu qu'il n'y soit point question de liberté, d'amour du pays ; elle est excellente, s'il y a des rendez-vous de charmantes femmes avec de charmants militaires, qui battent leurs valets, chassent leurs créanciers, escroquent leurs parents : c'est le bel air qu'on recommande. Corrompre le peuple est l'affaire, la grande affaire maintenant. A l'église et dans les écoles, on lui enseigne l'hypocrisie; au théâtre, l'ancien régime et toutes ses ordures. On lui tient prêtes des maisons où il va pratiquer ces leçons.

En Angleterre, tout au contraire, les caricatures et les farces se font contre les grands, livrés à la risée du peuple, qui conserve ses mœurs et corrige la cour.

— Un homme, que j'ai vu, arrive d'Amérique. Il y est resté trois ans sans entendre parler de ce que nous appelons ici l'autorité. Nul ne lui a demandé son nom, sa qualité, ni ce qu'il venait faire, ni d'où, ni pourquoi, ni comment. Il a vécu trois ans sans être gouverné, s'ennuyant à périr. Il n'y a point là de salons. Se passer de salons, impossible au Français, peuple éminemment courtisan. La cour s'étend partout en France; le premier des besoins, c'est de faire sa cour. Tel brave à la tribune les grands, les potentats, et le soir devant... s'incline profondément, n'ose s'asseoir chez..., qui lui frappe sur l'épaule et l'appelle mon cher. Que de maux naissent, dit la Bruyère, de ne pouvoir être seul!

— A Boulogne-sur-Mer, M. Léon de Chanlaire avait établi

une école d'enseignement mutuel, dans une salle bâtie par lui exprès avec beaucoup de dépenses. Là, trois cents enfants apprenaient l'arithmétique et le dessin. Les riches payaient pour les pauvres, et de ceux-ci cinquante se trouvaient habillés sur la rétribution des autres ; tout allait le mieux du monde. Ces enfants s'instruisaient et n'étaient point fouettés. Les frères ignorantins, qui fouettent et n'instruisent pas, ont fait fermer l'école, et de plus ont demandé que la salle de M. de Chanlaire leur fût donnée par les jésuites, maîtres de tout. Chanlaire est accouru ici pour parler aux jésuites, et défendre son bien. (*Nota* que toute affaire se décide à Paris ; les provinces sont traitées comme pays conquis.) Il va voir Frayssinous, qui lui répond ces mots : Ce que j'ai décidé, nulle puissance au monde ne le saurait changer. Parole mémorable, et digne seulement d'Alexandre ou de lui.

Tous ces célibataires fouettant les petits garçons et confessant les filles, me sont un peu suspects. Je voudrais que les confesseurs fussent au moins mariés ; mais les frères fouetteurs, il faudrait, sauf meilleur avis, les mettre aux galères, ce me semble. Ils cassent les bras aux enfants qui ne se laissent point fouetter. On a vu cela dans les journaux de la semaine passée. Quelle rage! *Flagellandi tam dira cupido!*

Un Anglais m'a dit : Nos ministres ne valent pas mieux que les vôtres. Ils corrompent la nation pour le gouvernement, récompensent la bassesse, punissent toute espèce de générosité. Ils font de fausses conspirations, où ils mettent ceux qui leur déplaisent, puis de faux jurys pour juger ces conspirations. C'est tout comme chez vous. Mais il n'y a point de police. Voilà la différence.

Grande, très-grande cette différence, à l'avantage de l'Anglais. La police est le plus puissant de tous les moyens inventés pour rendre un peuple vil et lâche. Quel courage peut avoir l'homme élevé dans la peur des gendarmes, n'osant ni parler haut, ni bouger sans passe-port ; à qui tout est espion, et qui craint que son ombre ne le prenne au collet?

Pour faire fuir nos conscrits, les Espagnols n'ont qu'à s'habiller en gendarmes.

— Quand Marchangy voulut parler aux députés, **il fut tout** étonné de se voir contredit, et perdit la tête d'abord. Il lui échappa de dire, croyant être au palais : Qu'on le raye du tableau; en prison les perturbateurs; monsieur le président, nous vous requérons...... Plaisante chose qu'un Marchangy à la tribune, sans robe et sans bonnet carré; mais avec son bonnet...... Jeffries, Laubardemont! Il sera, dit-on, réélu, et songe à exclure les indignes.

— Les journaux de la cour insultent le duc d'Orléans. On le hait; on le craint; on veut le faire voyager. Le roi lui disait l'autre jour : Eh bien ! M. le duc d'Orléans, vous allez donc en Italie? — Non pas, sire, que je sache. — Mon Dieu si, vous y allez; c'est moi qui vous le dis, et vous m'entendez bien. — Non, sire, je n'entends point; et je ne quitte la France que quand je ne puis faire autrement.

— Ce d'Effiat, député en ma place, est petit-fils de Rusé d'Effiat qui donna l'eau de chicorée à madame Henriette d'Angleterre. Leur fortune vient de là. Monsieur récompensa ce serviteur fidèle. Monsieur vivait avec le chevalier de Lorraine, que Madame n'aimait pas. Le ménage était troublé. D'Effiat arrangea tout avec l'eau de chicorée. Monsieur, depuis ce temps, eut toujours du contre-poison dans sa poche, et d'Effiat le lui fournissait. Ce sont là de ces services que les grands n'oublient point, et qui élèvent une famille noble. Mon remplaçant n'est pas un homme à donner aux princes ni poison ni contre-poison; il ferait quelque quiproquo. C'est une espèce d'imbécile qui sert la messe, et communie le plus souvent qu'il peut. Il n'avait, dit-on, que cinquante voix dans le collège électoral : ses scrutateurs ont fait le reste. J'en avais deux cent vingt connues.

— L'empereur Alexandre a dit à M. de Châteaubriand : « Pour l'intérêt de mon peuple et de ma religion, je devais faire la guerre au Turc; mais j'ai cru voir qu'il s'agissait de révolution entre la Grèce et le Turc, je n'ai point fait la guerre. J'aime bien moins mon peuple et ma religion, que je ne hais la révolution, qui est proprement ma bête noire. Je me réjouis que vous soyez venu; je voulais vous conter cela. » Quelle confidence d'un empereur! Et le romancier qui publie cette confidence! Tout dans son discours est bizarre.

Il entend *sortir* les paroles de la bouche de l'empereur. On entend sortir un carrosse ou des chevaux de l'écurie; mais qui diantre entendit jamais sortir des paroles? Et que ne dit-il : Je les ai vues sortir, ces paroles, de la bouche de mon bon ami qui a huit cent mille hommes sur pied? Cela serait plus positif, et l'on douterait moins de sa haute faveur à la cour de Russie.

Notez qu'il avait lu cette belle pièce aux dames; et quand on lui parla d'en retrancher quelque chose, avant de la lire à la chambre, il n'en voulut rien faire, se fondant sur l'approbation de madame Récamier. Or, dites maintenant qu'il n'y a rien de nouveau. Avait-on vu cela? Nous citons les Anglais : est-ce que M. Canning, voulant parler aux chambres de la paix, de la guerre, consulte les ladys, les mistriss de la cité?

Les gens de lettres, en général, dans les emplois perdent leur talent, et n'apprennent point les affaires. Bolingbroke se repentit d'avoir appelé près de lui Addison et Steele.

— Socrate, avant Boissy d'Anglas, refusa, au péril de sa vie, de mettre aux voix du peuple assemblé une proposition illégale. Ravez n'a point lu cela; car il eût fait de même dans l'affaire de Manuel. Il est vrai que Socrate, président les tribus, n'avait ni traitement de la cour, ni gendarmerie à ses ordres. Manuel a été grand quatre jours; c'est beaucoup. Que faudrait-il qu'il fît à présent? Qu'il mourût, afin de ne point déchoir.

— D'Arlincourt est venu à la cour, et a dit : Voilà mon *Solitaire* et mes autres romans, qui n'en doivent guère au *Christianisme* de Chateaubriand. Mon galimatias vaut le sien; faites-moi conseiller d'État au moins. On ne l'a pas écouté. De rage, il quitte le parti, et se fait libéral. C'est le maréchal d'Hocquincourt, jésuite ou janséniste, selon l'humeur de sa maîtresse et l'accueil qu'il reçoit au Louvre.

— Ravez maudit son sort, se donne à tous les diables. Il a fait ce qu'il a pu, dans l'affaire de Manuel, pour contenter le parti jésuite : il n'a point réussi. Ceux qu'il sert lui reprochent de s'y être mal pris, disent que c'est un sot, qu'il devait éviter l'esclandre, et qu'avec un peu de prévoyance, il eût empêché l'homme d'entrer, ou l'eût fait sortir sans vacarme. Fâcheuse condition que celle d'un valet! Sosie l'a dit : Les maîtres ne sont jamais contents. Ravez veut trop bien faire. Hyde de Neuville va mieux, et l'entend à merveille. Je vois, je vois là-bas les ministres de mon roi. Il a son roi, comme Pardessus : Mon roi m'a pardonné. Voilà le vrai dévouement. Le dévouement doit être toujours un peu idiot. Cela plaît bien plus à un maître que ces gens qui tranchent du capable.

— Serons-nous capucins? ne le serons-nous pas? Voilà aujourd'hui la question. Nous disions hier : Serons-nous les maîtres du monde?

— Ce matin, me promenant dans le Palais-Royal, M..ll...rd passe, et me dit : Prends garde, Paul-Louis, prends garde; les cagots te feront assassiner. — Quelle garde veux-tu, lui dis-je, que je prenne? Ils ont fait tuer des rois; ils ont manqué frère Paul, l'autre Paul, à Venise, *Fra Paolo Sarpi*. Mais il l'échappa belle.

— Fabvier me disait un jour : Vos phraseurs gâtent tout : voulant être applaudis, ils mettent leur esprit à la place du bon sens, que le peuple entendrait. Le peuple n'entend point la pompeuse éloquence, les longs raisonnements. Il vous paraît, lui dis-je, aisé de faire un discours pour le peuple; vous croyez le bon sens une chose commune, et facile à bien exprimer.

— Le vicomte de Foucault nous parle de sa race. Ses ancêtres, dit-il, commandaient à la guerre. Il cite leurs batailles et leurs actions d'éclat. *Mais la postérité d'Alphane et de Bayard,* quand ce n'est qu'un gendarme aux ordres d'un préfet, ma foi, c'est peu de chose. Le vicomte de Foucault ne gagne point de batailles; il empoigne les gens. Ces nobles, ne pouvant être valets de cour, se font archers ou geôliers. Tous les gardes du corps veulent être gendarmes.

— Les Mémoires de madame Campan méritent peu de confiance. Faits pour la cour de Bonaparte, qui avait besoin de leçons, ils ont été revus depuis par des personnes intéressées à les altérer. L'auteur voit tout dans l'étiquette, et attribue le renversement de la monarchie à l'oubli du cérémonial. Bien des gens sont de cet avis. Henri III fonda l'étiquette, et cependant fut assassiné. On négligea quelque chose apparemment ce jour-là. L'étiquette rend les rois esclaves de la cour.

Dans ces Mémoires, il est dit qu'une fille de garde-robe, sous madame Campan femme de chambre, avait dix-huit mille francs de traitement; c'est trente-six mille aujourd'hui. Aussi tout le monde voulait être de la garde-robe. Que de gens encore passent la vie à espérer de tels emplois! Montaigne quelque part se moque de ceux qui, de son temps, s'adonnaient à l'agriculture et à ce qu'il appelle ménage domestique. Allez, disait-il, chez les rois, si vous voulez vous enrichir. Et Démosthène : Les rois, dit-il, font l'homme riche en un mot, et d'un seul mot; chez vous, Athéniens, cela ne se peut, il faut travailler ou hériter. Qu'on mette à Genève un roi avec un gros budget, chacun quittera l'horlogerie pour la garde-robe; et comme les valets du prince ont des valets, qui eux-mêmes en ont d'autres, un peuple se fait laquais. De là l'oisiveté, la bassesse, tous les vices, et une charmante société.

Madame Campan fait de la reine un modèle de toute vertu; mais elle en parlait autrement; et l'on voit dans O'Meara ce qu'elle en disait à Bonaparte; comme, par exemple, que la reine avait un homme dans son lit la nuit du 5 au 6 octobre; et que cet homme, en se sauvant, perdit ses chausses, qui furent trouvées par elle, madame Campan. Cette histoire est un peu suspecte. M. de la Fayette ne la croit point. Bonaparte a menti, ou madame Campan.

Elle écrit mal, et ne vaut pas madame de Motteville, qui était aussi femme de chambre. Madame du Hausset, autre femme de chambre, va paraître. On imprime ses Mémoires très-curieux. Ce sont là les vrais historiens de la monarchie légitime.

—Quelqu'un montre une lettre de M. Arguelles, où sont ces propres mots : Votre roi nous menace; il veut nous envoyer un prince et cent mille hommes, pour régler nos affaires selon le droit divin. Voici notre réponse : Qu'il exécute la Charte, ou nous lui enverrons Mina et dix mille hommes avec le drapeau tricolore; qu'il chasse ses émigrés et ses vils courtisans, parce que nous craignons la contagion morale.

—Horace va faire un tableau de la scène de Manuel. Mais quel moment choisira-t-il? Celui où Foucault dit : Empoignez le député; — ou bien quand le sergent refuse? j'aimerais mieux ceci. Car, outre que le mot *empoignez* ne se peut peindre (grand dommage sans doute), il y aurait là deux ignobles personnages, Foucault et le président qui, à dire vrai, n'y était pas, mais auquel on penserait toujours. Dans cette composition, l'odieux dominerait, et cela ne saurait plaire, quoi qu'en dise Boileau. L'instant du refus, au contraire, offre deux caractères nobles, Manuel et le sergent, qui tous deux intéressent, non pas au même degré, mais de la même manière, et par le plus bel acte dont l'homme soit capable, résister au pouvoir. De pareils traits sont rares ; il les faut recueillir et les représenter, les recommander au peuple. D'autre part, on peut dire aussi que Manuel, Foucault, ses gendarmes, donneraient beaucoup à penser : et le président derrière la toile ; *car il est des objets que l'art judicieux......* La contenance de Manuel et la bassesse des autres formeraient un contraste ; ceux-ci servant des maîtres, et calculant d'avance le profit, la récompense toujours proportionnée à l'infamie de l'action ; celui-là se proposant l'approbation publique et la gloire à venir.

— Les fournisseurs de l'armée sont tous bons gentilshommes et des premières familles. Il faut faire des preuves pour entrer dans la viande ou dans la partie des souliers. Les femmes y ont de gros intérêts ; les maîtresses, les amants partagent ; comtesses, duchesses, barons, marquis, on leur fait à tous bon marché des subsistances du soldat. La noblesse autrefois se ruinait à la guerre, maintenant s'enrichit et spécule très-bien sur la fidélité.

—Les bateaux venus de Strasbourg à Bayonne par le roulage coûteront de port cent mille francs, et seront trois mois en chemin. Construits en un mois à Bayonne, ils eussent coûté quarante mille francs. Les munitions qu'on expédie de Brest à Bayonne, par terre, iraient par mer sans aucuns frais. Mais il y a une compagnie des transports par terre, dans laquelle des gens de la cour sont intéressés, et l'on préfère ce moyen. Il faut relever d'anciennes familles, qui relèveront la monarchie si elle culbute en Espagne.

— Les parvenus imitent les gens de bonne maison. Victor, sa femme, son fils, prennent argent de toutes mains. On parle de pots-de-vin de cinquante mille écus. Tout s'adjuge à huis clos et sans publication. Ainsi se prépare une campagne à la manière de l'ancien régime. Cependant Marcellus danse avec miss Canning.

—La guerre va se faire enfin, malgré tout le monde. MADAME ne la veut pas. Madame du Cayla y paraît fort contraire. MA-

DEMOISELLE, ayant consulté sa poupée, se déclare pour la paix, ainsi que la nourrice et toutes les remueuses de monseigneur le duc de Bordeaux. Personne ne veut la guerre. Mais voici le temps de Pâques, et tous les confesseurs refusent l'absolution si on ne fait la guerre : elle se fera donc.

— Le duc de Guiche, l'autre jour, disait dans un salon, montrant le confesseur de MONSIEUR et d'autres prêtres : Ces cagots nous perdront.

— On me propose cent contre un que nos jésuites ne feront pas la conquête de l'Espagne, et je suis tenté de tenir. Sous Bonaparte, je proposai cent contre un qu'il ferait la conquête de l'Espagne : personne ne tint; j'aurais perdu : peut-être cette fois gagnerais-je.

— Mille contes plaisants du héros pacificateur, pointes, calembours de toutes parts. Il crève les chevaux sur la route de Bayonne, fait, dit-on, quatre lieues à l'heure, va plus vite que Bonaparte, mais n'arrive pas sitôt, parce que ses dévotions l'arrêtent en chemin. Il visite les églises et baise les reliques. Le peuple, qui voit cela, en aime d'autant moins l'Église et les reliques.

— Il n'y a pas un paysan dans nos campagnes qui ne dise que Bonaparte vit, et qu'il reviendra. Tous ne le croient pas, mais le disent. C'est entre eux une espèce d'argot, de mot convenu pour narguer le gouvernement. Le peuple hait les Bourbons, parce qu'ils l'ont trompé, qu'ils mangent un milliard et servent l'étranger, parce qu'ils sont toujours émigrés, parce qu'ils ne veulent pas être aimés.

— Barnave disait à la reine : « Il faut vous faire aimer du peuple. — Hélas ! je le voudrais, dit-elle ; mais comment ? — Madame, il vous est plus aisé qu'il ne l'était à moi. — Comment faire ? — Madame, lui répondit Barnave, tout est dans un mot : Bonne foi. »

— On va marcher ; on avancera en Espagne ; on renouvellera les bulletins de la grande armée avec les exploits de la garde ; au lieu de Murat, ce sera la Rochejaquelein. Sans rencontrer personne, on gagnera des batailles, on forcera des villes, enfin on entrera triomphant dans Madrid, et là commence la guerre. Jamais ils ne feront la conquête d'Espagne. M. Ls.

Je le crois; mais ce n'est pas l'Espagne, c'est la France qu'ils veulent conquérir. A chaque bulletin de Martainville, à chaque victoire de messieurs les gardes du corps, on refera ici quelque pièce de l'ancien régime : et qu'importe aux jésuites que les armées périssent, pourvu qu'ils confessent le roi?

— A la chambre des pairs, hier quelqu'un disait : Figurez-vous que nos gens en Espagne seront des saints. Ils ne feront point de sottises; on payera tout, et le soldat ne mangera pas une poule qui ne soit achetée au marché. Ordre, discipline admirable; on mènera jusqu'à des filles, afin d'épargner les infantes. La conquête de la Péninsule va se faire sans fâcher personne, et notre armée sera comblée de bénédictions. Là-dessus M. Catelan a pris la parole, et a dit : Je ne sais pas comment vous ferez lorsque vous serez en Espagne; mais en France votre conduite est assez mauvaise. Vous payerez là, dites-vous, et ici vous prenez. Voici une réquisition de quatre mille bœufs pour conduire de Toulouse à Pau votre artillerie, qui a ses chevaux; mais ils sont employés ailleurs. Ils mènent les équipages des ducs et des marquis et des gardes du corps. Le canon reste là. Vous y attelez nos bœufs au moment des labours. Vous serez sages en Espagne, à la bonne heure, je le veux croire, et vous agirez avec ordre; mais je ne vois que confusion dans vos préparatifs.

— Guilleminot a fait un rapport, dont la substance est que l'armée a besoin de se recruter d'une ou de deux conscriptions, pour être en état, non de marcher, car il n'y a nulle apparence, mais de garder seulement la frontière; que l'état-major est bon, et fera ce qu'on voudra; mais que les officiers *de fortune*, et surtout les sous-officiers, semblent peu disposés à entrer en campagne, pensent que c'est contre eux que la guerre se fait. Guilleminot est rappelé pour avoir dit ces choses-là, et son aide de camp arrêté comme correspondant de Fabvier. Victor part pour l'armée.

— A l'armée une cour (voir là-dessus Feuquières, *Mémoires*), c'est ce qui a perdu Bonaparte, tout Bonaparte qu'il était. La cour de son frère Joseph sauva Wellington plus d'une fois. Partant, où il y a une cour, on ne songe qu'à faire sa cour. Le duc d'Angoulême a carte blanche pour les récompenses, et l'on sait déjà ceux qui se distingueront. Hohenlohe sera maréchal. C'est un Allemand qui a logé les princes dans l'émigration. Il commandera nos généraux, et pas un d'eux ne dira mot. La noblesse de tout temps obéit volontiers même à des bâtards étrangers, comme était le maréchal de Saxe. Les soldats, quant à eux, font peu de différence d'un Allemand à un émigré. Ils l'aimeront autant que Coigny ou Vioménil. Personne ne se plaindra. Jamais, en Angleterre, on ne souffrirait cela. Nous aurons tout l'ancien régime; on ne nous fera pas grâce d'un abus.

PROCLAMATION.

Soldats, vous allez rétablir en Espagne l'ancien régime et défaire la révolution. Les Espagnols ont fait chez eux la révolution, ils ont détruit l'ancien régime, et à cause de cela on vous envoie contre eux; et quand vous aurez rétabli l'ancien régime en ce pays-là, on vous ramènera ici pour en faire autant. Or, l'ancien régime, savez-vous ce que c'est, mes amis? C'est, pour le peuple, des impôts; pour les soldats, c'est du pain noir et des coups de bâton; des coups de bâton et du pain noir, voilà l'ancien régime pour vous. Voilà ce que vous allez rétablir, là d'abord, et ensuite chez vous.

Les soldats espagnols ont fait en Espagne la révolution. Ils étaient las de l'ancien régime, et ne voulaient plus ni pain noir, ni coups de bâton; ils voulaient autre chose, de l'avancement, des grades; ils en ont maintenant, et deviennent officiers à leur tour, selon la loi. Sous l'ancien régime, les soldats ne peuvent jamais être officiers; sous la révolution, au contraire, les soldats deviennent officiers. Vous entendez; c'est là ce que les Espagnols ont établi chez eux, et qu'on veut empêcher. On vous envoie exprès, de peur que la même chose ne s'établisse ici, et que vous ne soyez quelque jour officiers. Partez donc, battez-vous contre les Espagnols; allez, faites-vous estropier, afin de n'être pas officiers et d'avoir des coups de bâton.

Ce sont les étrangers qui vous y font aller; car le roi ne voudrait pas. Mais ses alliés le forcent à vous envoyer là. Ses alliés, le roi de Prusse, l'empereur de Russie et l'empereur d'Autriche suivent l'ancien régime. Ils donnent aux soldats beaucoup de coups de bâton avec peu de pain noir, et s'en trouvent très-bien, eux souverains. Une chose pourtant les inquiète. Le soldat français, disent-ils, depuis trente ans ne reçoit point de coups de bâton, et voilà l'Espagnol qui les refuse aussi : pour peu que cela gagne, adieu la schlague chez nous, personne n'en voudra. Il y faut remédier plus tôt que plus tard. Ils ont donc résolu de rétablir partout le régime du bâton, mais pour les soldats seulement ; c'est vous qu'ils chargent de cela. Soldats, volez à la victoire ; et quand la bataille sera gagnée, vous savez ce qui vous attend : les nobles auront de l'avancement, vous aurez des coups de bâton. Entrez en Espagne, marchez tambour battant, mèche allumée, au nom des puissances étrangères : vive la schlague ! vive le bâton ! point d'avancement pour les soldats, point de grades que pour les nobles.

Au retour de l'expédition, vous recevrez tout l'arriéré des coups de bâton qui vous sont dus depuis 1789. Ensuite, on aura soin de vous tenir au courant.

— La police va découvrir une grande conspiration qui aura, dit-on, de grandes ramifications dans les provinces et dans l'armée. On nomme déjà des gens qui en seront certainement. Mais le travail n'est pas fait.

AVERTISSEMENT DU LIBRAIRE.

(1823.)

Nous possédons un manuscrit, et publierons, quand la censure sera rétablie, différentes brochures de *Paul-Louis*, toutes *excessivement* utiles et *prodigieusement* agréables, comme on le peut voir par ces titres :

1° *La Lanterne de Rovigo*, ou Considérations sur la nouvelle noblesse ;

2° *De l'indifférence en matière de B....v....* ;

3° *Vue sur la Septennalité*, ou l'An climatérique de la Charte constitutionnelle ;

4° *Obligations d'un député ministériel*, avec cette épigraphe de l'ami Paul : LA VIANDE EST POUR LE VENTRE, LE VENTRE EST POUR LA VIANDE ;

5° *De l'influence de la Russie sur le chien du garde-champêtre de la commune de Bagnolet;*

6° *Thèses contre les hérétiques*, où l'on démontre *à priori* que le célibat des jeunes p...... et la c...... des j...... f...... sont principalement cause de la pureté des mœurs dans tous les États catholiques ;

7° *De la* PORNOCRATIE *en France, depuis Brennus jusqu'à nos jours*, avec une dissertation sur le principe PORNOCRATIQUE dans les gouvernements de l'Europe;

8° RECEPI NUMMOS *à gogo*, ou Diachylon pour les plaies de la révolution, aux dépens de qui n'en peut mais...... ;

9° *Hommage des employés de Montmartre,* offrant, par l'organe du préfet, la moitié de leur picotin pour l'acquisition de C.........;

10° *Pétition des mêmes,* demandant double râtelier pour les services par eux rendus dans les dernières élections, en votant à billet ouvert;

11° EPISTOLA CRITICA DOCTISSIMO VIRO *Champollion-Figeac*, dans laquelle on lui prouve, par les hiéroglyphes, qu'il ne sait ce qu'il dit sur les dynasties égyptiennes, attendu que jamais il n'y eut en Égypte que deux races de souverains, dites les DÉMOBORUS et les ALIBORUS, depuis ALIBORON Ier jusqu'à DÉMOBORON le Grand ;

12° *Autopsie du cadavre de la défunte Charte*, avec cette épigraphe de Virgile : CUNCTANTES INTER CECIDIT MORIBUNDA SINISTROS.

PIÈCE DIPLOMATIQUE,

EXTRAITE DES JOURNAUX ANGLAIS[1].

(1823.)

A MON FRÈRE LE ROI D'ESPAGNE.

J'ai reçu la vôtre, mon frère ou mon cousin, puisque nous sommes issus de germains. Vous voilà bientôt, grâce au ciel, hors des mains de vos rebelles sujets, dont je me réjouis avec vous comme parent, voisin, ami, entièrement de votre avis d'ailleurs sur notre autorité légitime et sacrée. Nous régnons de par Dieu, qui nous donne les peuples, et nous ne devons compte de nos actes qu'à Dieu, ou aux prêtres, cela s'entend. J'y ajoute, comme conséquence également indubitable, qu'il ne nous faut jamais recevoir la loi des sujets, jamais composer avec eux, ou du moins nous croire engagés par de telles compositions, vaines et nulles de droit divin. C'est aux personnes de notre rang le dernier degré d'abaissement que promettre aux sujets et leur tenir parole, comme a très-bien dit Louis XIV notre aïeul, de glorieuse mémoire, qui savait son métier de roi. Sous lui, on ne vit point les Français murmurer, quelque faix qu'il leur imposât, en quelque misère qu'il les pût réduire; pas un d'eux ne souffla mot, lui vivant. Pour ses guerres, ses maîtresses, pour bâtir ses palais, il prit leur dernier sou : c'est régner que cela! Charles II d'Angleterre fit de même à peu près; comme nous, rétabli après vingt ans d'exil et la mort de son père, il déclara hautement qu'il aimait mieux se soumettre à un roi étranger, ennemi de sa nation, que de compter avec elle, ou de la consulter sur les affaires de l'État; sentiments élevés, et dignes de son sang, de son nom, de son rang. Moi, qui vous écris ceci, mon cousin, je serais le plus grand roi de l'Europe, si j'eusse

---

[1] On la dit envoyée de Cadix à M. CANNING par un de ses agents secrets, qui l'aurait eue d'un valet de chambre, qui l'aurait trouvée dans les poches de sa MAJESTÉ CATHOLIQUE.

voulu seulement m'entendre avec mon peuple. Rien n'était si facile. Me préserve le ciel d'une telle bassesse! J'obéis au congrès, aux princes, aux cabinets, et en reçois des ordres souvent embarrassants, toujours fort insolents; j'obéis néanmoins. Mais ce que veut mon peuple, et que je lui promis, je n'en fais rien du tout, tant j'ai de fierté dans l'âme et l'orgueil de ma race. Gardons-la, mon cousin, cette noble fierté à l'égard des sujets; conservons chèrement nos vieilles prérogatives; gouvernons à l'exemple de nos prédécesseurs, sans écouter jamais que nos valets, nos maîtresses, nos favoris, nos prêtres : c'est l'honneur de la couronne. Quoi qu'il puisse arriver, périssent les nations plutôt que le droit divin!

Là-dessus, mon cousin, j'entre, comme vous voyez, dans tous vos sentiments, et prie Dieu qu'il vous y maintienne; mais je ne puis approuver de même votre répugnance pour ce genre de gouvernement qu'on a nommé représentatif, et que j'appelle, moi, récréatif, n'y ayant rien que je sache au monde si divertissant pour un roi, sans parler de l'utilité non petite qui nous en revient. J'aime l'absolu; mais ceci...... pour le produit, ceci vaut mieux. Je n'en fais nulle comparaison, et le préfère de beaucoup. Le représentatif me convient à merveille, pourvu toutefois que ce soit moi qui nomme les députés du peuple, comme nous l'avons établi en ce pays fort heureusement. Le représentatif de la sorte est une cocagne, mon cousin. L'argent nous arrive à foison. Demandez à mon neveu d'Angoulême, nous comptons ici par milliards, ou, pour dire la vérité, par ma foi nous ne comptons plus, depuis que nous avons des députés à nous, une majorité, comme on l'appelle, *compacte;* dépense à faire, mais petite. Il ne m'en coûte pas.... non, cent voix ne me coûtent pas, je suis sûr, chaque année, un mois de madame du Cayla; moyennant quoi tout va de soi-même; argent sans compte ni mesure, et le droit divin n'y perd rien; nous n'en faisons pas moins tout ce que nous voulons, c'est-à-dire, ce que veulent nos courtisans.

Vos cortès vous ont dégoûté des assemblées délibérantes; mais une épreuve ne conclut pas; feu mon frère s'en trouva mal; et cela ne m'a pas empêché d'y recourir encore, dont bien me prend.

Voulez-vous être un pauvre diable comme lui, qui, faute de cinquante malheureux millions... Quelle misère! cinquante mille millions, mon cousin, ne m'embarrassent non plus qu'une prise de tabac. Je pensais comme vous vraiment avant mon voyage d'Angleterre; je n'aimais point du tout ce représentatif; mais là j'ai vu ce que c'est : si le Turc s'en doutait, il ne voudrait pas autre chose, et ferait de son divan deux chambres. Essayez-en, mon cher cousin, et vous m'en direz des nouvelles. Vous verrez bientôt que vos Indes, vos galions, votre Pérou, étaient de pauvres tirelires, au prix de cette invention-là, au prix d'un budget discuté, voté par de bons députés. Il ne faut pas que tous ces mots de liberté, publicité, représentation, vous effarouchent. Ce sont des représentations à notre bénéfice, et dont le produit est immense, le danger nul, quoi qu'on en dise. Tenez, une comparaison va vous rendre cela sensible. La pompe foulante... mieux encore, la marmite à vapeur, qui donne chaque minute un potage gras lorsqu'on la sait gouverner, mais éclate et vous tue si vous n'y prenez garde; voilà l'affaire, voilà mon représentatif. Il n'est que de chauffer à point, ni trop ni trop peu, chose aisée; cela regarde nos ministres, et le potage est un milliard. Puis, vantez-moi votre absolu, qui produisait à feu mon frère, quoi? trois ou quatre cents millions par an, avec combien de peine! Ici chaque budget un milliard, sans la moindre difficulté. Que vous en semble, mon cousin? Allons, mettez de côté vos petites répugnances, et faites potage avec nous en famille; il n'est rien de tel. Nous nous aiderons mutuellement à l'entretenir comme il faut, et prévenir les accidents.

Si vous l'eussiez eue, cette marmite représentative, au temps de l'île de Léon, l'argent ne vous eût point manqué pour la paye de vos soldats, qui ne se seraient pas révoltés; il ne m'eût point fallu envoyer à votre aide, et dépenser, à vous tirer de cet embarras, cinq cents beaux millions, mon cousin : non que je veuille vous les reprocher, c'est une bagatelle, un rien; entre parents tout est commun : l'argent et le sang de mes sujets vous appartiennent comme à moi; ne vous en faites pas faute au besoin. Je vous rétablirai dix fois, s'il est nécessaire, sans m'incommoder le moins du monde, sans qu'il vous en coûte une obole. Je ne vous demanderai point les frais, comme on m'a fait : c'est une vilenie de mes alliés. Au contraire, en vous restaurant je vous donnerai de l'argent, ainsi qu'à vos sujets, tant que vous en voudrez. J'en donne à tout le monde, et je paye partout ; j'ai payé ma restauration, je payerai encore la vôtre, parce que j'ai beaucoup d'argent, et beaucoup de complaisance aussi pour les souverains étrangers, qui m'empêchent de recevoir la loi de mon peuple. Je les paye quand ils viennent ici : je vous paye, vous, quand je vais chez vous. Occupé, occupant, je paye l'occupation. J'ai payé Sacken et Platow. Je paye Morillo, Ballesteros ; je paye les cabinets, les puissances ; je paye les cortès, la régence ; je paye les Suisses : j'ai encore, tous ces gens-là payés, de quoi entretenir non-seulement ma garde, une maison ici qu'on trouve assez passable, et bien autre que celle de mon prédécesseur ; mais, de plus, des maîtresses, qui naturellement me coûtent quelque chose. Le budget suffit à tout, et voilà ce que c'est que ce représentatif dont là-bas vous vous faites une peur. Sottise, enfance, mon cousin ; il n'est rien de meilleur au monde.

Pour monter cette machine chez vous, et la mettre en mouvement sans le moindre danger de vos royales personnes, je vous enverrai, si vous voulez, le sieur de Villèle, homme admirable, ou quelque autre de nos amés, avec une vingtaine de préfets. Fiez-vous à eux ; en moins de rien ils vous auront organisé deux chambres et un ministère, derrière lequel vous dormirez pendant qu'on vous fera de l'argent. Vous aurez, de la haute sphère où nous sommes placés, comme dit Foy, le passe-temps de leurs débats, chose la plus drôle du monde, vrai tapage de chiens et de chats qui se battent dans la rue pour des bribes. Quand leurs criailleries deviennent incommodes, on y fait jeter quelques seaux d'eau dès que le budget est voté.

Octroyez, mon cousin, octroyez une charte constitutionnelle et tout ce qui s'ensuit : droit d'élection, jury, liberté de la presse ; accordez, et ne vous embarrassez de rien ; surtout ne manquez pas d'y fourrer une nouvelle noblesse que vous mêlerez avec l'ancienne, autre espèce d'amusement qui vous tiendra en bonne humeur et en santé longtemps. Sans cela, aux Tuileries, nous péririons d'ennui. Quand vous aurez traité avec vos *libérales*, sous la garantie des puissances, et juré l'oubli du passé à tous ces révolutionnaires, faites-en pendre cinq ou six aussitôt après l'amnistie, et faites les autres ducs et pairs, particulièrement s'il y en a qu'on ait vus porteballes ou valets d'écurie; des avocats, des écrivains, des philosophes bien amoureux de l'égalité, chargez-les de cordons; couvrez-les de vieux titres, de nouveaux parchemins : puis regardez, je vous défie de prendre du chagrin lorsque vous verrez ces gens-là, parmi vos Sanches et vos Gusmans, armorier leurs équipages, écarteler leurs écussons : c'est proprement la petite pièce d'une révolution, c'est une comédie dont on ne se lasse point, et qui pour vos sujets deviendra comme un carnaval perpétuel.

J'ai à vous dire bien d'autres choses, que pour le présent je remets, priant Dieu sur ce, mon cousin, qu'il vous ait en sa sainte garde.

Signé, LOUIS.
Plus bas, DE VILLÈLE.
Pour copie conforme,
PAUL-LOUIS COURIER,
Vigneron.

PAMPHLET DES PAMPHLETS.
(1824.)

Pendant que l'on m'interrogeait à la préfecture de police sur mes nom, prénoms, qualités, comme vous avez pu voir dans les gazettes du temps, un homme se trouvant là sans fonctions apparentes, m'aborda familièrement, me demanda confidemment si je n'étais point auteur de certaines brochures; je m'en défendis fort. Ah! monsieur, me dit-il, vous êtes un grand génie, vous êtes inimitable. Ce propos, mes amis, me rappela un fait historique peu connu, que je vous veux conter par forme d'épisode, digression, parenthèse, comme il vous plaira; ce m'est tout un.

Je déjeunais chez mon camarade Duroc, logé en ce temps-là, mais depuis peu, notez, dans une vieille maison fort laide, selon moi, entre cour et jardin, où il occupait le rez-de-chaussée. Nous étions à table plusieurs, joyeux, en devoir de bien faire, quand tout à coup arrive, et sans être annoncé, notre camarade Bonaparte, nouveau propriétaire de la vieille maison, habitant le premier étage. Il venait en voisin ; et cette bonhomie nous étonna au point que pas un des convives ne savait ce qu'il faisait. On se lève, et chacun demandait : Qu'y a-t-il ? Le héros nous fit rasseoir. Il n'était pas de ces camarades à qui l'on peut dire : Mets-toi, et mange avec nous. Cela eût été bon avant l'acquisition de la vieille maison. Debout à nous regarder, ne sachant trop que dire, il allait et venait. Ce sont des artichauts dont vous déjeunez là ? Oui, général. Vous, Rapp, vous les mangez à l'huile ? Oui, général. Et vous, Savary, à la sauce ? Moi, je les mange au sel. Ah ! général, répond celui qui s'appelait alors Savary, vous êtes un grand homme ; vous êtes inimitable.

Voilà mon trait d'histoire que je rapporte exprès, afin de vous faire voir, mes amis, qu'une fois on m'a traité comme Bonaparte, et par les mêmes motifs. Ce n'était pas pour rien qu'on flattait le consul ; et quand ce bon monsieur, avec ses douces paroles, se mit à me louer si démesurément que j'en faillis perdre contenance, m'appelant homme sans égal, incomparable, inimitable, il avait son dessein, comme m'ont dit depuis des gens qui le connaissent, et voulait de moi quelque chose, pensant me louer à mes dépens. Je ne sais s'il eut contentement. Après maints discours, maintes questions, auxquelles je répondis le moins mal que je pus : Monsieur, me dit-il en me quittant, monsieur, écoutez, croyez-moi ; employez votre grand génie à faire autre chose que des pamphlets.

J'y ai réfléchi, et me souviens qu'avant lui M. de Broë, homme éloquent, zélé pour la morale publique, me conseilla de même, en termes moins flatteurs, devant la cour d'assises. *Vil pamphlétaire....* Ce fut un mouvement oratoire des plus beaux, quand, se tournant vers moi qui, foi de paysan, ne songeais à rien moins, il m'apostropha de la sorte : *Vil pamphlétaire*, etc. ; coup de foudre, non, de massue, vu le style de l'orateur, dont il m'assomma sans remède. Ce mot soulevant contre moi les juges, les témoins, les jurés, l'assemblée (mon avocat lui-même en parut ébranlé), ce mot décida tout. Je fus condamné dès l'heure dans l'esprit de Messieurs, dès que l'homme du roi m'eut appelé pamphlétaire, à quoi je ne sus que répondre. Car il me semblait bien en mon âme avoir fait ce qu'on nomme un pamphlet; je ne l'eusse osé nier. J'étais donc pamphlétaire à mon propre jugement; et, voyant l'horreur qu'un tel nom inspirait à tout l'auditoire, je demeurai confus.

Sorti de là, je me trouvai sur le grand degré avec M. Arthus Bertrand, libraire, un de mes jurés, qui s'en allait dîner, m'ayant déclaré coupable. Je le saluai; il m'accueillit, car c'est le meilleur homme du monde; et chemin faisant, je le priai de me vouloir dire ce qui lui semblait à reprendre dans le *Simple Discours* condamné. Je ne l'ai point lu, me dit-il; mais c'est un pamphlet, cela me suffit. Alors je lui demandai ce que c'était qu'un pamphlet, et le sens de ce mot, qui, sans m'être nouveau, avait besoin pour moi de quelque explication. C'est, répondit-il, un écrit de peu de pages comme le vôtre, d'une feuille ou deux seulement. De trois feuilles, repris-je, serait-ce encore un pamphlet? Peut-être, me dit-il, dans l'acception commune; mais, proprement parlant, le pamphlet n'a qu'une feuille seule; deux ou plus font une brochure. Et dix feuilles? quinze feuilles? vingt feuilles? Font un volume, dit-il, un ouvrage.

Moi, là-dessus : Monsieur, je m'en rapporte à vous, qui devez savoir ces choses. Mais, hélas! j'ai bien peur d'avoir fait en effet un pamphlet, comme dit le procureur du roi. Sur votre honneur et conscience, puisque vous êtes juré, M. Arthus Bertrand, mon écrit d'une feuille et demie, est-ce pamphlet ou brochure? Pamphlet, me dit-il, pamphlet, sans nulle difficulté. — Je suis donc pamphlétaire? — Je ne vous l'eusse pas dit par égard, ménagement, compassion du malheur; mais c'est la vérité. Au reste, ajouta-t-il, si vous vous repentez, Dieu vous pardonnera (tant sa miséricorde est grande!) dans l'autre monde. Allez, mon bon monsieur, et ne péchez plus; allez à Sainte-Pélagie.

Voilà comme il me consolait. Monsieur, lui dis-je, de grâce, encore une question. Deux, me dit-il, et plus, et tant qu'il vous plaira, jusqu'à quatre heures et demie, qui, je crois, vont sonner. — Bien, voici ma question. Si, au lieu de ce pamphlet sur la souscription de Chambord, j'eusse fait un volume, un ouvrage, l'auriez-vous condamné? — Selon. — J'entends, vous l'eussiez lu d'abord, pour voir s'il était condamnable. Oui, je l'aurais examiné. — Mais le pamphlet, vous ne le lisez pas? — Non, parce que le pamphlet ne saurait être bon. Qui dit pamphlet, dit un écrit tout plein de poison. — De poison? — Oui, monsieur, et du plus détestable; sans quoi on ne le lirait pas. — S'il n'y avait du poison? — Non, le monde est ainsi fait; on aime le poison dans tout ce qui s'imprime. Votre pamphlet que nous venons de condamner, par exemple, je ne le connais point; je ne sais, en vérité, ni ne veux savoir ce que c'est : mais on le lit; il y a du poison. M. le procureur du roi nous l'a dit, et je n'en doutais pas. C'est le poison, voyez-vous, que poursuit la justice dans ces sortes d'écrits. Car autrement la presse est libre; imprimez, publiez tout ce que vous voudrez, mais non pas du poison. Vous avez beau dire, messieurs, on ne vous laissera pas distribuer le poison. Cela ne se peut en bonne police, et le gouvernement est là, qui vous en empêchera bien.

Dieu, dis-je en moi-même tout bas, Dieu, délivre-nous du malin et du langage figuré! Les médecins m'ont pensé tuer, voulant me *rafraîchir le sang;* celui-ci m'emprisonne, de peur que je n'écrive du *poison;* d'autres laissent *reposer* leur champ, et nous manquons de blé au marché. Jésus, mon Sauveur, sauvez-nous de la métaphore.

Après cette courte oraison mentale, je repris : En effet, monsieur, le poison ne vaut rien du tout, et l'on fait à merveille d'en arrêter le débit. Mais je m'étonne comment le monde, à ce que vous dites, l'aime tant. C'est sans doute qu'avec ce poison il y a dans les pamphlets quelque chose... — Oui, des sottises, des calembours, de méchantes plaisanteries. Que voulez-vous, mon cher monsieur, que voulez-vous mettre de bon sens en une misérable feuille? Quelles idées s'y peuvent développer? Dans les ouvrages raisonnés, au sixième volume à peine entrevoit-on où l'auteur en veut venir. — Une feuille, dis-je, il est vrai, ne saurait contenir grand'chose. — Rien qui vaille, me dit-il; et je n'en lis aucune. — Vous ne lisez donc pas les mandements de monseigneur l'évêque de Troyes pour le carême et pour l'avent? — Ah! vraiment ceci diffère fort. — Ni les pastorales de Toulouse sur la suprématie papale? — Ah! c'est autre chose cela.— Donc, à votre avis, quelquefois une brochure, une simple feuille...—Fi! ne m'en parlez pas, opprobre de la littérature, honte du siècle et de la nation, qu'il se puisse trouver des auteurs, des imprimeurs et des lecteurs de semblables impertinences. Monsieur, lui dis-je, les *Lettres provinciales* de Pascal...—Oh! livre admirable, divin, le chef-d'œuvre de notre langue! — Eh bien! ce chef-d'œuvre divin, ce sont pourtant des pamphlets, des feuilles qui parurent... — Non, tenez, j'ai là-dessus mes principes, mes idées. Autant j'honore les grands ouvrages faits pour durer et vivre dans la postérité, autant je méprise et déteste ces petits écrits éphémères, ces papiers qui vont de main en main, et parlent aux gens d'à présent des faits, des choses d'aujourd'hui; je ne puis souffrir les pamphlets. — Et vous aimez les Provinciales, *petites lettres*, comme alors on les appelait, quand elles allaient de main en main?—Vrai, continua-t-il sans m'entendre, c'est un de mes étonnements que vous, monsieur, qui, à voir, semblez homme bien né, homme *éduqué*, fait pour être quelque chose dans le monde; car enfin qui vous empêchait de devenir baron comme un autre? Honorablement employé dans la police, les douanes, geôlier ou gendarme, vous tiendriez un rang, feriez une figure. Non, je n'en reviens pas, un homme comme vous s'avilir, s'abaisser jusqu'à faire des pamphlets! Ne rougissez-vous point?—Blaise, lui répondis-je, Blaise Pascal n'était ni geôlier ni gendarme, ni employé de M. Franchet. — Chut! paix! Parlez plus bas, car il peut nous entendre. — Qui donc? — L'abbé Franchet. — Serait-il si près de nous? — Monsieur, il est partout. Voilà quatre heures et demie; votre humble serviteur. — Moi le vôtre. Il me quitte, et s'en alla courant.

Ceci, mes chers amis, mérite considération; trois si honnêtes gens : M. Arthus Bertrand, ce monsieur de la police, et M. de Broë, personnage éminent en science, en dignité; voilà trois hommes de bien ennemis des pamphlets. Vous en verrez d'autres assez, et de la meilleure compagnie, qui trompent un ami, séduisent sa fille ou sa femme, prêtent la leur pour obtenir une place honorable, mentent à tout venant, trahissent, manquent de foi, et tiendraient à grand déshonneur d'avoir dit vrai dans un écrit de quinze ou seize pages; car tout le mal est dans ce peu. Seize pages, vous êtes pamphlétaire, et gare Sainte-Pélagie. Faites-en seize cents, vous serez présenté au roi. Malheureusement je ne saurais. Lorsqu'en 1815 le maire de notre commune, celui-là même d'à présent, nous fit donner de nuit l'assaut par ses gendarmes, et du lit traîner en prison de pauvres gens qui ne pouvaient mais de la révolution, dont les femmes, les enfants périrent, la matière était ample à fournir des volumes, et je n'en sus tirer qu'une feuille, tant l'éloquence me manqua. Encore m'y pris-je à rebours. Au lieu de décliner mon nom, et de dire d'abord, comme je fis : *Mes bons messieurs, je suis Tourangeau*, si j'eusse commencé : *Chrétiens, après les attentats inouïs d'une infernale révolution......* dans le goût de l'abbé de Lamennais, une fois monté à ce ton, il m'était aisé de continuer et mener à fin mon volume, sans fâcher le procureur du roi. Mais je fis seize pages d'un style à peu près comme je vous parle, et je fus pamphlétaire insigne ; et depuis, coutumier du fait, quand vint la souscription de Chambord, sagement il n'en fallait rien dire, ce n'était matière à traiter en une feuille ni en cent ; il n'y avait là ni pamphlet, ni brochure, ni volume à faire, étant malaisé d'ajouter aux flagorneries, et dangereux d'y contredire, comme je l'éprouvai. Pour avoir voulu dire là-dessus ma pensée en peu de mots, sans ambages ni circonlocutions, pamphlétaire encore, en prison deux mois à Sainte-Pélagie. Puis, à propos de la danse qu'on nous interdisait, j'opinai de mon chef, gravement, entendez-vous, à cause de l'Église intéressée là-dedans, longuement, je ne puis, et retombai dans le pamphlet. Accusé, poursuivi, mon innocent langage et mon parler timide trouvèrent grâce à peine ; je fus blâmé des juges. Dans tout ce qui s'imprime il y a du poison plus ou moins délayé, selon l'étendue de l'ouvrage, plus ou moins malfaisant, mortel. De l'*acétate de morphine*, un grain dans une cuve se perd, n'est point senti, dans une tasse fait vomir, en une cuillerée tue, et voilà le pamphlet.

Mais, d'autre part, mon bon ami sir John Bickerstaff, écuyer, m'écrit ce que je vais tout à l'heure vous traduire. Singulier homme, philosophe, lettré autant qu'on saurait être, grand partisan de la réforme, non parlementaire seulement, mais universelle, il veut refaire tous les gouvernements de l'Europe, dont le meilleur, dit-il, ne vaut rien. Il jouit dans son pays d'une fortune honnête. Sa terre n'a d'étendue que dix lieues en tous sens, un revenu de deux ou trois millions au plus; mais il s'en contente, et vivait dans cette douce médiocrité, quand les ministres, le voyant homme à la main, d'humeur facile, comme sont les savants, comme était Newton, le firent entrer au parlement. Il n'y fut pas, que voilà qu'il tonne, tempête contre les dépenses de la cour, la corruption, les *sinécures*. On crut qu'il en voulait sa part, et les ministres lui offrirent une place qu'il accepta, et une somme qu'il toucha proportionnée à sa fortune, selon l'usage des gouvernants de donner plus à qui plus a. Nanti de ces deniers, il retourne à sa terre, assemble les paysans, les laboureurs et tous les fermiers du comté, auxquels il dit : J'ai rattrapé le plus heureusement du monde une partie de ce qu'on vous prend pour entretenir les fripons et les fainéants de la cour. Voici l'argent dont je veux faire une belle restitution. Mais commençons par les plus pauvres. Toi, Pierre, combien as-tu payé cette année-ci? Tant; le voilà. Toi, Paul; vous Isaac et John, votre *quote*? Et il la leur compte; et ainsi tant qu'il en resta. Cela fait, il retourne à Londres, où, prenant possession de son nouvel emploi, d'abord il voulait élargir tous les gens détenus pour délits de paroles, propos contre les grands, les ministres, les Suisses; et l'eût fait, car sa place lui en donnait le pouvoir, si on ne l'eût promptement révoqué.

Depuis il s'est mis à voyager, et m'écrit de Rome : « Laissez
« dire, laissez-vous blâmer, condamner, emprisonner; laissez-
« vous pendre, mais publiez votre pensée. Ce n'est pas un droit,
« c'est un devoir, étroite obligation de quiconque a une pensée, de
« la produire et mettre au jour pour le bien commun. La vérité
« est toute à tous. Ce que vous connaissez utile, bon à savoir pour
« un chacun, vous ne le pouvez taire en conscience. Jenner,
« qui trouva la vaccine, eût été un franc scélérat d'en garder
« une heure le secret; et comme il n'y a point d'homme qui
« ne croie ses idées utiles, il n'y en a point qui ne soit tenu de
« les communiquer et répandre par tous moyens à lui possibles.
« Parler est bien, écrire est mieux; imprimer est excellente
« chose. Une pensée déduite en termes courts et clairs, avec

« preuve, documents, exemples, quand on l'imprime, c'est un
« pamphlet, et la meilleure action, courageuse souvent, qu'homme
« puisse faire au monde. Car si votre pensée est bonne, on en
« profite ; mauvaise, on la corrige, et l'on profite encore. Mais
« l'abus.... sottise que ce mot ; ceux qui l'ont inventé, ce sont
« eux vraiment qui abusent de la presse, en imprimant ce qu'ils
« veulent, trompant, calomniant, et empêchant de répondre.
« Quand ils crient contre les pamphlets, journaux, brochures,
« ils ont leurs raisons admirables. J'ai les miennes, et voudrais
« qu'on en fît davantage ; que chacun publiât tout ce qu'il pense
« et sait. Les jésuites aussi criaient contre Pascal, et l'eussent
« appelé pamphlétaire, mais le mot n'existait pas encore ; ils
« l'appelaient *tison d'enfer,* la même chose en style cagot. Cela
« signifie toujours un homme qui dit vrai et se fait écouter. Ils
« répondirent à ses pamphlets par d'abord d'autres, sans succès,
« puis par des lettres de cachet, qui leur réussirent bien mieux.
« Aussi était-ce la réponse que faisaient d'ordinaire aux pamphlets
« les gens puissants et les jésuites.

« A les entendre cependant, c'était peu de chose ; ils mépri-
« saient les *petites lettres,* misérables bouffonneries, capables
« tout au plus d'amuser un moment par la médisance, le scan-
« dale ; écrits de nulle valeur, sans fond, ni consistance, ni
« substance, comme on dit maintenant, lus le matin, oubliés
« le soir ; en somme, indignes de lui, d'un tel homme, d'un
« savant ! L'auteur se déshonorait en employant ainsi son temps
« et ses talents, écrivant des feuilles, non des livres, et tour-
« nant tout en raillerie, au lieu de raisonner gravement : c'était
« le reproche qu'ils lui faisaient, vieille et coutumière querelle
« de qui n'a pas pour soi les rieurs. Qu'est-il arrivé ? la raillerie,
« la fine moquerie de Pascal a fait ce que n'avaient pu les arrêts,
« les édits, a chassé de partout les jésuites. Ces feuilles si lé-
« gères ont accablé le grand corps. Un pamphlétaire, en se
« jouant, met en bas ce colosse craint des rois et des peuples.
« La Société tombée ne se relèvera pas, quelque appui qu'on
« lui prête ; et Pascal reste grand dans la mémoire des hommes,
« non par ses ouvrages savants, sa roulette, ses expériences,
« mais par ses pamphlets, ses petites lettres.

« Ce ne sont pas les Tusculanes qui ont fait le nom de Cicé-

« ron, mais ses harangues, vrais pamphlets. Elles parurent en
« feuilles volantes, non roulées autour d'une baguette, à la ma-
« nière d'alors, la plupart même et les plus belles n'ayant pas
« été prononcées. Son *Caton*, qu'était-ce qu'un pamphlet contre
« César, qui répondit très-bien, ainsi qu'il savait faire, et en
« homme d'esprit, digne d'être écouté, même après Cicéron?
« Un autre depuis, féroce, et n'ayant de César ni la plume, ni
« l'épée, maltraité dans quelque autre feuille, pour réponse
« fit tuer le pamphlétaire romain. Proscription, persécution,
« récompense ordinaire de ceux qui seuls se hasardent à dire ce
« que chacun pense. De même avant lui avait péri le grand pam-
« phlétaire de la Grèce, Démosthène, dont les Philippiques sont
« demeurées modèle du genre. Mal entendues et de peu de gens
« dans une assemblée, s'il les eût prononcées seulement, elles
« eussent produit peu d'effet; mais écrites, on les lisait; et ces
« pamphlets, de l'aveu même du Macédonien, lui donnaient plus
« d'affaires que les armes d'Athènes, qui, enfin succombant,
« perdit Démosthène et la liberté.

« Heureuse de nos jours l'Amérique, et Franklin qui vit son
« pays libre, ayant plus que nul autre aidé à l'affranchir par
« son fameux *Bon Sens*, brochure de deux feuilles. Jamais li-
« vre ni gros volume ne fit tant pour le genre humain. Car, aux
« premiers commencements de l'insurrection américaine, tous
« ces États, villes, bourgades, étaient partagés de sentiments;
« les uns tenant pour l'Angleterre, fidèles, non sans cause, au
« pouvoir légitime; d'autres appréhendaient qu'on ne s'y pût
« soustraire, et craignaient de tout perdre en tentant l'impossi-
« ble; plusieurs parlaient d'accommodement, prêts à se conten-
« ter d'une sage liberté, d'une charte octroyée, dût-elle être
« bientôt modifiée, suspendue; peu osaient espérer un résultat
« heureux de volontés si discordantes. On vit en cet état de choses
« ce que peut la parole écrite dans un pays où tout le monde lit,
« puissance nouvelle et bien autre que celle de la tribune. Quel-
« ques mots par hasard d'une harangue sont recueillis de quel-
« ques-uns; mais la presse parle à tout un peuple, à tous les
« peuples à la fois, quand ils lisent comme en Amérique; et
« de l'imprimé rien ne se perd. Franklin écrivit; son *Bon Sens*,
« réunissant tous les esprits au parti de l'indépendance, décida

« cette grande guerre qui, là terminée, continue dans le reste
« du monde.

« Il fut savant : qui le saurait s'il n'eût écrit de sa science?
« Parlez aux hommes de leurs affaires, et de l'affaire du moment,
« et soyez entendu de tous, si vous voulez avoir un nom. Faites
« des pamphets comme Pascal, Franklin, Cicéron, Démosthène,
« comme saint Paul et saint Basile; car vraiment j'oubliais ceux-
« là, grands hommes dont les opuscules, désabusant le peuple
« païen de la religion de ses pères, abolirent une partie des anti-
« ques superstitions, et firent des nations nouvelles. De tout temps
« les pamphlets ont changé la face du monde. Ils semèrent chez
« les Anglais ces principes de tolérance que porta Penn en Amé-
« rique; et celle-ci doit à Franklin sa liberté maintenue par les
« mêmes moyens qui la lui ont acquise, pamphlets, journaux, pu-
« blicité. Là tout s'imprime; rien n'est secret de ce qui importe
« à chacun. La presse y est plus libre que la parole ailleurs, et
« l'on en abuse moins. Pourquoi? C'est qu'on en use sans nul
« empêchement, et qu'une fausseté, de quelque part qu'elle
« vienne, est bientôt démentie par les intéressés, que rien n'o-
« blige à se taire. On n'a de ménagement pour aucune impos-
« ture, fût-elle officielle ; aucune hâblerie ne saurait subsister ;
« le public n'est point trompé, n'y ayant là personne en pouvoir
« de mentir, et d'imposer silence à tout contradicteur. La presse
« n'y fait nul mal, et en empêche..... combien? C'est à vous de
« le dire, quand vous aurez compté chez vous tous les abus. Peu
« de volumes paraissent, de gros livres pas un, et pourtant tout
« le monde lit; c'est le seul peuple qui lise, et aussi le seul ins-
« truit de ce qu'il faut savoir pour n'obéir qu'aux lois. Les feuil-
« les imprimées, circulant chaque jour et en nombre infini, font
« un enseignement mutuel et de tout âge. Car tout le monde pres-
« que écrit dans les journaux, mais sans légèreté; point de
« phrases piquantes, de tours ingénieux; l'expression claire et
« nette suffit à ces gens-là. Qu'il s'agisse d'une réforme dans
« l'État, d'un péril, d'une coalition des puissances d'Europe
« contre la liberté, ou du meilleur terrain à semer les navets, le
« style ne diffère pas, et la chose est bien dite dès que chacun
« l'entend; d'autant mieux dite qu'elle l'est plus brièvement;
« mérite non commun, savez-vous? ni facile, de clore en peu de

« mots beaucoup de sens. Oh! qu'une page pleine dans les livres
« est rare! et que peu de gens sont capables d'en écrire dix sans
« sottises! La moindre lettre de Pascal était plus malaisée à faire
« que toute l'Encyclopédie. Nos Américains, sans peut-être avoir
« jamais songé à cela, mais avec ce bon sens de Franklin qui
« les guide, brefs dans tous leurs écrits, ménagers de paroles,
« font le moins de livres qu'ils peuvent, et ne publient guère
« leurs idées que dans les pamphlets, les journaux, qui, se corri-
« geant l'un l'autre, amènent toute invention, toute pensée nou-
« velle à sa perfection. Un homme, s'il imagine ou découvre quel-
« que chose d'intéressant pour le public, n'en fera point un gros
« ouvrage avec son nom en grosses lettres, *par monsieur......,*
« *de l'Académie;* mais un article de journal, ou une brochure
« tout au plus. Et notez ceci en passant, mal compris de ceux
« qui chez vous se mêlent d'écrire, il n'y a point de bonne pensée
« qu'on ne puisse expliquer en une feuille, et développer assez :
« qui s'étend davantage, souvent ne s'entend guère, ou manque
« de loisir, comme dit l'autre, pour méditer et faire court.

« De la sorte, en Amérique, sans savoir ce que c'est qu'écri-
« vain ni auteur, on écrit, on imprime, on lit autant ou plus
« que nulle part ailleurs, et des choses utiles, parce que là vrai-
« ment il y a des affaires publiques, dont le public s'occupe
« avec pleine connaissance, sur lesquelles chacun consulté
« opine et donne son avis. La nation, comme si elle était tou-
« jours assemblée, recueille les voix, et ne cesse de délibérer
« sur chaque point d'intérêt commun, et forme ses résolutions
« de l'opinion qui prévaut dans le peuple tout entier, sans ex-
« ception aucune; c'est le bon sens de Franklin. Aussi ne fait-
« elle point de bévues, et se moque des cabinets, des boudoirs
« même peut-être.

« De semblables idées, dans vos pays de boudoirs, ne réussi-
« raient pas, je le crois, près des dames. Cette forme de gouverne-
« ment s'accommode mal des pamphlets et de la vérité naïve. Il
« ferait beau parler bon sens, alléguer l'opinion publique à ma-
« demoiselle de Pisseleu, à mademoiselle Poisson, à madame du
« B...., à madame du C.... Elles éclateraient de rire, les aimables
« personnes en possession chez vous de gouverner l'État; et puis
« feraient coffrer le bon sens, et Franklin, et l'opinion. Français

« charmants ! sous l'empire de la beauté, des grâces, vous êtes
« un peuple courtisan, plus que jamais maintenant. Par la ré-
« volution, Versailles s'est fondu dans la nation ; Paris est de-
« venu l'Œil-de-bœuf. Tout le monde en France fait sa cour.
« C'est votre art, l'art de plaire dont vous tenez école ; c'est
« le génie de votre nation. L'Anglais navigue, l'Arabe pille,
« le Grec se bat pour être libre, le Français fait la révérence, et
« sert ou veut servir ; il mourra s'il ne sert. Vous êtes, non le
« plus esclave, mais le plus valet de tous les peuples.

« C'est dans cet esprit de valetaille que chez vous chacun
« craint d'être appelé pamphlétaire. Les maîtres n'aiment point
« que l'on parle au public, ni de quoi que ce soit ; sottise de Ro-
« vigo, qui, voulant de l'emploi, fait, au lieu d'un placet, un
« pamphlet, où il a beau dire : *Comme j'ai servi je servirai,*
« on ne l'écoute seulement pas, et le voilà sur le pavé. Le vi-
« comte pamphlétaire est placé, mais comment ? Ceux qui l'ont
« mis et maintiennent là n'en voudraient pas chez eux. Il faut
« des gens discrets dans la haute livrée, comme dans tout ser-
« vice, et n'est pire valet que celui qui raisonne : pensez donc
« s'il imprime, et des brochures encore ! Quand M. de Broë
« vous appela pamphlétaire, c'était comme s'il vous eût dit :
« Malheureux, qui n'auras jamais ni places ni gages ; miséra-
« ble, tu ne seras dans aucune antichambre, de la vie n'obtien-
« dras une faveur, une grâce, un sourire officiel, ni un regard
« auguste. Voilà ce qui fit frissonner, et fut cause qu'on s'éloigna
« de vous quand on entendit ce mot.

« En France, vous êtes tous honnêtes gens, trente millions
« d'honnêtes gens qui voulez gouverner le peuple par la morale
« et la religion. Pour le gouverner, on sait bien qu'il ne faut
« pas lui dire vrai. La vérité est populaire, populace même, s'il
« se peut dire, et sent tout à fait la canaille, étant l'antipode
« du bel air, diamétralement opposée au ton de la bonne compa-
« gnie. Ainsi le véridique auteur d'une feuille ou brochure un
« peu lue a contre lui, de nécessité, tout ce qui ne veut pas être
« peuple, c'est-à-dire, tout le monde chez vous. Chacun le dé-
« savoue, le renie. S'il s'en trouve toujours néanmoins, par une
« permission divine, c'est qu'il est nécessaire qu'il y ait du scan-
« dale. Mais malheur à celui par qui le scandale arrive, qui sur

« quelque sujet important et d'un intérêt général dit au public
« la vérité! En France, excommunié, maudit, enfermé par fa-
« veur à Sainte-Pélagie, mieux lui voudrait n'être pas né.

« Mais c'est là ce qui donne créance à ses paroles, la persécu-
« tion. Aucune vérité ne s'établit sans martyrs, excepté celles
« qu'enseigne Euclide. On ne persuade qu'en souffrant pour ses
« opinions; et saint Paul disait : Croyez-moi, car je suis souvent
« en prison. S'il eût vécu à l'aise, et se fût enrichi du dogme
« qu'il prêchait, jamais il n'eût fondé la religion du Christ. Ja-
« mais F.... ne fera, de ses homélies, que des emplois et un
« carrosse. Toi donc, vigneron, Paul-Louis, qui seul en ton
« pays consens à être homme du peuple, ose encore être pam-
« phlétaire, et le déclarer hautement. Écris, fais pamphlet sur
« pamphlet, tant que la matière ne te manquera. Monte sur les
« toits, prêche l'Évangile aux nations. et tu en seras écouté, si
« l'on te voit persécuté; car il faut cette aide, et tu ne ferais rien
« sans M. de Broë. C'est à toi de parler, et à lui de montrer par
« son réquisitoire la vérité de tes paroles. Vous entendant ainsi
« et secondant l'un l'autre, comme Socrate et Anytus, vous
« pouvez convertir le monde. »

Voilà l'épître que je reçois de mon tant bon ami sir John, qui, sur les pamphlets, pense et me conseille au contraire de M. Arthus Bertrand. Celui-ci ne voit rien de si abominable, l'autre rien de si beau. Quelle différence! et remarquez : le Français léger ne fait cas que de lourds volumes, le gros Anglais veut mettre tout en feuilles volantes; contraste singulier, bizarrerie de nature! Si je pouvais compter que delà l'Océan les choses sont ainsi qu'il me les représente, j'irais; mais j'entends dire que là, comme en Europe, il y a des Excellences, et bien pis, des héros. Ne partons pas, mes amis, n'y allons point encore. Peut-être, Dieu aidant, peut-être aurons-nous ici autant de liberté, à tout prendre, qu'ailleurs, quoi qu'en dise sir John. Bonhomme en vérité! j'ai peur qu'il ne s'abuse, me croyant fait pour imiter Socrate jusqu'au bout. Non, *détournez ce calice;* la ciguë est amère, et le monde, de soi, se convertit assez sans que je m'en mêle, chétif. Je serais la mouche du coche, qui se passera bien de mon bourdonnement. Il va, mes chers amis, et ne cesse d'aller. Si sa marche nous paraît lente, c'est que nous vivons un

instant. Mais que de chemin il a fait depuis cinq ou six siècles!
A cette heure, en plaine roulant, rien ne le peut plus arrêter.

PROCÈS, MÉMOIRES.

A MESSIEURS LES JUGES
DU TRIBUNAL CIVIL, A TOURS.

(1822.)

Messieurs,

Dans le procès que je soutiens contre Claude Bourgeau (malgré moi, car j'ai tout tenté pour en sortir à l'amiable), ma cause est si claire et si simple, que, sans le secours des gens de loi, je puis vous l'expliquer moi-même, quelque novice que je sois, comme bientôt vous l'allez voir, en toutes sortes d'affaires.

Je vends à Bourgeau deux coupes de ma forêt de Larçai. Cette forêt, de temps immémorial, est divisée en vingt-cinq coupes, une desquelles s'abat tous les ans; mais en 1816 j'en avais deux à vendre, à cause que je n'avais point coupé l'année précédente. Bourgeau me les achète, et en exploitant la dernière, celle de 1816, il m'abat la moitié de la coupe suivante, que je ne lui avais point vendue, et qui ne devait l'être qu'en 1817. C'est de quoi je me plains, messieurs.

Bourgeau convient de tous ces faits, qu'il n'est pas possible de nier; et notez, je vous prie, que de sa part il ne saurait y avoir eu d'erreur, les limites de chaque coupe étant marquées sur le terrain de manière à ne s'y pouvoir méprendre. Aussi n'est-ce pas ce qu'il allègue pour se justifier. Il dit qu'ayant acheté de moi ces deux coupes pour trente arpents, il s'y en est trouvé cinq de moins, lesquels cinq arpents il a pris dans la coupe suivante, afin de compléter sa mesure.

Moi je ne tombai pas d'accord sur ce défaut de mesure, e

puis je ne me croyais pas tenu de lui faire ses trente arpents, s'il y eût manqué quelque chose. C'étaient là deux points à débattre. Mais, comme vous voyez, il tranche la question. Ayant à compter avec moi, il règle le compte lui tout seul; et, me jugeant son débiteur d'une valeur de cinq arpents, il me condamne, de son autorité privée, à lui fournir cette valeur en nature, non en argent; car il eût pu tout aussi bien me faire cette retenue sur le prix de la vente, prix qu'il avait entre les mains; mais non, mon bois lui convient mieux; il décide en conséquence, et sa sentence portée, il l'exécute lui-même. Je connais peu les lois; mais je doute qu'il y en ait qui autorisent ce procédé.

A vrai dire, il fait bien de se payer ainsi, et de me prendre du bois plutôt que de l'argent; car que m'aurait-il pu retenir sur le prix de la vente? A raison de 400 fr. l'arpent, comme il m'achetait ces deux coupes, cela lui eût fait, pour cinq arpents, 2,000 fr. seulement; au lieu qu'en prenant cinq arpents de la coupe suivante, dont on m'offrait alors 750 fr. l'arpent, il se faisait 3,750 fr., à ne calculer qu'au prix qu'on me donnait de ce bois; et sans doute il l'a mieux vendu. Vous voyez, messieurs, qu'ayant le choix, et disposant comme il faisait de mon bien à sa fantaisie, il n'y avait pas à balancer.

Cette différence de valeur, entre le bois qu'il me prenait et celui que je lui ai vendu, serait facile à vérifier s'il était question de cela, mais ce n'est pas de quoi il s'agit; le point à discuter entre nous n'est pas de savoir si je lui devais, ni ce que je lui devais, ni s'il m'a pris plus ou moins. Il me prend mon bien, voilà le fait, et puis il dit que je lui dois. Il me prend mon bien en mon absence, puis il entre en compte avec moi. Et où en serais-je, je vous prie, si chacun de ceux à qui je puis devoir s'en venaient abattre mon bois, cueillir, avant le temps, mes fruits ou ma vendange, et couper mon blé en herbe? Car ces cinq arpents n'avaient pas l'âge d'être exploités. Bourgeau coupe en 1816 ce qui ne devait l'être qu'en 1817; il m'ôte d'avance mon revenu, me prive d'avance de ma subsistance. Il me prend mon bien, non-seulement sans aucun droit, sans aucun titre (car je ne lui vendis jamais la coupe de 1817), mais remarquez ceci, messieurs, il me prend ce qu'il avait promis de ne pas prendre, promis par écrit et signé. C'est ce que vous pouvez voir, messieurs, dans l'acte même fait entre nous, et dont voici les propres termes :

L'adjudication sera faite avec toute garantie de fait et de droit, mais sans perfection de mesure, en totalité ou par coupe, sans pouvoir anticiper sur la coupe de l'année prochaine, M. Courier n'entendant vendre que les deux coupes ci-dessus désignées.

Cette dernière clause vous paraîtra bizarre, et elle l'est en effet. Je ne crois pas qu'on ait jamais mis rien de pareil dans aucun acte. Qui jamais s'est avisé de dire : Je vends tel pré, à condition qu'on ne fauchera pas le pré voisin ; ou bien tel champ, à condition qu'on ne moissonnera pas hors des limites de ce champ ? Ayant désigné ce que je vendais, tout le reste n'était-il pas réservé de droit ? et à quoi bon faire mention de ce que je ne vendais pas ? Vous reconnaîtrez-là, messieurs, mon peu de science en affaire. J'avais envie de vendre mes deux coupes à Bourgeau, que je connaissais pour un des bons marchands du pays, fort exact, payant bien ; mais d'autre part je le craignais, à cause de quelques procès qu'il avait eus, tout récemment, pour délits par lui commis dans les bois qu'il exploitait ; et voyant près de ces deux coupes, que je mettais en vente, mes plus beaux et meilleurs taillis, j'avais peur que la tentation ne fût trop forte pour lui. Là-dessus donc j'imaginai, comme un expédient admirable, une sûre garantie, la clause que vous venez d'entendre, par laquelle Bourgeau s'engageait à ne toucher, sous aucun prétexte, à ma coupe de 1817 en abattant les deux autres.

Il le promit bien et signa ; et moi, qui me fiais à cela, je m'en allai, je voyageai, me croyant à l'abri de toute usurpation de sa part, et persuadé qu'il n'oserait couper une seule hart au delà de ce qui lui revenait, tant je pensais l'avoir bien lié par cette convention écrite, qui me paraissait inviolable ; mais à mon retour je trouvai qu'il n'en avait tenu compte, et qu'il avait abattu tout au travers de mes bois ce qui lui avait paru à sa bienséance, c'est-à-dire, dans ma meilleure coupe, tout le meilleur et le plus beau, à son choix, sans suivre aucune ligne, prenant ceci et laissant cela, selon qu'il lui convenait ou non. Car, en tel endroit, il s'enfonce de cinquante pas dans cette coupe, ailleurs il s'en tient aux limites. Il en use comme j'aurais pu faire, moi propriétaire, si j'eusse voulu me défaire du plus beau bois de ma forêt, sans égard à l'ordre des coupes, et gâter mon bien par plaisir.

Je n'ai jamais plaidé, quoique possesseur de terre, et ne sais guère ce que c'est qu'on appelle procès et chicane; mais j'ai ouï dire des merveilles de l'habileté des avocats à obscurcir ce qui est clair, et à donner au tort l'apparence du droit. Ici, messieurs, je vous l'avoue, je suis curieux de voir comment on s'y prendra pour montrer que Bourgeau a pu, avec justice, user et abuser de ma propriété, couper dans mes bois cinq arpents non vendus à lui, ni cédés en aucune façon, mais, au contraire, comme vous voyez, très-expressément réservés; et de la sorte enfreindre la principale clause du contrat fait entre nous. J'ai souvent cherché en moi-même ce qu'il pourrait alléguer pour se justifier là-dessus. D'erreur, il n'y en saurait avoir, comme je l'ai dit en commençant; chaque coupe formant un carré dont les quatre angles sont marqués par des fossés de brisées (c'est ainsi qu'on les appelle), dans toute l'étendue de la forêt. De dire que ses trente arpents, mesure exprimée dans l'acte, lui devaient être complétés, j'ai déjà répondu à cela. Voudra-t-il arguer de ce qu'on n'a point fait de brisées d'un angle à l'autre de chacune des coupes vendues, pour en achever le tracé et déterminer les côtés? Mais cela même est contre lui, car c'était à lui d'exiger que ces brisées fussent faites, d'autant plus que, s'étant engagé à ne point anticiper sur la coupe contiguë à celles qu'il exploitait, il lui importait que cette coupe fût séparée des autres dans toute sa longueur par une ligne invariable. Cette raison d'ailleurs se pourrait écouter, s'il s'agissait entre nous de quelques arbres seulement, et d'une fausse direction dans la ligne d'exploitation, qui, après tout, n'emporterait au plus que quelques pieds; mais c'est précisément aux angles de la dernière coupe, là où les limites sont marquées par ces fossés de brisées, qu'il les a passés, non de quelques pieds, mais de cinquante pas. Tout cela est facile à voir sur le terrain.

Je ne puis donc imaginer ce qu'il dira pour sa défense, et je ne conçois pas davantage comment une réserve si juste, et qui n'avait pas besoin d'être exprimée, une clause si solennelle de l'acte de vente, est tellement nulle à ses yeux, qu'il n'hésite pas

P. L. COURIER.

à l'enfreindre. Que pensait-il ? comment a-t-il pu se flatter que cette usurpation, pour ne pas dire le mot, n'aurait aucune suite, si ce n'est qu'il me connaissait bon homme, ignorant les affaires, et craignant surtout les procès? Il a cru, me prenant mon bien, ou que je n'en verrais rien, ou que je ne m'en plaindrais pas, ou que, me plaignant, je n'aurais pas la patience de suivre l'affaire ; et il était fondé à le croire. Car, depuis vingt-cinq ans que je suis, après mon père, propriétaire dans cette province, plusieurs m'ont fait tort dans mes biens en diverses manières, quelques-uns même m'ont volé tout ouvertement, sans que jamais j'en aie fait aucune poursuite, aimant mieux perdre du mien que de gagner un procès. Voilà sur quoi il comptait, et il ne se fût pas trompé dans son calcul. Je lui aurais tout abandonné plutôt que de plaider, si mes amis ne m'eussent fait sentir que, me laissant ainsi dépouiller, il me fallait renoncer à toute propriété. En effet, si j'endure de la part de Bourgeau un tort si manifeste, à qui désormais pourrai-je vendre, qui ne m'en fasse autant ou pis ? et quelles garanties pourront assurer mes coupes annuelles contre de telles usurpations, si les réserves les plus claires, les plus formellement exprimées, n'y servent de rien ?

Qu'importe, après tout, ce qu'il dira ? Son dire contre les faits ne peut rien. Il a promis de ne point toucher à ma onzième coupe. C'est de quoi l'acte fait foi. Il en a coupé cinq arpents ; c'est ce qu'on voit sur le terrain. Peut-il, par ses raisons, faire qu'un fait ne soit pas fait, ou qu'il ait eu le droit d'enfreindre les clauses d'un contrat ? A proprement parler, il n'y a pas ici matière à discussion. Si je lui eusse vendu trente arpents à choisir dans mes bois à son gré, on pourrait, par un arpentage, voir s'il a coupé plus ou moins. Ce point serait bientôt éclairci. Mais je lui vends un espace désigné, limité, avec injonction de ma part et promesse de la sienne de ne point couper au delà. Il est contrevenu à cette clause ; l'inspection du terrain le prouve ; lui-même il en tombe d'accord. Où est la question ? où est le doute qu'on puisse élever là-dessus ?

C'est pour cela que plusieurs personnes qui entendent ces sortes d'affaires, croyant qu'il s'agissait d'un vol, me conseillaient de citer Bourgeau à la police correctionnelle. Moi, sans trop savoir ce que c'était que cette police correctionnelle, je préférai l'action civile, non que j'en eusse une idée plus claire ; mais on m'avait persuadé que par là je pourrais me ménager des voies à un accommodement dont je me flattais toujours. Je m'imaginais que plus son tort était évident, plus il me serait facile, en relâchant de mon droit, et lui laissant bonne part de ce qu'il m'avait pris, d'entrer en quelque espèce d'arrangement avec lui. Mais je ne le connaissais pas, ou plutôt il me connaissait. Car il est bon de vous dire, messieurs, qu'ayant conçu le projet, chimérique peut-être, d'avoir terre sans procès, je suivais pour cela un plan qui me paraissait infaillible. C'était, quand je me voyais volé (comme à un chacun il arrive d'avoir affaire à des fripons), prendre patience et ne dire mot. Cela m'a réussi longtemps, et maintes gens au pays en sauraient bien que dire. Mais un homme s'est rencontré qui, après m'avoir pris mon bien, m'a demandé encore des dédommagements. Le fait n'est pas croyable ; il est vrai néanmoins. Tout le monde sait, chez nous, à Véretz, à Larçai, que quand je proposai à Bourgeau, devant témoins, de lui laisser ce qu'il m'avait pris et de finir toute contestation, il balança d'abord, puis il me déclara qu'il voulait de moi douze cents francs de dommages et intérêts, comme n'ayant pas coupé assez de bois pour sa vente. Que voulait-il dire ? Je ne sais. Je pense, messieurs, qu'il a regret de m'en avoir laissé. Il ne me croyait pas, sans doute, si accommodant. Toutefois, c'est ainsi qu'il a trouvé le secret de me faire plaider, et renoncer à mon système de paix perpétuelle.

Je lui vends, aux termes de l'acte, la neuvième et la dixième coupe, sans autre désignation ; et de fait, il n'en fallait point d'autre, chaque coupe de ma forêt étant par son seul numéro suffisamment indiquée. De ces deux coupes, mises d'abord aux enchères séparément, l'une, c'est la neuvième, supposée de neuf hectares, ne fut portée qu'à 3,000 francs, ce qui fait un peu moins de 300 francs l'hectare ; l'autre, de dix hectares, monta jusqu'à 9,300 francs. C'est 900 francs l'hectare et plus. De la coupe suivante, la onzième, on m'offrait 1100 francs l'hectare. Remarquez, messieurs, cette progression et la valeur croissante du bois depuis 300 francs jusqu'à 1100. Ceci vous explique le motif qui a déterminé Bourgeau à ne se pas contenter des deux coupes à lui vendues, motif ordinaire en tel cas, et prévu par les ordonnances.

L'outre-passe (c'est le nom qu'on donne à cette espèce de délit, en termes d'eaux et forêts), *l'outre-passe est punie d'une amende du quadruple, à raison du prix de la vente, en supposant,* notez, je vous prie, *que le bois où elle est faite soit de même essence et qualité que celui de la vente. Cette sévérité,* disent les jurisconsultes, *a paru nécessaire pour empêcher les marchands de ne plus faire d'outre-passe, à quoi ils sont volontiers sujets quand ils voient quelque belle touffe d'arbres de grand prix attenant à leur vente.* C'est là précisément ce qui a tenté Bourgeau. Il voit près de sa vente de beaux arbres, il les abat, non une touffe, mais cinq arpents, non de même qualité que la vente, mais d'une valeur plus que triple, enfin le quart de ma plus belle coupe.

Mais, messieurs, le tort qu'il me fait ne se borne pas à cela, et pour en avoir une idée, il ne suffit pas d'évaluer le bois indûment abattu. Le dommage est moins dans ce qu'il me prend que dans ce qu'il m'empêche de vendre. En effet, cette coupe dont il m'enlève le quart, cette même coupe dont on m'offrait jusqu'à 12,000 francs l'an passé, personne n'en veut maintenant, parce que Bourgeau en a, me dit-on, pris le plus beau et le meilleur. Ainsi elle reste sur pied telle que Bourgeau l'a laissée, c'est-à-dire, diminuée du quart en superficie, et de plus de moitié en valeur ; et moi, qui me fais de mes bois un revenu annuel, ce revenu me manquant, j'emprunte d'un côté pour vivre, je perds de l'autre une feuille sur cette coupe non vendue, je perds le produit d'une année, l'ordre de mes coupes est perverti ; toute l'économie de ma fortune est troublée. C'est à quoi je vous supplie, messieurs, d'avoir égard dans l'évaluation des dommages et intérêts qui me sont dus en toute justice.

Si j'entrais dans la discussion du défaut de mesure qu'on m'objecte, et qui est le seul argument de mon adversaire, je dirais que j'ai vendu de bonne foi, comme il le sait bien, d'après d'anciennes mesures qui peuvent se trouver inexactes : que s'il y manque quelque chose, c'est un ou deux arpents, non cinq, chose facile à vérifier ; que ces deux arpents environ vaudraient, au prix de la vente, 800 francs, tandis qu'on m'abat, dans la coupe réservée, pour 4,000 francs de bois ; qu'enfin je ne dois point tenir compte à Bourgeau de ce qui peut manquer à la superficie, puisque je vends *sans garantie ni perfection de mesure*, et que la loi ne lui donne une action contre moi, à raison du défaut de mesure, qu'autant qu'il n'y a point dans l'acte de stipulation contraire : ainsi parle le Code civil, à l'article 1619. Une stipulation contraire, n'est-ce pas cette clause *sans perfection de mesure*, qui est d'usage, et marque assez que les parties renoncent réciproquement à toute diminution ou supplément du prix à raison de la mesure? Voilà ce que je pourrais répondre : mais, comme j'ai dit, ce n'est pas de quoi il s'agit. Toute la question, s'il y en a, roule sur un simple fait. Bourgeau a-t-il coupé dans ma onzième coupe, dans la coupe réservée ? Ce fait, un regard sur le terrain suffit pour le vérifier.

PLACET

A SON EXCELLENCE Mgr LE MINISTRE.

Monseigneur,

Les persécutions que j'éprouve dans le département d'Indre-et-Loire seraient longues à raconter. En voici les principaux traits.

Le 12 décembre dernier, on coupa et enleva, dans ma forêt de Larçai, quatre gros chênes baliveaux de quatre-vingts ans. Mon garde fit sa plainte légale, et requit le maire de Véretz de permettre, suivant la loi, la recherche des bois volés. On savait où ils étaient. Le maire s'y refusa, malgré la lecture qu'on lui fit de la loi qui l'oblige, sous peine de destitution, d'accompagner lui-même le garde dans cette recherche. Tout est constaté par des procès-verbaux.

Quelque temps après, les mêmes gens coupèrent, dans la même forêt, dix-neuf chênes, les plus gros et les plus beaux de tous. Procès-verbal fut fait, plainte portée au maire et au procureur du roi, qui menaça *de sa surveillance*, non les voleurs, mais le garde et moi.

Dernièrement on a encore coupé, dans la même forêt, un seul gros baliveau de soixante et quinze ans. On a tenté de mettre le feu en différents endroits. Les auteurs de ces délits sont connus ; et non-seulement nulle poursuite n'a été faite contre eux, mais on s'oppose constamment à la recherche légale des bois enlevés.

Le nommé Blondeau, l'un de mes gardes, est chargé par moi, cette année, de différentes exploitations que je fais faire par nettoiement. On l'a laissé abattre et façonner tout le bois ; mais au moment de la vente on le fait condamner, sous les plus absurdes prétextes, à un mois de prison, sans grâce ni délai. Le voilà ruiné totalement, et moi, en partie. On l'accuse dans le procès-verbal fait contre lui, en apparence, mais réellement contre moi, d'avoir dit à M. le maire (dont il a une peur mortelle) : *Allez vous faire f......* C'est là le crime qu'on lui suppose, et pour lequel on va détruire toute l'existence et la fortune d'un père de famille de soixante ans, qui a toujours vécu sans reproche.

Je ne vous parle point, monseigneur, des procès risibles qu'on me fait, dans lesquels je succombe toujours. Chaque fois que je suis volé, je paye des dommages et intérêts. Si on me battait, je payerais l'amende. On menace maintenant de me brûler. Si cela arrive, je serai condamné à la peine des incendiaires.

Ce n'est pas qu'on me haïsse dans le pays. Je vis seul, et n'ai de rapports ni de démêlés avec personne. Tout cela se fait pour faire plaisir à M. le maire et à MM. les juges, à M. le procureur du roi et à M. le préfet, gens que je n'ai jamais vus, et dont j'ignore les noms.

Enfin, il est notoire dans le département qu'on peut me voler, me courir sus ; et chaque jour on use de cette permission. Je suis hors de la loi pour avoir défendu avec succès des gens qu'on voulait faire périr, il y a deux ou trois ans. Voilà, disent quelques-uns, le vrai motif du mal qu'on me fait à présent.

Je supplie Votre Excellence d'ordonner que tous ceux qui me pillent, ou m'ont pillé, soient également poursuivis, et qu'on me laisse en repos à l'avenir. C'est malgré moi que j'ai recours à l'autorité, quand les lois devraient me protéger. Mais la chose presse, et je crains que mes bois ne soient bientôt brûlés.

Je suis avec respect, monseigneur,

De Votre Excellence,

Le très-humble et très-obéissant serviteur.

Paris, le 30 mars 1817.

PIERRE CLAVIER,

DIT BLONDEAU,

A MESSIEURS LES JUGES DE POLICE CORRECTIONNELLE

A BLOIS.

MESSIEURS,

J'ai fait de grandes fautes, mais j'en suis trop puni déjà par tout ce que j'ai souffert; et si vous regardez ma conduite, vous verrez qu'il y a en moi, pauvre et simple homme de village, plus de bêtise que de méchanceté.

Ma première faute fut d'entrer au service de M. de Beaune, le maire de notre commune. Je le connaissais. M. de Beaune est un jeune homme vif, emporté, violent dans ses vengeances. Je savais cela, j'aurais dû fuir M. de Beaune et prévoir ce qui m'arrive : mais quoi ? il fallait vivre; je n'avais point d'autre ressource, et il n'était pas maire encore, il ne faisait point de procès-verbaux; en le servant, on ne risquait que d'être assommé. J'entrai chez lui, et me conduisis avec tant de prudence, qu'au bout de deux ans j'en sortis sans contusion ni blessure. En cela, je ne fus pas bête.

Mais, malheureusement, il était maire alors. En me renvoyant, M. le maire ne me payait pas mes gages de trois mois, cinquante francs qu'il me devait; je les lui demandai. Ce fut ma seconde faute, pire que la première : pour moi, dans le besoin, sans place, sans travail, cinquante francs c'était beaucoup; ce n'était rien pour M. de Beaune. Et que pensez-vous qu'il me dit quand je lui demandai mon argent? *Tu me le payeras*, me dit-il; et jamais, messieurs, je n'en pus tirer autre chose.

Moi, messieurs, voyant cela, je le fis assigner. Ah! faute irréparable! mon supérieur, mon maire, le plus riche propriétaire de toute la commune, l'attaquer en justice! moi pauvre paysan, domestique renvoyé, lui demander mon dû! Je fis cette folie, dont je me repens bien; et vous jure que de ma vie, dussé-je mourir de faim, jamais plus ne m'arrivera de faire assigner un maire. Aussi bien que sert-il? M. de Beaune comparut devant le juge de paix, fit serment, leva la main qu'il ne me devait rien, et je perdis mes cinquante francs; et toujours: *Tu me le payeras*. Il m'a tenu parole; je lui paye bien l'argent qu'il me devait.

Dès lors on me conseilla de quitter le pays. Va-t'en, Blondeau, va-t'en, me dit un de nos voisins. Que veux-tu faire ici, ayant fâché le maire? Le maire est plus maître ici que le roi à Paris. Procès, amende, prison, voilà ce qui t'attend. Plus de repos pour toi, plus de travail paisible. Tu ne mangeras plus morceau qui te profite, ayant fâché le maire. Va-t'en, pauvre Blondeau.

Il n'avait que trop de raison de me parler ainsi. Je devais le croire, partir, vendre mon quartier de terre, emmener ma famille. Mais environ ce temps je trouvai à me placer fort avantageusement, à ce qu'il me semblait. M. Courier me prit pour garde de ses bois, et je me crus heureux d'entrer à son service. Je pensais qu'étant chez lui, qui passe pour bon homme, quoique peu de gens l'aient vu et que personne ne le connaisse, je pourrais vivre tranquille. En cela je me trompais, comme vous allez voir.

Je fus accusé, peu après, d'avoir dit à M. le maire, causant avec lui dans son parc: *Allez vous promener*. C'est la déposition de quelques-uns des témoins que vous avez entendus. D'autres disent que j'ai dit: *Allez vous faire f.....*; d'autres enfin prétendent que je n'ai rien dit du tout. L'affaire était sérieuse. J'avais tout à redouter, vu le nombre et le crédit de ceux qui m'attaquaient, car chacun s'en mêlait. Le maire portait plainte, le procureur du roi me poursuivait à outrance; le domaine me menaçait de m'ôter mon état de garde particulier. Le préfet même daigna, et plus d'une fois, écrire aux juges contre moi. Les puissances de Tours étaient coalisées pour écraser Blondeau.

Et l'occasion de tout cela, c'est qu'en effet j'avais parlé à M. le maire; grande imprudence assurément. Si j'eusse pu m'en dispenser! Mais le moyen? On avait volé quatre gros arbres dans nos bois; et ces arbres, pour les saisir chez les voleurs assez connus, il me fallait non-seulement l'autorisation de M. le maire, mais sa présence, suivant la loi. Je fus le trouver, et le requis, mon procès-verbal à la main, de m'accompagner; je lui fis lecture de la loi, le tout en vain : il refusa, et fut cause que huit jours après on nous coupa vingt autres arbres choisis dans toute la forêt, les plus grands de tous, les plus beaux, et avec le même succès : et depuis, une autre fois encore... mais ce n'est pas de quoi il s'agit. Il refusa de m'accompagner, sans autre raison que son plaisir; et de là même prit prétexte de me faire un procès, de se plaindre, disant que je l'avais insulté. Quelle apparence? je n'en fis que rire. Mais me voyant tant d'ennemis, que tous ceux qui pouvaient me nuire s'y employaient avec chaleur, j'eus recours à M. Courier. Je lui dis : Aidez-moi; la chose vous regarde. Parlez, faites agir vos amis. Mais il me répondit : Mes amis sont à Rome, à Naples, à Paris, à Constantinople, à Moscou. Mes amis s'occupent beaucoup de ce que l'on faisait il y a deux mille ans, peu de ce qu'on fait à présent. S'il est ainsi, lui dis-je, qui me protégera, qui prendra ma défense? j'ai contre moi tout le monde.

Alors il me répond : Blondeau, que vous êtes simple! Mettez le feu à mes bois, au lieu de les garder; et vous ne manquerez pas de protecteurs. Vous aurez pour appui tout ce qui pense bien dans le département. L'homme le plus méprisé, le plus vil, le plus abject de la province entière, a trouvé des amis, des parents, même parmi les magistrats de Tours, dès qu'il m'a voulu faire quelque mal; et pour avoir chassé ma femme de chez elle, il va recevoir de moi deux mille francs à titre de dommages et intérêts. Le fripon qui me vola, l'an passé, la moitié d'une coupe de bois, obtient de l'équité des juges un léger encouragement de huit cents francs, que je lui paye comme indemnité. Ces gens-ci aujourd'hui, sous la sauve-garde de toutes les autorités, coupent mes plus beaux arbres, les serrent paisiblement chez eux ; défense de les troubler. Demain ils me plaideront sur le vol qu'ils m'ont fait, et gagneront assurément. Faites comme eux ; vous serez favorisé de même. Si, au lieu de me piller, vous défendez mon bien, vous irez en prison; attendez-vous à cela.

Tout comme il l'avait dit, la chose est arrivée. Je fus jugé, ou, pour parler exactement, je fus condamné à un mois de prison, sans preuves, sans audition de témoins. Les témoins, vous le savez, n'ont été entendus que depuis, ici, devant vous, messieurs, après mon appel de la sentence rendue à Tours contre moi. A Tours, les juges n'ont pas voulu, sans doute de peur de scandale, examiner si j'avais dit : Allez vous promener, ou allez vous faire f..... ; question délicate, qui roulait sur la différence de *promener* à l'autre mot. Il fut décidé, sur le seul procès-verbal de M. le maire, que je l'avais outragé ; en conséquence, on me condamne à un mois de prison. Mes amis trouvent que j'en suis quitte à bon marché. Car il eût pu tout aussi bien mettre sur son procès-verbal que je l'avais volé ou tué ; et vous voyez ce qui s'ensuivait, puisque sa parole fait foi, sans qu'il soit tenu de rien prouver.

Mais moi, je ne m'en crois pas quitte : ce qu'il n'a pas fait, il le fera. Déjà il répand le bruit que je l'ai menacé ; déjà il l'a écrit de sa main, sur le registre de la commune. Bien plus, il l'a fait publier au prône de la paroisse. Oui, messieurs, au prône, un dimanche, par la voix du curé en chaire, tout le monde a été informé que Blondeau menaçait M. le maire. Cela vous étonne, messieurs. C'est que vous connaissez les lois : mais moi je connais M. le maire, et je sais qu'un mois de prison, mes travaux d'une année perdus, ma famille désolée, un procès qui me ruine, ce n'est pas vengeance pour lui. Ce qui m'étonne, moi, c'est de le voir agir avec tant de mesure, user de prévoyance, et même, avant la fin de cette affaire-ci, se ménager des preuves pour une accusation plus grave, comme s'il n'avait pas toujours ses procès-verbaux, qui sont parole d'Évangile pour messieurs les juges de Tours. Sitôt qu'il lui plaira d'avoir été frappé ou même assassiné, qui le contredira dans ses déclarations ? Craint-il qu'on ne s'avise d'examiner les faits ? que le procureur du roi, le préfet, ne lui manquent au besoin, et qu'un jour ces messieurs, ne pensant plus aussi bien, ne se fassent scrupule de perdre un malheureux, parce qu'il sert M. Courier! Et puis, si l'on voulait des preuves, des témoins, n'a-t-il pas ses fermiers, que vous l'avez vu, messieurs, amener ici dans sa voiture; gens de bien comme lui, auxquels il coûte peu de lever la main, jurer devant les magistrats? Enfin, les signatures peuvent-elles jamais manquer à l'auteur d'un écrit qu'on va vous lire, messieurs? C'est l'original même de la publication faite en chaire contre moi par M. le curé.

Par jugement rendu, le 5 mars dernier, au tribunal de police correctionnelle de Tours, Clavier-Blondeau, garde particulier, a été condamné à 30 francs d'amende, à la confiscation de son fusil à deux coups, et aux frais du procès, pour avoir porté des armes de chasse et chassé sans permis de port d'armes.

Plus, à un mois d'emprisonnement, pour avoir menacé et injurié M. le maire de Véretz.

Pour extrait conforme au jugement,
Signé BOURRASSÉ, *commis greffier.*

Pour copie conforme,
DE BEAUNE, *maire.*

Je, soussigné, certifie avoir publié au prône de ma messe paroissiale, le dimanche 21 mars de la présente année 1819, les copies du jugement de l'autre part, d'après l'invitation qui m'en a été faite par M. DE BEAUNE, *maire de cette commune.*

MARCHANDEAU, *curé desservant de Véretz.*

Voilà, messieurs, ce qu'a publié M. le curé dans la chaire de vérité, ce qu'il a notifié comme un acte authentique aux habitants de la paroisse. Il n'y a de vrai néanmoins, dans cette pièce écrite tout entière de la main de M. de Beaune, que sa seule signature : le reste se peut dire imaginé par lui, ou arrangé selon ses vues. Il n'est point du tout vrai que l'on m'ait condamné pour avoir menacé et injurié le maire. Il n'est point vrai non plus que ce soit là un extrait du jugement rendu contre moi. Il est encore moins vrai que ce prétendu extrait ait été délivré par le commis greffier. Enfin il est faux que ce commis ait jamais signé rien de pareil, et son nom mis là est une pure invention de M. le maire. Le greffier n'a pu délivrer un extrait qui n'est pas conforme au jugement; aussi s'en défend-il et le nie à tous ceux qui lui en ont parlé. Le jugement ne dit point que j'ai menacé ni injurié personne : je suis condamné pour avoir *outragé en paroles* M. le maire de Véretz. Les juges ont trouvé un outrage dans ces mots : *Allez vous faire f.....*; mais, quelque envie qu'ils eussent d'obliger M. le maire, ils n'y pouvaient trouver de menaces, quand même M. le préfet le leur eût enjoint par vingt lettres. Si le maire voulait des menaces, s'il entrait dans son plan d'avoir été menacé, il fallait qu'il le mît dans son procès-verbal, et cela n'eût pas fait plus de difficulté. Mais alors il n'y pensa pas. Pour réparer cette omission, il entreprit depuis de me faire signer à moi-même et avouer ces menaces en présence de témoins, employant pour cela une ruse qui devait lui réussir si on ne m'eût averti. C'est encore ici un des traits de l'esprit inventif de M. le maire, et je vous prie d'y faire attention, messieurs.

Au milieu du procès, dans la plus grande rage de ses persécutions, quand son garde champêtre, ses cédules, ses huissiers ne me donnaient point de relâche, tout d'un coup il feint de s'adoucir, d'avoir pitié de moi, de vouloir me laisser vivre : on m'apprend, de sa part, qu'il se contentera d'une légère satisfaction; que si je veux lui faire quelques excuses, toute poursuite contre moi cessera. Moi je me crus hors de l'enfer, au premier mot qui m'en fut dit; je rendis grâces à Dieu, et promis de me trouver le dimanche suivant, après la messe, chez M. le maire, pour lui faire toutes les excuses, toutes les soumissions qu'il voudrait. Le dimanche venu, j'arrive à l'heure dite; je trouve à la mairie le conseil assemblé, beaucoup de gens et M. le maire, auquel je fis excuse (de quoi? grand Dieu!) le plus humblement que je sus, lui demandant pardon de l'avoir offensé, sans dire où ni comment, de peur de mentir, et promettant de ne le faire plus à l'avenir. Il paraissait content, tout allait le mieux du monde. Pour conclure, on ouvre devant moi le gros registre de la commune, on lit un long narré où je ne compris mot; on me dit de signer; j'allais signer, n'ayant soupçon de quoi que ce fût, quand quelqu'un me retint : Prends garde, me dit-il, tu vas signer que tu as insulté M. le maire, que tu l'as menacé, violemment menacé, tel jour, en tel lieu, à telle heure; tu vas signer.... que sais-tu encore? Ces mots me donnèrent à penser; je refusai, demandai à me consulter; et là-dessus M. le maire : *Tu iras en prison.* Je n'entendis pas le reste, car on me fit sortir; mes excuses ainsi sont restées sur le registre de la commune, et mes menaces et d'autres choses, non signées de moi, Dieu merci.

Voilà les finesses de M. de Beaune, dont je suis bien aise, messieurs, que vous soyez avertis, afin de vous en garder, car il est homme à vous faire dire tout ce qu'il voudra. Si votre sentence ne lui agrée, telle que vous l'aurez prononcée, il l'arrangera le lendemain, au prône de la paroisse; et quant aux signatures, vous pensez bien, messieurs, qu'il ne s'en fera faute, non plus que de celle du commis greffier Bourrassé.

Au reste, de même qu'il sait accommoder à son plaisir les sentences des tribunaux, il sait s'en passer, les prévenir. Remarquez bien ceci, messieurs; le jugement contre moi est du 5, j'en appelle le 10; et onze jours après, le 21, avant même que mon appel vous fût parvenu, M. de Beaune fait publier ma condamnation. Vous voilà bien surpris, messieurs; vous pensiez que votre jugement pouvait faire quelque chose à l'affaire; mais songez-y, de grâce; M. de Beaune est maire, et M. de Beaune avait fait son procès-verbal. Or, jamais rien n'a résisté au procès-verbal de monsieur le maire, appuyé surtout comme il l'est d'une lettre du préfet. Votre sentence, après cela, n'est qu'une pure formalité, d'ailleurs assez indifférente, qu'il n'a pas cru devoir attendre, ou qu'il attendait, pour mieux dire, dans une parfaite assurance, n'ayant nul doute à cet égard.

Le cas que fait M. de Beaune de l'autorité judiciaire a mieux paru encore dans cette affaire-ci, quand les juges de Tours, pour quelque information, le firent appeler. La réponse fut simple : *Il n'avait pas le temps. Monsieur le maire n'a pas le temps.* Voilà ce qu'il leur fit dire par son garde champêtre, qui est l'homme du maire, comme le maire est l'homme du préfet. Quelle dignité dans ce peu de mots à un tribunal assemblé! *Monsieur le maire n'a pas le temps.* C'était comme s'il eût dit : Monsieur le maire est à la chasse, ou monsieur le maire est maintenant dans l'antichambre du préfet; monsieur le maire fait sa cour ; il n'a pas le loisir de comparaître devant les tribunaux. Qu'un maire est grand dans son village! Tout s'empresse à lui plaire, tout tremble à sa parole. Il poursuit, il accable quiconque a le malheur d'attirer son courroux. Il le frappe de son procès-verbal ; et si les juges lui demandent des explications, il répond qu'*il n'a pas le temps*. Après cela, messieurs, devez-vous être surpris que monsieur le maire de Véretz n'ait pas attendu votre arrêt pour me déclarer condamné! Il y a plutôt de quoi s'étonner qu'il n'ait pas commencé par me mettre en prison.

J'eusse aimé mieux cela que de m'entendre lire à l'église, au prône, ma sentence d'emprisonnement, flétrissure nouvelle et inouïe, espèce de carcan inventé pour moi seul, exprès par monsieur le maire, qui, de sa propre autorité, ajoute cette peine à la peine portée contre moi. J'eusse mieux aimé qu'il doublât la durée de ma détention, et me tînt, puisqu'il fait ainsi tout ce qu'il veut, six mois en prison, au lieu d'un. Père de famille de soixante ans, me voir diffamé, moi présent, en pleine assemblée, devant tous mes amis, mes voisins, mes parents, tous les regards sur moi ; me voir noté par le doigt du pasteur, quel affront! quelle honte! J'eusse voulu être mort ; et quand je sus que cet affront n'était qu'un plaisir de monsieur le maire, que les juges n'avaient pu l'ordonner, je ne vous dirai point, messieurs, ce qui me vint à l'esprit. J'ai soutenu les cruelles épreuves où m'a mis la haine de M. de Beaune, sans que, jusqu'à présent, grâce à Dieu, la prudence m'ait abandonné. Heureusement pour lui, les années m'ont fait sage ; il le sait, et compte là-dessus : veuille le ciel qu'il ne se trompe pas, et que ma patience dure autant que ses persécutions !

Tous les gens de loi consultés déclarent cet acte du maire illégal et contraire, non-seulement aux lois, mais aux plus communes notions de police et d'administration, au bon sens. Voilà ce qu'en pensent les gens de loi généralement. Leur chef et le vôtre, messieurs, dont l'autorité serait grande en cette matière, indépendamment de sa place, monseigneur le garde des sceaux, informé de ce fait, sur le simple récit, refusa de le croire, en disant : *Cela est impossible;* et depuis, convaincu par des preuves de la vérité de ce que d'abord il jugeait impossible, il a dit : *Cela est incroyable.* J'ose vous citer ces paroles et m'en prévaloir devant vous, parce que ces paroles sont mon bien, dans le malheur où je me trouve, et ont un grand poids, montrant, mieux que je ne saurais faire, avec quelle audace M. de Beaune a foulé aux pieds toute justice dans sa conduite à mon égard. Sa conduite, dans cette affaire, a été de tout point incroyable.

Passons sur le serment qui me coûte cinquante francs. Mais son refus d'autoriser la recherche des bois volés à M. Courier, que vous en semble, messieurs? Un maire, la seule autorité à laquelle on puisse, loin des villes, recourir contre les voleurs, se faire ouvertement leur protecteur, le fauteur, le receleur, en quelque sorte, d'un vol public et manifeste, d'une suite continuelle de vols, cela est-il croyable? y voyez-vous, messieurs, la moindre vraisemblance? Puis, cette fantaisie de se dire insulté, quand je vais, malgré moi (je ne le voulais pas, on m'y força), lui faire une réquisition légale, nécessaire, sur un objet pressant ; cela encore se peut-il croire? et cette rage ensuite, cette guerre acharnée, ce soin d'ameuter contre moi tout ce qui peut avoir ombre d'autorité dans le département, ce piége préparé d'une feinte douceur, pour me faire souscrire des aveux propres à me perdre ; cette publication, cette amplification de jugement qui me condamne, cette signature du greffier, cet extrait prétendu conforme ; tout cela, non, messieurs, ne me paraît pas possible, et n'est croyable que pour ceux qui en ont été les témoins, ou qui habitent les campagnes et savent ce que c'est qu'un maire.

Mais la plainte même, qui fait le fond de ce procès, a-t-elle apparence de sens? et se peut-il qu'un homme, je ne dis plus un maire, mais un homme en âge de raison, hors des faiblesses de l'enfance, se tienne offensé pour un mot (car j'accorde, je veux que je l'aie dit ce mot), pour un mot tout au plus grossier, qui n'attaque ni l'honneur ni la réputation, ni la probité, ni les mœurs de celui auquel il s'adresse, et ne peut faire tort qu'à celui qui le prononce? que, pour ce mot, il veuille poursuivre, exterminer un pauvre domestique, qu'il fatigue les juges, entasse des écritures, amène des témoins, remue des gens en place, abuse des actes publics, afin d'obtenir, quoi? que ce malheureux, ruiné, malade, diffamé, après six mois de chagrins, d'angoisses, languisse un mois dans les prisons?

Un mois, messieurs! avant de confirmer cet arrêt, vous y penserez, je l'espère. Qu'un soldat l'eût dit à son chef, ce mot dont se plaint M. de Beaune, on eût mis peut-être ce soldat en prison deux jours; et pour le même mot, du paysan au maire, vous ordonnerez un mois, non de la même peine! Le soldat, deux jours en prison, y voit des soldats comme lui, en sort sans déshonneur, et n'a point de famille dont le sort l'inquiète. Moi, je serais un mois avec des malfaiteurs (on le croira du moins), laissant ma maison désolée et mes enfants à l'abandon; je les rejoindrais couvert de honte! Quelle différence, messieurs! Est-ce à vous, juges, d'établir cette différence en faveur de l'homme armé? La loi civile est-elle plus dure que la discipline des camps?

Mais non, messieurs, non, je n'ai point outragé monsieur le maire. Même, selon sa déclaration, je ne lui ai rien dit où l'on puisse trouver une injure. Qu'il amasse des preuves, qu'il produise, à l'appui de son procès-verbal, ses fermiers pour témoins, ses débiteurs, ses gens; je ne l'ai point outragé. Je l'eusse outragé en l'appelant menteur, faussaire, parjure, lâche persécuteur du faible; et j'outragerais qui que ce soit en lui reprochant la moitié de ce que m'a fait M. de Beaune. Mais le mot dont il m'accuse n'est un outrage pour personne. Avec lui, n'user que de ce mot, c'eût été le ménager, c'eût été de ma part une rare prudence; et pourtant, ce mot même, il est vrai que je ne l'ai pas dit.

Ne craignez point d'ailleurs, messieurs, si vous me renvoyez absous, que l'autorité de monsieur le maire en soit affaiblie, qu'on le respecte moins pour cela, qu'on ait moins peur de l'offenser. Il n'y a personne dans le pays que mon exemple n'épouvante, et qui ne tremble de gagner un pareil procès. Je n'ai eu, six mois durant, de repos ni jour ni nuit. Je paye des frais énormes, et perds mon travail d'un an. Une coupe de bois, dans laquelle j'ai quelque intérêt, à peine en ai-je pu faire le quart. N'en doutez point, quoi qu'il arrive, quelque arrêt que vous prononciez, je serai toujours assez puni d'avoir fâché M. de Beaune, et de longtemps ceux qui le servent ne lui demanderont en justice leur salaire, s'ils veulent habiter la commune de Véretz.

PAMPHLETS LITTÉRAIRES.

LETTRE A M. RENOUARD, LIBRAIRE,

SUR UNE TACHE FAITE A UN MANUSCRIT DE FLORENCE.

AVERTISSEMENT.

Pour l'intelligence de ce qui suit, il faut premièrement savoir que Paul-Louis, auteur de cette lettre, ayant découvert à Florence, chez les moines du mont Cassin, un manuscrit complet des Pastorales de Longus, jusque-là mutilées dans tous les imprimés, se préparait à publier le texte grec et une traduction de ce joli ouvrage, quant il reçut la permission de dédier le tout à la princesse : ainsi appelait-on en Toscane la sœur de Bonaparte, Élisa. Cette permission, annoncée par le préfet même de Florence et devant beaucoup de gens, à Paul-Louis, le surprit. Il ne s'attendait à rien moins, et refusa d'en profiter, disant pour raison que le public se moquait toujours de ces dédicaces ; mais l'excuse parut frivole : le public en ce temps-là, n'était rien, et Paul-Louis passa pour un homme peu dévoué à la dynastie qui devait remplir tous les trônes. Le voilà noté philosophe, indépendant, ou pis encore, et mis hors de la protection du gouvernement. Aussitôt on l'attaque ; les gazettes le dénoncent comme philosophe d'abord, puis comme voleur de grec. Un *signor Puccini*, chambellan italien de l'auguste Élisa, *quelque peu clerc*, écrit en France, en Allemagne : cette vertueuse princesse elle-même mande à Paris qu'un homme ayant trouvé par hasard, déterré un morceau de grec précieux, s'en était emparé pour le vendre aux Anglais. Cela voulait dire qu'il fallait fusiller l'homme et confisquer son grec, s'il y eût eu moyen ; car déjà les savants étaient en possession du morceau déterré qui complétait Longus, de ce nouveau fragment en effet très-précieux, imprimé, distribué gratis avec la version de Paul-Louis.

Un autre Florentin, un professeur de grec, appelé Furia, fort ignorant en grec et en toute langue, fâché de l'espèce de bruit que faisait cette découverte parmi les lettrés d'Italie, met la main à la plume, comme feu Janotus, et compose une brochure. Les brochures étaient rares sous le grand Napoléon : celle-ci fut lue delà les monts, et même parvint à Paris. M. Renouard, libraire, accusé dans ce pamphlet de s'entendre avec Paul-Louis pour dérober du grec aux moines, répondit seul ; Paul-Louis pensait à autre chose.

Il parut aussi des estampes, dont une le représentait dans une bibliothèque, versant toute l'encre de son cornet sur un livre ouvert ; et ce livre, c'était le manuscrit de Longus. Car il y avait fait en le copiant, comme il est expliqué dans l'écrit qu'on va lire, une tache, unique prétexte de la persécution et de tant de clameurs élevées contre lui. On criait qu'il avait voulu détruire le texte original, afin de posséder seul Longus. Une excellence à portefeuille trouve ce raisonnement admirable, et, sans en demander davantage, ordonne de saisir le grec et le français publiés par Paul-Louis à Rome et à Florence ; et ce fut une chose plaisante ; car, de peur qu'il n'eût seul ce qu'il donnait à tout le monde, le vizir de la librairie, ne sachant ce que c'était que grec ni manuscrits, connaissant aussi peu Longus que son traducteur, d'abord avait écrit de suspendre la vente de l'œuvre, quelle qu'elle fût ; puis, apprenant qu'on ne vendait pas, mais qu'on donnait ce grec et ce français au petit nombre d'érudits amateurs de ces antiquités, il fit séquestrer tout, pour empêcher Paul-Louis de se l'approprier. Celui-ci ne s'en émut guère, et laissait sa Chloé dans les mains de la police, fort résolu à ne jamais faire nulle démarche pour l'en tirer ; mais, à la fin, il eut avis qu'on allait le saisir lui-même et l'arrêter. Cela le rendit attentif, et il commençait à rêver aux moyens de sortir d'affaire, quand il fut mandé chez le préfet de Rome, où il était alors, pour donner des éclaircissements sur sa conduite, ses liaisons, son état, son bien, sa naissance, et son pâté d'encre ; le tout par ordre supérieur. Il écrivit à ce préfet, non sans humeur ; voici sa lettre :

« Monsieur, j'ai négligé de répondre aux calomnies dirigées
« contre moi depuis environ un an, croyant que ces sottises
« feraient peu d'impression sur les esprits sensés : mais puisque
« le ministre y met de l'importance, et qu'enfin il faut m'expli-
« quer sur ce pitoyable sujet, je vais donner au public, devant
« lequel on m'accuse, ma justification, aussi claire et précise
« qu'il me sera possible. Vous recevrez, monsieur, le premier
« exemplaire de ce mémoire très-succinct, où Son Excellence
« trouvera les renseignements qu'elle désire. »

Le préfet répondit : « Monsieur, gardez-vous bien de rien pu-
« blier sur l'affaire dont il est question ; vous vous exposeriez
« beaucoup, et l'imprimeur qui vous prêterait son ministère ne
« serait pas moins compromis. »

Il s'agissait d'un pâté d'encre, et remarquez (car il y a en toute histoire moralité, tout est matière d'instruction à qui veut réfléchir), admirez en ceci la doctrine du pouvoir : les calomnies s'impriment, mais la réponse, non. Chacun peut bien dire au public, dans les pamphlets, dans les journaux, Paul-Louis est un voleur ; mais il ne faut pas que celui-ci puisse parler au même public, et montrer qu'il est honnête homme. Le ministre évoque l'affaire à son cabinet, où lui seul en décidera, et fera Paul-Louis honnête homme ou fripon, selon qu'il croira convenir au service de Sa Majesté, selon le bon plaisir de Son Altesse impériale madame Bacciocchi.

Paul-Louis, bien empêché, récrivit au préfet : « Monsieur,
« j'ignorais qu'il fallût votre permission pour imprimer mon
« petit mémoire justificatif ; mais puisqu'elle m'est nécessaire,
« je vous supplie de me l'envoyer. » Il n'eut point de réponse, et l'avait bien prévu. Heureusement il se souvint d'un pauvre diable d'imprimeur nommé Lino Contadini, qui demeurait près de la Sapience, n'imprimait que des almanachs, et devait être peu en règle avec la nouvelle censure. Il va le trouver, et lui dit : *Or, sù, presto, sbrighiamola e si stampi questa cosa per l'eccellentissimo signor prefetto di pulizia* ; c'est-à-dire : Vite, qu'on imprime ceci pour monseigneur excellentissime préfet de

police (ou de propreté, car c'est le même mot en italien). A quoi le bonhomme répondit : *Padron mio riverito, come farò? Non capisco parola di francese; che vuol ella ch'io possa raccapezzar mai in questo benedetto straccio pieno di cossature?* Mon cher Monsieur, comment ferai-je? N'entendant pas un mot de français, que puis-je comprendre à ce chiffon tout plein de ratures? Eh bien! repartit Paul-Louis, nous y travaillerons ensemble; mais dépêchons, le préfet attend. Les voilà donc à la besogne, et Paul-Louis, compositeur, correcteur, imprimeur, et le reste. Ce fut un merveilleux ouvrage que cette impression : il y avait dix fautes par ligne; mais à toute force on pouvait lire. La chose achevée, vient un scrupule à ce bonhomme d'imprimeur. Ne nous faudrait-il pas, dit-il, pour faire ce que nous faisons, une permission, *un permesso?* Non, dit Paul-Louis. Si fait, dit l'autre. Hé quoi! pour le préfet? Attendez, dit Lino; je reviens tout à l'heure. Il s'en va chez le préfet, et cependant Paul-Louis fait un paquet d'une centaine d'exemplaires, qu'il emporte. Un quart d'heure après, l'imprimerie était pleine de sbires. Ce sont les gendarmes du pays.

Ayant ce qu'il voulait à peu près, Paul-Louis écrivit encore au préfet une dernière lettre : « Monsieur, j'ai trompé l'impri-
« meur Lino. Je lui ai fait accroire qu'il travaillait pour vous;
« je lui ai parlé en votre nom, et comme chargé de vos ordres. Je
« l'ai hâté en l'assurant que vous attendiez impatiemment le ré-
« sultat de son travail; enfin tous les moyens que j'ai pu imagi-
« ner, je les ai mis en œuvre pour abuser cet homme, qui,
« pensant vous servir, ignorait ce qu'il faisait. Après une telle
« déclaration, je vous crois, monsieur, trop raisonnable pour
« vous en prendre à lui, et non pas à moi seul, de la publication
« de mon factum littéraire. Je ne vous prie plus que de vouloir
« bien l'adresser avec cette lettre au ministre, curieux de savoir
« à quoi je m'occupe et qui je suis. »

Le pauvre Lino fut arrêté, interrogé, réprimandé, et renvoyé. Le préfet n'adressa au ministre ni lettre ni brochure; mais bientôt après, il reçut une verte semonce de ses maîtres. Laisser imprimer, publier la plainte d'un homme maltraité, quelle bévue pour un préfet! L'espèce de supercherie dont il avait été la dupe ne l'excusait pas aux yeux d'un gouvernement fort. Il était responsable ; la plainte avait paru ; c'était sa faute à lui, gagé précisément pour empêcher cela. Il en faillit perdre sa place, et c'eût été dommage vraiment ; il ne serait pas ce qu'il est (conseiller d'État) aujourd'hui, s'il eût cessé alors de servir les dynasties.

Paul-Louis, depuis ce temps, vécut à Rome tranquille, n'entendant plus parler de préfet ni de ministre. Sa lettre fit du bruit, en Italie surtout. Les Lombards se réjouirent de voir Florence moquée et traitée d'ignorante. Quelques écrits parurent en faveur de Paul-Louis : on voulut y répondre ; mais le gouvernement l'empêcha, et imposa silence à tous. On redoutait alors la moindre discussion dont le public eût été juge. Celle-ci, d'abord sotte et ridicule seulement, eut des suites sérieuses, fâcheuses, même tragiques. Furia en fut malade, Puccini en mourut, car étant à dîner un jour chez la comtesse d'Albani, veuve du prétendant d'Angleterre, il se prit de querelle avec un des convives qui défendait Paul-Louis, et s'emporta au point que, de retour chez lui le soir, il écrivit une lettre d'excuses à madame d'Albani, se mit au lit, et mourut, regretté d'un chacun, car il était bon homme, à la colère près. Paul-Louis n'en fut pas cause, comme on le lui a reproché ; mais s'il eût pu prévoir cette catastrophe, la crainte de tuer un chambellan ne l'eût pas empêché apparemment d'écrire, quand il crut le devoir faire, pour sa propre défense.

Ce qui, dans cette brochure, déplut, ce fut un ton libre, un air de mécontentement fort extraordinaire alors, la façon peu respectueuse dont on parlait des employés du gouvernement ; mais plus que tout, ce fut qu'on y faisait connaître la haine de l'Italie pour ce gouvernement et pour le nom français. Bonaparte croyait être adoré partout, sa police le lui assurait chaque matin : une voix qui disait le contraire embarrassait fort la police, et pouvait attirer l'attention de Bonaparte, comme il arriva ; car un jour il en parla, voulut savoir ce que c'était qu'un officier retiré à Rome qui faisait imprimer du grec. Sur ce qu'on lui en dit, il le laissa en repos.

J'ai vu, monsieur, votre notice d'un fragment de Longus nouvellement découvert, c'est-à-dire, votre apologie au sujet de cette découverte, dans laquelle on vous accusait d'avoir trempé pour quelque chose. Il me semble que vous voilà pleinement justifié; et je m'en réjouirais avec vous, si je pouvais me réjouir. Mais cette affaire, dont vous sortez si heureusement, prend pour moi une autre tournure; et tandis que vous échappez à nos communs ennemis, je ne sais en vérité ce que je vais devenir.

On me mande de Florence que cette pauvre traduction dont vous avez appris l'existence au public vient d'être saisie chez le libraire, qu'on cherche le traducteur, et qu'en attendant qu'il se trouve, on lui fait toujours son procès. On parle de poursuite, d'information, de témoins, *et l'on se tait du reste*[1].

Voyez, monsieur, la belle affaire où vous m'avez engagé! car ce fut vous, s'il vous en souvient, qui eûtes la première pensée de donner au public ce malheureux fragment. Moi, qui le connaissais depuis deux ans, quand je vous en parlai à Bologne, je n'avais pas songé seulement à le lire.

> Sans ce fragment fatal au repos de ma vie,
> Mes jours dans le loisir couleraient sans envie;

je n'aurais eu rien à démêler avec les savants Florentins, jamais on ne se serait douté qu'ils sussent si peu leur métier; et l'ignorance de ces messieurs, ne paraissant que dans leurs ouvrages, n'eût été connue de personne.

Car vous savez bien que c'est là tout le mal, et que cette tache dont on fait tant de bruit, personne ne s'en soucie. Vous n'avez pas voulu le dire, parce que vous êtes sage. Vous vous renfermez dans les bornes strictes de votre justification, et, par une modération dont il y a peu d'exemples, en répondant aux mensonges qu'on a publiés contre vous, vous taisez les vérités qui auraient pu faire quelque peine à vos calomniateurs. A quoi vous servait en effet, assuré de vous disculper, d'irriter des gens qui, tout méprisables qu'ils sont, ont une patente, des gages, une livrée; qui, sans être grand'chose, tiennent à quelque chose, et dont la haine peut nuire? Et puis, ce que vous taisiez, vous saviez bien que je serais obligé de le dire, que vous seriez

---

[1] Hémistiche de Corneille: allusion hardie à l'intervention de l'auguste princesse, au refus de la dédicace, et autres faits connus alors de tout le monde à Florence, et peut-être même dans les faubourgs.

ainsi vengé sans coup férir, et que le diable, comme on dit, n'y perdrait rien.

Pour moi, tant que tout s'est borné à quelques articles insérés dans les journaux italiens, à quelques libelles obscurs signés par des pédants, j'en ai ri avec mes amis, sachant que, comme vous le dites très-bien, peu de gens s'intéressent à ces choses, et que ceux-là ne se méprendraient pas aux motifs de tant de rage et de si grossières calomnies. Depuis huit mois que ces messieurs nous honorent de leurs injures, vous savez en quels termes je vous en ai écrit : *c'était*, vous disais-je, *une canaille*[1] *qu'il fallait laisser aboyer*. J'avais raison de les mépriser, mais j'avais tort de ne pas les craindre; et à présent que je voudrais me mettre en garde contre eux, il n'est peut-être plus temps.

Je fais cependant quelquefois une réflexion qui me rassure un peu : Colomb découvrit l'Amérique, et on ne le mit qu'au cachot; Galilée trouva le vrai système du monde, il en fut quitte pour la prison. Moi, j'ai trouvé cinq ou six pages dans lesquelles il s'agit de savoir qui baisera Chloé; me fera-t-on pis qu'à eux ? Je devrais être tout au plus *blâmé par la cour*. Mais la peine n'est pas toujours proportionnée au délit, et c'est là ce qui m'inquiète.

Vous dites que les faits sont notoires; votre récit et celui de M. Furia s'accordent peu néanmoins. Il y a dans le sien beaucoup de faussetés, beaucoup d'omissions dans le vôtre. Vous ne dites pas tout ce que vous savez, et peut-être aussi ne savez-vous pas tout : moi, qui suis moins circonspect, mieux instruit et d'aussi bonne foi, je vais suppléer à votre silence.

Passant à Florence il y a environ trois ans, j'allai avec un de mes amis, M. Akerblad, membre de l'Institut, voir la bibliothèque de l'abbaye de cette ville. Là, entre autres manuscrits d'une haute antiquité, on nous en montra un de Longus. Je le feuilletai quelque temps, et le premier livre, que tout le monde sait être mutilé dans les éditions, me parut tout entier dans ce manuscrit. Je le rendis, et n'y pensai plus. J'étais alors

---

[1] Canaille, des chambellans! Ceci parut un peu fort, et quelques personnes voulaient que l'auteur le supprimât.

occupé d'objets fort différents de ceux-là. Depuis, ayant parcouru la France, l'Allemagne et la Suisse, je revins en Italie, et avec vous à Florence, où, me trouvant de loisir, je copiai de ce manuscrit ce qui manquait dans les imprimés. Je me fis aider dans ce travail par messieurs Furia et Bencini, employés tous deux à la bibliothèque de Saint-Laurent, où le manuscrit se trouvait alors. En travaillant avec eux, j'y fis, par étourderie, une tache d'encre qui couvrait une vingtaine de mots dans l'endroit inédit déjà transcrit par moi. Pour réparer en quelque sorte ce petit malheur, j'offris, sans qu'on me le demandât, ma copie, c'est-à-dire celle que nous avions faite ensemble, moi, M. Furia et son aide, laquelle étant de trois mois, faite sur l'original même, et revue par trois personnes avant l'accident, avait une exactitude et une authenticité qui eût manqué à toute autre. On la dédaigna d'abord, comme ne pouvant tenir lieu de l'original, et ensuite on l'exigea; mais alors j'avais des raisons pour la refuser. Je payai ces messieurs, et m'en vins de Florence à Rome, où ayant trouvé, comme je l'espérais, d'autres manuscrits de Longus, je fis imprimer à mes frais le texte de cet auteur, avec les variantes de Rome et de Florence. Cette édition ne se vend point; je la donne à qui bon me semble; mais le fragment de Florence, imprimé séparément, se donne gratis à qui veut l'avoir.

Dans tout ceci, monsieur, je n'invoquerai point votre témoignage, dont heureusement je puis me passer. Je vois votre prudence, j'entre dans tous vos ménagements, et ne veux point vous commettre avec les puissances, en vous contraignant à vous expliquer sur d'aussi grands intérêts. Si on vous en parle, haussez les épaules, levez les yeux au ciel, faites un soupir ou un sourire, et dites que le temps est au beau.

Mais avant d'aller plus loin, souffrez, monsieur, que je me plaigne de la manière dont vous me faites connaître au public. Vous m'annoncez comme auteur d'une traduction de Longus parfaitement inconnue, brochure anonyme dont il n'y a que très-peu d'exemplaires dans les mains de quelques amis; et comme on ne me connaît pas plus que ma traduction, vous apprenez à vos lecteurs que je suis un *helléniste*, fort habile, dites-vous. On ne pouvait plus mal rencontrer. Si je suis habile, ce n'est pas dans cette occasion que j'en ai fait preuve. Ayant découvert cette bagatelle, qui complète un joli ouvrage mutilé depuis tant de siècles, vous voyez le parti que j'en ai su tirer. J'en fais cadeau au public, et je passe pour l'avoir non-seulement volée, mais anéantie. Vous-même, monsieur, vous en déplorez la perte. Les journaux italiens me dénoncent comme destructeur d'un des plus beaux monuments de l'antiquité; M. Furia en prend le deuil; sa cabale crie vengeance, et, tandis que ce supplément est, par mes soins et à mes frais, dans les mains de ceux qui peuvent le lire, on répand partout contre moi un libelle avec ce titre : *Histoire de la découverte et de la perte subite d'un fragment de Longus.* Voilà mon habileté. Où tout autre aurait trouvé du moins quelque honneur, j'en suis pour mon argent et ma réputation; et je me tiendrai heureux s'il ne m'arrive pas pis. Croyez-moi, monsieur, les habiles en littérature sont ceux qui, comme les jésuites de Pascal, *ne lisent point, écrivent peu, et intriguent beaucoup.*

Je ne suis point non plus *helléniste*, ou je ne me connais guère. Si j'entends bien ce mot, qui, je vous l'avoue, m'est nouveau, vous dites un *helléniste*, comme on dit un *dentiste*, un *droguiste*, un *ébéniste;* et suivant cette analogie, un *helléniste* serait un homme qui étale du grec, qui en vit, et qui en vend au public, aux libraires, au gouvernement. Il y a loin de là à ce que je fais. Vous n'ignorez pas, monsieur, que je m'occupe de ces études uniquement par goût, ou pour mieux dire, par boutades, et quand je n'ai point d'autre fantaisie; que je n'y attache nulle importance, et n'en tire nul profit; que jamais on n'a vu mon nom en tête d'aucun livre; que je ne veux aucune des places où l'on parvient par ce moyen; et que, sans les hasards qui m'ont engagé à donner au public un texte de quelques pages, jamais on n'aurait eu cette preuve de mon habileté; qu'enfin même, après cela, si vous ne m'eussiez démasqué, contre toute bienséance et sans nulle nécessité, cette habileté qu'il vous plaît de me supposer, ou ne m'eût point été attribuée, ou serait encore un secret entre quelques personnes capables d'en juger.

Qu'est-ce, s'il vous plaît, monsieur, qu'une notice d'un livre qui ne se vend point, qu'on donne à peu de personnes, et que même on ne peut plus donner? et qu'importe à qui vous lit, que ce livre soit bon ou mauvais, si on ne saurait l'avoir? Que vous vous défendiez du mal qu'on vous impute en nommant celui qui l'a fait, cela est tout simple ; mais personne ne vous accusait d'avoir fait cette traduction. Je ne veux point trop vous pousser là-dessus, ni paraître plus fâché que je ne le suis en effet. Vous avez cru la chose de peu de conséquence, et pensé fort sagement qu'un tel ouvrage ne me pouvait faire ni grand honneur ni grand tort. Mais enfin vous eussiez pu vous dispenser de me nommer, du moins comme traducteur ; et en y pensant mieux, vous n'eussiez pas dit que j'étais ni habile, ni helléniste.

Vous n'êtes pas plus exact en parlant de M. Furia. Sans autre explication, vous le désignez seulement comme bibliothécaire, gardien d'un dépôt littéraire célèbre dans toute l'Europe. Y pensez-vous, monsieur? Vous écrivez à Paris, vous parlez à des Français, qui, voyant dans ces emplois des gens d'un mérite reconnu, dont quelques-uns même sont Italiens [1] ne manqueront pas de croire que le seigneur Furia est un homme considérable par son savoir et par sa place. Je comprends que cette erreur peut vous être indifférente, et qu'ayant apparemment plus de raison de le ménager que de vous plaindre de lui, vous lui laissez volontiers la considération attachée à son titre dans le pays où vous êtes. Mais moi qu'il attaque, soutenu d'une cabale de pédants, il m'importe qu'on l'apprécie à sa juste valeur ; et je ne puis souffrir non plus qu'on le confonde avec des gens dont l'érudition et le goût font honneur à l'Italie.

Si vous eussiez voulu, monsieur, donner une juste idée des personnages peu connus dont vous aviez à parler, après avoir dit que j'étais *ancien militaire, helléniste*, puisque vous le voulez, *fort habile*, il fallait ajouter : *M. Furia est un cuistre, ancien cordonnier comme son père ; garde d'une bibliothèque qu'il devrait encore balayer ; qui fait aujourd'hui de mauvais livres, n'ayant pu faire de bons souliers ; helléniste fort peu habile, à huit cents francs d'appointements ; copiant du grec*

---

[1] Visconti, Marini, et d'autres.

pour ceux qui le payent ; élève et successeur du seigneur Bandini, dont l'ignorance est célèbre. Et il ne fallait pas dire seulement, comme vous faites, que cet homme *cherche des torts dans les accidents les plus simples*, mais qu'il est intéressé à en trouver, parce qu'il est cuistre en colère, dont la rage et la vanité cruellement blessée servent d'instrument à des haines [1] qui n'osent éclater d'une autre manière. Ce sont là de ces choses sur lesquelles vous gardez un silence prudent. *Fontenelle*, dit quelque part Voltaire, *était tout plein de ces ménagements. Il n'eût voulu pour rien au monde dire seulement à l'oreille que F... est un polisson.* Voltaire cachait moins sa pensée. Mais il est plus sûr d'imiter Fontenelle. Malheureusement le choix n'est pas en mon pouvoir, et je suis obligé de tout dire.

Pour commencer par les raisons que peut avoir le seigneur Furia de n'être pas aussi désintéressé qu'on le croirait dans cette affaire, il faut savoir que la découverte du précieux fragment de Longus s'est faite dans un manuscrit sur lequel, lui Furia, a travaillé longues années, et qu'il regardait en quelque sorte comme sa propriété ; qu'on y a fait cette trouvaille au moment précisément où le seigneur Furia venait de donner au public une notice très-ample et *très-exacte,* selon lui, de ce même manuscrit, dans laquelle est indiqué page par page, et fort au long, tout ce que le sieur Furia y a pu remarquer ; que son travail sur ce petit volume, annoncé longtemps d'avance, a duré six ans, pendant lesquels il n'a cessé de le feuilleter et de le décrire avec une patience peu commune ; qu'il en a même, à ce qu'il dit, extrait beaucoup de variantes des prétendues fables d'Ésope, par lui réimprimées à la fin de sa notice ; car ces sottises de quelque moine, par où l'on commence au collége l'étude de la langue grecque, se trouvent dans ce manuscrit à la suite du roman de Longus, et le sieur Furia n'a pas manqué d'en faire son profit ; qu'enfin, à peine achevé son ouvrage qu'il vendait lui-même, et où il pensait avoir épuisé tout ce qu'on pouvait dire du divin

---

[1] Les Français alors delà les monts étaient détestés comme le sont maintenant les Allemands. Le gouvernement n'en savait rien, et ne voulait en rien savoir. Ce passage, et d'autres pareils ci-dessous, firent en Italie une très-vive sensation, et déplurent à l'*autorité*, qui redoute surtout qu'on imprime ce que chacun pense.

manuscrit, arrive par hasard quelqu'un qui, tout au premier coup d'œil, voit et désigne au public la seule chose qui fût vraiment intéressante dans ce manuscrit, et la seule aussi que le sieur Furia n'y eût pas aperçue.

On écrit aujourd'hui assez ordinairement sur les choses qu'on entend le moins ; il n'y a si petit écolier qui ne s'érige en docteur. A voir ce qui s'imprime tous les jours, on dirait que chacun se croit obligé de faire preuve d'ignorance. Mais des preuves de cette force ne sont pas communes, et le seigneur Bandini lui-même, maître et prédécesseur du seigneur Furia, fameux par des bévues de ce genre, n'a rien fait qui approche de cela.

Nous avons des relations de voyage dont les auteurs sont soupçonnés de n'être jamais sortis de leur cabinet ; et, dans un autre genre,

> Combien de gens ont fait des récits de batailles
> Dont ils s'étaient tenus loin ?

mais une notice d'un livre par quelqu'un qui ne l'a point lu est une bouffonnerie toute neuve, et, dont le public doit savoir gré au seigneur Furia.

Je ne prétends pas dire par là qu'il ne l'ait examiné avec beaucoup d'attention. J'admire au contraire qu'il ait pu entrer dans tous ces détails, et en faire deux volumes. Son ouvrage, que je n'ai point lu (car j'en parle à peu près comme lui du manuscrit), sera quelque jour utile au relieur pour éviter toute erreur dans la position des feuillets. En un mot, dans le compte qu'il rend de ce livre, selon lui, si intéressant, qui l'a occupé six années, il a pensé à tout, excepté à le lire.

Il est fâcheux pour vous, monsieur, de n'avoir pas été témoin de l'effet que produisit sur lui la première vue de cette lacune dans le livre imprimé, et du morceau inédit qui la remplissait dans le manuscrit. Sa surprise fut extrême ; et quand il eut reconnu que ce morceau n'était pas seulement de quelques lignes, mais de plusieurs pages, il me fit pitié, je vous assure. D'abord *il demeura stupide :* vous en auriez peut-être ri ; mais bientôt vous auriez eu peur, car en un instant il devint furieux. Je n'avais jamais vu un pédant enragé ; vous ne sauriez croire ce que c'est.

Le quadrupède écume et son œil étincelle.

Si des regards il eût pu mordre, j'aurais mal passé mon temps.

Dès lors le seigneur Furia se crut un homme déshonoré. Vous savez que Vatel se tua parce que le rôt manquait au souper de son maître. Il avait, comme dit le roi quand on lui apprit cette mort, de l'honneur à sa manière. M. Furia ne se tua point, parce que bientôt après il conçut l'espérance de rétablir un peu sa réputation aux dépens de la mienne; car ce fut, je crois, le surlendemain que je fis au manuscrit cette tache, dont il me sait, dans son âme, si bon gré, quoiqu'il s'en plaigne si haut. Après avoir copié tout le morceau inédit, j'achevai la collation du reste avec ces messieurs. Pour marquer dans le volume l'endroit du supplément, j'y mis une feuille de papier, sans m'apercevoir qu'elle était barbouillée d'encre en dessous. Ce papier s'étant collé au feuillet, y fit une tache qui couvrait quelques mots de quelques lignes. M. Furia a écrit en prose poétique l'histoire de cet événement. C'est, à ce qu'on dit, son meilleur ouvrage; c'est du moins le seul qu'on ait lu. Il y a mis beaucoup du sien, tant dans les choses que dans le style; mais le fond en est pris de la Pharsale et des tragédies de Senèque.

J'avoue que ce malheur me parut fort petit. Je ne savais pas que ce livre fût le Palladium de Florence, que le destin de cette ville fût attaché aux mots que je venais d'effacer: j'aurais dû cependant me douter que ces objets étaient sacrés pour les Florentins, car ils n'y touchent jamais. Mais enfin, je ne sentis point mon sang se glacer, ni mes cheveux se hérisser sur mon front; je ne demeurai pas un instant sans voix, sans pouls et sans haleine. M. Furia prétend que tout cela lui arriva: mais moi je le regardai bien, et je ne vis en lui, je vous jure, aucun de ces signes alarmants d'une défaillance prochaine, si ce n'est quand je lui mis, comme on dit, le nez sur ce morceau de grec qu'il n'avait pu voir sans moi.

Les expressions de M. Furia pour peindre son saisissement à la vue de cette tache, qui couvrait, comme je vous ai dit, une vingtaine de mots, sont du plus haut style et d'un pathétique rare, même en Italie. Vous en avez été frappé, monsieur, et vous les avez citées, mais sans oser les traduire. Peut-être avez-vous pensé que la faiblesse de notre langue ne pourrait atteindre à cette hauteur : je suis plus hardi, et je crois, quoi qu'en dise Horace, qu'on peut essayer de traduire Pindare et M. Furia ; c'est tout un. Voici ma version littérale :

A un si horrible spectacle (il parle de ce pâté que je fis sur son bouquin), *mon sang se gela dans mes veines ; et, durant plusieurs instants, voulant crier, voulant parler, ma voix s'arrêta dans mon gosier : un frisson glacé s'empara de tous mes membres stupides....* Voyez-vous, Monsieur? ce pâté, c'est pour lui la tête de Méduse. Le voilà stupide; il l'assure, et c'est la seule assertion qui soit prouvée par son livre. Mais il y a dans cet aveu autant de malice que d'ingénuité : car il veut faire croire que c'est moi qui l'ai rendu tel, au grand détriment de la littérature. Moi je soutiens que longtemps avant que d'avoir vu cette affreuse tache, *dont le seul souvenir le remplit d'horreur et d'indignation,* il était déjà stupide, ou certes bien peu s'en fallait, puisqu'il a tenu, feuilleté, examiné, décrit et noté par le menu chaque page de ce petit volume, sans se douter seulement de ce qu'il contenait.

Lorsque son directeur, ou son conservateur, comme il l'appelle quelquefois, le seigneur Thomas Puzzini [1], *apprit cet étrange accident par la trompette sonore de la renommée, qui, toujours infatigable...... fit à son oreille......* bref, quand on lui conta l'aventure du pâté, *il fut saisi d'horreur; il frémit au récit d'une action si atroce.* En effet, il y a de plus grands crimes, mais il n'y en a point de plus noirs. Ailleurs, M. Furia représente *Florence désolée : toute une ville en pleurs, les citoyens consternés* : pour lui, dans ce deuil public, quand tout le monde pleurait, vous imaginez bien qu'il ne s'épargnait pas. Depuis que sa voix s'était *arrêtée dans son gosier,* il ne disait mot, et sans doute il n'en pensait pas davantage, car il était *devenu stupide.* Mais *la nuit, dans ses songes, cette image*

---

[1] Son vrai nom était *Puccini.* L'auteur, se voulant divertir, en a fait *Puzzini,* sobriquet italien qui signifie *putois, puant, puantini,* et s'appliquait au personnage ; car, comme dit Regnier, *il sentait bien plus fort, mais non pas mieux que rose.* Le nom lui demeura. Il n'y a si mauvaise plaisanterie qui ne réussisse contre la cour, les chambellans, la garde-robe,

cruelle (il n'a osé dire sanglante) *s'offrait à ses yeux*. Et il déclare dans son début que l'obligation où il est de raconter ce fait *lui pèse, est pour lui un fardeau excessivement à charge, parce qu'elle lui rappelle* (cette obligation) *la mémoire plus vive de l'acerbité d'un événement qui, bien qu'aucun temps ne puisse pour lui le couvrir d'oubli, ce nonobstant, il ne peut y repenser sans se sentir compris tout entier d'horreur.* Je traduis mot à mot. Ici, c'est Virgile amplifié à proportion du sujet ; car ce que le poëte avait dit du massacre de tout un peuple, a paru trop faible à M. Furia pour un pâté d'encre.

N'admirez-vous point, monsieur, qu'un homme écrivant de ce style, attache tant d'importance au texte de Longus, qui est la simplicité même ? C'est le zèle des bouquins qui enflamme M. Furia et le fait parler comme un prophète. Au reste, l'hyperbole lui est familière, et c'est où il réussit le mieux. En voulez-vous un bel exemple ? Quelqu'un de ses protecteurs (car il en a beaucoup, tous brûlant du même zèle et acharnés contre moi) se charge, au refus des libraires, de l'impression d'un de ses livres : aussitôt M. Furia le proclame dans sa dédicace le premier homme du siècle, et l'assure qu'*aucun âge à venir ne se taira sur ses louanges*. Cicéron en disait autant jadis aux conquérants du monde [1]. Or, si un homme qui dépense cinquante écus pour imprimer les sottises du seigneur Furia mérite des autels, il est clair que celui qui fait, quoique involontairement, voir et palper à chacun l'ignorance dudit seigneur, est digne de tous les supplices : c'est la substance du libelle qu'il a publié contre moi.

Nous sommes d'accord sur les faits, et les circonstances qu'il raconte, la plupart de son invention, sont indifférentes au fond. Qu'importe, en effet, qu'il se soit le premier aperçu de cette tache, ainsi qu'il le dit, ou que je la lui aie montrée dès que je la vis moi-même, comme c'est la vérité ? que ce soit lui qui m'ait indiqué ce manuscrit de Longus, ou que je le connusse longtemps auparavant, comme vous, monsieur, le savez, et tant d'autres personnes à qui j'en avais écrit et parlé ? que j'aie copié, selon ce qu'il dit, tout le supplément sous sa dictée, ou que je

---

[1] *Nulla ætas de tuis laudibus conticescet.* (Cicéron.)

lui aie déchiffré et expliqué les endroits qu'il n'avait pu lire, faute d'entendre le sens, comme le prouve cette copie même? tout cela ne fait rien à l'affaire.

J'ai fait la tache, l'*horrible tache*, et j'en ai donné à M. Furia ma déclaration, sans qu'il songeât, quoi qu'il en dise, à me la demander. Après lui avoir offert ma copie, qu'il me demandait tout aussi peu, je la lui ai depuis refusée. Je suis loin de m'en repentir, et vous allez voir pourquoi.

J'offris d'abord, comme je l'ai dit, de mon propre mouvement, cette copie à M. Furia, et il accepta mon offre sans paraître en faire beaucoup de cas, observant très-judicieusement qu'aucune copie ne pourrait réparer le mal fait au manuscrit. Je continuai mon travail ; vous arrivâtes deux jours après, et vous vîtes *le désastre*, comme l'appelle M. Furia. Ce jour-là, autant qu'il m'en souvient, il pensait encore fort peu à la copie promise; cependant je vois, par votre notice, qu'il en fut question, et sans doute je la promis encore. Ce ne fut que le lendemain, quand vous n'étiez plus à Florence, que M. Furia me demanda cette copie avec beaucoup de vivacité. Je lui dis que le temps me manquait pour en faire un double, qui me devait rester, mais qu'aussitôt achevée la collation du manuscrit, je songerais à le satisfaire. Ce même jour, regardant la tache dans le manuscrit, elle me parut augmentée, et je conçus des soupçons. Le soir, au sortir de la bibliothèque, M. Furia me pressa fort de passer avec lui chez moi, pour lui donner la copie. Il la voulait sur-le-champ, parce que, disait-il, chez moi elle se pouvait perdre. Son empressement ajoutant aux défiances que j'avais déjà, je lui répondis que, toutes réflexions faites, je serais bien aise de garder par devers moi cette copie qui, étant écrite de trois mains, était la seule authentique et l'unique preuve que je pusse donner du texte que je publierais, quant aux endroits effacés. Par cette raison même, me dit-il, c'était la seule qui convînt à la bibliothèque, où, d'ailleurs, demeurant dans ses mains, elle ne courait aucun risque. Je ne lui dis pas ce que j'en pensais, mais je le refusai nettement. Il se fâcha, je m'emportai, et l'envoyai promener en termes qui ne se peuvent décrire.

Ne vous prévins-je pas, monsieur, quand vous voulûtes enlever ce papier collé au manuscrit? Ne vous criai-je pas : *Prenez garde, ne touchez rien; vous ne savez pas à quelles gens vous avez affaire?* J'employai peut-être d'autres mots, que l'occasion et le mépris que j'avais pour eux me dictaient; mais, en gros, c'était là le sens, et vous vous en souvenez. Ne craignez rien, Monsieur; ceci ne peut vous compromettre. Vous ne m'écoutâtes point; vous portâtes la main sur la fatale tache : mal vous en a pris; mais enfin votre conduite prouva que vous pensez toujours bien des *gens en place,* quelle que soit leur place. Vous pouvez donc convenir, sans vous brouiller avec personne, que je vous avertis de ce qui vous arriverait; et vous en conviendrez, car on aime la vérité quand elle ne peut nous nuire.

Vous voyez, Monsieur, que dès lors j'avais deviné leur malin vouloir; j'ignorais encore ce qu'ils méditaient; mais je le savais quand je refusai ma copie à M. Furia.

Pour comprendre l'importance que nous y attachions l'un et l'autre, il faut savoir comment cette copie fut faite. Le caractère du manuscrit m'était tout nouveau : MM. Furia et Bencini l'ayant tenu assez longtemps pour en avoir quelque habitude, me dictaient d'abord, et j'écrivais; et en écrivant, je laissais aux endroits qu'ils n'avaient pu lire dans l'original, parce que les traits en étaient ou effacés ou confus, des espaces en blanc. Quand j'eus ainsi achevé d'écrire tout ce qui manquait dans l'imprimé, je pris à mon tour le manuscrit, et guidé par le sens, que j'entendais mieux qu'eux, je lus ou devinai partout les mots que ces messieurs n'avaient pu déchiffrer; et eux, qui tenaient alors la plume, écrivant ce que je leur dictais, remplissaient dans ma copie les blancs que j'avais laissés. De plus, dans ce que j'avais écrit sous leur dictée, il se trouvait des fautes que je leur fis corriger d'après le manuscrit; ce qui produisit beaucoup de ratures. Ainsi, dans chaque page, et presque à chaque ligne, parmi les mots écrits de ma main, se trouvent des mots écrits par l'un d'eux, et c'est là ce qui constate l'authenticité du tout; aussi voyez-vous que M. Furia, dans sa diatribe contre moi, atteste l'exactitude de cette copie, qu'il ne pourrait nier sans se faire tort à lui-même.

Plusieurs personnes à Florence, me parlant alors de la tache faite au manuscrit, me parurent persuadées que c'était de ma part une invention pour pouvoir altérer le texte dans quelque passage obscur et en éluder ainsi les difficultés. Ces bruits étaient semés par M. Furia, qui, à toute force, voulait discréditer l'édition que vous aviez annoncée, et sur laquelle il pensait que nous fondions, vous et moi, une spéculation des plus lucratives; car il ne pouvait ni croire ni comprendre que je fisse tout cela gratuitement; et forcé de le croire à présent, il ne le comprend pas davantage.

En ce temps-là même, vous avez pu lire dans la *Gazette de Milan* un article fait par quelqu'un de la cabale de M. Furia, où l'on avertissait le public de n'*ajouter aucune foi à un supplément de Longus qui allait paraître à Paris, attendu la destruction de manuscrit original*, etc. Vous concevez, Monsieur, que, dans cet état de choses, M. Furia était le dernier à qui j'eusse confié le dépôt qu'il exigeait. Comment pouvais-je réparer le mal fait au manuscrit, si ce n'est en donnant au public le texte imprimé d'après une copie authentique? et cette preuve unique du texte que j'allais publier, pouvais-je la remettre à l'homme qui m'accusait de vouloir falsifier ce texte?

Notez que cette pièce, à moi si nécessaire, est, pour la bibliothèque, parfaitement inutile; elle ne peut avoir, aux yeux des savants, l'autorité du manuscrit, ni par conséquent en tenir lieu. S'il y a quelque erreur dans mon édition, c'est que j'ai mal lu l'original, et ma copie ne saurait servir à la corriger. Elle est inutile à ceux qui pourraient douter de la fidélité du texte imprimé, dont elle n'est pas la source; mais elle m'est utile à moi contre l'infidélité et la mauvaise foi du seigneur Furia, qui, s'il l'avait dans les mains, en altérant un seul mot, rendrait tout le reste suspect, au lieu que sa propre écriture le contraint maintenant d'avouer l'authenticité de ce texte, qu'il nierait assurément s'il y avait moyen.

Si M. Furia eût eu cette copie en son pouvoir, il aurait d'abord publié de longues dissertations sur les ratures dont elle est pleine. Sa conclusion se devine assez, et la sottise de ses raisonnements n'eût été connue que des habiles, qui sont toujours en petit nombre et ne décident de rien; aussi, loin de la lui confier, j'ai refusé même de la lui montrer; car s'il eût pu seulement savoir quels étaient les mots écrits de sa main, cela lui aurait suffi pour remplir les gazettes de nouvelles impertinences. En un mot, toute demande de sa part devait être suspecte, et son empressement fut le premier motif de mon refus.

Certes, la rage de ces messieurs se manifestait trop publiquement pour que je pusse me méprendre sur leurs intentions. Peu de jours après votre départ, les directeurs, inspecteurs, conservateurs du sieur Furia s'assemblèrent avec lui chez le sieur Puzzini, chambellan, garde du Musée : on y transporta en cérémonie le saint manuscrit, *suivi des quatre facultés.* Là, les chimistes, convoqués pour opiner sur le pâté, déclarèrent tout d'une voix qu'ils n'y connaissaient rien : que cette tache était d'une encre tout extraordinaire, dont la composition, imaginée par moi exprès pour ce grand dessein, passait leur capacité, résistait à toute analyse, et ne se pouvait détruire par aucun des moyens connus. Procès-verbal fut fait du tout, et publié dans les journaux. M. Furia a écrit au long tout ce qui se passa dans cette mémorable séance : c'est le plus bel épisode de sa grande histoire du pâté d'encre, et une pièce achevée dans le style de *Diafoirus* ou de *Chiampot la Perruque.* Pour moi, je ne puis m'empêcher de le dire, dussé-je m'attirer de nouveaux ennemis : cela prouve seulement que les professeurs de Florence ne sont pas plus habiles en chimie qu'en littérature, car le premier relieur de Paris leur eût montré que c'était de l'encre *de la petite vertu,* et l'eût enlevée à leurs yeux par les procédés qu'on emploie, comme vous savez, tous les jours.

Mais que vous semble, Monsieur, de cette dévotion aux bouquins ? A voir l'importance que ces messieurs attachent à leurs manuscrits, ne dirait-on pas qu'ils les lisent ? Vous penserez qu'étant payés pour diriger, inspecter, conserver à Florence les lettres et les arts, ils soignent, sans trop savoir ce que c'est, le dépôt qui leur est confié, et se font de leur soin un mérite, le seul qu'ils puissent avoir. Mais ce zèle de la maison du Seigneur est, je vous assure, bien nouveau chez eux ; il n'a jamais pu s'émouvoir dans une occasion toute récente, et bien plus importante, comme vous allez voir.

L'abbaye de Florence, d'où vient dans l'origine ce texte de Longus, était connue dans toute l'Europe comme contenant les manuscrits les plus précieux qui existassent. Peu de gens les avaient vus; car, pendant plusieurs siècles, cette bibliothèque resta inaccessible; il n'y pouvait entrer que des moines, c'est-à-dire, qu'il n'y entrait personne. La collection qu'elle renfermait, d'autant plus intéressante qu'on la connaissait moins, était une mine toute neuve à exploiter pour les savants; c'était là qu'on eût pu trouver, non pas seulement un Longus, mais un Plutarque, un Diodore, un Polybe plus complets que nous ne les avons. J'y pénétrai enfin, comme je vous l'ai dit, avec M. Akerblad, quand le gouvernement français prit possession de la Toscane; et en une heure nous y vîmes de quoi ravir en extase tous les *hellénistes* du monde, pour me servir de vos termes, quatre-vingts manuscrits des neuvième et dixième siècles. Nous y remarquâmes surtout ce Plutarque dont je vous ai si souvent parlé. Ce que nous en pûmes lire parut appartenir à la vie d'Épaminondas, qui manque dans les imprimés. Quelques mois après, ce livre disparut, et avec lui tout ce qu'il y avait de meilleur et de plus beau dans la bibliothèque, excepté le Longus, trop connu par la notice récente de M. Furia, pour qu'on eût osé le vendre. Sur les plaintes que nous fîmes, M. Akerblad et moi, la junte donna des ordres pour recouvrer ces manuscrits. On savait où ils étaient, qui les avait vendus, qui les avait achetés; rien n'était plus facile que de les retrouver : c'était matière à exercer le zèle des conservateurs, et nous pressâmes fort ces messieurs d'agir pour cela; mais *ils ne voulaient*, nous dirent-ils, *faire de la peine à personne*. La chose en demeura là. J'ai gardé la minute d'une lettre que j'écrivis à ce sujet à M. Chaban, membre de la junte.

Livourne, le 30 septembre 1807.

« Monsieur,

« Les ordres que j'ai reçus m'ont obligé de partir si précipi-
« tamment, que j'eus à peine le temps de porter chez vous ma
« carte à une heure où je pouvais espérer de vous parler; ma-
« nière de prendre congé de vous bien contraire à mes projets;
« car après les marques de bonté que vous m'avez données,
« Monsieur, j'avais dessein de vous faire ma cour, et de profi-
« ter des dispositions favorables où je vous voyais pour rassem-
« bler et sauver ce qui se peut encore trouver de précieux dans

« vos bibliothèques de moines. Mais puisque mon service m'em-
« pêche de partager cette bonne œuvre, je veux au moins y con-
« tribuer par mes prières. Je vous conjure donc de vouloir bien
« ordonner que tous les manuscrits de l'abbaye soient transpor-
« tés à la bibliothèque de Saint-Laurent, et qu'on cherche ceux
« qui manquent d'après le catalogue existant. J'ai reconnu der-
« nièrement que déjà quelques-uns des plus importants ont dis-
« paru; mais il sera facile d'en trouver des traces, et d'empê-
« cher que ces monuments ne passent à l'étranger, qui en est
« avide, ou même ne périssent dans les mains de ceux qui les
« recèlent, comme il est arrivé souvent. Songez qu'avec deux li-
« gnes vous allez conserver les titres de noblesse des Grecs et
« des Romains et vous attirer les bénédictions de tout ce qu'il y
« aura jamais d'antiquaires et d'érudits dans tous les siècles des
« siècles. »

On donna de nouveaux ordres pour la recherche des manuscrits. Je fus même nommé par la junte, avec M. Akerblad, commissaire à cet effet; honneur que nous refusâmes, lui comme
étranger, moi comme occupé ailleurs. Ce soin demeura donc
confié à MM. Puzzini et Furia, que rien ne put engager à y penser le moins du monde; *ils ne voulaient alors faire de la peine
à personne.* Ceux qui avaient les manuscrits les gardèrent, et
les ont encore.

Or, ces gens, si indifférents à la perte d'une collection de
tous les auteurs classiques, croirait-on que ce sont eux qui aujourd'hui, pour quatre mots d'une page d'un roman, quatre
mots que, sans moi, ils n'eussent jamais déchiffrés, quatre
mots qui sont imprimés, et qu'ils liraient s'ils savaient lire, travaillent avec tant d'ardeur à soulever contre moi le public et le
gouvernement, remplissent les gazettes d'injures et de calomnies ridicules, et, par des circulaires, promettent à la canaille
littéraire d'Italie le plaisir de me voir bientôt traité en criminel
d'État. M. Puzzini en répond; il sait sans doute ce qu'il dit, *et,
ma foi, je commence à le croire un petit,* comme dit
Sosie.

Ce qui vous surprendra, Monsieur, c'est qu'aucun d'eux ne
me connaît. Jamais aucun d'eux, excepté le seigneur Furia, n'a
eu avec moi ni liaison, ni querelle, ni rapport d'aucune espèce.

J'ai parlé un quart d'heure à M. Pulcini[1], et ne me rappelle pas même sa figure; ainsi leur haine contre moi ne peut être personnelle. Pour me faire une guerre si cruelle, et sur si peu de chose, eux qui *naturellement ne veulent faire de mal à personne*, leur motif est tout autre qu'une animosité, si cela se peut dire, individuelle. L'offense que j'ai faite très-involontairement au seigneur Furia lui est particulière ; la rage de toute sa clique a une cause plus générale.

Vous vous rappelez le mot des Espagnols : *Non comme Français, mais comme hérétiques*[2]. Ces messieurs disent bien ici quelque chose d'approchant; mais je vous assure qu'ils déguisent fort peu les vrais motifs de leur haine; tout le monde en est instruit. Mon premier crime a été de découvrir leur ignorance; mais cela seul n'eût été rien, car s'ils persécutaient tous ceux qui en savent plus qu'eux, *à qui pourraient-ils pardonner?* Le second, qui me rend indigne de toute grâce, c'est que je ne prononce pas comme eux le mot *ciceri*[3]. C'est là une sorte de péché originel que rien ne peut effacer.

Si j'avais le moindre crédit, le moindre petit emploi, quelque gain à leur promettre, quelques bribes à leur jeter, ils seraient tous à mes pieds, et imagineraient autant de bassesses pour me faire la cour, qu'ils inventent aujourd'hui de calomnies pour me nuire. Soyez assuré, Monsieur, qu'avant de se décider à m'*entreprendre*, comme on dit, ils se sont bien informés si je n'avais point quelque appui ; et comme ils ont appris que je ne tenais à rien, que je vivais seul avec quelques amis aussi obscurs que moi, que je me tenais loin des grands, et qu'aucun homme en place ne s'intéressait à moi, ils m'ont

---

[1] C'est son nom encore estropié, mais d'une autre façon. *Pulcini* veut dire poussin, petit poulet, en italien : on en a fait *Pulcinella*, polichinelle chez nous. Ces *lazzi*, qui ne demandaient pas assurément beaucoup d'esprit, chagrinèrent plus que tout le reste le pauvre chambellan.

[2] Les Espagnols, dans la Floride, firent pendre et brûler les Français protestants, avec cet écriteau : *Non comme Français, mais comme hérétiques ;* à quoi les flibustiers, depuis, répondirent en massacrant les Espagnols : *Non comme Espagnols, mais comme assassins.*

[3] Ceci fait allusion aux Vêpres Siciliennes, où, pour connaître les Français, on les obligeait de dire ce mot. Ceux qui ne le prononçaient pas bien étaient massacrés.

déclaré la guerre. Avouez que ce sont d'habiles gens ; car que ces bons Espagnols fissent un *auto-da-fé* des Français dans la Floride, c'était quelque chose assurément ; il y avait là de quoi louer Dieu ; mais si on pouvait faire brûler un Français par les Français mêmes, quel triomphe! quelle allégresse! Je vois ici des gens qui lisent cette triste rapsodie de Furia contre moi : *Son style est mauvais*, disent-ils, *son intention est bonne.*

La découverte que j'ai faite dans le manuscrit n'est rien, au dire de ces messieurs ; c'est la plus petite chose qu'on pût jamais trouver ; mais le mal que j'ai fait est *immense*. Entendez bien ceci, Monsieur : le fragment tout entier n'est rien ; mais quelques mots de ce fragment, effacés par malheur, font une perte immense, même alors que tout est imprimé. M. Furia a étendu cette perte le plus qu'il a pu, puisque la tache est aujourd'hui double au moins de celle que j'ai faite, si le dessin qu'en a publié M. Furia est exact. Il l'a augmentée à ce point, afin de pouvoir dire qu'elle était immense ; car il accommode non l'épithète à la chose, mais la chose à l'épithète qu'il veut employer. Avec tout cela, il s'en faut que le dommage soit immense ; et quand j'aurais noyé dans l'encre tous ses vieux bouquins et lui, le mal serait encore petit.

Cependant cette découverte, toute méprisable qu'elle est, M. Furia entend qu'elle nous soit commune, ou, pour mieux dire, il y consent ; car on voit bien d'ailleurs qu'elle lui appartient toute, puisque c'est lui, dit-il, qui m'a fait connaître, montré, déchiffré ce manuscrit, que sans lui apparemment je n'aurais pu ni trouver ni lire. C'est là, au vrai, le but principal de son libelle, et à quoi tendent tous les détails par lui inventés, dont son récit est rempli. Sans y mettre beaucoup d'art, il a trouvé ses lecteurs disposés à le croire et à lui adjuger la moitié de cet honneur ; car tout pour un seul, ce serait trop.

Que de haines accompagnent la renommée! qu'il est difficile d'échapper à l'oubli et à l'envie! De tous les chemins qui mènent au temple de Mémoire, j'ai suivi le plus obscur : huit pages de grec font toute ma gloire, et voilà qu'on me les dispute! M. Furia en veut sa part ; il crie dans les gazettes, il arrange, il imprime un tissu de mensonges pour arriver à ce mot : *Notre commune découverte.* Vous, Monsieur, vous voyez la fourbe, et, bien loin de la découvrir, vous tâchez d'en profiter pour vous glisser entre nous deux. Vous semblez dire à chacun de nous : *Souffre qu'au moins je sois ton ombre.* Furia y consentirait; mais moi, je suis intraitable : je veux aller tout seul à la postérité.

La gloire aujourd'hui est très-rare : on ne le croirait jamais; dans ce siècle de lumières et de triomphes, il n'y a pas deux hommes assurés de laisser un nom. Quant à moi, si j'ai complété le texte de Longus, tant qu'on lira du grec, il y aura toujours quatre ou cinq *hellénistes* qui sauront que j'ai existé. Dans mille ans d'ici, quelque savant prouvera, par une dissertation, que je m'appelais Paul-Louis, né en tel lieu, telle année, mort tel jour de l'an de grâce.... sans qu'on en ait jamais rien su, et, pour cette belle découverte, il sera de l'Académie. Tâchons donc de montrer que je suis le vrai, le seul restaurateur du livre mutilé de Longus : la chose en vaut la peine; il n'y va de rien moins que de l'immortalité.

Vous savez, Monsieur, ce qui en est, quoique vous n'en disiez rien, et M. Clavier le sait aussi, à qui j'écrivis de Milan ces propres paroles :

Milan, le 13 octobre 1809.

« Envoyez-moi vite, Monsieur, vos commissions grecques; je
« serai à Florence un mois, à Rome tout l'hiver, et je vous
« rendrai bon compte des manuscrits de Pausanias. Il n'y a bou-
« quin en Italie où je ne veuille perdre la vue pour l'amour de
« vous et du grec. Je fouillerai aussi pour mon compte dans les
« manuscrits de l'abbaye de Florence. Il y avait là du bon pour
« vous et pour moi, dans une centaine de volumes du neuvième
« et du dixième siècle; il en reste ce qui n'a pas été vendu par
« les moines : peut-être y trouverai-je votre affaire. Avec le Cha-
« riton de Dorville est un Longus que je crois entier; du moins
« n'y ai-je point vu de lacune quand je l'examinai; mais, en vé-
« rité, il faut être sorcier pour le lire. J'espère pourtant en ve-
« nir à bout *à grand renfort de bésicles,* comme dit maître
« François. C'est vraiment dommage que ce petit roman d'une
« jolie invention, qui, traduit dans toutes les langues, plaît à
« toutes les nations, soit dans l'état où nous le voyons. Si je

« pouvais vous l'offrir complet, je croirais mes courses bien
« employées, et mon nom assez recommandé aux Grecs pré-
« sents et futurs. Il me faut peu de gloire; c'est assez pour moi
« qu'on sache quelque jour que j'ai partagé vos études et votre
« amitié..... »

M. Lamberti lut cette lettre, où il était question de lui, et me promit dès lors de traduire le supplément, comme il pouvait faire mieux que personne. Il se rappelle très-bien toutes ces circonstances, et voici ce qu'il m'en écrit :

Della speranza che avevate di scoprire nel codice Fiorentino il frammento di Longo Sofista, voi mi parlaste sino dai primi momenti del vostro arrivo in Milano. Questa cosa fu in quel tempo encor detta ad alcuni amici, che non possono averne la rimenbranza. Si parlò ancora della traduzione italiana che sarebbe stato bene di farne, quando non fossero riuscite vane le speranze della scoperta; ed io, per l'infinita amicizia che vi professo, mi vi obligai con solenne promessa per un tale lavoro. A gran ragione adunque mi dovettero sorprendere le ciancie del signor Furia, che nel suo scritto si voleva far credere come cooperatore e partecipe di quello scoprimento... [1].

Enfin, voici une lettre de M. Akerblad, qui montre assez en quel temps je vis ce manuscrit pour la première fois :

« ...... Je me rappelle effectivement qu'il y a trois ans nous
« allâmes ensemble voir la bibliothèque de l'abbaye de Florence,
« où, entre autres manuscrits, on nous montra celui qui contient
« le roman de Longus, avec plusieurs autres érotiques grecs. Je
« me souviens très-bien aussi que, pendant que j'étais occupé à
« parcourir le catalogue de ces manuscrits, dont les plus beaux

---

[1] C'est-à-dire en français : « L'espoir que vous aviez de trouver dans les
« manuscrits de Florence un texte complet de Longus, me fut annoncé par
« vous dès les premiers moments de votre arrivée ici, et j'en parlai à quel-
« ques amis qui n'en peuvent avoir perdu le souvenir. Nous parlâmes aussi
« de traduire le supplément en italien ; à quoi je m'obligeai envers vous
« par une promesse fondée sur l'amitié qui nous unit tous deux. Ainsi, ce ne
« fut pas sans beaucoup d'étonnement que je vis depuis l'étrange folie et le
« bavardage de M. Furia, qui, dans sa brochure, prétendait avoir part à
« cette découverte. »

« ont disparu depuis, vous vous arrêtâtes assez longtemps à feuil-
« leter celui de Longus, le même qui vous a fourni l'intéressant
« fragment que vous venez de publier. »

Ainsi, bien avant que ce manuscrit passât dans la bibliothèque de Saint-Laurent de Florence, je l'avais vu à l'abbaye; je savais qu'il était complet, je l'avais dit ou écrit à tous ceux que tout cela pouvait intéresser. Depuis, dans la bibliothèque, M. Furia me *montra* ce livre que je lui demandais, et que je connaissais mieux que lui, sans l'avoir tenu si longtemps; et moi je lui *montrai* dans ce livre ce qu'il n'avait pas vu en six ans qu'il a passés à le décrire et en extraire des sottises. On voit par là clairement que tout le récit de M. Furia et les petites circonstances dont il l'a chargé pour montrer que le hasard nous fit faire à tous deux ensemble cette découverte, qu'il appelle *commune*, sont autant de faussetés. Or, si dans un fait si notoire M. Furia en impose avec cette effronterie, qu'on juge de sa bonne foi dans les choses qu'il affirme comme unique témoin; car à ce mensonge, assez indifférent en lui-même, il joint d'autres impostures dont assurément la plus innocente mériterait cent coups de bâton. C'était bien sur quoi il comptait pour être *un peu à son aise*, comme l'huissier des Plaideurs. J'aurais pu donner dans ce piége il y a vingt ans; mais aujourd'hui je connais ces ruses, et je lui conseille de s'adresser ailleurs. J'ai très-bien pu, par distraction, faire choir sur le bouquin la bouteille à l'encre; mais frappant sur le pédant, je n'aurais pas la même excuse, et je sais ce qu'il m'en coûterait.

Depuis l'article inséré dans la gazette de Florence, par lequel vous annonciez une édition du supplément et de l'ouvrage entier, j'étais en pleine possession de ma découverte, et plus intéressé que personne à sa conservation. Tout le monde savait que j'avais trouvé ce fragment de Longus, que j'allais le traduire et l'imprimer; ainsi mon privilége, mon droit de découverte étaient assurés : on ne saurait imaginer que j'aie fait exprès la tache au manuscrit, pour m'approprier ce morceau inédit qui était à moi. C'est néanmoins ce que prétend M. Furia : cette tache fut faite, dit-il, pour le priver de sa part à la petite trouvaille (vous voyez, par ce qui précède, à quoi cette part se réduit), et afin de l'empêcher, lui ou quelque autre aussi capable, d'en donner une édition. Cela est prouvé, selon lui, par le refus de la copie.

Ce discours ne peut trouver de créance qu'auprès de ceux qui n'ont nulle idée d'un pareil travail; car qui eût pu l'entreprendre à Florence, quand même votre annonce n'eût pas appris au public et la découverte et à qui elle appartenait? Ne m'en croyez pas, Monsieur; consultez les savants de votre connaissance, et tous vous diront qu'il n'y avait personne à Florence en état de donner une édition supportable de ce texte d'après un seul manuscrit. Il faut pour cela une connaissance de la langue grecque, non pas fort extraordinaire, mais fort supérieure à ce qu'en savent les professeurs florentins.

En effet, concevez, Monsieur, huit pages sans points ni virgules, partout des mots estropiés, transposés, omis, ajoutés, les gloses confondues avec le texte, des phrases entières altérées par l'ignorance, et plus souvent par les impertinentes corrections du copiste. Pour débrouiller ce chaos, *Schrevelius* donne peu de lumière à qui ne connaît que les *Fables d'Ésope*. Je ne puis me flatter d'y avoir complétement réussi, manquant de tous les secours nécessaires; mais hors un ou deux endroits, que ceux qui ont des livres corrigeront aisément, j'ai mis le tout au point que M. Furia lui-même, avec ma traduction et son *Schrevelius*, suivrait maintenant sans peine le sens de l'auteur d'un bout à l'autre. Tout cela se pouvait faire par d'autres que moi, et mieux, à Venise ou à Milan, mais non à Florence.

Les Florentins ont de l'esprit, mais ils savent peu de grec : et je crois qu'ils ne s'en soucient guère : il y a parmi eux beaucoup de gens de mérite, fort instruits et fort aimables; ils parlent admirablement la plus belle des langues vivantes : avec cela on se passe aisément du grec.

Quelle préface aurait pu, je vous prie, mettre à ce fragment M. Furia, s'il en eût été l'éditeur? Il aurait fallu qu'il dît : Dans le long travail que j'ai fait sur ce manuscrit, dont j'ai extrait des choses si peu intéressantes, j'ai oublié de dire que l'ouvrage de Longus s'y trouvait complet; on vient de m'en faire apercevoir. Et là-dessus, il aurait cité votre article de la gazette. Vous voyez, Monsieur, par combien de raisons j'avais peu à craindre que ni lui ni personne songeât à me troubler dans la possession du bienheureux fragment. J'en ai refusé à M. Furia, non une copie quelconque, qui lui était utile comme bibliothécaire, mais une certaine copie dont il voulait abuser comme mon ennemi déclaré; et l'abus qu'il en voulait faire n'était pas de la publier, car il ne le pouvait en aucune façon, mais de l'altérer, pour jeter du doute sur ce que j'allais publier. Tout cela est, je pense, assez clair.

Mais si l'on veut absolument que, contre mon intérêt visible, j'aie mutilé ce morceau, que je venais de déterrer et dont j'étais maître, pour consoler apparemment M. Furia du petit chagrin que lui causait cette découverte, encore faudrait-il avouer que les adorateurs de Longus me doivent bien moins de reproches que de remerciements. Si ce texte est si sacré, pour l'avoir complété je mérite des statues. La tache qui en détruit quelques mots dans le manuscrit ne saurait être un crime d'État, que la restauration du tout dans les imprimés ne soit un bienfait public : mais si tout l'ouvrage, comme le pensent des gens bien sensés, n'est en soi qu'une fadaise, qu'est-ce donc que ce pâté dont on fait tant de bruit? En bonne foi, le procès de Figaro, qui roulait aussi sur un pâté d'encre, et la cause de l'Intimé, sont, au prix de ceci, des affaires graves.

> Et quand il serait vrai, que par pure folie
> J'aurais exprès gâté le tout ou bien partie
> Dudit fragment, qu'on mette en compensation
> Ce que nous avons fait depuis cette action,

et l'édition du supplément qui se distribue gratis, et celle du livre entier *donnée* aux savants, et enfin cette traduction dont vous rendez compte, qui certes éclaircit plus le texte que la tache ne l'obscurcit. On ne vous soupçonnera pas, Monsieur, de partialité pour moi. Vous trouvez que j'ai complété la version d'Amyot *si habilement*, dites-vous, *qu'on n'aperçoit point trop de disparate* entre ce qui est de lui et ce que j'y ai ajouté, et vous avouez que *cette tâche était difficile*. Je ne suis pas ici en termes de pouvoir faire le modeste : un accusé sur la sellette, qui voit que son affaire va mal, se recommande par où il peut, et tire parti de tout. Cette traduction d'Amyot est généralement admirée, et passe pour un des plus beaux ouvrages qu'il y ait en notre langue. On ferait un volume des louanges qui lui ont été données seulement depuis trois ou quatre ans, tant dans les journaux que dans les différents livres. L'un la regarde comme *le chef-d'œuvre du genre naïf;* l'autre appelle Amyot *le créateur d'un style qui n'a pu être imité;* un troisième déclare aussi cette traduction *inimitable,* et va jusqu'à lui attribuer la grande réputation du roman de Longus. Or, ce chef-d'œuvre inimitable, ce modèle que personne n'a pu suivre dans le plus difficile de tous les genres, je l'ai non-seulement imité, selon vous, assez *habilement,* mais je l'ai corrigé partout; et vous n'osez dire, Monsieur, qu'il y ait rien de perdu. L'entreprise était telle qu'avant l'exécution, tout le monde s'en serait moqué, parce qu'en effet il y avait très-peu de personnes capables de l'exécuter. Les gens qui savent le grec sont cinq ou six en Europe; ceux qui savent le français sont en bien plus petit nombre. Mais ce n'est pas seulement le grec et le français qui m'ont servi à terminer cette belle copie, après avoir si heureusement rétabli l'original; ce sont encore plus les bons auteurs italiens, d'où j'ai tiré plus que des nôtres, et qui sont la vraie source des beautés d'Amyot; car il fallait, pour retoucher et finir le travail d'Amyot, la réunion assez rare des trois langues qu'il possédait et qui ont formé son style. Ainsi cette bagatelle, toute bagatelle qu'elle est, et des plus petites assurément, peu de gens la pouvaient faire.

Je comprends, Monsieur, que votre jugement n'est pas celui de tout le monde, et que ce qui vous a plu semblera ridicule à d'autres; mais l'ouvrage n'étant connu que par votre rapport, la prévention du public doit, pour le moment, m'être favorable; et si cette prévention en faveur de ma traduction peut me faire absoudre du crime de lèse-manuscrit, je me moque fort qu'après cela on la trouve bonne ou mauvaise.

Qu'on examine donc si le mérite d'avoir complété, corrigé, perfectionné cette version que tout le monde lit avec délices, et donné aux savants un texte qui sera bientôt traduit dans toutes les langues, peut compenser le crime d'avoir effacé involontairement quelques mots dans un bouquin que personne avant moi n'a lu, et que jamais personne ne lira. Si j'avais l'éloquence de M. Furia, j'évoquerais ici l'ombre de Longus, et, lui contant l'aventure, je gage qu'il en rirait, et qu'il m'embrasserait pour avoir enfin *remis en lumière son œuvre amoureuse.* Vous pouvez penser la mine qu'il ferait à M. Furia, qui le laissait manger aux vers dans le vénérable bouquin.

J'ai l'honneur d'être, Monsieur, etc.

Tivoli, le 20 septembre 1810.

P. S. Est-ce la peine de vous dire, Monsieur, pourquoi je ne vous envoyai ni le texte, ni la traduction que je vous avais promise? Accusé de spéculer avec vous sur ce fragment, dont je vous faisais présent, comme vous en convenez, le seul parti que j'eusse à prendre, n'était-ce pas de le *donner* moi-même au public? Je vous avoue aussi que votre ambition m'alarmait. Si, pour m'avoir accompagné dans une bibliothèque, vous disiez et vous imprimiez à Milan : *Nous avons trouvé, et nous allons donner un Longus complet,* n'était-il pas clair qu'une fois maître et éditeur de ce texte, vous auriez dit, comme Archimède : *Je l'ai trouvé!* Vous et M. Furia vous alliez vous parer de mes plus belles plumes, et je restais avec ma tache d'encre que personne ne me contestait. J'avais pensé faire deux parts ; le profit pour vous, l'honneur pour moi : vous vouliez avoir l'un et l'autre, et ne me laisser que le pâté. Une pareille prétention rompait tous nos arrangements.

LETTRE

A MESSIEURS

DE L'ACADÉMIE DES INSCRIPTIONS ET BELLES-LETTRES.

Messieurs,

C'est avec grand chagrin, avec une douleur extrême que je me vois exclu de votre Académie, puisque enfin vous ne voulez point de moi. Je ne m'en plains pas toutefois. Vous pouvez avoir, pour cela, d'aussi bonnes raisons que pour refuser Coraï e d'autres qui me valent bien. En me mettant avec eux, vous n

me faites nul tort; mais d'un autre côté, on se moque de moi. Un auteur de journal, heureusement peu lu, imprime : « Mon-
« sieur Courier s'est présenté, se présente et se présentera aux
« élections de l'Académie des inscriptions et belles-lettres, qui
« le rejette unanimement. Il faut, pour être admis dans cet il-
« lustre corps, autre chose que du grec. On vient d'y recevoir
« le vicomte Prevost d'Irai, gentilhomme de la chambre; le sieur
« Jomard, le chevalier Dureau de la Malle; gens qui, à dire
« vrai, ne savent point de grec, mais dont les principes sont con-
« nus. »

Voilà les plaisanteries qu'il me faut essuyer. Je saurais bien que répondre; mais ce qui me fâche le plus, c'est que je vois s'accomplir cette prédiction que me fit autrefois mon père : *Tu ne seras jamais rien.* Jusqu'à présent je doutais (comme il y a toujours quelque chose d'obscur dans les oracles), je pensais qu'il pouvait avoir dit : *Tu ne feras jamais rien;* ce qui m'accommodait assez, et me semblait même d'un bon augure pour mon avancement dans le monde; car en ne faisant rien, je pouvais parvenir à tout, et singulièrement à être de l'Académie; je m'abusais. Le bonhomme sans doute avait dit, et rarement il se trompa : *Tu ne seras jamais rien,* c'est-à-dire, tu ne seras ni gendarme, ni rat de cave, ni espion, ni duc, ni laquais, ni académicien. Tu seras Paul-Louis pour tout potage, *id est,* rien. Terrible mot!

C'est folie de lutter contre sa destinée. Il y avait trois places vacantes à l'Académie, quand je me présentai pour en obtenir une. J'avais le mérite requis; on me l'assurait, et je le croyais, je vous l'avoue. Trois places vacantes, Messieurs! et notez ceci, je vous prie, personne pour les remplir.

Vous aviez rebuté tous ceux qui en eussent été capables. Coraï, Thurot, Haase, repoussés une fois, ne se présentaient plus. Le pauvre Chardon de la Rochette qui, toute sa vie, fut si simple de croire obtenir par la science une place de savant, à peine désabusé, mourut. J'étais donc sans rivaux que je dusse redouter. Les candidats manquant, vous paraissiez en peine, et aviez ajourné déjà deux élections, *faute de sujets recevables.* Les uns vous semblaient trop habiles, les autres trop ignorants : car sans doute vous n'avez pas cru qu'il n'y eût en France personne digne de s'asseoir auprès de Gail. Vous cherchiez cette médiocrité justement vantée par les sages. Que vous dirai-je enfin ? Tout me favorisait, tout m'appelait au fauteuil. Visconti me poussait, Millin m'encourageait, Letronne me tendait la main ; chacun semblait me dire : *Dignus es intrare*. Je n'avais qu'à me présenter ; je me présentai donc, et n'eus pas une voix.

Non, Messieurs, non, je le sais, ce ne fut point votre faute. Vous me vouliez du bien, j'en suis sûr. Il y parut dans les visites que j'eus l'honneur de vous faire alors. Vous m'accueillîtes d'une façon qui ne pouvait être trompeuse ; car pourquoi m'auriez-vous flatté ? Vous me reconnûtes des droits. La plupart même d'entre vous se moquèrent un peu avec moi de mes nobles concurrents ; car, tout en les nommant de préférence à moi, vous les savez bien apprécier, et n'êtes pas assez peu instruits pour me confondre avec messieurs de l'Œil-de-bœuf. Enfin, vous me rendîtes justice, en convenant que j'étais ce qu'il fallait pour une des trois places à remplir dans l'Académie. Mais quoi ! mon sort est de n'être rien. Vous eûtes beau vouloir faire de moi quelque chose, mon étoile l'emporta toujours, et vos suffrages, détournés par cet ascendant, tombèrent, Dieu sans doute le voulant, sur le gentilhomme ordinaire.

La noblesse, Messieurs, *n'est pas une chimère*, mais quelque chose de très-réel, très-solide, très-bon, dont on sait tout le prix. Chacun en veut tâter ; et ceux qui autrefois firent les dégoûtés, ont bien changé d'avis depuis un certain temps. Il n'est vilain qui, pour se faire un peu décrasser, n'aille du roi à l'usurpateur et de l'usurpateur au roi, ou qui, faute de mieux, ne mette du moins un *de* à son nom, avec grande raison vraiment. Car voyez ce que c'est, et la différence qu'on fait du gentilhomme au roturier, dans le pays même de l'égalité, dans la république des lettres. Chardon de la Rochette (vous l'avez tous connu), paysan comme moi, malgré ce nom pompeux, n'ayant que du savoir, de la probité, des mœurs, enfin un homme de rien, abîmé dans l'étude, dépense son patrimoine en livres, en voyages, visite les monuments de la Grèce et de Rome, les bibliothèques, les savants, et devenu lui-même un des hommes les plus savants de l'Europe, connu pour tel par ses ouvrages, se présente à l'Académie, qui tout d'une voix le refuse. Non, c'est mal dire; on ne fit nulle attention à lui, on ne l'écouta pas. Il en mourut, grande sottise. Le vicomte Prevost passe sa vie dans ses terres, *où foulant le parfum de ses plantes fleuries, il compose un couplet, afin d'entretenir ses douces rêveries.* L'Académie, qui apprend cela (non pas l'Académie française, où deux vers se comptent pour un ouvrage, mais la vôtre, Messieurs, l'Académie en *us*, celle des Barthélemy, des Dacier, des Saumaise), offre timidement à M. le vicomte une place dans son sein; il fait signe qu'il acceptera, et le voilà nommé tout d'une voix. Rien n'est plus simple que cela: un gentilhomme de nom et d'armes, un homme comme M. le vicomte est militaire sans faire la guerre, de l'Académie sans savoir lire. *La coutume de France ne veut pas,* dit Molière, *qu'un gentilhomme sache rien faire,* et la même coutume veut que toute place lui soit dévolue, même celle de l'Académie.

Napoléon, génie, dieu tutélaire des races antiques et nouvelles, restaurateur des titres, sauveur des parchemins, sans toi la France perdait l'étiquette et le blason, sans toi...... Oui, Messieurs, ce grand homme aimait comme vous la noblesse, prenait des gentilshommes pour en faire ses soldats, ou bien de ses soldats faisait des gentilshommes. Sans lui, les vicomtes que seraient-ils? pas même académiciens.

Vous voyez bien, Messieurs, que je ne vous en veux point. Je cause avec vous, et de fait, si j'avais à me plaindre, ce serait de moi, non pas de vous. Qui diantre me poussait à vouloir être de l'Académie, et qu'avais-je besoin d'une patente d'érudit, moi qui, *sachant du grec autant qu'homme de France,* étais connu et célébré par tous les doctes de l'Allemagne sous les noms de *Correrius, Courierus, Hemerodromus, Cursor,* avec les épithètes de *vir ingeniosus, vir acutissimus, vir præstantissimus,* c'est-à-dire, *homme d'érudition, homme de capacité,* comme le docteur Pancrace? J'avais étudié pour savoir, et j'y étais parvenu, au jugement des experts. Que me fallait-il davantage? Quelle bizarre fantaisie à moi, qui m'étais moqué quarante ans des coteries littéraires, et vivais en repos loin de toute cabale, de m'aller jeter au milieu de ces méprisables intrigues?

A vous parler franchement, Messieurs, c'est là le point embarrassant de mon apologie ; c'est là l'*endroit que je sens faible et que je me voudrais cacher*. De raisons, je n'en ai point pour plâtrer cette sottise, ni même d'excuse valable. Alléguer des exemples, ce n'est pas se laver, c'est montrer les taches des autres. Assez de gens, pourrais-je dire, plus sages que moi, plus habiles, plus philosophes (Messieurs, ne vous effrayez pas), ont fait la même faute et bronché en même chemin aussi lourdement. Que prouve cela ? quel avantage en puis-je tirer, sinon de donner à penser que par là seulement je leur ressemble ! Mais, pourtant, Coraï, Messieurs... parmi ceux qui ont pris pour objet de leur étude les monuments écrits de l'antiquité grecque, Coraï tient le premier rang ; nul ne s'est rendu plus célèbre ; ses ouvrages nombreux, sans être exempts de fautes, font l'admiration de tous ceux qui sont capables d'en juger ; Coraï, heureux et tranquille à la tête des hellénistes, patriarche, en un mot, de la Grèce savante, et partout révéré de tout ce qui sait lire *alpha* et *oméga* ; Coraï une fois a voulu être de l'Académie. Ne me dites point, mon cher maître, ce que je sais comme tout le monde, que vous l'avez bien peu voulu, et que jamais cette pensée ne vous fût venue sans les instances de quelques amis moins zélés pour vous, peut-être, que pour l'Académie, et qui croyaient de son honneur que votre nom parût sur la liste, que vous cédâtes avec peine, et ne fûtes prompt qu'à vous retirer. Tout cela est vrai et vous est commun avec moi, aussi bien que le succès. Vous avez voulu comme moi, votre indigne disciple, être de l'Académie. C'était sans contredit *aspirer à descendre*. Il vous en a pris comme à moi. C'est-à-dire, qu'on se moque de nous deux. Et plus que moi, vous avez, pour faire cette demande, écrit à l'Académie, qui a votre lettre, et la garde. Rendez-la lui, Messieurs, de grâce, ou ne la montrez pas du moins. Une coquette montre les billets de l'amant rebuté, mais elle ne va pas se prostituer à Jomard.

Jomard à la place de Visconti ! M. Prevost d'Irai succédant à Clavier ! voilà de furieux arguments contre le progrès des lumières ; et les frères ignorantins, s'ils ne vous ont eux-mêmes dicté ces nominations, vous en doivent savoir bon gré.

Jomard dans le fauteuil de Visconti ! je crois bien qu'à présent, Messieurs, vous y êtes accoutumés ; on se fait à tout, et les plus bizarres contrastes, avec le temps, cessent d'amuser. Mais avouez que la première fois cette bouffonnerie vous a réjouis. Ce fut une chose à voir, je m'imagine, que sa réception. Il n'y eût rien manqué de celle de Diafoirus, si le récipiendaire eût su autant de latin. Maintenant, essayez (*nature se plaît en diversité*[1]) de mettre à la place d'un âne un savant, un helléniste. A la première vacance, peut-être, vous en auriez le passe-temps ; nommez un de ceux que vous avez refusés jusqu'à présent.

Mais ce M. Jomard, dessinateur, graveur, ou quelque chose d'approchant, que je ne connais point d'ailleurs, et que peu de gens, je crois, connaissent, pour se placer ainsi entre deux gentilshommes, le chevalier et le vicomte, quel homme est-ce donc, je vous prie? Est-ce un gentilhomme qui déroge en faisant quelque chose, ou bien un artiste anobli comme le marquis de Canova? ou serait-ce seulement un vilain qui pense bien? les vilains bien pensants fréquentent la noblesse, ils ne parlent jamais de leur père, mais on leur en parle souvent.

M. Jomard, toutefois, sait quelque chose ; il sait graver, diriger au moins des graveurs, et les planches d'un livre font foi qu'il est bon prote en taille-douce. Mais le vicomte, que sait-il? sa généalogie ; et quels titres a-t-il? des titres de noblesse pour remplacer Clavier dans une académie! Chose admirable que parmi quarante que vous étiez, Messieurs, savants ou censés tels, assemblés pour nommer à une place de savant, d'érudit, d'helléniste, pas un ne s'avise de proposer un helléniste, un érudit, un savant ; pas un seul ne songe à Coraï, nul ne pense à Thurot, à M. Haase, à moi, qui en valais un autre pour votre Académie; tous d'un commun accord, *parmi tant de héros, vont choisir Childebrand,* tous veulent le vicomte. Les compagnies, en général, on le sait, ne rougissent point, et les académies!... ah! Messieurs, s'il y avait une académie de danse, et que les grands en voulussent être, nous verrions quelque jour, à la place de Vestris, M. de Talleyrand, que l'Académie en corps complimenterait, louerait, et dès le lendemain rayerait de sa liste, pour peu qu'il parût se brouiller avec les puissances.

[1] Mot de Louis XI.

Vous faites de ces choses-là. M. Prevost d'Irai n'est pas si grand seigneur, mais il est propre à vos études comme l'autre à danser la gavotte. Et que de Childebrands, bons dieux ! choisis par vous et proclamés unanimement, à l'exclusion de toute espèce d'instruction ! Prevost d'Irai, Jomard, Dureau de la Malle, Saint-Martin, non pas tous gentilshommes. Aux vicomtes, aux chevaliers, vous mêlez de la roture. L'égalité académique n'en souffre point, pourvu que l'un ne soit pas plus savant que l'autre, et la noblesse n'est pas *de rigueur* pour entrer à l'Académie ; l'ignorance, bien prouvée, suffit.

Cela est naturel, quoi qu'on en puisse dire. Dans une compagnie de gens faisant profession d'esprit ou de savoir, nul ne veut près de soi un plus habile que soi, mais bien un plus noble, un plus riche ; et généralement, dans les corps à talent, nulle distinction ne fait ombrage, si ce n'est celle du talent. Un duc et pair honore l'Académie française, qui ne veut point de Boileau, refuse la Bruyère, fait attendre Voltaire, mais reçoit tout d'abord Chapelain et Conrart. De même nous voyons à l'Académie grecque le vicomte invité, Coraï repoussé, lorsque Jomard y entre comme dans un moulin.

Mais ce qu'il y a de plus merveilleux, c'est cette prudence de l'Académie, qui, après la mort de Clavier et celle de Visconti, arrivées presque en même temps, songe à réparer de telles pertes, et d'abord, afin de mieux choisir, diffère ses élections, prend du temps, remet le tout à six mois ; précaution remarquable et infiniment sage. Ce n'était pas une chose à faire sans réflexion, que de nommer des successeurs à deux hommes aussi savants, aussi célèbres que ceux-là. Il y fallait regarder, élire entre les doctes, sans faire tort aux autres, les deux plus doctes ; il fallait contenter le public, montrer aux étrangers que tout savoir n'est pas mort chez nous avec Clavier et Visconti, mais que le goût des arts antiques, l'étude de l'histoire et des langues, des monuments de l'esprit humain, vivent en France comme en Allemagne et en Angleterre. Tout cela demandait qu'on y pensât mûrement. Vous y pensâtes six mois, Messieurs, et au bout de six mois, ayant suffisamment considéré, pesé le mérite, les droits de chacun des prétendants, à la fin vous nommez.... Si je le redisais, nulle gravité n'y tiendrait, et je n'écris pas pour faire rire. Vous savez bien qui vous nommâtes à la place de Visconti. Ce ne fut ni Coraï, ni moi, ni aucun de ceux qu'on connaît pour avoir cultivé quelque genre de littérature. Ce fut un noble, un vicomte, un gentilhomme de la chambre. Celui-là pourra dire qui l'emporte en bassesse, de la cour ou de l'Académie, étant de l'une et de l'autre; question curieuse qui a paru, dans ces derniers temps, décidée en votre faveur, Messieurs, quand vous ne faisiez réellement que maintenir vos priviléges et conserver les avantages acquis par vos prédécesseurs. Les académiciens sont en possession de tout temps de remporter le prix de toute sorte de bassesses, et jamais cour ne proscrivit un abbé de Saint-Pierre, pour avoir parlé sous Louis XV un peu librement de Louis XIV, ni ne s'avisa d'examiner laquelle des vertus du roi méritait les plus fades éloges.

Enfin voilà les hellénistes exclus de cette Académie dont ils ont fait toute la gloire, et où ils tenaient le premier rang; Coraï, la Rochette, moi, Haase, Thurot, nous voilà cinq, si je compte bien, qui ne laissions guère d'espoir à d'autres que des gens de cour ou suivant la cour. Ce n'est pas là, Messieurs, ce que craignit votre fondateur, le ministre Colbert. Il n'attacha point de traitement aux places de votre Académie, *de peur*, disent les mémoires du temps, *que les courtisans n'y voulussent mettre leurs valets*. Hélas! ils font bien pis, ils s'y mettent eux-mêmes, et après eux y mettent encore leurs protégés, valets sans gages; de sorte que tout le monde bientôt sera de l'Académie, excepté les savants; comme on conte d'un grand d'autrefois, que tous les gens de sa maison avaient des bénéfices, excepté l'aumônier.

Mais avant de proscrire le grec, y avez-vous pensé, Messieurs? Car enfin que ferez-vous sans grec? voulez-vous, avec du chinois, une bible cophte ou syriaque, vous passer d'Homère et de Platon? Quitterez-vous le Parthénon pour la pagode de Jagarnaut, la Vénus de Praxitèle pour les magots de Fo-hi-Can? et que deviendront vos mémoires, quand, au lieu de l'histoire des arts chez ce peuple ingénieux, ils ne présenteront plus que les incarnations de Visnou, la légende des faquirs, le rituel du lamisme, ou l'ennuyeux *bulletin* des conquérants tartares? Non, je vois votre pensée; l'érudition, les recherches sur les mœurs et les lois des peuples, l'étude des chefs-d'œuvre antiques et de cette chaîne de monuments qui remontent aux premiers âges, tout cela vous détournait du but de votre institution. Colbert fonda l'Académie des inscriptions et belles-lettres *pour faire des devises aux tapisseries du roi*, et en un besoin, je m'imagine, aux bonbons de la reine. C'est là votre destination, à laquelle vous voulez revenir et vous consacrer uniquement; c'est pour cela que vous renoncez au grec; pour cela, il faut l'avouer, le vicomte vaux mieux que Coraï.

D'ailleurs, à le bien prendre, Messieurs, vous ne faites point tant de tort aux savants. Les savants voudraient être seuls de l'Académie, et n'y souffrir que ceux qui entendent un peu *le latin d'A-Kempis*. Cela chagrine, inquiète d'honnêtes gens parmi vous, qui ne se piquent pas d'avoir su autrefois *leur rudiment par cœur;* que ceux-ci excluent ceux qui veulent les exclure, où est le mal, où sera l'injustice? Si on les écoutait, ils prétendraient encore à être seuls professeurs, sous prétexte qu'il faut savoir pour enseigner; proposition au moins téméraire, malsonnante, en ce qu'elle ôte au clergé l'éducation publique; et sait-on où cela s'arrêterait? Bientôt ceux qui prêchent l'Évangile seraient obligés de l'entendre. Enfin si les savants veulent être quelque chose, veulent avoir des places, qu'ils fassent comme on fait; c'est une marche réglée : les moyens pour cela sont connus et à la portée d'un chacun. Des visites, des révérences, un habit d'une certaine façon, des recommandations de quelques gens considérés. On sait, par exemple, que pour être de votre Académie, il ne faut que plaire à deux hommes M. Sacy et M. Quatremère de Quincy, et je crois encore à un troisième dont le nom me reviendra; mais ordinairement le suffrage d'un des trois suffit, parce qu'ils s'accommodent entre eux. Pourvu qu'on soit ami d'un de ces trois messieurs, et cela est aisé, car ils sont bonnes gens, vous voilà dispensé de toute espèce de mérite, de science, de talents; y a-t-il rien de plus commode, et saurait-on en être quitte à meilleur marché? Que serait-ce, au prix de cela, s'il fallait gagner tout le public, se faire un nom, une réputation? Puis une fois de l'Académie, à votre aise vous pouvez marcher en suivant le même chemin, les places et les honneurs vous pleuvent. Tous vos devoirs sont renfermés dans deux préceptes d'une pratique également facile et sûre, que les moines, premiers auteurs de toute discipline réglementaire, exprimaient ainsi en leur latin : *Bene dicere de Priore, facere officium suum taliter qualiter;* le reste s'ensuit nécessairement : *Sinere mundum ire quomodo vadit.*

Oh! l'heureuse pensée qu'eut le grand Napoléon d'enrégimenter les beaux-arts, d'organiser les sciences, comme les droits réunis, *pensée vraiment royale*, disait M. de Fontanes, de changer en appointements ce que promettent les muses, *un nom et des lauriers.* Par là, tout s'aplanit dans la littérature; par là, cette carrière autrefois si pénible est devenue facile et unie. Un jeune homme, dans les lettres, avance, fait son chemin comme dans les sels ou les tabacs. Avec de la conduite, un caractère doux, une mise décente, il est sûr de parvenir et d'avoir à son tour des places, des traitements, des pensions, des logements, pourvu qu'il n'aille pas faire autrement que tout le monde, se distinguer, étudier. Les jeunes gens quelquefois se passionnent pour l'étude; c'est la perte assurée de quiconque aspire aux emplois de la littérature; c'est la mort à tout avancement. L'étude rend paresseux : on s'enterre dans ses livres, on devient rêveur, distrait, on oublie ses devoirs, visites, assemblées, repas, cérémonies; mais ce qu'il y a de pis, l'étude rend orgueilleux; celui qui étudie s'imagine bientôt en savoir plus qu'un autre, prétend à des succès, méprise ses égaux, manque à ses supérieurs, néglige ses protecteurs, et ne fera jamais rien *dans la partie des lettres.*

Si Gail eût étudié, s'il eût appris le grec, serait-il aujourd'hui professeur de la langue grecque, académicien de l'Académie grecque, enfin *le mieux renté de tous les érudits ?* Haase a fait cette sottise. Il s'est rendu savant, et le voilà capable de remplir toutes les places destinées aux savants, mais non pas de les obtenir. Bien plus avisé fut M. Raoul Rochette, ce galant défenseur de l'Église, ce jeune champion du temps passé. Il pouvait comme un autre, apprendre en étudiant, mais bien il vit que cela ne le menait à rien, et il aima mieux se produire que s'instruire, avoir dix emplois de savant, que d'être en état d'en remplir un qu'il n'eût pas eu s'il se fût mis dans l'esprit de le mériter, comme a fait ce pauvre Haase, homme, à mon jugement, docte, mais non habile, qui s'en va pâlir sur les livres, perd son temps et son grec, ayant devant les yeux ce qui l'eût dû préserver d'une semblable faute, Gail, modèle de conduite, littérateur parfait. Gail ne sait aucune science, n'entend aucune langue :

> Mais s'il est par la brigue un rang à disputer,
> Sur le plus savant homme on le voit l'emporter.

L'emploi de garde des manuscrits, d'habiles gens le demandaient; on le donne à Gail qui ne lit pas même *la lettre moulée*. Une chaire de grec vient à vaquer, la seule qu'il y eût alors en France, on y nomme Gail, dont l'ignorance en grec est devenue proverbe [1]; un fauteuil à l'Académie des inscriptions et belles-lettres, on y place Gail, qui se trouve ainsi, sans se douter seulement du grec, avoir remporté tous les prix de l'érudition grecque, réunir à lui seul toutes les récompenses avant lui partagées aux plus excellents hommes en ce genre. Haase n'oserait prétendre à rien de tout cela, parce qu'il étudie le grec, parce qu'il déchiffre, explique, imprime les manuscrits grecs, parce qu'il fait des livres pour ceux qui lisent le grec, parce qu'enfin il sait tout, hors ce qu'il faut savoir pour être savant patenté du gouvernement. Oh! que Gail l'entend bien mieux! il ne s'est jamais trompé, jamais fourvoyé de la sorte, jamais n'eut la pensée d'apprendre ce qu'il est chargé d'enseigner. Certes un homme comme Gail doit rire dans sa barbe, quand il touche cinq ou six traitements de savants, et voit les savants se morfondre.

Messieurs, voilà, ce que c'est que l'esprit de conduite. Aussi, avoir donné le fouet jadis à un duc et pair, il faut en convenir, cela aide bien un homme, cela vous pousse furieusement, et comme dit le poëte,

> Ce chemin aux honneurs a conduit de tout temps.

Le pédant de Charles-Quint devint pape, celui de Charles IX fut grand aumônier de France; mais tous deux savaient lire; au lieu que Gail ne sait rien, et même est connu de tout le monde pour ne rien savoir, d'autant plus admirable dans les succès qu'il a obtenus comme savant.

[1] *Tu t'y entends comme Gail au grec,* proverbe d'écolier.

Vous n'ignorez pas combien sont désintéressés les éloges que je lui donne. Je n'ai nulle raison de le flatter, et suis tout à fait étranger à ce doux commerce de louanges que vous pratiquez entre vous. M. Gail ne m'est rien, ni ami, ni ennemi, ne me sera jamais rien, et ne peut de sa vie me servir ni me nuire. Ainsi *le pur amour du grec* m'engage à célébrer en lui le premier de nos hellénistes, j'entends le plus considérable par ses grades littéraires. Le public, je le sais, lui rend assez de justice; mais on ne le connaît pas encore. Moi, je le juge sans prévention, *et je vois peu de gens qui soient de son mérite*, même parmi vous, Messieurs. En Allemagne, où vous savez que tout genre d'érudition fleurit, je ne vois rien de pareil, rien même d'approchant. Là, les places académiques sont toutes données à des hommes qui ont fait preuve de savoir. Là, Coraï serait président de l'Académie des inscriptions, Haase garde des manuscrits, quelque autre aurait la chaire de grec, et Gail... qu'en ferait-on? Je ne sais, tant l'industrie qui le distingue est peu prisée en ce pays-là. Ces gens, à ce qu'il paraît, grossiers, ne reconnaissent qu'un droit aux emplois littéraires, la capacité, de les remplir qui chez nous est une exclusion.

Ce que j'en dis toutefois ne se rapporte qu'à votre Académie, Messieurs, celle des inscriptions et belles-lettres. Les autres peuvent avoir des maximes différentes. Et je n'ai garde d'assurer qu'à l'Académie des sciences un candidat fût refusé, uniquement parce qu'il serait bon naturaliste ou mathématicien profond. J'entends dire qu'on y est peu sévère sur les billets de confession, et un de mes amis y fut reçu l'an passé, sans même qu'on lui demandât s'il avait fait ses Pâques; scandales qui n'ont point lieu chez vous.

Mais, Messieurs, me voilà bien loin du sujet de ma lettre. *J'oublie, en vous parlant, ce que je viens vous dire,* et le plaisir de vous entretenir me détourne de mon objet. Je voulais répondre aux méchantes plaisanteries de ce journal qui dit *que je me suis présenté, que je me présente actuellement, et que je me présenterai* encore pour être reçu parmi vous. Dans ces trois assertions il y a une vérité, c'est que je me suis présenté, mais une fois sans plus, Messieurs. Je n'ai fait, pour être des vôtres, que **quarante visites, seulement, et quatre-vingts révérences**, à raison de deux par visite. Ce n'est rien pour un aspirant aux emplois académiques ; mais c'est beaucoup pour moi, naturellement peu souple, et neuf à cet exercice. Je n'en suis pas encore bien remis. Mais je suis guéri de l'ambition, et je vous proteste, Messieurs, que, même assuré de réussir, je ne recommencerais pas.

Quant à ce qu'il ajoute touchant les principes de ceux que vous avez élus, principes qu'il dit être connus, cette phrase tendant à insinuer que les miens ne sont pas connus, me cause de l'inquiétude. Si jamais vous réussissez à établir en France la sainte inquisition, comme on dit que vous y pensez, je ne voudrais pas que l'on pût me reprocher quelque jour d'avoir laissé sans réponse un propos de cette nature. Sur cela donc j'ai à vous dire que mes principes sont connus de ceux qui me connaissent, et l'en pourrais demeurer là. Mais, afin qu'on ne m'en parle plus, je vais les exposer en peu de mots.

Mes principes sont qu'*entre deux points la ligne droite est la plus courte; que le tout est plus grand que sa partie; que deux quantités, égales chacune à une troisième, sont égales entre elles.*

Je tiens aussi *que deux et deux font quatre;* mais je n'en suis pas sûr.

Voilà mes principes, Messieurs, dans lesquels j'ai été élevé, grâce à Dieu, et dans lesquels je veux vivre et mourir. Si vous me demandez d'autres éclaircissements (car on peut dire qu'il y a différents principes en différentes matières, comme principes de grammaire ; il ne s'agit pas de ceux-là, ces Messieurs ne sachant, dit-on, ni grec, ni latin ; principes de religion, de morale, de politique), je vous satisferai là-dessus avec même sincérité.

Mes principes religieux sont ceux de ma nourrice, morte chrétienne et catholique, sans aucun soupçon d'hérésie. La foi du centenier, la foi du charbonnier sont passées en proverbe. Je suis soldat et bûcheron, c'est comme charbonnier. Si quelqu'un me chicane sur mon orthodoxie, j'en appelle au futur concile.

Mes principes de morale sont tous renfermés dans cette règle : Ne point faire à autrui ce que je ne voudrais pas qui me fût fait.

Quant à mes principes politiques, c'est un symbole dont les articles sont sujets à controverse. Si j'entreprenais de les déduire, je pourrais mal m'en acquitter, et vous donner lieu de me confondre avec des gens qui ne sont pas dans mes sentiments. J'aime mieux vous dire en un mot ce qui me distingue, me sépare de tous les partis, et fait de moi un homme rare dans le siècle où nous sommes ; c'est que je ne veux point être roi, et que j'évite soigneusement tout ce qui pourrait me mener là.

Ces explications sont tardives, et peuvent paraître superflues, puisque je renonce à l'honneur d'être admis parmi vous, Messieurs, et que sans doute vous n'avez pas plus d'envie de me recevoir que je n'en ai d'être reçu dans aucun corps littéraire. Cependant je ne suis pas fâché de désabuser quelques personnes qui auraient pu croire, sur la foi de ce journaliste, que je m'obstinais, comme tant d'autres, à vouloir vaincre vos refus par mes importunités. Il n'en est rien, je vous assure. Je reconnais ingénument que Dieu ne m'a point fait pour être de l'Académie et que je fus mal conseillé de m'y présenter une fois.

Paris, le 20 mars 1819.

CONVERSATION

CHEZ LA COMTESSE D'ALBANY,

A NAPLES, LE 2 MARS 1812.

« .... Ce fut moi qui leur dis, je ne sais à quelle occasion que notre siècle valait bien celui de Louis XIV. Fabre se récria là-dessus : Quelle différence, bon Dieu ! tout sous Louis XIV fleurit. — Si vous parlez des arts, lui dis-je, en quel temps les a-t-on vus plus florissants qu'aujourd'hui ? Je voulais le faire un peu causer. La comtesse me devina, et entrant dans ma pensée : Il est vrai, dit-elle, que les arts sont aujourd'hui tellement cultivés, encouragés.... — On en parle beaucoup, dit Fabre. — Oh ! on fait plus qu'en parler. J'appuyai ce sentiment de madame d'Albany, et pour preuve je citai le salon du Louvre à Paris, où tous les ans…. — Oui, oui, interrompit Fabre; et s'approchant de la fenêtre du côté de Pausilippe : Où donc vont toutes ces troupes le long de Chiaia, là-bas, vers la grotte? — Je ne sais, répondis-je. Mais, par exemple, ce tableau de Gérard que nous vîmes hier chez le roi, n'est-ce pas là un bel ouvrage, et qui eût paru tel du temps de Lesueur et du Poussin? Ma foi, dit-il, les canonniers nos voisins montent à cheval. Il y a quelque parade sans doute. Le roi sera revenu de Caserte. Il tâchait ainsi de détourner la conversation ; mais moi : Et David, lui dis-je, David n'est-il pas fondateur d'une nouvelle école? Guérin, Girodet et vous-même, ne faites-vous tous rien qui vaille? Il me repartit : — Eh bien, oui; c'est mon métier ; j'en puis parler, et je vous dis qu'il y a tel tableau du Poussin qui vaut mieux seul que tout ce qu'on a fait depuis.

« Je fus aise de le voir venir où je voulais. Je l'entretins sur ce propos, et il se mit à nous dire ce qu'étaient les arts sous Louis XIV, comparant les ouvrages d'alors à ceux d'aujourd'hui, et donnant de tout la prééminence au siècle passé, hors qu'il avouait que depuis un temps on se relevait chez nous de ce méchant goût, de cette misère où tomba si tôt notre école après ses beaux jours. Nous l'écoutions, et pour moi je n'eusse jamais songé à l'interrompre, car véritablement il parle bien de tout; mais sur ces choses-là où il est expert, il y a plaisir à l'entendre. La comtesse lui dit : A ce que je puis voir, en ce genre, selon vous, nous valons mieux que nos pères et moins que nos aïeux. Je vous crois, certes, plus capable que personne d'en bien juger; mais dans ce que vous nous dites n'entre-t-il point un peu de passion, quelque grain de partialité pour votre peintre favori? Car enfin ce tableau du Poussin… c'est comme si vous préfériez une fable de la Fontaine…. — A merveille, dit-il; en effet, pour une belle fable de la Fontaine on donnerait aisément tous les vers du dix-huitième siècle. — Vous moquez-vous? La Henriade, les tragédies de Voltaire? — Pourquoi non? si Voltaire lui-même en est d'avis? — Quoi? — Chose sûre. N'a-t-il pas écrit, et je crois en plus d'un endroit, que personne, depuis l'âge d'or de notre poésie, n'a su faire vingt bons vers de suite? L'âge d'or de notre poésie, c'est le siècle de Louis XIV.

— Eh bien, que fait cela? — Vous l'allez voir, pour peu que vous daigniez m'entendre.

« Vingt bons vers de suite dans une fable font une bonne fable, n'est-ce pas? — Comment l'entendez-vous? dit madame d'Albany. — J'entends qu'une fable ordinairement n'ayant guère plus de vingt vers, si vingt vers sont bons dans cette fable, et vingt de suite, la fable est bonne. — Assurément. — Or il y a, continua-t-il, telle fable de la Fontaine où ne se trouvent pas seulement vingt bons vers de suite, mais où tous les vers sont fort bons. Me trompé-je? — Oh! pour cela non. — Cette fable est bonne par conséquent? — Sans contredit. — Et une bonne fable est un bon ouvrage? — Qui en doute? — Maintenant, ni dans la Henriade, ni dans les tragédies de Voltaire, il n'y a pas vingt bons vers de suite, de l'aveu même de Voltaire? — Comment cela? — Eh! oui. Ne sont-ce pas tous vers faits depuis le règne de Louis XIV, c'est-à-dire, depuis qu'est passé le temps où l'on savait faire vingt bons vers de suite? Et les gens difficiles n'y en trouvent pas dix. Or, je vous prie, Madame, un ouvrage en vers, et un long ouvrage où ne se trouvent pas vingt bons vers de suite dans plusieurs milliers, est-ce un bon ouvrage? — Mais, dit-elle, ce pourrait bien être un ouvrage médiocre. — Non, reprit-il, car le médiocre n'est pas reconnu des poëtes. Tout ce qui s'appelle poëme, au dire des maîtres de cet art, est bon ou mauvais; point de milieu. Le médiocre et le pire, c'est tout un. Vous savez le vers de Boileau. — Quoi! voudriez-vous dire que les tragédies de Voltaire sont de mauvais ouvrages? — Selon Boileau, dit-il; en effet vous le voyez; n'étant pas bonnes, puisqu'il n'y a pas vingt bons vers de suite, ni médiocres, puisqu'il n'y a pas de médiocre en poésie, elles sont de nécessité mauvaises. Mais je veux, pour l'amour de vous, Madame, que Boileau se trompe, Horace et toute la poétique; qu'il y ait des poëmes médiocres, et que la Henriade en soit aussi bien que les tragédies, vous m'accorderez qu'un seul bon ouvrage vaut mieux que cent mauvais ouvrages, mieux que tous les mauvais ouvrages qu'on saurait faire en cent ans? — Il me le semble bien, dit-elle. — Mieux même que tous les ouvrages médiocres? — Eh! je ne sais trop. — Quoi! la chose ne vous paraît pas claire? — —, mais! dit-elle, par exemple, dix écus où il y aurait moiti seu ement d'alliage et le reste d'argent fin vaudraient mieux qu'un bon écu sans aucun alliage. — Fort bien, parlant de la matière. Mais, à ne considérer que l'art, une médaille de Pikler vaut mieux que toutes les piastres du Pérou : et puis le mérite de l'exécution, la difficulté vaincue; si un sauteur saute dix pas, tous ceux qui viendront après lui sauter quelque cinq ou six pas, fussent-ils dix mille, ne feront rien. Et c'est cela même, voyez-vous. La Fontaine saute les dix pas, il franchit le fossé, lui. Voltaire et tous les autres qui n'en peuvent autant faire tombent pêle-mêle au fond. — Voilà, dit la comtesse, une comparaison....... Il avoua qu'elle était bizarre. — Mais enfin point de prix si on n'atteint le but. Vous avez beau en approcher, tout cela ne compte non plus que rien, et Boileau l'entend ainsi, ou je suis bien trompé. Que vous en semble? — Pour Dieu! dit-elle, concluez, et qu'il n'en soit plus parlé. — Non, Madame, non, c'est un chagrin que je veux vous épargner; car vous voyez où cela va. Il se trouverait tout à l'heure que l'Ane et le Chien de la Fontaine effaceraient rosmane et tous les héros de Voltaire. Mais pour mon tableau du Poussin, que ce soit, si vous voulez, le ravissement de saint Paul, ou la femme adultère, ou un des sacrements, tête bleue ! à de tels ouvrages opposer ce qu'on fait maintenant, c'est outrager le goût, c'est blasphémer les arts !

« Sa colère et cette dialectique nous divertirent, et nous convînmes qu'il fallait qu'il eût été à quelque autre école que celle de David, pour argumenter de la sorte. Enfin, savez-vous bien, dit madame d'Albany, ce que vous avez fait avec votre logique et vos subtilités? C'est que vous ne m'avez point persuadée du tout. Jamais je ne croirai que les tragédies de Voltaire soient mauvaises, ni même médiocres. — Mais, Madame, ne vous le prouvé-je pas *par raison démonstrative*? Trouvez-vous rien à dire à mon raisonnement? — Que sais-je, si j'y voulais songer? dit-elle. Vous êtes préparé, vous, sur ces matières-là. Vous avez beau jeu contre nous, quand il s'agit des arts et de la littérature. — En effet, Madame, dis-je, il est là sur son terrain. Pour en avoir meilleur marché, il faut le dépayser un peu. Puis, quand il serait vrai, dis-je, m'adressant à lui, qu'on eût su mieux peindre alors et mieux écrire qu'aujourd'hui, n'avons-nous pas, nous, sur ce siècle-là d'autres avantages bien plus grands? Les sciences, la politique, la guerre.... — Ah! dit la comtesse, qu'est-ce que tout cela au prix des tableaux et des fables? Le saint Paul et vingt vers de suite, voilà la gloire d'un siècle. Tout le reste est bagatelle.

« Il se mit à rire, et nous dit : Ma foi, non-seulement vous me dépaysez, mais vous m'embarquez là dans des mers inconnues. Les sciences, la guerre, la politique, ce sont lettres closes pour moi. — Ah! ah! dit la comtesse, le—voilà qui fléchit. Allons, vous, me faisant un signe, ferme, achevez-le, c'est l'affaire de deux ou trois coups. — Quoi! dit-il, n'y a-t-il donc point d'accommodement? et qui vous céderait pour ce siècle-ci la guerre et les sciences, ne quitteriez-vous pas à l'autre les arts, la politesse, le goût? — Bon, vous voudriez, je crois, faire les choses égales. Non, point de quartier, ou vous signerez que nous l'emportons en tout sur votre Louis XIV, et que quiconque a pu soutenir le contraire est extravagant, ridicule. — Vous me croyez abattu, dit-il, vous me portez le poignard à la visière. Eh bien! plus d'accord, plus de paix; je reprends tout ce que je voulais bien vous céder, et je vous soutiendrai *mordicus*, jusqu'à mon dernier syllogisme, que ce siècle-là est en tout supérieur au vôtre autant que le cèdre à l'hysope. — Dans les sciences? dis-je. — Dans les sciences, dans toutes les sciences, depuis l'astronomie jusqu'à la croix de par Dieu. — Et dans la guerre? — Oui. — Quelle folie! — Me voilà prêt à vous le prouver à pied et à cheval.

« Vous croyez qu'il se moque, me dit madame d'Albany; mais il est homme à se charger d'une pareille cause. — Pourquoi non? — Vous allez, lui dis-je, nous faire voir qu'on sait aujourd'hui moins de physique, de mathématiques. — Point du tout; ce n'est pas là de quoi il s'agit. — Comment? — Non, il n'est pas question d'examiner si nos savants en savent plus que ceux-là, étant venus après eux. Car d'abord, instruits par eux, ils ont su ce que ceux-là savaient; et depuis, il serait étrange qu'ils n'eussent pas appris quelque chose que ceux-là ignoraient. Les progrès qu'ont fait faire aux sciences les uns et les autres, voilà ce qu'il faudrait voir, et balancer les découvertes. — Eh, mais! lui dis-je, ce serait pour n'en pas finir. — Non, reprit-il, les grandes découvertes sont en petit nombre. Les nôtres, celles de nos pères, tout cela serait bientôt compté ; et mettant à part ce qu'ils nous ont laissé, à part ce que nous-mêmes avons amassé, on verrait à l'œil que tout notre fonds nous vient d'eux, et que depuis longtemps en ce genre nous acquérons peu ; puis le mérite, qui n'est pas petit, de nous avoir, eux, ouvert la route et aplani les obstacles. — Oh! ce qu'ils ont fait pour nous, nous le faisons pour d'autres. — Oui, mais c'est le premier pas qui coûte. — Ils moissonnaient, dis-je ; nous glanons. Au reste, ajoutai-je, peut-être avez-vous raison en un sens, et je pense qu'il y aurait assez à dire pour et contre. — Vraiment, dit madame d'Albany, la matière est belle, et ce serait affaire à vous deux d'éclaircir ce point, s'il ne vous manquait... — Quoi? dit Fabre. — Oh! rien, une misère ; de savoir de quoi vous parlez. — Quant à cela, dit-il, ce n'est pas une affaire. J'ai cru longtemps aussi qu'*on n'était point docteur sans prendre ses degrés,* et que pour parler des choses il les fallait connaître ; mais je vois tous les jours tant de gens raisonner des arts sans en avoir la moindre idée, et en faire de gros livres et en tenir école, que, ma foi, je ne veux plus être ignorant sur rien, et je vais tout à l'heure vous parler de la guerre en amateur éclairé. Car je me doute que c'est là où vous m'attendez. — Vous soutenez donc, lui dis-je, la gageure jusqu'au bout? — Hautement. — Allons, voyons comme vous vous en tirerez. — Oui, dit la comtesse, voyons, parlez-nous de batailles.

« Il fut un moment à rêver debout contre le mur de la fenêtre, regardant vers Capri, et à quelques mots que nous lui dîmes il ne répondait rien ; puis revenant à nous : Il faut d'abord, dit-il, établir la question. — Quelle question? lui dis-je ; il n'y a point de question. Vous vous mettez en tête de soutenir qu'aujourd'hui nous sommes moins guerriers qu'on ne le fut sous Louis XIV ; appelez-vous cela.... — Oui, voilà ce que c'est, nous sommes moins guerriers ; voilà ce que je veux démontrer. Or, qu'est-ce que guerriers? — Guerriers, dis-je, ce sont les gens qui font la guerre. — Ainsi, dit-il, les plus guerriers seraient ceux qui font le plus la guerre? — Assurément. — Non, reprit-il, ce n'est pas là la question ; ai-je raison de la vouloir déterminer exactement? Rien n'est si rare que de s'entendre et de savoir de quoi l'on dispute. Rappelez-vous donc qu'il s'agit de la gloire du siècle,

qui consiste non à faire beaucoup la guerre, mais à la bien faire;
hé? — Sans doute. — Car, ajouta-t-il, si vous me disiez, dans
notre première discussion, qu'on peint plus à présent que du
temps du Poussin, j'en demeurerais d'accord; mais non pas si
bien; et que l'on écrit davantage, sans contredit; mais de quelle
façon? voilà le point. Or, il en va de même de la guerre à mon
avis. — J'entends bien, dis-je; vous prétendez qu'on la faisait
alors mieux, avec plus de science et d'habileté qu'aujourd'hui.
— Justement.

« Madame d'Albany riait, et elle lui dit : Après cela vous nous
conterez vos campagnes, vos siéges, vos batailles; car, pour
parler de ces choses-là, il faut bien que vous en ayez quelque
expérience. — Je ne crois pas, dit-il, quant à moi, cette nécessité. — Quoi! vous connaîtrez qui fait mieux ou plus mal la
guerre, sans l'avoir jamais faite, sans être du métier! — Fort
bien. Ne puis-je juger les acteurs à moins d'être acteur moi-
même? et de la pièce, n'oserai-je en dire mon avis si je n'ai
composé? Mais vous, Madame, je vous prie, fîtes-vous jamais
la cuisine? — Non, dit-elle, qu'il me souvienne. — Eh bien! à
table, l'autre jour, chez madame votre sœur, vous déclarâtes
son cuisinier le meilleur de Naples et du royaume. N'ayant
jamais pratiqué l'art, vous prononçâtes hardiment sur le mérite de l'artiste; et en effet à l'œuvre on connaît l'ouvrier, sans
qu'il faille être pour cela immatriculé dans la profession. Enfin
on faisait mieux la guerre en ce temps-là; et voici comme je le
prouve. — Un moment, dis-je, répondez-moi. Pourquoi fait-on
la guerre? — Pourquoi? — Oui, quel est le but qu'on se propose
en faisant la guerre? N'est-ce pas de battre l'ennemi? — Sans
doute. — Et de le dépouiller? — Fort bien.

« En quinze jours nous battons plus d'ennemis, et faisons plus
de conquêtes qu'on n'en eût su faire en cent ans alors. — Un
moment, me dit-il; à mon tour. Quel est le but du jeu? de gagner, si je ne me trompe? — Oui. — Eh bien! de deux joueurs
jouant séparément contre différents adversaires, l'un gagne dix
sous, l'autre dix louis; et le premier qui gagne dix sous a joué
trois heures durant, le second trois minutes; en trois coups il a
donné le mat, et gagné dix louis. Lequel joue le mieux? — C'est
selon, dis-je. — Comment, selon? y pensez-vous? Dix louis en

trois minutes, et dix sous en trois heures? — Mais, dis-je, si l'homme aux dix louis a eu affaire à une mazette? — Ah! voilà ce que c'est! Dans vos guerres vous avez affaire à des mazettes qui vous laissent conquérir des royaumes en quinze jours; et en quinze ans alors à peine gagnait-on quelque place. Qu'est-ce à dire, sinon qu'alors on se battait, la partie se défendait? Alors étaient les grands joueurs, alors se faisaient les beaux coups. Si on perdait à Malplaquet, on prenait sa revanche à Oudenarde. L'échec de Ramillies se réparait à Denain. C'était au plus habile. Aujourd'hui que voit-on, des marauds qui dépouillent quelque enfant de famille.

« Il dit autre chose encore.... Vos courses de Paris à Vienne.... On abandonne plutôt la capitale maintenant qu'alors on ne reculait un pas sur la frontière.... L'honneur en ce temps-là, aujourd'hui le butin.... Et puis il ajouta, dont je me souviens bien : Voulez-vous que je vous dise? On pille, on massacre aujourd'hui, on ravage beaucoup plus qu'alors; mais certainement on se bat moins.... Car la guerre, qui avait autrefois deux parties, l'attaque et la défense, n'en a plus qu'une maintenant; et s'il y eut jamais un art de s'égorger, la moitié en est perdue. — Assurément, dit la comtesse, ce n'est pas faute qu'on l'exerce. Pour moi, j'aurais cru tout le contraire; c'était l'art que j'imaginais le plus perfectionné de nos jours.

« Mais, Madame, dis-je, remarquez-vous qu'il doute même s'il y a un art de faire la guerre? — Comment? — Demandez-lui plutôt. Et le voyant sourire : — Mais, dit-elle, il y en a tant de livres. — Oh! il y a, dit-il, des livres de théologie, et même des livres de magie. Cependant je ne crois pas plus à l'une qu'à l'autre. — Et qu'est-ce donc que la tactique, la fortification, la castramétation? — Que je meure si j'en sais rien! — Oh bien! je le sais, moi, et je m'en vais vous le dire, dit madame d'Albany. La tactique, c'est l'art de ranger des soldats selon certaines règles, pour donner des batailles. En un mot, c'est l'art de se battre. — Et sans cet art, dit-il, on ne se battrait point? Oh! la bonne science! ajouta-t-il, et bien nécessaire! car comment ferions-nous, je vous prie, pour nous entre-tuer, si de grands hommes ne nous en montraient la métho — Tout ce qu'il vous plaira; mais elle existe cette méthode, cette science, vous ne le sauriez nier. — Écoutez, dit-il : je veux croire, puisque tout le monde l'assure, qu'il y a un art de la guerre ; mais vous m'avouerez que c'est le seul qui ne demande point d'apprentissage. C'est le seul art qu'on sache sans l'avoir appris. Dans les autres, il faut de l'étude et du temps : on commence par être écolier ; mais dans celui-ci on est d'abord maître, et pour peu qu'on y apporte des dispositions, on fait son chef-d'œuvre en même temps que son coup d'essai. — Expliquez-nous ceci, dit madame d'Albany ; car votre idée est étrange, ou je ne vous comprends pas. — Hé quoi! dit-il, moi, par exemple, quand j'ai voulu être peintre, je ne me suis pas mis à peindre tout d'un coup. Il me fallut d'abord apprendre le dessin ; je dessinai d'après la bosse, je dessinai d'après nature. Mais, avant d'en venir là, combien de temps croyez-vous que je demeurai à faire des yeux et des oreilles, des pieds, des mains, une demi-figure, puis une figure entière ? Et venu là, nouveau travail ; nouvelles études d'après le modèle vivant. Que d'application! que de patience! que de difficultés! et je n'avais pas encore commencé à peindre! Enfin je peignis, fort mal d'abord, ensuite moins mal, puis un peu mieux. Au bout de trente ans finalement, je suis peintre tel que j'ai pu l'être, et quand j'étudierais mon art encore trente années, je ne saurais jamais autant qu'il m'en resterait à apprendre. Or, voilà ce que je veux dire : dans ce grand art de commander les hommes à la guerre, la science ne vient pas comme cela peu à peu, mais tout à la fois. Dès qu'on s'y met, on sait d'abord tout ce qu'il y a à savoir. Un jeune prince à dix-huit ans arrive de la cour en poste, donne une bataille, la gagne, et le voilà grand capitaine pour toute sa vie, et le plus grand capitaine du monde. — Qui donc? demanda la comtesse ; qui a fait ce que vous dites là ? — Le grand Condé. — Oh! celui-là c'était un génie. — Sans doute, dit-il ; et Gaston de Foix ? L'histoire est pleine de pareils exemples. Mais ces choses-là ne se voient point dans les autres arts. Un prince, quelque génie qu'il ait reçu du ciel, ne fait point tout botté, en descendant de cheval, le *Stabat* de Pergolèse, ou la sainte Famille de Raphaël.

« Voulez-vous, lui dis-je, qu'un prince soit peintre ou maître de chapelle ? — Non, dit-il ; Dieu me garde d'avoir cette pensée.

Molière l'a dit, je m'en souviens : *La coutume chez nous ne veut pas qu'un gentilhomme sache rien faire;* à plus forte raison un prince. Mais ces gens, qui ne savent rien faire, savent faire la guerre, n'est-ce pas ?— Assurément, et mieux que d'autres.—Oh! pour mieux, c'est une autre affaire. J'ai vu

Des gens de tout métier, de tout poil, de tout âge,

comme dit la Fontaine, endosser le harnois et se trouver guerriers sans y avoir jamais pensé. J'ai vu des peintres, de mes camarades à moi, jeter là la palette et conduire des troupes à la guerre comme s'ils n'eussent fait autre chose de leur vie. Je doute qu'il y ait un maréchal qui ne se trouvât embarrassé, si l'empereur lui commandait un tableau d'histoire. — Je crois, lui dis-je, comme vous, que peu s'en acquitteraient bien, et vous seriez apparemment dans la même peine si on voulait vous obliger à commander un corps d'armée. — Peut-être. — Quoi, vous en doutez?— Mais c'est qu'en effet il y a une grande différence. — Et quelle? —Le maréchal est sûr de ne pouvoir faire un tableau. Il n'a pas besoin d'essayer; mais moi, je ne puis être sûr, avant d'en avoir fait l'épreuve, si je ne commanderais pas bien.—Pourquoi, dis-je, sauriez-vous moins que lui ce que vous pouvez faire, ou lui mieux que vous de quoi il est incapable?—Ah! c'est qu'on n'a jamais vu un général peindre, au lieu qu'on a vu commander des peintres, et des gens d'autres professions, ou même sans profession, au-dessous desquels je n'ai pas l'humilité de me placer, et je ne crois pas qu'on soit tenu d'être si modeste.

« Tout de bon, dit madame d'Albany, vous vous mettriez demain à la tête d'une armée?—Je n'irais pas, dit-il, m'offrir; mais si on m'en priait...—Vous vous y prêteriez?— Et comment m'y refuser? j'aurai beau dire que je suis peintre, pauvre diable, sachant dans mon métier peut-être quelque chose, hors de là quoi que ce soit, on me répondra que les princes qui ne savent rien du tout font ce qu'on exige de moi, et que ce que fait bien un prince, tout le monde le peut faire. Dire que je n'ai lu de ma vie une ligne de leur tactique, ni vu seulement la parade, mauvaise excuse que cela. Messieurs tels et tels, vivants ou morts depuis peu, sans en avoir plus de pratique ni d'étude que vous, ont pris de ces commandements, et s'en sont acquittés avec l'applaudissement universel : que répondrai-je ? « Mais enfin, repartit madame d'Albany, il y a des règles à la guerre, et ces règles-là il les faut savoir.—Voulez-vous, Madame, que je vous dise là-dessus ma pensée ? J'ai peur qu'il n'en soit de la guerre comme du langage. Il y a des règles pour parler, et ces règles font un art qu'on appelle la grammaire. Or, on a remarqué que les maîtres dans cet art, et tous ceux qui s'étudient à parler régulièrement, parlent plus mal que les autres. —Justement, dit-elle, et les princes et les gens de cour, qui ne savent point ces règles, sont ceux qui parlent le mieux, et voilà comme ils font la guerre.—Sans savoir ce qu'ils font, reprit Fabre. —Comme M. Jourdain de la prose. — Ce qu'on pourrait vous dire, Madame, c'est que, dans la vérité, le langage de la cour...—Quoi ? allez-vous encore me disputer cela, et avez-vous résolu de ne nous rien accorder ? Expliquez-nous plutôt pourquoi, s'il est si commun de voir des gens faire la guerre sans l'avoir apprise, et si c'est une chose si aisée, pourquoi il y a si peu de grands capitaines.—Mais, Madame, de fait, y en a-t-il si peu ? Comptez dans chaque siècle les sculpteurs et les peintres ; je dis les bons, ceux dont les ouvrages se peuvent regarder deux fois ; comptez les poëtes, vous en trouverez de loin en loin, à certaines époques rares et fortunées, quelques-uns, en quelque coin de l'Europe. Car, des quatre parts de la terre, trois sont stériles pour les arts, et le sol à cet égard le plus favorisé de la nature est dix siècles sans rien produire. Dix siècles se passent sans qu'on voie un peintre, un écrivain passables. Mais de grands généraux, il y en a toujours en tous temps, en tous lieux. — Mon Dieu ! dis-je, au contraire, il n'y en a jamais qu'un. Vous ne verrez nulle part dans l'histoire deux conquérants contemporains ; et sous Alexandre il y avait plusieurs grands peintres, plusieurs sculpteurs, poëtes, orateurs excellents ; mais il n'y avait qu'un Alexandre. — Que dites-vous ? Il y en avait mille auxquels il ne manquait qu'une armée ; et son secrétaire même qui n'était point soldat, qui ne portait en campagne que la plume et l'écritoire, se trouva grand capitaine sitôt que Dieu le voulut, et battit les Cassander, les Polysperchon et tous les traîneurs de sabre. Allez, il y avait dans l'armée d'Alexandre cent officiers capables de la commander comme lui, et hors de l'armée mille individus ayant en eux, sans le savoir, tout ce qui fait les Alexandre. — Et croyez-vous, dis-je, qu'il n'y ait pas mille gens ignorés qui possèdent toutes les qualités propres à faire un grand peintre?— Sans doute il y en a, dit-il, mais beaucoup moins que de ceux-là dont on ferait de grands généraux. — Et à quoi le voyez-vous? — Parbleu, cela est clair. La moitié des gens qui se battent sont vainqueurs et grands guerriers. De deux généraux opposés, l'un battra l'autre, et sera grand; c'est l'affaire d'une heure. Combien peu, de tant de gens qui s'appliquent aux arts, parviennent en toute leur vie à la médiocrité! L'étude donne les talents, le hasard les commandements; mais vingt ans d'étude ne font pas toujours un bon peintre, chaque jour de bataille fait un grand général! — Sur ce pied-là, dit la comtesse, nous en devons avoir bon nombre; que d'exagération! — Vraiment, reprit-il, j'ai tort; non-seulement la moitié, mais tous sont d'étoffe à faire des héros, et la fortune manque à plusieurs, le mérite à aucun. — J'entends : selon vous, on s'élève toujours par la fortune, jamais par le mérite. — Franchement, dit-il, le mérite a fort peu de part à tout cela. Un homme naît grand, ou on le fait grand, sans que le mérite s'en mêle. David n'est pas né peintre, et personne ne l'a fait peintre; il s'est fait lui-même ce qu'il est : à cela il y peut avoir du mérite. En un mot, on est général sitôt qu'on a une armée; on a une armée dès qu'on est fils de Philippe, ou gendre de Pompée, ou ami de Sylla, et on gagne des batailles. Est-on peintre dès qu'on a une toile et des couleurs, et peut-on faire un tableau? N'y va-t-il que d'être parent de David ou de Canova, pour tenir un rang dans les arts? — Mais aussi, dit-elle, est-ce tout d'avoir une armée? — Si ce n'est pas tout, c'est beaucoup; car après cela il n'y a plus qu'une bataille à gagner, et la fortune se charge encore de cette partie-là; mais pour qu'un homme soit peintre, il y faut plus de façon; cela ne se donne par en dot ni ne se lègue par succession. Jamais le pinceau du Titien ne fut un héritage; Raphaël ne dut rien au bon plaisir de Michel-Ange; il eût servi de peu à Lysippe d'épouser la sœur de Scopas ou la fille de Praxitèle. Pour parvenir au comble de la gloire de son art, ni alliance, ni parenté, ni naissance, ni faveur ne le pouvaient dispenser d'un seul des degrés nécessaires de ce pénible apprentissage; et, pâlissant sur le modèle, encore eût-il perdu ses veilles comme tant d'autres, si le ciel ne l'eût doué d'une âme capable de sentir les beautés naturelles; car il faut tout cela : une exquise sensibilité et un travail opiniâtre, un enthousiame de génie et une patience à l'épreuve des difficultés, une conception vive et prompte et une lente méditation, tout ce que peut joindre l'étude à une heureuse nature, assemblage plus rare que la fortune et les commandements; et voilà pourquoi si peu d'hommes excellent dans les arts, tandis qu'il y a un grand général partout où l'on se bat. — C'est là que vous en revenez toujours, dit la comtesse. — Et notez bien, poursuivit-il, remarquez encore ceci, de grâce. Ce général n'a qu'un adversaire; celui-là, vaincu par adresse, par ruse, par force ou par hasard, lui livre le prix. Tous ses compagnons sont ses instruments, agissent par lui et pour lui, confondent leur gloire dans la sienne. Mais, pour un artiste, autant de camarades, autant de rivaux qu'il doit combattre tous ensemble et séparément, à armes égales, sans fraude, sans supercherie, et s'il sort vainqueur de cette lutte, il n'a encore rien fait; on lui oppose les anciens, toujours présents et vivants dans leurs ouvrages, pour lui disputer la palme avec tout l'avantage que donne une gloire établie. Car enfin, une bataille ne se rapproche point d'une bataille. Les victoires passées ne font nul tort à celles d'aujourd'hui; au contraire, la dernière efface toujours toutes les autres : Pharsale fait oublier Arbelles, et au jour de Cerisoles on ne se souvient plus de Marignan. Mais, que Canova envoie une figure à Paris, elle y trouve l'Apollon, le Laocoon, le Gladiateur. Sa besogne est mise à côté de celle d'Agathias, mort il y a deux mille ans; et chacun peut, d'un coup d'œil, juger qui des deux mieux a fait. Non-seulement ses contemporains, mais tous les siècles passés lui disputent le triomphe. — En vérité, dit la comtesse, je ne sais pas s'il *impose; mais il parle sur la chose comme s'il avait raison.* Qu'en pensez-vous? me dit-elle. — Moi? Madame, je vois que le monde est bien sot d'honorer tous ces gens qui gagnent des batailles et soumettent des provinces, et de ne pas voir que la gloire, l'estime, l'admiration publique appartiennent de droit aux peintres et aux poëtes. Voilà de beaux héros, vraiment, que ces César et ces Alexandre, pour être ainsi célébrés et divinisés;

parlez-moi d'un homme qui fait des tableaux de chevalet ou des rimes redoublées. Quel tort on vous fait là, messieurs! Cela crie vengeance! — Ne vous fâchez pas, me dit-il; tout va mieux que vous ne pensez, et les artistes ni les poëtes n'ont pas tant à se plaindre de l'injustice des hommes; car, travaillant pour la gloire, ils en ont de reste, et sont mieux partagés à cet égard que les conquérants. — Comment? m'écriai-je, surpris d'une pareille assertion. — Oui, vous et bien d'autres, dit-il, vous prenez le bruit pour de la gloire. — Oh! nous savons faire cette distinction. — Mon Dieu, non, vous ne la faites point. Vous croyez (quand je dis vous, c'est la plupart des gens) qu'un homme dont on parle beaucoup a beaucoup de gloire. — Selon, dis-je, comme on en parle. — Et ce fut là, continua-il, la dispute de Boileau et du prince de Conti. Vous savez ce trait? — Non, je pense. — Boileau était dans le carrosse du prince de Conti, et on parlait de cela justement, de la gloire des lettres et des arts, que le prince rabaissait fort, faisant cas seulement de celle qui s'acquiert par les armes. Chacun, comme vous croyez bien, fut de l'avis de Son Altesse. Boileau seul, peu courtisan, soutint et par vives raisons prétendit prouver que la gloire d'Homère égalait celle d'Alexandre. Là-dessus un homme passant, le prince l'appelle, et lui demande : Mon ami, dites-moi qui était Alexandre? — Un grand capitaine, Monseigneur. — Et Homère, qui était-il? — Ma foi, Monseigneur, je ne sais. — On se moqua du pauvre Boileau. Vous voyez que le prince prenait pour de la gloire le bruit des conquêtes d'Alexandre, et triomphait de ce que cet homme en avait ouï quelque chose, n'ayant de sa vie entendu le nom du poëte. — Mais, Monseigneur, demandez-lui qui est le bourreau de Paris, il vous le nommera sur-le-champ; et qui est le premier prédicateur de la cour, il ne saura que vous répondre. Est-ce que le bourreau a plus de gloire, et préféreriez-vous sa renommée à celle du révérend père Bourdaloue? Voilà ce que put dire Boileau. Il avait trop de sens pour juger autrement de ces choses-là. Il se connaissait en gloire, non pas seulement en poésie, et il faisait, lui, peu de cas de celle d'Alexandre. Il le traitait de fou, d'enragé : vous rappelez-vous ces vers? *Qui, traînant après soi les horreurs de la guerre,* —oui, oui, *de sa vaste folie...* — C'est cela, —*remplit toute la terre.* Mais s'il parle de Racine : *Eh qui, voyant un jour..... : comment est-ce qu'il dit? ne bénira d'abord le siècle fortuné.....*— Ah! il était poëte.— D'accord. — *Vous êtes orfèvre, monsieur Josse?* — Mais les âges suivants ont trop bien confirmé ce jugement de Boileau pour que l'on en puisse appeler; et sa prédiction s'accomplit chaque jour sur nos théâtres, où tout Paris applaudit les pièces de Racine. Chaque jour on bénit le siècle qui vit naître ces pompeuses merveilles. Le siècle qui vit les carnages d'Arbelles et d'Issus, s'avisa-t-on jamais d'en bénir la mémoire? Et regrette-t-on qu'Alexandre n'ait pas vécu plus longtemps pour donner d'autres batailles, comme on pleure que Racine ait refusé à la scène de nouveaux chefs-d'œuvre après Athalie? En un mot, qu'est-ce que la gloire? — La gloire? dis-je : pour en trouver la juste définition, il y faudrait penser un peu. — Oh! dit la comtesse, la voici toute trouvée, la définition; et elle prit un livre près d'elle, et tournant quelques feuillets : c'est du Montaigne, nous dit-elle; et elle lut : *La gloire est l'approbation que le monde fait des actions que nous mettons en évidence.* Et Fabre là-dessus : — Eh bien! est-ce cela? Vous paraît-elle exacte cette définition? Et comme je fis signe que je m'en contentais : — Voyons donc à présent, dit-il, qu'approuve davantage le monde, la guerre ou la poésie? — On approuve l'une et l'autre en son temps.— Mais, répliqua-t-il, en tout temps on approuve les vers, pourvu qu'ils soient bien faits, comme ceux de Racine ou de Boileau; qu'en dites-vous? — Sans doute. — Et les peintures comme celles de Raphaël, les statues telles que l'Apollon, ne sont-ce pas là des choses qu'on approuve toujours? — Belle demande. — Et partout? — J'en demeurai d'accord. — La guerre, poursuivit-il, bien faite, comme la faisaient Alexandre et César, l'approuve-t-on toujours? — Je ne répondis pas d'abord. — Que vous en semble? — Eh, mais! lui dis-je, c'est selon. — Selon quoi? — Selon qu'elle est ou juste ou injuste, et encore selon l'intérêt que chacun y peut avoir. — Vous dites bien, me répondit-il; car, par exemple, ceux qu'elle ruine, et le nombre en est infini, ne l'approuvent nullement. Les orphelins, les veuves, les parents à qui elle arrache un fils en âge de payer les soins paternels; enfin les pères, les mères, les femmes, les enfants, voilà, comme vous voyez, une bonne partie du monde, sans

COURIER.

parler des marchands, laboureurs, artisans, qui n'approuvent point la guerre, quelque bien qu'on la fasse. Aussi, à dire vrai, les connaisseurs sont rares. Tandis qu'il y aura peut-être quelques tacticiens qui s'écrieront, à la lecture d'une relation : Oh! la belle bataille! le beau siége! tout le reste du genre humain, noyé dans les pleurs, chargera d'exécration l'auteur de la bataille ou du siége. Voilà l'approbation qu'on donne à la plus belle guerre.

« Avec tout cela, dis-je, il y a des guerres justes; vous ne le nierez pas. — Quoi! dit-il, elles le sont toutes. Il n'y en a point qui ne soit juste d'un côté et injuste de l'autre. — Eh bien! la guerre juste, on l'approuve. — Vous ne m'entendez pas, dit-il. Nous parlons de la gloire des guerriers. La gloire, en ce genre, c'est de tuer beaucoup. C'est cela qui fait le héros, à tort ou à droit, il n'importe; et celui qui perd la bataille n'est jamais qu'un misérable, eût-il toute la raison du monde. Le vainqueur seul est le grand homme, et le plus grand homme est celui qui tue davantage : car ce ne serait rien d'avoir tué quinze ou vingt mille hommes, par exemple. Avec cela on est à peine nommé dans l'histoire. Pour y faire quelque figure, il faut massacrer par millions. Or, ces boucheries-là, quelque belles, quelque admirables qu'elles soient, au dire de ceux qui s'y connaissent, le monde, pour user des termes de Montaigne, les approuve peu, généralement.

« Nous lui témoignâmes quelque doute que cela fût vrai. Car on admire, disions-nous, beaucoup plus les conquérants que les rois bienfaisants; et la comtesse ajouta qu'il n'y avait point d'homme qui n'aimât mieux être Alexandre que Titus. — Il se peut, et je le crois comme vous, répondit Fabre; peut-être aussi admire-t-on plus un fameux brigand qu'un sage magistrat. Cependant on approuve le juge qui fait pendre le brigand. Enfin vous et moi, me dit-il, nous approuvons plus Raphaël d'avoir bien peint la Madone et l'enfant Jésus, que César d'avoir égorgé trois millions d'hommes en sa vie; et le monde est, ce me semble, assez de notre avis. Il se fait tous les jours des massacres qui valent bien ceux de César; mais le monde y prend peu de plaisir, et divinise des ouvrages bien au-dessous de ceux de Raphaël. Si les vœux de la terre y faisaient quelque chose, on verrait moins de Césars et plus de Raphaëls. En doutez-vous? c'est qu'on approuve la besogne de ceux-ci, non de ceux-là; et pour en venir aux exemples, continua-t-il, Alexandre, dont nous parlions, c'est le coryphée des destructeurs de l'espèce humaine; nul ne l'a surpassé dans cet art. Les guerres d'Alexandre en son temps, pensez-vous qu'on les approuvât? — Tout le monde, non. — Comment, tout le monde? Et de qui croyez-vous qu'elles fussent approuvées? Des Perses qu'il exterminait? il n'y a pas d'apparence. Des Grecs qu'il massacrait à Thèbes? Des Macédoniens à qui sa gloire coûtait leur sang, leurs enfants et le produit le plus net de leurs héritages? Mais non; de ses compagnons peut-être, des chefs de son armée qui périssaient victimes de ses extravagances ou punis de les avoir blâmées? A celui qui lui conseillait de faire enfin la paix, vous savez ce qu'il répondit : *Oui, si j'étais Parménion,* c'est-à-dire, si j'étais un homme; mais je suis un héros, il me faut du carnage; tout autre passe-temps est indigne de moi, et je veux m'y divertir tant que je trouverai des villes à saccager, des champs a ravager, des gens à égorger. Pensez, je vous prie, comme cette rage plut au général Parménion, qui eût bien voulu jouir un peu de sa nouvelle fortune à Pella, et comme il goûta le projet de s'en aller subjuguer l'Inde et la Libye. Ce que Boileau appelle folie dans Alexandre, alors on le nommait autrement, et personne, croyez-moi, n'approuvait ses fureurs, non pas même ceux qui en profitaient.

« Voyant qu'il s'arrêtait et nous regardait pour connaître ce que nous pensions : Il y peut avoir, dis-je, à cela quelque chose de vrai. — Or, dites-moi, reprit-il, les poëmes de Racine, les tableaux du Poussin, ou du temps d'Alexandre les peintures d'Apelle, les sculptures de Lysippe, furent approuvées des Grecs, des Macédoniens, des Perses également. Étrangers, citoyens, alliés ou ennemis, tous d'un commun accord louèrent ces ouvrages et leurs auteurs. Si cela n'est écrit, il est probable au moins. Eh? — Je n'en fais nul doute. — L'approbation du monde, ou la gloire, selon Montaigne, était donc pour ceux-ci et non pour Alexandre. Que vous en semble? — Mais vraiment.... — Et eux, des millions de bras ne s'armèrent point pour les aider à se faire un nom. Point de gens à cheval, point de phalanges à leur commandement : seuls, sans bouleverser l'Europe et l'Asie, sans piques ni épées, ils ont forcé le monde à les admirer. Encore, ajouta-t-il, ceux-là dont la renommée coûte si cher au genre humain, que laissent-ils après eux? un bruit, un souvenir mêlé avec celui de désastres fameux; mais rien qui soit proprement d'eux; nul monument, nulle œuvre de leur intelligence qui les représente aux hommes. Par les arts seuls qu'ils ignorent ils vivent dans la mémoire, et leur gloire, toujours indépendante du labeur d'autrui, périt, si quelqu'un ne prend soin de la conserver.

« — Ah! lui dis-je, celle de César se passe très-bien d'un pareil service, et personne, je crois, n'a mieux su se recommander soi-même à la postérité. — Il est vrai, certes, et c'est là ce qui le distingue du vulgaire des conquérants. Aussi, était-il autre chose qu'un donneur de batailles. Mais vous m'avouerez que sa tactique ne brillerait guère maintenant sans sa rhétorique, et que celle-ci fait bien valoir l'autre. Car enfin qu'est-ce qu'une gloire dont aucun titre ne subsiste? Qu'est-ce qu'un nom tout seul dans la postérité? Ceux-là vraiment ne meurent point dont la pensée vit après eux. Alexandre fut grand guerrier; on le dit; je le veux croire; mais Homère est grand poëte; je le vois, j'en juge moi-même, et si je l'admire, c'est avec pleine connaissance, non sur la foi des traditions. Raphaël respire encore et parle dans ses tableaux. La Fontaine m'est mieux connu que si, lui vivant, je le voyais sans lire ce qu'il a écrit. On peut dire même que ces hommes-là gagnent à mourir, et que leur âme, qu'ils ont mise tout entière dans leurs ouvrages, y paraît plus noble et plus pure, dégagée de ce qu'ils tenaient de l'humanité. Mais vos guerriers, leurs équipages, leur suite, leurs tambours, leurs trompettes font tout leur être, et, perdant cela, qu'ils vivent ou meurent, les voilà néant.

« Sur ce pied-là, dit la comtesse, Trissotin avait raison, qui *n'aurait pas voulu changer sa renommée contre tous les honneurs d'un général d'armée.* — Trissotin, je ne sais, dit Fabre; mais à votre avis, Madame, tous les honneurs que l'on rendait par ordre du roi à messieurs les maréchaux valaient-ils un peu seulement de cette gloire que Corneille *ne devait qu'à lui-même?* Et Molière, qui parle ainsi, aurait-il changé la sienne contre celle d'aucun général, quand c'eût été même Turenne ou Condé? aurait-il donné *le Misanthrope* pour toutes leurs batailles? Son ami Boileau, je crois, ne le lui eût pas conseillé. Il savait trop bien, lui, qu'*on ne fait pas des vers comme l'on prend des villes*, et que tout ce que font les héros s'est fait de même avant eux, se fera encore après, et se ferait sans eux. Quelqu'un aurait gagné la bataille de Rocroi, quand même monseigneur ne s'y fût pas trouvé; mais *le Misanthrope*, qui l'eût fait sans Molière? Quand a-t-on fait rien de pareil, avant ni depuis? Et je vous prie, duquel se passe-t-on mieux, de batailles ou de bonnes comédies?

« Comme la comtesse allait lui répondre, un domestique entra, et dit qu'on avait servi. — Ceci vient à propos pour vous, dit-elle à Fabre! car vous voilà, je pense, au bout de vos raisons. — Rien moins, sur mon honneur. Je ne vous en ai pas dit le quart, ni les meilleures. Tenez, Madame, de grâce, que répondriez-vous...? — Non, non, je vous donne gagné, dit-elle, et je tombe d'accord de tout ce que vous voudrez, pourvu que nous nous mettions à table. Nous nous y mîmes, et la comtesse, pendant le dîner, fit la guerre à Fabre sur sa façon d'argumenter, et son panégyrique des arts. A propos des arts, nous parlâmes de madame Hamilton, qui a longtemps habité cette maison-ci, et puis de Nelson, à propos de madame Hamilton. La comtesse l'a connu, et dit qu'il ressemblait à Canova. Après le dîner, elle et Fabre montèrent en voiture, et je rentrai chez moi où j'écrivis ceci. »

Note. Ceci était considéré par Courier comme *achevé*. L'ayant depuis longtemps en portefeuille, il le destina en 1821 à être inséré dans un journal périodique intitulé *le Lycée*, dont M. Viollet-Leduc, son ami, était rédacteur. Les bornes de ce recueil ne permirent pas de publier un morceau d'une telle étendue, et la conversation demeura inédite. Elle est intitulée *Cinquième conversation*, parce que, d'autres ayant préparé celle-là, Courier, engagé par la comtesse d'Albany, comptait les écrire toutes; mais, à l'exception d'une conversation sur Alfieri, dont on n'a point retrouvé trace, quoiqu'elle soit connue de quelques amis de Courier, le projet s'arrêta là.

FRAGMENTS

D'UNE

TRADUCTION NOUVELLE D'HÉRODOTE.

PRÉFACE.

Hécatée de Milet, le premier, écrivit en prose, ou, selon quelques-uns, Phérécyde, peu antérieur, aussi bien que l'autre, à Hérodote. Hérodote naissait quand Hécatée mourut, vingt ans ou environ après Phérécyde. Jusque-là, on n'avait su faire encore que des vers ; car avant l'usage de l'écriture, pour arranger quelque discours qui se pût retenir et transmettre, il fallut bien s'aider d'un rhythme, et clore le sens dans des mesures à peu près réglées, sans quoi il n'y eût eu moyen de répéter fidèlement, même le moindre récit. Tout fut au commencement matière de poésie : les fables religieuses, les vérités morales, les généalogies des dieux et des héros; les préceptes de l'agriculture et de l'économie domestique, oracles, sentences, proverbes, contes, se débitaient en vers, que chacun citait, ou, pour mieux dire, chantait dans l'occasion aux fêtes, aux assemblées : par là, on se faisait honneur, et on passait pour homme instruit. C'était toute la littérature qu'enseignaient les rhapsodes, savants de profession, mais savants sans livres longtemps. Quand l'écriture fut trouvée, plusieurs blâmaient cette invention, non justifiée encore aux yeux de bien des gens ; on la disait propre à ôter l'exercice de la mémoire, et rendre l'esprit paresseux. Les amis du vieux temps vantaient la vieille méthode d'apprendre par cœur sans écrire, attribuant à ces nouveautés, comme on peut le voir dans Platon, et la décadence des mœurs et le mauvais esprit de la jeunesse.

Je ne décide point, quant à moi, si Homère écrivit, ni s'il y eut un Homère, de quoi on veut douter aussi. Ces questions, plus aisées à élever qu'à résoudre, font entre les savants des querelles où je ne prends point de part : j'ai assez d'affaires sans celle-là, et je déclare ici, pour ne fâcher personne, que j'appellerai Homère l'auteur ou les auteurs, comme on voudra, des livres que nous avons sous le nom d'Iliade et d'Odyssée. Je crois qu'on fit des vers longtemps avant de les savoir écrire ; mais l'alphabet une fois connu, sans doute on écrivit autre chose que des vers. Le premier usage d'un art est pour les besoins de la vie ; accords et marchés furent écrits avant les prouesses d'Achille. Celui qui s'avisa de tracer, sur une pomme ou sur une écorce, le nom de ce qu'il aimait avec l'épithète ordinaire Kalè, ou peut-être Kalos, suivant les mœurs grecques et antiques, celui-là écrivit en prose avant Hécatée, Phérécyde : eux essayèrent de composer des discours suivis sans aucun rhythme ni mesure poétique, et commencèrent par des récits.

L'histoire était en vers alors comme tout le reste. Homère et les cycliques avaient mis dans leurs chants le peu de faits dont la mémoire se conservait parmi les hommes. Homère fut historien ; mais la prose naissante, *à peine du filet encor débarrassée*, s'empara de l'histoire, en exclut la poésie, comme de bien d'autres sujets ; car d'abord les sciences naturelles et la philosophie, telle qu'elle pouvait être, appartinrent à la poésie, chargée seule en ce temps d'amuser et d'instruire : on lui dispute jusqu'à la tragédie maintenant ; et chassée bientôt du théâtre, elle n'aura plus que l'épigramme. C'est que vraiment la poésie est l'enfance de l'esprit humain, et les vers l'enfance du style, n'en déplaise à Voltaire et autres contempteurs de ce qu'ils ont osé appeler vile prose. Voltaire s'étonne mal à propos que les combats de Salamine et des Thermopyles, bien plus importants que ceux d'Ilion, n'aient point trouvé d'Homère qui les voulût chanter ; on ne l'eût pas écouté, ou plutôt Hérodote fut l'Homère de son temps. Le monde commençait à raisonner, voulait avec moins d'harmonie un peu plus de sens et de vrai. La poésie épique, c'est-à-dire historique, se tut, et pour toujours, quand la prose se fit entendre, venue en quelque perfection.

Les premiers essais furent informes ; il nous en reste des fragments où se voit la difficulté qu'on eut à composer sans mètre, et se passer de cette cadence qui, réglant, soutenant le style, faisait pardonner tant de choses. La Grèce avait de grands poëtes, Homère, Antimaque, Pindare, et parlant la langue des dieux, bégayait à peine celle des hommes. *Hécatée de Milet ainsi devise; j'écris ceci comme il me semble être véritable, car des Grecs les propos sont tous divers, et, comme à moi, paraissent risibles.* Voilà le début d'Hécatée dans son histoire; et il continuait de ce ton, assorti d'ailleurs au sujet : ce n'étaient guère que des légendes fabuleuses de leurs anciens héros; peu de faits noyés dans des contes à dormir debout. Même façon d'écrire fut celle de Xanthus, Charon, Hellanicus et autres qui précédèrent Hérodote : ils n'eurent point de style, à proprement parler, mais des membres de phrases, tronçons jetés l'un sur l'autre, heurtés sans nulle sorte de liaison ni de correspondance, comme témoigne Démétrius ou l'auteur, quel qu'il soit, du livre de l'élocution. Hérodote suivit de près ces premiers inventeurs de la prose, et mit plus d'art dans sa diction, moins incohérente, moins hachée : toutefois, en cette partie son savoir est peu de chose au prix de ce qu'on vit depuis. La période n'était point connue, et ne pouvait l'être dans un temps où il n'y avait encore ni langage réglé, ni la moindre idée de grammaire. L'ignorance là-dessus était telle, que Protagoras, longtemps après, s'étant avisé de distinguer les noms en mâles et femelles, ainsi qu'il les appelait, cette subtilité nouvelle fut admirée; quelques-uns s'en moquèrent, comme il arrive toujours; on en fit des risées dans les farces du temps. De ce manque absolu de grammaire et des règles, viennent tant de phrases dans Hérodote, qui n'ont ni conclusion, ni fin, ni construction raisonnable, et ne laissent pas pourtant de plaire par un air de bonhomie et de peu de malice, moins étudié que ne l'ont cru les anciens critiques. On voit que dans sa composition il cherche, comme par instinct, le nombre et l'harmonie, et semble quelquefois deviner la période; mais avec tout cela il n'a su ce que c'était que le style soutenu, et cet agencement des phrases et des mots qui fait du discours un tissu, secret découvert par Lysias, mieux pratiqué encore depuis au temps de Philippe et d'Alexandre. Théopompe alors, se vantant d'être le premier qui eût su écrire en prose, n'eut peut-être point tant de

PRÉFACE DU TRADUCTEUR.

tort. Dans quelques restes mutilés de ses ouvrages, dont la perte ne se peut assez regretter, on aperçoit un art que d'autres n'ont pas connu.

Mais ce style si achevé n'eût pas convenu à Hérodote pour les récits qu'il devait faire, et le temps où il écrivit. C'était l'enfance des sociétés; on sortait à peine de la plus affreuse barbarie. Athènes, **du vivant d'Hérodote**, sacrifiait des hommes à Bacchus Omestès, c'est-à-dire mangeant cru. Thémistocle, il est vrai, dès ce temps-là philosophe, y trouvait à redire; mais il n'osa s'en expliquer, de peur des honnêtes gens : c'eût été outrager la morale religieuse. Hérodote, dévot, put très-bien assister à cette cérémonie, et parle de semblables fêtes avec son respect ordinaire pour les choses saintes. On jugerait par là de son siècle et de lui, si tout d'ailleurs ne montrait pas dans quelles épaisses ténèbres était plongé le genre humain, qui seulement tâchait de s'en tirer alors, et fit bientôt de grands progrès, non dans les sciences utiles, la religion s'y opposant, mais dans les arts de goût qu'elle favorisait. Le temps d'Hérodote fut l'aurore de cette lumière, et comme il a peint le monde encore dans les langes, s'il faut ainsi parler, d'où lui-même il sortait, son style dut avoir et de fait a cette naïveté, bien souvent un peu enfantine, que les critiques appelèrent innocence de la diction, unie avec un goût du beau et une finesse de sentiment qui tenaient à la nation grecque.

Cela seul le distingue de nos anciens auteurs, avec lesquels il a d'ailleurs tant de rapports, qu'il n'y a pas peut-être une phrase d'Hérodote, je dis pas une, sans excepter la plus gracieuse et la plus belle, qui ne se trouve en quelque endroit de nos vieux romanciers ou de nos premiers historiens, si ainsi se doivent nommer. On l'y trouve, mais enfouie, comme était l'or dans Ennius, sous des tas de fiente, d'ordures, et c'est en quoi notre français se peut comparer au latin, qui resta longtemps négligé, inculte, sacrifié à une langue étrangère. Le grec étouffa le latin à son commencement, et l'empêcha toujours de se développer : autant en fit depuis le latin au français pendant le cours de plusieurs siècles. Non-seulement alors qu'écrivait Ennius, mais après Virgile et Horace, la belle langue c'était le grec à Rome, le latin chez nous au temps de Joinville et de Froissard. On ne parlait français que pour demander à boire; on écrivait le latin que lisaient, étudiaient savants et beaux esprits, tout ce qu'il y avait de gens tant soit peu clercs ; et *camera compotorum* paraissait bien plus beau que *la chambre des comptes*. Cette manie dura, et même n'a point passé; des inscriptions nous disent, en mots de Cicéron, qu'ici est le marché Neuf ou bien la place aux Veaux. Que pouvait faire un pauvre auteur employant l'idiome vulgaire? Poëtes, romanciers, prosateurs, se trouvaient dans le cas de ceux qui maintenant voudraient écrire le picard et le bas-breton. En Italie, Pétrarque eut honte de ses divins tercets, parce qu'ils étaient italiens; et depuis ne reprocha-t-on pas à Machiavel d'avoir écrit l'histoire autrement qu'en latin, faute que ne fît pas le président de Thou? Partout la langue morte tuait la langue vivante. Lorsque enfin on s'avisa, fort tard, d'écrire pour le public, et non plus seulement pour les doctes, le latin domina encore dans ces compositions, qui ainsi n'eurent jamais le caractère simple des premiers ouvrages grecs, dictés par la nature.

La littérature grecque est la seule, en effet, qui ne soit pas née d'une autre, mais produite par l'instinct et le sentiment du beau chez un peuple poëte. Homère, avec raison, se dit inspiré des dieux, tenant son art des dieux, dit-il, sans être enseigné d'aucun homme. Il n'a point eu d'anciens, fut lui-même son maître, ne passa point dix ans dans le fond d'un collége à recevoir le fouet, pour apprendre quelques mots qu'il eût pu, chez lui, savoir mieux en cinq ou six mois; il chante ce qu'il a vu, non pas ce qu'il a lu, et il nous le faut lire, non pour l'imiter, mais pour apprendre de lui à lire dans la nature, aujourd'hui lettre close à nous, qui ne voyons que des habits, des usages; l'étude de l'antique ramène les arts au simple, hors duquel point de sublime.

Hérodote et Homère nous représentent l'homme sortant de l'état sauvage, non encore façonné par les lois compliquées des sociétés modernes, l'homme grec, c'est-à-dire, le plus heureusement doué à tous égards : pour la beauté, qu'on le demande aux statuaires, elle est née en ce pays-là ; l'esprit, il n'y a point de sots en Grèce, a dit quelqu'un qui n'aimait pas les Grecs et ne les flattait point. Aussi, tout art vient d'eux, toute science;

sans eux, nous ne saurions pas même nous bâtir des demeures, ni mesurer nos champs; nous ne saurions pas vivre. Gloire, amour du pays, vertus des grandes âmes, où parurent-elles mieux que dans ce qu'ils ont fait et ce qu'ils font encore? Ce sont les commencements d'une telle nation que nous montrent ces deux auteurs.

Le sujet leur est commun, la guerre de l'Europe contre l'Asie; jamais il n'y en eut de plus grand ni qui nous touchât davantage. Il y allait pour nous de la civilisation, d'être policés ou barbares, et la querelle était celle du monde entier, pour qui le germe de tout bien se trouvait dans Athènes. L'ancienne, l'éternelle querelle se débattait à Salamine, et si la Grèce eût succombé, c'en était fait; non que je pense que le progrès du genre humain, dans la perfection de son être, pût dépendre d'une bataille ni même d'aucun événement; mais comme il fut arrêté depuis par la férocité romaine et d'autres influences qui faillirent à perdre la civilisation, elle eût péri pour un long temps à Salamine, dès sa naissance, par le triomphe du barbare.

Ils écrivirent, non dans le patois esclave, comme nos Froissard, nos Joinville, mais dans la langue belle alors, c'est-à-dire ancienne; car en la déliant du rhythme poétique, ils lui conservèrent les formes de la poésie, les expressions et les mots hors du dialecte commun, témoin le passage même d'Hécatée : *Ecataios Milésios óde mutheitai*, qui en italien (car cette langue a aussi sa phrase et ses mots pour la poésie) se traduirait bien, ce me semble, *Ecateo Melesio cosi favella*, au lieu de la façon vulgaire *cosi dice Ecateo*, *outó legei Ecataios o Milésios*. La différence paraît d'abord. Au grec, il ne manque, pour un vers, que le mètre seul et le rhythme, qui même revint dans la prose après Hécatée : mais ce n'est pas de quoi il s'agit. Le dialecte poétique, chez les Grecs, était le vieux grec; en Italie, c'est le vieux toscan, qu'on retrouve dans le contado de Siène et du val d'Arno. Il ne faut pas croire qu'Hérodote ait écrit la langue de son temps commune en Ionie, ce que ne fit pas Homère même, ni Orphée, ni Linus, ni de plus anciens, s'il y en eut; car le premier qui composa, mit dans son style des archaïsmes. Cet ionien si suave n'est autre chose que le vieux attique, auquel il mêle, comme avaient fait tous ses devanciers prosateurs, le plus qu'il peut des phrases d'Homère et d'Hésiode. La Fontaine, chez nous, empruntant les expressions de Marot, de Rabelais, fait ce qu'ont fait les anciens Grecs, et aussi est plus grec cent fois que ceux qui traduisaient du grec. De même Pascal, soit dit en passant, dans ses deux ou trois premières lettres, a plus de Platon, quant au style, qu'aucun traducteur de Platon.

Que ces conteurs des premiers âges de la Grèce aient conservé la langue poétique dans leur prose, on n'en saurait douter après le témoignage des critiques anciens, et d'Hérodote, qu'il suffit d'ouvrir seulement pour s'en convaincre. Or, la langue poétique partout, si ce n'est celle du peuple, en est tirée du moins. Malherbe, homme de cour, disait : J'apprends tout mon français à la place Maubert ; et Platon, poëte s'il en fût, Platon, qui n'aimait pas le peuple, l'appelle son maître de langue. Demandez le chemin de la ville à un paysan de Varlungo ou de Peretola, il ne vous dira pas un mot qui ne semble pris dans Pétrarque, tandis qu'un cavalier de San-Stefano parle l'italien francisé (*infrancesato*, comme ils disent) des antichambres de Piti. *Ariane, ma sœur, de quel amour blessée*, n'est point une phrase de marquis ; mais nos laboureurs chantent : *feru de ton amour, je ne dors nuit ni jour*. C'est la même expression. L'autre qui dit de Jeanne :

> Sentant son cœur faillir, elle baissa la tête,
> Et se prit à pleurer [1].

n'a point trouvé cela, certes, dans les salons ; il s'exprime en poëte : pouvait-il mieux ? jamais, ni avec plus de grâce, de douceur, d'harmonie. C'est la langue poétique, antique ; et mes voisins allant vendre un âne à la foire de Choussé, ne causent pas autrement, n'emploient point d'autres mots. Il continue de même, c'est-à-dire très-bien, *qui t'inspira, jeune et faible bergère....* et non pas, qui vous conseilla, mademoiselle, de quitter monsieur votre père, pour aller battre les Anglais ? Le ton, le style du beau monde, sont ce qu'il y a de moins poétique dans le monde. Madame Dacier commençant : *Déesse, chantez*, je devine ce que doit être tout le reste. Homère a dit grossièrement : *Chante, déesse, le courroux....*

[1] Casimir Delavigne.

Par tout ceci, on voit assez que penser traduire Hérodote dans notre langue académique, langue de cour, cérémonieuse, roide, apprêtée, pauvre d'ailleurs, mutilée par le bel usage, c'est étrangement s'abuser; il y faut employer une diction naïve, franche, populaire et riche, comme celle de la Fontaine. Ce n'est pas trop assurément de tout notre français pour rendre le grec d'Hérodote, d'un auteur que rien n'a gêné, qui, ne connaissant ni ton, ni fausses bienséances, dit simplement les choses, les nomme par leur nom, fait de son mieux pour qu'on l'entende, se reprenant, se répétant de peur de n'être pas compris; et faute d'avoir su son rudiment par cœur, n'accorde pas toujours très-bien le substantif et l'adjectif. Un abbé d'Olivet, un homme d'académie ou prétendant à l'être, ne se peut charger de cette besogne. Hérodote ne se traduit point dans l'idiome des dédicaces, des éloges, des compliments.

C'est pourtant ce qu'ont essayé de fort honnêtes gens d'ailleurs, qui sans doute n'ont point connu le caractère de cet auteur, ou peut-être ont cru l'honorer en lui prêtant un tel langage, et nous le présentant sous les livrées de la cour, en habit habillé : au moins est-il sûr qu'aucun d'eux n'a même pensé à lui laisser un peu de sa façon simple, grecque et antique. Saisissant, comme ils peuvent, le sens qu'il a eu dessein d'exprimer, ils le rendent à leur manière, toujours parfaitement polie et d'une décence admirable. Figurez-vous un truchement qui, parlant au sénat de Rome pour le paysan du Danube, au lieu de ce début,

> Romains, et vous, Sénat, assis pour m'écouter,

commencerait : Messieurs, puisque vous me faites l'honneur de vouloir bien entendre votre humble serviteur, j'aurai celui de vous lire.... Voilà exactement ce que font les interprètes d'Hérodote. La version de Larcher, pour ne parler que de celle qui est la plus connue, ne s'écarte jamais de cette civilité : on ne saurait dire que ce soit le laquais de madame de Sévigné, auquel elle compare les traducteurs d'alors, car celui-là rendait dans son langage bas le style de la cour, tandis que Larcher, au contraire, met en style de cour ce qu'a dit l'homme d'Halicarnasse. Hérodote, dans Larcher, ne parle que de princes, de princesses, de seigneurs et de gens de qualité ; ces princes montent sur le trône, s'emparent de la couronne, ont une cour, des ministres et de grands officiers, faisant, comme on peut croire, le bonheur des sujets, pendant que les princesses, les dames de la cour, accordent leurs faveurs à ces jeunes seigneurs. Or est-il qu'Hérodote ne se douta jamais de ce que nous appelons prince, trône et couronne, ni de ce qu'à l'Académie on nomme faveurs des dames et bonheur des sujets. Chez lui les dames, les princesses mènent boire leurs vaches, ou celles du roi leur père, à la fontaine voisine, trouvent là des jeunes gens, et font quelque sottise, toujours exprimée dans l'auteur avec le mot propre : on est esclave ou libre, mais on n'est point sujet dans Hérodote. Cependant, en si bonne et noble compagnie, Larcher a fort souvent des termes qui sentent un peu l'antichambre de madame de Sévigné, comme quand il dit, par exemple : *Ces seigneurs mangeaient du mouton*; il prend cela dans la chanson de monsieur Jourdain. *Le grand roi bouchant les derrières aux Grecs* à Salamine, est encore une de ses phrases; et il en a bien d'autres peu séantes à un homme comme son Hérodote, qui parle congrûment, et surtout noblement ; il ne nommera pas le boulanger de Crésus, le palefrenier de Cyrus, le chaudronnier Macistos; il dit grand panetier, écuyer, armurier, avertissant en note que cela est plus noble.

Cette rage d'ennoblir, ce jargon, ce ton de cour, infectant le théâtre et la littérature sous Louis XIV et depuis, gâtèrent d'excellents esprits, et sont encore cause qu'on se moque de nous avec juste raison. Les étrangers crèvent de rire quand ils voient dans nos tragédies le seigneur Agamemnon et le seigneur Achille, qui lui demande raison, aux yeux de tous les Grecs; et le seigneur Oreste brûlant de tant de feux pour madame sa cousine. L'imitation de la cour est la peste du goût aussi bien que des mœurs. Un langage si poli, adopté par tous ceux qui chez nous se sont mêlés de traduire les anciens, a fait qu'aucun ancien n'est traduit, à vrai dire, et qu'on n'a presque point de versions qui gardent quelques traits du texte orginal. Une copie de l'antique, en quelque genre que ce soit, est peut-être encore à faire. La chose passe pour difficile, à tel point que plusieurs la tiennent impossible. Il y a des gens persuadés que le style ne se traduit pas, ni ne se copie d'un tableau. Ce que j'en puis dire, c'est qu'ayant réfléchi là-dessus, aidé de quelque expérience, j'ai trouvé cela vrai jusqu'à un certain point. On ne fera sans doute jamais une traduction tellement exacte et fidèle, qu'elle puisse en tout tenir lieu de l'original, et qu'il devienne indifférent de lire le texte ou la version. Dans un pareil travail, ce serait la perfection, qui ne se peut non plus atteindre en cela qu'en toute autre chose; mais on en approche beaucoup, surtout lorsque l'auteur a, comme celui-ci, un caractère à lui, quoique véritablement si naïf et si simple, qu'en ce sens il est moins imitable qu'un autre. Par malheur, il n'a eu longtemps pour interprètes que des gens tout à fait de la bonne compagnie, des académiciens, gens pensant noblement et s'exprimant de même, qui, avec leurs idées de beau monde et de savoir-vivre, ne pouvaient goûter ni sentir, encore moins représenter le style d'Hérodote. Aussi n'y ont-ils pas songé. Un homme séparé des hautes classes, un homme du peuple, un paysan sachant le grec et le français, y pourra réussir si la chose est faisable; c'est ce qui m'a décidé à entreprendre ceci [1], où j'emploie, comme on va voir, non la langue courtisanesque, pour user de ce mot italien, mais celle des gens avec qui je travaille à mes champs, laquelle se trouve quasi toute dans la Fontaine; langue plus savante que celle de l'Académie, et, comme j'ai dit, beaucoup plus grecque : on s'en convaincra en voyant, si on prend la peine de comparer ma version au texte, combien j'ai traduit de passages littéralement, mot à mot, qui ne se peuvent rendre que par des circonlocutions sans fin dans le dialecte académique. Je garantis cette traduction plus courte d'un quart que toutes celles qui l'ont précédée; si avec cela elle se lit, je n'aurai pas perdu mon temps : encore est-elle plus longue que le texte; mais d'autres, j'espère, feront mieux et la pourront réduire à sa juste mesure, non pas toutefois en suivant des principes différents des miens.

[1] Ce morceau servait de préface au premier fragment de la traduction d'Hérodote, publié en 1825, et donné comme *Prospectus* de la traduction complète que Courier annonçait.

LIVRE PREMIER.

CLIO.

C'est ici l'édition des recherches d'Hérodote d'Halicarnasse, de peur que les actes des hommes ne soient effacés par le temps, et que tant de hauts faits et gestes merveilleux des Grecs et des barbares ne demeurent sans gloire; comme aussi la raison pourquoi ils se firent la guerre entre eux.

I. Or, les doctes d'entre les Perses disent que la querelle commença par les Phéniciens, qui des bords de la mer qu'on appelle Érythrée, venus habiter en ce lieu où ils habitent maintenant, entreprirent bientôt de longues navigations, portant des marchandises d'Égypte et d'Assyrie, allèrent en divers pays et finalement à Argos. Argos alors dominait sur tout le pays qui se nomme Grèce aujourd'hui. Arrivés en ce pays d'Argos, les Phéniciens vendaient leurs marchandises aux habitants du lieu, et le cinquième ou sixième jour de leur arrivée, ayant quasi tout débité, nombre de femmes vinrent sur la plage, et parmi elles une fille du roi, laquelle avait nom, selon eux, en ce d'accord avec les Grecs, Io, fille d'Inachus; qu'elles à la poupe du navire achetaient de ces marchandises ce qui plus leur venait à gré, lorsqu'à un signal convenu, les Phéniciens tout à coup se jetant sur elles les saisirent. Que la plupart toutefois échappèrent, mais Io fut prise avec d'autres, laquelle embarquée, aussitôt ils firent voile pour l'Égypte.

II. Ainsi content les Perses, non point comme les Grecs, la venue d'Io en Égypte, et que ce fut là le premier tort. Puis, ajoutent-ils, certains Grecs dont ils ne sauraient dire le nom (c'était possible des Crétois), abordèrent à Tyr de Phénicie, enlevèrent Europe, fille du roi. De la sorte les choses entre eux étaient égales. Mais que le second tort fut des Grecs, lesquels abordés en Colchide et Æa sur le fleuve du Phase, finies les affaires pour lesquelles ils étaient venus, emmenèrent Médée, fille du roi. Le Colchidien là-dessus envoya en Grèce un héraut demander réparation de ce rapt et redemander aussi sa fille : à quoi il lui fut répondu qu'eux les premiers n'avaient donné nulle réparation de l'enlèvement de l'Argienne, et partant n'avaient droit d'en exiger aucune.

III. Et si racontent que deux générations après, Alexandre, fils de Priam, sachant comme s'étaient passées toutes ces choses, voulut avoir une femme grecque, pensant que s'il la pouvait ravir, il n'en serait non plus recherché que ne l'avaient été les autres avant lui. Ainsi enleva Hélène, sur quoi d'abord les Grecs firent par une ambassade redemander Hélène et réparation de l'injure. Mais eux leur alléguèrent l'exemple de Médée, comme n'ayant donné nulle satisfaction ni rendu la femme, ils voulaient ravoir femme et réparation.

IV. Jusque-là donc il n'y avait eu que des enlèvements de part et d'autre; mais que les Grecs depuis furent cause de ce qui advint dans la suite, ayant fait la guerre en Asie avant qu'eux-mêmes en Europe; c'est ce que soutiennent les Perses, disant que pour eux ils pensent que enlever des femmes est l'œuvre d'hommes injustes; mais que les fols seuls s'occupent de venger ces enlèvements, les sages ne prenant aucun souci de poursuivre les femmes enlevées, étant manifeste en effet que, si elles ne l'eussent voulu, il ne serait jamais arrivé qu'on les enlevât. Ils nient d'avoir eu en aucun temps des démêlés pour des femmes enlevées de l'Asie: tandis que les Grecs, pour une femme de Lacédémone, assemblèrent une grande flotte, et passant bientôt en Asie, renversèrent la puissance de Priam. C'est depuis lors qu'ils ont toujours regardé les Grecs comme étant leurs ennemis; car l'Asie et les nations barbares qui l'habitent sont tenues par les Perses pour unies avec eux, tandis qu'ils considèrent l'Europe et les Grecs comme séparés.

V. De cette façon racontent les Perses que les choses ont eu lieu, et trouvent dans la destruction de Troie l'origine de leur inimitié contre les Grecs; avec eux les Phéniciens ne conviennent pas sur le fait d'Io, disant qu'ils n'ont point usé de violence pour la conduire en Égypte, mais qu'elle avait couché à Argos avec le pilote du vaisseau, et que se trouvant grosse, craignant ses parents, elle avait de son propre mouvement navigué avec les Phéniciens, de peur d'être découverte. Voilà ce qu'ils racontent, tant les Perses que les Phéniciens. Quant et moi, je n'ai pas à dire si les choses ont eu lieu d'une façon ou de l'autre. Mais, après que j'aurai indiqué celui que je connais pour avoir le premier commencé à faire injure aux Grecs, je mènerai plus loin mon discours, parlant des petites villes aussi bien que des grandes et populeuses; car, de celles qui étaient grandes autrefois, beaucoup ont été réduites à petites, et d'autres au contraire, que je me rappelle avoir vu grandes, étaient petites auparavant. Sachant donc que la prospérité humaine n'est pas stable, je ferai mention des unes et des autres également.

VI. Crésus fut Lydien d'origine, fils d'Alyattes et tyran des nations en deçà du fleuve Halys qui, coulant du midi entre les Syriens et les Paphlagoniens, se jette vers le nord dans le Pont qu'on appelle Euxin. Ce Crésus, le premier des barbares que nous sachions, soumit quelques-uns des Grecs à lui payer tribut, et fit amitié avec d'autres. Il soumit les Ioniens et les Éoliens, et les Doriens de l'Asie, fit amitié avec les Lacédémoniens. Avant le règne de Crésus, tous les Grecs étaient libres, car l'invasion des Cimmériens en Ionie, bien plus ancienne que Crésus, ne fut point conquête de villes, mais une course de rapine.

VII. Or la domination, étant auparavant des Héraclides, vint à la race de Crésus, autrement dite des Mermnades, en cette façon : Candaule, celui-là que les Grecs nomment Myrsile, était tyran de Sardes, descendant d'Alcée, fils d'Hercule. Car Agron, fils de Ninus fils de Bélus fils d'Alcée, fut le premier des Héraclides, roi de Sardes ; Candaule, fils de Myrsus, le dernier. Ceux qui avant Agron régnèrent en ce pays, descendaient de Lydus, fils d'Atys, duquel tout le peuple depuis fut appelé Lydien, ayant eu nom Méomen plus anciennement. Eux, en exécution d'un oracle, cédèrent l'empire aux Héraclides issus d'Hercule et d'une esclave de Jardamos, ayant régné de père en fils sur vingt-deux générations d'hommes l'espace de *cinq cent cinq* ans, jusqu'à Candaule, fils de Myrsus.

VIII. Or ce Candaule aimait sa femme, et comme amant, la croyait être la plus belle des femmes ; si bien que dans cette créance, comme il y avait un de ses gardes, Gygès, fils de Dascyle, auquel il portait affection, à ce Gygès il faisait part de ses plus importantes affaires sur toutes choses, lui louant la beauté de sa femme : et un jour (car si fallait-il que mal arrivât à Candaule), il parla à Gygès en ces termes : Gygès, car il m'est avis que tu ne crois pas ce que je te dis de la beauté de ma femme, d'autant que les oreilles aux hommes sont moins croyables que les yeux, fais tant que tu la voies nue. Lui sur cela s'écrie : Maître, que me dis-tu, et quelle parole peu sage viens-tu de proférer, me conviant à voir toute nue madame et maîtresse ? Femme dépouille avec la chemise la pudeur aussi. Dès longtemps les hommes ont trouvé le beau et l'honnête, dont il faut apprendre ceci entre autres bons enseignements, que chacun regarde sans plus ce qui est à lui. Pour moi, je la crois belle entre toutes, et te prie ne me point solliciter à mal.

IX. Ainsi lui se défendait, appréhendant de cela quelque mésaventure ; mais l'autre repartit : Assure-toi, Gygès, et ne crains pas que moi je te veuille éprouver, ni que de ma femme te puisse avenir méchef. Car d'abord je ferai en sorte qu'elle ne le sache point, car je te placerai derrière la porte ouverte de la chambre où nous couchons : peu après que je serai entré viendra ma femme se mettre au lit. Un siége est tout contre l'entrée, sur lequel elle posera, se dépouillant, ses vêtements l'un après l'autre, et ainsi te donnera loisir de la contempler ; puis lorsque, allant du siége au lit, elle te tournera le dos, c'est à toi de prendre ton temps pour sortir sans qu'elle te voie.

X. Lui, ne pouvant refuser, consentit, et Candaule, quand il fut heure de dormir, conduisit Gygès dans la chambre, et tantôt vint après la femme, laquelle près de l'huis quittant ses vêtements, Gygès la vit, et, comme elle lui tournait le dos pour aller au lit, s'échappa ; mais elle l'aperçoit sortir, et, encore qu'elle connût bien que le fait était de son mari, toutefois sans faire semblant de se douter de rien, garda sa honte, et ne dit mot, ayant en l'esprit de se venger ; car chez les Lydiens et quasi chez tous les barbares, c'est grand'honte, même à un homme, de se laisser voir nu.

XI. Alors donc elle se tut, sans rien faire paraître ; mais, dès le jour venu ayant donné ses ordres à tout ce qu'elle avait de serviteurs plus fidèles, elle manda Gygès, qui, ne pensant pas qu'elle eût connaissance du fait, vint à son commandement, comme était sa coutume de venir quand la reine le faisait appeler. Gygès donc étant arrivé, elle lui dit : De deux partis choisis, Gygès, celui qui te semble à préférer, ou tuer Candaule et avoir moi avec le royaume de Lydie, ou bien toi mourir tout à l'heure, afin qu'il ne t'avienne plus, en obéissant à Candaule, de voir ce que tu ne dois pas. Mais l'un de vous doit mourir, ou lui qui t'a conseillé cela, ou toi qui m'as vue nue et as fait chose non permise. A ce propos Gygès fut un moment surpris, puis se mit à la supplier de ne le point contraindre d'opter ; mais, voyant qu'il ne gagnait rien, et vraiment ne pouvant éviter de tuer son maître ou lui-même périr, il aima mieux rester en vie ; et il l'interrogeait disant : Puisqu'ainsi est que tu m'obliges de tuer mon maître malgré moi, voyons donc de quelle manière le pourrons-nous attaquer ? Et elle, répondant lui dit : Du même endroit tu l'assailleras d'où lui m'a montrée à toi nue, et tu attendras qu'il s'endorme.

XII. L'embûche ainsi dressée, dès que la nuit fut venue (car Gygès ne put s'échapper ni se dispenser d'obéir, mais de force lui fallait tuer Candaule ou mourir), il suivit cette femme dans la chambre où, elle, lui donnant un poignard, le cache derrière la même porte. Puis bientôt après, comme il vit Candaule endormi, approchant sans bruit, il le tue, et ainsi eut Gygès et la femme et l'empire. C'est lui dont a parlé Archiloque de Paros dans un ïambe trimètre, ayant vécu de son temps.

XIII. Il eut la royauté, qui lui fut confirmée par l'oracle de Delphes. Car comme les Lydiens, courroucés du meurtre de Candaule, prenaient les armes, fut convenu, entre ceux qui tenaient le parti de Gygès et les autres Lydiens, que si l'oracle le déclarait roi des Lydiens, il régnerait, sinon l'empire retournerait aux Héraclides. L'oracle se déclara pour lui, il régna : seulement prédit la pythie que les Héraclides seraient vengés sur le cinquième descendant de Gygès, de laquelle prédiction ne tinrent compte ni les Lydiens, ni leurs rois, jusqu'à ce qu'elle fût accomplie.

XIV. Ainsi la tyrannie échut aux Mermnades, qui chassèrent les Héraclides. Étant tyran, Gygès envoya des offrandes à Delphes, non pas peu, mais tout ce qui se voit d'offrandes de lui en argent au temple de Delphes, et outre l'argent il offrit de l'or en quantité, dont surtout sont à remarquer six cratères d'or consacrés par lui ; ceux-là, placés dans le trésor des Corinthiens, sont du poids de trente talents. S'il en faut dire la vérité, ce trésor n'est pas de la commune des Corinthiens, mais de Cypsélus, fils d'Ection. Ce Gyges, le premier des barbares que nous sachions, offrit des offrandes à Delphes après Mydas, fils de Gordias, roi de Phrygie. Car Mydas offrit le siége royal, sur lequel auparavant il rendait la justice. Ce siége curieux à voir est au même lieu que les cratères de Gygès. Tout cet or et argent, offrande de Gygès, sont appelés par les Delphiens Gygéades, du nom de qui les a offerts.

Celui-là aussi fit, étant devenu roi, une expédition contre Milet de Smyrne, prit la cité de Colophon ; mais, comme ce fut là sa seule entreprise considérable, durant trente-huit ans qu'il régna, nous n'en dirons rien davantage.

XV. Je parlerai d'Ardys qui, étant fils de Gygès, après Gygès régna. Celui-là prit en guerre les Prienniens et attaqua Milet. Lui étant tyran de Sardes, les Cimmériens, chassés de leurs demeures par les Scythes nomades, vinrent en Asie, et prirent Sardes, hormis la citadelle.

XVI. Ardys ayant régné quarante-neuf ans, son successeur fut Sadyattes, fils d'Ardys, lequel régna douze ans. Après Sadyattes, Alyattes. Celui-ci fit la guerre à Cyaxare, descendant de Dejocès, et aux Mèdes. Il chassa les Cimmériens de l'Asie, prit Smyrne, colonie des Colophoniens, et marcha contre Clazomène, d'où il revint, non pas comme il aurait voulu, mais y reçut un grand échec. D'autres œuvres dignes de mémoire furent par lui exécutées pendant son règne.

XVII. Il fit la guerre aux Milésiens, guerre commencée par son père, etc.

LES PASTORALES DE LONGUS,

ou

DAPHNIS ET CHLOÉ.

PRÉFACE [1].

La version faite par Amyot des Pastorales de Longus, bien que remplie d'agrément, comme tout le monde sait, est incomplète et inexacte; non qu'il ait eu dessein de s'écarter en rien du texte de l'auteur, mais c'est que d'abord il n'eut point l'ouvrage grec entier, dont il n'y avait en ce temps-là que des copies fort mutilées. Car tous les anciens manuscrits de Longus ont des lacunes et des fautes considérables, et ce n'est que depuis peu qu'en en comparant plusieurs, on est parvenu à suppléer l'un par l'autre, et à donner de cet auteur un texte lisible. Puis, Amyot, lorsqu'il entreprit cette traduction, qui fut de ses premiers ouvrages, n'était pas aussi habile qu'il le devint dans la suite, et cela se voit en beaucoup d'endroits où il ne rend point le sens de l'auteur, partout assez clair et facile, faute de l'avoir entendu. Il y a aussi des passages qu'il a entendus et n'a point voulu traduire. Enfin, il a fait ce travail avec une grande négligence, et tombe à tous coups dans des fautes que le moindre degré d'attention lui eût épargnées. De sorte qu'à vrai dire, il s'en faut beaucoup qu'Amyot ait donné en français le roman de Longus; car ce qu'il en a omis exprès, ou pour ne l'avoir

[1] Voir, page 269 la lettre à M. Renouard, et toute la polémique au sujet de la découverte du fragment ; voir aussi la Correspondance à cette époque.

point trouvé dans son manuscrit, avec ce qu'il a mal rendu par erreur ou autrement, fait en somme plus de la moitié du texte de l'auteur, dont sa version ne représente que certaines parties, des phrases, des morceaux bien traduits parmi beaucoup de contre-sens, et quelques passages rendus avec tant de grâce et de précision, qu'il ne se peut rien de mieux. Aussi s'est-on appliqué à conserver avec soin dans cette nouvelle traduction jusqu'aux moindres traits d'Amyot conformes à l'original, en suppléant le reste d'après le texte tel que nous l'avons aujourd'hui, et il semble que c'était là tout ce qui se pouvait faire. Car de vouloir dire en d'autres termes ce qu'il avait si heureusement exprimé dans sa traduction, cela n'eût pas été raisonnable, non plus que d'y respecter ces longues traînées de langage, comme dit Montaigne, dans lesquelles, croyant développer la pensée de son auteur, car il n'eut jamais d'autre but, il dit quelquefois tout le contraire, ou même ne dit rien du tout. Si quelques personnes toutefois n'approuvent pas qu'on ose toucher à cette version, depuis si longtemps admirée comme un modèle de grâce et de naïveté, on les prie de considérer que, telle qu'Amyot l'a donnée, personne ne la lit maintenant. Le Longus d'Amyot, imprimé une seule fois il y a plus de deux siècles, n'a reparu depuis qu'avec une foule de corrections et des pages entières de suppléments, ouvrage des nouveaux éditeurs, qui, pour en remplir les lacunes, et remédier aux contre-sens les plus palpables d'Amyot, se sont aidés comme ils ont pu d'une faible version latine, et ainsi ont fait quelque chose qui n'est ni Longus ni Amyot. C'est là ce qu'on lit aujourd'hui. Le projet n'est donc pas nouveau de retoucher la version d'Amyot; et si on le passe à ceux-là qui n'ont pu avoir nulle idée de l'original, en fera-t-on un crime à quelqu'un qui, voyant les fautes d'Amyot changées plutôt que corrigées par ses éditeurs, aura entrepris de rétablir dans cette traduction, avec le vrai sens de l'auteur, les belles et naïves expressions de son interprète? Un ouvrage, une composition, une œuvre créée, ne se peut finir ni retoucher que par celui qui l'a conçue; mais il n'en va pas ainsi d'une traduction, quelque belle qu'elle soit; et cette Vénus qu'Apelle laissa imparfaite, on aurait pu la terminer, si c'eût été une copie, et la corriger même d'après l'original.

Nous ne savons rien de l'auteur de ce petit roman : son nom même n'est pas bien connu. On le trouve diversement écrit en tête des vieux exemplaires, et il n'en est fait nulle mention dans les notices que Suidas et Photius nous ont laissées de beaucoup d'anciens écrivains : silence d'autant plus surprenant, qu'ils n'ont pas négligé de nommer de froids imitateurs de Longus, tels qu'Achille Tatius et Xénophon d'Éphèse. Ceux-ci, contrefaisant son style, copiant toutes ses phrases et ses façons de dire, témoignent assez en quelle estime il était de leur temps. On n'imite guère que ce qui est généralement approuvé. Nicétas Eugénianus, dont l'ouvrage se trouve dans quelques bibliothèques, n'a presque fait que mettre en vers la prose de Longus. Mais le plus malheureux de tous ceux qui ont tenté de s'approprier son langage et ses expressions, c'est Eumathius, l'auteur du roman des Amours d'Ismène et d'Isménias. Quant à Héliodore, ce qu'il a de commun avec notre auteur se réduit à quelques traits qu'ils ont pu puiser aux mêmes sources, et ne suffit pas pour prouver que l'un d'eux ait imité l'autre. Quoi qu'il en soit, on voit que le style de Longus a servi de modèle à la plupart de ceux qui ont écrit en grec de ces sortes de fables que nous appelons romans. Il avait lui-même imité d'autres écrivains plus anciens. On ne peut douter qu'il n'ait pris des poëtes érotiques, qui étaient en nombre infini, et de la nouvelle comédie, ainsi qu'on l'appelait, la disposition de son sujet, et beaucoup de détails, dont même quelque-uns se reconnaissent encore dans les fragments de Ménandre et des autres comiques. Il a su choisir avec goût, et unir habilement tous ces matériaux, pour en composer un récit où la grâce de l'expression et la naïveté des peintures se font admirer dans l'extrême simplicité du sujet. Aussi aura-t-on peine à croire qu'un tel ouvrage ait pu paraître au milieu de la barbarie du siècle de Théodose, ou même plus tard, comme quelques savants l'ont conjecturé.

LIVRE PREMIER.

En l'île de Lesbos, chassant dans un bois consacré aux Nymphes, je vis la plus belle chose que j'aie vue en ma vie, une image peinte, une histoire d'amour. Le parc, de soi-même, était beau; fleurs n'y manquaient, arbres épais, fraîche fontaine qui nourrissait et les arbres et les fleurs; mais la peinture, plus plaisante encore que tout le reste, était d'un sujet amoureux et de merveilleux artifice; tellement que plusieurs, même étrangers, qui en avaient ouï parler, venaient là dévots aux Nymphes, et curieux de voir cette peinture. Femmes s'y voyaient accouchant, autres enveloppant de langes des enfants, des petits poupards exposés à la merci de fortune, bêtes qui les nourrissaient, pâtres qui les enlevaient, jeunes gens unis par amour, des pirates en mer, des ennemis à terre qui couraient le pays, avec bien d'autres choses, et toutes amoureuses, lesquelles je regardai en si grand plaisir, et les trouvai si belles, qu'il me prit envie de les coucher par écrit. Si cherchai quelqu'un qui me les donnât à entendre par le menu; et ayant le tout entendu, en composai ces quatre livres, que je dédie comme une offrande à Amour, aux Nymphes et à Pan, espérant que le conte en sera agréable à plusieurs manières de gens, pour ce qu'il peut servir à guérir le malade, consoler le dolent, remettre en mémoire de ses amours celui qui autrefois aura été amoureux, et instruire celui qui ne l'aura encore point été. Car jamais ne fut rien ni ne sera qui se puisse tenir d'aimer, tant qu'il y aura beauté au monde, et que les yeux regarderont. Nous-même, veuille le Dieu que sage puissions ici parler des autres!

Mitylène est ville de Lesbos, belle et grande, coupée de canaux par l'eau de la mer qui flue dedans et tout alentour, ornée de ponts de pierre blanche et polie; à voir, vous diriez non une ville, mais comme un amas de petites îles. Environ huit ou neuf lieues loin de cette ville de Mitylène, un riche homme avait une terre: plus bel héritage n'était en toute la contrée, bois remplis de gibier, coteaux revêtus de vignes, champs à porter froment, pâturages pour le bétail, et le tout au long de la marine, où le flot lavait une plage étendue de sable fin.

En cette terre, un chevrier nommé Lamon, gardant son troupeau, trouva un petit enfant qu'une de ses chèvres allaitait, et voici la manière comment. Il y avait un hallier fort épais de ronces et d'épines, tout couvert par-dessus de lierre, et au-dessous la terre feutrée d'herbe menue et délicate, sur laquelle était le petit enfant gisant. Là s'en courait cette chèvre, de sorte que bien souvent on ne savait ce qu'elle devenait, et abandonnant son chevreau, se tenait auprès de l'enfant. Pitié vint à Lamon du chevreau délaissé. Un jour il prend garde par où elle allait, sur le chaud du midi; la suivant à la trace, il voit comme elle entrait sous le hallier doucement, et passait ses pattes tout beau par-dessus l'enfant, peur de lui faire mal, et l'enfant prenait à belles mains son pis comme si c'eût été mamelle de nourrice. Surpris, ainsi qu'on peut penser, il approche, et trouve que c'était un petit garçon beau, bien fait, et en plus riche maillot que convenir ne semblait à tel abandon; car il était enveloppé d'un mantelet de pourpre avec une agrafe d'or; près de lui était un petit couteau à manche d'ivoire.

Si fut entre deux d'emporter ces enseignes de reconnaissance, sans autrement se soucier de l'enfant; puis ayant honte de ne se montrer du moins aussi humain que sa chèvre, quand la nuit fut venue il prend tout, et les joyaux, et l'enfant, et la chèvre, qu'il conduisit à sa femme Myrtale, laquelle, ébahie, s'écria si à cette heure les chèvres faisaient de petits garçons; et Lamon lui conta tout, comme il l'avait trouvé gisant et la chèvre le nourrissant, et comment il avait eu honte de le laisser périr. Elle fut bien d'avis que vraiment il ne l'avait pas dû faire; et tous deux d'accord de l'élever, ils serrèrent ce qui s'était trouvé quant et lui, disant partout qu'il est à eux; et afin que le nom même sentît mieux son pasteur, l'appelèrent Daphnis.

A quelque deux ans de là, un berger des environs, qui avait nom Dryas, vit une toute pareille chose, et trouva semblable aventure. Un antre était en ce canton, qu'on appelait l'Antre des Nymphes, grande et grosse roche creuse par le dedans, toute ronde par le dehors; et dedans y avait les figures des Nymphes, taillées de pierre, les pieds sans chaussure, les bras nus jusques aux épaules, les cheveux épars autour du cou, ceintes sur les reins, toutes ayant le visage riant, et la contenance telle comme si elles eussent ballé ensemble. Du milieu de la roche, et du plus creux de l'antre, sourdait une fontaine, dont l'eau, qui s'épandait en forme de bassin, nourrissait là, au devant, une herbe fraîche et touffue, et s'écoulait à travers le beau pré verdoyant. On voyait attachées au roc force seilles à traire le lait, force flûtes et chalumeaux, offrandes des anciens pasteurs.

En cette caverne une brebis, qui naguère avait agnelé, allait si souvent, que le berger la crut perdue plus d'une fois. La voulant châtier, afin qu'elle demeurât au troupeau comme devant, à paître avec les autres, il coupe un scion de franc osier, dont il fit un collet en manière de lacs courant, et s'en venait pour l'attraper au creux du rocher. Mais quand il y fut, il trouva autre chose : il voit la brebis donner son pis à un enfant, avec amour et douceur, telles que mère autrement n'eût su faire ; et l'enfant, de sa petite bouche belle et nette, pour ce que la brebis lui léchait le visage après qu'était soûl de téter, prenait sans un seul cri, puis l'un, puis l'autre bout du pis, de grand appétit. Cet enfant était une fille ; et avec elle aussi, pour marques à la pouvoir un jour connaître, on avait laissé une coiffe de réseau d'or, des patins dorés, et des chaussettes brodées d'or.

Dryas estimant cette rencontre venir expressément des dieux, et instruit à la pitié par l'exemple de sa brebis, enlève l'enfant dans ses bras, met les joyaux dans son bissac, non sans faire prière aux Nymphes qu'à bonheur pût-il élever leur pauvre petite suppliante ; puis, quand vint l'heure de remener son troupeau au tect, retournant au lieu de sa demeurance champêtre, conte à sa femme ce qu'il avait vu, lui montre ce qu'il avait trouvé, disant qu'elle ne ferait que bien si elle voulait de là en avant tenir cet enfant pour sa fille, et comme sienne la nourrir, sans rien dire de telle aventure. Napé (c'était le nom de la bergère), Napé, de ce moment, fut mère à la petite créature, et tant l'aima, qu'elle paraissait proprement jalouse de surpasser en cela sa brebis, qui toujours l'allaitait de son pis : et, pour mieux faire croire qu'elle fût sienne, lui donna aussi un nom pastoral, la nommant Chloé.

Ces deux enfants en peu de temps devinrent grands, et d'une beauté qui semblait autre que rustique. Et sur le point que l'un fut parvenu à l'âge de quinze ans, et l'autre de deux moins, Lamon et Dryas, en une même nuit, songèrent tous deux un tel songe. Il leur fut avis que les Nymphes, celles-là même de l'antre où était cette fontaine, et où Dryas avait trouvé la petite fille, livraient Daphnis et Chloé aux mains d'un jeune garçonnet fort vif et beau à merveille, qui avait des ailes aux épaules, portait un petit arc et de petites flèches, et les ayant touchés tous deux d'une même flèche, commandait à l'un paître de là en avant les chèvres, et à l'autre les brebis. Telle vision aux bons pasteurs présageant le sort à venir de leurs nourrissons, bien leur fâchait qu'ils fussent aussi destinés à garder les bêtes. Car jusque-là ils avaient cru que les marques trouvées quant et eux leur promettaient meilleure fortune, et aussi les avaient élevés plus délicatement qu'on ne fait les enfants des bergers, leur faisant apprendre les lettres, et tout le bien et honneur qui se pouvait en un lieu champêtre : se résolurent toutefois d'obéir aux dieux touchant l'état de ceux qui, par leur providence, avaient été sauvés ; et après avoir communiqué leurs songes ensemble, et sacrifié en la caverne à ce jeune garçonnet qui avait des ailes aux épaules (car ils n'en eussent su dire le nom), les envoyèrent aux champs, leur enseignant toutes choses que bergers doivent savoir : comment il faut faire paître les bêtes avant midi, et comment après que le chaud est passé ; à quelle heure convient les mener boire, à quelle heure les ramener au tect ; à quoi il est besoin user de la houlette, à quoi de la voix seulement. Eux prirent cette charge avec autant de joie comme si c'eût été quelque grande seigneurie, et aimaient leurs chèvres et brebis trop plus affectueusement que n'est la coutume des bergers ; pour ça qu'elle se sentait tenue de la vie à une brebis, et lui de sa part se souvenait qu'une chèvre l'avait nourri.

Or était-il lors environ le commencement du printemps, que toutes fleurs sont en vigueur, celles des bois, celles des prés et celles des montagnes. Aussi jà commençait à s'ouïr par les champs bourdonnement d'abeilles, gazouillement d'oiseaux, bêlement d'agneaux nouveau-nés. Les troupeaux bondissaient sur les collines, les mouches à miel murmuraient par les prairies, les oiseaux faisaient résonner les buissons de leur chant. Toutes choses adonc faisant bien leur devoir de s'égayer à la saison nouvelle, eux aussi, tendres, jeunes d'âge, se mirent à imiter ce qu'ils entendaient et voyaient. Car entendant chanter les oiseaux, ils chantaient ; voyant bondir les agneaux, ils sautaient à l'envi ; et, comme les abeilles, allaient cueillant des fleurs, dont ils jetaient les unes dans leur sein, et des autres arrangeaient des chapelets pour les Nymphes ; et toujours se tenaient ensemble, toute besogne faisaient en commun, paissant leurs troupeaux l'un près de l'autre. Souventefois Daphnis allait faire revenir les brebis de Chloé, qui s'étaient un peu loin écartées du troupeau; souvent Chloé retenait les chèvres trop hardies, voulant monter au plus haut des rochers droits et coupés; quelquefois l'un tout seul gardait les deux troupeaux, pendant le temps que l'autre vaquait à quelque jeu. Leurs jeux étaient jeux de bergers et d'enfants. Elle, s'en allant dès le matin cueillir quelque part du menu jonc, en faisait une cage à cigale, et cependant ne se souciait aucunement de son troupeau; lui, d'autre côté, ayant coupé des roseaux, en pertuisait les jointures, puis les collait ensemble avec de la cire molle, et s'apprenait à en jouer bien souvent jusques à la nuit. Quelquefois ils partageaient ensemble leur lait ou leur vin, et de tous vivres qu'ils avaient portés du logis se faisaient part l'un à l'autre. Bref, on eût plutôt vu les brebis dispersées paissant chacune à part, que l'un de l'autre séparés Daphnis et Chloé.

Or, parmi tels jeux enfantins, Amour leur voulut donner du souci. En ces quartiers y avait une louve, laquelle ayant naguère louveté, ravissait des autres troupeaux de la proie à foison, dont elle nourrissait ses louveteaux; et pour ce, gens assemblés des villages d'alentour faisaient la nuit des fosses d'une brasse de largeur et quatre de profondeur, et la terre qu'ils en tiraient, non toute, mais la plupart, l'épandaient au loin; puis étendant sur l'ouverture des verges longues et grêles, les couvraient en semant par-dessus le demeurant de la terre, afin que la place parût toute plaine et unie comme devant; en sorte que s'il n'eût passé par-dessus qu'un lièvre en courant, il eût rompu les verges, qui étaient, par manière de dire, plus faibles que brins de paille; et lors eût-on bien vu que ce n'était point terre ferme, mais une feinte seulement. Ayant fait plusieurs telles fosses en la montagne et en la plaine, ils ne purent prendre la louve, car elle sentit l'embûche; mais furent cause que plusieurs chèvres et brebis périrent, et presque Daphnis lui-même par tel inconvénient.

Deux boucs s'échauffèrent de jalousie, à cosser l'un contre l'autre et si rudement se heurtèrent, que la corne fut rompue; de quoi sentant grande douleur, celui qui était écorné se mit en bramant à fuir, et le victorieux à le poursuivre, sans le vouloir laisser en paix. Daphnis fut marri de voir ce bouc mutilé de sa corne; et se courrouçant à l'autre, qui encore n'était content de l'avoir ainsi laidement accoutré, si prend en son poing sa houlette, et s'en court après ce poursuivant. De cette façon, le bouc fuyant les coups, et lui le poursuivant en courroux, guère ne regardaient devant eux; et tous deux tombèrent dans un de ces piéges, le bouc le premier, et Daphnis après; ce qui l'engarda de se faire du mal, pour ce que le bouc soutint sa chute. Or, au fond de cette fosse, il attendait si quelqu'un viendrait point l'en retirer, et pleurait. Chloé ayant de loin vu son accident, accourt, et voyant qu'il était en vie, s'en va vite appeler au secours un bouvier de là auprès. Le bouvier vint: il eût bien voulu avoir une corde à lui tendre, mais ils n'en purent trouver brin. Par quoi Chloé déliant le cordon qui entourait ses cheveux, le donne au bouvier, lequel en dévale un bout à Daphnis; et tenant l'autre avec Chloé, tant firent-ils eux deux en tirant de dessus le bord de la fosse, et lui en s'aidant et grimpant du mieux qu'il pouvait, que finalement ils le mirent hors du piége. Puis retirant par même moyen le bouc, dont les cornes en tombant s'étaient rompues toutes deux (tant le vaincu avait été bien et promptement vengé), ils en firent don au bouvier pour sa récompense, et entre eux convinrent de dire au logis, si on le demandait, que le loup l'avait emporté.

Revenus ensuite à leurs troupeaux, les ayant trouvés qui paissaient tranquillement et en bon ordre, chèvres et brebis, ils s'assirent au pied d'un chêne, et regardèrent si Daphnis était point quelque part blessé. Il n'y avait en tout son corps trace de sang ni mal quelconque, mais bien de la terre et de la boue parmi ses cheveux et sur lui. Si résolut de se laver, afin que Lamon et Myrtale ne s'aperçussent de rien. Venant donc avec Chloé à la caverne des Nymphes, il lui donna sa panetière et son sayon à garder, et se mit au bord de la fontaine à laver ses cheveux et son corps.

Ses cheveux étaient noirs comme ébène, tombant sur son col bruni par le hâle; on eût dit que c'était leur ombre qui en obscurcissait la teinte. Chloé le regardait, et lors elle s'avisa que Daphnis était beau; et comme elle ne l'avait point jusque-là trouvé beau, elle s'imagina que le bain lui donnait cette beauté.

Elle lui lava le dos et les épaules, et en le lavant sa peau lui semblait si fine et si douce, que plus d'une fois, sans qu'il en vît rien, elle se toucha elle-même, doutant à part soi qui des deux avait le corps plus délicat. Comme il se faisait tard pour lors, étant déjà le soleil bien bas, ils ramenèrent leurs bêtes aux étables ; et de là en avant Chloé n'eut plus autre chose en l'idée que de revoir Daphnis se baigner. Quand ils furent le lendemain de retour au pâturage, Daphnis, assis sous le chêne à son ordinaire, jouait de la flûte et regardait ses chèvres couchées, qui semblaient prendre plaisir à si douce mélodie. Chloé, pareillement assise auprès de lui, voyait paître ses brebis ; mais plus souvent elle avait les yeux sur Daphnis jouant de la flûte, et alors aussi elle le trouvait beau ; et pensant que ce fût la musique qui le faisait paraître ainsi, elle prenait la flûte après lui, pour voir d'être belle comme lui. Enfin, elle voulut qu'il se baignât encore ; et pendant qu'il se baignait, elle le voyait tout nu, et le voyant elle ne se pouvait tenir de le toucher ; puis le soir, retournant au logis, elle pensait à Daphnis nu, et ce penser-là était commencement d'amour. Bientôt elle n'eut plus souci ni souvenir de rien que de Daphnis, et de rien ne parlait que de lui. Ce qu'elle éprouvait, elle n'eût su dire ce que c'était, simple fille nourrie aux champs, et n'ayant ouï en sa vie le nom seulement d'amour. Son âme était oppressée ; malgré elle, bien souvent ses yeux s'emplissaient de larmes. Elle passait les jours sans prendre de nourriture, les nuits sans trouver le sommeil : elle riait, et puis pleurait ; elle s'endormait, et aussitôt se réveillait en sursaut ; elle pâlissait, et au même instant son visage se colorait de feu. La génisse piquée du taon n'est point si follement agitée. De fois à autre elle tombait en une sorte de rêverie, et toute seulette discourait ainsi : « A cette heure, je
« suis malade, et ne sais quel est mon mal ; je souffre, et n'ai
« point de blessure ; je m'afflige, et si n'ai perdu pas une de mes
« brebis ; je brûle, assise sous une ombre si épaisse. Combien
« de fois les ronces m'ont égratignée ! et je ne pleurais pas ;
« combien d'abeilles m'ont piquée de leur aiguillon ! et j'en étais
« bientôt guérie. Il faut donc dire que ce qui m'atteint au cœur
« cette fois est plus poignant que tout cela. De vrai, Daphnis
« est beau, mais il ne l'est pas seul ; ses joues sont vermeilles,

« aussi sont les fleurs ; il chante, aussi font les oiseaux : pour-
« tant, quand j'ai vu les fleurs ou entendu les oiseaux, je n'y
« pense plus après. Ah! que ne suis-je sa flûte, pour toucher
« ses lèvres! que ne suis-je son petit chevreau, pour qu'il me
« prenne dans ses bras! O méchante fontaine qui l'as rendu si
« beau, ne peux-tu m'embellir aussi? O nymphes! vous me lais-
« sez mourir, moi que vous avez vue naître et vivre ici parmi
« vous! Qui après moi vous fera des guirlandes et des bouquets,
« et qui aura soin de mes pauvres agneaux? et de toi aussi, ma
« jolie cigale, que j'ai eu tant de peine à prendre? Hélas! que
« te sert maintenant de chanter au chaud du midi? Ta voix ne
« peut plus m'endormir sous les voûtes de ces antres; Daphnis
« m'a ravi le sommeil. » Ainsi disait et soupirait la dolente jouvencelle, cherchant en soi-même que c'était d'amour dont elle
sentait les feux, et si n'en pouvait trouver le nom.

Mais Dorcon, ce bouvier qui avait retiré de la fosse Daphnis
et le bouc, jeune gars à qui le premier poil commençait à poindre, étant jà dès cette rencontre féru de l'amour de Chloé, se
passionnait de jour en jour plus vivement pour elle ; et tenant
peu de compte de Daphnis, qui lui semblait un enfant, fit dessein de tout tenter, ou par présents, ou par ruse, ou à l'aventure par force, pour avoir contentement, instruit qu'il était, lui,
du nom et aussi des œuvres d'amour. Ses présents furent d'a-
bord, à Daphnis, une belle flûte ayant ses cannes unies avec
du laiton au lieu de cire; à la fillette, une peau de faon toute
marquetée de taches blanches, pour s'en couvrir les épaules.
Puis croyant par de tels dons s'être fait ami de l'un et de l'autre,
bientôt il négligea Daphnis; mais à Chloé chaque jour il apportait quelque chose. C'étaient tantôt fromages gras, tantôt fruits
en maturité, tantôt chapelets de fleurs nouvelles, ou bien des
oiseaux qu'il prenait au nid ; même une fois il lui donna un go-
belet doré sur les bords, et une autre fois un petit veau, qu'il
lui porta de la montagne. Elle, simple et sans défiance, ignorant que tous ces dons fussent amorce amoureuse, les prenait
bien volontiers, et en montrait grand plaisir; mais son plaisir
était moins d'avoir que donner à Daphnis.

Et un jour Daphnis (car si fallait-il qu'il connût aussi la détresse d'amour) prit querelle avec Dorcon. Ils contestaient de

leur beauté devant Chloé, qui les jugea, et un baiser de Chloé fut le prix destiné au vainqueur ; là où Dorcon le premier parla :
« Moi, dit-il, je suis plus grand que lui. Je garde les bœufs,
« lui les chèvres ; or, autant les bœufs valent mieux que les
« chèvres, d'autant vaut mieux le bouvier que le chevrier. Je
« suis blanc comme le lait, blond comme gerbe à la moisson,
« frais comme la feuillée au printemps. Aussi est-ce ma mère,
« et non pas quelque bête, qui m'a nourri enfant. Il est petit
« lui, chétif, n'ayant de barbe non plus qu'une femme, le corps
« noir comme peau de loup. Il vit avec les boucs, ce n'est pas
« pour sentir bon. Et puis, chevrier, pauvre hère, il n'a pas
« vaillant tant seulement de quoi nourrir un chien. On dit qu'il
« a tété une chèvre ; je le crois, ma fy, et n'est pas merveille
« si, nourrisson de bique, il a l'air d'un biquet. »

Ainsi dit Dorcon ; et Daphnis : « Oui, une chèvre m'a nourri,
« de même que Jupiter ; et je garde les chèvres, et les rends
« meilleures que ne seront jamais les vaches de celui-ci. Je mène
« paître les boucs, et si n'ai rien de leur senteur, non plus que
« Pan, qui toutefois a plus de bouc en soi que d'autre nature.
« Pour vivre, je me contente de lait, de fromage, de pain bis et
« de vin clairet, qui sont mets et boissons de pâtres comme nous ;
« et les partageant avec toi, Chloé, il ne me soucie de ce que
« mangent les riches. Je n'ai point de barbe, ni Bacchus non
« plus ; je suis brun, l'hyacinthe est noire ; et si vaut mieux pour-
« tant Bacchus que les satyres, et préfère-t-on l'hyacinthe au
« lis. Celui-là est roux comme un renard, blanc comme une fille
« de la ville, et le voilà tantôt barbu comme un bouc. Si c'est
« moi que tu baises, Chloé, tu baiseras ma bouche ; si c'est lui,
« tu baiseras ses poils qui lui viennent aux lèvres. Qu'il te sou-
« vienne, pastourelle, qu'à toi aussi une brebis t'a donné son
« lait, et cependant tu es belle. » A ce mot, Chloé ne put le laisser achever ; mais, en partie pour le plaisir qu'elle eut de s'entendre louer, et aussi que de longtemps elle avait envie de le baiser, sautant en pieds, d'une gentille et toute naïve façon, elle lui donna le prix. Ce fut bien un baiser innocent et sans art ; toutefois c'était assez pour enflammer un cœur dans ses jeunes années.

Dorcon, se voyant vaincu, s'enfuit dans bois pour cacher

sa honte et son déplaisir, et depuis cherchait autre voie à pouvoir jouir de ses amours. Pour Daphnis, il était comme s'il eût reçu, non pas un baiser de Chloé, mais une piqûre envenimée. Il devint triste en un moment; il soupirait, il frissonnait, le cœur lui battait; il pâlissait quand il regardait la Chloé, puis tout à coup une rougeur lui couvrait le visage. Pour la première fois alors il admira le blond de ses cheveux, la douceur de ses yeux et la fraîcheur d'un teint plus blanc que la jonchée du lait de ses brebis. On eût dit que de cette heure il commençait à voir, et qu'il avait été aveugle jusque-là. Il ne prenait plus de nourriture que comme pour en goûter, de boisson seulement que pour mouiller ses lèvres. Il était pensif, muet, lui auparavant plus babillard que les cigales; il restait assis, immobile, lui qui avait accoutumé de sauter plus que ses chevreaux. Son troupeau était oublié; sa flûte par terre abandonnée; il baissait la tête comme une fleur qui se penche sur sa tige; il se consumait, il séchait comme les herbes au temps chaud, n'ayant plus de joie, plus de babil, fors qu'il parlât à elle ou d'elle. S'il se trouvait seul aucunes fois, il allait devisant en lui-même : « Dea, que me fait « donc le baiser de Chloé? Ses lèvres sont plus tendres que ro- « ses, sa bouche plus douce qu'une gauffre à miel, et son baiser « est plus amer que la piqûre d'une abeille. J'ai bien baisé sou- « vent mes chevreaux; j'ai baisé de ses agneaux à elle, qui ne « faisaient encore que d'être; et aussi ce petit veau que lui a « donné Dorcon; mais ce baiser ici est tout autre chose. Le « pouls m'en bat; le cœur m'en tressaut; mon âme en languit; « et pourtant je désire la baiser derechef. O mauvaise victoire! « ô étrange mal dont je ne saurais dire le nom! Chloé avait-elle « goûté de quelque poison avant que de me baiser? Mais com- « ment n'en est-elle point morte? Oh! comme les arondelles « chantent, et ma flûte ne dit mot! Comme les chevreaux sau- « tent, et je suis assis! Comme toutes fleurs sont en vigueur, et « je n'en fais point de bouquets ni de chapelets! La violette et le « muguet fleurissent, Daphnis se fane. Dorcon, à la fin, paraî- « tra plus beau que moi. » Voilà comment se passionnait le pauvre Daphnis, et les paroles qu'il disait, comme celui qui lors premier expérimentait les étincelles d'amour.

Mais Dorcon, ce gars, ce bouvier amoureux aussi de Chloé,

prenant le moment que Dryas plantait un arbre pour soutenir quelque vigne, comme il le connaissait déjà, d'alors que lui, Dryas, gardait les bêtes aux champs, le vient trouver avec de beaux fromages gras, et d'abord il lui donna ses fromages; puis commençant à entrer en propos par leur ancienne connaissance, fit tant qu'il tomba sur les termes du mariage de Chloé, disant qu'il la veut prendre à femme, lui promet pour lui de beaux présents, comme bouvier ayant de quoi. Il lui voulait donner, dit-il, une couple de bœufs de labour, quatre ruches d'abeilles, cinquante pieds de pommiers, un cuir de bœuf à semeler souliers, et par chacun an un veau tout prêt à sevrer; tellement que, touché de son amitié, alléché par ses promesses, Dryas lui cuida presque accorder le mariage. Mais songeant puis après que la fille était née pour bien plus grand parti, et craignant qu'un jour, si elle venait à être reconnue, et ses parents à savoir que pour la friandise de tels dons il l'eût mariée en si bas lieu, on ne lui en voulût mal de mort, il refusa toutes ces offres, et l'éconduisit en le priant de lui pardonner.

Par ainsi, Dorcon se voyant pour la deuxième fois frustré de son espérance, et encore qu'il avait pour néant perdu ses bons fromages gras, délibéra, puisque autrement ne pouvait, la première fois qu'il la trouverait seule à seul, mettre la main sur Chloé. Pour à quoi parvenir, s'étant avisé qu'ils menaient l'un après l'autre boire leurs bêtes, Chloé un jour, et Daphnis l'autre, il usa d'une finesse de jeune pâtre qu'il était. Il prend la peau d'un grand loup qu'un sien taureau, en combattant pour la défense des vaches, avait tué avec ses cornes, et se l'étend sur le dos, si bien que les jambes de devant lui couvraient les bras et les mains, celles de derrière lui pendaient sur les cuisses jusqu'aux talons, et la hure le coiffait en la forme même et manière du cabasset d'un homme de guerre. S'étant ainsi fait loup tout au mieux qu'il pouvait, il s'en vient droit à la fontaine, où buvaient chèvres et brebis, après qu'elles avaient pâturé. Or, était cette fontaine en une vallée assez creuse, et toute la place à l'entour pleine de ronces et d'épines, de chardons et bas genevriers, tellement qu'un vrai loup s'y fût bien aisément caché. Dorcon se musse là dedans entre ces épines, attendant l'heure que les bêtes vinssent boire; et avait bonne espérance qu'il effrayerait Chloé sous cette forme de loup, et la saisirait au corps pour en faire à son plaisir.

Tantôt après elle arriva. Elle amenait boire les deux troupeaux, ayant laissé Daphnis coupant de la plus tendre ramée verte pour ses chevreaux après pâture. Les chiens, qui leur aidaient à la garde des bêtes, suivaient ; et comme naturellement ils chassent mettant le nez partout, ils sentirent Dorcon se remuer voulant assaillir la fillette ; si se prennent à aboyer, se ruent sur lui comme sur un loup, et l'environnant, qu'il n'osait encore, tant il avait de peur, se dresser tout à fait sur ses pieds, mordent en furie la peau de loup, et tiraient à belles dents. Lui, d'abord honteux d'être reconnu, et défendu quelque temps de cette peau qui le couvrait, se tenait tapi contre terre dans le hallier, sans dire mot ; mais quand Chloé, apercevant au travers de ces broussailles oreille droite et poil de tête, appela tout épouvantée Daphnis au secours, et que les chiens lui ayant arraché sa peau de loup, commencèrent à le mordre lui-même à bon escient, lors il se prit à crier si haut qu'il put, priant Chloé et Daphnis, qui jà était accouru, de lui vouloir être en aide ; ce qu'ils firent, et, avec leur sifflement accoutumé, eurent incontinent apaisé les chiens ; puis amenèrent à la fontaine le malheureux Dorcon, qui avait été mors et aux cuisses et aux épaules, lui lavèrent ses blessures où les dents l'avaient atteint, et puis lui mirent dessus de l'écorce d'orme mâchée, étant tous deux si peu rusés et si peu expérimentés aux hardies entreprises d'amour, qu'ils estimèrent que cette embûche de Dorcon avec sa peau de loup ne fût que jeu seulement ; au moyen de quoi ils ne se courroucèrent point à lui, mais le reconfortèrent et le reconvoyèrent quelque espace de chemin, et le menant par la main : et lui, qui avait été en si grand danger de sa personne, et que l'on avait recous de la gueule, non du loup, comme il se dit communément, mais des chiens, s'en alla panser les morsures qu'il avait par tout le corps.

Daphnis et Chloé cependant, *jusques à nuit close*, travaillèrent après leurs chèvres et brebis, qui, effrayées de la peau de loup, effarouchées d'ouïr si fort aboyer les chiens, fuyaient les unes à la cime des plus hauts rochers, les autres au plus bas des plages de la mer, toutes au demeurant bien apprises de venir à la voix de leurs pasteurs se ranger au son du flageolet, s'amasser ensemble en oyant seulement battre des mains : mais la peur leur avait alors fait tout oublier ; et, après les avoir suivies à la trace comme des lièvres, et à grand'peine retrouvées, les ramenèrent toutes au tect ; puis s'en allèrent aussi reposer ; là où ils dormirent cette seule nuit de bon sommeil. Car le travail qu'ils avaient pris leur fut un remède pour l'heure au mésaise d'amour : mais revenant le jour, ils eurent même passion qu'auparavant, joie à se revoir, peine à se quitter ; ils souffraient, ils voulaient quelque chose, et ne savaient ce qu'ils voulaient. Cela seulement savaient-ils bien, l'un que son mal était venu d'un baiser, l'autre d'un baigner.

Mais plus encore les enflammait la saison de l'année. Il était jà environ la fin du printemps et commencement de l'été, toutes choses en vigueur ; et déjà montraient les arbres leurs fruits, les blés leurs épis ; et aussi était la voix des cigales plaisante à ouïr, tout gracieux le bêlement des brebis, la richesse des champs admirable à voir, l'air tout embaumé, suave à respirer ; les fleuves paraissaient endormis, coulant lentement et sans bruit ; les vents semblaient orgues ou flûtes, tant ils soupiraient doucement à travers les branches des pins. On eût dit que les pommes d'elles-mêmes se laissaient tomber enamourées ; que le soleil, amant de beauté, faisait chacun dépouiller. Daphnis, de toutes parts échauffé, se jetait dans les rivières, et tantôt se lavait, tantôt s'ébattait à vouloir saisir les poissons, qui, glissant dans l'onde, se perdaient sous sa main ; et souvent buvait, comme si avec l'eau il eût dû éteindre le feu qui le brûlait. Chloé, après avoir trait toutes ses brebis, et la plupart aussi des chèvres de Daphnis, demeurait longtemps empêchée à faire prendre le lait et à chasser les mouches, qui fort la molestaient, et les chassant la piquaient : cela fait, elle se lavait le visage, et, couronnée des plus tendres branchettes de pin, ceinte de la peau de faon, elle emplissait une sébile de vin mêlé avec du lait, pour boire avec Daphnis.

Puis quand ce venait sur le midi, adonc étaient-ils tous deux plus ardemment épris que jamais, pour ce que Chloé, voyant en Daphnis entièrement nu une beauté de tout point accomplie, se fondait et périssait d'amour, considérant qu'il n'y avait en toute sa personne chose quelconque à redire; et lui, la voyant avec cette peau de faon et cette couronne de pin, lui tendre à boire dans sa sébile, pensait voir une des Nymphes mêmes qui étaient dans la caverne; si accourait incontinent, et lui ôtant sa couronne qu'il baisait d'abord, se la mettait sur la tête; et elle, pendant qu'il se baignait tout nu, prenait sa robe et se la vêtissait, la baisant aussi premièrement. Tantôt ils s'entre-etaient des pommes, tantôt ils aornaient leurs têtes et tressaient leurs cheveux l'un à l'autre, disant Chloé que les cheveux de Daphnis ressemblaient aux grains de myrte, pource qu'ils étaient noirs; et Daphnis accomparant le visage de Chloé à une belle pomme, pource qu'il était blanc et vermeil. Aucunes fois il lui apprenait à jouer de la flûte; et quand elle commençait à souffler dedans, il la lui ôtait; puis il en parcourait des lèvres tous les tuyaux d'un bout à l'autre, faisant ainsi semblant de lui vouloir montrer où elle avait failli, afin de la baiser à demi, en baisant la flûte aux endroits que quittait sa bouche.

Ainsi, comme il était après à en sonner joyeusement sur la chaleur de midi, pendant que leurs troupeaux étaient tapis à l'ombre, Chloé ne se donna de garde qu'elle fût endormie : ce que Daphnis apercevant, pose sa flûte pour, à son aise, la regarder et contempler, n'ayant alors nulle honte, et disait à part soi ces paroles tout bas : « Oh! comme dorment ses yeux! « comme sa bouche respire! Pommes ni aubépines fleuries « n'exhalent un air si doux. Je ne l'ose baiser toutefois; son bai- « ser pique au cœur, et fait devenir fou, comme le miel nou- « veau. Puis, j'ai peur de l'éveiller. O fâcheuses cigales! elles ne « la laisseront jà dormir, si haut elles crient. Et, d'autre côté, « ces boucquins ici ne cesseront aujourd'hui de s'entre-heurter « avec leurs cornes. O loups, plus couards que renards, où « êtes-vous à cette heure, que vous ne les venez happer? »

Ainsi qu'il était en ces termes, une cigale, poursuivie par une arondelle, se vint jeter d'aventure dedans le sein de Chloé; pourquoi l'arondelle ne la put prendre, ni ne put aussi retenir son vol, qu'elle ne s'abattît jusqu'à toucher de l'aile le visage de Chloé, dont elle s'éveilla en sursaut, et ne sachant que c'était, s'écria bien haut: mais quand elle eut vu l'arondelle voletant encore autour d'elle, et Daphnis riant de sa peur, elle s'as-

P. L. COURIER.

sura, et frottait ses yeux, qui avaient encore envie de dormir ; et lors la cigale se prend à chanter entre les tetins mêmes de la gente pastourelle, comme si, dans cet asile, elle eût voulu rendre grâce de son salut ; dont Chloé, de nouveau surprise, s'écria encore plus fort, et Daphnis de rire ; et usant de cette occasion, il lui mit la main bien avant dans le sein, d'où il retira la gentille cigale, qui ne se pouvait jamais taire, quoiqu'il la tînt dans la main. Chloé fut bien aise de la voir, et l'ayant baisée, la remit chantant toujours dans son sein.

Une autre fois ils entendirent du bois prochain un ramier, au roucoulement duquel Chloé ayant pris plaisir, demanda à Daphnis que c'était qu'il disait ; et Daphnis lui fit le conte qu'on en fait communément. « Ma mie, dit-il, au temps passé y avait
« une fille belle et jolie, en fleur d'âge comme toi. Elle gardait
« les vaches, et chantait plaisamment ; et tant ses vaches aimaient
« son chant ! elle les gouvernait de la voix seulement ; jamais
« ne donnait coup de houlette ni piqûre d'aiguillon ; mais, assise
« à l'ombre de quelque beau pin, la tête couronnée de feuillage,
« elle chantait Pan et Pitys ; dont ses vaches étaient si aises,
« qu'elles ne s'éloignaient point d'elle. Or y avait-il non guère
« loin de là un jeune garçon qui gardait les bœufs, beau lui-
« même, chantant bien aussi, lequel étrivait à chanter à l'encon-
« tre d'elle, d'un chant plus fort, comme étant mâle, et aussi
« doux, comme étant jeune ; tellement qu'il attire à travers le
« bocage, et emmène avec soi, huit des plus belles vaches qu'elle
« eut en son troupeau. La pauvrette adonc, déplaisante autant
« de son troupeau diminué comme d'avoir été vaincue au chan-
« ter, demandait aux dieux d'être oiseau avant que retourner
« ainsi à la maison. Les dieux accomplirent son désir, et en
« firent un oiseau de montagne, qui aime toujours à chanter
« comme quand elle était fille, et encore aujourd'hui se plaint
« de sa déconvenue, et va disant qu'elle cherche ses vaches éga-
« rées. »

Tels étaient les plaisirs que l'été leur donnait. Mais la saison d'automne venue, au temps que la grappe est pleine, certains corsaires de Tyr s'étant mis sur une flûte du pays de Carie, afin possible qu'on ne pensât que ce fussent barbares, vinrent aborder en cette côte, et descendant à terre armés de corselets et d'épées, pillèrent ce qu'ils purent trouver, comme vin odorant, force grain, miel en rayons, et même emmenèrent quelques bœufs et vaches de Dorcon. Or, en courant çà et là, ils rencontrèrent de male aventure Daphnis qui s'allait ébattant le long du rivage de la mer, seul; car Chloé, comme simple fille, crainte des autres pasteurs, qui eussent pu en folâtrant lui faire quelque déplaisir, ne sortait si matin du logis, et ne menait qu'à haute heure paître les brebis de Dryas. En voyant ce jeune garçon grand et beau, et de plus de valeur que ce qu'ils eussent pu davantage ravir par les champs, ne s'amusèrent plus ni à poursuivre les chèvres, ni à chercher à dérober autre chose de ces campagnes, mais l'entraînèrent dans leur flûte, pleurant et ne sachant que faire, sinon qu'il appelait à haute voix Chloé tant qu'il pouvait crier.

Or, ne faisaient-ils guère que remonter en leur esquif et mettre les mains aux rames, quand Chloé vint, qui apportait une flûte neuve à Daphnis. Mais voyant çà et là les chèvres dispersées, et entendant sa voix, qui l'appelait toujours de plus fort en plus fort, elle jette la flûte, laisse là son troupeau, et s'en va courant vers Dorcon, pour le faire venir au secours. Elle le trouva étendu par terre, tout taillé de grands coups d'épée que lui avaient donnés les brigands, et à peine respirant encore, tant il avait perdu de sang; mais lorsqu'il entrevit Chloé, le souvenir de son amour le ranimant quelque peu : « Chloé, ma mie, lui dit-il, je m'en vas tout à l'heure mourir.
« J'ai voulu défendre mes bœufs, ces méchants larrons de cor-
« saires m'ont navré comme tu vois. Mais toi, Chloé, sauve
« Daphnis; venge-moi; fais-les périr. J'ai accoutumé mes va-
« ches à suivre le son de ma flûte, et de si loin qu'elles soient,
« venir à moi dès qu'elles en entendent l'appel. Prends-la, va au
« bord de la mer; joue cet air que j'ai appris à Daphnis, et qu'il
« t'a montré. Au demeurant, laisse faire ma flûte et mes bœufs
« sur le vaisseau. Je te la donne, cette flûte, de laquelle j'ai
« gagné le prix contre tant de bergers et bouviers; et pour cela
« seulement, je te prie baise-moi avant que je meure, pleure-
« moi quand je serai mort; et à tout le moins, lorsque tu verras
« vacher gardant ses bêtes aux champs, aie souvenance de moi. »
Dorcon achevant ces paroles, et recevant d'elle un dernier

baiser, laissa sur ses lèvres, avec le baiser, la voix et la vie en même temps. Chloé prit la flûte, la mit à sa bouche; et sonnant si haut qu'elle pouvait, les vaches, qui l'entendent, reconnaissent aussitôt le son de la flûte et la note de la chanson, et toutes d'une secousse se jettent en meuglant dans la mer; et comme elles prirent leur élan toutes du même bond, et que par leur chute la mer s'entr'ouvrit, l'esquif renversé, l'eau se renfermant, tout fut submergé. Les gens plongés en la mer revinrent bientôt sur l'eau, mais non pas tous avec même espérance de salut. Car les brigands avaient leurs épées au côté, leurs corselets au dos, leurs bottines à mi-jambe, tandis que Daphnis était tout déchaux, comme celui qui ne menait ses chèvres que dans la plaine, et quasi nu au demeurant; car il faisait encore chaud. Eux donc, après avoir duré quelque temps à nager, furent tirés à fond, et noyés par la pesanteur de leurs armes; mais Daphnis eut bientôt quitté si peu de vêtements qu'il portait, et encore se lassait-il à force, n'ayant coutume de nager que dans les rivières. Nécessité, toutefois, lui montra ce qu'il devait faire. Il se mit entre deux vaches, et se prenant à leurs cornes avec les deux mains, fut par elles porté sans peine quelconque, aussi à son aise comme s'il eût conduit un chariot. Car le bœuf nage beaucoup mieux et plus longtemps que ne fait l'homme; et n'est animal au monde qui en cela le surpasse, si ce ne sont oiseaux aquatiques, ou bien encore poissons; tellement que jamais bœuf ni vache ne se noieraient, si la corne de leurs pieds ne s'amollissait dans l'eau, de quoi font foi plusieurs détroits en la mer qui jusques aujourd'hui sont appelés Bosphores, c'est-à-dire trajet ou passage de bœufs.

Voilà comment se sauva Daphnis; et contre toute espérance échappant deux grands dangers, ne fut ni pris ni noyé. Venu à terre là où était Chloé sur la rive, qui pleurait et riait tout ensemble, il se jette dans ses bras, lui demandant pourquoi elle jouait ainsi de la flûte; et Chloé lui conta tout : qu'elle avait été pour appeler Dorcon; que ses vaches étaient apprises à venir au son de la flûte; qu'il lui avait dit d'en jouer, et qu'il était mort. Seulement oublia-t-elle, ou possible ne voulut dire, qu'elle l'eût baisé.

Adonc tous deux délibérèrent d'honorer la mémoire de celui

qui leur avait fait tant de bien, et s'en allèrent, avec ses parents et amis, ensevelir le corps du malheureux Dorcon, sur lequel ils jetèrent force terre, plantèrent alentour des arbres stériles, y pendirent chacun quelque chose de ce qu'il recueillait aux champs, versèrent du lait sur sa tombe, y épreignirent des grappes, y brisèrent des flûtes. On ouït ses vaches mugir et bramer piteusement ; on les vit çà et là courir comme bêtes égarées ; ce que ces pâtres et bouviers déclarèrent être le deuil que les pauvres bêtes menaient du trépas de leur maître.

Finies en cette manière les obsèques de Dorcon, Chloé conduisit Daphnis à la caverne des Nymphes, où elle le lava ; et lors elle-même, pour la première fois en présence de Daphnis, lava aussi son beau corps blanc et poli, qui n'avait que faire de bain pour paraître beau ; puis cueillant ensemble des fleurs que portait la saison, en firent des couronnes aux images des Nymphes, et contre la roche attachèrent la flûte de Dorcon pour offrande. Cela fait, ils retournèrent vers leurs chèvres et brebis, lesquelles ils trouvèrent toutes tapies contre terre, sans paître ni bêler, pour l'ennui et regret qu'elles avaient, ainsi qu'on peut croire, de ne voir plus Daphnis ni Chloé. Mais sitôt qu'elles les aperçurent, et qu'eux se mirent à les appeler comme de coutume et à leur jouer du flageolet, elles se levèrent incontinent, et se prirent les brebis à paître, et les chèvres à sauteler en bêlant, comme pour fêter le retour de leur chevrier.

Mais, quoi qu'il y eût, Daphnis ne se pouvait éjouir à bon escient depuis qu'il eut vu Chloé nue, et sa beauté à découvert, qu'il n'avait point encore vue. Il s'en sentait le cœur malade, ne plus ne moins que d'un venin qui l'eût en secret consumé. Son souffle, aucunes fois, était fort et hâté, comme si quelque ennemi l'eût poursuivi prêt à l'atteindre ; d'autres fois faible et débile, comme d'un à qui manquent tout à coup la force et l'haleine, et lui semblait le bain de Chloé plus redoutable que la mer dont il était échappé. Bref, il lui était avis que son âme fût toujours entre les brigands, tant il avait de peine, jeune garçon nourri aux champs, qui ne savait encore que c'est du brigandage d'amour.

LIVRE SECOND.

Étant jà l'automne en sa force et le temps des vendanges venu, chacun aux champs était en besogne à faire ses apprêts : les uns racoutraient les pressoirs, les autres nettoyaient les jarres; ceux-ci émoulaient leurs serpettes, ceux-là se tissaient des paniers; aucuns mettaient à point la meule à pressurer les grappes écrasées; d'autres apprêtaient l'osier sec dont on avait ôté l'écorce à force de le battre, pour en faire flambeaux à tirer le moût pendant la nuit; et, à cette cause, Daphnis et Chloé, cessant pour quelques jours de mener leurs bêtes aux champs, prêtaient aussi à tels travaux l'œuvre et labeur de leurs mains. Il portait, lui, la vendange dedans une hotte et la foulait en la cuve, puis aidait à remplir les jarres; elle, d'autre côté, préparait à manger aux vendangeurs, et leur versait du vin de l'année précédente; puis elle se mettait à vendanger aussi les plus basses branches des vignes où elle pouvait avenir. Car les vignes de Lesbos sont basses pour la plupart, au moins non élevées sur arbres fort hauts, et les branches en pendent jusque contre terre, s'étendant çà et là comme lierre, si qu'un enfant hors du maillot, par manière de dire, atteindrait aux grappes.

Et comme la coutume est en telle fête de Bacchus, à la naissance du vin, on avait appelé des champs de là entour bon nombre de femmes pour aider, lesquelles jetaient toutes les yeux sur Daphnis, et en le louant disaient qu'il était aussi beau que Bacchus; et y en eut une d'elles, plus éveillée que les autres, qui le baisa, dont il fut bien aise, mais non Chloé, qui en avait de la jalousie. Les hommes, d'autre part, dans les cuves et pressoirs, jetaient à Chloé plusieurs paroles à la traverse, et en la voyant trépignaient comme des Satyres à la vue de quelque Bacchante, disant que de bon cœur ils deviendraient moutons, pour être menés et gardés par une telle bergère; à quoi Chloé prenait plaisir, mais Daphnis en avait de l'ennui. Tellement que l'un et l'autre souhaitaient que les vendanges fussent bientôt finies, pour pouvoir retourner aux champs en la manière accoutumé et, au lieu du bruit et des cris de ces vendangeurs, entendre le son de la flûte ou le bêlement des troupeaux.

En peu de jours tout fut achevé, le raisin cueilli, la vendange foulée, le vin dans les jarres, si qu'il ne fut plus besoin d'en empêcher tant de gens ; au moyen de quoi ils recommencèrent à mener leurs bêtes aux champs comme devant ; et portant aux Nymphes des grappes pendantes encore au sarment pour prémices de la vendange, les vinrent en grande joie honorer et saluer, de quoi faire ils n'avaient par le passé jamais été paresseux. Car, et le matin, dès que leurs troupeaux commençaient à paître, ils les venaient d'abord saluer, et le soir, retournant de pâture, les allaient derechef adorer ; et jamais n'y allaient qu'ils ne leur portassent quelque offrande, tantôt des fleurs, tantôt des fruits, une fois de la ramée verte, et une autre fois quelque libation de lait ; dont, puis après, ils reçurent des déesses bien ample récompense. Mais pour lors ils folâtraient comme deux jeunes levrons ; ils sautaient, ils flûtaient ensemble, ils chantaient, luttaient bras à bras l'un contre l'autre, à l'envi de leurs béliers et boucquins.

Et ainsi comme ils s'ébattaient, survint un vieillard portant grosse cape de poil de chèvre, des sabots en ses pieds, panetière à son col, vieille aussi la panetière. Se séant auprès d'eux, il se prit à leur dire : « Le bonhomme Philétas, enfants, c'est
« moi, qui jadis ai chanté maintes chansons à ces Nymphes,
« maintes fois ai joué de la flûte à ce dieu Pan que voici ; grand
« troupeau de bœufs gouvernais avec la seule musique, et m'en
« viens vers vous à cette heure, vous déclarer ce que j'ai vu et
« annoncer ce que j'ai ouï.

« Un jardin est à moi, ouvrage de mes mains, que j'ai planté
« moi-même, affié, accoutré depuis le temps que, pour ma vieil-
« lesse, je ne mène plus les bêtes aux champs. Toujours y a
« dans ce jardin tout ce qu'on y saurait souhaiter selon la sai-
« son : au printemps, des roses, des lis, des violettes simples
« et doubles ; en été, du pavot, des poires, des pommes de plusieurs
« espèces ; maintenant qu'il est automne, du raisin, des figues,
« des grenades, des myrtes verts ; et y viennent chaque matin
« à grandes volées toutes sortes d'oiseaux, les uns pour y trouver
« à repaître, les autres pour y chanter ; car il est à couvert d'om-

« brage, arrosé de trois fontaines, et si épais planté d'arbres,
« que qui ôterait la muraille qui le clôt, on dirait à le voir que
« ce serait un bois.

« Aujourd'hui, environ midi, j'y ai vu un jeune garçonnet
« sous mes myrtes et grenadiers, qui tenait en ses mains des
« grenades et des grains de myrte, blanc comme lait, rouge
« comme feu, poli et net comme ne venant que d'être lavé. Il
« était nu, il était seul, et se jouait à cueillir de mes fruits comme
« si le verger eût été sien. Si m'en suis couru pour le tenir,
« crainte, comme il était frétillant et remuant, qu'il ne me rom-
« pît quelque arbuste; mais il m'est légèrement échappé des
« mains, tantôt se coulant entre les rosiers, tantôt se cachant
« sous les pavots, comme ferait un petit perdreau. J'ai autrefois
« eu bien affaire à courir après quelques chevreaux de lait, et
« souvent ai travaillé voulant attraper de jeunes veaux qui sau-
« taient autour de leur mère; mais ceci est tout autre chose, et
« n'est pas possible au monde de le prendre. Par quoi me trou-
« vant bientôt las, comme vieux et ancien que je suis, et m'ap-
« puyant sur mon bâton, en prenant garde qu'il ne s'enfuît, je
« lui ai demandé à qui il était de nos voisins, et à quelle occa-
« sion il venait ainsi cueillir les fruits du jardin d'autrui. Il ne
« m'a rien répondu; mais s'approchant de moi s'est pris à me
« sourire fort délicatement, en me jetant des grains de myrte,
« ce qui m'a, ne sais comment, amolli et attendri le cœur; de
« sorte que je n'ai plus su me courroucer à lui. Si l'ai prié de
« s'en venir à moi sans rien craindre, jurant par mes myrtes
« que je le laisserais aller quand il voudrait, avec des pommes
« et des grenades que je lui donnerais, et lui souffrirais prendre
« des fruits de mes arbres, et cueillir de mes fleurs autant
« comme il voudrait, pourvu qu'il me donnât un baiser seule-
« ment.

« Et adonc se prenant à rire avec une chère gaie, et bonne et
« gentille grâce, m'a jeté une voix si aimable et si douce, que ni
« l'arondelle, ni le rossignol, ni le cygne, fût-il aussi vieux comme
« je suis, n'en saurait jeter de pareille, disant : Quant à moi,
« Philétas, ce ne me serait point de peine de te baiser; car
« j'aime plus être baisé que tu ne désires, toi, retourner en ta
« jeunesse : mais garde que ce que tu me demandes ne soit un

« don malséant et peu convenable à ton âge, pource que ta
« vieillesse ne t'exemptera point de me vouloir poursuivre, quand
« tu m'auras une fois baisé ; et n'y a aigle ni faucon, ni autre
« oiseau de proie, tant ait-il l'aile vite et légère, qui me pût at-
« teindre. Je ne suis point enfant, combien que j'en aie l'appa-
« rence ; mais suis plus ancien que Saturne, plus ancien même
« que tout le temps. Je te connais dès lors qu'étant en la fleur
« de ton âge, tu gardais en ce prochain pâtis un si beau et
« gras troupeau de vaches, et étais près de toi, quand tu jouais
« de la flûte sous ces hêtres, amoureux d'Amaryllide. Mais tu
« ne me voyais pas, encore que je fusse avec ton amie, laquelle
« je t'ai enfin donnée, et tu en as eu de beaux enfants, qui
« maintenant sont bons laboureurs et bouviers ; et pour le pré-
« sent je gouverne Daphnis et Chloé ; et après que je les ai le
« matin mis ensemble, je m'en viens en ton verger, là où je
« prends plaisir aux arbres et aux fleurs, et me lave en ces fon-
« taines ; qui est la cause que toutes les plantes et les fleurs de
« ton jardin sont si belles à voir, pour ce que mon bain les ar-
« rose. Regarde si tu verras pas une branche d'arbre rompue,
« ton fruit aucunement abattu ou gâté, aucun pied d'herbe ou
« de fleur foulé, ni jamais tes fontaines troublées ; et te répute
« bien heureux de ce que toi seul entre les hommes, dans ta
« vieillesse, tu es encore bien voulu de cet enfant.

« Cela dit, il s'est enlevé sur les myrtes, ne plus ne moins
« que ferait un petit rossignol, et, sautelant de branche en bran-
« che par entre les feuilles, est enfin monté jusques à la cime.
« J'ai vu ses petites ailes, son petit arc et ses flèches en écharpe
« sur ses épaules, puis ai été tout ébahi que je n'ai plus vu ni
« ses flèches ni lui. Or, si je n'ai pour néant vécu tant d'années,
« et diminué de sens en avançant d'âge, mes enfants, je vous
« assure que vous êtes tous deux dévoués à l'Amour, et qu'A-
« mour a soin de vous. »

Ils furent aussi aises d'ouïr ce propos comme si on leur eût
conté quelque belle et plaisante fable. Si lui demandèrent que
c'était d'Amour ; s'il était oiseau ou enfant, et quel pouvoir il
avait. Adonc Philétas se prit derechef à leur dire : « Amour est un
« dieu, mes enfants. Il est jeune, beau, a des ailes ; pourquoi
« il se plaît avec la jeunesse, cherche la beauté, et ravit les

« âmes, ayant plus de pouvoir que Jupiter même. Il règne sur
« les astres, sur les éléments, gouverne le monde, et conduit
« les autres dieux comme vous avec la houlette menez vos chè-
« vres et brebis. Les fleurs sont ouvrage d'Amour; les plantes
« et les arbres sont de sa facture; c'est par lui que les rivières
« coulent, et que les vents soufflent. J'ai vu les taureaux amou-
« reux; ils mugissaient ne plus ne moins que si le taon les eût
« piqués; j'ai vu le boucquin aimer sa chèvre, et il la suivait
« partout. Moi-même j'ai été jeune, et j'aimais Amaryllide; mais
« lors il ne me souvenait de manger ni de boire, ni ne prenais
« aucun repos; mon âme souffrait, mon cœur palpitait, mon
« corps tressaillait; je pleurais, je criais comme qui m'eût battu :
« je ne parlais non plus que si j'eusse été mort; je me jetais dans
« les rivières comme si un feu m'eût brûlé; j'invoquais Pan,
« qui fut aussi blessé de l'amour de Pitys; je remerciais Écho,
« qui appelait Amaryllide après moi, et de dépit rompais ma
« flûte de ce qu'elle savait bien mener mes vaches, et ne me
« pouvait faire venir mon Amaryllide. Car il n'est remède, ni
« breuvage quelconque, ni charme, ni chant, ni paroles, qui
« guérissent le mal d'amour, sinon le baiser embrasser, cou-
« cher ensemble nue à nu. »

Philétas, après les avoir ainsi enseignés, se départit d'avec eux, emportant pour son loyer quelques fromages et un chevreau daguet, qu'ils lui donnèrent. Mais quand il s'en fut allé, eux, demeurés tout seuls, et ayant alors pour la première fois entendu le nom d'amour, se trouvèrent en plus grande détresse qu'auparavant, et, retournés en leur maison, passèrent la nuit à comparer ce qu'ils sentaient en eux-mêmes avec les paroles du vieillard : « Les amants souffrent, nous souffrons; ils ne font
« compte de boire ni de manger, aussi peu en faisons-nous;
« ils ne peuvent dormir, ni nous clore la paupière; il leur est
« avis qu'ils brûlent, nous avons le feu au dedans de nous; ils
« désirent s'entrevoir, las! pour autre chose ne prions que le
« jour revienne bientôt. C'est cela, sans point de doute, qu'on ap-
« pelle amour; tous deux sommes enamourés, et si ne le sa-
« vions pas. Mais si c'est amour ce que nous sentons, je suis aimé.
« Que me manque-t-il donc? et pourquoi sommes-nous ainsi
« mal à notre aise? à quoi faire nous entre-cherchons-nous?

« Philétas nous dit vrai : ce jeune garçonnet qu'il a vu en son
« jardin, c'est lui-même qui jadis apparut à nos pères, et leur
« dit en songe qu'ils nous envoyassent garder les bêtes aux
« champs. Comment le pourra-t-on prendre? Il est petit, et s'en-
« fuira : de lui échapper n'est possible, car il a des ailes et nous
« atteindra. Faut-il avoir recours aux Nymphes? Pan n'aida de
« rien Philétas quand il aimait Amaryllide. Essayons les remè-
« des qu'il a dits, baiser, accoler, coucher nue à nu. Vrai est
« qu'il fait froid; mais nous l'endurerons. » Ainsi leur était la
nuit une seconde école, en laquelle ils recordaient les enseignements de Philétas.

Le lendemain, au point du jour, ils menèrent leurs bêtes aux
champs, s'entre-baisèrent l'un l'autre aussitôt qu'ils se virent,
ce qu'ils n'avaient oncques fait encore, et, croisant leurs bras,
s'accolèrent; mais le dernier remède.... ils n'osaient se dépouiller
et coucher nus. Aussi eût-ce été trop hardiment fait, non pas
seulement à jeune bergère telle qu'était Chloé, mais même à
lui chevrier. Ils ne purent donc la nuit suivante reposer non
plus que l'autre, et n'eurent ailleurs la pensée qu'à remémorer
ce qu'ils avaient fait, et regretter ce qu'ils avaient omis à
faire, disant ainsi en eux-mêmes : « Nous nous sommes baisés,
« et de rien ne nous a servi; nous nous sommes l'un l'autre ac-
« colés, et rien ne nous en est amendé. Il faut donc dire que
« coucher ensemble est le vrai remède d'amour; il le faut donc
« essayer aussi. Car pour sûr il y doit avoir quelque chose plus
« qu'au baiser. »

Après semblables pensers, leurs songes, ainsi qu'on peut
croire, furent d'amour et de baisers; et ce qu'ils n'avaient point
fait le jour, ils le faisaient lors en songeant, couchés nue à nu.
Dès le fin matin donc, ils se levèrent plus épris encore que devant; et chassant avec le sifflet leurs bêtes aux champs, leur
tardait qu'ils ne se trouvassent pour répéter leurs baisers, et, de
si loin qu'ils se virent, coururent en souriant l'un vers l'autre,
puis s'entre-baisèrent, puis s'entre-accolèrent; mais le troisième
point ne pouvait venir; car Daphnis n'osait en parler, ni ne
voulait Chloé commencer, jusqu'à ce que l'aventure les conduisît à ce faire en cette manière.

Ils étaient sous le chêne assis l'un près de l'autre, et ayant goûté du plaisir de baiser, ne se pouvaient soûler de cette volupté. L'embrassement suivait quant et quant pour baiser plus serré ; et en ce point, comme Daphnis tira sa prise un peu trop fort, Chloé, sans y penser, se coucha sur un côté, et Daphnis, en suivant la bouche de Chloé pour ne perdre l'aise du baiser, se laissa de même tomber sur le côté ; et reconnaissant tous deux en cette contenance la forme de leur songe, longtemps demeurèrent couchés de la sorte, se tenant bras à bras aussi étroitement comme s'ils eussent été liés ensemble, sans y chercher rien davantage : mais pensant que ce fût le dernier point de jouissance amoureuse, consumèrent en ces vaines étreintes la plus grande partie du jour, tant que le soir les y trouva ; et lors, en maudissant la nuit, ils se séparèrent, et ramenèrent leurs troupeaux au tect. Et peut-être enfin eussent-ils fait quelque chose à bon escient, n'eût été un tel tumulte qui survint en la contrée.

Des jeunes gens riches de Méthymne voulant passer joyeusement le temps des vendanges, et s'aller ébattre quelque peu au loin, tirèrent un bateau en mer, mirent leurs valets à la rame, et s'en vinrent dans les parages du territoire de Mitylène, pource qu'il y a partout bons abris pour se retirer, belle plage pour se baigner, et est bordée de beaux édifices, avec jardins, parcs et bois, que les uns nature a produits, les autres la main de l'homme. En voyageant ainsi au long de la côte, et descendant ci et là, où désir leur en prenait, ils ne faisaient mal quelconque ni déplaisir à personne, mais s'ébattaient entre eux à divers passe-temps. Tantôt, avec des hameçons attachés d'un brin de fil au bout de quelque long roseau, ils pêchaient, de dessus un écueil jeté fort avant en la mer, des poissons qui hantent autour des rochers ; tantôt prenaient avec leurs chiens et leurs filets les lièvres qui fuyaient des vignes, pour le bruit des vendangeurs ; ou bien ils tendaient aux oiseaux, trouvant temps et lieu favorables, et avec des lacs courants prenaient des oies sauvages, des halbrans, des outardes, et autre tel gibier de plaine dont ils avaient, outre le plaisir, de quoi fournir à leurs repas. S'il leur fallait quelque chose plus, ils l'achetaient au prochain village, payant le prix et au delà. Il ne leur fallait que le pain et le vin, et le logis aussi ; car ils ne trouvaient pas qu'il fût sûr, étant la saison de l'automne, de coucher en mer ; et, à cette cause, ils tiraient la nuit leur bateau à terre, peur de la tourmente pendant qu'ils dormaient.

Mais quelque paysan de là autour ayant affaire d'une corde dont on suspend la meule à presser le raisin, étant la sienne par aventure usée ou rompue, s'en vint de nuit au bord de la mer; et trouvant le bateau sans garde, délia la corde qui le liait, l'emporta en son logis, et s'en servit à son besoin. La matin, ces jeunes gens cherchèrent partout leur corde; mais nul ne confessait l'avoir prise : par quoi, après qu'ils eurent un peu querellé avec leurs hôtes, ils tirèrent outre, et ayant fait environ deux lieues, vinrent aborder à ces champs où se tenaient Daphnis et Chloé, pource qu'il y avait, ce leur sembla, belle plaine à courir le lièvre. Or n'avaient-ils plus de corde pour attacher leur bateau, et à cette cause prirent du franc osier vert, le plus long qu'ils purent finer, le tordirent et en firent une hart, dont ils lièrent leur bateau à terre; puis lâchant leurs chiens, se mirent à chasser, et tendirent leurs toiles aux passages qu'ils trouvèrent plus à propos. Ces chiens, en courant çà et là et aboyant, effrayèrent les chèvres de Daphnis, lesquelles abandonnèrent incontinent les coteaux, et s'enfuirent vers la marine, là où ne trouvant rien à brouter parmi le sable, aucunes plus hardies que les autres s'approchèrent du bateau, et rongèrent la hart d'osier vert dont il était attaché.

La mer était un peu émue d'un vent de terre qui se levait; le bateau une fois délié, les vagues le poussèrent, l'éloignèrent du bord, et le portaient en mer : de quoi les chasseurs s'étant aperçus, les uns accoururent au rivage, les autres rappelèrent leurs chiens; et tous ensemble menaient tel bruit, que les gens de là autour, pâtres, vignerons, laboureurs, les entendant, vinrent de toutes parts; mais ils n'y purent que faire. Car le vent fraîchissant toujours de plus en plus, mena la barque au gré du flot si roide et si loin, qu'elle fut tantôt hors de vue.

Par quoi ces jeunes gens, dolents outre mesure, perdant leur bateau, biens et tout, cherchèrent le chevrier qui devait garder les chèvres; et trouvant là Daphnis parmi les regardants, en chaude colère commencèrent à le battre et à le vouloir dépouiller : même y en eut un d'entre eux qui détacha la laisse dont il menait son chien, et prit les deux mains à Daphnis pour les lui lier derrière le dos. Lui, comme ils le battaient, criait, implorait l'aide d'un chacun, mais sur tous appelait à son secours Lamon et Dryas, lesquels accourus, tous deux verts vieillards, ayant les mains rudes, endurcies du labeur des champs, prirent très-bien sa défense contre les jeunes Méthymniens, en leur remontrant qu'il fallait entendre du moins ce garçon, pour voir s'il avait tort, et que chacun dît ses raisons. Ceux de Méthymne le voulurent, et, d'un commun accord, on élut pour arbitre le bouvier Philétas, à cause que c'était le plus ancien qui se trouvât là présent, et qu'entre ceux de son village il avait le bruit d'être homme de grande foi et loyauté. Adonc les jeunes gens, prenant la parole, firent en termes courts et clairs leur plainte de telle sorte devant le juge bouvier :

« Nous étions descendus en ces champs pour chasser, et avions
« attaché notre barque au rivage avec une hart d'osier vert
« puis nous nous étions mis en quête avec nos chiens ; et cepen-
« dant les chèvres de celui-ci sont venues, ont mangé l'osier
« dont notre bateau était attaché, et par ainsi l'ont détaché :
« vous-mêmes l'avez pu voir emporté en pleine mer. Et ce qu'il
« y a dedans perdu pour nous, combien pensez-vous qu'il vaille?
« Combien d'habits et d'équipages! combien de beaux harnais
« pour nos chiens! et de l'argent plus qu'il n'en faudrait pour
« acheter tous ces champs! En récompense de quoi nous vou-
« lons emmener ce méchant chevrier-ci, lequel entend si mal
« le métier dont il se mêle, que de hanter avec ses chèvres au
« long des plages de la mer, comme s'il était marinier. »

Voilà ce que dirent les Méthymniens. Daphnis était tout moulu des coups qu'il avait reçus ; mais voyant Chloé présente, il ne s'étonna de rien, et leur répondit franchement : « Je garde bien
« mes chèvres, et n'y a personne en tout le village qui se soit
« jamais plaint que pas une d'elles ait rien brouté en son jar-
« din, ni rompu ou gâté un bourgeon dans sa vigne. Mais
« ceux-ci eux-mêmes sont mauvais chasseurs, et ont des chiens
« malappris, qui ne font que courir çà et là, et aboyer tant et
« si fort qu'ils ont effarouché mes chèvres, et les ont chas-
« sées de la plaine et de la montagne vers la mer, comme eus-
« sent pu faire des loups. Or, à présent elles ont mangé quel-
« que osier : pouvaient-elles emmi ces sables brouter le thym

« ou le serpolet? Leur bateau est péri en mer; qu'ils s'en pren-
« nent à la tourmente; mes chèvres n'en sont pas cause. Voire
« mais il y avait dedans tant de biens, des habits, de l'argent!
« Et qui serait si sot de croire qu'un bateau portant tout cela
« n'eût pour l'attacher qu'une hart d'osier? »

En disant ces paroles, il se prit à pleurer, et fit grande pitié à tous les assistants; tellement que Philétas, qui devait donner sa sentence, jura le dieu Pan et les Nymphes que Daphnis n'avait point de tort, ni ses chèvres non plus; et que la faute, si faute y avait, était aux vents et à la mer, desquels il n'était pas juge pour la leur faire réparer. Ce néanmoins le bon Philétas ne sut si bien dire que les Méthymniens s'en contentassent; mais derechef en grande fureur prirent Daphnis, et le voulaient lier pour l'emmener, n'eût été que les paysans, de ce mutinés, se ruèrent en criant sur eux, comme une volée d'étourneaux, et leur ôtèrent des mains Daphnis, qui se défendait bien aussi, et à son tour les chargeait. Si qu'à grands coups de pierres et de bâtons ils chassèrent les Méthymniens, et ne cessèrent de les poursuivre, qu'ils ne les eussent menés battant hors de leur territoire. Daphnis et Chloé restés seuls, elle eut tout loisir de le conduire en la caverne des Nymphes, où elle lui lava le visage tout souillé du sang qui lui était coulé du nez; puis tirant de sa panetière un peu de fromage et du tourteau, elle lui en fit manger, et, qui plus le conforta, lui donna de sa tendre bouche un baiser plus doux que miel.

Ainsi échappa Daphnis de ce danger: mais la chose n'en demeura pas là. Car ces jeunes gens de Méthymne, retournés chez eux à pied, au lieu qu'ils étaient venus en un beau bateau; blessés et malmenés, au lieu qu'ils étaient partis gais et bien délibérés, firent assembler le conseil de la ville, auquel ils requirent, en habits et contenance de suppliants, être vengés de l'outrage qu'ils avaient souffert, ne disant de vrai pas un mot, de de peur que, s'ils eussent conté le fait comme il était allé, on ne se fût moqué d'eux de s'être ainsi laissé battre par des paysans, mais accusant hautement les Mityléniens de les avoir pillés, et pris leur bateau sans autre forme de procès, comme en guerre ouverte.

Ceux de Méthymne ajoutèrent aisément foi à leur dire, pour

autant mêmement qu'ils les voyaient blessés; et quant et quant estimant chose juste et raisonnable de venger un tel outrage fait aux enfants des plus nobles maisons de leur ville, décernèrent sur-le-champ la guerre contre les Mityléniens, sans leur envoyer ni héraut ni déclaration, et commandèrent à leur capitaine qu'il mît promptement en mer dix galères pour aller faire du pis qu'il pourrait en toute leur côte. Ils pensèrent que ce ne serait pas sûrement ni sagement fait de hasarder plus grosse flotte à l'approche de l'hiver.

Le capitaine, dès le lendemain, eut dressé son équipage, et, usant pour moins d'embarras de ses soldats mêmes au lieu de rameurs, alla fourrager toutes les terres des Mityléniens qui étaient voisines de la mer, là où il prit force bétail, force grain, vin en quantité, pource qu'il n'y avait guère que vendanges étaient faites, et grand nombre de prisonniers, gens qui travaillaient à ces champs; et aussi s'en vint débarquer où gardaient leurs bêtes Daphnis et Chloé, courut le pays, ravit et pilla tout ce qu'il y trouva. Daphnis, pour lors, n'était pas avec son troupeau; il était dans le bois à cueillir de la ramée verte pour donner l'hiver aux chevreaux, et, voyant du haut des arbres les ennemis dans la plaine, se cacha au creux d'un vieux chêne. Chloé, qui était demeurée avec les troupeaux, se cuida sauver de vitesse, et se jeta comme en un asile dans l'antre des Nymphes, poursuivie jusqu'au lieu même, et là priait au nom des Nymphes ces soldats de ne vouloir faire déplaisir ni à elle ni à ses bêtes; mais en vain. Car les gens de Méthymne, après avoir fait plusieurs vilenies et moqueries aux images de Nymphes, l'emmenèrent elle et ses bêtes, en la chassant devant eux à coups de houssine comme une chèvre ou une brebis; et voyant qu'ils avaient déjà plein leurs vaisseaux de toute sorte de butin, ne voulurent plus tirer outre, mais reprirent la route de leurs maisons, craignant l'hiver et les ennemis.

Ainsi s'en allaient les Méthymniens à force de rames, faisant peu de chemin; car le temps fut si calme, qu'il ne tirait ni vent ni haleine quelconque; et Daphnis, sorti de son creux, après que tout ce bruit fut passé, s'en vint dans la plaine où leurs bêtes avaient coutume de pâturer; et n'y voyant plus ni ses chèvres, ni les brebis, ni Chloé, mais seulement les champs tout seuls, et la flûte de laquelle Chloé se soûlait ébattre jetée là, se prit à crier et pleurer; et, en soupirant amèrement, s'en courait tantôt sous le fouteau à l'ombre duquel ils avaient accoutumé de se seoir, tantôt au rivage de la mer, pour voir s'il la trouverait point, et tantôt dans l'antre des Nymphes, où il l'avait vue fuir; et là, se jetant par terre devant leurs images, se complaignit à elles, disant qu'elles lui avaient bien failli au besoin. « Chloé, disait-« il, vient d'être arrachée de vos autels, et vous avez bien eu le « cœur de le voir et l'endurer! elle qui vous a fait tant de beaux « chapelets de fleurs! elle qui vous offrait toujours du premier « lait! elle qui vous a donné ce flageolet même que je vois ici « pendu! Jamais loup ne me ravit une seule de mes chèvres, et « les ennemis m'ont maintenant ravi le troupeau entier, et ma « compagne bergère aussi. Mes chèvres, ils les tueront et écor-« cheront incontinent; les brebis, ils en feront des sacrifices aux « dieux; et Chloé demeurera en quelque ville loin de moi. Com-« ment oserai-je à cette heure m'en aller devers mon père et « ma mère, sans mes chèvres, sans Chloé, pour être désormais « misérable manœuvre? car il n'y a plus chez nous de bêtes que « je pusse garder. Mais non, je ne bougerai d'ici, attendant « la mort ou d'autres ennemis qui m'emmènent aussi. Hélas! « Chloé, es-tu en même peine que moi? te souvient-il de ces « champs? as-tu point de regret aux Nymphes et à moi? ou si te « reconfortent nos brebis et nos chèvres prisonnières avec toi? »

Comme il achevait ces paroles, le cœur gros de chagrin, de pleurs, le voilà pris d'un profond somme, et lui apparaissent les trois Nymphes, en guise de belles et grandes femmes, demi-nues, les pieds sans chaussure, les cheveux épars, en tout semblables aux images. Si lui fut avis, dès l'abord, qu'elles avaient pitié de lui; puis d'elles trois la plus âgée lui dit en le reconfortant: « Ne te plains point de nous, Daphnis; nous avons plus de « souci de Chloé que tu n'as toi-même. Nous en prîmes pitié dès « lors qu'elle venait de naître, et, abandonnée en cet antre, l'a-« vons fait élever et nourrir. Car, afin que tu le saches, rien n'a « de commun Chloé avec Dryas et ses brebis, ni toi non plus « avec Lamon. Et quant à ce qui est d'elle, nous y avons déjà « pourvu. Elle n'ira point prisonnière avec ses soldats à Mé-« thymne, ni ne sera partie de leur butin. Pan, qui est là sous

« ce pin, et que vous n'honorez jamais seulement de quelques
« fleurettes, c'est lui que nous avons prié de vouloir secourir
« Chloé, parce qu'il fréquente volontiers entre gens de guerre,
« et lui-même a conduit des guerres, quittant le repos des champs.
« Il marche dès cette heure, dangereux ennemi, contre ceux de
« Méthymne. Pourtant ne t'afflige point, mais te lève, et t'en va
« consoler Lamon et Myrtale, qui sont jetés à terre comme toi,
« croyant que tu aies été pris et emmené sur les vaisseaux. De-
« main reviendra ta Chloé avec vos brebis et vos chèvres ; et si les
« garderez encore et jouerez de la flûte ensemble. Au demeurant,
« Amour aura soin de vous. »

Daphnis, ayant ouï et vu telles choses, s'éveilla soudain en sursaut ; et, pleurant autant de joie que de tristesse, adora les Nymphes, prosterné devant leurs images, et leur promit, si Chloé retournait à sauveté, de leur sacrifier la plus grasse de ses chèvres ; et courant au pin sous lequel était le dieu Pan, représenté avec les pieds d'un bouc, deux cornes en la tête, qui d'une main tenait sa flûte, et de l'autre arrêtait un boucquin, l'adora aussi, et le pria qu'il lui plût faire promptement revenir Chloé, lui promettant semblablement de lui sacrifier un bouc ; et jusqu'au soir environ le soleil couchant, à peine cessa-t-il ses larmes et ses vœux pour le retour de Chloé. Enfin, ramassant sa feuillée, il s'en retourna au logis, où il ôta de grand émoi Lamon et Myrtale, et les remplit de liesse, puis mangea un petit, et s'en alla dormir ; mais ce ne fut pas sans pleurer, ni sans faire prière aux Nymphes qu'elles lui apparussent encore, et que le jour revînt bientôt, et avec le jour, selon leur promesse, Chloé. Jamais nuit ne lui fut si longue. Or, voici comme il en alla.

Le capitaine de Méthymne, ayant navigué à la rame environ cinq quarts de lieue, voulut un petit rafraîchir ses gens, las d'avoir couru le pays ; et trouvant un promontoire assez avancé en mer, dont l'extrémité présentait deux pointes en manière de croissant, abri aussi sûr qu'aucun port, il y jeta l'ancre sous une roche haute et droite, sans autrement aborder, afin que de la côte, à toute aventure, on ne lui pût faire nul déplaisir ; et ainsi permit à ses gens de se traiter et réjouir en pleine assurance. Eux, ayant à bord foison de tous vivres, qu'ils avaient pillés, se mirent à manger, boire et faire fête, comme on fait pour une victoire. Mais dès que le jour fut failli, et que la nuit eut mis fin à leur bonne chère, il leur fut avis soudainement que la terre était toute en feu ; et vers la haute mer entendirent un bruissement dans le lointain, comme des rames d'une grosse flotte qui fût venue contre eux. L'un criait aux armes, l'autre appelait ses compagnons ; l'un pensait être jà blessé, l'autre croyait voir un homme mort gisant devant lui. Bref, il y avait tout tel tumulte comme en un combat de nuit, et si, n'y avait point d'ennemis.

Après une nuit si terrible, le jour vint, qui les effraya encore davantage ; car ils virent les boucs de Daphnis et ses chèvres, les cornes tout entortillées de rameaux de lierre avec leurs grappes ; ils entendirent les brebis et béliers de Chloé qui hurlaient comme loups ; elle-même on la vit couronnée de branchages de pin. Et en la mer se faisaient aussi choses étranges à conter. Car quand ils pensaient lever les ancres, elles tenaient au fond ; quand ils cuidaient abattre leurs rames pour voguer, elles se rompaient. Les dauphins, sautant autour des vaisseaux, et les battant de leur queue, en décousaient les jointures. Et entendait-on du haut de la roche le son d'une flûte à sept cannes, telle qu'en ont les bergers ; mais ce son n'était point plaisant à ouïr, comme serait le son d'une flûte ordinaire, ains épouvantait ceux qui l'entendaient, comme l'éclat imprévu d'une trompette de guerre : de quoi ils étaient tous en merveilleux effroi, et couraient aux armes, disant que c'étaient les ennemis qui les venaient attaquer, et ne savait-on par où ; et lors désiraient que la nuit revînt, comme s'ils eussent dû avoir trêve quand elle serait venue.

Or, n'était celui parmi eux conservant tant soit peu de sens, qui ne connût clairement que tous ces prodiges venaient du dieu Pan, irrité contre eux pour quelque méfait ; mais ils n'en pouvaient deviner la cause, n'ayant touché chose qu'ils sussent appartenir à Pan ; jusqu'à ce qu'environ midi le capitaine, non sans expresse ordonnance divine, s'endormit, et lui apparut Pan lui-même, disant telles paroles : « O méchants sacriléges ! comme
« avez-vous été si forcenés que d'oser emplir d'alarme les champs
« que j'aime uniquement, ravir les troupeaux qui sont en ma
« protection, et arracher par force d'un lieu saint une jeune fille
« de laquelle Amour veut faire une histoire singulière, et n'avez

« point eu de crainte ni de révérence aux Nymphes qui le vous
« ont vu faire, ni à moi aussi qui suis le dieu Pan? Jamais vous
« ne verrez Méthymne, si vous y prétendez porter un tel butin,
« ni jamais n'échapperez le son de cette mienne flûte, qui vous
« a naguère effrayés. Je vous ferai tous abîmer au fond de la mer
« et manger aux poissons, si tu ne rends, et bientôt, Chloé aux
« Nymphes, à qui vous l'avez enlevée, et quand et quand elle ses
« brebis et tout le troupeau de chèvres. Pourtant, lève-toi sans
« délai, et la remets à terre avec ce que je t'ai dit, et je vous
« conduirai tous deux en vos maisons, elle par terre, et toi
« par mer. »

A ces paroles, tout troublé, le capitaine Bryaxis (car ainsi avait-il nom) s'éveilla en sursaut, et, de chaque galère aussitôt faisant appeler les chefs, commanda qu'on cherchât, entre les prisonniers, Chloé jeune bergère, et fut fait; et n'eurent pas de peine à la trouver, car elle était assise la tête couronnée de pin. Si la mènent au capitaine; et lui, connaissant bien à cela que c'était pour elle qu'il avait eu cette apparition en dormant, la conduisit lui-même à terre dans la galère capitainesse, dont elle ne fut pas plutôt hors, que du haut de la roche aussitôt on entend un nouveau son de flûte, non plus épouvantable en matière de l'alarme, mais tel que bergers ont coutume de sonner, quand c'est pour mener leurs bêtes aux champs; et brebis aussitôt de sortir du navire par l'escale, sans broncher, et les chèvres encore mieux, comme celles qui savaient jà gravir et descendre tous lieux escarpés. Puis chèvres et brebis à terre entourèrent Chloé, bondissant, sautelant et bêlant, et semblaient s'éjouir avec elle de leur commune délivrance.

Mais les troupeaux des autres bergers et chevriers demeurèrent où on les avait mis, et ne bougèrent de dessous le tillac des galères, comme n'étant point pour eux le son de la flûte; de quoi tout le monde s'émerveilla grandement, et en loua la puissance et bonté de Pan. Et encore vit-on de plus étranges merveilles en l'un et en l'autre élément. Car les galères des Méthymniens démarrèrent d'elles-mêmes avant qu'on eût levé les ancres, et y avait un dauphin qui les conduisait sautant hors de l'eau devant la capitainesse; et sur terre un fort doux et plaisant son de flûte conduisait les deux troupeaux, sans que l'on pût voir qui en jouait; si que les brebis et les chèvres marchaient et paissaient en même temps, avec très-grand plaisir d'ouïr telle mélodie.

C'était environ l'heure qu'on ramène les bêtes aux champs après midi. Daphnis, apercevant de tout loin, d'une vedette élevée, Chloé avec les deux troupeaux : O Nymphes! ô Pan! s'écria-t-il; et, descendu dans la plaine, court à elle, se jette dans ses bras, épris de si grande joie qu'il en tomba tout pâmé. A peine purent le ranimer les baisers mêmes de Chloé, qui le pressait contre son sein. Ayant enfin repris ses esprits, il s'en fut avec elle sous le hêtre, là où s'étant tous deux assis, il ne faillit à lui demander comme elle avait pu échapper des mains de tant d'ennemis; et Chloé lui conta tout, son enlèvement dans la grotte, son départ sur le vaisseau, et le lierre venu aux cornes de ses chèvres, et la couronne de feuillage de pin sur sa tête; ses brebis qui avaient hurlé, le feu sur la terre, le bruit en la mer, les deux sortes de son de flûte, l'un de paix, l'autre de guerre, la nuit pleine d'horreur, et comme une certaine mélodie musicale l'avait conduite tout le chemin sans qu'elle en vît rien.

Adonc, reconnaissant Daphnis le secours manifeste de Pan, et l'effet de ce que les Nymphes lui avaient promis, conta de sa part à Chloé tout ce qu'il avait ouï, tout ce qu'il avait vu, et comme, se mourant d'amour et de regret, il avait été par les Nymphes rendu à la vie. Puis il l'envoya querir Dryas et Lamon, et quand et quand tout ce qui fait besoin pour un sacrifice; et lui-même, cependant, prit la plus grasse chèvre qui fût en son troupeau, de laquelle il entortilla les cornes avec du lierre, en la même sorte et manière que les ennemis les avaient vues; et, après lui avoir versé du lait entre les cornes, la sacrifia aux Nymphes, la pendit et l'écorcha, et leur en consacra la peau attachée au roc. Puis quand Chloé fut revenue, amenant Dryas et Lamon et leurs femmes, il fit rôtir une partie de la chair et bouillir le reste; mais avant tout il mit à part les prémices pour les Nymphes, leur épandit de la cruche pleine une libation de vin doux; et ayant accommodé de petits lits de feuillage et verte ramée pour tous les convives, se mit avec eux à faire bonne chère; et néanmoins avait toujours l'œil sur les troupeaux, crainte que le loup, survenant d'emblée, ne fît son coup pendant ce temps-là. Puis tous ayant bien repu, se mirent à chanter des hymnes aux Nymphes, que d'anciens pasteurs avaient composées. La nuit venue, ils se couchèrent en la place même emmi les champs, et le lendemain eurent aussi souvenance de Pan. Si prirent le bouc chef du troupeau, et, couronné de branchages de pin, le menèrent au pin sous lequel était l'image du dieu ; et louant et remerciant la bonté de Pan, le lui sacrifièrent, le pendirent, l'écorchèrent, puis firent bouillir une partie de la chair et rôtir l'autre, et le tout étendirent emmi le beau pré sur verte feuillade. La peau avec les cornes fut au tronc de l'arbre attachée tout contre l'image de Pan, offrande pastorale à un dieu pastoral ; et ne s'oublièrent non plus de lui mettre à part les prémices, et si firent en son honneur les libations accoutumées. Chloé chanta, Daphnis joua de la flûte, et chacun prit place à table.

Ainsi qu'ils faisaient chère lie, survint de cas d'aventure le bonhomme Philétas, apportant à Pan quelques chapelets de fleurs, et des moissines avec les grappes et la pampre encore au sarment ; et quant et lui amenait son plus jeune fils Tityre, jeune petit gars ayant cheveux blonds et couleur vermeille, air vif et malin, et qui en courant sautait ne plus ne moins qu'un chevreau. Dès qu'ils aperçurent Philétas, ils se levèrent tous, allèrent avec lui couronner l'image de Pan, et suspendirent les moissines du bon Philétas aux branches du pin ; puis, lui faisant place parmi eux, le convièrent à leur repas. Or, quand ces vieillards eurent un peu bu, adonc commencèrent-ils à conter de leurs jeunes ans, comme ils gardaient leurs bêtes aux champs, comme ils étaient échappés de plusieurs dangers et surprises d'écumeurs de mer et de larrons. L'un se vantait qu'il avait une fois tué un loup ; l'autre, qu'après Pan il n'y avait homme qui sût si bien jouer de la flûte que lui. C'était Philétas qui se donnait cette louange. Daphnis et Chloé le prièrent qu'il leur voulût de grâce montrer un petit de sa science, et qu'en ce sacrifice fait à Pan il honorât avec sa flûte le dieu amateur de tels sons. Philétas y consentit, encore que pour sa vieillesse il se plaignît de n'avoir plus guère d'haleine, et prit la flûte de Daphnis. Mais elle se trouva trop petite pour y pouvoir montrer beaucoup de savoir et d'artifice, comme celle de quoi jouait un jeune garçon seulement; par quoi il envoya Tityre en son logis, distan d'environ demi-lieue, pour lui apporter la sienne. L'enfant jette là son hoqueton, et s'en court comme un faon de biche; et cependant Lamon se mit à leur conter la fable de Syringe, pour laquelle apprendre il avait donné à un chevrier de Sicile, qui en savait la chanson, un bouc et une flûte.

« Cette Syringe, leur dit-il, aujourd'hui flûte pastorale, jadis
« était une belle fille ayant voix mélodieuse et grande science de
« musique. Elle gardait les chèvres, chantait, et se jouait avec
« les Nymphes. Pan, qui la voyait aux champs garder ses bêtes,
« jouer, chanter, un jour vient à elle et la prie de ce qu'il vou-
« lait, lui promettant faire que ses chèvres porteraient toutes deux
« chevreaux à chaque portée. Elle se moqua de son amour, et
« dit que jamais elle n'aurait ami, non-seulement tel comme lui
« qui semblait proprement un bouc, mais ni autre quel qu'il fût.
« Pan la voulut prendre à force; elle s'enfuit, il la poursuivit;
« tant que pieds la purent porter, elle courut; mais, lasse à la
« fin de courir, elle se jette en un marais, et là se perd dans les
« roseaux. Pan coupe les cannes en courroux, et n'y trouvant
« point la pucelle, connut son inconvénient; et lors unissant avec
« de la cire les roseaux taillés inégaux, en signe d'amour non
« égal, il en fit cet instrument. Ainsi elle, qui paravant était belle
« jeune fille, depuis a été un plaisant instrument de musique. »

Lamon à peine achevait son conte, et bon Philétas de le louer, disant n'avoir ouï en sa vie chanson si jolie que cette fable quand Tityre arriva portant la flûte de son père, grande à merveille, composée des plus grosses cannes que l'on trouve, accoutrée de laiton par-dessus la cire : on eût dit que c'était celle-là même que Pan fit la première. Philétas adonc se leva, et sassis sur son lit de feuillage, premièrement il essaya tous les chalumeaux voir si rien empêchait le vent; et voyant que chaque tuyau rendait le son convenable, souffla dedans à bon escient. Si semblait proprement un air de plusieurs flageolets jouant ensemble, tant menaient de bruit ces pipeaux : puis, petit à petit diminuant la force du vent, ramena son jeu en un son tout à fait doux et plaisant; et leur montrant tout l'artifice de la musique pastorale pour bien mener et faire paître les bêtes aux champs, leur fit voir comment il fallait souffler pour un troupeau de bœufs, quel son est mieux séant à un chevrier, quel jeu aiment les brebis et montons : celui des brebis était gracieux, fort et grave ; celui des bœufs, celui des chèvres, clair et aigu ; et une seule flûte imitait toutes ces diverses flûtes du berger, du bouvier et du chevrier.

La compagnie à table écoutait sans mot dire, couchée sur le feuillage, prenant très-grand plaisir d'ouïr si bien jouer Philétas, jusqu'à ce que Dryas se levant, le pria de jouer quelque gaie chanson en l'honneur de Bacchus ; et lui cependant leur dansa une danse de vendange, faisant les gestes comme s'il eût tantôt cueilli la grappe au cep, tantôt porté le raisin dans la hotte, puis les mines d'un qui foule la vendange, qui verse le vin dans les jarres, et d'un qui hume à bon escient la liqueur nouvelle. Toutes lesquelles choses il fit si proprement et de si bonne grâce, approchant du naturel, qu'ils pensaient voir devant leurs yeux la vigne, le pressoir et les jarres, et Dryas buvant le vin doux.

Ayant ainsi le troisième vieillard bien et gentiment fait son devoir de danser, à la fin alla baiser Daphnis et Chloé, lesquels incontinent se levèrent, et dansèrent le conte de Lamon. Daphnis contrefaisait le dieu Pan, Chloé la belle Syringe ; il lui faisait sa requête, et elle s'en riait ; elle s'enfuyait, lui la poursuivait, courant sur le bout des orteils pour mieux contrefaire les pieds de bouc ; elle feignait d'être lasse et de ne pouvoir plus courir, et au lieu de roseaux s'allait cacher dans le bois.

Et Daphnis alors prenant la grande flûte de Philétas, en tira d'abord un son douloureux, comme Pan qui se fût plaint de la jouvencelle ; puis un son passionné, comme la priant d'amour ; puis un son de rappel, comme cherchant partout ce qu'elle était devenue. Si que le bonhomme lui-même Philétas tout émerveillé accourut le baiser, et après l'avoir baisé lui fit présent de sa flûte, en priant aux dieux que Daphnis la laissât un jour à pareil successeur que lui. Daphnis donna la sienne petite à Pan, et ayant baisé Chloé comme revenue et retrouvée d'une véritable fuite, ramena jouant de la flûte ses bêtes aux étables, pource qu'il était déjà tard ; et aussi fit Chloé les siennes au son des mêmes chalumeaux. Les chèvres marchaient côte à côte des brebis, et Chloé tout joignant Daphnis ; de sorte qu'à chaque pas ils se baisaient l'un l'autre et durèrent ainsi ues à nuit close, et en se quittant complotèrent ensemble de ramener paître leurs troupeaux le lendemain au plus matin, comme ils firent. Car incontinent que le jour commença à poindre, ils revinrent au pâturage ; et ayant premièrement salué les Nymphes, puis après Pan, s'allèrent asseoir dessous le chêne, où ils jouèrent de la flûte ensemble, s'entre-baisèrent, s'embrassèrent, se couchèrent l'un près de l'autre, et, sans y faire rien davantage, se relevèrent. Ensuite ils songèrent à manger ; et ils buvaient en même sébile du vin mêlé avec du lait.

Or, échauffés et rendus plus hardis par toutes ces choses, ils contestaient entre eux d'amour, et en vinrent jusqu'à se vouloir assurer par serment l'un de l'autre. Daphnis allant dessous le pin, jura par le dieu Pan qu'il ne vivrait jamais un seul jour sans Chloé ; et Chloé, dans l'antre des Nymphes, jura devant leurs images de vivre et mourir avec Daphnis. Mais elle, comme une jeune et innocente fillette, fut si simple de vouloir que Daphnis au sortir de l'antre lui jurât un autre serment. Si lui dit : « Ce « dieu Pan, Daphnis, est un dieu volage auquel il n'y a point « de fiance ; il a aimé Pitys, il a aimé Syringe ; il ne cesse de « pourchasser les nymphes Épimélides, et on le voit toujours « après les Dryades. Si tu me fausses la foi que tu m'as jurée, « il ne s'en fera que rire, voire quand tu aurais plus de maîtres- « ses qu'il n'a de chalumeaux en sa flûte. Et comment te puni- « rait-il, lui qui chaque jour fait amour nouvelle ? Jure-moi par « ton troupeau, et par la chèvre qui te nourrit et allaita, que « jamais tu ne laisseras Chloé tant qu'elle te sera fidèle ; et là « où elle te fera faute et aux Nymphes qu'elle a jurées, fuis-la, « et la hais ou la tue, comme tu ferais un loup. »

Daphnis prit plaisir à ce doute, et, debout au milieu de son troupeau, tenant d'une main un bouc et de l'autre une chèvre, jura qu'il aimerait Chloé tant qu'il en serait aimé, et que si elle en aimait un autre, il se tuerait au lieu d'elle ; dont elle fut bien aise, et s'en assura plus que du premier serment, croyant les brebis et les chèvres être dieux propres aux bergers et aux chevriers.

LIVRE TROISIÈME.

Mais les Mityléniens apprenant comme ceux de Méthymne avaient envoyé dix galères à leur dommage, et mêmement étant informés, par gens qui venaient de la campagne, comme on avait couru leurs terres et pillé leurs biens, estimèrent que ce serait lâcheté d'endurer un tel outrage des Méthymniens, et délibérèrent promptement prendre les armes contre eux. Si levèrent incontinent trois mille hommes de pied et cinq cents chevaux, et envoyèrent par terre leur capitaine général Hippase, craignant de les mettre sur mer en temps approchant de l'hiver.

Le capitaine, parti aussitôt avec ses gens, ne fourragea point les terres des Méthymniens, ni n'emmena le bétail des laboureurs et paysans, parce qu'il estimait cela être le fait d'un larron et non pas d'un capitaine; ainsi tira droit vers la ville, espérant la surprendre les portes ouvertes et sans garde. Mais quand il en fut près environ six lieues, un héraut lui vint au-devant, qui lui demanda trêve au nom des Méthymniens. Car ayant entendu depuis, par leurs prisonniers, que ceux de Mitylène ne savaient du tout rien de ce qui s'était passé, mais que c'était une querelle entre paysans et jeunes gens, où ceux-ci avaient eu des coups pour quelque insolence par eux faite, ils regrettaient fort d'avoir si à la légère offensé leurs voisins, et n'avaient autre désir que de rendre et restituer ce qui aurait été pris, pour pouvoir trafiquer et hanter comme devant les uns avec les autres, sans crainte ni danger. Hippase envoya le héraut porter ces paroles au sénat des Mityléniens, combien qu'il eût tout pouvoir et autorité absolue, et cependant alla camper à demi-lieue de Méthymne, attendant les ordres de sa ville. De là à deux jours ordre lui vint de recevoir les restitutions et s'en retourner sans faire nul dommage. Car ayant le choix de la paix ou de la guerre, ils avaient pensé que la paix valait mieux. Ainsi se termina la guerre entre Méthymne et Mitylène, finie, comme elle fut commencée, par soudaine résolution.

Et là-dessus survint l'hiver, plus fâcheux que la guerre à Daphnis et à sa Chloé. Car incontinent la neige, tombant en grande abondance, couvrit les chemins, et enferma les laboureurs en leurs maisons; les torrents impétueux tombaient aval du haut des montagnes, l'eau se gelait, les arbres semblaient morts; on ne voyait plus la terre, sinon alentour des fontaines et de quelques ruisseaux. Ainsi ne se pouvaient plus mener les bêtes aux champs, ni n'osaient les gens mettre seulement le nez hors la porte; mais, demeurant tous au logis, faisaient un grand feu, alentour duquel, dès que les coqs avaient chanté le matin, chacun venait faire sa besogne. Les uns retordaient du fil, les autres tissaient du poil de chèvre, ou faisaient des collets à prendre les oiseaux. Le soin qu'il fallait lors avoir des bœufs était de leur donner de la paille à manger en la bouverie, aux chèvres et brebis de la feuillée en la bergerie, aux pourceaux de la faîne et du gland en la porcherie.

Étant ainsi chacun contraint de garder la maison pour la rudesse du temps, les autres, tant laboureurs que pasteurs, en étaient aises, parce qu'ils avaient un peu de relâche en leurs travaux, faisaient bons repas et long somme; tellement que l'hiver leur semblait plus doux que non pas l'été, ni l'automne, ni le printemps avec. Mais Daphnis et Chloé se souvenant des plaisirs passés, comme ils s'entre-baisaient, comme ils s'entr'embrassaient, et de leurs joyeux passe-temps emmi ces champs et ces prairies, toute nuit soupiraient en grande peine sans pouvoir dormir, attendant la saison nouvelle ne plus ne moins qu'une seconde vie après la mort. Chaque fois qu'ils trouvaient sous leur main la panetière dont ils soûlaient tirer leur manger, cela leur mettait deuil au cœur; apercevant la sébile où ils étaient coutumiers de boire l'un après l'autre, ou bien la flûte, qui était un don d'amourette, jetée à terre quelque part sans que l'on en tînt compte, cela renouvelait leur regret. Si priaient aux Nymphes et à Pan qu'ils les délivrassent de ces maux, et leur remontrassent enfin à eux et à leurs bêtes le soleil beau et clair; et quand et quand faisant ces prières aux dieux, cherchaient quelque invention par laquelle ils se pussent entrevoir. Chloé de soi n'y eût su que faire, et aussi n'avait guère moyen; car celle qu'on estimait sa mère était tout le jour auprès d'elle, lui montrant à carder la laine et à tourner le fuseau, et lui parlant de la marier; mais Daphnis, comme celui qui avait plus de loisir et plus de sens aussi que la fillette, trouva pour la voir une telle finesse.

Devant le logis de Dryas, tout contre le mur de la cour, étaient deux grands myrtes et un lierre; les myrtes bien près l'un de l'autre et quasi joints par le pied, tellement que le lierre les embrassant tous deux, et s'étendant en guise de vigne sur l'un et sur l'autre, y faisait une manière de loge fort couverte, tant les feuilles étaient épaisses et tissues, s'il faut ainsi dire, les unes avec les autres; par dedans pendaient force grappes noires, comme raisin à la treille; à l'occasion de quoi y avait toujours, mêmement l'hiver, grande multitude d'oiseaux qui lors ne trouvaient rien ailleurs, force merles, force grives, force ramiers, force bisets, et de tous autres oiseaux aimant à manger grains de lierre. Daphnis sortit de la maison sous couleur d'aller tendre à ces oiseaux, ayant plein son bissac de fouaces et de gâteaux au miel, et portant aussi, afin qu'on le crût mieux, de la glu et des collets. La distance de l'une des maisons à l'autre était d'environ demi-lieue; et la neige, non encore durcie par le froid, lui eût fait avoir bien de la peine, n'eût été qu'Amour passe partout, et franchit le feu, l'eau, la neige, voire même celle de la Scythie. Daphnis fit le chemin tout d'une course, et arrivé devant la demeure de Dryas, secoua la neige qu'il avait aux pieds, tendit ses collets, englua de longues verges, puis se mit en aguet là auprès, épiant quand viendraient les oiseaux, et, à l'aventure, Chloé.

Or, quant aux oiseaux, il en vint grande compagnie, et en prit tant qu'il avait assez affaire à les amasser, à les tuer, et à les plumer; mais de la maison ne sortait personne, homme ni femme, ni coq, ni poule; ains se tenaient tous en dedans clos et cois au long du feu; dont le pauvre Daphnis était en grand émoi d'être venu si mal à point et à heure si malheureuse. Si osa bien penser de trouver un prétexte pour tout droit entrer déans, discourant en lui-même quelle couleur serait la plus croyable. « Je viens quérir du feu. Comment? n'avez-vous point de plus « proches voisins? Je demande du pain. Ton bissac est plein de « vivres. Du vin. Il n'y a que trois jours que vous avez fait ven- « danges. Le loup m'a poursuivi. Et où en est la trace? Je suis

« venu chasser aux oiseaux. Que ne t'en vas-tu donc, après que
« tu en as assez pris? Je veux voir Chloé. » Telle chose ne se
pouvait bonnement confesser à un père et à une mère. Ainsi,
n'y avait-il pas une de toutes ces occasions-là qui ne portât quelque
soupçon. « Mieux vaut, disait-il, que je m'en aille. Je la reverrai
« au printemps : non cet hiver, puisque les dieux, comme je
« crois, ne veulent pas. » Ayant fait en lui-même ces devis, et
serrant jà ce qu'il avait pris de grives et autres oiseaux, il s'en
allait partir. Mais comme si expressément Amour eût eu pitié
de lui, voici qu'il avint.

Dryas et sa famille à table, le pain et la viande toute prête,
chacun entendait à boire et à manger; et cependant un des chiens
de la bergerie, voyant qu'on ne se donnait point de garde de lui,
happe un lopin de chair, et s'enfuit hors de la maison; de quoi
Dryas courroucé, pour autant mêmement que c'était sa part,
prend un bâton et court après. En le poursuivant, il vint à
passer au long de ce lierre où Daphnis avait tendu ses gluaux,
et le vit comme il chargeait déjà sa prise sur ses épaules, prêt
à s'en retourner; et sitôt qu'il l'aperçut, oubliant et chair et chien:
Dieu te gard, mon fils; s'écria-t-il; puis le vient accoler et baiser,
le prend par la main et le mène en sa maison.

Quand ils se virent l'un l'autre, à peine qu'ils ne tombèrent
tous deux, de grande aise qu'ils eurent. Ils se forcèrent toutefois de se tenir sur leurs pieds, s'entr'appelèrent, se donnèrent
le bonjour, et se baisèrent, ce qui leur fut comme un étai et
appui qui leur vint à point pour les engarder de tomber.

Ayant ainsi Daphnis contre son espérance vu, et davantage
ayant baisé sa Chloé, s'assit auprès du feu, et déchargea sur la
table ses grives et ses ramiers, contant à la compagnie comment,
ennuyé de tant demeurer à la maison, il s'en était venu chasser
aux oiseaux, et comment il en avait pris aucuns avec des collets,
d'autres avec des gluaux, ainsi qu'ils venaient aux grains de lierre
et de myrte. Ceux de la maison le louèrent grandement de son
bon esprit, et le prièrent de manger à bonne chère de ce que le
mâtin leur avait laissé, commandant à Chloé qu'elle leur versât
à boire, ce qu'elle fit bien volontiers, à tous les autres premièrement, et puis à Daphnis le dernier; car elle faisait semblant
d'être fâchée contre lui, de ce qu'étant venu si près, il s'en

était voulu aller sans la voir ni parler à elle ; et néanmoins avant que lui présenter à boire, elle but un trait en la tasse, puis lui bailla le demeurant; et lui, encore qu'il eût grand'soif, but lentement et à longue haleine, pour en avoir tant plus de plaisir.

Si fut tantôt la table vide de pain et chair, et, lors assis, ils lui demandèrent nouvelles de Myrtale et Lamon, disant qu'ils étaient bien heureux d'avoir un tel bâton de leur vieillesse ; desquelles louanges Daphnis n'était pas marri, mêmement qu'on les lui donnait en présence de sa Chloé. Mais quand ils lui dirent qu'ils le retenaient ce jour et celui d'après, à cause qu'ils devaient le lendemain faire un sacrifice à Bacchus, peu s'en fallut qu'il ne les adorât au lieu de Bacchus. Si tira de son bissac force gâteaux, et des oiseaux qu'ils habillèrent pour le souper. Ainsi fut derechef le feu allumé, le vin tiré, la table dressée ; et sitôt qu'il fut nuit close se mirent à manger ; après quoi ils passèrent le temps, partie à faire de plaisants contes, et partie à chanter, jusqu'à ce que sommeil leur vînt ; et lors ils s'en allèrent coucher, Chloé avec sa mère, Daphnis avec Dryas. Chloé n'eut autre bien la nuit que de penser à son Daphnis, qu'elle verrait le lendemain tout le jour, et lui se repaissait d'une vaine volupté, tenant à grand heur de coucher seulement avec le père de sa Chloé ; de sorte que plus d'une fois il l'embrassa et baisa, croyant en rêve embrasser et baiser Chloé.

Le matin, il fit un froid extrême, et tira un vent de bise si âpre, qu'il brûlait et perçait tout. Quand ils furent levés, Dryas sacrifia à Bacchus un chevreau d'un an, alluma un grand feu, et apprêta le dîner. Adonc, cependant que Napé entendait à cuire le pain, et Dryas à faire bouillir le chevreau, Chloé et Daphnis étant de loisir, sortirent tous deux de la maison, et s'en allèrent sous le lierre, où ils dressèrent des collets, tendirent des gluaux et prirent encore grand nombre d'oiseaux, en s'entre-baisant parmi continuellement, et tenant tels propos amoureux : « Je suis
« venu pour toi, Chloé. Je sais bien, Daphnis. A cause de toi,
« belle, je tue ces pauvres oiseaux. Qu'est-il de nos amours ?
« m'as-tu point oublié ? Non, par les Nymphes que je t'ai ju-
« rées, dans cette grotte où nous nous reverrons dès que la
« neige sera fondue. Ah ! Chloé, qu'elle est haute cette neige !
« ne fondrai-je point moi-même avant elle ? Ne te soucie, Da-

«phnis; le soleil sera chaud, mais que vienne primevère. Ah!
« le fût-il déjà comme le feu qui brûle mon cœur! Badin, tu
« te moques de moi, et tu me tromperas quelque jour. Non
« ferai, par mes chèvres, que tu m'as fait jurer.»

Ainsi que Chloé répondait en cette sorte à son Daphnis ne plus ne moins que l'écho, Napé les appela : ils s'y en coururent, portant avec eux leur prise, bien plus grande que celle de la veille; et après avoir fait des libations à Bacchus, se mirent à manger, ayant sur leurs têtes des couronnes de lierre; et à la fin, ayant bien repu et chanté l'hymne à Bacchus, renvoyèrent Daphnis, en lui garnissant très-bien son bissac de pain et de chair; et si lui rendirent ses grives et ramiers, disant que quant a eux ils en prendraient bien toujours quand ils voudraient, tant que durerait l'hiver, et que les grappes ne faudraient au lierre. Ainsi se partit Daphnis, en les baisant tous premier que Chloé, afin que son baiser lui restât pur et net. Depuis, il y revint plusieurs fois par autres subtilités; de sorte que l'hiver ne se passa point tout pour eux sans quelque plaisir amoureux.

Et sur le commencement du printemps, que la neige se fondait, la terre se découvrit et l'herbe dessous poignait, les bergers alors sortirent et menèrent leurs bêtes aux champs, mais devant tous Daphnis et Chloé, comme ceux qui servaient eux-mêmes à un bien plus grand pasteur; et d'abord s'en coururent droit aux Nymphes dans la caverne, ensuite à Pan sous le pin, puis sous le chêne, où ils s'assirent en regardant paître leurs troupeaux, et s'entre-baisant quant et quant; puis allèrent chercher des fleurs pour en faire des couronnes aux dieux. Mais les fleurs à peine commençaient d'éclore, par la douceur du petit béat de Zéphyre qui les ranimait, et la chaleur du soleil qui les entr'ouvrait. Toutefois encore trouvèrent-ils de la violette, des narcisses, du muguet, et autres telles premières fleurs que produit la saison nouvelle, dont ils firent des chapelets, et en couronnèrent les têtes aux images, en leur offrant du lait nouveau de leurs brebis et de leurs chèvres; puis essayèrent à jouer un peu de leurs chalumeaux, comme s'ils eussent voulu provoquer les rossignols à chanter, lesquels leur répondaient de dedans les buissons, commençant petit à petit à lamenter encore Itys et recorder leur ramage, qu'un long silence leur avait fait oublier.

Et alors aussi les brebis bêlaient, les agneaux sautaient, et se courbaient sous le ventre de leur mère; les béliers poursuivaient les brebis qui n'avaient point encore agnelé, et les ayant arrêtées, saillaient puis l'une, puis l'autre ; autant en faisaient les boucs après les chèvres, sautant à l'environ, combattant et se cossant fièrement pour l'amour d'elles. Chacun avait les siennes à soi, et gardait qu'autre ne fît tort à ses amours ; toutes choses dont la vue aurait, en des vieillards éteints, rallumé le feu de Vénus, et trop mieux échauffait ces deux jeunes personnes, qui, de longtemps inquiets, pourchassant le dernier but du contentement d'amour, brûlaient et se consumaient de tout ce qu'ils entendaient et voyaient, cherchant quelque chose qu'ils ne pouvaient trouver outre le baiser et l'embrasser. Mêmement Daphnis, qui, devenu grand et en bon point, pour n'avoir bougé tout l'hiver de la maison à ne rien faire, frissait après le baiser, et était gros, comme l'on dit, d'embrasser, faisant toutes choses plus curieusement et plus hardiment que paravant, pressant Chloé de lui accorder tout ce qu'il voulait, et de se coucher nue à nu avec lui plus longuement qu'ils n'avaient accoutumé.« Car « il n'y a, disait-il, que ce seul point qui nous manque des ensei- « gnements de Philétas, pour la dernière et seule médecine qui « apaise l'amour. »

Et Chloé lui demandant ce qu'il y pouvait avoir outre se baiser, s'embrasser et se coucher tout vêtus, et ce qu'il pensait faire plus quand ils seraient couchés nus : « Cela, lui dit-il, que « les béliers font aux brebis et les boucs aux chèvres. Vois-tu « comment après cela les brebis ne s'enfuient plus, ni les béliers « ne se travaillent plus à courir après, mais paissent tous les « deux amiablement ensemble, comme étant l'un et l'autre as- « souvis et contents ? et doit bien être quelque chose plus douce « que ce que nous faisons, et dont la douceur surpasse l'amer- « tume d'amour. — Et mais, fit-elle, vois-tu pas que les béliers « et les brebis, les boucs et les chèvres, faisant ce que tu dis, se « tiennent debout ? les mâles montent dessus, les femelles sou- « tiennent les mâles sur le dos. Et toi tu veux que je me couche « avec toi à terre, et toute nue. Sont-elles donc pas plus vê- « tues de leur laine ou bien de leur poil que moi de ce qui me « couvre ? »

Il la crut, et, comme elle voulut, se coucha près d'elle, où il fut longtemps, ne sachant comment faire pour venir à bout de ce qu'il désirait. Il la fit relever, l'embrassa par derrière en imitant les boucs; mais il s'en trouvait encore moins satisfait que devant. Si se rassit à terre, et se prit à pleurer de ce qu'il savait moins que les bélins accomplir les œuvres d'amour.

Or y avait-il non guère loin de là un qui cultivait son propre héritage, et s'appelait Chromis, homme ayant jà passé le meilleur de son âge, et étant tout à l'heure cassé. Il tenait avec soi certaine petite femme, jeune et belle, et délicate, pour autant mêmement qu'elle était de la ville, et avait nom Lycenion; laquelle, voyant passer tous les matins Daphnis, qui menait ses bêtes en pâture, et le soir les ramenait au tect, eut envie de s'accointer de lui pour en faire son amoureux, et tant le guetta, qu'une fois le trouva seulet; elle lui donna une flûte, une gauffre à miel, et une panetière de peau de cerf; mais elle n'osa lui rien dire, se doutant qu'il aimait Chloé, parce qu'il était toujours avec elle; et néanmoins n'en savait autre chose, sinon qu'elle les avait vus sourire l'un à l'autre et se faire des signes. Si fit entendre à Chromis, un matin, qu'elle s'en allait voir une sienne voisine en travail d'enfant, suivit les jeunes gens pas à pas, et se cachant entre des buissons pour n'être point aperçue, vit de là tout ce qu'ils faisaient, entendit tout ce qu'ils disaient et très-bien sut remarquer comment et pour quelle cause pleurait le pauvre Daphnis. Par quoi ayant pitié de leur peine, et quand et quand considérant que double occasion de bien faire se présentait à elle, l'une de les instruire de leur bien, l'autre d'accomplir son désir, elle usa d'une telle finesse.

Le lendemain, feignant d'aller voir sa voisine qui travaillait d'enfant, elle vient droit au chêne sous lequel était Daphnis avec Chloé, et contrefaisant la marrie troublée : « Hélas! mon ami, « dit-elle, Daphnis, je te prie, aide-moi. De mes vingt oisons, « voilà un aigle qui m'en emporte le plus beau. Mais parce qu'il « est trop pesant, l'aigle ne l'a pu enlever jusque sur cette roche « là-haut, où est son aire, ains est allé choir avec au fond du « vallon, dedans ce bois ici : et pour ce, je te prie, mon Daph- « nis, viens-y avec moi, car toute seule j'ai peur, et m'aide à le « recourir. Ne veuille souffrir que mon compte demeure impar-

« fait. A l'aventure pourras-tu bien tuer l'aigle même, qui ainsi
« ne ravira plus vos agneaux ni vos chevreaux ; et Chloé, ce
« temps pendant, gardera vos deux troupeaux. Tes chèvres la
« connaissent aussi bien comme toi ; car vous êtes toujours
« ensemble. »

Daphnis, ne se doutant de rien, se leva incontinent, prit sa houlette en sa main, et s'en fut avec Lycenion. Elle le mena loin de Chloé, dans le plus épais du bois, près d'une fontaine, où, l'ayant fait seoir : « Tu aimes, lui dit-elle, Daphnis, tu aimes
« la Chloé. Les Nymphes me l'ont dit cette nuit. Elles me sont
« venues, ces Nymphes, conter en dormant les pleurs que tu
« faisais hier, et si m'ont commandé que je t'ôtasse de cette peine,
« en t'apprenant l'œuvre d'amour, qui n'est pas seulement baiser
« et embrasser, ni faire comme les béliers et boucquins ; c'est
« bien autre chose, et bien plus plaisante que tout cela. Par quoi,
« si tu veux être quitte du déplaisir que tu en as, et trouver l'aise
« que tu y cherches, ne fais seulement que te donner à moi ap-
« prenti joyeux et gaillard ; et moi, pour l'amour des Nymphes,
« je te montrerai ce qui en est. »

Daphnis perdit toute contenance, tant il fut aise, comme un pauvre garçon de village, jeune et amoureux. Si se met à genoux devant Lycenion, la priant à mains jointes de tôt lui montrer ce doux métier, afin qu'il pût faire à Chloé ce qu'il désirait ; et comme si c'eût été quelque grand et merveilleux secret, lui promit un chevreau de lait, des fromages frais, de la crème, et plutôt la chèvre avec. Adonc le voyant Lycenion plus naïf et plus simple encore qu'elle n'avait imaginé, se prit à l'instruire en cette façon. Elle lui commanda de s'asseoir auprès d'elle, puis de la baiser tout ainsi qu'ils avaient de coutume entre eux, et en la baisant de l'embrasser, et finalement de se coucher à terre au long d'elle. Comme il se fut assis, qu'il l'eut baisée, se fut couché, elle, le trouvant en état, le souleva un peu, et se glissa sous lui ; puis elle le mit dans le chemin qu'il avait jusque-là cherché, où chose ne fit qui ne soit en tel cas accoutumée, nature elle-même du reste l'instruisant assez.

Finie l'amoureuse leçon, Daphnis, aussi simple que devant, s'en voulut courir vers Chloé, pour lui faire tout aussitôt ce qu'il venait d'apprendre, comme s'il eût eu peur de l'oublier. Mas

Lycenion le retint, et lui dit : « Il faut que tu saches encore « ceci, Daphnis : c'est que, comme j'étais déjà femme, tu ne « m'as point fait mal à ce coup ; car un autre homme, il y a déjà « quelque temps, m'enseigna cela que je te viens d'apprendre, et « en eut mon pucelage pour son loyer. Mais Chloé, lorsqu'elle « luttera cette lutte avec toi, la première fois elle criera, elle « pleurera, et si saignera, comme qui l'aurait tuée : mais n'aie « point de peur, et quand elle voudra se prêter à toi, amène-la ici, « afin que, si elle crie, personne ne l'entende, et si elle pleure, « personne ne la voie, et si elle saigne, qu'elle se puisse laver « en cette fontaine. Et te souvienne cependant que je t'ai fait « homme premier que Chloé. »

Après lui avoir donné ces avis, Lycenion s'en alla d'un autre côté du bois, faisant semblant de chercher encore son oison ; et Daphnis alors, songeant à ce qu'elle lui avait dit, ne savait plus s'il oserait rien exiger de Chloé outre le baiser et l'embrasser. Il ne voulait point la faire crier, car ce lui semblait acte d'ennemi ; ni la faire pleurer, car c'eût été signe qu'elle eût senti mal ; ou la faire saigner, car, étant novice, il craignait ce sang, et pensait être impossible qu'il sortît du sang, sinon d'une blessure. Si s'en revint du bois, en résolution de prendre avec elle les plaisirs accoutumés seulement ; et venu à l'endroit où elle était assise, faisant un chapelet de violettes, lui controuva qu'il avait arraché des serres mêmes de l'aigle l'oison de Lycenion ; puis, l'embrassant, la baisa comme Lycenion l'avait baisé durant le déduit, car cela seul lui pouvait-il, à son avis, faire sans danger ; et Chloé lui mit sur la tête le chapelet qu'elle avait fait, et en même temps lui baisait les cheveux, comme sentant à son gré meilleur que les violettes ; puis lui donna de sa panetière à repaître du raisin sec et quelques pains, et souventefois lui prenait de la bouche un morceau, et le mangeait, elle, comme petits oiseaux prennent la becquée du bec de leur mère.

Ainsi qu'ils mangeaient ensemble, ayant moins de souci de manger que de s'entre-baiser, une barque de pêcheur parut, qui voguait au long de la côte. Il ne faisait vent quelconque, et était la mer fort calmé, au moyen de quoi ils allaient à rames, et ramaient à la plus grande diligence qu'ils pouvaient, pour porter en quelque riche maison de la ville leur poisson tout frais pêché ;

et ce que tous mariniers ont accoutumé de faire pour alléger leur travail, ceux-ci le faisaient alors; c'est que l'un d'eux chantait une chanson marine, dont la cadence réglait le mouvement des rames, et les autres, de même qu'en un chœur de musique, unissaient par intervalles leur voix à celle du chanteur. Or, tant qu'ils voguèrent en pleine mer, le son, dans cette étendue, se perdait, et la voix s'évanouissait en l'air; mais quand ils vinrent à passer la pointe d'un écueil et entrer en une baie profonde en forme de croissant, on ouït bien plus fort le bruit des rames, e' bien plus distinctement le refrain de leur chanson; pource qu le fond de la baie se terminait en un vallon creux, lequel recevant le son, comme le vent qui s'entonne dedans une flûte, rendait un retentissement qui représentait à part le bruit des rames, et la voix des chanteurs à part, chose plaisante à ouïr. Car, comme une voix venait d'abord de la mer, celle qui répondait de terre résonnait d'autant plus tard, que plus tard avait commencé l'autre.

Daphnis, qui savait que c'était de ce retentissement, ne regardait rien qu'en la mer, et prenait singulier plaisir à voir la barque voguer vite, comme volerait un oiseau, tâchant à retenir quelque chose de la chanson qu'il pût jouer après sur sa flûte. Mais Chloé n'ayant jamais ouï ce résonnement de la voix, qu'on appelle écho, tournait la tête tantôt du côté de la mer, lorsque les pêcheurs chantaient, tantôt vers le bois, cherchant qui leur répondait. Eux passés, tout se tut en la mer et dans le vallon; et Chloé demandait à Daphnis si derrière l'écueil y avait point une autre mer, une autre barque, et d'autres rameurs qui chantassent. Il se prit doucement à sourire, et plus doucement encore la baisa; puis, lui mettant sur la tête le chapelet de violettes, commença à lui conter la fable d'Écho, lui demandant, pour loyer de lui faire ce beau conte, dix autres baisers. Si lui dit : « Il y a, ma mie, plusieurs sortes de Nymphes : les unes
« sont Nymphes des bois, les autres des prés et des eaux, toutes
« belles, toutes savantes en l'art de chanter; et fille d'une d'elles
« fut jadis Écho, mortelle, pource qu'elle était née d'un père
« mortel; belle, comme fille de belle mère. Elle fut nourrie par
« les Nymphes et apprise par les Muses, qui lui montrèrent à
« jouer de la flûte, à former des sons sur la lyre et sur la cithare,

« et lui enseignèrent toute sorte de chant; si qu'étant jà venue en
« la fleur de son âge, elle chantait avec les Nymphes et chan-
« tait avec les Muses : mais elle fuyait les mâles, autant les dieux
« que les hommes, aimant la virginité. Pan se courrouça con-
« tre elle, jaloux de ce qu'elle chantait si bien, et dépité de ne
« pouvoir jouir de sa beauté. Il rendit furieux les pâtres et
« chevriers du pays, qui, comme loups ou chiens enragés, se
« jetèrent sur la pauvre fille, la déchirèrent chantant encore,
« et çà et là dispersèrent ses membres pleins d'harmonie. Terre
« les reçut en faveur des Nymphes, conserva son chant, retint
« sa musique, et depuis, par le vouloir des Muses, imite les voix
« et les sons, représente, comme faisait la pucelle de son vivant,
« hommes, dieux, bêtes, instruments, et Pan quand il joue
« de la flûte; lequel, entendant contrefaire son jeu, saute et
« court par les montagnes, non pour autre envie, mais cherchant
« où est l'écolier qui se cache et répète son jeu, sans qu'il le voie
« ni connaisse. »

Daphnis ayant fait ce conte, Chloé le baisa, non-seulement dix fois, comme il avait demandé, mais beaucoup plus. Car Écho redit, peu s'en faut, tout ce qu'il avait dit, comme pour témoigner qu'il n'avait point menti.

La chaleur allait tous les jours de plus en plus augmentant, parce que le printemps finissait et l'été commençait; et aussi avaient-ils de nouveaux passe-temps convenables à la saison d'été. Daphnis nageait dans les rivières, Chloé se baignait dans les fontaines; il jouait de la flûte à l'envi des pins que les vents faisaient résonner; elle chantait à l'encontre des rossignols à qui mieux mieux. Ensemble ils chassaient aux cigales, prenaient des sauterelles, cueillaient les fleurs, croulaient les arbres, mangeaient les fruits; et à la fin se couchèrent tous deux sous une même peau de chèvre, nue à nu; et lors eût Chloé facilement été faite femme, si Daphnis n'eût craint de lui faire sang; de quoi il avait si belle peur, qu'appréhendant de n'être pas toujours maître de soi, souvent il empêchait Chloé de se dépouiller toute nue, tellement qu'elle-même s'en étonnait; mais elle avait honte de lui en demander la cause.

Il y eut durant cet été grande presse et pourchas amoureux auteur de Chloé pour l'avoir en mariage; et venait-on de tous côtés la demander à Dryas. Aucuns lui portaient des présents, et tous lui faisaient de grandes promesses ; tellement que Napé, mue d'avarice, lui conseillait de la marier, et ne tenir point plus longtemps une fille si grande en sa maison ; que si on ne se hâtait de lui donner mari, elle pourrait à l'aventure bientôt, en gardant ses bêtes par les champs, perdre son pucelage, et se marier pour des pommes ou des roses avec quelque berger ; et ce, disait Napé, valait mieux, pour le bien d'elle et d'eux aussi, la faire maîtresse de la maison de quelque bon laboureur, et prendre ce qu'on leur offrirait, qu'ils garderaient à leur propre fils. Car, non guère auparavant, leur était né un petit garçon. Et Dryas lui-même quelquefois se laissait aller à ces raisons ; aussi que chacun lui faisait des offres bien au delà de ce que méritait une simple bergère : mais considérant puis après que la fille n'était pas née pour s'allier en paysannerie, et que s'il arrivait qu'un jour elle retrouvât sa famille, elle les ferait tous heureux, il différait toujours d'en rendre certaine réponse, et les remettait d'une saison à l'autre, dont lui venait à lui cependant tout plein de présents qu'on lui faisait.

Ce que Chloé entendant en était fort déplaisante, et toutefois fut longtemps sans vouloir dire à Daphnis la cause de son ennui. Mais voyant qu'il l'en pressait et importunait souvent, et s'ennuyait plus de n'en rien savoir qu'il n'aurait pu faire après l'avoir su, elle lui conta tout : combien ils étaient de poursuivants qui la demandaient ; combien riches ; les paroles que disait Napé à celle fin de la faire accorder, et comment Dryas n'y avait point contredit, mais remettait le tout aux prochaines vendanges. Daphnis, oyant telles nouvelles, à peine qu'il ne perdît sens et entendement, et se séant à terre, se prit à pleurer, disant qu'il mourrait si Chloé cessait de venir aux champs garder les bêtes avec lui, et que non lui seulement, mais que les brebis et moutons en mourraient de déplaisir, s'ils perdaient une telle bergère. Puis, y ayant un peu pensé, il reprit courage, et se mit en tête qu'il la pourrait avoir lui-même, s'il la demandait à son père, espérant facilement l'emporter sur tous les autres, et leur être préféré. Une chose pourtant le troublait ; Lamon n'était pas riche ; ce seul point lui affaiblissait fort son espérance. Toutefois il se résolut, quoi qu'il en pût arriver de la demander à femme ;

et Chloé même en fut d'avis. Si n'en osa de prime abord rien dire à Lamon, mais découvrit plus hardiment son amour à Myrtale, et lui tint propos comme il désirait épouser Chloé.

Myrtale la nuit en parla à son mari. Mais Lamon le trouva fort mauvais, et appela sa femme bête, de vouloir marier à une fille de simples bergers, tel gars, à qui elle savait bien que les marques et enseignes trouvées quand et lui promettaient autre fortune, et qui un jour ou l'autre, étant reconnu des siens, les pourrait, eux, non-seulement affranchir de servitude, mais les faire maîtres de meilleure et de plus grande terre que celle qu'ils tenaient comme serfs. Myrtale toutefois craignant que le garçon épris d'amour, s'il perdait ainsi tout espoir de ce que tant il désirait, ne fût capable de quelque funeste résolution, lui allégua d'autres motifs et prétextes de refus : « Nous sommes, ce lui « dit-elle, pauvres, mon enfant, et avons besoin d'une fille qui « nous apporte, plutôt qu'à qui il faille donner : au contraire, « ils sont riches, eux, et si veulent avoir un mari qui leur « donne. Mais va, fais tant envers Chloé, et elle envers son « père, qu'il ne nous demande pas grand'chose, et qu'il te la « donne en mariage. Sans doute elle t'aime aussi, et elle ai-« mera bien mieux coucher avec toi pauvre et beau, qu'avec pas « un de ceux-là, qui sont riches et laids comme marmots. »

Myrtale crut par ce moyen avoir doucement éconduit Daphnis; car elle tenait pour tout assuré que jamais Dryas n'y consentirait, ayant en main de plus riches partis qui lui offraient beaucoup de bien. Daphnis, quant à lui, ne se pouvait plaindre de la réponse, mais se voyant si loin d'espérance, fit ce que les amants qui sont pauvres ont accoutumé de faire : il se prit à pleurer, et invoqua les Nymphes, lesquelles la nuit ensuivante, ainsi qu'il dormait, s'apparurent à lui en même forme et manière que la première fois; et lui dit la plus âgée d'elles : « A « un autre dieu touche le soin du mariage de Chloé : nous te « donnerons, nous, de quoi gagner Dryas. Le bateau des Mé-« thymniens, dont tes chèvres broutèrent le lien l'année passée, « fut ce jour-là par les vents emporté bien loin de terre : mais « d'autres souffles la nuit le jetèrent contre la côte, où il périt « et tout ce qui était dedans, sinon qu'avec le débris l'onde « poussa sur la grève une bourse de trois cents écus, et est là

« couverte d'algue, près d'un dauphin mort, qui a été cause que
« nul passant ne s'en est encore approché, fuyant un chacun la
« puanteur de cette pourriture. Vas-y, prends la bourse, et la
« donne. Ce sera assez à cette heure pour montrer que tu n'es
« point pauvre : mais un temps viendra que tu seras riche. »

Aussitôt dites ces paroles, elles disparurent avec la nuit ; et le jour commençant à poindre, Daphnis se leva tout joyeux, chassa ses bêtes aux champs avec les sons accoutumés, et ayant baisé Chloé, salué les Nymphes, s'en courut au bord de la mer, comme s'il eût voulu s'asperger d'eau marine. Là, se promenant sur le sable, il allait partout regardant s'il trouverait point ces trois cents écus, à quoi il n'eut pas grand'peine : car la mauvaise odeur du dauphin corrompu lui donna incontinent au nez, et lui servit de guide jusqu'au lieu, où ayant écarté les algues, il trouva dessous la bourse pleine, qu'il enleva, et la mit dans sa panetière. Mais il ne partit point de là qu'il n'eût adoré et remercié les Nymphes, et même la mer ; car, tout berger qu'il était, il aimait la mer alors, et elle lui semblait douce et bonne plus que la terre pource qu'elle l'aidait à parvenir au mariage de son amie. Étant saisi de cet argent, il n'attendit pas davantage ; ainsi s'estimant le plus riche, non pas seulement de tous les paysans de là entour, mais aussi de tous les vivants, s'en alla droit à Chloé, lui conta le songe qu'il avait eu, lui montra la bourse qu'il avait trouvée, et lui dit de garder leurs bêtes jusqu'à ce qu'il fût de retour ; puis prit sa course vers Dryas, lequel il trouva battant le blé dans l'aire avec sa femme Napé. Si lui commença un brave propos, en lui disant ces paroles :

« Donne-moi Chloé en mariage. Je sais bien jouer de la flûte,
« je sais bien besogner aux vignes et aux arbres, labourer la terre,
« vanner le blé au vent ; et comment je sais gouverner les bêtes,
« elle-même Chloé te le peut témoigner. On me bailla au commen-
« cement cinquante chèvres ; je les ai fait multiplier deux fois au-
« tant ; et si ai élevé de beaux et grands boucs jusqu'à dix, là où
« premièrement n'en ayant que deux, nous fallait la plupart du
« temps mener nos chèvres ailleurs ; et si suis jeune et votre
« voisin, de qui nul ne se saurait plaindre. Une chèvre m'a
« nourri, comme Chloé une brebis ; et, bien que pour tant de
« choses je dusse être préféré aux autres qui la demandent, en-

« core te donnerai-je plus qu'eux. Ils te donneront, eux, quelques « chèvres, quelques moutons, quelque couple de bœufs galeux, « du blé de quoi nourrir trois poules ; mais moi, voici trois cents « écus. Seulement, je te prie, que personne n'en sache rien, non « pas même mon père Lamon. » En disant ces mots, il lui délivra l'argent, et le baisa quant et quant.

Dryas et Napé, voyant si grosse somme de deniers qu'ils n'en avaient jamais tant vu ensemble, lui promirent aussitôt qu'il aurait Chloé pour sa femme, et dirent qu'ils feraient bien trouver bon ce mariage à Lamon. Si demeurèrent Daphnis et Napé à chasser les bœufs sur l'aire, et faire sortir avec la herse le blé des épis, pendant que Dryas, ayant premièrement serré la bourse et l'argent, s'en alla devers Lamon et Myrtale, pour leur demander, à vrai dire au rebours de la coutume, leur jeune garçon en mariage.

Il les trouva qu'ils mesuraient l'orge après l'avoir vannée, et se plaignaient qu'à grand'peine en recueillaient-ils autant comme ils en avaient semé. Il les reconforta, disant qu'ainsi était-il partout ; puis leur demanda Daphnis à mari pour Chloé, et leur dit que, combien que d'autres lui offrissent et donnassent beaucoup pour l'accorder, il ne voulait d'eux rien avoir, ains plutôt était prêt à leur donner du sien. Car ils ont, disait-il, été nourris ensemble, et, gardant leurs bêtes aux champs, se sont pris l'un l'autre en telle amitié, qu'il serait maintenant malaisé de les séparer ; et si étaient bien d'âge tous deux pour coucher ensemble. Il leur alléguait ces raisons et assez d'autres, comme celui qui, pour loyer de les persuader, avait reçu trois cents écus.

Lamon ne pouvant plus s'excuser sur sa pauvreté, puisque les parents mêmes de la fille l'en priaient, ni sur l'âge de Daphnis, car il était déjà en son adolescence bien avant, n'osa néanmoins dire encore à quoi tenait qu'il n'y consentît, qui était que tel parentage ne convenait point à Daphnis ; mais après y avoir un peu de temps pensé, il lui répondit en cette sorte : « Vous êtes gens de bien de préférer vos voisins à des étrangers, « et de n'aimer point plus la richesse que l'honnête pauvreté. « Veuillent Pan et les Nymphes vous en récompenser ! Et quant « à moi, je vous promets que j'ai autant d'envie comme vous « que ce mariage se fasse ; autrement serais-je bien insensé, me

« voyant déjà sur l'âge et ayant plus besoin d'aide que jamais,
« si je n'estimais un grand heur d'être allié de votre maison ; et
« si est Chloé telle que l'on la doit souhaiter, belle et bonne fille,
« et où il n'y a que redire. Mais étant serf comme je suis, je n'ai
« rien dont je puisse disposer, ains faut que mon maître le sache
« et qu'il y consente. Or donc différons, je vous prie, les noces
« jusques aux vendanges, car il doit, au dire de ceux qui nous
« viennent de la ville, se trouver alors ici; et lors ils seront mari
« et femme, et en attendant s'aimeront comme frère et sœur.
« Mais veux-tu que je te dise? tu prétends pour gendre, Dryas,
« un qui vaut trop mieux que nous. » Cela dit, il le baisa et lui
présenta à boire; car il était jà près de midi; et le convoya
au retour quelque espace de chemin, lui faisant caresses infinies.

Mais Dryas, qui n'avait pas mis en oreille sourde les dernières paroles de Lamon, s'en allait songeant en lui-même qui pouvait être Daphnis : « Une chèvre fut sa nourrice, les dieux ont
« eu soin de lui. Il est beau, et ne tient en rien de ce vieillard ca-
« mus ni de sa femme pelée. Il a trouvé à son besoin ces trois
« cents écus; à peine pourrait un chevrier finer autant de noi-
« settes. N'aurait-il point été exposé comme Chloé? Lamon l'au-
« rait-il point trouvé, comme moi cette petite, avec telles mar-
« ques et enseignes comme j'en trouvai quant à elle? O Pan, et
« vous, Nymphes, veuillez qu'il soit ainsi! A l'aventure, un jour
« Daphnis, reconnu de ses parents, pourra bien faire connaître
« ceux de Chloé aussi. »

Dryas s'en allait discourant et rêvant ainsi en lui-même jusqu'à son aire, où il trouva le gars en grande dévotion d'ouïr quelles nouvelles il apportait. Si le reconforta en l'appelant de tout loin son gendre; lui promit les noces sans faute aux prochaines vendanges, lui donna la main, foi de laboureur, que Chloé jamais ne serait à autre que lui. Daphnis aussitôt, sans vouloir ni boire ni manger, s'en recourut vers elle; et l'ayant trouvée qui tirait ses brebis et faisait des fromages, il lui annonça la bonne nouvelle de leur futur mariage, et de là en avant ne feignait de la baiser devant tout le monde, comme sa fiancée, et l'aider en toutes ses besognes, tirait les brebis dans les seilles, faisait prendre le lait pour en faire des fromages, mettait les agneaux sous leur mère, comme aussi ses chevreaux à lui; puis quand tout cela était fait, ils se baignaient, mangeaient, buvaient; puis allaient en quête des fruits mûrs, dont y avait grande abondance, pource que c'était après l'août, dans la richesse de l'automne; force poires de bois, force nèfles et azeroles, force pommes de coing, les unes à terre tombées, les autres aux branches des arbres. A terre elles avaient meilleure senteur, aux branches elles étaient plus fraîches; les unes sentaient comme malvoisie, les autres reluisaient comme or.

Parmi ces pommiers, un ayant été déjà tout cueilli, n'avait plus ni feuille ni fruit. Les branches étaient nues, et n'était demeuré qu'une seule pomme à la cime de la plus haute branche. La pomme, belle et grosse à merveille, sentait aussi bon et mieux que pas une; mais qui avait cueilli les autres n'avait osé monter si haut, ou ne s'était soucié de l'abattre; ou possible une si belle pomme était réservée pour un pasteur amoureux. Daphnis ne l'eut pas sitôt vue, qu'il se mit en devoir de l'aller cueillir. Chloé l'en voulut garder, mais il n'en tint compte : pourquoi elle, peureuse et dépite de n'être point écoutée, s'en fut où étaient leurs troupeaux; et Daphnis, montant au fin faîte de l'arbre, atteignit la pomme qu'il cueillit, et la lui porta, et la voyant malcontente, lui dit telles paroles : « Cette pomme, Chloé ma mie, les
« beaux jours d'été l'ont fait naître, un bel arbre l'a nourrie;
« puis mûrie par le soleil, fortune l'a conservée. J'eusse été
« aveugle vraiment de ne la pas voir là, et sot l'ayant vue de l'y
« laisser, pour qu'elle tombât à terre, et fût foulée aux pieds
« des bêtes, ou envenimée de quelque serpent qui eût frayé au
« long; ou bien demeurant là-haut, regardée, admirée, enviée,
« eût été gâtée par le temps. Une pomme fut donnée à Vénus
« comme à la plus belle; tu mérites aussi bien le prix. Ayant
« même beauté l'une et l'autre, vous avez juges pareils. Il était
« berger, lui; moi, je suis chevrier. »

Disant ces mots, il mit la pomme au giron de Chloé; et elle, comme il s'approcha, le baisa si soèvement, qu'il n'eut point de regret d'être monté si haut, pour un baiser qui valait mieux à son gré que les pommes d'or.

LIVRE QUATRIÈME.

Cependant un des gens du maître de Lamon, envoyé de la ville, lui apporta nouvelles que leur commun seigneur viendrait un peu devant les vendanges voir si la guerre aurait point fait de dommage en ses terres; à l'occasion de quoi Lamon, étant la saison avancée et passé le temps des chaleurs, accoutra diligemment logis et jardins, pour que le maître n'y vît rien qui ne fût plaisant à voir. Il cura les fontaines, afin que l'eau en fût plus nette et plus claire; il ôta le fumier de la cour, crainte que la mauvaise odeur ne lui en fâchât; il mit en ordre le verger, afin qu'il le trouvât plus beau.

Vrai est que le verger de soi était une bien belle et plaisante chose, et qui tenait fort de la magnificence des rois. Il s'étendait environ demi-quart de lieue en longueur, et était en beau site élevé, ayant de largeur cinq cents pas, si qu'il paraissait à l'œil comme un carré allongé. Toutes sortes d'arbres s'y trouvaient : pommiers, myrtes, mûriers, poiriers, comme aussi des grenadiers, des figuiers, des oliviers, en plus d'un lieu de la vigne haute sur les pommiers et les poiriers, où raisin et fruits mûrissant ensemble, l'arbre et la vigne entre eux semblaient disputer de fécondité. C'étaient là les plants cultivés; mais il y avait aussi des arbres non portant fruit et croissant d'eux-mêmes, tels que platanes, lauriers, cyprès, pins; et sur ceux-là, au lieu de vigne, s'étendaient des lierres, dont les grappes, grosses et jà noircissantes, contrefaisaient le raisin. Les arbres fruitiers étaient au dedans vers le centre du jardin, comme pour être mieux gardés, les stériles aux orées tout alentour comme un rempart; et tout cela clos et environné d'un petit mur sans ciment. Au demeurant, tout y était bien ordonné et distribué, les arbres par le pied distants les uns des autres; mais leurs branches par en haut tellement entrelacées, que ce qui était de nature semblait exprès artifice. Puis y avait des carreaux de fleurs, desquelles nature en avait produit aucunes, et l'art de l'homme les autres; les roses, les œillets, les lis y étaient venus moyennant l'œuvre de l'homme; les violettes, le narcisse, les marguerites, de la seule nature. Bref, il y avait de l'ombre en été, des fleurs au printemps, des fruits en automne, et en tout temps toutes délices.

On découvrait de là grande étendue de plaine, et pouvait-on voir les bergers gardant leurs troupeaux et les bêtes emmi les champs; de là se voyait en plein la mer et les barques allant et venant au long de la côte, plaisir continuel joint aux autres agréments de ce séjour. Et droit au milieu du verger, à la croisée de deux allées qui le coupaient en long et en large, y avait un temple dédié à Bacchus avec un autel, l'autel tout revêtu de lierre, et le temple couvert de vigne. Au dedans étaient peintes les histoires de Bacchus: Sémélé qui accouchait, Ariane qui dormait, Lycurgue lié, Penthée déchiré, les Indiens vaincus, les Tyrrhéniens changés en dauphins, partout des Satyres gaiement occupés aux pressoirs et à la vandange, partout des Bacchantes menant des danses. Pan n'y était point oublié, ains était assis sur une roche, jouant de sa flûte, en manière qu'il semblait qu'il jouât une note commune, et aux Bacchantes qui dansaient, et aux Satyres qui foulaient la vendange.

Le verger étant tel d'assiette et de nature, Lamon encore l'appropriait de plus en plus, ébranchant ce qui était sec et mort aux arbres, et relevant les vignes qui tombaient. Tous les jours il mettait sur la tête de Bacchus un chapeau de fleurs nouvelles; il conduisait l'eau de la fontaine dedans les carreaux où étaient les fleurs; car il y avait dans ce verger une source vive que Daphnis avait trouvée, et pour ce l'appelait-on la fontaine de Daphnis, de laquelle on arrosait les fleurs. Et à lui, Lamon lui recommandait qu'il engraissât bien ses chèvres le plus qu'il pourrait, parce que le maître ne faudrait à les vouloir voir comme le reste, n'ayant de longtemps visité ses terres et son bétail.

Mais Daphnis n'avait pas peur qu'il ne fût loué de quiconque verrait son troupeau; car il l'avait accru du double, et montrait deux fois autant de chèvres comme on lui en avait baillé, n'en ayant le loup ravi pas une; et si étaient en meilleur point et plus grasses que les ouailles. Afin néanmoins que son maître en eût de tant plus affection de le marier où il voulait, il employait toute la peine, soin et diligence qu'il pouvait, à les rendre belles, les menant aux champs dès le plus matin, et ne les ramenant qu'il ne fût bien tard. Deux fois le jour il les faisait boire, et leur cherchait tous les endroits où il y avait meilleure pâture; il se souvint aussi d'avoir des battes neuves, force seilles à traire, et des éclisses plus grandes; enfin, tant il y mettait d'amour et de souci, il leur oignait les cornes, il leur peignait le poil : à les voir on eût dit proprement que c'était le troupeau sacré du dieu Pan. Chloé en avait la moitié de la peine, et, oubliant ses brebis, était la plupart du temps embesognée après les chèvres; et Daphnis croyait qu'elles semblaient belles à cause que Chloé y mettait la main.

Eux étant ainsi occupés, vint un second messager dire qu'on vendangeât au plus tôt, et qu'il avait charge de demeurer là jusqu'à ce que le vin fût fait, pour, puis après, s'en retourner en la ville quérir leur maître, qui ne viendrait sinon au temps de cueillir les derniers fruits, sur la fin de l'automne. Ce messager s'appelait Eudrome, qui vaut autant dire comme coureur, et était son métier de courir partout où on l'envoyait. Chacun s'efforça de lui faire la meilleure chère qu'on pouvait. Et cependant ils se mirent tous à vendanger, si qu'en peu de jours on eut dépouillé la vigne, pressé le raisin, mis le vin dans les jarres, laissant une quantité des plus belles grappes aux branches pour ceux qui viendraient de la ville, afin qu'ils eussent une image du plaisir de la vendange, et pensassent y avoir été.

Quand Eudrome fut près de s'en aller, Daphnis lui fit don de plusieurs choses, mêmement de ce que peut donner un chevrier, comme de beaux fromages, d'un petit chevreau, d'une peau de chèvre blanche, ayant le poil fort long, pour se couvrir l'hiver quand il allait en course; dont il fut bien aise, baisa Daphnis, en lui promettant dire de lui tous les biens du monde à leur maître. Ainsi s'en retourna le coureur à la ville, bien affectionné en leur endroit; et Daphnis demeura aux champs en grand souci avec Chloé. Elle avait bien autant de peur pour lui que lui-même, songeant que c'était un jeune garçon qui n'avait jamais rien vu sinon ses chèvres, la montagne, les paysans et Chloé, et bientôt allait voir son maître, dont à peine il avait ouï le nom avant cette heure-là. Elle s'inquiétait aussi comment il parlerait à ce maître, et était en grand émoi touchant leur mariage, ayant peur qu'il ne s'en allât comme un songe en fumée ; tellement que pour ces pensers leurs ordinaires baisers étaient mêlés de crainte, et leurs embrassements soucieux, ou ils demeuraient longtemps serrés dans les bras l'un de l'autre ; et semblait que déjà ce maître fût venu, et que de quelque part il les eût pu voir. Comme ils étaient en cette peine, encore leur survint-il un trouble nouveau.

Il y avait là auprès un bouvier nommé Lampis, de naturel malin et hardi, qui pourchassait aussi avoir Chloé en mariage, et à Lamon avait fait pour cela plusieurs présents, lequel ayant senti le vent que Daphnis la devait épouser, pourvu que le maître en fût content, chercha les moyens de faire que ce maître fût courroucé à eux ; et sachant surtout qu'il prenait grand plaisir à son jardin, délibéra de le gâter et diffamer tant qu'il pourrait. Or, s'il se fût mis à couper les arbres, on l'eût pu entendre et surprendre ; il pensa donc de plutôt faire le gât dans les fleurs. Si attendit la nuit, et passant par-dessus la petite muraille, s'en va les arracher, rompre, froisser, fouler toutes comme un sanglier, puis sans bruit se retire : âme ne l'aperçut.

Lamon, le jour venu, entrant au jardin comme de coutume, pour donner aux fleurs l'eau de la fontaine, quand il vit toute la place si outrageusement vilenée, qu'un ennemi en guerre ouverte, venu pour tout saccager, n'y eût su pis faire, lors il déchira sa jaquette, s'écriant : « O dieux ! » si fort que Myrtale, laissant ce qu'elle avait en main, s'en courut vers lui ; et Daphnis, qui déjà chassait ses bêtes aux champs, s'en recourut aussi au logis ; et voyant ce grand désarroi, se prirent tous à crier, et en criant à larmoyer ; mais vaines étaient toutes leurs plaintes.

Si n'était pas merveille que eux, qui redoutaient l'ire de leur seigneur, en pleurassent ; car un étranger même, à qui le fait n'eût point touché, en eût bien pleuré de voir un si beau lieu ainsi dévasté, la terre tout en désordre, jonchée du débris des fleurs, dont à peine quelqu'une, échappée à la malice de l'envieux, gardait ses vives couleurs, et ainsi gisante était encore belle. Les abeilles volaient alentour en murmurant continuellement, comme si elles eussent lamenté ce dégât ; et Lamon tout éploré disait telles paroles : « Ah ! mes beaux rosiers, « comme ils sont rompus ! ah ! mes violiers, comme ils sont fou

« lés ! mes hyacinthes et mes narcisses sont arrachés ! Ç'a bien
« été quelque méchant et mauvais homme qui me les a ainsi
« perdus. Le printemps reviendra, et ceci ne fleurira point ;
« l'été retournera, et ce lieu demeurera sans parure ; l'automne,
« il n'y aura point ici de quoi faire un bouquet seulement. Et
« toi, sire Bacchus, n'as-tu point eu de pitié de ces pauvres
« fleurs, que l'on a ainsi, toi présent et devant tes yeux, dif-
« famées, desquelles je t'ai fait tant de couronnes ? Comment
« maintenant montrerai-je à mon maître son jardin ? que me
« dira-t-il, quand il le verra si piteusement accoutré ? ne fera-
« t-il pas pendre ce malheureux vieillard, comme Marsyas, à
« l'un de ces pins ? Si fera, et à l'aventure Daphnis aussi quant
« et quant, pensant que ç'aura été sa faute, pour avoir mal
« gardé ses chèvres. »

Ces regrets et pleurs de Lamon leur redoublèrent le deuil à tous, pource qu'ils déploraient non plus le gât des fleurs, mais le danger de leurs personnes. Chloé lamentait son pauvre Daphnis, s'il fallait qu'il fût pendu, et priait aux dieux que ce maître tant attendu ne vînt plus ; et lui étaient les jours bien longs et pénibles à passer, pensant voir déjà comme l'on fouetterait le pauvre Daphnis.

Sur le soir, Eudrome leur vint annoncer que dans trois jours seulement arriverait leur vieux maître ; mais que le jeune, qui était son fils, viendrait dès le lendemain. Si se mirent à consulter entre eux ce qu'ils avaient à faire touchant cet inconvénient, et appelèrent à ce conseil Eudrome, qui, voulant du bien à Daphnis, fut d'avis qu'ils déclarassent la chose à leur jeune maître comme elle était avenue ; et si leur promit qu'il les aiderait, ce qu'il pouvait très-bien faire, étant en la grâce de son maître, à cause qu'il était son frère de lait ; et le lendemain firent ce qu'il leur avait dit. Car Astyle vint le lendemain à cheval, et quant et lui un sien plaisant qu'il menait pour passer le temps, à cheval aussi, lui jeune homme à qui la barbe commençait à poindre, l'autre rasé jà de longtemps. Arrivé ce jeune maître, Lamon se jeta devant ses pieds, avec Myrtale et Daphnis, le suppliant avoir pitié d'un pauvre vieillard, et le sauver du courroux de son père, attendu qu'il ne pouvait mais de l'inconvénient, et lui conte ce que c'était. Astyle en eut pitié, entra dans le jardin, et ayant vu le gât, leur promit de les excuser, et en prendre sur lui la faute, disant que ç'auraient été ses chevaux qui, s'étant détachés, auraient ainsi rompu, foulé, froissé, arraché tout ce qui était de plus beau.

Pour cette bénigne réponse, Lamon et Myrtale firent prière aux dieux de lui accorder l'accomplissement de ses désirs. Mais Daphnis lui apporta davantage de beaux présents, comme des chevreaux, des fromages, des oiseaux avec leurs petits, des grappes tenant au sarment, et des pommes encore aux branches; et aussi lui donna Daphnis de ce fameux vin odorant que produit Lesbos, vin le meilleur de tous à boire. Astyle loua ses présents, et lui en sut fort bon gré; et, en attendant son père, se divertissait à chasser au lièvre, comme un jeune homme de bonne maison, qui ne cherchait que nouveaux passe-temps, et était là venu pour prendre l'air des champs.

Mais Gnathon était un gourmand, qui ne savait autre chose faire que manger et boire jusqu'à s'enivrer, et après boire assouvir ses déshonnêtes envies, en un mot, tout gueule et tout ventre, et tout... ce qui est au-dessous du ventre; lequel ayant vu Daphnis quand il apporta ses présents, ne faillit à le remarquer; car, outre ce qu'il aimait naturellement les garçons, il rencontrait en celui-ci une beauté telle, que la ville n'en eût su montrer de pareille. Si se proposa de l'accointer, pensant aisément venir à bout d'un jeune berger comme lui. Ayant tel dessein dans l'esprit, il ne voulut point aller à la chasse avec Astyle, ains descendit vers la marine, là où Daphnis gardait ses bêtes, feignant que ce fût pour voir les chèvres; mais au vrai c'était pour voir le chevrier. Et afin de le gagner d'abord, il se mit à louer ses chèvres, le pria de lui jouer sur sa flûte quelque chanson de chevrier, et lui promit qu'avant peu il le ferait affranchir, ayant, disait-il, tout pouvoir et crédit sur l'esprit de son maître.

Et comme il crut s'être rendu ce jeune garçon obéissant, il épia le soir sur la nuit qu'il ramenait son troupeau au tect, et accourant à lui, le baisa premièrement, puis lui dit qu'il se prêtât à lui en même façon que les chèvres aux boucs. Daphnis fut longtemps qu'il n'entendait point ce qu'il voulait dire, et à la fin lui répondit que c'était bien chose naturelle que le bouc montât sur la chèvre, mais qu'il n'avait oncques vu qu'un bouc saillît autre bouc, ni que les béliers montassent l'un sur l'autre, ni les coqs aussi, au lieu de couvrir les brebis et les poules.

Non pour cela Gnathon lui met la main au corps, comme le voulant forcer. Mais Daphnis le repoussa rudement, avec ce qu'il était si ivre qu'à peine se tenait-il en pieds, le jeta à la renverse; et partant comme un jeune levron, le laisse étendu, ayant affaire de quelqu'un pour le relever. Daphnis de là en avant ne s'approcha plus de lui, mais menait ses chèvres paître tantôt en un lieu, tantôt en un autre, le fuyant autant qu'il cherchait Chloé. Gnathon même ne le poursuivait plus depuis qu'il l'eut reconnu non-seulement beau, mais fort et roide jeune garçon; si cherchait occasion propre pour en parler à Astyle, et se promettait que le jeune homme lui en ferait don, ayant accoutumé de ne lui refuser rien. Toutefois pour l'heure il ne put; car Dionysophane et sa femme Cléariste arrivèrent, et y avait dans la maison grand tumulte de chevaux, de valets, d'hommes et de femmes; mais, en attendant qu'il le trouvât seul, il lui préparait une belle harangue de son amour.

Or avait Dionysophane les cheveux déjà demi-blancs, grand et bel homme d'ailleurs, et qui de la disposition de sa personne eût encore tenu bon aux jeunes gens; riche autant que qui que ce fût des citoyens de sa ville, et de meilleur cœur que pas un. Il sacrifia le premier jour de son arrivée aux divinités champêtres, à Cérès, à Bacchus, à Pan, aux Nymphes, et fit un festin à toute sa famille. Les jours suivants, il visita les champs que tenait Lamon; et voyant partout terres bien labourées, vignes bien façonnées, le verger beau au demeurant, car Astyle avait pris sur lui le gât des fleurs et du jardin, il fut fort joyeux de trouver tout en si bon ordre; et louant Lamon de sa diligence, il lui promit la liberté.

Cela vu, il alla voir aussi les chèvres et le chevrier qui les gardait. Chloé, ayant peur et honte tout ensemble de si grande compagnie, s'enfuit cacher dedans le bois. Daphnis demeura, et se présenta les épaules couvertes d'une peau de chèvre à long poil; une panetière toute neuve en écharpe à son côté, tenant en l'une de ses mains de beaux fromages tout frais faits, et en l'autre deux chevreaux de lait. Si jamais, comme l'on dit, Apollon garda les bœufs de Laomédon, il était tel que parut alors

Daphnis, lequel quant à lui ne dit mot, mais le visage plein de rougeur et les yeux baissés, s'inclinant devant le maître, lui offrit ses dons ; et donc Lamon, prenant la parole, dit : « C'est ce-« lui, mon maître, qui garde tes chèvres. Tu m'en baillas cin-« quante avec deux boucs, et il t'en a fait cent, et dix boucs. « Vois-tu comme elles sont grasses et bien vêtues, et qu'elles « ont les cornes entières et belles ! Il les a instruites, et sont tou-« tes apprises à entendre la musique, et font tout ce qu'on veut « en oyant seulement le son de la flûte. »

Cléariste, qui était là présente, eut envie d'en voir l'expérience. Si commanda à Daphnis qu'il jouât de la flûte ainsi qu'il avait accoutumé quand il voulait faire faire quelque chose à ses chèvres ; et lui promit, s'il flûtait bien, de lui donner un sayon neuf, une chemisette et des souliers. Adonc Daphnis debout sous le chêne, toute la compagnie en rond autour de lui, tira sa flûte de sa panetière, et premièrement souffla un bien peu dedans ; soudain ses chèvres s'arrêtant, levèrent toutes la tête : puis sonna pour les faire paître, et toutes aussitôt, mettant le nez en terre, se prirent à brouter : puis il leur sonna un chant mol et doux, et incontinent se couchèrent à terre ; un autre clair et aigu, et elles s'enfuirent dans le bois comme à l'approche du loup ; tôt après un son de rappel, et adonc sortant toutes du bois, se vinrent rendre à ses pieds. Varlets ne sauraient être plus obéissants au commandement de leur maître qu'elles étaient au son de la flûte ; de quoi tous les assistants demeurèrent émerveillés, spécialement Cléariste, laquelle jura qu'elle donnerait ce qu'elle avait promis au gentil chevrier, qui était si beau et savait si bien jouer de la flûte. Après cela, ils s'en allèrent, et, rentrés au logis, soupèrent, et envoyèrent à Daphnis de ce qui leur fut servi, qu'il mangea avec Chloé, joyeux de goûter des mets apprêtés à la façon de la ville ; au reste ayant bonne espérance de parvenir du gré de ses maîtres au mariage de son amie.

Mais Gnathon, que la beauté de Daphnis, tel qu'il l'avait vu avec son troupeau, enflammait de plus en plus, croyant ne pouvoir sans lui avoir aise ni repos, profita d'un moment qu'Astyle se promenait seul au jardin, le mena dans le temple de Bacchus, et là se mit à lui baiser les mains et les pieds ; et Astyle lui demandant pourquoi il faisait tout cela, et que c'était qu'il vou-

lait dire : « C'en est fait, mon maître, dit-il, du pauvre Gnathon.
« Lui qui n'a été jusqu'ici amoureux que de bonne chère, qui
« ne voyait rien si aimable qu'une pleine jarre de vin vieux, à
« qui semblaient tes cuisiniers la fleur des beautés de Mitylène,
« il ne trouve plus rien de beau ni d'aimable que Daphnis seul
« au monde. Oui, je voudrais être une de ses chèvres, et laisse-
« rais là tout ce qu'on sert de meilleur à ta table, viande, pois-
« son, fruit, confitures, pour paître l'herbe au son de sa flûte,
« et sous sa houlette brouter la feuillée. Mais toi, mon maître,
« tu le peux, sauve la vie à ton Gnathon, et, te souvenant qu'A-
« mour n'a point de loi, prends pitié de son amour : autre-
« ment, je te jure mes grands dieux qu'après m'être bien empli
« le ventre, je prends mon couteau, je m'en vas devant la porte
« de Daphnis, et là je me tuerai tout de bon, et tu n'auras plus
« à qui tu puisses dire : Mon petit Gnathon, Gnathon mon
« ami. »

Le jeune homme de bonne nature ne put souffrir de voir ainsi Gnathon pleurer, et derechef lui baiser les mains et les pieds, mêmement qu'il avait éprouvé que c'est de la détresse d'amour. Si lui promit qu'il demanderait Daphnis à son père, et l'emmènerait comme pour être son serviteur à la ville, où lui Gnathon en pourrait faire tout ce qu'il voudrait; puis, pour un peu le conforter, lui demanda en riant s'il n'aurait point de honte de baiser un petit pâtre tel que ce fils de Lamon, et le grand plaisir que ce lui serait d'avoir à ses côtés couché un gardeur de chèvres; et en disant cela il faisait un fi ! comme s'il eût senti la mauvaise odeur du bouc. Mais Gnathon, qui avait appris aux tables des voluptueux tant qu'il se peut dire et conter de propos d'amour, pensant voir bien de quoi justifier sa passion, lui répondit d'assez bon sens : « Celui qui aime, ô mon cher maître,
« ne se soucie point de tout cela; ains n'y a chose au monde,
« pourvu que beauté s'y trouve, dont on ne puisse être épris. Tel
« a aimé une plante, tel un fleuve, tel autre jusqu'à une bête fé-
« roce; et si pourtant quelle plus triste condition d'amour que
« d'avoir peur de ce qu'on aime ? Quant à moi, ce que j'aime est
« serf par le sort, mais noble par la beauté. Vois-tu comment sa
« chevelure semble la fleur d'hyacinthe, comment au-dessous
« des sourcils ses yeux étincellent ne plus ne moins qu'une pierre

« brillante mise au œuvre! comment ses joues sont colorées d'un
« vif incarnat! et cette bouche vermeille ornée de dents blanches
« comme ivoire, quel est celui si insensible et si ennemi d'A-
« mour, qui n'en désirât un baiser? J'ai mis mon amour en un
« pâtre; mais en cela j'imite les dieux. Anchise gardait les
« bœufs, Vénus le vint trouver aux champs; Branchus paissait
« les chèvres, et Apollon l'aima; Ganymède était berger, et Ju-
« piter le ravit pour en avoir son plaisir. Ne méprisons point
« un enfant auquel nous voyons les bêtes mêmes si obéissantes;
« mais bien plutôt remercions les aigles de Jupiter, qui souffrent
« telle beauté demeurer encore sur la terre. »

Astyle à ces mots se prit à rire, disant qu'Amour, à ce qu'il voyait, faisait de grands orateurs, et depuis cherchait occasion d'en pouvoir parler à son père. Mais Eudrome avait écouté en cachette tout leur devis; et étant marri qu'une telle beauté fût abandonnée à cet ivrogne, outre ce que d'inclination il voulait grand bien à Daphnis, alla aussitôt tout conter et à lui-même et à Lamon. Daphnis en fut tout éperdu de prime abord, délibérant s'enfuir plutôt avec Chloé, ou bien ensemble mourir. Mais Lamon appelant Myrtale hors de la cour : « Nous sommes per-
« dus, ma femme, lui dit-il; voici tantôt découvert ce que nous
« tenions caché. Deviennent ce qu'elles pourront et les chèvres
« et le reste; mais, par les Nymphes et Pan, dussé-je, comme
« on dit, rester bœuf à l'étable et ne faire plus rien, je ne me
« tairai point de la fortune de Daphnis, ains déclarerai comment
« je l'ai trouvé abandonné, dirai comment je l'ai vu nourri, et
« montrerai ce que j'ai trouvé quant et lui, afin que ce coquin
« voie où s'adresse son amour. Prépare-moi seulement les
« enseignes de reconnaissance. » Cela dit, ils rentrèrent tous deux.

Cependant Astyle, trouvant son père à propos, lui demanda permission d'emmener Daphnis à Mitylène, disant que c'était un trop gentil garçon pour le laisser aux champs, et que Gnathon l'aurait bientôt instruit au service de la ville. Le père y consentit volontiers; et faisant appeler Lamon et Myrtale, leur dit pour bonne nouvelle que Daphnis, au lieu de garder les bêtes, servirait de là en avant son fils Astyle en la ville, et promit qu'il leur donnerait deux autres bergers au lieu de lui. Adonc, étant

jà les autres esclaves accourus, bien joyeux d'avoir un tel compagnon, Lamon demanda congé de parler; ce qui lui étant accordé, il parla en cette sorte : « Je te prie, mon maître, écoute
« un propos véritable de ce pauvre vieillard; je jure les Nymphes
« et le dieu Pan que je ne te mentirai d'un mot. Je ne suis pas le
« père de Daphnis, ni n'a été ma femme Myrtale si heureuse que
« de porter un tel enfant. Il fut exposé tout petit par des parents
« qui en avaient possible assez d'autres plus grands. Je le trouvai
« abandonné de père et mère, allaité par une de mes chèvres,
« laquelle j'ai enterrée dans le jardin, après qu'elle fut morte de
« sa mort naturelle, l'ayant aimée pource qu'elle avait fait œu-
« vre de mère envers cet enfant. Je trouvai quant et quant les
« joyaux qu'on avait laissés avec lui, pour une fois le reconnaî-
« tre. Je le confesse et les garde; car ce sont marques auxquelles
« on peut voir qu'il est issu de bien plus haut état que le nôtre.
« Or, ne suis-je point marri qu'il serve ton fils Astyle, et soit à
« beau et bon maître un beau et bon serviteur : mais je ne puis
« du tout souffrir qu'on le livre à Gnathon, pour en faire comme
« d'une femme. »

Lamon, ayant dit ces paroles, se tut, et répandit force larmes. Gnathon fit du courroucé en le menaçant de le battre; mais Dionysophane, frappé de ce qu'avait dit Lamon, regarda Gnathon de travers, et lui commanda qu'il se tût; puis interrogea derechef le vieillard, lui enjoignant de dire vérité, sans controuver des menteries pour cuider retenir son fils. Lamon, persistant dans son dire, attesta les dieux, et s'offrit à tout souffrir s'il mentait. Dionysophane adonc examinant ses paroles avec Cléariste, assise auprès de lui : « A quelle fin aurait Lamon con-
« trouvé ce récit, vu que pour un chevrier on lui en veut donner
« deux? Comment serait-ce qu'un rude paysan eût inventé tout
« cela? Puis n'était-il pas visible qu'un si bel enfant n'avait pu
« naître de telles gens? » Si pensèrent d'un commun accord que, sans y songer davantage ni tant deviner, il fallait voir les enseignes de reconnaissance, pour s'assurer si elles appartenaient, ainsi qu'il disait, à plus haut état que le sien. Myrtale les alla incontinent quérir dedans un vieux sac où ils les gardaient. Le premier qui les vit fut Dionysophane; et dès qu'il aperçut le petit mantelet d'écarlate, avec une boucle d'or et le couteau à

manche d'ivoire, il s'écria à haute voix : O Jupiter! et appela sa femme pour les voir aussi; laquelle sitôt qu'elle les vit, s'écria semblablement : « O fatales déesses! ne sont-ce point là les joyaux « que nous mîmes avec notre enfant, quand nous l'envoyâmes « exposer par notre servante Sophroné? Il n'y a point de doute, « ce sont ceux-là mêmes. Mon mari, l'enfant est nôtre. Daphnis « est ton fils, et garde les chèvres de son propre père. »

Comme elle parlait encore, et que Dionysophane, jetant abondance de larmes de grande joie qu'il avait, baisait ces enseignes de reconnaissance, Astyle, ayant entendu que Daphnis était son frère, posa vitement sa robe, et s'en courut par le jardin, pour être le premier à le baiser. Daphnis, le voyant accourir vers lui avec tant de gens, et qu'il criait, Daphnis! Daphnis! pensant que ce fût pour le prendre, jette sa flûte et sa panetière, et se met à fuir vers la mer pour se précipiter du haut du rocher; et possible Daphnis, par étrange accident, allait être aussitôt perdu que retrouvé, si Astyle, se doutant pourquoi il fuyait, ne lui eût crié de tout loin : « Arrête, Daphnis, n'aie point de « peur : je suis ton frère; tes maîtres sont tes parents; Lamon « nous a tout conté, nous a tout montré; regarde seulement, vois « comme nous rions. Mais baise-moi le premier. Par les Nym- « phes, je ne te mens point. »

A peine s'arrêta Daphnis quand il eut ouï ce serment, et attendit Astyle, qui, les bras ouverts, accourait, et l'ayant joint, l'embrassa. Puis toute la maison, serviteurs, servantes, père, mère, venus à leur tour, l'embrassaient, le baisaient. Lui de sa part leur faisait fête, mais sur tous autres à son père et à sa mère, et semblait qu'il les connût jà longtemps auparavant, tant les serrait contre son sein, et à peine se pouvait arracher de leurs bras. Nature se reconnaît d'abord. Il en oublia un moment Chloé. Si le conduisirent au logis, et lui donnèrent une belle et riche robe neuve; puis, étant vêtu, fut assis auprès de son père, qui leur commença tel propos :

« Mes enfants, je fus marié bien jeune, et, après quelque « temps, devins père bien heureux, comme il me semblait pour « lors; car le premier enfant que ma femme fit fut un fils, le « second une fille, et le troisième fut Astyle. Je pensai que « trois me seraient suffisante lignée; et venant celui-ci après tous,

« le fis exposer en maillot, avec ses bagues et bijoux, que je
« croyais pour lui ornements funéraires plutôt que marques des-
« tinées à le faire connaître un jour. Mais fortune en avait autre-
« ment disposé. Car mon fils aîné et ma fille moururent de même
« mal en même jour ; et toi, Daphnis, par la providence des
« dieux, tu nous as été conservé, afin que nous ayons plus de
« support en notre vieillesse. Pourtant ne me hais point, mon
« fils, de t'avoir fait exposer ; ainsi le voulaient les dieux. Et toi,
« qu'il ne te fâche, Astyle, de partager ton héritage ; car il n'est
« richesse qui vaille un bon frère. Aimez-vous, mes enfants,
« l'un l'autre ; et quant aux biens, vous en aurez de quoi n'en-
« vier rien aux rois. Je vous laisserai grandes terres, nombre de
« gens habiles à tout, or, argent, et de toutes choses qu'ont les
« hommes riches et heureux. Mais je veux que mon fils Daphnis
« en son partage ait ce lieu-ci, et lui donne Lamon et Myrtale,
« et les chèvres qu'il a gardées. »

Il parlait encore ; et Daphnis, sautant en pieds soudainement :
« Tu m'en fais souvenir, mon père : je m'en vais mener boire
« mes chèvres, dit-il. Elles ont soif à cette heure, et attendent
« pour aller boire le son de ma flûte, et je suis assis à ne rien
« faire. » Chacun se prit à rire de voir Daphnis qui, devenu
maître, voulait être encore chevrier. On envoya quelque autre
avoir soin de ses chèvres, et puis ils sacrifièrent à Jupiter Sauveur, et firent un grand festin. Gnathon seul n'osa s'y trouver,
mais demeurait jour et nuit dans le temple de Bacchus, comme
un suppliant, pour la peur qu'il avait de Daphnis.

Le bruit incontinent s'étant épandu partout que Dionysophane
avait retrouvé un sien fils, et que Daphnis, qui menait les chèvres
aux champs, était devenu le maître et des chèvres et des champs,
les voisins paysans accoururent de toutes parts pour se conjouir
avec lui, et faire des présents à son père, et Dryas tout des premiers, le nourricier de Chloé. Dionysophane les retint tous pour
la fête, ayant fait d'avance préparer force pain, force vin, du
gibier de toute sorte, des gâteaux au miel à foison, veaux et petits cochons de lait, et victimes à immoler aux dieux protecteurs
du pays.

Et lors Daphnis amassa tous ses meubles de chevrier, dont il
fit présent aux dieux, consacrant sa panetière et sa peau de chèvre

à Bacchus, à Pan sa flûte, sa houlette aux Nymphes avec ses sébiles à traire, qu'il avait lui-même faites. Mais, tant est plus douce que richesse une première accoutumance, il ne pouvait sans pleurer laisser aucune de ces choses. Il ne suspendit ses sébiles qu'après y avoir trait ses chèvres, ni ne donna sa flûte à Pan qu'il n'en eût joué encore une fois, ni sa peau de chèvre à Bacchus qu'après se l'être vêtue; et chaque chose qu'il donnait, il la baisait premièrement. Il dit adieu à ses chèvres; il appela ses boucquins l'un après l'autre par leur nom; il but aussi à la fontaine où tant de fois il avait bu avec sa Chloé; mais il n'osait encore parler de leurs amours.

Or, cependant qu'il entendait aux offrandes et sacrifices, voici qu'il avint de Chloé. Seulette aux champs, elle était assise à garder ses moutons, disant comme pauvre délaissée : « Daphnis « m'oublie; maintenant il songe à quelque riche mariage. Pour- « quoi lui ai-je fait jurer, au lieu des Nymphes, ses chèvres? Il « les a oubliées aussi, et même en sacrifiant aux Nymphes et à « Pan, n'a point désiré voir Chloé. Il aura trouvé chez sa mère « les servantes mêmes plus belles. Adieu donc, Daphnis. Sois « heureux; mais moi je ne saurais plus vivre. »

Elle étant en cette rêverie, le bouvier Lampis, aidé de quelques autres paysans, la vint enlever, croyant que Daphnis ne devait plus l'épouser, et que Dryas, quand une fois elle serait entre ses mains, consentirait qu'elle lui demeurât. La pauvrette, comme on l'emportait, criait tant qu'elle pouvait; et quelqu'un, qui vit cette violence, s'encourut avertir Napé, et elle Dryas, et Dryas Daphnis, lequel, à peine qu'il ne sortît du sens, n'osant recourir à son père, et ne pouvant néanmoins laisser Chloé sans secours, s'en alla dans le jardin, et là faisait ses plaintes tout seul : « O malheureux que je suis d'avoir retrouvé mes parents! « Combien m'eût été meilleur de garder toujours les bêtes aux « champs! combien plus étais-je content quand j'étais serf avec « Chloé! Alors je la voyais, alors je la baisais : et maintenant « Lampis l'a ravie, et s'en va avec; et quand la nuit sera venue, « il se couchera avec elle, pendant que je suis ici à boire et « faire bonne chère. J'ai donc en vain juré mes chèvres, le dieu « Pan, et les Nymphes. »

Or Gnathon, qui était caché dedans la chapelle du verger,

entendit clairement ces complaintes de Daphnis ; et pensant que c'était une bonne occasion pour faire sa paix avec lui, prit quelques jeunes valets d'Astyle, et s'en alla après Dryas, lui disant qu'il les conduisît en la maison de Lampis, ce qu'il fit ; et diligentèrent si bien, qu'ils surprirent Lampis ainsi comme il ne faisait que d'entrer en son logis avec Chloé, laquelle il lui ôta d'entre les mains à force, et dola très-bien les épaules de tous les rustauds qui lui avaient aidé à faire ce rapt, à grands coups de bâton ; puis voulut prendre et lier Lampis, pour l'amener prisonnier ; mais il se sauva de vitesse.

Gnathon, ayant fait un tel exploit, s'en retourna qu'il était jà nuit toute noire, et trouva Dionysophane jà couché en son lit dormant. Mais le pauvre Daphnis veillait, et était encore dedans le verger, où il se déconfortait et pleurait : si lui amena Chloé, et la lui livrant entre ses mains, lui conta comme il avait fait, le priant de ne se vouloir souvenir en rien du passé, mais l'avoir pour sien serviteur, ni le débouter de sa table, sans laquelle il lui serait force de mourir de male faim. Daphnis, la tenant de Gnathon, fut facile à faire appointement avec lui, et envers elle s'excusa de ce qu'il pouvait sembler l'avoir oubliée ; et de commun consentement furent d'avis de ne point encore déclarer leur mariage ; que Daphnis continuerait de voir Chloé en secret, et ne découvrirait son amour qu'à sa mère. Mais Dryas ne le permit point, ains le voulut dire lui-même au père de Daphnis, se faisant fort de lui faire bien accorder. Si prit le lendemain, aussitôt qu'il fut jour, les enseignes de reconnaissance qu'il avait trouvées avec Chloé, et s'en alla devers Dionysophane, qu'il trouva dans le verger, assis avec Cléariste et leurs deux enfants, Astyle et Daphnis ; si leur commença à dire : « Même nécessité « me contraint de vous déclarer un secret tout pareil à celui de « Lamon, c'est que je n'ai engendré ni nourri le premier cette « jeune fille Chloé : autre que moi l'a engendrée ; une brebis l'a « allaitée dedans la caverne des Nymphes, où enfant elle fut « exposée. Je la vis : ébahi, je la pris, l'emportai, et depuis « l'ai nourrie et élevée. Sa beauté même le témoigne, car elle « ne tient en rien de nous ; aussi font les marques et enseignes « que je trouvai avec elle, plus riches que ne porte l'état d'un « pauvre pâtre. Voyez-les, et puis cherchez ses vrais parents,

« si à l'aventure elle serait point sortable pour femme à Da-
« phnis. »

Dryas ne jeta point sans dessein cette parole, ni Dionysophane ne la reçut en vain ; mais, prenant garde au visage de Daphnis, et le voyant changer de couleur et se détourner pour pleurer, connut bien incontinent qu'il y avait des amourettes entre eux deux ; et étant soigneux de son fils plus que de la fille d'autrui, examina le plus diligemment qu'il put la parole de Dryas : et quand encore il eut vu les marques de reconnaissance qui avaient été exposées avec elle, c'est à savoir des patins dorés, des chausses brodées, et une coiffe d'or, adonc appela-t-il Chloé, et lui dit qu'elle fît bonne chère, pource que jà elle avait trouvé un mari, et bientôt après trouverait son vrai père et sa mère.

Cléariste dès lors la prit avec elle, la vêtit et accoutra comme femme de son fils. Mais Dionysophane appela Daphnis à part, et lui demanda si elle était encore pucelle. Daphnis lui jura qu'elle ne lui avait rien été de plus près que du baiser, et du serment par lequel ils avaient promis mariage l'un à l'autre. Dionysophane se prit à rire de ce serment, et les fit tous deux dîner avec lui.

Là eût-on pu voir ce que c'est qu'ornement à naturelle beauté ; car Chloé vêtue, et coiffée bien que de sa simple chevelure, et ayant lavé son visage, sembla à chacun si belle par-dessus le passé, que Daphnis même à peine la reconnaissait ; et quiconque l'eût vue en tel état n'eût point fait doute d'affirmer par serment qu'elle n'était point fille de Dryas, lequel toutefois était à table comme les autres avec sa femme Napé, et Lamon et Myrtale aussi, tous quatre sur un même lit.

Quelques jours après, on fît derechef des sacrifices aux dieux pour l'amour de Chloé, comme l'on avait fait pour Daphnis, et fit-on semblablement le festin de sa reconnaissance ; et elle de son côté distribua ses meubles de bergerie aux dieux, sa flûte et les tirouers où elle tirait les brebis, et épandit, dedans la fontaine qui était en la caverne des Nymphes, du vin, à cause qu'elle avait été trouvée et nourrie auprès d'icelle fontaine ; et sema de chapelets et bouquets de fleurs la sépulture de la brebis que Dryas lui enseigna, et joua encore de sa flûte pour réjouir ses brebis, faisant prière aux Nymphes que ceux qui seraient trouvés ses naturels parents fussent dignes d'être alliés de Daphnis.

Après qu'ils eurent fait assez de fêtes et de bonne chère aux champs, ils délibérèrent de s'en retourner à la ville, afin de chercher les parents de Chloé, pour ne différer plus les noces : par quoi, dès le matin, firent trousser tout leur bagage, et donnèrent à Dryas encore autres trois cents écus, et à Lamon la moitié des fruits de toutes les terres et vignes qu'il tenait, les chèvres avec leurs chevriers, quatre paires de bœufs, des robes fourrées pour l'hiver, et par-dessus tout cela la liberté à lui et sa femme Myrtale ; puis cheminèrent vers Mitylène, avec grand train de chevaux et de chariots.

Or, ce jour-là, parce qu'ils arrivèrent le soir bien tard, les autres citoyens de la ville n'en surent rien : mais le lendemain au plus matin, le bruit en étant couru partout, il s'assembla au logis de Dionysophane grande multitude d'hommes et de femmes ; les hommes pour s'éjouir avec le père de ce qu'il avait retrouvé son fils, mêmement après qu'ils eurent vu comme il était beau et gentil ; et les femmes pour s'éjouir aussi avec Cléariste de ce que non-seulement elle avait recouvré son fils, mais aussi trouvé une fille digne d'être sa femme ; car Chloé les étonna toutes, quand elles virent en elle une si parfaite beauté, qu'il n'était possible d'en avoir une plus belle. Bref, toute la ville ne parlait d'autre chose que de ce jeune fils et de cette jeune fille, et disait chacun que l'on n'eût su choisir une plus belle couple : si priaient tous aux dieux que la parenté de la fille fût trouvée correspondante à sa beauté. Il y eut plusieurs femmes de riches maisons qui souhaitèrent en elles-mêmes, et dirent : Plût aux dieux que l'on pensât assurément qu'elle fût ma fille !

Mais Dionysophane, après avoir quelque temps pensé à cette affaire, s'endormit sur le matin profondément ; et en dormant lui vint un songe : il lui fut avis que les Nymphes priaient Amour de parfaire et accomplir à la fin le mariage qu'il leur avait promis ; et qu'Amour, détendant son petit arc, et le jetant en arrière auprès de son carquois, commanda à Dionysophane qu'il envoyât le lendemain semondre tous les premiers personnages de la ville pour venir souper en son logis ; et qu'au dernier cratère, il fît apporter sur table les enseignes de reconnaissance qui avaient été trouvées avec Chloé, et qu'il les montrât à tous les conviés : puis, cela fait, qu'ils chantassent la chanson nuptiale d'hyménée.

Dionysophane, ayant eu cette vision en dormant, se leva de bon matin, et commanda à ses gens que l'on préparât un beau festin, où il y eût de toutes les plus délicates viandes que l'on trouve tant en terre qu'en mer, ès lacs et ès rivières ; envoya quant et quant prier de souper chez lui tous les plus apparents de la ville.

Quand la nuit fut venue, et le cratère empli pour les libations à Mercure, lors un serviteur de la maison apporta dedans un bassin d'argent ces enseignes, et les montra de rang à chacun des conviés. Il n'y eut personne des autres qui les reconnût, fors un nommé Mégaclès, qui, pour sa vieillesse, était au bout de la table, lequel, sitôt qu'il les aperçut, les reconnut incontinent, et s'écria tout haut : « Dieux ! que vois-je là ! Ma pauvre fille,
« qu'es-tu devenue ? es-tu en vie ? ou si quelque pasteur a en-
« levé ces enseignes qu'il aura par fortune trouvées en son che-
« min ? Je te prie, Dionysophane, de me dire dont tu les as re-
« couvrées : n'aie point d'envie que je retrouve ma fille comme
« tu as recouvré Daphnis. »

Dionysophane voulut premièrement qu'il contât devant la compagnie comment il avait fait exposer son enfant. Adonc Mégaclès, d'une voix encore tout émue : « Je me trouvai, dit-il,
« longtemps y a, quasi sans bien, pource que j'avais dépendu
« tout le mien à faire jouer des jeux publics, et à faire équiper
« des navires de guerre ; et lorsque cette perte m'advint, il me
« naquit une fille, laquelle je ne voulus point nourrir en la
« pauvreté où j'étais, et pourtant la fis exposer avec ces marques
« de reconnaissance, sachant qu'il y a plusieurs gens qui, ne
« pouvant avoir des enfants naturels, désirent être pères en cette
« sorte, à tout le moins d'enfants trouvés. L'enfant fut portée
« en la caverne des Nymphes, et laissée en la protection et sau-
« vegarde d'icelles. Depuis, les biens me sont venus par chacun
« jour en grande affluence, et si n'avais nul héritier à qui je les
« pusse laisser, car depuis je n'ai pas eu l'heur de pouvoir avoir
« une fille seulement : mais les dieux, comme s'ils se voulaient
« moquer de moi, m'envoient souvent des songes, lesquels me
« promettent qu'une brebis me fera père. »

Dionysophane, à ce mot, s'écria encore plus fort que n'avait fait Mégaclès ; et se levant de la table, alla querir Chloé, qu'il amena vêtue et accoutrée fort honnêtement ; et la mettant entre les mains de Mégaclès, lui dit : « Voici l'enfant que tu as fait « exposer, Mégaclès ; une brebis, par la providence des dieux, « te l'a nourrie, comme une chèvre m'a nourri Daphnis. Prends-« la avec ces enseignes, et, la prenant, rebaille-la en mariage « à Daphnis. Nous les avons tous deux exposés, et tous deux les « avons retrouvés : ils ont été tous deux nourris ensemble, et « tout de même ont été préservés par les Nymphes, par le dieu « Pan et par Amour. »

Mégaclès s'y accorda incontinent, et envoya querir sa femme, qui avait nom Rhodé, tenant cependant toujours sa fille Chloé entre ses bras ; et demeurèrent tous deux chez Dionysophane au coucher, pource que Daphnis avait juré qu'il ne souffrirait emmener Chloé à personne, non pas à son propre père. Et le lendemain au matin ils prièrent tous les deux leurs pères et mères qu'ils leur permissent de s'en retourner aux champs, parce qu'ils ne se pouvaient accoutumer aux façons de faire de la ville, et aussi qu'ils voulaient faire des noces pastorales ; ce qui leur fut permis. Si s'en retournèrent au logis de Lamon, et présentèrent au bonhomme Mégaclès le nourricier de Chloé, Dryas, et sa femme Napé à la mère Rhodé.

Le festin nuptial fut somptueusement préparé, et Mégaclès derechef dévoua sa fille Chloé aux Nymphes ; et outre plusieurs autres offrandes, leur donna les enseignes auxquelles elle avait été reconnue, et donna encore bonne somme d'argent à Dryas.

Dionysophane, pource que le jour était beau et serein, fit dresser dedans l'antre même des Nymphes des tables avec des lits de verte ramée, où prirent place tous les paysans de là à l'entour. Lamon et Myrtale y étaient, Dryas et Napé, les parents de Dorcon, les enfants de Philétas, Chromis et Lycenion. Lampis même y vint, après qu'on lui eut pardonné : et là, comme entre villageois, tout s'y disait et faisait à la villageoise ; l'un chantait les chansons que chantent les moissonneurs au temps des moissons, l'autre disait des brocards qu'on a accoutumé de dire en foulant la vendange. Philétas joua de sa flûte, Lampis du flageolet ; et cependant Daphnis et Chloé se baisaient l'un l'autre.

Les chèvres mêmes paissaient là auprès, comme si elles eussent été participantes de la bonne chère des noces, ce qui ne plaisait pas à ceux venus de la ville; et Daphnis, en appelant aucunes par leurs propres noms, leur donnait de la feuillée verte à brouter, et les prenant par les cornes, les baisait. Et non pas lors seulement, mais en tout le reste de leur vie, passèrent le plus du temps et la meilleure partie de leurs jours en état de pasteurs; car ils acquirent force troupeaux de chèvres et de brebis, eurent toujours en singulière révérence les Nymphes et le dieu Pan, et ne trouvèrent point à leur goût de meilleure viande, ni plus savoureuse nourriture que du fruit et du lait; et qui est plus, firent teter à leur premier enfant, qui fut un fils, une chèvre; et au second, qui fut une fille, firent prendre le pis d'une brebis, et le nommèrent Philopœmen, et la fille Agélée; et ainsi vécurent aux champs longues années en grands soulas. Ils eurent soin aussi de faire honorablement accoutrer la caverne des Nymphes, y dédièrent de belles images, et y édifièrent un autel d'Amour pastoral; et à Pan, au lieu qu'il était à découvert sous le pin, firent faire un temple qu'ils appelèrent le temple de Pan le Guerroyeur.

Tout cela fut longtemps après; mais pour lors, quand la nuit fut venue, tout le monde les convoya jusqu'en leur chambre nuptiale, les uns jouant de la flûte, les autres du flageolet, et aucuns portant des fallots et flambeaux allumés devant eux; puis, quand ils furent à l'huis de la chambre, commencèrent à chanter Hyménée d'une voix rude et âpre, comme si avec une marre ou un pic ils eussent voulu fendre la terre.

Cependant Daphnis et Chloé se couchèrent nus dans le lit, là où ils s'entre-baisèrent et s'entre-embrassèrent sans clore l'œil de toute la nuit, non plus que chats-huants; et fit alors Daphnis ce que Lycenion lui avait appris : à quoi Chloé connut bien que ce qu'ils faisaient paravant dedans les bois et emmi les champs n'étaient que jeux de petits enfants.

LETTRES INÉDITES,

ÉCRITES DE FRANCE ET D'ITALIE.

(1787 A 1812.)

A SA MÈRE,

A PARIS.

Thionville, le 10 septembre 1793.

Toutes vos lettres me font plaisir et beaucoup, mais non pas toutes autant que la dernière, parce qu'elles ne sont pas toutes aussi longues, et parce que vous m'y racontez en détail votre vie et ce que vous faites. C'est une vraie pâture pour moi que ces petites narrations, dans lesquelles il ne peut guère arriver que je n'entre pour beaucoup.

Il n'y a aucune apparence qu'on nous tire d'ici cette année ni peut-être la suivante, en sorte que je n'en partirai que quand je me trouverai lieutenant en premier; car il me faudra peut-être passer dans une autre compagnie, ce qu'à Dieu ne plaise!

Mon camarade est employé à Metz aux ouvrages de l'arsenal. Il m'a quitté ce matin; et son absence, qui cependant ne saurait être longue, me donne tant de goût pour la solitude, que je suis déjà tenté de me chercher un logement particulier. Mon travail souffre un peu de notre société, et c'est le seul motif qui puisse m'engager à la rompre; car du reste je me suis fait une étude et un mérite de supporter en lui une humeur fort inégale, qui, avant moi, a lassé tous ses autres camarades. J'ai fait presque comme Socrate, qui avait pris une femme acariâtre pour s'exercer à la patience; pratique assurément fort salutaire, et dont j'avais moins besoin que bien des gens ne le croient, moins que je ne l'ai cru moi-même. Quoi qu'il en soit, je puis certifier à tout le monde que mon susdit compagnon a, dans un degré éminent, toutes les qualités requises pour faire faire de grands progrès dans cette vertu à ceux qui vivront avec lui.

Si vous n'avez pas encore fait partir mes livres qui sont achetés, joignez-y celui-ci, qui me sera fort utile, à ce que me disent les ingénieurs d'ici : *OEuvres diverses de Bélidor* sur le génie et l'artillerie. Ces ingénieurs sont de rudes gens : ils ont en manuscrit des ouvrages excellents sur leur métier ; je les ai priés de me les communiquer, ils m'ont refusé sous de mauvais prétextes ; ils craignent apparemment que quelqu'un n'en sache autant qu'eux.

Cherchez parmi mes livres deux volumes in-8°, c'est-à-dire du format de l'Almanah royal, brochés en carton vert ; l'un est tout plein de grec, et l'autre de latin : c'est un Démosthène qu'il faut m'envoyer avec les autres livres. Ces deux volumes sont assez gros l'un et l'autre, et assez sales aussi.

Mes livres font ma joie, et presque ma seule société. Je ne m'ennuie que quand on me force à les quitter, et je les retrouve toujours avec plaisir. J'aime surtout à relire ceux que j'ai déjà lus nombre de fois, et par là j'acquiers une érudition moins étendue, mais plus solide. A la vérité, je n'aurai jamais une grande connaissance de l'histoire, qui exige bien plus de lectures ; mais je gagnerai autre chose qui vaut autant, selon moi, et que je n'ai guère l'envie de vous expliquer ; car je ne finirais pas si je me laissais aller à je ne sais quelle pente qui me porte à parler de mes études. Je dois pourtant ajouter qu'il manque à tout cela une chose dont la privation suffit presque pour en ôter tout l'agrément à moi, qui sais ce que c'est ; je veux parler de cette vie tranquille que je menais auprès de vous. Babil de femmes, jolies de jeunesse, qu'êtes-vous en comparaison ! Je puis dire ce qui en est, moi qui, connaissant l'un et l'autre, n'ai jamais regretté, dans mes moments de tristesse, que le sourire de mes parents, pour me servir des expressions d'un poète.

A SA MÈRE,

A PARIS.

Thionville, le 6 octobre 1793.

Je viens de recevoir une lettre qui m'apprend que je vais être bientôt premier lieutenant. Je n'ai donc plus que six semaines ou deux mois à rester ici. La saison sera bien avancée alors, et, selon toute apparence, la compagnie où j'irai sera en quartier d'hiver, ce qui me console un peu de me voir arraché d'ici. Si la chose tournait autrement, et qu'il me fallût camper au milieu de l'hiver, comme cela est possible, ce serait pour moi un apprentissage un peu rude.

J'ai reçu, il y a quelques jours, la caisse que vos lettres me promettaient. Tout y est admirablement bien. Mon camarade, qui assistait à l'ouverture, fut d'abord comme moi surpris de la beauté des étoffes. A mesure que nous avancions, ses éloges augmentaient; les livres en eurent leur part. C'était bien, quant à moi, ce que j'estimais le plus. Mais lorsque nous en vîmes aux rubans et aux autres petits paquets, dont il y avait un grand nombre, tous accompagnés de billets, et arrangés de manière qu'un aveugle y eût reconnu, je crois, la main maternelle, nos réflexions à tous les deux se portèrent en même temps sur vous, dont la tendresse paraissait moins par vos présents, quelque beaux qu'ils fussent, que par les attentions délicieuses dont ils étaient comme ornés. Un soupir lui échappa, et je vis bien alors que le pauvre garçon, qui est sans parents, m'enviait, non ce qu'il avait sous les yeux, mais ma mère.

J'ai été invité ces jours-ci à la noce d'un de mes sergents, et je m'y suis rendu, quoique j'eusse bien mal à la tête, comme cela m'arrive assez fréquemment depuis un certain temps. Je ne pouvais y être que triste, aussi l'ai-je été. Je n'ai presque ni bu ni mangé; et quand on a parlé de danser, je me suis refusé à toutes leurs instances. J'en ai dit la vraie raison, mais cela ne les a pas contentés, et ils ont cru que je les dédaignais. Il est certain que rien ne m'a plus humilié et fait enrager depuis quelques années que de n'avoir pas su danser, et cela par ma faute.

A SA MÈRE,

A PARIS.

Thionville, le 25 février 1794.

Avec tout autre que vous je pourrais être embarrassé à expliquer le silence dont vous vous plaignez; mais je me tire d'affaire tout d'un coup en vous disant simplement la vérité, quelque peu favorable qu'elle me soit dans cette occasion. Sachez donc que ce qui depuis assez longtemps m'empêchait de vous écrire, ce n'était pas mes travaux, comme vous l'avez pu croire. Je ne saurais dire non plus que ce fussent mes plaisirs, car je n'en eus jamais moins qu'à présent. C'étaient véritablement les *coteries* auxquelles je me trouve aujourd'hui livré, sans savoir comment, beaucoup plus que je ne voudrais. Quoique je ne puisse pas dire m'y être amusé trois fois autant que je le fais quand je veux avec mes livres, cependant je vois chaque jour qu'il m'est impossible de manquer une seule de leurs assemblées. C'est une chose que je ne puis prendre sur moi, et qui pourtant devient de jour en jour plus nécessaire; car presque toutes mes soirées du mois dernier (mon temps le plus précieux) ont été employées de la sorte, et je ne saurais me dissimuler à moi-même que mon travail en a quelquefois souffert. Ce qui vous surprendra sans doute, c'est qu'au milieu de tout cela j'ai contracté je ne sais quelle tristesse habituelle que tout le monde remarque, et qu'il m'est aussi difficile de cacher que d'expliquer. Je vois qu'il faut enfin reprendre mon ancienne vie, qui est la seule qui me convienne. Mais, hélas! en cela même il m'est impossible de suivre les goûts que la nature m'a donnés, et que les circonstances, l'étude et les conversations ont fortifiés pour mon malheur. Cependant j'espère avoir dans la suite plus de facilités pour m'y livrer, et je crois que l'hiver prochain sera tout entier à ma disposition. C'est alors que je me garderai bien de faire des connaissances d'aucune espèce, règle que je compte observer rigoureusement à l'avenir, dans quelque pays que je me puisse trouver.

Mon père regarde comme mal employé le temps que je donne aux langues mortes, mais j'avoue que je ne pense pas de même. Quand je n'aurais eu en cela d'autre but que ma propre satisfaction, c'est une chose que je fais entrer pour beaucoup dans mes calculs; et je ne regarde comme perdu, dans ma vie, que le temps où je n'en puis jouir agréablement, sans jamais me repentir du passé, ni craindre pour l'avenir. Si je puis me mettre à l'abri de la misère, c'est tout ce qu'il me faut; le reste de mon temps sera employé à satisfaire un goût que personne ne peut blâmer, et qui m'offre des plaisirs toujours nouveaux. Je sais bien que le grand nombre des hommes ne pense pas de la sorte ; mais il m'a paru que leur calcul était faux, car ils conviennent presque tous que leur vie n'est pas heureuse. Ma morale vous fera peut-être sourire ; mais je suis persuadé que vous prendrez à la lettre tout ce que je viens d'écrire pour mes véritables sentiments, auxquels ma pratique sera conforme.

Vous ne sauriez imaginer ce qu'il m'en a coûté de peines et de mortifications pour n'avoir pas su danser ; je n'en suis pas encore délivré. Combien on est sensible sur l'article de la vanité ! J'espère pourtant me mettre au-dessus de ces petites puérilités. A quoi donc m'auraient servi mes livres, si mon cœur était encore sensible à ces atteintes, qui ne peuvent passer que pour de légères piqûres, en comparaison de ce qui m'attend par la suite ? J'ai pourtant pris un maître qui me trouve toutes les dispositions du monde, mais que j'abandonnerai sans doute, comme j'ai déjà fait vingt fois.

A M. CHLEWASKI,

A TOULOUSE.

Rome, le 8 janvier 1799.

Monsieur, après vous avoir annoncé que je m'arrêterais à Milan, je vous écris de Rome, encore tout étourdi de me voir lancé si loin de l'heureux pays où vos lettres pouvaient me parvenir en huit jours. Je ne sais comment cela s'est fait, mais me voilà décidément redevenu soldat, par conséquent *sine sede*, vivant à la mode des Scythes, *quorum plaustra vaga rite trahunt domos*. Et pour avoir de vos lettres, qui me sont devenues nécessaires depuis que vous m'en avez fait goûter d'une si bonne, je me trouve un peu embarrassé à vous donner mon adresse. Car nous autres conquérants, emportés par la victoire, nous ne savons guère aujourd'hui où nous serons, ni si nous serons demain. En cherchant la gloire, nous trouvons la mort. Je m'arrête tout court sur cette phrase, car je sens qu'un pareil style m'emporterait haut et loin. N'allez pas conclure de tout ceci que ce n'est pas la peine d'écrire à des gens dont l'existence même est toujours douteuse ; et, sans vous inquiéter si je suis des morts ou des vivants, adressez-moi bientôt une lettre dans ce monde-ci, *au quartier général de l'armée de Rome;* et comptez que si on ne me donne point d'autre emploi que celui que j'exerce, elle me trouvera bien sain, et me fera bien aise.

Ce laurier qu'Horace appelle *morte venalem* est ici à meilleur marché. Ceux dont se charge ma tête ne me coûtent guère, je vous assure. J'en prends maintenant à mon aise, et je laisse fuir les Napolitains, qui sont, à l'heure où je vous écris, de l'autre côté du Garigliano : je ne fais pas tant de chemin pour trouver des ennemis, et ceux-là ne valent pas la peine qu'on coure après eux. Vous aurez vu sans doute dans les papiers publics l'histoire de leur déconfiture.

Je m'en tais donc ici, de crainte de pis faire.

Ce que je pourrais vous en apprendre, bon à dire sous les peupliers qui bordent votre canal, ne vaut rien à mettre dans une lettre.

Par une raison semblable, je ne vous dirai rien de Lyon, où j'ai passé deux semaines sans plaisirs et sans peines, bonnes par conséquent selon les stoïques, mauvaises au dire d'Épicure.

Milan est devenu réellement la capitale de l'Italie depuis que les Français y sont maîtres. C'est à présent *delà les monts* la seule ville où l'on trouve du pain cuit et des femmes françaises, c'est-à-dire nues; car toutes les Italiennes sont vêtues, même l'hiver, mode contraire à celle de Paris. Quand nos troupes vinrent en Italie, ceux qui usèrent sans précaution des femmes et du pain du pays s'en trouvèrent très-mal. Les uns crevaient d'indigestion, les autres coulaient des jours fort désagréables (expression que me fournit bien à propos le style moderne) :

Ils ne mouraient pas tous, mais tous étaient frappés,

comme les animaux de la Fontaine : ce que voyant, la plupart des nôtres prirent le parti de s'accommoder aux usages du pays; mais ceux qui n'ont pu s'y faire, et auxquels il faut encore de la croûte (vous me passez ces détails, puisque *charta non erubescit,* selon Cicéron, qui en écrivait de bonnes), ceux-là donc font venir de France des femmes et des boulangers. Voilà comment et pourquoi madame M.... passa les Alpes. Sachez, monsieur, que madame M.... est la femme d'un commissaire envoyé par le gouvernement à Malte, où il n'a pu aller, mais ce qu'il eût fait à Malte, il le fait ici, de même que sa femme, qui est sans contredit la plus jolie de toute l'armée. Tous deux écorchent l'italien, comme disait Mazarin, mais de différentes manières : *illa glubit magnanimos Remi nepotes;* le mari est agent des finances de l'armée française, charge de l'invention de Bonaparte, mais changée depuis *son règne*, en ce qu'elle dépend peu de ses successeurs, bien moins puissants que lui. La dame fut prise à Viterbe lors de la retraite des Français, et reprise avec la place. Il y a dans son histoire quelque chose de celle d'Hélène, peut-être dans sa personne; mais plus sûrement dans le rôle que joue son mari, qui est un plaisant Ménélas, court, lourd et sourd, d'ailleurs ébloui, on peut même dire aveuglé par les charmes de la princesse. Puisque me voilà sur cet article, madame Pepe est dans le petit nombre des femmes françaises qui voient un très-petit nombre de maisons romaines : la seconde pour la beauté, la première à d'autres égards. Elle donne tout à fait dans le bel esprit, et veut passer pour connaisseuse en peinture et en musique. Vient ensuite madame Bassal, femme d'un consul, non romain, mais français; tout cela se rassemble, avec beaucoup d'hommes, chez les princesses Borghèse et Santa-Croce, et chez la duchesse de Lante. Joignez-y une marquise de Cera (maison piémontaise), figure très-agréable, gâtée par des mines et des airs d'enfant qui ont pu plaire en elle à seize ans, et il y a seize ans.

Je voudrais, au reste, pouvoir vous donner une idée de ces cercles, ou être sûr que ce tableau vous intéresserait. Mais vous en parler sérieusement, cela vous ennuierait; et pour vous le peindre en ridicule, c'est trop dégoûtant. Quelques grands seigneurs d'Italie qui prêtent leurs maisons, et qui font, pour bien vivre avec les Français, des bassesses souvent inutiles, sont des gens ou mécontents des gouvernements que nous avons détruits, ou forcés par les circonstances à paraître aimer le chaos qui les remplace, ou assez ennemis de leur propre pays pour nous aider à le déchirer, et se jeter sur les lambeaux que nous leur abandonnons. Tels sont à Milan les Serbelloni, ici les Borghèse et les Santa-Croce. La princesse de ce nom, *formosissima mulier*, femme connue de tous ceux qui ont voulu la connaître, et beaucoup au-dessous de sa réputation, du moins quant à l'esprit, a lancé son fils dans les troupes françaises. Il s'est fait blesser, et le voilà digne d'être adjudant général. Les deux Borghèse, qui ont acheté moins cher des honneurs à peu près pareils, sont deux polissons incapables d'être jamais des laquais supportables, aussi maladroits que plats et grossiers dans les flatteries qu'ils prodiguent à des gens qui les méprisent.

Le reste ne vaut pas l'honneur d'être nommé.

J'ai pourtant trouvé ici une connaissance fort agréable, et cela sans recommandation, chose difficile pour un Français. Un jour que j'étais allé voir seul ce qui reste du Musée et de la bibliothèque du Vatican, j'y trouvai l'abbé Marini, autrefois archiviste ou garde des archives de la chambre apostolique; homme assez savant dans les langues anciennes, mais surtout fort versé dans la science des inscriptions, dont il a publié des ouvrages estimés. Son nom, que j'entendis prononcer, me faisant soupçonner ce qu'il pouvait être (car j'avais vu ses ouvrages cités dans je ne sais quelle préface latine d'un auteur allemand), je me décidai à l'aborder. Il se trouva heureusement qu'il parlait assez français. Il me répondit avec honnêteté; et, après une conversation de quelques minutes, me conduisit chez lui, où je trouvai une bibliothèque excellente, dont je dispose à présent, un cabinet d'antiquités, force tableaux, dessins, estampes, cartes, etc. Je suis aujourd'hui de ses intimes, et, comme dit Sénèque, *primæ admissionis,* ce qui contribue surtout à me rendre agréable le séjour de Rome.

Il m'a prêté, outre ses livres, je veux dire ceux qu'il a composés, auxquels je n'entends pas grand'chose, d'autres dont j'avais besoin pour me remettre un peu de la fatigue des *conversazioni* franco-italiennes, et m'a conté différentes choses assez curieuses de plusieurs personnages célèbres qu'il a vus de près. Car il a été fort considéré de plusieurs ministres, cardinaux et autres puissants d'alors, et même il passe pour avoir eu quelque crédit auprès des deux derniers papes. Je regrette de ne pouvoir ou de n'oser mettre ici tout ce qu'il m'a dit de l'abbé Maury, qu'il a bien connu et jugé. Mais *forsan et hæc olim meminisse juvabit,* si le ciel accorde à mes prières de vous revoir quelque jour.

En attendant, soyez témoin des premiers pas que je fais, guidé par lui dans les ténèbres des anciennes inscriptions, où, bien loin de porter la lumière, j'obscurcis ce qui paraissait clair, ou, pour mieux dire, je m'aperçois que ceux qui pensaient m'éclairer ne voient goutte eux-mêmes. Regardez, s'il vous plaît, l'inscription que j'encadre ici, comme un véritable et studieux antiquaire que je suis.

> AP. CLAVDIVS. AP. F. AP. N. AP. PRN.
> PVLCHER. Q. QUAE PR.

Elle se trouve à la villa Borghèse sur un beau vase d'albâtre. Les abréviations qu'elle renferme m'étant toutes connues, hors une, par les suscriptions en usage dans les lettres de Cicéron, je crus que celle que j'ignorais me serait facilement expliquée par mon oracle, l'abbé Marini ; mais quand je la lui présentai, copiée bien exactement, *il demeura stupide* comme le Cinna de Corneille. Cependant, après quelques réflexions, il courut à ses livres, et me montra la même inscription écrite tout différemment dans Winckelmann et d'autres auteurs qui l'ont publiée. La différence consiste en ce que, après le mot *Pulcher*, ils écrivent en toutes lettres *quæsitor*, et expliquent ainsi le tout : *Appius, Claudius, Appii filius, Appi Nepos, Appii Pronepos, Pulcher Quæstor, Quæsitor, Prætor*. Voilà ce qu'ils ont imaginé pour se tirer, sans qu'il y parût, de l'embarras où les jetait ce Q. Ce Q met à la torture l'esprit de mon abbé.

J'ai su lui préparer des travaux et des veilles.

Il cherche, il rêve, il feuillette ses livres, *dentibus infrendens*. Ne puis-je pas m'appliquer ce que disait Cicéron (*conturbavi græcam gentem*), ayant proposé, et même je crois aux antiquaires de son temps, quelque nœud qu'ils ne pouvaient *soudre*. Pour moi, *je vous l'avoue avec quelque pudeur*, j'ai assez pris goût à cette science, qui est une espèce de divination, et, en style sentimental, je pourrais vous dire que je me plais parmi les tombeaux.

Dites à ceux qui veulent voir Rome qu'ils se hâtent; car chaque jour le fer du soldat et la serre des agents français flétrissent ses beautés naturelles, et la dépouillent de sa parure.

Permis à vous, monsieur, qui êtes accoutumé au langage naturel et noble de l'antiquité, de trouver ces expressions trop fleuries ou même trop fardées; mais je n'en sais pas d'assez tristes pour vous peindre l'état de délabrement, de misère et d'opprobre où est tombée cette pauvre Rome que vous avez vue si pompeuse, et de laquelle à présent on détruit jusqu'aux ruines. On s'y rendait autrefois, comme vous savez, de tous les pays du monde. Combien d'étrangers, qui n'y étaient venus que pour un hiver, y ont passé toute leur vie! Maintenant il n'y reste que ceux qui n'ont pu fuir, ou qui, le poignard à la main, cherchent encore dans les haillons d'un peuple mourant de faim, quelque pièce échappée à tant d'extorsions et de rapines. Les détails ne finiraient pas, et d'ailleurs, dans plus d'un sens, il ne faut pas tout vous dire. Mais, par le coin du tableau dont je vous crayonne un trait, vous jugerez aisément du reste.

Le pain n'est plus au rang des choses qui se vendent ici; chacun garde pour soi ce qu'il en peut avoir au péril de sa vie. Vous savez le mot, *Panem et circenses* : ils se passent aujourd'hui de tous les deux, et de bien d'autres choses. Tout homme qui n'est ni commissaire, ni général, ni valet ou courtisan des uns ou des autres, ne peut manger un œuf. Toutes les denrées les plus nécessaires à la vie sont également inaccessibles aux Romains, tandis que plusieurs Français, non des plus huppés, tiennent table ouverte à tous venants. Allez, nous vengeons bien *l'univers vaincu!*

Les monuments de Rome ne sont guère mieux traités que le peuple. La colonne Trajane est cependant à peu près telle que vous l'avez vue ; et nos curieux, qui n'estiment que ce qu'on peut emporter et vendre, n'y font heureusement aucune attention. D'ailleurs, les bas-reliefs dont elle est ornée sont hors de la portée du sabre, et pourront par conséquent être conservés. Il n'en est pas de même des scupltures de la villa Borghèse et de la villa Pamphili, qui présentent de tous côtés des figures semblables au Deiphobus de Virgile. Je pleure encore un joli Hermès enfant, que j'avais vu dans son entier, vêtu et encapuchonné d'une peau de lion, et portant sur son épaule une petite massue. C'était, comme vous voyez, un Cupidon dérobant les armes d'Hercule; morceau d'un travail exquis, et grec, si je ne me trompe. Il n'en reste que la base, sur laquelle j'ai écrit avec un crayon : *Lugete, Veneres Cupidinesque*, et les morceaux dispersés, qui feraient mourir de douleur Mengs et Winckelmann, s'ils avaient eu le malheur de vivre assez longtemps pour voir ce spectacle.

Tout ce qui était aux Chartreux, à la villa Albani, chez les Farnèse, les Onesti, au muséum Clémentin, au Capitole, est emporté, pillé, perdu ou vendu. Les Anglais en ont eu leur part, et des commissaires français, soupçonnés de ce commerce, sont arrêtés ici. Mais cette affaire n'aura pas de suite. Des soldats, qui sont entrés dans la bibliothèque du Vatican, ont détruit, entre autres raretés, le fameux Térence du Bembo, manuscrit des plus estimés, pour avoir quelques dorures dont il était orné. Vénus de la villa Borghèse a été blessée à la main par quelques descendants de Diomède, et l'Hermaphrodite (*immane nefas!*) a un pied brisé.

A M. CHLEWASKI,
A TOULOUSE.

Rome, 27 février 1799.

Monsieur, je vous promets de m'informer de toutes les personnes dont vous me demandez des nouvelles; mais ce ne peut être que dans quelque temps, parce que pour le présent je ne vois presque personne, je ne sors point, et je ferme ma porte. Je sais pourtant déjà, et je puis vous assurer, que l'ex-jésuite Rolati n'est plus vivant.

L'Anténor dont vous me parlez est une sotte imitation de l'Anacharsis, c'est-à-dire d'un ouvrage médiocrement écrit et médiocrement savant, soit dit entre nous. Il faut être bien pauvre d'idées pour en emprunter de pareilles. Je crois que tous les livres de ce genre, moitié histoire moitié roman, où les mœurs modernes se trouvent mêlées avec les anciennes, font tort aux unes et aux autres, donnent de tout des idées très-fausses, et choquent également le goût et l'érudition. La science et l'éloquence sont peut-être incompatibles; du moins je ne vois pas d'exemple d'un homme qui ait primé dans l'une et dans l'autre. Ceci a tout l'air d'un paradoxe; la chose pourtant me paraît fort aisée à expliquer, et je vous l'expliquerais *par raison démonstrative*, comme le maître d'armes de M. Jourdain, si je vous adressais une dissertation et non pas ma lettre, et si je n'avais plus envie de savoir votre opinion que de vous prouver la mienne. Au reste, l'histoire du manuscrit prétendu, trouvé parmi ceux d'Herculanum, n'est pas moins pitoyable que l'ouvrage même. Tout cela prouve qu'il faut au public des livres nouveaux (car celui-ci n'a pas laissé d'avoir quelque succès), et que notre siècle manque non de lecteurs, mais d'auteurs, ce qui peut se dire de tous les autres arts.

Puisque me voilà sur cet article, je veux vous *bailler ici quelque petite signifiance* de ce que j'ai remarqué de la littérature actuelle pendant mon séjour à Paris. Je me suis rencontré quelquefois avec M. Legouvé, dont le nom vous est connu. Je lui ai ouï dire des choses qui m'ont étonné à propos d'une pièce dont on donnait alors les premières représentations. Par exemple, il approuvait fort ce vers prononcé par un amant qui, ayant cru d'abord sa maîtresse infidèle, se rassurait sur les serments qu'elle lui faisait du contraire :

Hélas! je te crois plus que la vérité même.

Cette pensée, si c'en est une, fut extrêmement applaudie, non-seulement par M. Legouvé, mais par tous les spectateurs, sans m'en excepter. Je sus bon gré à l'auteur d'avoir voulu enchérir sur cette expression naturelle, mais déjà hyperbolique : *Je t'en crois plus que moi-même, plus que mes propres yeux*; et je compris d'abord qu'il ne serait pas facile à ceux qui voudraient quelque jour pousser plus loin cette idée, de dire quelque chose de plus fort. Mais M. Legouvé me fit remarquer que, comme on ne croit pas toujours la vérité, mais ce qu'on prend pour elle, l'auteur, qui est un de ses amis, eût bien voulu dire : *Je te crois plus que l'évidence*, mais qu'il n'avait pu réussir à concilier ce sens avec la mesure de ses vers. Je me rappelai alors une historiette où la même pensée se trouve bien moins subtilisée ou volatilisée, comme parlent les chimistes ; il s'agit pareillement d'une amante et d'un amant : la première, infidèle, et surprise dans un état qui ne permettait pas d'en douter, nie le fait effrontément. Mais, dit l'autre, ce que je vois... — Ah! cruel, répond la dame, tu ne m'aimes plus! si tu m'aimais, tu m'en croirais plutôt que tes yeux!

Cette pièce, dont je vis avec M. Legouvé la première représentation, était intitulée *Blanche et Montcassin*. Je voudrais pouvoir vous dire toutes les remarques qu'il nous fit faire. Je vis bien alors, et depuis je l'ai encore mieux connu, que ses idées sont tout à fait dans le goût, je veux dire dans *le genre* à la mode; et je ne doute pas que ce genre ne règne dans ses ouvrages, lesquels d'ailleurs je n'ai point lus.

On me mena peu de temps après à une autre pièce, que peut-être vous connaissez, *Macbeth*, de Ducis, imitée, à ce que je crois, de Shakspeare, et toute remplie de ces beautés inconnues à nos ancêtres. Je vis là sur la scène ce que Racine a mis en récit,

Des lambeaux pleins de sang, et des membres affreux;

et ce qu'il n'a mis nulle part, des sorcières, des rêves, des assassinats, une femme somnambule qui égorge un enfant presque aux yeux des spectateurs, un cadavre à demi découvert, et des draps ensanglantés; tout cela, rendu par des acteurs dignes de leur rôle, faisait compassion à voir, selon le mot de Philoxène. Je n'ai pas assez l'usage de la langue moderne et des expressions qu'on emploie en pareil cas pour vous donner une idée des talents que tout Paris idolâtre dans Talma. C'est un acteur dont sans doute vous aurez entendu parler. J'ai senti parfaitement combien son jeu était convenable aux rôles qu'il remplit dans les pièces dont je vous parle. Partout où il faut de la force et du sentiment, je vous jure qu'il ne s'épargne pas; et dans les endroits qui ne demandent que du naturel, vous croyez voir un homme qui dit : *Nicole, apporte-moi mes pantoufles;* en quoi il suit ses auteurs, et me paraît à leur niveau. On a en effet aboli ces anciennes lois : *Le style le moins noble.....*

(*Le reste manque.*)

A M. N.

A Plaisance, le... mai 1804.

Nous venons de faire un empereur, et pour ma part je n'y ai pas nui. Voici l'histoire. Ce matin, d'Anthouard nous assemble, et nous dit de quoi il s'agissait mais bonnement, sans préambule ni péroraison. Un empereur ou la république, lequel est le plus de votre goût? comme on dit, Rôti ou bouilli, potage ou soupe, que voulez-vous? Sa harangue finie, nous voilà tous à nous regarder, assis en rond. Messieurs, qu'opinez-vous? Pas le mot; personne n'ouvre la bouche. Cela dura un quart d'heure ou plus, et devenait embarrassant pour d'Anthouard et pour tout le monde, quand Maire, un jeune homme, un lieutenant que tu as pu voir, se lève, et dit : S'il veut être empereur, qu'il le soit; mais, pour en dire mon avis, je ne le trouve pas bon du tout. Expliquez-vous, dit le colonel; voulez-vous? ne voulez-vous pas? Je ne le veux pas, répond Maire. A la bonne heure. Nouveau silence. On recommence à s'observer les uns les autres, comme des gens qui se voient pour la première fois. Nous y serions encore, si je n'eusse pris la parole. Messieurs, dis-je, il me semble, sauf correction, que ceci ne nous regarde pas. La nation veut un empereur, est-ce à nous d'en délibérer? Ce raisonnement parut si fort, si lumineux, si *ad rem*... que veux-tu? j'entraînai l'assemblée. Jamais orateur n'eut un succès si complet. On se lève, on signe, on s'en va jouer au billard. Maire me disait : Ma foi, commandant, vous parlez comme Cicéron ; mais pourquoi voulez-vous donc tant qu'il soit empereur, je vous prie? Pour en finir, et faire notre partie de billard. Fallait-il rester là tout le jour? pourquoi, vous, ne le voulez-vous pas? Je ne sais, me dit-il, mais je le croyais fait pour quelque chose de mieux. Voilà le propos du lieutenant, que je ne trouve point tant sot. En effet, que signifie, dis-moi.... un homme comme lui, Bonaparte, soldat, chef d'armée, le premier capitaine du monde, vouloir qu'on l'appelle Majesté? Être Bonaparte, et se faire sire ! *Il aspire à descendre :* mais non, il croit monter en s'égalant aux rois. Il aime mieux un titre qu'un nom. Pauvre homme! ses idées sont au-dessous de sa fortune. Je m'en doutai quand je le vis donner sa petite sœur à Borghèse, et croire que Borghèse lui faisait trop d'honneur.

La sensation est faible. On ne sait pas bien encore ce que cela veut dire. On ne s'en soucie guère, et nous en parlons peu. Mais les Italiens, tu connais Mendelli, l'hôte de Demanelle [1]. *Questi son salti! questi son voli! un aifiere, un caprajo di*

[1] Colonel d'un régiment d'artillerie à pied.

Corsica, che balza imperatore! Poffariddio, che cosa! sicchè dunque, commandante, per quel che vedo un Corso ha castrato i Francesi.

Demanelle, je crois, ne fera pas d'assemblée. Il envoie les signatures avec l'enthousiasme, le dévouement à la personne, etc.

Voilà nos nouvelles; mande-moi celles du pays où tu es, et comment la farce s'est jouée chez vous. A peu près de même, sans doute.

Chacun baise en tremblant la main qui nous enchaine...

Avec la permission du poëte, cela est faux. On ne tremble point. On veut de l'argent, et on ne baise que la main qui paye.

Ce César l'entendait bien mieux, et aussi c'était un autre homme. Il ne prit point de titres usés, mais il fit de son nom même un titre supérieur à celui de roi.

Adieu ; nous t'attendons ici.

A M. DANSE DE VILLOISON,

A PARIS.

Barletta, 8 mars 1805.

Vous me tentez, monsieur, en m'assurant qu'une traduction de ces vieux *mathematici* me couvrirait de gloire. Je n'eusse jamais cru cela. Mais enfin vous me l'assurez, et je saurai à qui m'en prendre si la gloire me manque après la traduction faite ; car je la ferai, chose sûre. J'en étais un peu dégoûté, de la gloire, par de certaines gens que j'en vois couverts de la tête aux pieds, et qui n'en ont pas meilleur air; mais celle que vous me proposez est d'une espèce particulière, puisque vous dites que moi seul je puis cueillir de pareils lauriers. Vous avez trouvé là mon faible : à mes yeux, honneurs et plaisirs, par cette qualité d'exclusifs, acquièrent un grand prix. Ainsi me voilà décidé ; quelque part que ce livre me tombe sous la main, je le traduis, pour voir un peu si je me couvrirai de gloire.

Quant à quitter mon *vil métier*, je sais ce que vous pensez là-dessus, et moi-même je suis de votre sentiment. Ne voulant ni *vieillir dans les honneurs obscurs de quelque légion*, ni faire une fortune, il faut laisser cela. Sans doute; c'est mon dessein. Mais je suis bien ici, où j'ai tout à souhait : un pays admirable, l'antique, la nature, les tombeaux, les ruines, la Grande Grèce. Que de choses! Le général en chef est un homme de mérite, savant, le plus savant, dans l'art de massacrer, que peut-être il y ait ; bon homme au demeurant, qui me traite en ami : tout cela me retient. D'ailleurs je laisse faire à la fortune, et ne me mêle point du tout de la conduite de ma vie. C'est là ma politique, je m'en trouve bien, et je n'aperçois point que ceux qui se tourmentent en soient plus heureux que moi. Ne croyez pas, au reste, que je perde mon temps; ici j'étudie mieux que je n'ai jamais fait, et du matin au soir, à la manière d'Homère, qui n'avait point de livres. Il étudiait les hommes : on ne les voit nulle part comme ici. Homère fit la guerre ; gardez-vous d'en douter. C'était la guerre sauvage. Il fut aide de camp, je crois, d'Agamemnon, ou bien son secrétaire. Ni Thucydide non plus n'aurait eu ce sens si vrai, si profond ; cela ne s'apprend pas dans les écoles. Comparez, je vous prie, Salluste et Tite-Live : celui-ci parle d'or, on ne saurait mieux dire ; l'autre sait de quoi il parle. Et qui m'empêcherait quelque jour... ? car j'ai vu, moi aussi ; j'ai noté, recueilli tant de choses, dont ceux qui se mêlent d'écrire n'ont depuis longtemps nulle idée ; j'ai bonne provision d'esquisses : pourquoi n'en ferais-je pas des tableaux où se pourrait trouver quelque air de cette vérité naïve qui plaît si fort dans Xénophon? Je vous conte mes rêves.

Que voulez-vous donc dire, que nous autres soldats nous écrivons peu, et qu'une ligne nous coûte? Ah! vraiment, voilà ce que c'est; vous ne savez de quoi vous parlez. Ce sont là de ces choses dont vous ne vous doutez pas, vous, messieurs les savants. Apprenez, monsieur, apprenez que tel d'entre nous écrit plus que tout l'Institut; qu'il part tous les jours des armées cent voitures à trois chevaux, portant chacune plusieurs quintaux d'écriture ronde et bâtarde, faite par des gens en uniforme, fumeurs de pipes, traîneurs de sabres : que moi seul, ici, cette année, j'en ai signé plus, moi qui ne suis rien et ne fais rien, plus que vous n'en liriez en toute votre vie ; et mettez-vous bien dans l'esprit que tous les mémoires et histoires de vos académies, depuis leur fondation, ne font pas en volume le quart de ce que le ministre reçoit de nous chaque semaine régulièrement. Allez chez lui, vous y verrez des galeries, de vastes bâtiments remplis, comblés de nos productions, depuis la cave jusqu'au faîte : vous y verrez des généraux, des officiers qui passent leur vie à signer, parapher, couverts d'encre et de poussière, accuser réception, apostiller en marge les lettres à répondre et celles répondues. Là, des troupes réglées d'écrivains expédient paquets sur paquets, font tête de tous côtés à nos états-majors, qui les attaquent de la même furie. Voilà vos paresseux d'écrire. Allez, monsieur, il serait aisé de vous démontrer, si on voulait vous humilier, que de tous les corps de l'État, c'est l'Académie qui écrit le moins aujourd'hui, et que les plus grands travaux de plume se font par des gens d'épée.

Je réponds, comme vous voyez, non-seulement à tous les articles, mais à chaque mot de votre lettre ; et je vous dirai encore, en style de maître François, qu'une nation dont on fait ce qu'on veut n'est pas une *cire*, mais une...; et qu'on n'en saurait rien faire qui ne soit fort dégoûtant. Aristophane doit l'avoir dit. Ainsi la métaphore ne vous surprendra pas. Au reste, *nous portons les sottises qu'on porte.* C'est tout le compliment que je trouve à vous faire sur ces nouveaux brimborions, qu'assurément vous honorez. Pour moi, j'ai été élevé dans un grand mépris de ces choses-là. Je ne saurais les respecter ; c'est la faute de mon père.

Eh bien ! qu'en dites-vous ? suis-je si paresseux, moi qui vous fais, pour quelques lignes que vous m'écrivez, trois pages de cette taille ? Vous vous piquerez d'honneur, j'espère, et ne voudrez pas demeurer en reste avec moi.

A votre loisir, je vous prie, donnez-moi des nouvelles de la Grèce, dont je ne suis pas transfuge, comme il vous plaît de le dire. Vous m'y verrez reparaître un jour, quand vous y penserez le moins, et faire acte de citoyen. Je vous avoue que je ne connais pas du tout M. Weiske, et ne sais comme il a pu découvrir que je suis au monde, si ce n'est pas vous qui lui avez appris ce secret. Je souhaite fort qu'il nous donne un bon Xénophon ; l'entreprise est grande. Aurons-nous à la fin cette Anthologie de M. Chardon de la Rochette ? Et vous qui accusez les autres de paresse, me voulez-vous laisser si longtemps sans rien lire de votre façon que ces articles de journal, excellents, mais toujours trop courts, comme les ïambes d'Archiloque, dont le meilleur était le plus long? *Ah! que ne suis-je roi pour cent ou six vingts ans!* je vous ferais pardieu travailler ; il ne serait pas dit que vous êtes savant pour vous seul; je vous taxerais à tant de volumes par an, et ne voudrais lire autre chose.

A M. CLAVIER,

A PARIS.

Barletta,... juin 1803.

.... Vous n'avez pas tort non plus de croire que tous ces faits, ces grands événements qui tiennent le monde en suspens, méritent bien peu l'attention d'un homme sensé, et que c'est sottise de méditer sur ce qui dépend des digestions de Bonaparte : mais je vous dis, moi, qu'on a beau être philosophe, la peinture des passions et des caractères, soit histoire ou roman, intéresse toujours, et plus un philosophe qu'un autre. La difficulté c'est de peindre, et c'est où les anciens excellent, et où nos auteurs font pitié, j'entends nos historiens. Ils ne savent saisir aucun trait. Pour représenter une tempête, ils se mettent à compter les vagues : un arbre, ils le font feuille à feuille; et tout cela copié fidèlement ressemble bien moins au vrai que les inventions d'un homme qui joint à quelque étude le sentiment de la nature. Il y a plus de vérité dans Joconde que dans tout Mézeray.

Un morceau qui plairait, je crois, traité dans le goût antique, ce serait l'expédition d'Égypte. Il y a là de quoi faire quelque chose comme le Jugurtha de Salluste, et mieux, en y joignant un peu de la variété d'Hérodote, à quoi le pays prêterait fort. Scène variée, événements divers, différentes nations, divers personnages; celui qui commandait était encore un homme ; il avait des compagnons. Et puis, notez ceci, un sujet limité, séparé de tout le reste. C'est un grand point selon les maîtres, peu de matière et beaucoup d'art. Mon Dieu! comme je cause, comme je vous conte mes rêves, et que vous êtes bon si vous écoutez ce babil! Mais que vous dirais-je autre chose? je ne vois *que du fer, des soldats*, rien qui puisse vous intéresser.

Sur mon sort à venir, ce que je pourrai faire, ce que je deviendrai, quand je vous reverrai, je n'en sais pas là-dessus plus que vous. Nous sommes ici dans une paix profonde, mais qui peut être troublée d'un moment à l'autre. Tout tient au caprice de deux ou trois bipèdes sans plumes qui se jouent de l'espèce humaine. — Présentez, je vous prie, mon respect à M. et madame de Sainte-Croix, et conservez-moi une place dans votre souvenir.

A M. LEDUC AÎNÉ.

De Bologne, le 14 novembre 1805.

Je t'ai écrit trois fois depuis notre départ de la Pouille. Je te marquais de m'adresser tes lettres à Rome, mais je n'ai pu y passer; ainsi je suis sans nouvelles de toi depuis le 10 août, date de ta dernière, par laquelle j'ai vu que ta fille était hors d'affaire. J'espère qu'elle court à l'heure qu'il est, et saute mieux que jamais, *più pazzarella che mai;* j'en fais mon compliment à madame sa mère, et voudrais être là pour vous embrasser tous.

Nous marchons vers Ferrare. Le général Salvat a trouvé à Ancône une Vénitienne égarée, dont il s'est emparé; ou c'est elle qui l'a pris et le mène par le nez. Je la vois tous les jours : elle mange avec nous. Je suis le seul qui puisse lui parler : eux ne savent pas trois mots d'italien. Te dire les conversations d'elle à moi, les *spropositi*, les sottises qui ne finissent point, ou finissent par des *risate sbudellate sgangherate*. Il n'est pas possible de voir une meilleure pâte de fille, une créature plus gaie, plus folle, plus ce qu'on appelle bonne enfant : son vénitien est quelque chose qui vraiment me ravit. Salvat nous gêne un peu. Il n'entend pas un mot, et veut qu'on lui explique tout. Mais les explications sont belles ! nous avons mille inventions pour le dérouter, des noms de guerre... Lui, Salvat, est *stentarello ;* elle a baptisé le secrétaire *fa la nanna,* cela le peint; l'aide de camp, elle l'appelle *madama cocola ;* jamais nom ne fut mieux appliqué; c'est la femme de charge du général Salvat: il sera maréchal du palais, si Salvat devient empereur. Du reste, vivant portrait de M. Vise au Trou. Tout cela me divertit, et nous passons ensemble des heures sans ennui; mais j'ai peur de n'en avoir pas longtemps le plaisir, car on dit que notre ménage ne plaît point du tout à Saint-Cyr, et qu'il a trouvé fort mauvais l'équipage de la princesse, et les chevaux, et la voiture. On est contrarié en ce monde.

Monval me quitte, et m'a conté..... affaire vive à la Caldiera. Les nôtres ont eu du dessous. D'Anthouard et Demanelle sont tués. On aura fait là quelque bêtise qui nous mettrait ici en mauvaise posture. Mais ces gens ne profitent jamais de leurs avantages; ils sont persuadés que nous devons les battre; et quand nous avons l'air de nous laisser frotter, c'est une ruse; ils nous devinent. Au reste, on ne sait rien encore : je ne serai bien informé que quand nous aurons rejoint le quartier général. Adieu.

L'autre jour, en lisant une pétition de quelqu'un qui protestait de son *dévouement à la personne de l'empereur*, nous trouvâmes que cette nouvelle formule ne contient guère plus de vérité que le *très-humble serviteur*, et que, pour être exact, il faudrait se dire dévoué à *la caisse du payeur*. Qu'en penses-tu? qu'en dit madame? tu peux lui lire ceci, mais non le reste de ma lettre; elle me croirait plus vaurien que je ne suis.

A M. POYDAVANT,
COMMISSAIRE ORDONNATEUR.

De Strale, le 25 novembre 1805.

Mon cher ordonnateur,

Aimé va vous conter notre petite drôlerie. Ce qu'il vous pourra dire, c'est qu'il dormit fort ce jour-là. Je ne sais quelle heure il pouvait être lorsqu'il apprit dans son lit qu'on s'était battu. Il se leva en grande hâte, s'habilla, ou, comme disent ces messieurs, se fit habiller, et fut choisi pour vous porter l'heureuse nouvelle de l'affaire où il s'est distingué. Nous verrons cela dans la gazette, avec la croix et l'avancement. Voilà ce que c'est d'être frère du valet de chambre du fils d'un châtreur de cochons des environs de Tonneins. Rappelez-vous Sosie.

Je dois, etc.

Nous avons pris des *Quinze reliques* une division tout entière, des chevaux bons à écorcher, et un prince émigré, qui, je crois, n'est bon à rien. Il a un coup de fusil dans le ventre; on s'occupe très-peu de lui ; on le laisse là, tout blessé qu'il est, et Français. Nous n'aimons pas les émigrés ; à Paris on les honore fort. L'empereur les chérit et révère ; c'est sans doute qu'il n'en peut faire, comme il fait des comtes, des princes.

Vous voyez bien, mes chers amis, qu'après vous on trouve à glaner, mais de la gloire seulement ; nous voudrions quelque autre chose plus substantielle, plus palpable. Cela ne se peut derrière vous ; vous faites partout place nette. Il faut se payer de lauriers, qui heureusement coûtent peu. Pour moi, j'en quitte ma part ; j'ai de la gloire *in culo*, comme disent les Italiens, ou plus poliment *in tasca*, depuis que j'entendis quelqu'un de notre connaissance dire : *Je suis couvert de gloire*, et les courtisans répéter : *Il est couvert de gloire*.

A M. ***,

OFFICIER D'ARTILLERIE, A NAPLES.

Morano, le 9 mars 1806.

Bataille, mes amis ! bataille ! Je n'ai guère envie de vous la conter. J'aimerais mieux manger que t'écrire ; mais le général Reynier, en descendant de cheval, demande son écritoire. On oublie qu'on meurt de faim : les voilà tous à griffonner l'histoire d'aujourd'hui ; je fais comme eux en enrageant. Figurez-vous, mes chers amis, qui avez là-bas toutes vos aises, bonne chère, bon gîte, et le reste ; figurez-vous un pauvre diable non pas mouillé, mais imbibé, pénétré, percé jusqu'aux os par douze heures de pluie continuelle ; une éponge qui ne séchera de huit jours ; à cheval dès le grand matin, à jeun ou peu s'en faut au coucher du soleil : c'est le triste auteur de ces lignes, qui vous toucheront, si quelque pitié habite en vos cœurs. Buvez et faites *brindisi* à sa santé, mes bons amis, le ventre à table et le dos au feu. Voici en peu de mots nos nouvelles.

Les *Zapolitains* ont voulu comme se battre aujourd'hui ; mais cette fantaisie leur a bientôt passé. Ils s'en vont, et nous laissent ici leurs canons, qui ont tué quelques hommes du 1er d'infanterie légère, par la faute d'un butor : tu devines qui c'est. Je t'en dirai des traits quand nous nous reverrons. — N'ayant point d'artillerie (car nos pièces de montagne, c'est une dérision), je fais l'aide de camp les jours comme aujourd'hui, afin de faire quelque chose ; rude métier avec de certaines gens. Quand, par exemple, on porte les ordres de Reynier au susdit, il faut d'abord entendre Reynier, puis se faire entendre à l'autre; être interprète entre deux hommes dont l'un s'explique peu, l'autre ne conçoit guère ; ce n'est pas trop, je t'assure, de toute ma capacité.

On doit avoir tué douze ou quinze cents Napolitains; les autres courent, et nous courrons demain après eux, bien malgré moi.

Remacle a une grosse mitraille au travers du corps. Il ne s'en moque pas autant qu'il le disait. A l'entendre, tu sais, il se souciait de mourir comme de..... mais point du tout, cela le fâche. Il nomme sa mère et son pays.

On pille fort dans la ville, et l'on massacre un peu. Je pillerais aussi parbleu, si je savais qu'il y eût quelque part à manger. J'en reviens toujours là, mais sans aucun espoir. L'écriture continue; ils n'en finiront point. Je ne vois que le major Stroltz qui au moins pense encore à faire du feu ; s'il réussit, je te plante là.

Le mouchard s'est distingué comme à son ordinaire : fais-toi conter cela par L..., qui fut témoin. Il était en avant, lui mouchard, avec quelques compagnies de voltigeurs. Tout à coup le voilà qui accourt à Dufour : Colonel, je suis tourné, je suis coupé, j'ai là toute l'armée ennemie. L'autre d'abord lui dit : Quoi ! vous prenez ce moment pour quitter votre poste ? On y va, il n'y avait rien.

Je me donne au diable si le général veut cesser d'écrire. Que te marquerai-je encore ? J'ai un cheval enragé que mes canonniers ont pris. Il mord et rue à tout venant : grand dommage, car ce serait un joli poulain calabrois, s'il n'était pas si misanthrope, je veux dire sauvage, ennemi des hommes.

Nous sommes dans une maison pillée; deux cadavres nus à la porte; sur l'escalier, je ne sais quoi ressemblant assez à un mort. Dans la chambre même, avec nous, une femme violée, à ce qu'elle dit, qui crie, mais qui n'en mourra pas; voilà le cabinet du général Reynier; le feu à la maison voisine, pas un meuble dans celle-ci; pas un morceau de pain. Que mangerons-nous ? Cette idée me trouble. Ma foi, écrive qui voudra, je vais aider à Stroltz. Adieu.

A MADAME ***,

A Reggio, en Calabre, le 15 avril 1806.

Pour peu qu'il vous souvienne, madame, du moindre de vos serviteurs, vous ne serez pas fâchée, j'imagine, d'apprendre que je suis vivant à Reggio, en Calabre, au bout de l'Italie, plus loin que je ne fus jamais de Paris et de vous, madame. Pour vous écrire, depuis six mois que je roule ce projet dans ma tête, je n'ai pas faute de matière, mais de temps et de repos. Car nous triomphons en courant, et ne nous sommes encore arrêtés qu'ici, où terre nous a manqué. Voilà, ce me semble, un royaume assez lestement conquis, et vous devez être contente de nous. Mais moi, je ne suis pas satisfait. Toute l'Italie n'est rien pour moi, si je n'y joins la Sicile. Ce que j'en dis, c'est pour soutenir mon caractère de conquérant; car entre nous, je me soucie peu que la Sicile paye ses taxes à Joseph ou à Ferdinand. Là-dessus j'entrerais facilement en composition, pourvu qu'il me fût permis de la parcourir à mon aise; mais en être venu si près, et n'y pouvoir mettre le pied, n'est-ce pas pour enrager? Nous la voyons, en vérité, comme des Tuileries vous voyez le faubourg Saint-Germain; le canal n'est ma foi guère plus large; et pour le passer, cependant, nous sommes en peine. Croiriez-vous? s'il ne nous fallait que du vent, nous ferions comme Agamemnon: nous sacrifierions une fille. Dieu merci, nous en avons de reste. Mais pas une seule barque, et voilà l'embarras. Il nous en vient, dit-on; tant que j'aurai cet espoir, ne croyez pas, madame, que je tourne jamais un regard en arrière, vers les lieux où vous habitez, quoiqu'ils me plaisent fort. Je veux voir la patrie de Proserpine, et savoir un peu pourquoi le diable a pris femme en ce pays-là. Je ne balance point, madame, entre Syracuse et Paris; tout badaud que je suis, je préfère Aréthuse à la fontaine des Innocents.

Ce royaume que nous avons pris n'est pourtant pas à dédaigner: c'est bien, je vous assure, la plus jolie conquête qu'on puisse jamais faire en se promenant. J'admire surtout la complaisance de ceux qui nous le cèdent. S'ils se fussent avisés de le vouloir défendre, nous l'eussions bonnement laissé là ; nous n'étions pas venus pour faire violence à personne. Voilà un commandant de Gaëte, qui ne veut pas rendre sa place ; eh bien ! qu'il la garde ! Si Capoue en eût fait de même, nous serions encore à la porte, sans pain ni canons. Il faut convenir que l'Europe en use maintenant avec nous fort civilement. Les troupes en Allemagne nous apportaient leurs armes, et les gouverneurs leurs clefs, avec une bonté adorable. Voilà ce qui encourage dans le métier de conquérant ; sans cela on y renoncerait.

Tant y a que nous sommes au fin fond de la botte, dans le plus beau pays du monde, et assez tranquilles, n'était la fièvre et les insurrections. Car le peuple est impertinent ; des coquins de paysans s'attaquent aux vainqueurs de l'Europe. Quand ils nous prennent, ils nous brûlent le plus doucement qu'ils peuvent. On fait peu d'attention à cela : tant pis pour qui se laisse prendre. Chacun espère s'en tirer avec son fourgon plein, ou ses mulets chargés, et se moque de tout le reste.

Quant à la beauté du pays, les villes n'ont rien de remarquable, pour moi du moins ; mais la campagne, je ne sais comment vous en donner une idée : cela ne ressemble à rien de ce que vous avez pu voir. Ne parlons pas des bois d'orangers, ni des haies de citronniers ; mais tant d'autres arbres et de plantes étrangères que la vigueur du sol y fait naître en foule, ou bien les mêmes que chez nous, plus grandes, plus développées, donnent au paysage un tout autre aspect. En voyant ces rochers, partout couronnés de myrtes et d'aloès, et ces palmiers dans les vallées, vous vous croyez au bord du Gange ou sur le Nil, hors qu'il n'y a ni pyramides ni éléphants ; mais les buffles en tiennent lieu, et figurent fort bien parmi les végétaux africains, avec le teint des habitants, qui n'est pas non plus de notre monde. A dire vrai, les habitants ne se voient plus guère hors des villes ; par là ces beaux sites sont déserts, et l'on est réduit à imaginer ce que ce pouvait être, alors que les travaux et la gaieté des cultivateurs animaient tous ces tableaux.

Voulez-vous, madame, une esquisse des scènes qui s'y passent à présent ? Figurez-vous sur le penchant de quelque colline, le long de ces roches décorées comme je viens de vous le dire, un détachement d'une centaine de nos gens, en désordre. On marche à l'aventure, on n'a souci de rien. Prendre des précautions, se garder, à quoi bon? Depuis plus de huit jours il n'y a point eu de troupes massacrées dans ce canton. Au pied de la hauteur coule un torrent rapide, qu'il faut passer pour arriver sur l'autre montée : partie de la file est déjà dans l'eau, partie en deçà, au delà. Tout à coup se lèvent de différents côtés mille tant paysans que bandits, forçats déchaînés, déserteurs, commandés par un sous-diacre, bien armés, bons tireurs : ils font feu sur les nôtres avant d'être vus ; les officiers tombent les premiers ; les plus heureux meurent sur la place ; les autres, durant quelques jours, servent de jouet à leurs bourreaux.

Cependant le général, colonel ou chef, n'importe de quel grade, qui a fait partir ce détachement sans songer à rien, sans savoir la plupart du temps si les passages étaient libres, informé de la déconfiture, s'en prend aux villages voisins ; il y envoie un aide de camp avec cinq cents hommes. On pille, on viole, on égorge ; et ce qui échappe va grossir la bande du sous-diacre.

Me demandez-vous encore, madame, à quoi s'occupe ce commandant dans son cantonnement? S'il est jeune, il cherche des filles ; s'il est vieux, il amasse de l'argent. Souvent il prend de l'un et de l'autre : la guerre ne se fait que pour cela. Mais, jeune ou vieux, bientôt la fièvre le saisit : le voilà qui crève en trois jours, entre ses filles et son argent. Quelques-uns s'en réjouissent ; personne n'en est fâché ; tout le monde en peu de temps l'oublie, et son successeur fait comme lui.

On ne songe guère, où vous êtes, si nous nous massacrons ici. Vous avez bien d'autres affaires : le cours de l'argent, la hausse et la baisse, les faillites, la bouillotte ; ma foi, votre Paris est un autre coupe-gorge, et vous ne valez guère mieux que nous. Il ne faut point trop détester le genre humain, quoique détestable ; mais si l'on pouvait faire une arche pour quelques personnes comme vous, madame, et noyer encore une fois tout le reste, ce serait une bonne opération. Je resterais sûrement dehors, mais vous me tendriez la main, ou bien un bout de votre châle (est-ce le mot ?), sachant que je suis et serai toute ma vie, madame.....

A M. CHLEWASKI,

A TOULOUSE.

Tarente, le 8 juin 1806.

Monsieur, j'apprends que vous êtes encore à Toulouse, et je m'en félicite, dans l'espoir de vous y revoir quelque jour; car j'irai à Toulouse, si je retourne en France. Deux amis, dans le même pays, m'attireront par une force que rien ne pourra balancer. Mais, en attendant, j'espère que vous voudrez bien m'écrire, et renouveler un commerce trop longtemps interrompu; commerce dont tout le profit, à vous dire vrai, sera pour moi; car vous vivez en sage, et cultivez les arts; sachant unir, selon le précepte, l'utile avec l'agréable, toutes vos pensées sont comme infuses de l'un et de l'autre. Mais moi, qui mène depuis longtemps la vie de don Quichotte, je n'ai pas même comme lui des intervalles lucides; mes idées sont toujours plus ou moins obscurcies par la fumée de mes canons; vous, observateur tranquille, vous saisissez et notez tout; tandis que je suis emporté dans un tourbillon qui me laisse à peine discerner les objets. Vous me parlerez de vos travaux, de vos amusements littéraires, de vos efforts unis à ceux d'une société savante, pour hâter les progrès des lumières, et ralentir la chute du goût. Moi, de quoi pourrai-je vous entretenir? de folies, tantôt barbares, tantôt ridicules, auxquelles je prends part sans savoir pourquoi; tristes farces, qui ne sauraient vous faire qu'horreur et pitié, et dans lesquelles je figure comme acteur du dernier ordre.

Toutefois, il n'est rien dont on ne puisse faire un bon usage; ainsi, professant l'art de massacrer, comme l'appelle la Fontaine, j'en tire parti pour une meilleure fin; et d'un état en apparence ennemi de toute étude, je fais la source principale de mon instruction en plus d'un genre. C'est à la faveur de mon harnais que j'ai parcouru l'Italie, et notamment ces provinces-ci, où l'on ne pouvait voyager qu'avec une armée. Je dois à ces courses des observations, des connaissances, des idées que je n'eusse jamais acquises autrement; et ne fût-ce que pour la langue, aurais-je perdu mon temps, en apprenant un idiome composé des plus beaux sons que j'aie jamais entendu articuler?

Il me manque à présent d'avoir vu la Sicile ; mais j'espère y passer bientôt, et aller même au delà ; car ma curiosité, entée sur l'ambition des conquérants, devient insatiable comme elle. Ou plutôt, c'est une sorte de libertinage qui, satisfait sur un objet, vole aussitôt vers un autre. J'étais épris de la Calabre ; et quand tout le monde fuyait cette expédition, moi seul j'ai demandé à en être. Maintenant je lorgne la Sicile, je ne rêve que les prairies d'Enna, et les marbres d'Agrigente ; car il faut vous dire que je suis antiquaire, non des plus habiles, mais pourtant de ceux qu'on attrape le moins. Je n'achète rien, j'imite le comte de Haga, *che tutto vede, poco compra e meno paga*. Cette épigramme ou cette rime fut faite par les Romains, le plus malin peuple du monde, contre le roi de Suède, qui passait chez eux sous le nom de comte de Haga. Je n'emporterai de l'Italie que des souvenirs et quelques incriptions.

C'est tout ce que l'on trouve ici. Tarente a disparu, il n'en reste que le nom ; et l'on ne saurait même où elle fut, sans les marmites dont les débris, à quelque distance de la ville actuelle, indiquent la place de l'ancienne. Vous rappelez-vous à Rome *Monte Testaccio* (qui vaut bien Montmartre), formé en entier de ces morceaux de vases de terre, qu'on appelait en latin *testa*, ce que je puis vous certifier, ayant été dessus et dessous. Eh bien, monsieur, on voit ici, non pas un *Monte Testaccio*, mais un rivage composé des mêmes éléments, un terrain fort étendu, sous lequel en fouillant on rencontre, au lieu de tuf, des fragments de poteries, dont la plage est toute rouge. La côte, qui s'éboule, en découvre des lits immenses ; j'y ai trouvé une jolie lampe ; rien n'empêche que ce ne soit celle de Pythagore. Mais dites-moi, de grâce, qu'était-ce donc que ces villes dont les pots cassés formaient des montagnes ? *Ex ungue leonem*. Je juge des anciens par leurs cruches, et ne vois chez nous rien d'approchant.

Prenez garde cependant qu'on ne connaissait point alors nos tonneaux. Les cruches en tenaient lieu ; partout où vos traducteurs disent un tonneau, entendez une cruche. C'était une cruche qu'habitait Diogène, et le cuvier de la Fontaine est une cruche dans Apulée. Dans les villes comme Rome et Tarente, il s'en faisait chaque jour un dégât prodigieux ; et leurs débris, entassés avec les autres immondices, ont sans doute produit ces amas que nous voyons. Que vous semble, monsieur, de mon érudition? Vous seriez-vous imaginé qu'il y eût eu tant de cruches autrefois, et que le nombre en fût diminué?

Je vois tous les jours le Galèse, qui n'a rien de plus merveilleux que notre rivière des Gobelins, et mérite bien moins l'épithète de noir, que lui donne Virgile :

Qua niger humectat flaventia culta Galesus.

Il fallait dire plutôt :

Qua piger humectans arentia culta Galesus.

Au reste, les moissons sur ses bords ne sont plus blondes, mais blanches; car c'est du coton qu'on y recueille. Le *dulce pellitis ovibus Galesi*, est devenu tout aussi faux; car on n'y voit pas un mouton. Je crois que le nom de ce fleuve a fait sa fortune chez les poëtes, qui ne se piquent pas d'exactitude, et pour un nom harmonieux donneraient bien d'autres soufflets à la vérité. Il est probable que Blanduse, à quelques milles d'ici, doit aux mêmes titres sa célébrité; et, sans le témoignage de Tite-Live, je serais tenté de croire que le grand mérite de Tempé fut d'enrichir les vers de syllabes sonores. On a remarqué, il y a longtemps, que les poëtes vantent partout Sophocle, rarement Euripide, dont le nom n'entrait guère dans les vers sans rompre la mesure. Telle est leur bonne foi entre eux : pour flatter l'oreille et gagner ce juge superbe, comme ils l'appellent, rien ne leur coûte. Ainsi, quand Horace nous dit qu'il faut à tout héros, pour devenir immortel, un poëte, il devrait ajouter : **Et un nom poétique**; car, à moins de cela, on n'est inscrit qu'en prose au temple de mémoire. Et c'est le seul tort qu'ait eu Childebrand.

Lorsque vous m'écrivez, monsieur, dites-moi, s'il vous plaît, une chose : allez-vous toujours prendre l'air, le soir, dans cette saison-ci, par exemple, sous ces peupliers au bord du canal? Ah! quelles promenades j'ai faites en cet endroit-là! quelles rêveries quand j'y étais seul! et avec vous quels entretiens! d'autant plus heureux alors que je sentais mon bonheur. Les temps sont bien changés, pour moi du moins. Mais quoi! nul bien ne peut durer toujours; c'est beaucoup d'avoir le souvenir de pareils instants, et l'espoir de les voir renaître. Un jour, et peut-être plus tôt que nous ne le croyons, vous et moi nous nous retrouverons ensemble au pied de ces pauvres Phaétuses. Saluez-les un peu de ma part, et donnez-moi bientôt, je vous en prie, de leurs nouvelles et des vôtres.

[Cependant Courier avait expédié à Tarente plusieurs bâtiments chargés d'artillerie, qui étaient arrivés à Crotone; et, jugeant sa mission finie, il se décida à revenir lui-même. Il s'embarqua donc dans la nuit du 10 au 11 juin, avec le capitaine Monval et deux canonniers, sur une polaque qui portait un dernier chargement de douze pièces de gros canon et d'autant d'affûts. Au jour, il reçut la chasse d'un brick anglais qui le gagnait de vitesse. Se voyant alors dans l'impossibilité de sauver le bâtiment, il ordonna au capitaine de faire ses dispositions pour le couler, et se jeta dans la chaloupe avec l'équipage. Mais l'effet ne répondit pas à son attente; et, avant de gagner la terre, il eut le déplaisir de voir les Anglais s'emparer du navire abandonné. La chaloupe aborda à l'embouchure du Crati, près de l'ancienne Sibaris; les quatre Français se dirigèrent vers la petite ville de Corigliano, qu'on voyait deux lieues au delà sur une hauteur. Mais avant d'y arriver ils tombèrent entre les mains d'une bande de Calabrois, qu'à juste titre alors on appelait brigands. Ceux-ci, après leur avoir enlevé les armes, l'argent et même les vêtements, se disposaient à les fusiller. Un des canonniers pleurait, et montrait une frayeur qui augmentait encore le danger. Courier, élevant alors la voix, lui dit : Quoi! tu es soldat français, et tu crains de mourir! Dans ce moment arriva le syndic de Corigliano avec quelques hommes. Ne se trouvant pas assez fort pour imposer aux brigands, il feignit de partager leur rage; et paraissant plus acharné qu'eux-mêmes : Camarades, dit-il, point de grâce à ces coquins de Français; mais conduisons-les en ville, afin que le peuple ait le plaisir d'assouvir lui-même sa vengeance. Il obtint ainsi qu'on lui remit les prisonniers, et les fit jeter dans un cachot : mais, dès la nuit suivante, il les fit sortir, et leur donna un guide qui, par des chemins de traverse, les conduisit à Consenza, où il y avait garnison française.

Courier séjourna quelques jours dans cette ville, et un de ses camarades qui s'y trouvait le pourvut de vêtements; il en partit le 19 pour rejoindre le quartier général, et coucha le même jour à Scigliano. Le lendemain, sur les hauteurs de Nicastro, il fit encore rencontre de brigands : trois hommes de son escorte furent tués, et il perdit une partie des nippes qui lui avaient été données.

Enfin, le 21 juin, il arriva à Monte-Leone, où se trouvait le général

Reynier, qui avait déjà connaissance de la perte du dernier convoi d'artillerie; la lettre suivante rend compte de son entrevue avec le général.]

A M. ***,

OFFICIER D'ARTILLERIE, A COSENZA.

Monte-Leone, le 21 juin 1806.

J'arrive. Sais-tu ce qu'il me dit en me voyant : Ah! ah! c'est donc vous qui faites prendre nos canons? Je fus si étourdi de l'apostrophe, que je ne pus d'abord répondre; mais enfin la parole me vint avec la rage, et *je lui dis bien son fait*. Non, ce n'est pas moi qui les ai fait prendre; mais c'est moi qui vous fais avoir ceux que vous avez. Ce n'est pas moi qui ai publié un ordre dont le succès dépendait surtout du secret; mais je l'ai exécuté malgré cette indiscrétion, malgré les fausses mesures et les sottes précautions, malgré les lenteurs et la perfidie de ceux qui devaient me seconder, malgré les Anglais avertis, les insurgés sur ma route, les brigands de toute espèce, les montagnes, les tempêtes, et par-dessus tout sans argent. Ce n'est pas moi qui ai trouvé le secret de faire traîner deux mois cette opération, presque terminée au bout de huit jours, quand le roi et l'état-major me vinrent casser les bras. Encore, si j'en eusse été quitte à leur départ! mais on me laisse un aide de camp pour me surveiller et me hâter, moi qu'on empêchait d'agir depuis deux mois, et qui ne travaillais qu'à lever les obstacles qu'on me suscitait de tous côtés; moi qui, après avoir donné de ma poche mon dernier sou, ne pus obtenir même la paye des hommes que j'employais. Et où en serai-je à présent, si je n'eusse d'abord envoyé promener mon surveillant, trompé le ministre pour avoir la moitié de ce qu'il me fallait, et méprisé tous les ordres contraires à celui dont j'étais chargé? Ce ne fut pas moi qui dispensai la ville de Tarente de faire mes transports; mais ce fut moi qui l'y forçai, malgré les défenses du roi. En un mot, je n'ai pu empêcher qu'on ne livrât, par mille sottises, douze pièces de canon aux ennemis; mais ils les auraient eues toutes, si je n'eusse fait que mon devoir.

Voilà, en substance, quelle fut mon apologie, on ne peut pas moins méditée; car j'étais loin de prévoir que j'en aurais besoin.

Soit crainte de m'en faire trop dire, soit qu'on me ménage pour quelque sot projet dont j'ai ouï parler, il se radoucit. La conclusion fut que je retournerais pour en ramener encore autant, et je pars tout à l'heure. Cela n'est-il pas joli? Par terre tout est insurgé; par mer les Anglais me guettent; si je réussis, qui m'en saura gré? si j'échoue, *haro sur le baudet.* Ne me viens point dire : Tu l'as voulu. J'ai cru suivre un ami, et non un protecteur; un homme, non une excellence. J'ai cru, ne voulant rien, pouvoir me dispenser d'une cour assidue, et, dans le repos dont on jouissait, goûter à Reggio quelques jours de solitude, sans mériter pour cela d'être livré aux bêtes. Mais enfin m'y voilà. Il faut faire bonne contenance, et louer Dieu de toutes choses, comme dit ton *zoccolante.*

AU MÊME.

Crotone, le 25 juin 1806.

J'arrive de Tarente, et j'y retourne; bonheur ou malheur, je ne sais lequel. Je t'ai marqué, dans une lettre que Guérin te remettra, s'il ne la perd, comme on m'a reçu. Il m'a fallu livrer bataille; sans quoi on me campait sur le dos la perte des douze canons. Cela arrangeait tout le monde, si j'eusse été aussi benêt qu'à mon ordinaire; mais j'ai refusé la charge et regimbé, au grand scandale de toute la cour. L'*animal à longue échine en a fait, je m'imagine,* de belles exclamations avec ses fidèles. Je sais bien la règle, sans humeur, sans honneur. Mais enfin, il faut faire le moins de bassesses possible. Celle-là n'eût servi de rien, car ma disgrâce est sans retour; et après tout, je ne suis pas venu sur ce pied-là. Pouvant rester à Naples et me donner du bon temps, je suis venu ici comme ami; j'en ai eu le titre et les honneurs; je ne veux pas déroger.

C'est vraiment une plaisante chose à voir que cette cour, et comme tout cela se guinde peu à peu. Les importants sont D***, plus chéri que jamais; Milet, et à présent Grabenski, qui commence à piaffer.

Mais d'où vient donc, dis-moi? quelque part qu'on s'arrête, en Calabre ou ailleurs, tout le monde se met à faire la révérence, et voilà une cour. C'est instinct de nature. Nous naissons valetaille. Les hommes sont vils et lâches, insolents, quelques-uns par la bassesse de tous, abhorrant la justice, le droit, l'égalité; chacun veut être, non pas maître, mais esclave favorisé. S'il n'y avait que trois hommes au monde, ils s'organiseraient. L'un ferait la cour à l'autre, l'appellerait monseigneur, et ces deux unis forceraient le troisième à travailler pour eux. Car c'est là le point.

Au reste, on ne lui parle plus. Il y a des heures, des rendez-vous, des antichambres, des audiences. Il interroge et n'écoute pas, se promène, rêve, puis tout à coup il se rappelle que vous êtes là. Il cherche les grands airs, et n'en trouve que de sots. Ce n'est pas un sot cependant; mais un petit zéphyr de fortune lui tourne la tête comme aux autres.

J'ai rejoint Reynier. Enfin nous l'avons retrouvé avec les débris de sa grandeur, les Milet, les D..., les Sénécal (Clavel est tué; je te l'ai marqué), tous en piteux équipage et de fort mauvaise humeur, eux du moins, car pour lui, le voilà raisonnable, abordable. On lui parle; il écoute à présent, et de tous c'est lui qui fait meilleure contenance. Il renonce de bonne grâce à la vice-royauté; mais eux, après le rêve, ils ne sauraient souffrir d'être Gros-Jean comme devant, et ils s'en prennent à lui du bien qu'il n'a pu leur faire. Ceux qu'il produisait, qu'il poussait, lui jettent la première pierre. C'est un homme faible, irrésolu, tête étroite, courte vue; il devait faire ceci et ne pas faire cela. Chacun après le dé vous montre. S'il n'eût pas attaqué, il n'y aurait qu'un cri, et les grands brailleurs seraient ceux qui ont fui les premiers. Lebrun dirait : Quoi, voir des Anglais, et ne pas tomber sur eux! Maintenant, ce n'était pas son avis.

Sotte chose, en vérité, pour un homme qui commande, d'avoir sur les épaules un aide de camp de l'empereur, un monsieur de la cour, qui vous arrive en poste, habillé par Walter, et portant dans sa poche le génie de l'empereur. Reynier s'est trouvé là comme moi à Tarente, avec un surveillant chargé de rendre compte. La bataille gagnée, c'eût été l'empereur, le génie, la pensée, les ordres de là-haut. Mais la voilà perdue, c'est notre faute à nous. La troupe dorée dit : L'empereur n'était pas là, et comment se fait-il que l'empereur ne puisse former un général.

L'aventure est fâcheuse pour le pauvre Reynier. Nulle part on ne se bat, les regards sont sur nous. Avec nos bonnes troupes et à forces égales, être défaits, détruits en si peu de minutes ; cela ne s'est point vu depuis la révolution.

Reynier a tâché de se faire tuer, et il court encore comme un fou partout où il y a des coups à attraper. Je l'approuverais, s'il ne m'emmenait; moi, je n'ai pas perdu de bataille, je ne voulais point être vice-roi, et tout nu que me voilà je me trouve bien au monde. Les fidèles nous laissent aller, et survivent très-volontiers à leurs espérances. Que les temps sont changés depuis Monte-Leone, en quinze jours! Au lieu de cette foule, de ce cortége, c'est à qui se dispensera de l'accompagner ; il n'y va plus que ceux qui ne peuvent l'éviter. Je les trouve de bon sens, et je ferais comme eux. Je le pourrais, je le devrais, et je le veux même quelquefois, quand je me rappelle sa cour et ses airs ; mais dans le malheur il est bon homme ; nos humeurs se conviennent au fond ; l'ancienne belle passion se rallume, et *joint le malheureux Sosie au malheureux Amphitryon*. Bien entendu qu'au moindre vent qui le gonflerait encore, nous ferions bande à part, comme la première fois. Ne me trouves-tu pas habile? si je m'attache aux gens, c'est seulement tant qu'ils sont brouillés avec la fortune. Le résultat de tout ceci, c'est qu'il perd et son ancienne réputation qu'on n'avait pu lui ôter, et un crédit naissant dans ce nouveau tripot ; il revenait sur l'eau, et le voilà noyé.

Morel a une blessure de plus, qu'il ne donnerait pas pour beaucoup : c'est une balle au-dessus du genou ; il admire son bonheur. En effet, la croix, s'il l'obtient, aurait pu lui coûter plus cher ; et c'est bon marché, certes, quand on n'a pas d'aïeux.

Masséna, et les nobles, et tous les gens bien nés, sont à six milles d'ici, à Castrovillari ; sa troupe dorée à Morano. M. de Colbert aussi est là, qui trouve dur de suivre le quartier général sans sa voiture bombée. Il a bien fallu la laisser à Lago-Negro, et faire trois journées à cheval. Il prétend, pour tant de fatigues et de périls, qu'on le fasse officier de la Légion, et je trouve sa prétention bien modérée pour un homme qui s'appelle M. de Colbert.

Le trait de ton Dedon [1] est bon : je le savais déjà. Tu crois

[1] Commandant l'artillerie de l'armée devant Gaëte.

que le scandale de l'affaire lui pourra nuire? Ah! s'il a soin des fusils de chasse, et qu'il conte toujours de petites histoires, c'est bien cela qui l'empêchera de devenir un gros seigneur par un *voulons et nous plaît;* Il y a ici un colonel Grabinski qui a fait pis, s'il est possible, et qui n'en sera pas moins général avant peu; car c'est *un bon serviteur*, un homme qui sait ce qu'on doit à ses chefs, un homme... un homme enfin qui ira loin, je t'en réponds, sans risquer sa peau. Au fait, ces choses-là ne font nul tort, pourvu qu'on serve bien, d'ailleurs, dans l'antichambre, surtout quand on a l'avantage d'être connu pour un sot. C'est bien là le cas de ton De un mot don. Je te conseille de lui faire ta cour.

J'ai reçu ta dernière lettre, comme tu vois; tout de bon, cela est trop drôle! Salvat, qui meurt réellement et en vérité de la peur; Dedon, qui en est bien malade; l'autre, qui se tient loin; voilà de ces choses qu'on ne peut savoir, à moins d'être du métier. En lisant la gazette, personne n'imagine qu'à travers tant de guerres on puisse parvenir aux premiers emplois de l'armée sans être en rien homme de guerre. Ma foi, quant au reste du monde, je ne t'en saurais que dire; mais j'ai vu deux classes dans ma vie; j'ai connu gens de lettres, gens de sabre et d'épée. Non! la postérité ne se doutera jamais combien, dans ce siècle de lumières et de batailles, il y eut de savants qui ne savaient pas lire, et de braves qui faisaient dans leurs chausses! Combien de Laridons passent pour des Césars, sans parler de César Berthier!

A M. LE GÉNÉRAL DULAULOY,

A NAPLES.

Cassano, 12 août 1806.

Mon général, rien ne pouvait me faire plus de plaisir et d'honneur que de vous voir approuver ma conduite dans la sotte opération [1] que j'avais prise tant à cœur, par amitié pour un homme qui maintenant me fait la mine. Vous saurez tout quand je vous verrai. Un rayon de prospérité donne d'étranges vapeurs. Moi, d'abord, je fus fâché de la perte des canons; mais ici je

---

[1] Sa mission à Tarente pour y chercher de l'artillerie. Le secret, qui devait être gardé, fut divulgué par la cour du roi de Naples.

vois que personne n'y pense, et je serais bien bon de m'en faire un chagrin, quand tout le monde s'en moque.

On nous dit que vous êtes en faveur près de madame G... Parbleu! vous devriez bien, dans vos bons moments, vous souvenir de moi, qui, depuis six mois, n'ai guère eu de bon temps, et me faire un peu revenir à Naples. J'y ai bien autant affaire que vous; j'y ai la nue-propriété d'un des plus beaux objets qui soient sortis des mains de la nature. Je ne connais point votre madame : tout le monde dit qu'elle a de jolies choses. Si vous aimez toujours le change, nous pourrions faire quelque affaire : vous me devriez certainement du retour; mais à cause de vous, et pour aller à Naples, je ferais des sacrifices. Si vous aviez la moindre idée de ce que je vous propose, vous m'enverriez l'ordre de partir sur-le-champ, et en poste.

A MADAME MARIANNA DIONIGI,

A ROME.

Mileto, le 7 septembre 1806.

Madame, Dieu veuille que ma dernière lettre ne vous soit pas parvenue. Je serais bien fâché vraiment que ce que je vous demandais fût parti, c'étaient des papiers et des livres. Quant à mes habits, je ne les ai pas reçus; mais je sais qui les a reçus pour moi; ce sont les Anglais. Vous aurez appris que nous perdîmes contre eux, il y a deux mois, une bataille, et toute la Calabre. Nous regagnerons peut-être la Calabre, mais non la bataille. Ceux qui sont morts, sont morts; tout ce que nous pourrons faire, ce sera de leur tuer autant de monde qu'ils nous en ont tué. Bientôt, selon toute apparence, nous aurons cette consolation, ou pis que la première fois. Quoi qu'il en soit, la guerre m'occupe tout entier, et je ne pourrai de longtemps penser à autre chose; ainsi, madame, je souhaite que, jusqu'à mon retour, vous conserviez chez vous les petits effets dont vous avez bien voulu vous faire dépositaire.

Je remets au temps où j'aurai l'honneur de vous voir, Dieu aidant, le détail de nos désastres. C'est une histoire qui commence mal, et dont peu de nous verront la fin. Je ne suis pas des plus à plaindre, puisque j'ai encore tous mes membres; mais la chemise que je porte ne m'appartient pas; jugez par là de nos misères.

Si, en conséquence de ma dernière lettre, vous m'aviez adressé quelque paquet à Naples, ayez la bonté de m'envoyer les renseignements nécessaires pour le réclamer. Je resterai ici tant qu'on y fera la guerre; mais si l'on cesse de se battre, je cours aussitôt à Rome, et tous mes maux ne finiront que quand j'aurai le bonheur de vous revoir.

Permettez, madame, que je vous prie de présenter mon respect à madame votre mère, à mademoiselle Henriette, et à monsieur d'Agincourt, que vous voyez sûrement quelquefois; me donner de leurs nouvelles et des vôtres, c'est le plus grand plaisir que vous puissiez me faire de si loin.

A M. LE GÉNÉRAL MOSSEL.

Mileto, le 10 septembre 1806.

J'ai reçu, mon général, la chemise dont vous me faites présent. Dieu vous la rende, mon général, en ce monde-ci ou dans l'autre! Jamais charité ne fut mieux placée que celle-là. Je ne suis pourtant pas tout nu. J'ai même une chemise sur moi, à laquelle il manque, à vrai dire, le devant et le derrière, et voici comment : on me la fit d'une toile à sac que j'eus au pillage d'un village, et c'est là encore une chose à vous expliquer. Je vis un soldat qui emportait une pièce de toile : sans m'informer s'il l'avait eue par héritage ou autrement, j'avais un écu et point de linge; je lui donnai l'écu, et je devins propriétaire de la toile, autant qu'on peut l'être d'un effet volé. On en glosa; mais le pis fut que, ma chemise faite et mise sur mon maigre corps par une lingère suivant l'armée, il fut question de la faire entrer dans ma culotte, la chemise s'entend; et ce fut là où nous échouâmes moi et ma lingère. La pauvre fille s'y employa sans ménagements, et je la secondais de mon mieux; mais rien n'y fit. Il n'y eut force ni adresse qui pût réduire cette étoffe à occuper autour de moi un espace raisonnable. Je ne vous dis pas, mon général, tout ce que j'eus à souffrir de ces tentatives, malgré l'attention et les soins de ma femme de chambre, on ne peut pas plus experte à pareil service. Enfin nécessité, mère de l'industrie, nous suggéra l'idée de retrancher de la chemise tout ce qui refusait de loger dans mon pantalon, c'est-à-dire le devant et le derrière, et de coudre la ceinture au corps même de la chemise, opération qu'exécuta ma bonne couturière avec une adresse merveilleuse et toute la décence possible. Il n'est sorte de calembours et de mauvaises plaisanteries qu'on n'ait faits là-dessus ; et c'était un sujet à ne jamais s'épuiser, si votre générosité ne m'eût mis en état de faire désormais plus d'envie que de pitié. Je me moque à mon tour des railleurs, dont aucun ne possède rien de comparable au don que je reçois de vous.

Il n'y avait que vous, mon général, capable de cette bonne œuvre dans toute l'armée ; car, outre que mes camarades sont pour la plupart aussi mal équipés que moi, il passe aujourd'hui pour constant que je ne puis rien garder, l'expérience ayant confirmé que tout ce que l'on me donne va aux brigands en droiture. Quand j'échappai nu de Corigliano, Saint-Vincent[1] me vêtit, et m'emplit une valise de beaux et bons effets, qui me furent pris huit jours après sur les hauteurs de Nicastro. Le général Verdier et son état-major me firent une autre pacotille, que je ne portai pas plus loin que la Mantea, ou Ajello, pour mieux dire, où je fus dépouillé pour la quatrième fois. On s'est donc lassé de m'habiller et de me faire l'aumône, et on croit généralement que mon destin est de mourir nu, comme je suis né. Avec tout cela, on me traite si bien, le général Reynier a pour moi tant de bonté, que je ne me repens point encore d'avoir demandé à faire cette campagne, où je n'ai perdu, après tout, que mes chevaux, mon argent, mon domestique, mes nippes et celles de mes amis.

A M. DE SAINTE-CROIX,

A PARIS.

Mileto, le 12 septembre 1806.

Monsieur, depuis ma dernière lettre, à laquelle vous répondîtes d'une manière si obligeante, il s'est passé ici des choses qui nous paraissent à nous de grands événements, mais dont je crois qu'on parlera peu dans le pays où vous êtes. Quoi qu'il en soit,

---

[1] Depuis colonel d'artillerie.

monsieur, si l'histoire de la grande Grèce durant ces trois derniers mois a pour vous quelque intérêt, je vous envoie mon journal, c'est-à-dire un petit cahier, où j'ai noté en courant les horreurs et les bouffonneries les plus remarquables dont j'ai été le témoin. Il est difficile d'en voir plus, en si peu de temps et d'espace. C'est M. de la Ch...... qui se charge de vous faire parvenir ce paquet, que j'ai mis sous enveloppe avec mon cachet. Je vous demande en grâce que cela ne soit vu de personne.

Si les traits ainsi raccourcis de ces exécrables farces ne vous inspirent que du dégoût, je n'en serai pas surpris. Cela peut piquer un instant la curiosité de ceux qui connaissent les acteurs; les autres n'y voient que la honte de l'espèce humaine. C'est là néanmoins l'histoire, dépouillée de ses ornements. Voilà les canevas qu'ont brodés les Hérodote et les Thucydide. Pour moi, m'est avis que cet enchaînement de sottises et d'atrocités qu'on appelle histoire ne mérite guère l'attention d'un homme sensé. Plutarque, avec

> L'air d'homme sage,
> Et cette large barbe au milieu du visage,

me fait pitié de nous venir prôner tous ces donneurs de batailles, dont le mérite est d'avoir joint leurs noms aux événements qu'amenait le cours des choses.

Depuis notre jonction avec Masséna, nous marchons plus fièrement, et sommes un peu moins à plaindre. Nous retournons sur nos pas, formant l'avant-garde de cette petite armée, et faisant aux insurgés la plus vilaine de toutes les guerres. Nous en tuons peu, nous en prenons encore moins. La nature du pays, la connaissance et l'habitude qu'ils en ont, font que, même étant surpris, ils nous échappent aisément; non pas nous à eux. Ceux que nous attrapons, nous les pendons aux arbres; quand ils nous prennent, ils nous brûlent le plus doucement qu'ils peuvent. Moi qui vous parle, monsieur, je suis tombé entre leurs mains : pour m'en tirer, il a fallu plusieurs miracles. J'assistai à une délibération [1] où il s'agissait de savoir si je serais pendu, brûlé ou fusillé. Je fus admis à opiner. C'est un récit dont je pourrai vous divertir quelque jour. Je l'ai souvent échappé belle dans le cours de cette campagne; car, outre les hasards com-

[1] A Corigliano, le 12 juin.

muns, j'ai fait deux fois le voyage de Reggio à Tarente, allée et retour, c'est-à-dire, plus de quatre cents lieues à travers les insurgés, seul ou peu accompagné, tantôt à pied, tantôt à cheval, quelquefois à quatre pattes, quelquefois glissant sur mon derrière, ou culbutant du haut des montagnes. C'est dans une de ces courses que je fus pris par nos bons amis. Il n'y a ni bois ni coupe-gorge dans toute la Calabre où je n'aie fait de ces promenades; et pourquoi? ah! c'est cela qui vous ferait pitié. Une fois, de sept hommes que j'avais pour escorte, trois furent tués avec quatre chevaux par les montagnards[1]. Nous avons perdu et perdons chaque jour, de cette manière, une infinité d'officiers et de petits détachements. Une autre fois, pour éviter pareille rencontre, je montai sur une petite barque; et ayant forcé le patron à partir malgré le mauvais temps, je fus emporté en pleine mer. Nos manœuvres furent belles. Nous fîmes des oraisons : nous promîmes des messes à la Vierge et à saint Janvier, tant qu'enfin me voilà encore.

Depuis, sur une autre barque je passai près d'une frégate anglaise qui m'ayant tiré quelques coups, tous mes rameurs se jetèrent à l'eau et se sauvèrent à terre. Je restai seul comme Ulysse; comparaison d'autant plus juste que ceci m'arriva dans le détroit de Charybde, à la vue d'une petite ville qui s'appelle encore Scylla, et où je ne sais quel dieu me fit aborder paisiblement. J'avais coupé avec mon sabre le cordage qui tenait ma petite voile latine, sans quoi j'eusse été submergé.

J'avais sauvé, du pillage de mes pauvres nippes, ce que j'appelais mon bréviaire. C'était une *Iliade* de l'Imprimerie royale un tout petit volume que vous aurez pu voir dans les mains de l'abbé Barthélemy : cet exemplaire me venait de lui (*quam dispari domino!*), et je sais qu'il avait coutume de le porter dans ses promenades. Pour moi, je le portais partout; mais l'autre jour, je ne sais pourquoi, je le confiai à un soldat qui me conduisait un cheval en main. Ce soldat fut tué et dépouillé. Que vous dirai-je, monsieur? J'ai perdu huit chevaux, mes habits, mon linge, mon manteau, mes pistolets, mon argent. Je ne regrette que mon Homère; et pour le ravoir, je donnerais la seule chemise qui me reste. C'était ma société, mon unique entretien

---

[1] A Nicastro, le 20 juin.

dans les haltes et les veillées. Mes camarades en rient. Je voudrais bien qu'ils eussent perdu leur dernier jeu de cartes, pour voir la mine qu'ils feraient.

Vous croirez sans peine, monsieur, qu'avec de pareilles distractions je n'ai eu garde de penser aux antiquités : s'il s'est trouvé sur mon chemin quelques monuments, à l'exemple de Pompée, *ne visenda quidem putavi*. Non que j'aie rien perdu de mon goût pour ces choses-là, mais le présent m'occupait trop pour songer au passé : un peu aussi le soin de ma peau, et les Calabrais, me font oublier la grande Grèce. C'est encore aujourd'hui *Calabria ferox*. Remarquez, je vous prie, que depuis Annibal, qui trouva ce pays florissant, et le ravagea pendant seize ans, il ne s'est jamais rétabli. Nous brûlons bien sans doute, mais il paraît qu'il s'y entendait aussi. Si nous nous arrêtions quelque part, si j'avais seulement le temps de regarder autour de moi, je ne doute point que ce pays, où tout est grec et antique, ne me fournît aisément de quoi vous intéresser, et rendre mes lettres dignes de leur adresse. Il y a dans ces environs, par exemple, des ruines considérables, un temple qu'on dit de Proserpine. Les superbes marbres qu'on en a tirés sont à Rome, à Naples et à Londres. J'irai voir, si je puis, ce qui en reste, et vous en rendrai compte, si je vis, et si la chose en vaut la peine.

Pour la Calabre actuelle, ce sont des bois d'orangers, des forêts d'oliviers, des haies de citronniers. Tout cela sur la côte et seulement près des villes : pas un village, pas une maison dans la campagne. Elle est déserte, inhabitable, faute de police et de lois. Comment cultive-t-on, direz-vous ? Le paysan loge en ville, et laboure la banlieue; partant le matin à toute heure, il rentre avant le soir, de peur... En un mois, dans la seule province de Calabre, il y a eu plus de douze cents assassinats; c'est Salicetti qui me l'a dit. Comment oserait-on coucher dans une maison des champs? on y serait égorgé dès la première nuit.

Les moissons coûtent peu de soins; à ces terres soufrées il faut peu d'engrais; nous ne trouvons pas à vendre le fumier de nos chevaux. Tout cela donne l'idée d'une grande richesse. Cependant le peuple est pauvre, misérable même. Le royaume est riche, car produisant de tout, il vend et n'achète pas. Que font-ils de l'argent? Ce n'est pas sans raison qu'on a nommé ceci l'Inde de l'Italie. Les bonzes aussi n'y manquent pas. C'est le royaume des prêtres, où tout leur appartient. On y fait vœu de pauvreté pour ne manquer de rien, de chasteté pour avoir toutes les femmes. Il n'y a point de famille qui ne soit gouvernée par un prêtre jusque dans les moindres détails; un mari n'achète pas des souliers pour sa femme sans l'avis du saint homme.

Ce n'est point ici qu'il faut prendre exemple d'un bon gouvernement; mais la nature enchante. Pour moi, je ne m'habitue pas à voir des citrons dans les haies. Et cet air embaumé autour de Reggio! on le sent à deux lieues au large, quand le vent souffle de terre. La fleur d'oranger est cause qu'on y a un miel beaucoup meilleur que celui de Virgile : les abeilles d'Hybla ne paissaient que le thym, n'avaient point d'orangers. Toutes choses aujourd'hui valent mieux qu'autrefois.

Je finis en vous suppliant de présenter mon respect à madame de Sainte-Croix et à M. Larcher. Que n'ai-je ici son Hérodote, comme je l'avais en Allemagne! Je le perdis justement comme je viens de faire de mon Homère, sur le point de le savoir par cœur. Il me fut pris par des hussards. Ce que je ne perdrai jamais, ce sont les sentiments que vous m'inspirez l'un et l'autre, dans lesquels il entre du respect, de l'admiration, et, si j'ose le dire, de l'amitié.

A M. ***,

OFFICIER D'ARTILLERIE, A NAPLES.

Mileto, le 16 octobre 1806.

J'avais déjà ouï dire que ce pauvre Michaud s'était fait égorger. Je ne m'en étonne pas; il avait perdu la tête : ce n'est pas une façon de parler. Je le vis à Cassano : son esprit était frappé; il voyait partout des brigands. Ce que cela produit, c'est qu'on se jette dans le péril qu'on veut éviter. Il y a une autre chose qui fait périr ces gens-là, c'est l'argent qu'ils portent avec eux, comme Sucy et mille autres que la *chère cassette* a conduits à mal. Au reste, il n'était pas le seul à qui la peur eût troublé le sens. Je t'en pourrais dire autant de plusieurs *qui ont fait la guerre, qui servent bien, qui ont été partout.* Il faut convenir aussi que nos aventures n'étaient pas gaies. Voici celle de Cassano : elle fut assurément des moins tragiques pour nous ; mais elle fit du bruit, à cause du miracle dont on t'a parlé.

Après avoir saccagé sans savoir pourquoi la jolie ville de Corigliano, nous venions (non pas moi, j'étais avec Verdier; mais j'arrivai trois jours après); nos gens montaient vers Cassano, le long d'un petit fleuve ou torrent qu'on appelle encore le *Sibari*, qui ne traverse plus Sibaris, mais des bosquets d'orangers. Le bataillon suisse marchait en tête, fort délabré comme tout le reste, commandé par Muller, car Clavel a été tué à Sainte-Euphémie. Les habitants de Cassano, voyant cette troupe rouge, nous prennent pour des Anglais : cela est arrivé souvent [1]. Ils sortent, viennent à nous, nous embrassent, nous félicitent d'avoir bien frotté ces coquins de Français, ces voleurs, ces excommuniés. On nous parla, ma foi, sans flatterie cette fois-là. Ils nous racontaient nos sottises, et nous disaient de nous pis encore que nous ne méritions. Chacun maudissait les soldats de *maestro Peppe*, chacun se vantait d'en avoir tué. Avec leur pantomime, joignant le geste au mot : *J'en ai poignardé six ; j'en ai fusillé dix.* Un disait avoir tué Verdier; un autre m'avait tué, moi. Ceci est vraiment curieux. Portier, lieutenant du train (je ne sais si tu le connais) voit dans les mains de l'un d'eux ses propres pistolets, qu'il m'avait prêtés, et qu'on me prit quand je fus dépouillé. Il saute dessus : *A qui sont ces pistolets?* L'autre (tu sais leur style) : *Monsieur, ils sont à vous.* Il ne croyait pas dire si vrai. *Mais de qui les avez-vous eus? — D'un officier français que j'ai tué.* Alors, moi et Verdier, on nous crut bien morts tous deux; et quand nous arrivâmes, trois jours après, on était déjà en train de ne plus penser à nous.

Tu vois comme ils se recommandaient, et arrangeaient leur affaire. On reçut ainsi toutes leurs confidences, et ils ne nous reconnurent que quand on fit feu sur eux, à bout touchant. On en tua beaucoup. On en prit cinquante-deux, et le soir on les fusilla sur la place de Cassano. Mais un trait à noter de la rage de parti, c'est qu'ils furent expédiés par leurs compatriotes, par les Calabrais nos amis, les bons Calabrais de Joseph, qui demandèrent comme une faveur d'être employés à cette boucherie. Ils n'eurent pas de peine à l'obtenir; car nous étions las du mas-

[1] En particulier à Marcellinara, le soir du combat de Maida.

sacre de Corigliano. Voilà les fêtes de Sibaris ; tu peux garantir à tout venant l'exactitude de ce récit. Le miracle fameux fut que peu de jours après, dans un village voisin, on égorgea de nos gens cinquante-deux, ni plus ni moins, qui pillaient sans penser à mal. La Madone, comme tu peux croire, eut part à cette bonne affaire, dont les récits furent embellis et propagés à la gloire de la *santa fede*.

La scène de Marcellinara est du même genre. Nous fûmes pris pour des Anglais, et, comme tels, reçus dans la ville. Arrivés sur la place, la foule nous entourait. Un homme chez lequel avait logé Reynier le reconnaît, et veut s'enfuir. Reynier fait signe qu'on l'arrête ; on le tue. La troupe tire tout à la fois ; en deux minutes la place fut couverte de morts. Nous trouvâmes là six canonniers du régiment, dans un cachot, demi-morts de faim, entièrement nus. On les gardait pour un petit *auto-da-fé* qui devait avoir lieu le lendemain.

L'aventure du grand amiral est sans doute merveilleuse, on ne peut l'échapper plus belle. Cependant, nous t'en citerions qui n'en doivent guère à celle-là. Il n'y a pas encore quinze jours que nous décrochâmes un de nos hommes mal pendu et mal poignardé, qui mange et boit maintenant comme toi. On tue tant, on est si pressé, qu'on ne fait les choses qu'à moitié. Tout cela n'est rien au prix de l'histoire de Mingrelot ; tu dois la savoir, puisqu'il est à Naples. Il t'aura pu conter aussi ce qui arriva à Maréchal, de son régiment, fusillé deux fois, et vivant.

Mery, l'aide de camp de Saint-Cyr, n'a pas été si heureux : il est mort. Il fut blessé à la cuisse dans une embuscade, et achevé par les chirurgiens à Castro-Villari. Alquier et Lejeune, chef de bataillon du même régiment, ont péri à Scigliano. Gastelet fut tué à Sainte-Euphémie. Compère [1] a un bras coupé, et une jambe qui ne vaut guère mieux.

Pour moi, je n'ai garde de me plaindre. J'ai perdu plus que tous les autres en chevaux et en effets ; mais ma peau est entière, et j'ai le compte de mes membres. Je me suis vu quelquefois assez mal à mon aise ; mais plus souvent j'ai eu du bon. Presque toujours bien avec le patron [2], ma disgrâce a duré autant que

---

[1] Général de brigade.
[2] Le général Reynier.

sa prospérité, *ce que durent les roses*. Avant tout ceci on n'eût daigné abaisser un regard jusqu'à moi; l'infortune l'humanise, et nous voilà de nouveau bons amis.

Les gens qui ne réfléchissent point, à la tête desquels tu peux me mettre, trouvent encore ici de bons moments : on y mange, on y boit, parmi toutes ces diableries; on y fait l'amour comme ailleurs et mieux, car on ne fait que cela. Le pays fournit en abondance de quoi satisfaire tous les appétits, poil et plume, chair et poisson; du vin plus qu'on n'en peut boire, et quel vin ! des femmes plus qu'on n'en veut. Elles sont noires dans la plaine, blanches sur les montagnes, amoureuses partout. Calabraise et braise, c'est tout un. Les *vertus* que nous avons amenées ont eu de furieux assauts, prises et reprises par les Anglais, les Siciliens, les Calabrais, et toujours rendues sans tache. Madame Grabinski, madame Peyri, madame François, ont été fort respectées des Anglais, à ce qu'elles disent; elles se louent moins des Napolitains, qui auraient eu plus d'attentions pour un de nos petits tambours. Madame Grabinski est un ange de douceur et de complaisance; je la vis un jour à Palmi; je dînai avec eux. Comme il n'entend guère l'italien, ni aucune langue à ce que je crois, j'eus toute la commodité de parler à la belle. Je lui contai bonnement comme je l'avais manquée d'un quart d'heure à Bologne, chez madame Williams, où l'on ne payait qu'en sortant. Je me plaignis fort du tour que m'avait joué Grabinski, et à nous tous, de l'enlever ainsi pour la mettre en chartre privée : que n'était-il venu un quart d'heure plus tard!

Ou vous plus tôt, me dit-elle.

Ces gens de Palmi me contèrent des merveilles de Michel [1]. Dans Scylla, qu'ils voient en plein de leurs montagnes, il a fait pendant vingt-trois jours tout ce qui se pouvait humainement. C'était un feu d'enfer par mer et par terre. Si je t'enfile encore celle-là, tu n'en seras jamais quitte. Dors-tu? moi je vais me coucher. Adieu.

[1] Chef de bataillon du génie

A M. LEDUC,

OFFICIER D'ARTILLERIE, A PARIS.

Mileto, le 18 octobre 1806.

On croit généralement ici que la guerre recommence en Allemagne : j'ai les plus fortes raisons pour souhaiter d'y être employé, et de quitter ce pays-ci, où il ne me reste rien à faire, ni à voir, ni à espérer. Ne pourrais-tu pas m'obtenir ce changement de destination? N'as-tu aucune relation avec ceux qui règlent ces sortes de choses, auxquels il doit être assez indifférent que je me fasse tuer ici ou là-bas, par un sous-diacre embusqué derrière une haie, ou par un hussard prussien? Cette demande, en elle-même, est peu de chose, puisqu'il ne s'agit ni d'argent ni d'avancement. Ton amitié que j'implore, et sur laquelle je me fonde, ferait pour moi plus que cela ; tire-moi de ce purgatoire où je suis sans avoir péché, dupe de ma bonne volonté, et de l'envie que j'ai eue de servir utilement. Écoute ma déconvenue : avant la dernière campagne d'Allemagne, lorsque tout était en paix, je voulus venir dans ce royaume, parce qu'il y avait une armée que l'on croyait destinée à le conquérir, ou à quelque autre expédition; ce fut ainsi que je n'allai pas à la grande armée; si ce fut pour moi bonheur ou malheur, Dieu le sait; mais enfin j'aurais pu là me distinguer tout comme un autre. Tandis que l'empereur entrait à Vienne, nous vînmes près de Venise battre le corps de monsieur de Rohan; la paix faite, nous retournâmes sur nos pas, sous les ordres du prince Joseph, aujourd'hui roi.

Arrivé à Naples, où j'aurais pu rester, je demandai à faire partie de l'expédition de Calabre, dont personne ne voulait être. Dans cette campagne, une des plus diaboliques qui se soient faites depuis longtemps, j'ai eu beaucoup plus que ma part de fatigues et de dangers; j'ai perdu huit chevaux pris ou tués, mes nippes, mon argent, mes papiers, le tout évalué douze mille francs, par la discrétion du perdant. Une petite pacotille que m'avaient faite mes amis, après m'avoir habillé, vient de m'être prise comme la première ; mon domestique est crucifié, quoique indigne [1], et

---

[1] Chappuy. Il avait été pris à Reggio et débarqué par les Anglais à Gênes.

je reste avec une chemise qui ne m'appartient pas. Cependant mes camarades, qui n'ont pas bougé de Naples, ou qui peut-être ont passé dix jours devant Gaëte, où nous avons perdu en tout dix hommes de l'artillerie, ont eu tous de l'avancement et des faveurs. Il n'est qu'heur et malheur. Ceux-là ont pris Gaëte. On ne demande pas comment, ni en combien de temps, ni quelle défense a faite la place. Nous, on nous a rossés[1]; pouvions-nous ne pas l'être? c'est ce qu'on n'examine point; mais par Dieu! ce ne fut pas la faute de l'artillerie, qui toute s'est fait massacrer ou prendre, et de fait se trouve détruite sans pouvoir être remplacée.

Maintenant nous faisons la guerre ou plutôt la chasse aux brigands, chasse où le chasseur est souvent pris. Nous les pendons; ils nous brûlent le plus doucement possible, et nous feraient même l'honneur de nous manger. Nous jouons avec eux à cache-cache; mais ils s'y entendent mieux que nous. Nous les cherchons bien loin, lorsqu'ils sont tout près. Nous ne les voyons jamais; ils nous voient toujours. La nature du pays et l'habitude qu'ils en ont font que, même étant surpris, ils nous échappent aisément, non pas nous à eux. Te préserve le ciel de jamais tomber en leurs mains, ainsi qu'il m'est arrivé! Si je m'en suis tiré sans y laisser la peau, c'est un miracle que Dieu n'avait point fait depuis l'aventure de Daniel dans la fosse aux lions. Bien m'a pris de savoir l'italien, et de ne pas perdre la tête. J'ai harangué; j'ai déployé, comme tu peux croire, toute mon éloquence[2]. Bref, j'ai gagné du temps, et l'on m'a délivré. Une autre fois, pour éviter pareil ou pire inconvénient, je partis dans une mauvaise barque par un temps encore plus mauvais, et fus trop heureux de faire naufrage sur la même côte où peu de jours auparavant on avait égorgé l'ordonnateur Michaud avec toute son escorte. Une autre fois, sur une autre barque, je rencontrai une frégate anglaise qui me tira trois coups de canon. Tous mes marins se jetèrent à l'eau, et gagnèrent la terre en nageant. Je n'en pouvais faire autant. Seul, ne sachant pas gouverner ma petite voile latine, je coupai avec mon sabre les chétifs cordages qui la tenaient; et les zéphyrs me portèrent, moins

[1] A Sainte-Euphémie, le 4 juillet.
[2] A Corigliano, le 12 juin.
P. L. COURIER.

doucement que Psyché, près d'une habitation d'où, **aux signaux que je fis**, on vint me secourir et me tirer de peine.

Que peut faire, dis-moi, dans une pareille guerre un pauvre officier d'artillerie sans artillerie (car nous n'en avons plus)? Distribuer des cartouches à messieurs de l'infanterie, et les exhorter à s'en bien servir pour le salut commun. C'est où en sont réduits tous mes camarades, et le général Mossel lui-même. Ce service ne me convenant pas, **pour être** quelque chose, je suis officier d'état-major, aide de camp, tout ce qu'on veut : toujours à l'avant-garde, crevant mes chevaux, et me chargeant de toutes les commissions dont les autres ne se soucient pas. Mais tu sens bien qu'à ce métier je ne puis gagner que des coups, et me faire estropier en pure perte. Jamais, dans l'artillerie, on ne me tiendra compte d'un service fait hors du corps ; et les généraux auprès desquels je sers, assez empêchés à se soutenir eux-mêmes, ne sont pas en passe de rien faire pour moi. J'aimerais cent fois mieux commander une compagnie d'artillerie légère à la grande armée, que d'être ici général comme l'est Mossel, c'est-à-dire, garde-magasin des munitions de l'infanterie. Je n'ai pas de temps à perdre : si cette campagne-ci se fait encore sans moi, comme celle d'Austerlitz, où diable veux-tu que j'attrape de l'avancement? Avancer est chose impossible dans la position où nous nous trouvons. Cela est vrai, moralement et géographiquement parlant. Confinés au bout de l'Italie, nous ne saurions aller plus loin, et nous n'avons ici non plus de grades à espérer que de terre à conquérir. Par pitié ou par amitié, tire-moi de ce cul-de-sac. Ote-moi d'une passe où je suis déplacé, et où je ne puis rien faire. Invoque, s'il est nécessaire pour si peu de chose, ton patron et le mien, le général Duroc. Parle, écris, je t'avouerai de tout, pourvu que tu m'aides à sortir de cette botte, au fond de laquelle on nous oublie. Si cela passe ton pouvoir, si l'on veut à toute force me laisser ici officier sans soldats, canonnier sans canons, s'il est écrit que je dois vieillir en Calabre, la volonté du ciel soit faite en toute chose !

On trouve ici tout, hors le nécessaire : des ananas, de la fleur d'oranger, des parfums, tout ce que vous voulez, mais ni pain, ni eau.

A MADAME PIGALLE,

À LILLE.

Mileto, le 25 octobre 1806.

Vous aurez de ma prose, chère cousine, tant que vous en voudrez, et du style à vingt sous, c'est-à-dire du meilleur, qui ne vous coûtera rien que le port. Si je ne vous en ai pas adressé plus tôt, c'est que nous autres, vieux cousins, nous n'écrivons guère à nos jeunes cousines sans savoir auparavant comment nos lettres seront reçues, n'étant pas, comme vous autres, toujours assurés de plaire. Ne m'accusez ni de paresse ni d'indifférence. Je voulais voir si vous songeriez que je ne vous écrivais pas depuis près de deux ans. Vous n'aviez aucun air de vous en apercevoir; moi, piqué de cela, j'allais vous quereller, quand vous m'avez prévenu fort joliment : j'aime vos reproches, et vous avez mieux répondu à mon silence que peut-être vous n'eussiez fait à mes lettres.

On me mande de vous des choses qui me plaisent. Vous parlez de moi quelquefois, vous faites des enfants, et vous vous ennuyez : *vivat*, cousine! Voilà une conduite admirable. De mon côté, je m'ennuie aussi tant que je puis, comme de raison. Ne nous sommes-nous pas promis de ne point rire l'un sans l'autre? Pour moi, je ne sais ce que c'est que manquer à ma parole, et je garde mon sérieux, comptant bien que vous tenez le vôtre. Je trouverais fort mauvais qu'il en fût autrement; et si quelqu'un vous amuse, à mon retour qu'il prenne garde à lui. Passe pour des enfants; mais point de plaisir, ma cousine, point de plaisir sans votre cousin.

Hélas! pour tenir ma promesse je n'ai besoin que de penser à cinq cents lieues qui nous séparent, deux longues, longues années, écoulées sans vous voir, et combien encore à passer de la même manière! Ces idées-là ne me quittent point, et me donnent une physionomie de *misanthropie et repentir*. Jeux innocents, petits bals, et soirées du jardin, qu'êtes-vous devenus? Non, je ne suis plus le cousin qui vous amusait; ce n'est plus le temps de don Bedaine, de madame Ventre à terre et de la Dame empaillée. En me voyant maintenant, vous ne me reconnaîtriez pas, et vous demanderiez encore : *Où est le cousin qui rit?* Voilà ce que c'est de s'éloigner de vous. On s'ennuie, on devient maussade, on vieillit d'un siècle par an. Pour être heureux, il faut ou ne vous pas connaître, ou ne vous jamais quitter.

Je n'ai guère bâillé près de vous, ni vous avec moi, ce me semble, si ce n'est peut-être en famille, aux visites de nos chers parents : eh bien ! depuis que je ne vous vois plus, je bâille du matin au soir. La nature, vous le savez, m'a doué d'un organe favorable à cet exercice ; je bâille en vérité comme un coffre (mieux dit, m'est avis, que ce qu'on dit) ; vous, à cause de mon absence, là-bas, vous devez bâiller aussi, comme une petite tabatière. Quelle différence entre nous ! vous n'oseriez assurément vous comparer, vous mesurer..... Bêtise, oui bêtise, j'en demeure d'accord, c'est du style à deux liards.

Mais savez-vous ce qui m'arrive de ne plus rire ? je deviens méchant. Imaginez un peu à quoi je passe mon temps. Je rêve nuit et jour aux moyens de tuer des gens que je n'ai jamais vus, qui ne m'ont fait ni bien ni mal ; cela n'est-il pas joli ? Ah ! croyez-moi, cousine, la tristesse ne vaut rien. Reprenons notre ancienne allure, il n'y a de bonnes gens que ceux qui rient. Rions toutes les fois que l'occasion s'en présentera, ou même sans occasion. Moi, quand je songe à votre enflure, à la mine que vous devez faire avec ce paquet, et surtout à la manière dont cela vous est venu ; ma foi, tout seul ici, j'éclate comme si vous étiez là. Il ne se donne pas un bal que vous n'enragiez ; cela me réjouit encore plus.

Pendant que je vous fais ces lignes très-sensées, voici une drôle d'aventure. La maison tremble [1] ; un homme qui écrivait près de moi se sauve en criant : *Tremoto !* moi je répète : *Tremoto*, c'est-à-dire, tremblement de terre, et me sauve aussi dans la cour. Là je vis bien que la secousse avait été forte, ou *sérieuse*, comme vous diriez, cousine, ou *conséquente*, comme dit Voisard. Un bâtiment non achevé, dont le toit n'est pas encore couvert, semblait agité par le vent ; la charpente remuait, craquait. La terre a souvent ici de ces petits frissons qui renverseraient une ville comme un jeu de quilles, si les maisons n'étaient faites exprès, à l'épreuve du *tremoto*, peu élevées, larges d'en bas. Aucune n'est tombée cette fois ; mais une église a écrasé je

[1] A Sinopoli, près de Scylla, dans les premiers jours d'octobre.

ne sais combien de bonnes âmes qui sont maintenant en paradis, voyez quelle grâce de Dieu ! nous autres, vauriens, nous restons dans cette vallée de misères.

Vous demandez ce que nous faisons. Peu de chose ici : nous prenons un petit royaume pour la dynastie impériale. Qu'est-ce que la dynastie ? Méot vous le dira. Le fameux traiteur Méot est cuisinier du roi, qui s'amuse souvent à causer avec lui ; le seul homme, dit-on, pour qui Sa Majesté ait quelque considération. Méot, lui dit le roi, tu me pousses ta famille, tes nièces, tes cousins, tes neveux, tes fieux ; tu n'as pas un parent à la mode de Bretagne, marmiton, gâte-sauce, qu'il ne faille placer et faire gros seigneur. Sire, c'est ma dynastie, lui répondit Méot. Voilà un joli conte que vous ferez valoir en le contant avec grâce : vous ne pouvez autrement.

Quant au temps où nous nous reverrons, la réponse n'est pas si aisée. J'en meurs d'envie, vous pensez bien. Mais il faut achever de conquérir ce royaume, et puis voir les antiquités ; il y en a beaucoup de belles ; vous savez ma passion, je suis fou de l'antique.

Vous présenterai-je mon respect ? Voulez-vous que j'aie l'honneur d'être...? Non, je vous embrasse tout bonnement.... Mon Dieu ! que vous êtes grosse ! Moi qui vous ai vue comme un jonc, maintenant vous me paraissez une des tours de Notre-Dame. Ah ! mamselle Sophie ! qu'avez-vous fait là ? Que monsieur votre mari ne s'attende pas à mes compliments pour vous avoir mise dans ce bel état.

Encore une fois, je vous embrasse.

Le vieux cousin qui ne rit plus.

A MADAME PIGALLE,

A PARIS.

Mileto, le 30 octobre 1806.

Je vous envoie, chère cousine, une lettre pour M. Gassendi ; ayez la bonté de la lui faire tenir. Ce que je demande dépend de lui. Mais, tout mon ami qu'il se dit, je ne compte que médiocrement sur sa bonne volonté. Si vous le voyiez, chère cousine, ou, pour mieux dire, s'il vous voyait, je le connais et vous aussi, vous lui feriez faire ce que vous voudriez. Je ne vous demande point de ces efforts qui coûtent trop à la vertu : cela est bon lorsqu'il s'agit de la tête d'un mari, comme dans le conte de Voltaire. Mon placet réussira, si vous l'appuyez seulement d'un regard et d'un sourire. Que vous êtes heureuses, vous autres belles, de faire des heureux à si peu de frais !

Ce que vous me marquez de mon affaire avec Arnou ne me rassure pas autant que vous l'imaginez. Je ne puis le voir, lui, parce qu'il est à Naples, c'est-à-dire à cent lieues de moi ; et ces cent lieues sont plus difficiles à faire que mille en tout autre pays, à cause des voleurs qui se sont établis sur toutes les routes, en sorte que nul ne passe s'il n'est plus fort qu'eux. On n'y arrête pourtant jamais ni diligences ni chaises de poste ; je vous laisse à deviner pourquoi.

Si mademoiselle Eugénie a déjà pris un autre nom par-devant notaire, je lui en fais mon compliment, et bien plus encore à celui qui a cueilli cette jolie rose. Mes respects, s'il vous plaît, à madame Audebert. Vous savez que je fus toujours son admirateur ; mais elle ne le sait peut-être pas ; il est temps de le lui apprendre.

Excusez le chiffon sur lequel je vous écris. Rien n'est plus rare que le papier en ce pays-ci, où tout se trouve, hors le nécessaire.

A M. LE GÉNÉRAL REYNIÈR.

Foggia, le 17 février 1807.

Mon général, avec le tableau de mes misères, que vous pouvez voir ci-joint, je vais depuis trois mois de porte en porte, implorant le secours d'un chacun ; mais la charité est éteinte, on me dit : Dieu vous assiste, et on me tourne le dos.

Quelqu'un pourtant me fait espérer (car il y a encore de bonnes âmes), si vous voulez bien certifier que par votre ordre j'ai pris la poste pour aller et revenir de Reggio à Tarente, voyage que je fis deux fois, comme vous savez ; sur ce certificat, on dit qu'on me payera quelque chose. Il est très-vrai, mon général, que vous m'avez donné cet ordre ; mais quand cela serait faux, comme il s'agit d'une aumône et de soulager un malheureux, ce seul motif sanctifie tout, et vous ne devriez faire aucun scrupule de mentir par charité. Pour donner aux pauvres, saint François volait sur les grands chemins.

Notez, je vous prie, mon général, que ce certificat sera d'accord avec un autre certificat de vous, qui atteste fort inutilement que j'ai perdu trois chevaux laissés à Reggio, parce que j'étais parti en poste pour Tarente. Bon Dieu! que de certificats! et quel style! Je devrais bien recommencer tout ceci pour vous écrire plus décemment et plus intelligiblement; mais je compte à la fois sur votre indulgence et sur votre pénétration : deux choses dont je vous puis donner de bons certificats.

[A cette lettre se trouvait joint un *état de pertes*, imprimé à Naples en janvier 1807, montant à plus de 12,000 fr., non compris les frais de poste dont il est ici question.]

A M. ***,

MINISTRE DE LA GUERRE, A NAPLES.

Foggia, le 17 février 1807.

Monseigneur, si Votre Excellence daigne jeter les yeux sur l'état ci-joint, elle y verra que mes pertes réelles dans la dernière campagne montent à 12,247 francs, valeur d'environ trois années de mes appointements. Mes *états de perte*, réduits à la somme que la loi m'accorde, ont été remis en bonne forme à M. l'ordonnateur en chef de l'armée, il y a plus de six mois. J'ignore ce qu'il en a fait, et ce que j'en puis espérer. Peu d'officiers de mon grade ont perdu autant que moi; nul n'a servi avec plus de zèle. Plusieurs ont été remboursés intégralement. Sans prétendre à la même faveur, j'ose supplier Votre Excellence de vouloir bien considérer :

1º Que mes appointements me sont dus depuis le mois de mars 1806 :

2º Que depuis le mois de septembre dernier je ne touche aucune ration ni en argent, quoique officier attaché à l'état-major d'artillerie, ni en nature, quoique faisant partie d'un corps;

3º Que je n'ai encore jamais rien reçu de mon traitement de la Légion d'honneur;

Qu'enfin mes ressources s'épuisent, et que, loin de pouvoir me remonter de manière à servir utilement, j'ai de la peine à subsister.

Votre Excellence trouvera ci-joint les pièces qui prouvent ces assertions.

A M. COLBERT,
COMMISSAIRE ORDONNATEUR.

Foggia, le 22 février 1807.

Mon cher ordonnateur, je suppose que vous êtes maintenant à Naples, où l'on vous attendait lorsque j'en suis parti; vous vous divertissez, et ne songez guère à moi, qui m'ennuie fort, et pense souvent à vous, bien fâché de ne plus vous voir. Voilà une douceur à laquelle vous ne sauriez vous dispenser de répondre.

C'est donc pour vous dire que vous m'écriviez. Joignez à votre lettre une petite note de la petite somme que vous avez à moi; chose utile, nécessaire même, en cas de mort ou de départ de votre part ou de la mienne; vous savez ce que c'est que de nous. Si on meurt de plaisir et d'ennui, nous sommes tous deux en grand péril.

Il y avait dans ce pays-ci beaucoup de brigands, même avant que nous y vinssions; le nombre en augmente tous les jours. On détrousse les passants, on fait le contraire aux filles; on vole, on viole, on massacre; cet art fleurit dans la Pouille autant pour le moins qu'en Calabre, et devient une ressource honnête pour les moines supprimés, les abbés sans bénéfices, les avocats sans cause, les douaniers sans fraude, et les jeunes gens sans argent. Tout voyageur qui en a, ou paraît en avoir, passe mal son temps sur les routes. Pour moi, dont l'équipage fait plus de pitié que d'envie, je prends peu d'escorte, et voyage en ami de tout le monde.

C'est pour vous dire enfin que je vous embrasse, et me recommande à votre bon souvenir. J'embrasse aussi le sous-intendant, et lui souhaite de devenir quelque jour surintendant, pour ne point trouver de cruelles.

Jamais surintendant trouva-t-il de cruelles?

C'est Boileau qui a dit cela; et il parlait, je crois, d'un de vos aïeux qui était surintendant; dont bien vous prend. De vos nouvelles bientôt, je vous prie; ou si paresse vous lie les doigts, faites-moi écrire par l'ami commun ; supposé que les amis comme lui puissent jamais être communs... Au diable le calembour ! Dieu vous garde.

AL SIGNOR FRANCESCO DANIELE,

PRIVATO BIBLIOTECARIO DEL RE DI NAPOLI, etc.

Foggia, 24 marzo 1807,

Si vales bene est, ego valeo. Valeo si; ma ho avuto febbri e raffredori, ed altri incommodi che m'hanno insino a questo momento tolto il piacere di potervi scrivere. Minacciato tuttavia prima che assalito da sì fatti malanni, ho presto dato di piglio all'usata medicina, mangiare poco e faticare assai ; con questa panacea, e l'ajuto di Dio, mi son guarito di modo che sto come una lasca ; e, se sapessi che di voi fosse lo stesso, sarei contento quanto può essere un galant'uomo. Qui à Foggia, ciò è, *in terra latronum*, pullulano i ladri, ed è un' arte il rubar così onorata e profittevole, e senza pericoli, che tutti la voglion fare; chi collo schioppo, chi colla penna, e meglio anche al tavolino che alla macchia. Gran fatica si prepara ai futuri Tesei. Ma parliamo d'altro. Questa brutta commissione impostami per commando *regum timendorum in proprios greges* non va avanti, così non posso più sperar di rivedervi *cum hirundine prima;* anzi dubito e temo di dover più e più mesi stare lontano da voi, il che non era niente necessario a farmi gustar la vostra veramente aurea conversazione. Affè di Dio, don Ciccio mio, dacchè vi lasciai non ho trovato con chi barattar due parole. Qui vengo a cercar mulli, ma son tutti asini che in vederli mi fanno esclamar : dov'è il caro don Ciccio *qui turpi se cernit honestum?* Dov'è il padre abate che dovea venir con me? Ma quanto fù più accorto a non partirsi mai da voi; e don Giuseppe nostro coll'amabile consorte sua ; e donna Giulia, tutti vi piango; mi pare mille anni di rivedervi tutti. Ma quando sarà, Dio lo sa.

Ora, che vi pare del mio scriver toscano? per me, credo scrivervi crusche volissime volmente ; ma se a caso, questo mio cicalare non fosse proprio di nessuna lingua per voi *intelligibile,* basta, v'è noto l'affetto mio, e se non troppo m'intenderete, indovinerete almen quanto vorrei, ma non so significarvi meglio. *Vale, fac ut me ames, et valetudinem tuam diligentissime cures.*

A MADAME PAULINE ARNOU,
A PARIS.

Lecce, le 25 mai 1807.

Comment vous portez-vous, madame? voilà ce que je vous supplie de m'apprendre d'abord. Ensuite marquez-moi, s'il vous plaît, ce que vous faites, où vous êtes, en quel pays et de quelle manière vous vivez, et avec quelles gens. Vous pourrez trouver ces questions un peu indiscrètes; moi je les trouve toutes simples, et compte bien que vous y répondrez avec cette même bonté dont vous m'honoriez autrefois. Monsieur Arnou, que j'ai vu à Naples, m'a donné de votre situation des nouvelles qui, à tout prendre, m'ont paru satisfaisantes. Avec de la santé, de la raison et des amis éprouvés, ce que vous avez sauvé des griffes de la chicane vous doit suffire pour être heureuse. Je ne sais si vous avez besoin qu'on vous prêche cette philosophie; mais moi, qui n'ai pas trop à me louer de la fortune, je ne voudrais qu'être entre vous et madame Colins; je crois que nous trouverions pour rire d'aussi bonnes raisons que jamais.

Dès à présent, si j'étais sûr que vous voulussiez vous divertir, je vous ferais mille contes extravagants, mais véritables, de ma vie et de mes aventures. J'en ai eu de toutes les espèces, et il ne me manque que de savoir en quelle disposition ma lettre vous trouvera, pour vous envoyer un récit, triste ou gai, tragique ou comique, dont je serais le héros. En un mot, madame, mon histoire (entendez ceci comme il faut) fait rire et pleurer à volonté. Vous m'en direz votre avis quelque jour; car je me flatte toujours de vous revoir, quoiqu'il ne faille pour cela rien moins qu'un accord général de toutes les puissances de l'Europe. Vous revoir, madame, vous, madame Audebert, madame Colins, madame Saulty, et ce que j'ai pu connaître de votre aimable famille; cette idée, ou plutôt ce rêve, me console dans mon exil, et c'est le dernier espoir auquel je renoncerai.

Depuis quelques mois nous ne nous battons plus, et s'il faut dire la vérité, on ne nous bat plus non plus. Nous vivons tout doucement, sans faire ni la guerre ni la paix ; et moi, je parcours ce royaume comme une terre que j'aurais envie d'acheter. Je m'arrête où il me plaît, c'est-à-dire, presque partout ; car ici il n'y a pas un trou qui n'ait quelque attrait pour un amateur de la belle nature et de l'antiquité. Ah ! madame, l'antique ! la nature ! voilà ce qui me charme, moi ; voilà mes deux passions de tout temps. Vous le savez bien. Mais je suis plus fort sur l'antique, ou, pour parler exactement, l'un est mon fort, l'autre mon faible. Eh bien ! que dites-vous ? faudrait-il autre chose que cette impertinence pour nous faire rire une soirée dans ce petit cabinet au fond du billard ?

Je calcule avec impatience le temps où je pourrai recevoir votre réponse ; n'allez pas vous aviser de ne m'en faire aucune. Ces silences peuvent être bons dans quelques occasions ; mais à la distance où nous sommes, cela ne signifierait rien. Je ne feindrai point de vous dire aussi que, fort peu exact moi-même à donner de mes nouvelles, je suis cependant fort exigeant, et fort pressé d'en recevoir de mes amis. Voilà la justice de ce monde.

[La levée des mulets obligea Courier à parcourir toute la Pouille, et à pousser jusqu'à Bari et à Lecce ; il revint enfin à Naples vers la mi-juin. A son arrivée, il trouva le général Dedon, commandant de l'artillerie de l'armée, prévenu et indisposé contre lui. Il se défendit peut-être avec trop de vivacité, et fut mis aux arrêts.]

A M. LE GÉNÉRAL DEDON,

COMMANDANT L'ARTILLERIE.

Naples, le 25 juin 1807.

Monsieur, la supériorité du grade ne dispense pas des procédés, de ceux-là surtout qui tiennent à l'équité naturelle. Les vôtres à mon égard ne sont plus d'un chef, mais d'un ennemi. Je vous croyais prévenu contre moi, et vous ai donné des éclaircissements qui devaient vous satisfaire. Maintenant je vois votre haine, et j'en devine les motifs ; je vois le piége que vous m'avez tendu, en me chargeant d'une commission où je ne pouvais presque éviter de me compromettre. Vous commencez par me punir; vous m'ôtez la liberté, pour que rien ne vous empêche de me dénoncer au roi, et de prévenir contre moi le public. Ensuite vous me citez à votre propre tribunal, où vous voulez être à la fois mon accusateur et mon juge, et me condamner sans m'entendre, sans me nommer mes dénonciateurs, ni produire aucune preuve de ce qu'on avance contre moi. Vous savez trop combien il me serait facile de confondre les impostures de vos vils espions. Vous pouvez réussir à me perdre; mais peut-être trouverai-je qui m'écoutera malgré vous. Quoi qu'il arrive, n'espérez pas trouver en moi une victime muette. Je saurai rendre la lâcheté de votre conduite aussi publique dans cette affaire qu'elle l'a déjà été ailleurs.

[Vingt copies de cette lettre furent distribuées dans l'armée.]

A M. ***,

COLONEL D'ARTILLERIE, A NAPLES.

Naples, le 27 juin 1807.

Voilà qui est bouffon : il me tient bloqué, et me demande la paix; c'est l'assiégeant qui capitule. Vous allez voir, mon colonel, si je me pique de générosité. Je ne demande pour moi que la levée de mes arrêts, et de passer à une autre armée; moyennant quoi je me dédis de tout ce que j'ai dit et écrit au général Dedon. Je ne plaisante point, je signerai qu'il est brave, qu'il l'a fait voir à Gaëte, et que ceux qui disent le contraire en ont menti, moi le premier. Un démenti à toute l'armée, que voulez-vous de plus, mon colonel ? Rédigez les articles, et faites-moi sortir. Prisonnier à Naples, il me semble être damné en paradis.

A M. LE GÉNÉRAL DEDON,

COMMANDANT L'ARTILLERIE DE L'ARMÉE.

Naples, le 29 juin 1807.

Mon général,

J'ai eu le malheur de vous offenser, et je comprends qu'il est difficile que vous l'oubliiez jamais. Quand même vous auriez la bonté de ne montrer aucun ressentiment de ce qui s'est passé, ma position n'en serait pas moins désagréable ici, où le moindre incident pourrait rallumer des passions plutôt assoupies qu'éteintes. Vous-même, mon général, ne sauriez désirer de conserver sous vos ordres un officier qui, doutant toujours de vos dispositions à son égard, n'apporterait au service ni confiance ni bonne volonté. Je vous prie donc, mon général, de m'obtenir du roi l'ordre que je sollicite depuis si longtemps, de me rendre à la grande armée.

[En attendant l'effet de cette demande, Courier fit sa rentrée dans la bibliothèque du marquis Tacconi. Il y travaillait à la traduction des livres de Xénophon sur le commandement de la cavalerie et sur l'équitation. Cet ouvrage, entrepris dès l'époque de son séjour à Plaisance, et plusieurs fois interrompu, fut à peu près terminé cette année à la fin de novembre. Il n'a été cependant imprimé qu'en 1809 à Paris.

Pour mieux comprendre les préceptes de son auteur sur l'équitation, il en faisait l'essai par lui-même et sur son propre cheval. Celui-ci, qu'il avait bridé et équipé à la grecque, n'était point ferré. Il le montait sans étriers, et courait ainsi dans les rues de Naples, sur les dalles qui forment le pavé, à la grande surprise des autres cavaliers, qui n'y marchaient qu'avec précaution.]

A M. DE SAINTE-CROIX,

A PARIS.

Naples, le... juillet 1807.

Monsieur, vous vous moquez de moi. Heureusement j'entends raillerie, et prends comme il faut vos douceurs. Que si vous parlez tout de bon, sans doute l'amitié vous abuse. Il se peut que je sois coupable de quelque chose; mais cela n'est pas sûr comme il l'est que jusqu'à présent je n'ai rien fait.

Ce que je vous puis dire du marquis Rodio, c'est qu'ici sa mort passe pour un assassinat et pour une basse vengeance. On lui en voulait, parce qu'étant ministre, et favori de la reine, il parut contraire au mariage que l'on proposait d'un fils ou d'une fille de Naples avec quelqu'un de la famille. L'empereur a cette faiblesse de tous les parvenus, il s'expose à des refus. Il fut refusé là et ailleurs. Le pauvre Rodio, depuis, pris dans un coin de la Calabre, à la tête de quelques insurgés, quoiqu'il eût fait une bonne et franche et publique capitulation, fut pourtant arrêté, jugé par une commission militaire, et, chose étonnante, acquitté. Il en écrivit la nouvelle à sa femme, à Catanzaro, et se croyait hors d'embarras; mais l'empereur le fit reprendre et rejuger par les mêmes juges, qui cette fois-là le condamnèrent, étant instruits et avertis. Cela fit horreur à tout le monde, plus encore peut-être aux Français qu'aux Napolitains. On le fusilla par derrière, comme traître, félon, rebelle à son *légitime* souverain. Le trait vous paraît fort; j'en sais d'autres pareils. Quand le général V*** commandait à Livourne, il eut l'ordre, et l'exécuta, de faire arrêter deux négociants de la ville, dont l'un périt comme Rodio, l'autre l'échappa belle, s'étant sauvé de prison par le moyen de sa femme et d'un aide de camp. Le général fut en peine, et fort réprimandé. Ici nous avons vu un courrier qui portait des lettres de la reine, assassiné par ordre, ses dépêches enlevées à Paris. L'homme qui fit ce coup, ou l'ordonna du moins, je le vois tous les jours. Mais quoi! à Paris même, pour avoir des papiers, n'a-t-on pas tué chez lui un envoyé ou secrétaire de je ne sais quelle diplomatie? L'affaire fit du bruit.

Assurément, monsieur, cela n'est point du temps, du siècle où nous vivons; tout cela s'est passé quelque part au Japon ou bien à Tombouctou, et du temps de Cambyse. Je le dis avec vous, les mœurs sont adoucies; Néron ne régnerait pas aujourd'hui. Cependant, quand on veut être maître... pour la fin, le moyen. Maître et bon, maître et juste, ces mots s'accordent-ils? Oui, grammaticalement, comme honnête larron, équitable brigand.

J'ai connu Rodio; il était joli homme, peu d'esprit, peu d'intelligence, d'une fatuité incroyable, en un mot, bon pour une reine.

Je passe ici mes jours, ces jours longs et brûlants, dans la bibliothèque du marquis Tacconi, à traduire pour vous Xénophon, non sans peine; le texte est gâté. Ce marquis est un homme admirable, il a tous les livres possibles: j'entends tous ceux que vous et moi saurions désirer. J'en dispose; entre nous, quand je serai parti, je ne sais qui les lira. Lui, ne lit point; je ne pense pas qu'il en ait ouvert un de sa vie. Ainsi en usait Salomon avec ses sept ou huit cents femmes; les aimant pour la vue, il n'y touchait guère, sage en cela surtout; peut-être aussi, comme Tacconi, les prêtait-il à ses amis.

Nous sommes à présent dans une paix profonde, et favorable à mes études; mais cette paix peut être troublée d'un moment à l'autre. Tout tient au caprice de deux ou trois bipèdes sans plumes, qui se jouent de l'espèce humaine. Pour moi, ce que je deviendrai, je le sais aussi peu que vous, monsieur. J'ai cent projets, et je n'en ai pas un. Je veux rester ici, dans cette bibliothèque; je veux aller en Grèce. Je veux quitter mon métier, je le veux continuer pour avoir des mémoires que j'emploierais quelque jour. De tout cela que sera-t-il? Ce qui est écrit, dit Homère, aux tablettes de Jupiter. Présentez, je vous prie, mon respect à madame de Sainte-Croix, et me conservez une place dans votre souvenir.

A MADAME PIGALLE,

A LILLE.

Resina, près Portici, le 1er novembre 1807.

Vos lettres sont rares, chère cousine; vous faites bien, je m'y accoutumerais, et je ne pourrais plus m'en passer. Tout de bon, je suis en colère : vos douceurs ne m'apaisent point. Comment, cousine, depuis trois ans voilà deux fois que vous m'écrivez! en vérité, mamzelle Sophie... Mais quoi! si je vous querelle, vous ne m'écrirez plus du tout. Je vous pardonne donc, crainte de pis.

Oui sûrement je vous conterai mes aventures, bonnes et mauvaises, tristes et gaies; car il m'en arrive des unes et des autres. *Laissez-nous faire*, cousine, *on vous en donnera de toutes les façons*. C'est un vers de la Fontaine; demandez à Voisard. Mon Dieu! m'allez-vous dire, on a lu la Fontaine; on sait ce que c'est que le Curé et le Mort. Eh bien, pardon. Je disais donc que mes aventures sont diverses, mais toutes curieuses, intéressantes; il y a plaisir à les entendre, et plus encore, je m'imagine, à vous les conter. C'est une expérience que nous ferons au coin du feu quelque jour. J'en ai pour tout un hiver. J'ai de quoi vous amuser, et par conséquent vous plaire, sans vanité, tout ce temps-là : de quoi vous attendrir, vous faire rire, vous faire peur, vous faire dormir. Mais pour vous écrire tout, ah! vraiment vous plaisantez : madame Radcliffe n'y suffirait pas. Cependant je sais que vous n'aimez pas à être refusée; et comme je suis complaisant, quoi qu'on en dise, voici, en attendant, un petit échantillon de mon histoire; mais c'est du noir, prenez-y garde. Ne lisez pas cela en vous couchant, vous en rêveriez; et pour rien au monde je ne voudrais vous avoir donné le cauchemar.

Un jour je voyageais en Calabre. C'est un pays de méchantes gens, qui, je crois, n'aiment personne, et en veulent surtout aux Français. De vous dire pourquoi, cela serait long; suffit qu'ils nous haïssent à mort, et qu'on passe fort mal son temps lorsqu'on tombe entre leurs mains. J'avais pour compagnon un jeune homme d'une figure... ma foi, comme ce monsieur que nous vîmes au Rincy; vous en souvenez-vous? et mieux encore peut-être. Je ne dis pas cela pour vous intéresser, mais parce que c'est la vérité. Dans ces montagnes les chemins sont des précipices, nos chevaux marchaient avec beaucoup de peine; mon camarade allant devant, un sentier qui lui parut plus praticable et plus court nous égara. Ce fut ma faute; devais-je me fier à une tête de vingt ans? Nous cherchâmes, tant qu'il fit jour, notre chemin à travers ces bois; mais plus nous cherchions, plus nous nous perdions, et il était nuit noire quand nous arrivâmes près d'une maison fort noire. Nous y entrâmes, non sans soupçon; mais comment faire? Là nous trouvons toute une famille de charbonniers à table, où du premier mot on nous invita. Mon jeune homme ne se fit pas prier : nous voilà mangeant et buvant, lui, du moins; car pour moi j'examinais le lieu et la mine de nos hôtes. Nos hôtes avaient bien mines de charbonniers; mais la maison, vous l'eussiez prise pour un arsenal. Ce n'étaient que fusils, pistolets, sabres, couteaux, coutelas. Tout me déplut, et je vis bien que je déplaisais aussi. Mon camarade, au contraire : il était de la famille, il riait, il causait avec eux; et, par une imprudence que j'aurais dû prévoir (mais quoi! s'il était écrit...), il dit d'abord d'où nous venions, où nous allions, qui nous étions. Français, imaginez un peu! chez nos plus mortels ennemis, seuls, égarés, si loin de tout secours humain! et puis, pour ne rien omettre de ce qui pouvait nous perdre, il fit le riche, promit à ces gens pour la dépense, et pour nos guides le lendemain, ce qu'ils voulurent. Enfin, il parla de sa valise, priant fort qu'on en eût grand soin, qu'on la mît au chevet de son lit; il ne voulait point, disait-il, d'autre traversin. Ah! jeunesse! jeunesse! que votre âge est à plaindre! Cousine, on crut que nous portions les diamants de la couronne : ce qu'il y avait qui lui causait tant de souci dans cette valise, c'étaient les lettres de sa maîtresse.

Le souper fini, on nous laisse; nos hôtes couchaient en bas, nous dans la chambre haute où nous avions mangé. Une soupente élevée de sept à huit pieds, où l'on montait par une échelle, c'était là le coucher qui nous attendait; espèce de nid, dans lequel on s'introduisait en rampant sous des solives chargées de provisions pour toute l'année. Mon camarade y grimpa seul, et se coucha tout endormi, la tête sur la précieuse valise. Moi, déterminé à veiller, je fis bon feu, et m'assis auprès. La nuit s'était déjà passée presque entière assez tranquillement, et je commençais à me rassurer, quand sur l'heure où il me semblait que le jour ne pouvait être loin, j'entendis au-dessous de moi notre hôte et sa femme parler et se disputer; et, prêtant l'oreille par la cheminée qui communiquait avec celle d'en bas, je distinguai parfaitement ces propres mots du mari : *Eh bien! enfin voyons, faut-il les tuer tous deux?* À quoi la femme répondit : *Oui.* Et je n'entendis plus rien.

Que vous dirai-je? je restai respirant à peine, tout mon corps froid comme un marbre; à me voir, vous n'eussiez su si j'étais mort ou vivant. Dieu! quand j'y pense encore!.... Nous deux presque sans armes, contre eux douze ou quinze qui en avaient tant! Et mon camarade mort de sommeil et de fatigue! L'appeler, faire du bruit, je n'osais; m'échapper tout seul, je ne pouvais; la fenêtre n'était guère haute, mais en bas deux gros dogues hurlant comme des loups... En quelle peine je me trouvais, imaginez-le si vous pouvez. Au bout d'un quart d'heure, qui fut long, j'entends sur l'escalier quelqu'un, et, par les fentes de la porte, je vis le père, sa lampe dans une main, dans l'autre un de ses grands couteaux. Il montait, sa femme après lui; moi derrière la porte : il ouvrit; mais avant d'entrer il posa la lampe, que sa femme vint prendre; puis il entre pieds nus, et elle de dehors lui disait à voix basse, masquant avec ses doigts le trop de lumière de la lampe : *Doucement, va doucement.* Quand il fut à l'échelle, il monte, son couteau dans les dents ; et venu à la hauteur du lit, ce pauvre jeune homme étendu offrant sa gorge découverte, d'une main il prend son couteau, et de l'autre..... Ah! cousine..... Il saisit un jambon qui pendait au plancher, en coupe une tranche, et se retire comme il était venu. La porte se referme, la lampe s'en va, et je reste seul à mes réflexions.

Dès que le jour parut, toute la famille à grand bruit vint nous éveiller, comme nous l'avions recommandé. On apporte à manger : on sert un déjeuner fort propre, fort bon, je vous assure. Deux chapons en faisaient partie, dont il fallait, dit notre hôtesse, emporter l'un et manger l'autre. En les voyant, je compris enfin le sens de ces terribles mots : *faut-il les tuer tous deux?* Et je vous crois, cousine, assez de pénétration pour deviner à présent ce que cela signifiait.

Cousine, obligez-moi : ne contez point cette histoire. D'abord, comme vous voyez, je n'y joue pas un beau rôle, et puis vous me la gâteriez. Tenez, je ne vous flatte point ; c'est votre figure qui nuirait à l'effet de ce récit. Moi, sans me vanter, j'ai la mine qu'il faut pour les contes à faire peur. Mais vous, voulez-vous conter? prenez des sujets qui aillent à votre air, Psyché, par exemple.

AU MINISTRE DE LA GUERRE,

A NAPLES.

Naples, le 26 novembre 1807.

Monseigneur, depuis six mois je redemande à M. Boismon, caissier de l'artillerie, 1,600 fr. que je lui ai confiés à titre de dépôt. Il prétend retenir cette somme par ordre du général Dedon, à cause de certains frais de bureau touchés par moi il y a quatre ans, et qui, dit-il, ne m'étaient point dus. Premièrement, je nie le fait : je n'ai jamais touché de frais de bureau que sur des ordonnances particulières du ministre de la guerre.

Mais quand ce qu'il dit serait vrai, fussé-je débiteur de cent mille francs à la caisse de l'artillerie, il n'en serait pas moins obligé de me remettre à ma première réquisition le dépôt dont il s'est chargé. Je ne suis point en compte avec la caisse. L'autorité du général est nulle dans cette affaire. En un mot, ce n'est point à la caisse, mais à M. Boismon, que j'ai confié mon argent, et il n'en doit de compte qu'à moi.

Il allègue une autre excuse qui me paraît plus plausible. Quoiqu'il ait le titre de caissier, la caisse n'est pas en son pouvoir; elle est, dit-il, chez le général, dans sa chambre; il en a les clefs; et par conséquent, lui caissier, ne peut me rendre mon argent que le général n'y consente, à quoi il n'est pas disposé.

Est-ce ma faute à moi, monseigneur, si le caissier n'a pas la caisse? Pouvais-je faire ces distinctions, et deviner que M. Boismon était caissier pour prendre mon argent, mais non pas pour me le rendre? Je laisse ces subtilités à ceux qui en ont le profit.

Enfin, vous voyez, Monseigneur, que le général Dedon couche avec mon argent. Le ravoir à son insu, cela est fort difficile. J'ai fait ce que j'ai pu, et j'y renonce. Obtenir qu'il me le rende n'est possible qu'à vous, monseigneur, et je supplie Votre Excellence de vouloir bien s'employer à cette bonne œuvre.

A M. DE SAINTE-CROIX,

A PARIS.

Naples, le 27 novembre 1807.

Monsieur, vous me ravissez en m'apprenant que votre besogne avance, et que vous êtes résolu de ne la point quitter que vous ne l'ayez mise à fin. Voilà parler comme il faut. Vous voulez qu'on vous encourage. J'y ferai mon devoir, soyez-en sûr, me promettant pour moi, de ce nouveau travail, autant de plaisir que m'en fit votre première édition. Il n'y avait que vous, monsieur, qui pussiez n'en être pas entièrement satisfait, et faire voir au public qu'il y manquait quelque chose.

Ma *petite drôlerie*, dont vous me demandez des nouvelles, est assez dégrossie. J'en suis à l'épiderme. C'est là le point justement où se voit la différence du sculpteur au tailleur de pierres. Ce texte a des délicatesses bien difficiles à rendre, et notre maudit patois me fait donner au diable.

Ne me vantez point votre héros [1]; il dut sa gloire au siècle dans lequel il parut. Sans cela, qu'avait-il de plus que les Gengis-Kan, les Tamerlan? Bon soldat, bon capitaine; mais ces vertus sont communes. Il y a toujours dans une armée cent officiers capables de la bien commander; un prince même y réussit, et ce que fait bien un prince, tout le monde le peut faire. Quant à lui, il ne fit rien qui ne se fût fait sans lui. Bien avant qu'il fût né, il était décidé que la Grèce prendrait l'Asie. Surtout gardez-vous, je vous prie, de le comparer à César, qui était autre chose qu'un donneur de batailles. Le vôtre ne fonda rien. Il ravageait toujours; et s'il n'était pas mort, il ravagerait encore. Fortune lui livra le monde, qu'en sut-il faire? Ne me dites pas, *s'il eût vécu!* car il devenait de jour en jour plus féroce et plus ivrogne.

J'ai ici à ma disposition une bonne bibliothèque, et ce m'est un grand secours pour la petite bagatelle que je vous destine, monsieur. Cependant il me manque encore des outils pour enlever certains nœuds. Il faudrait être à Paris, et y être de loisir; deux choses à moi difficiles.

Vous avez grande raison de me dire, *quittez ce vil métier.* Vous me parlez sagement, et je ne veux pas non plus faire comme Molière, à qui toute sa vie ses amis en dirent autant. Il était, lui, chef de sa troupe; moi, je mouche les chandelles. Ne croyez pas pourtant, monsieur, que j'y aie perdu tout mon temps; j'y ai fait de bonnes études, et je sais à présent des choses qu'on n'apprend point dans les livres.

Je me rapproche de vous de deux cents lieues. Je vais bientôt à Milan.

[A Rome, Courier retrouva d'anciens amis, avec lesquels il demeura quinze jours, M. d'Agincourt, l'abbé Marini, madame Dionigi. Il s'arrêta aussi à Florence pour voir les bibliothèques, et visiter M. Akerblad, savant suédois, dont il sera question plus tard. Enfin, il arriva à Vérone à la fin de janvier. On l'y attendait depuis près de six mois, et il y trouva une lettre du ministre de la guerre qui le mettait aux arrêts, et ordonnait la retenue d'une partie de ses appointements.]

[1] Alexandre le Grand.

A S. EXC. LE MINISTRE DE LA GUERRE.

Vérone, le 27 janvier 1808.

Monseigneur, par votre lettre du 3 novembre vous me demandez l'état de mes services. Ayant été en Calabre une fois pris, et trois fois dépouillé par les brigands, j'ai perdu tous mes papiers. Je ne me souviens d'aucune date. Les renseignements que vous me demandez ne peuvent se trouver que dans vos bureaux. Je n'ai d'ailleurs ni blessures ni actions d'éclat à citer. Mes services ne sont rien, et ne méritent aucune attention. Ce qu'il m'importe de vous rappeler, c'est que je suis ici aux arrêts par votre ordre, pour avoir dit, à Naples, au général Dedon ce que tout le monde pense de lui.

A M. LE GÉNÉRAL ***,

A NAPLES.

Vérone, le 31 janvier 1808.

Mon général, j'ai chargé M. Desgoutins de vous payer en or 945 francs. Je vous prie d'agréer en même temps mes remercîments. Le service que vous m'avez rendu, quoique venant fort à propos, m'a bien moins touché que les manières pleines de bonté dont vous l'accompagnâtes. Je sens qu'en vous rendant votre argent je ne suis pas quitte envers vous, et malheureusement je ne pourrai jamais vous être bon à rien. Mais ma reconnaissance, tout impuissante qu'elle est, ne me pèse point du tout, et je trouve du plaisir à vous être obligé toute ma vie.

A M. HAXO,

CHEF DE BATAILLON DU GÉNIE, A MILAN.

Livourne, le 27 juillet 1808.

Ayant éprouvé ta fidélité dans l'ambassade de Vérone, je te nomme, ou, pour parler diplomatiquement, nous te nommons notre résident à Milan ; et d'abord nous te chargeons d'une négociation importante, difficile, avec des puissances dont les dispositions à notre égard sont suspectes. La lettre ci-jointe t'expliquera de quoi il s'agit. Va voir cet *Orbassan*[1], dis-lui que si je ne vais *au pays*, je suis ruiné sans ressource ; et cette fois un ambassadeur aura dit la vérité. Tu as dans ce que je t'ai marqué de Florence d'amples instructions ; mais le point, après tout, c'est un oui ou un non ; veut-il, ne veut-il pas que j'aie ce congé? En lui écrivant par la poste, comme je ne suis pas un grand seigneur, je n'aurais jamais de réponse. Par toi je saurai à quoi m'en tenir.

S'il t'écoute, tu pourras lui dire que, sans ma maladie de Naples (qui n'était point le mal de Naples), j'aurais fait il y a six mois cette demande. Tu lui conteras de mes affaires ce que tu sais et ce que tu ne sais pas, pour lui faire entendre que je ne puis, sans perdre tout ce que j'ai au monde, différer davantage à me rendre chez moi. Dis-lui les banqueroutes que j'éprouve, mes gens d'affaires fripons, mes débiteurs sans foi, mes créanciers sans pitié, mes fermiers en prison, mes parents morts ou malades. Hélas! en disant tout cela, tu n'auras pas le mérite de mentir pour un ami. Ajoute que la guerre peut recommencer; qu'on peut m'envoyer outre-mer, en Turquie, à tous les diables ; auquel cas je n'aurai plus qu'à déserter ou à me pendre.

Mais s'il ne t'écoute pas, ou s'il est insolent au delà de ce que l'usage actuel autorise, alors envoie-le faire f.....; *car tel est notre plaisir.* Au reste, si tu réussis, comme tu m'auras servi à cette cour, je te servirai à Paris. *Sur ce, nous prions Dieu, monsieur l'ambassadeur, qu'il vous ait en sa sainte garde.*

A M. LE GÉNÉRAL D'ANTHOUARD,

A MILAN.

Livourne, le 28 juillet 1808.

Mon général, monsieur Haxo, chef de bataillon du génie, et mon intime ami, vous remettra la présente. Il vous expliquera, mieux que je ne pourrais faire dans une lettre, les embarras où je me trouve. Il faut que j'aille en France pour savoir si je suis ruiné. Les gens qui pourraient m'en dire des nouvelles ne m'écrivent plus depuis longtemps. J'ai demandé un congé, mais on me le refuse, pour me tenir ici à compter de vieux boulets

[1] Le général d'Anthouard, aide de camp du vice-roi.

rouillés. Si Son Altesse savait tout cela, elle aurait pitié de ma peine; et, voyant d'un côté à quoi l'on m'occupe ici, de l'autre combien ma présence est nécessaire chez moi, elle m'enverrait faire... mes affaires, qui seraient terminées en six semaines. Voilà, mon général, ce que j'espère obtenir par votre entremise. On sait avec quelle bonté Son Altesse s'intéresse au sort de tous les officiers; et je me flatte que si vous voulez bien vous charger de mettre à ses pieds mes humbles supplications, je serai bientôt du nombre infini de ceux que la reconnaissance attache à ce prince. Je ne puis que par vous, mon général, me faire entendre à Son Altesse. L'amitié dont vous m'honorez fait toute mon espérance; et, réduit comme je le suis à cesser de servir ou à perdre tout ce que j'ai, j'aurais déjà quitté mon inutile emploi pour sauver mon patrimoine, si je n'espérais garder l'un et l'autre, par les mêmes bontés dont vous m'avez donné tant de marques.

A M. DE SAINTE-CROIX,

A PARIS.

Livourne, le 3 septembre 1808.

Monsieur, ne sachant si je pourrai jamais mettre la dernière main à ma traduction des deux livres de Xénophon sur la cavalerie, je prends le parti, sauf votre meilleur avis, de la publier telle qu'elle est, avec le texte revu sur tous les manuscrits de France et d'Italie, et des notes que je n'ai pas eu le temps de faire plus courtes : le tout paraîtra sous vos auspices, si vous en agréez l'hommage. Votre amitié me fait trop d'honneur pour que je résiste à l'envie de m'en parer aux yeux du public, et mon nom a besoin du vôtre pour obtenir quelque attention. Je me flatte, monsieur, que vous verrez avec bonté un essai dont le premier objet fut de vous plaire, et que je n'eusse pas même conduit au point où il est, sans les encouragements que vous m'avez donnés.

A MADAME MORIANA DIONIGI,

A ROME.

Livourne, le 12 septembre 1808.

Madame, pour m'empêcher de vous aller voir, il est venu

exprès, je crois, un général inspecteur de l'artillerie. Ces inspecteurs sont des gens que l'on envoie examiner si nous faisons notre devoir. Le leur est de nous ennuyer, et celui-ci s'en acquitte parfaitement à mon égard. Quand il ne serait pas de sa personne un insupportable mortel, ce que vous nommez en votre langue *un soldataccio*, sa visite, tombant au travers de mes plus agréables projets, ne pouvait que m'assommer. Les malédictions ne remédient à rien; mais, madame, ces jours destinés à vous voir, les passer avec l'animal le plus.... *Madonna mia*, donnez-moi patience! Nous avons attendu deux mois son arrivée, et je ne sais combien encore nous attendrons son départ, douce espérance dont il nous flatte chaque jour. Je compte pourtant en être délivré cette semaine, et déjà mes pensées reprennent leur direction naturelle vers Rome. Mais avant de faire les démarches nécessaires pour pouvoir m'y rendre, il faut savoir si vous y êtes. N'est-ce pas dans cette saison que vous allez ordinairement à Ferentino ? Venir de si loin et ne vous pas trouver, ce serait pis que l'inspecteur. Je pars maintenant pour Florence; maintenant, c'est-à-dire, aussitôt que l'animal aura les talons tournés. J'en serai de retour dans quinze jours; faites, madame, que je trouve ici une lettre de vous qui m'apprenne où vous êtes, et je ferai en sorte, moi, qu'alors rien ne m'empêche de me rendre à Rome, si je suis assuré de vous y trouver.

Votre académie de Saint-Luc a donc enfin fait son devoir [1]. Je l'en félicite. Elle ne fera pas souvent de pareilles acquisitions. Mademoiselle Henriette, dans son Arcadie, avait quelque chose d'un peu païen; mais vous, madame, sous la bannière de saint Luc, vous sanctifierez toute la famille par votre foi et par vos œuvres.

En vous écrivant ceci, madame, d'une écriture qui n'a point de pareille au monde, j'ai le plaisir de penser que vous vous unirez tous pour tâcher de me lire, et qu'ainsi je vous occuperai tous au moins pendant quelques minutes. Il me semble vous voir les uns après les autres *aguzzar le ciglia*[2] sur ce griffonnage, sans en pouvoir rien déchiffrer. Croyez-moi, laissez cela. Aussi bien qu'y trouveriez-vous ? des assurances très-sincères

[1] Cette académie avait reçu madame Dionigi parmi ses membres.
[2] Dante.

de mes sentiments, qui vous sont connus, et dont je me flatte que vous ne douterez jamais.

A M. D'AGINCOURT,

A ROME.

Livourne, le 15 octobre 1805.

Monsieur, je suis encore à Livourne, et les apparences sont que j'y passerai l'hiver. Je demandais, comme je crois vous l'avoir marqué, un congé pour aller en France; mais on m'*éconduit tout à plat*. J'en demande un pour Rome; ce sera, si je l'obtiens, un bon dédommagement de celui qu'on me refuse; car en France j'ai des parents; à Rome j'ai des amis, et je mets l'amitié bien loin devant la parenté, ou, pour mieux dire, c'est la seule parenté que je connaisse. Sur ce pied-là, vous m'êtes bien proche; aussi, sans mes affaires, je vous jure que je ne penserais guère à Paris; et Rome serait encore pour moi la première ville du monde.

S'il faut vous expliquer maintenant comment le refus fait à ma première demande n'exclut pas la seconde, le voici : la permission d'aller en France dépendait du ministre, que je n'ai pu fléchir *precando*; l'autre dépend ici de quelqu'un que je gagnerai *donando*. Je viendrais aussi bien à bout du satrape ou de ses suppôts, mais il faudrait être là.

Pour vous dire ce que je fais ici, je mange, je bois, je dors, je me baigne tous les jours dans la mer, je me promène quand il fait beau; car nous n'avons pas votre ciel de Rome. Je lis et relis nos anciens, et ne prends souci de rien que d'avoir de vos nouvelles. Madame Dionigi m'a mandé quelquefois que vous vous portiez bien. C'est tout ce que je vous souhaite, car c'est la moitié du bonheur; et l'autre moitié, *mens sana*, vous est acquise de tout temps. Dieu vous *doint* seulement, comme disaient nos pères, la santé du corps, et vous serez heureux autant qu'on saurait l'être. Cela ne vous peut manquer, avec votre tempérament et la vie que vous menez, et dans le lieu que vous habitez. Votre habitation, monsieur, est choisie selon toutes les règles que donne là-dessus Hippocrate, et auxquelles je m'imagine que vous n'avez guère pensé. Ce n'est pas non plus ce qui fait que cette demeure me plaît tant, mais c'est qu'on vous y trouve.

Je songe tout de bon à quitter mon vilain métier ; mais, ne sachant comment vont mes affaires en France, je ne veux pas rompre ; je veux me dégager tout doucement, et laisser là mon harnais, comme un papillon dépouille peu à peu sa chrysalide, et s'envole.

Permettez, monsieur, que je vous embrasse, en vous suppliant de me conserver votre amitié, qui m'est plus chère que chose au monde. En vérité, tout mon mérite, si j'en ai, c'est de vous avoir plu, et de connaître ce que vous valez.

A M. CORAY,

A PARIS.

Livourne, le 18 octobre 1808.

Monsieur, nul présent ne pouvait me flatter plus que celui dont je me vois honoré, je ne sais si je dois dire par vous ou par MM. Zozima, qui m'ont remis vos trois admirables volumes[1]. De quelque part que me viennent ces livres, il faut assurément qu'on les ait faits pour moi. Tout de bon, monsieur, si votre projet eût été de me plaire et de faire une chose entièrement selon mes idées, vous n'auriez pu mieux rencontrer. Voilà justement ce que j'attendais de vous, et de vous seul. Je souffrais trop à voir Isocrate, la plus nette perle du langage attique, entouré de latin d'Allemagne ou de Hollande. En lisant vos notes, du moins je ne sors pas de la Grèce, et j'entre beaucoup mieux dans le sens de l'auteur qu'avec une glose latine ou vulgaire. Chaque langue veut être expliquée par elle-même, parce que les mots ni les phrases ne se correspondent jamais d'une langue à une autre; et c'est la raison qui me fait dire que nous n'avons point de dictionnaire grec. Ce serait un beau travail ; mais qui osera l'entreprendre? Il faudrait pour cela (ce qui ne se trouvera jamais) plusieurs hommes comme vous et comme MM. Zozima. En vérité, ceci leur fait grand honneur; car ce n'est pas seulement leur nation qu'ils gratifient d'un don si précieux, mais, chez

[1] Un exemplaire d'Isocrate, publié par Coray aux frais de MM. Zozima, Grecs de nation.

toute nation, tous ceux qui s'intéressent à la belle littérature. Ce qu'ils font pour encourager ces études dans leur pays, n'est pas de ce siècle-ci. Soyons de bonne foi, les rois nuisent aux lettres en les protégeant; leurs caresses étouffent les Muses. Il y a bien eu quelquefois de grands talents, malgré les pensions et les académies; mais on a toujours vu de simples particuliers favoriser les arts avec plus de sagesse et de discernement que n'eût pu faire aucun prince; et c'est de quoi ces messieurs donnent un nouvel exemple.

Courage donc, monsieur; suivez votre belle entreprise, et soyez persuadé que, même parmi nous, il se trouvera des gens qui vous applaudiront comme vous le méritez. Le nombre en sera petit, mais choisi. Vous aurez peu de lecteurs, mais vous en aurez toujours; et comme ces modèles, que vous nous dévoilez, seront étudiés tant qu'il y aura des arts et du goût, votre nom, attaché à des monuments si célèbres, passera sûrement à la postérité.

[Courier a dû écrire la lettre ci-dessus très-peu de temps après la réception du livre de M. Coray; et ses félicitations paraissent être le tribut payé à une première lecture. La lettre qui suit, et qui est adressée à M. Akerblad, exprime sur le livre de M. Coray une opinion plus réfléchie et un peu différente. M. Akerblad ne fut point de l'avis de Courier : sa réponse, qu'on donne après la lettre de celui-ci, explique et défend la manière adoptée par M. Coray dans ses notes.]

A M. AKERBLAD,

A FLORENCE.

Livourne, le 2 novembre 1808.

Je lis l'Isocrate de Coray et ses notes, que vous n'avez pas. Entre nous, c'est peu de chose; il pouvait faire et il a fait beaucoup mieux que cela. Ce que j'y trouve de meilleur, c'est l'exemple qu'il donne d'expliquer le grec en grec, exemple qu'il faudrait suivre, et même dans les lexiques. Mais je ne puis du tout approuver sa préface *mixto-barbare*. Ah! docteur Coray! un frontispice gothique à un édifice grec! au temple de Minerve, le portail de Notre-Dame! Pourquoi la préface et les notes, s'adressant aux mêmes lecteurs, ne sont-elles pas dans la même langue? Ce que j'en dis n'est point par humeur, car je n'en perds pas un mot; seulement j'ai de la peine à croire que ce soit ainsi qu'on parle, et je pense qu'il fait un peu comme l'écolier de Rabelais : *Nous transfretions la sequane pour viser les meretricules.* Celui-là latinisait, et Coray hellénise.

Ses notes sont pleines de longueurs et d'inutilités. Ne comprendra-t-on jamais que des notes ne doivent point être des dissertations; que les plus courtes sont les meilleures; que l'explication des mots regarde les lexicographes, celle des phrases les grammairiens? N'est-ce point assez de travail pour un éditeur d'avoir à choisir entre les variantes, à découvrir et marquer les altérations du texte, les fautes des copistes, qui sont de tant d'espèces, erreurs, omissions, additions, corrections, etc.? A chaque note trois mots suffisent, et les anciens critiques n'y employaient que des signes, d'où est venu le nom même de notes. Bref, dans tout ce qu'on nous donne, je ne vois que des matériaux pour les éditeurs futurs, s'il s'en trouve jamais de raisonnables. Pas un livre pour qui veut lire.

Notre ami se plaît à écrire son grec, et je le lui passerais, si ce plaisir ne l'entraînait trop souvent loin de sa route. Tant de hors-d'œuvre dans une œuvre où tout ce qui n'est pas nécessaire nuit! tant d'étymologies de la langue moderne, curieuses si vous voulez, mais étrangères à Isocrate! Tout en se mêlant d'indiquer les beautés et les défauts, il est à mille lieues de ce qu'on appelle goût. M. Heyne, et quelques autres qui ont eu la même prétention, ne l'ont pas mieux justifiée. Après tout, est-ce là leur affaire? On ne leur demande point si Isocrate a bien écrit, mais ce qu'il a écrit; recherche que Coray néglige un peu cette fois. Croiriez-vous qu'il n'a pas seulement vu les manuscrits de Paris? Voilà un péché d'omission, dont je ne sais si le pape même le pourrait absoudre. Il s'en rapporte aux variantes de l'abbé Auger, qui s'en était aussi rapporté à quelque autre, n'ayant garde de déchiffrer les manuscrits, lui qui ne lisait pas trop couramment la *lettre moulée.* D'après cela, je vous laisse à penser ce que c'est que ce travail, *robaccia.* J'en suis fâché; car je m'attendais que nous aurions par lui quelque chose de bon de ces manuscrits; mais il y faut renoncer, car qui diable s'en occupera si Coray les néglige? C'est dommage : sur un texte si intéressant, il pouvait se faire grand honneur, et à nous grand plaisir.

Quel écrivain que cet Isocrate ! nul n'a mieux su son métier ; et à quoi pensait Théopompe, lorsqu'il se vantait d'être le premier qui eût su écrire en prose? Ce n'est pas non plus peu de gloire pour Isocrate que de tels disciples. Je lui trouve cela de commun avec votre grand Gustave, que tous ceux qui, en même temps que lui, excellèrent dans son art, l'avaient appris de lui. Voilà un étrange parallèle, et dont il ne tiendrait qu'à vous de vous moquer, ou même de vous plaindre diplomatiquement.

Donnez-moi des nouvelles de M. Micali, de nos manuscrits et de vous. Trois points comme pour un sermon ; mais celui-là ne peut m'ennuyer.

RÉPONSE DE M. AKERBLAD.

Florence, le 16 novembre 1808.

.... Je suis enchanté de voir que ni vos occupations militaires, ni les alertes que vous donnent de temps en temps les Anglais, ni même les tremblements de terre, n'ont pu vous détourner de vos études chéries ; et j'admire votre belle et constante passion pour les Muses grecques ; passion qui ne vous quitte pas, même dans la ville la plus indocte de l'Italie, et où l'on n'entend parler que de lettres de change et de marchandises coloniales.

Vous êtes donc bien fâché contre ce pauvre Coray, pour vous avoir fait une préface en grec vulgaire à votre Isocrate ! Mais, de grâce, en quelle langue fallait-il donc qu'il s'adressât aux jeunes gens de sa nation? Rien ne me semble plus naturel que de leur parler dans leur propre idiome : aussi, lorsqu'il a fait des éditions d'auteurs grecs pour vous autres messieurs les Français, il n'a pas manqué de faire les préfaces dans votre langue. Je conviens que le bonhomme est un peu long dans ses prolégomènes ; mais vous avouerez aussi que son introduction grammaticale à la tête du premier volume contient des observations excellentes, des vues neuves, sinon pour les hellénistes de l'Europe, au moins pour ses compatriotes, qui ne connaissent de grammaires que celles de Lascaris et Gaza, et qui ignorent absolument tout ce que la philosophie moderne a perfectionné dans la méthode grammaticale. Quant aux notes de Coray, je ne connais pas celles de l'Isocrate ; les autres, je les trouve parfois un peu longues, mais toujours remplies de remarques excellentes. D'ailleurs, un volume in-8° de notes pour tout l'Isocrate ne me parait pas trop. Eh! que diable diriez-vous donc des notes de feu notre ami Villoison sur Longus, de celles d'Orville sur Chariton, d'Abresch sur Aristénète, etc.? Le baron de Locella lui-même, quoique homme du monde, et qui devait avoir un peu plus de goût que ses collègues, n'a-t-il pas fait un gros volume in-4° de ce petit roman de Xénophon d'Éphèse, sans vous parler de mille autres commentateurs encore plus lourds que ceux que je viens de nommer? Ce qu'il y a de plus plaisant, c'est que les motifs qui vous font prononcer contre le bon Coray sont précisément ceux qui me donnent envie de lire ses notes. Ses étymologies de la langue moderne, ses explications de grec en grec, etc., me font vivement désirer de posséder cet ouvrage, et je vous prie, mon aimable commandant, de vous informer s'il se vend à Livourne, et à quel prix.

Si vous aviez lu la première partie des prolégomènes de Coray, vous n'auriez aucune crainte que la langue vulgaire dont il se sert ne soit pas entendue de ses compatriotes, puisque lui-même désapprouve hautement la manière de quelques écrivains de sa nation, de mêler l'ancien grec avec l'idiome usuel, manière qu'il appelle fort bien *macaronique*. Quant à une autre réprimande que vous lui faites, d'avoir écrit sa préface dans une langue et les notes dans une autre, voici ma réponse : La préface est pour les Grecs de toutes les classes, les notes uniquement pour ceux qui savent lire Isocrate dans sa propre langue. Enfin le dernier et le plus fort des reproches que vous lui faites, c'est de n'avoir pas examiné par lui-même les manuscrits de Paris. Voilà un péché bien grave, selon vous; quant à moi, je ne le regarde que comme une peccadille. On perd un temps bien précieux avec ces maudits manuscrits, qui le plus souvent ne vous donnent pas une leçon nouvelle qui soit bonne; et je regrette bien deux ou trois mois que j'ai passés dans la bibliothèque Laurentiana à confronter Orphée, et quelques autres vétilles grecques. Le manuscrit de Pausanias n'a fourni que deux ou trois variantes assez bonnes; encore avaient-elles été devinées d'avance par les éditeurs. Que cela ne vous décourage cependant pas de venir ici collationner le beau manuscrit de Sophocle, qui vous donnera, je l'espère, ou du moins je le souhaite, une ample moisson de variantes.

Le comité dont nous devions être membres, vous et moi, n'a jusqu'à présent rien trouvé de fort intéressant dans les couvents supprimés, qu'un recueil de lettres inédites de Machiavelli, de Guicciardino, et d'autres hommes célèbres. On n'a pas encore visité la bibliothèque *della Badia*, ni celle de *San Marco*. Si je suis encore ici lorsque cette visite se fera, je me mettrai à la queue des commissaires, pour voir à mon aise ces deux bibliothèques, qui étaient autrefois presque inaccessibles. Il doit s'y trouver une ample collection de manuscrits, si les moines ne les ont pas soustraits.

Furia et le gros abbé travaillent toujours à l'édition d'Ésope, qui les occupe depuis trois ans. Votre serviteur a fait la sottise de lire tout d'une haleine les érotiques grecs, ce qui a manqué le brouiller avec cette littérature qui, depuis un an, faisait ses délices, tant il a trouvé mauvais ces romanciers. C'est bien cela que vous appelez *robaccia*. Quel écrivain, dites-vous, que cet Isocrate ! Quels écrivailleurs, dis-je, moi, que ce Xénophon d'Éphèse, cet Achille Tatius, etc.! Je veux me remettre à lire Thucydide ou Démosthène, pour oublier ces platitudes-là.

On dit qu'on ne veut pas de vous en Espagne, mais qu'il pourrait vous arriver d'aller à Vérone : je voudrais qu'on vous envoyât ici ou à Rome, pour jouir de votre aimable et savante société ; et c'est avec ces vœux que j'aime à finir ma longue lettre.

A M. DE SAINTE-CROIX,

A PARIS.

Livourne, le 27 novembre 1808.

Monsieur, suivant vos instructions, j'ai remis moi-même à M. Degérando mon Xénophon[1], qui se recommande fort à vos bontés. Vous me faites grand plaisir de ne pas dédaigner un hommage aussi obscur que le mien. Si j'ai quelque mérite, c'est d'avoir pu vous plaire ; et c'est par là que je suis sûr de prévenir au moins le public en ma faveur.

Il m'importe, comme vous dites fort bien, que mon travail paraisse le plus tôt possible, non-seulement à cause de M. Gail, mais encore par d'autres raisons. Je vous prie donc de le livrer à quelque libraire, aux conditions que vous jugerez convenables, ou même sans condition. Je voudrais bien être assez riche pour faire les frais de l'impression, et pouvoir ainsi disposer de tous les exemplaires ; ce serait une espèce de demi-publicité qui me conviendrait fort ; mais je n'ai jamais un sou : et puis, ne se moquerait-on pas avec quelque raison d'un officier qui emploierait sa solde à se faire imprimer ? Il faut donc trouver un libraire qui se charge de tout. Vanité d'auteur à part, je ne puis croire qu'il y perde. Si le grec ne se vend guère (car, entre nous, les lecteurs sont cinq ou six en Europe), il se vend cher ; il y a toujours un certain nombre d'amateurs sur lesquels on peut compter ; et la traduction, qui se peut séparer du texte, aura plus de dé-

---

[1] Les deux livres sur la cavalerie, traduits à Naples.

bit, ne fût-ce que comme ouvrage militaire. Au reste, monsieur, en cela comme en tout le reste, vous savez beaucoup mieux que moi ce qui se peut faire et ce qui convient : et puisque mon Xénophon a le bonheur de vous intéresser, je ne suis pas inquiet de son entrée dans le monde.

Pour le grec, l'édition devrait être soignée par quelqu'un qui l'entendît, et qui voulût prendre la peine d'y ajouter les accents. J'ai l'habitude très-condamnable de les omettre en écrivant. M. Boissonade, avec qui j'ai eu quelques liaisons, pourrait se charger de cet ennui, s'il voulait m'obliger aussi sensiblement que Grec puisse obliger un Grec. J'hésite d'autant moins à l'en prier, que je puis lui rendre la pareille, étant tout à son service pour quelque collation ou notice de manuscrits qu'il lui faille de Rome ou d'ici, je veux dire de Florence. Qu'il considère un peu de quelle conséquence il est pour les destinées futures de Xénophon que cette édition soit correcte, puisque, étant la quintessence de tous les manuscrits, sans addition ni suppression, changement ni correction aucune, fidélité rare et peut-être unique, elle servira de base à toutes celles qu'on fera jamais de ce texte. Ce n'est donc pas pour moi, mais pour Xénophon, que je lui demande cette grâce ; en un mot, *pour l'amour du grec.*

Je n'ai point vu l'édition publiée en Allemagne il y a quatre ou cinq ans, et je ne la connais que par les lettres de feu M. de Villoison, qui m'en parlait fort avantageusement. Si l'éditeur, M. Weiske, a donné quelques soins au texte de ces deux traités, il se peut que nos conjectures se rencontrent souvent. Je ne sais même (car j'ai appris que j'étais nommé dans sa préface) s'il n'a point publié quelques-unes de mes notes, que M. Villoison a pu lui communiquer.

Je crois sans peine, monsieur, tout ce que vous me marquez de M. Larcher, quelque admirable que cela soit. Sa vie est, comme ses ouvrages, fort au-dessus des forces communes. Je pense lui être plus redevable que personne, car tout mon grec me vient de lui. Si j'en sais peu, sans lui je n'en saurais point du tout. Ce fut son Hérodote qui m'ouvrit le chemin à ces études, auxquelles je dois les meilleurs moments de ma vie. Cela vous explique pourquoi je ne cite que lui dans mes notes. Malheureusement j'ai cité quelquefois Hérodote sans pouvoir consulter sa traduction, seulement d'après mes extraits. Je travaillais en courant la poste, et le plus souvent sans livres. Dieu veuille qu'il n'y paraisse pas trop! Mais quoi? je faisais en soldat la besogne d'un soldat; car il y fallait un homme du métier, et qui n'eût connu que les livres n'aurait pu entendre ceux-là. Je reviens à M. Larcher, pour vous prier de lui présenter mon respect. En vérité, je ne sais par où je puis être digne de l'amitié de deux hommes comme vous et lui, si ce n'est par mon inviolable attachement.

Je comprends la perte que vous venez de faire [1], monsieur, et j'ose à peine vous en parler. Je suis bien peu propre à vous consoler, moi qui, depuis dix ans atteint d'une douleur pareille [2], la sens comme le premier jour. Je crois pourtant qu'il ne faut pas se plaire à son chagrin, ni se nourrir d'une amertume qui affligerait, si elles nous voyaient, les personnes mêmes que nous regrettons.

LETTRE DE M. AKERBLAD A M. COURIER.

Florence, le 2 décembre 1808.

Hier nous avons fait la fameuse descente domiciliaire chez les bénédictins, pour nous emparer de leurs manuscrits; mais ils nous ont prévenus, les gaillards! Vingt-six des plus précieux de ces manuscrits ont disparu, et entre autres le beau Plutarque que nous avons vu ensemble, et que vous devez vous rappeler. Je n'en accuse pas l'abbé du couvent, mais le bibliothécaire; ce petit père Bigi, au regard faux, est, à n'en pas douter, le voleur. Il dépend de nous deux de le faire pendre : nous n'avons qu'à attester avoir vu entre ses mains un seul des manuscrits qui manquent; mais, je vous l'avoue, je suis bon chrétien, et je ne veux pas la mort du pécheur. D'ailleurs il me semble cruel de perdre un pauvre diable pour avoir volé une vingtaine de bouquins qui, eussent-ils même été transportés à la bibliothèque de Saint-Laurent, y seraient sans doute restés vierges et intacts, comme ils l'ont été depuis deux siècles dans celle des révérends pères. Au reste, consolez-vous; parmi les quatre-vingt-dix manuscrits grecs qui sont restés, il y en a plusieurs de fort précieux : deux ou trois Platons, autant de Sophocles, un Thucydide du douzième siècle, sans parler des saint Grégoire et saint Chrysostome parfaitement beaux. Voyez si tout cela vous tente, et, dans ce cas, venez, et vous aurez de quoi vous amuser. En attendant, écrivez-nous au moins, et

[1] M. de Sainte-Croix venait de perdre sa fille.
[2] La perte de son père et ensuite de sa mère.

mandez-moi votre avis à l'égard du voleur et de sa punition. Quant à moi, je vote pour le carcan, avec un énorme saint Chrysostome au cou.

A M. DE SAINTE-CROIX,

A PARIS.

Livourne, le 15 décembre 1808.

Monsieur, j'apprends avec bien du chagrin le cruel mal qui vous tourmente; et quoique vous soyez en lieu où nul bon conseil ne saurait vous manquer, quoiqu'il y ait aussi une sorte d'indiscrétion à conseiller les malades, je veux pourtant vous dire ce que j'ai vu qui se rapporte à votre état [1], un fait dont la connaissance ne peut, je crois, vous être qu'utile.

M. d'Agincourt, à Rome, est connu, de tous ceux qui ont voyagé en Italie, comme amateur très-distingué des arts et de la littérature; et vous aurez pu aisément entendre parler de lui. Je le laissai, il y a dix ans, souffrant peut-être plus que vous du même mal; et je viens de le revoir à l'âge de soixante-douze ans, non-seulement sans douleur, mais en tout, je vous assure, plus jeune qu'alors, n'étaient ses yeux, dont il se plaint. Voilà de quoi je suis témoin, et voici le régime que commençait M. d'Agincourt quand je le quittai, il y a dix ans, et qu'il suit encore. Il ne mange que des végétaux cuits à l'eau simple, sans aucun assaisonnement ni sel; mais sa principale nourriture est la *polenta* ou bouillie de farine de maïs, qu'on appelle en Languedoc *millasse*. D'ailleurs, abstinence totale de toute autre boisson que l'eau. Comme j'entretiens avec lui une correspondance fondée sur l'amitié dont il m'honore, je lui écris aujourd'hui pour avoir l'histoire de son mal et de sa guérison. Une pareille note, ou je me trompe fort, vous sera toujours bonne à quelque chose. Cette diète lui fut indiquée, à M. d'Agincourt, non par les médecins, mais par M. le chevalier Azara, qui l'avait vue en Espagne pratiquée avec succès, et s'en souvenait; dont bien prit, comme vous voyez, à son ami. Qui empêche que je ne sois pour vous le chevalier Azara? alors, vraiment, je me louerais de mes courses en Italie.

[1] Il souffrait de la vessie.

Je vous livre, monsieur, sans réserve, mon œuvre [1], et mon nom, si on veut absolument le mettre en tête du volume. J'aimerais mieux cependant, par des raisons particulières que je puis appeler raisons d'État, n'être point nommé. Tâchez, je vous prie, de m'obtenir cela ; du reste, le plus tôt sera le mieux. Si je pouvais avoir une vingtaine d'exemplaires.... Mais tout est entre vos mains, et je suis trop heureux qu'une amitié qui m'est si honorable et si chère vous engage à prendre ce soin.

Voici de quoi ajouter à mes notes [2] ; vous voyez comme je travaille : tout ce qu'on appelle décousu, bâton rompu, n'est rien en comparaison. Une ligne faite à Milan, l'autre à Tarente, l'autre ici, Dieu sait comme tout cela joindra.

A M. GRIOIS,

MAJOR DU 4e RÉGIMENT D'ARTILLERIE A CHEVAL, A VÉRONE.

Milan, le 10 mars 1809.

Ma foi, mon major, je vous quitte, et c'est à regret en vérité. L'honnêteté n'entre pour rien dans ce que je vous dis là. Je vous regrette tous, mes camarades ; j'ai passé avec vous des moments agréables. Cependant, pour avoir du bon temps, je crois qu'il vaut mieux être libre.

Le diable s'était mis dans mes affaires en France. Je demande un congé pour aller voir ce que c'était ; on me le refuse. J'avais déjà demandé à passer en Espagne, comptant bien que je pourrais, en allant ou revenant, faire un tour au pays. Ah! ah! on ne m'écouta seulement pas. Aujourd'hui c'est ma démission dont je régale Son Excellence, et pour cela je ne crois pas qu'il y ait de difficultés.

Vous me devez de l'argent : quand je dis vous, c'est le régiment. On a reçu sans doute depuis un an mon traitement de la Légion d'honneur ; avisez, je vous prie, aux moyens de me faire toucher cela ici, vous m'obligerez. Adieu, major ; adieu, Hasard, et tous mes camarades connus et inconnus ; adieu, mes amis ; buvez frais, mangez chaud, faites l'amour comme vous pourrez. Adieu!

---

[1] Xénophon. — [2] Sur Xénophon.

A M. AKERBLAD.

Milan, le 12 mars 1809.

Ma première lettre est pour vous ; du moins n'ai-je encore écrit à personne que je puisse appeler ami : et ceci soit dit afin de vous faire sentir l'obligation où vous êtes de me répondre, toute affaire ou toute paresse cessante.

En arrivant ici j'ai demandé un congé, on me l'a refusé ; j'ai donné ma démission. J'ai fait, comme vous voyez, ce que j'avais projeté : cela ne m'arrive guère. Je projette maintenant d'aller à Paris ; mais j'attendrai pour partir que la neige soit un peu fondue sur les Alpes, et je veux les repasser avant qu'il en vienne d'autre ; car je ne puis plus vivre que dans le beau pays *ove il si suona*.

Ma lettre sans doute vous trouvera encore à Florence et au lit, je m'imagine ; car voilà un retour de froid qui va vous faire rentrer dans le duvet jusqu'au nez : *non tibi Svezia parens*. Si vous étiez enfant du Nord, vous vous ririez de nos frimas, et tout vous semblerait zéphyr en Italie. Donnez-moi bientôt de vos nouvelles : partez-vous toujours pour Rome ? J'y serai, je crois, avant vous, si Dieu nous maintient l'un et l'autre dans les mêmes dispositions.

Lamberti a fini son Iliade, et il va la porter à l'empereur. C'est un homme heureux, Lamberti s'entend. Il a, du métier littéraire, les agréments sans les peines ; il vit avec ses amis, il travaille seulement pour n'être pas désœuvré. Son chagrin (car il en faut bien), c'est cette farine sur son visage,

Qui fait fuir à sa vue un sexe qu'il adore.

Aimez-vous les vers ? en voilà. Le pauvre Lamberti gémit de n'oser se montrer aux belles, après s'être vu leur idole ; bon homme au demeurant, d'un caractère aimable, il sait assez de grec et beaucoup d'italien ; il a un frère qu'on vient de faire sénateur du royaume : je ne doute pas qu'il ne le mérite autant pour le moins que Roland, qui était sénateur romain, au dire d'Arioste. J'ai appris à cette occasion que le royaume avait un sénat ; mais je ne sais trop au vrai ce que c'est qu'un sénateur.

A une lecture de Monti (c'était encore Homère, traduit par lui Monti; et toujours de l'Homère! je crois que j'en rêverai), il a lu justement le livre où sont les deux comparaisons de l'âne et du cochon, et j'ai été témoin d'une grave discussion; savoir si l'on peut dire en vers, et en vers héroïques, *asino* et *porco* : l'affirmative a passé tout d'une voix, sur l'autorité d'Homère, appuyé de son traducteur et de son éditeur présents. Notifiez cet arrêt à vos lettrés toscans, et à tous auxquels il appartiendra : la chose intéresse beaucoup de gens, qui ne pourraient sans cela espérer de voir jamais leurs noms dans la haute poésie.

A MADAME DIONIGI,

A ROME.

Milan, le 22 mars 1809.

J'ai reçu, madame, vos deux lettres, adressées l'une à Livourne, l'autre ici, avec le programme du bel ouvrage que vous destinez au public. Je vous en demanderais pour moi un exemplaire, si je savais où le mettre, si j'avais un cabinet; mais j'habite les grands chemins, et ce qui ne peut entrer dans une valise n'est pas fait pour moi. Comptez cependant que je ne négligerai rien pour vous procurer de nouveaux souscripteurs; cela me serait difficile ici, je ne connais personne; mais à Paris, je suis un peu plus répandu; et je pourrai là, quand j'y serai, c'est-à-dire bientôt, vous servir d'autant mieux que j'y trouverai force gens à qui votre nom est connu. Vous avez bien sans doute ici des admirateurs; mais comment les rencontrerais-je, si je ne vois pas une âme? M. Lamberti, qui tient de vous la même mission, la prêchera beaucoup mieux, et annoncera aux Lombards les merveilles de vos œuvres, non pas avec plus de zèle, mais avec plus de succès que je ne pourrais faire.

Pour la traduction de votre Perspective [1], c'est mon affaire; et le titre de votre interprète me plaît et m'honore également. J'y avais déjà mis la main, comme je crois vous l'avoir marqué; mais je ne sais si je pourrai retrouver dans une foule de papiers ce que j'en avais ébauché. Si cela s'est perdu, j'y ai peu de re-

---

[1] Ouvrage de madame Dionigi sur la perspective, en italien.

grets; car à présent je suis convaincu que pour faire cette version d'une manière digne de vous, il faut que j'y travaille avec vous. C'est un bonheur que j'aurai, si Dieu me fait vivre, cet automne; car voici mon plan pour l'année courante, sauf les événements. Je vais en France donner un coup d'œil à mes affaires; je passerai là la saison des grandes chaleurs, et, au départ des hirondelles, le désir de vous voir et de vous traduire me fera repasser les monts, *e non sentir l'affanno*.

Je ne suis plus soldat. J'ai demandé d'abord, mais je n'ai pu obtenir, qu'on m'envoyât en Espagne; j'espérais voir en passant la fumée de ma chaumière. J'ai voulu depuis avoir un congé pour des intérêts très-pressants, on me l'a refusé de même, et je donne ma démission. Je ne pouvais guère, ce me semble, quitter de meilleure grâce, ni plus à propos, un métier dans lequel il ne faut pas vieillir. Dès que les neiges des Alpes seront un peu fondues, je partirai pour Paris. Mais c'est bien à regret, je vous assure, que je tourne le dos à l'Italie; et je ne resterai là-bas que le temps qu'il faudra pour m'arranger de manière à n'y revenir de sitôt; car désormais, madame, ce n'est qu'en Italie que je trouve de la douceur à vivre. L'inclination, comme vous savez, se moque de la nature, ou plutôt devient une seconde nature. La patrie est où l'on est bien, où on a des amis comme vous; et si mon bonheur est à Rome, il est clair que je suis Romain. Ceci a un air de raisonnement; mais, soit raison ou autre chose, je ne puis plus vivre que dans le beau pays *ove il si suona*.

J'ai vu à Pise M. le professeur Santi, qui m'a fort prié de vous présenter son respect. Lamberti me donne la même commission : il achève un très-beau livre, qui sera dédié et présenté à l'empereur. C'est un Homère savamment revu et corrigé par lui Lamberti, et imprimé par Bodoni.

Il y a ici un peintre que vous connaissez, madame, qui du moins se vante de vous connaître. Il se nomme M. Bossi, et copie maintenant pour le gouvernement la fameuse Cène de Léonard, entreprise qui demandait un homme à talent. Ce Léonard ne se laisse pas copier à tout le monde; mais, pour comprendre le mérite de ce que fait Bossi, il faut voir comment il a su rétablir dans sa copie les parties de la fresque détruites par le temps, et elles sont considérables. Ma foi, sans lui nous n'aurions qu'une idée bien imparfaite de ce beau tableau, dont il ne reste presque rien, et qui allait être dans peu totalement perdu. Mais comment retrouve-t-on une peinture effacée? Voilà ce qui vous surprendrait : il a découvert, je ne sais où, les cartons et les études de Léonard même. Pour la couleur, il s'est aidé de certaines copies faites dans le temps que l'original était entier. Bref, c'est comme une nouvelle édition de la Cène. N'aimez-vous pas mieux, madame, cet ancien chef-d'œuvre ainsi reproduit, que tant de nouveaux tableaux tout au plus médiocres? Quant à moi, cela me plaît fort ; et je voudrais quelque chose de semblable pour vos belles fresques de Rome, où l'on ne voit tantôt plus rien.

J'ai assisté à une grande lecture de poésie. C'était encore Homère, et traduit par Monti. Je pensais vraiment en rendre compte à mademoiselle Henriette; mais à elle je ne puis lui parler que d'elle-même, au risque toutefois d'un peu de désordre dans mes idées. Si je m'embrouille, après tout, je n'étonnerai personne, étant coutumier du fait, soit que je parle à elle ou d'elle; enfin je veux lui demander des nouvelles de ses mains, que je me figure à présent bien maltraitées par le froid. C'est un cruel mal que ces *geloni*[1], comme vous les appelez ; ces tyrans de Sicile ne respectent rien. Voyez-vous, madame? déjà je commence à déraisonner; le mieux sera, je crois, que je m'en tienne là, et que je finisse en vous assurant de mon très-humble respect.

A M. SILVESTRE DE SACY,

A PARIS.

Milan, le 13 mars 1809.

Monsieur, les tristes présages que me donnait votre lettre du 3 du courant, sur la maladie de M. de Sainte-Croix, ne se sont que trop vérifiés, comme on me le marque aujourd'hui de la part de madame de Sainte-Croix. Je n'ose encore lui écrire; mais je vous supplie, monsieur, de lui présenter mon respect, et de lui dire, si cela se peut sans irriter sa douleur, toute la part que j'y prends. Je comprends la vôtre, monsieur, sachant com-

[1] Engelures.

bien vous étiez lié avec un homme si respectable, et la haute estime qu'il avait pour vous. Quant à moi, il n'y avait personne dont l'amitié me fût ni mieux prouvée ni plus chère; et même depuis la mort de M. de Villoison, qui nous fut ravi aussi cruellement, c'était presque la seule liaison que j'eusse conservée en France parmi les gens de lettres. Il se plaisait à m'encourager dans ces études dont vous avez pu voir quelques essais, et c'était à lui que je confiais des amusements et des goûts qu'on ne peut avoir pour soi seul. Enfin, par mille raisons, je ne pouvais faire de perte qui me fût plus sensible. -- C'est déjà un bonheur pour moi que mon manuscrit passe dans vos mains; mais je voudrais qu'avec cela, monsieur, M. de Sainte-Croix vous eût transmis une partie de l'amitié dont il m'honorait. Pour avoir quelque droit à la vôtre, si ce peut m'être là un titre, permettez-moi de le faire valoir, en y joignant l'admiration que m'inspirent vos rares connaissances. Je n'en puis juger par moi-même que très-imparfaitement. Mais je voyage depuis longtemps, et partout je vous entends louer par des gens que tout le monde loue. Ainsi je suis sûr de votre mérite dans les choses mêmes qui passent ma portée. Voilà d'où me vient, monsieur, le désir de vous connaître plus particulièrement, et l'ambition de vous plaire. Je compte être bientôt à Paris, où j'espère vous faire ma cour un instant. En attendant, si vous daignez jeter un coup d'œil sur mon travail, et me donner quelques avis, venant d'un homme comme vous, nulle faveur ne me pourrait être plus précieuse. Je suis très-flatté de l'intérêt que vous y voulez bien prendre, et fort aise que M. Le Normant, à votre considération, se charge de l'impression. C'était assurément tout ce que je pouvais souhaiter. Je me flatte peut-être; mais vous voilà, je crois, un peu engagé à protéger mon Xénophon à son entrée dans le monde. J'ose vous prier, monsieur, de ne le point perdre de vue; car, plutôt que de le voir livré à la barbarie des protes, j'aimerais mieux l'étouffer d'abord. Il vous sera aisé, ce me semble, de trouver quelqu'un qui se charge de surveiller l'impression, et de voir vous-même d'un coup d'œil si tout est dans l'ordre. Comme mon voyage à Paris est encore une chose incertaine, et que, dans tous les cas, mon séjour y sera très-court, occupé d'ailleurs de soins fort différents, je ne pourrai même avoir une pensée qui se rapporte à de tels objets ; et, sans vos bontés, je renoncerais à rendre cet ouvrage public.

[Courier, devenu libre, se mit bientôt en route pour Paris, où il arriva le 14 avril. Napoléon venait d'en partir, pour aller soutenir une nouvelle guerre contre l'Autriche. Le bruit des victoires d'Abensberg et d'Eckmühl réveilla dans le cœur de notre officier d'artillerie le désir qu'il avait toujours nourri de faire une campagne dans une armée qu'il commandât. Il employa donc de nouveau ses amis, et obtint, le 7 mai, l'ordre de se rendre en Allemagne, pour y attendre que l'empereur eût prononcé sur sa rentrée au service. Il ne partit cependant pour Strasbourg que le 28, parce que ses affaires l'obligèrent à aller passer quelques jours à Luynes.

Enfin, il arriva le 15 juin à Vienne, où le quartier général était établi depuis un mois.]

A M. ET MADAME CLAVIER,

A PARIS.

Strasbourg, le 2 juin 1809.

Monsieur et madame, vous serez bien aises, je crois, de savoir que j'arrivai ici hier. (Voilà un affreux hiatus, dont je vous demande pardon.) J'arrive sain, gaillard et dispos, et je repars demain avec un aide de camp du roi Joseph d'Espagne. C'est un jeune homme, à ce que je puis voir, dont les aïeux ont fait la guerre, et qui daigne être colonel. Il veut me protéger à toute force. J'y consens, pourvu qu'il m'emmène. Vous ririez trop si je vous contais sa surprise à la vue de mon bagage. Il faut dire la vérité, il n'y en eut jamais de plus mince. J'y trouve pourtant du superflu, et j'en veux faire la réforme.

Mille amitiés, mille respects. Je ne puis encore vous donner d'adresse.

A Mme LA COMTESSE DE LARIBOISSIÈRE,

A PARIS.

Vienne en Autriche, le 19 juin 1809.

Madame, vous approuverez sûrement la liberté que je prends de vous écrire, car ai à vous parler du général et de monsieur votre fils. Leur santé à tous deux est telle que vous la pouvez souhaiter. Monsieur votre fils m'a tout l'air d'être bientôt un des plus jolis officiers de l'armée. Il le serait par sa figure, quand il n'aurait que cet avantage ; mais j'ai causé avec lui, et je puis affirmer qu'il raisonne de tout parfaitement. Où preniez-vous donc, s'il vous plaît, qu'il avait l'air un peu trop *page?* Je n'ai rien vu de plus sensé. En un mot, madame, si son frère, comme on me l'assure, ne lui cède en rien pour le mérite, vous êtes heureuse entre toutes les mères. Je vous parle le langage de l'Évangile ; ainsi je pense que vous me croirez.

Quant au général, l'empereur sait l'occuper si bien, qu'il n'aura de longtemps le temps d'être malade. C'est une chose qui nous étonne tous, que sa tête et sa santé résistent à tant d'affaires. Cependant il trouve des forces pour tout. On ne sait vraiment quand il dort, et l'heure de ses repas n'est guère plus réglée que celle de son sommeil. Avec tout cela, madame, il se porte mieux que jamais, et n'a sûrement rien à désirer, sinon d'être plus près de vous.

Ces renseignements authentiques, venant d'un témoin oculaire et digne de foi, ne vous déplairont pas, je crois ; voilà par où je me flatte de vous faire agréer ce griffonnage. A mon arrivée ici, je me suis d'abord mis fort bien avec le général, en lui donnant de vous, madame, des nouvelles exactes, récentes et satisfaisantes, sans me vanter, puisque je vous ai vue bien mieux qu'il ne vous avait laissée. L'idée m'est venue de vous faire ma cour par le même moyen, en vous marquant fidèlement l'état où se trouvent deux personnes qui vous sont si chères.

A présent, votre bonté ordinaire fera que vous serez bien aise d'apprendre où en sont mes affaires. Vous savez, madame, que le général Songis s'en est allé ; que M. de Lariboissière le remplace dans le commandement de l'artillerie de l'armée. Je crois en vérité que c'est moi qui ai arrangé tout cela. L'empereur n'eût pas fait autrement, s'il n'eût songé qu'à m'obliger. En arrivant je suis allé droit au général, sans même savoir que l'autre fût parti. Le lendemain mon affaire fut présentée à l'empereur, qui s'avisa de demander ce que c'était que ce chef d'escadron, et pourquoi il avait quitté. Le général répondit comme il fallait, sans blesser la vanité. Bref, la conclusion fut que je reprendrais sur-le-champ du service. Il n'y manque plus que je ne sais quel décret que doivent faire ceux qui les font, et puis la signature, et me voilà en pied. Vous dirai-je maintenant, madame, ma pensée tout naturellement? J'aimais M. de Lariboissière par *une ancienne inclination*, qui commença dès que je le connus (outre l'estime que personne ne peut lui refuser). Maintenant la reconnaissance s'y joint; et si cet attachement d'un officier à son chef fait quelque chose au service, il n'y aura point dans l'armée d'officier qui serve mieux que moi.

[Courier, qui s'était flatté de rester pendant toute la campagne attaché au général de Lariboissière, fut fort désappointé en recevant l'ordre de passer au quatrième corps d'armée. Il le joignit cependant dans l'île de Lobau, et fut employé aux batteries qui tirèrent, le 4 juillet, pour protéger le passage du Danube; il donne lui-même, dans une lettre du 5 septembre 1810, qu'on trouvera ci-après, le détail de ce qui lui arriva à cette occasion.

Après la victoire de Wagram, il regarda la guerre comme terminée; et, ne se croyant pas de nouveau engagé au service militaire par ce qui s'était passé depuis que sa démission avait été acceptée, il quitta l'armée, et arriva à Strasbourg le 15 juillet.]

A M. D'AGINCOURT,

A ROME.

Zurich, le 25 juillet 1809.

Monsieur, je donnerais tout au monde pour avoir à cette heure une ligne de vous qui m'assurât seulement que vous vous portez bien. Voilà en vérité mille ans que je n'ai eu de vos nouvelles. Vous allez dire que c'est ma faute. Non. Quand je vous aurais écrit, jamais vos réponses ne m'eussent atteint, dans les courses infinies que j'ai faites après être parti de Livourne. C'est de là que je vous adressai, ce me semble, ma dernière lettre. Le seul récit de mes voyages depuis ce temps-là vous fatiguerait. Figurez-vous que si j'ai eu un moment de repos, si je me suis arrêté quelque part, ç'a toujours été sans l'avoir prévu. Ne pouvant jamais dire un jour où je serais le lendemain, quelle adresse vous aurais-je donnée? Maintenant je suis libre, ou je crois l'être, c'est tout un; et je vais...... devinez où? à Rome. Cela n'est-il pas tout simple? Débarrassé de mille sottises qui me tiraillaient en tous sens, je reprends aussitôt ma tendance naturelle vers le lieu où vous résidez. Voilà une phrase de physicien, que quelque jolie femme prendrait pour de la cajolerie; mais vous, monsieur, vous savez bien que c'est la pure vérité. Il est heureux pour moi sans doute que vous habitiez justement le pays que je préfère à tout autre; mais fussiez-vous en Sibérie, dès que je me sens libre, j'irais droit à vous.

J'ai dû vous marquer, si tant est que je vous aie écrit de Milan, comme, arrivé là, je quittai sagement mon vilain métier. Mais à Paris, un hasard, la rencontre d'un homme que je croyais mon ami,

Et, je pense,
Quelque diable aussi me poussant,

je partis pour l'armée d'Allemagne, dans le dessein extravagant de reprendre du service. La fortune m'a mieux traité que je ne méritais, et, tout près d'être lié au banc, m'a retiré de cette galère. Je vous conterai cela quelque jour. Ce n'est pas matière pour une lettre. Dès que les chaleurs cesseront, je descendrai de ces montagnes, pour aller passer l'hiver avec vous. Cependant écrivez-moi, si peu que vous voudrez; mais écrivez-moi. Deux mots de votre main me seront un témoignage de l'état de vos yeux, et suffiront pour m'apprendre comment vous vous portez.

A M. ET MADAME THOMASSIN,

A STRASBOURG.

Lucerne, le 25 août 1809.

Monsieur et madame, les marques d'amitié que j'ai reçues de vous à mon passage par votre bonne ville me persuadent que vous serez bien aises d'avoir de mes nouvelles, et de savoir un peu ce que je deviens. En vous quittant, j'allai à Bâle; je n'y vis que la maison fort intéressante de M. Haas, auquel j'étais adressé par M. Levrault; l'occasion qui se présenta de me rendre à Zurich d'une manière très-convenable à ma fortune, c'est-à-dire presque gratis, me décida pour ce voyage. Ce fut là que je com mençai à me trouver en Suisse, pays vraiment admirable dans cette saison. La beauté tant vantée des sites fit sur moi l'effet ordinaire, me surprit et m'enchanta. Il y avait là un prince russe avec sa femme et ses enfants, tous fort bonnes gens, quoique princes; parlant français mieux que les nôtres, ce que vous croirez aisément. Leur connaissance, que je fis, me fut utile et agréable. Nous vîmes le lac en bateau, les environs en voiture (où les voitures pouvaient aller), le reste à pied; tout me convenait, à cause de la compagnie; on riait à n'en pouvoir plus, on causait gaiement. J'osai bien leur parler de leur vilain pays, dont je recueillis là en passant quelques notions assez curieuses. Je fus ainsi deux jours avec eux sans m'ennuyer; après quoi toute cette famille, prince, princesse, petits princes, valets, et servantes fort jolies, tout cela partit en trois carrosses pour les eaux de Baden, et partira peut-être quelque jour en un seul tombereau pour la Sibérie. Ce fut la réflexion que je fis sans la leur communiquer.

Sur le lac, Dieu m'est témoin que je pensai à mes amis des bords du Rhin, vous compris et en tête, si vous le trouvez bon; et voici comment j'y pensai tout naturellement : je regardais les eaux de ce lac, transparentes comme le cristal, celles de la Limate en sortent, et vont se jeter dans le Rhin. Vous voyez, monsieur et madame, comme mes pensées, en suivant l'onde fugitive, arrivaient doucement à vous. Les vôtres n'auraient-elles pas pu remonter quelquefois le cours de l'eau? Cela n'est pas si naturel; aussi n'osai-je m'en flatter.

Après le départ de mes Russes, je ne fus pas longtemps sans trouver une autre occasion aussi peu coûteuse que la première pour venir à Lucerne, en reprenant ma direction vers l'Italie. Arrivé dans cette ville, je voulus, avant d'aller plus loin, reconnaître le pays, où je vis beaucoup d'ombrages, point de vignes, des sapins, et, du côté du midi, un rempart de montagnes toujours couvertes de neiges. J'en conclus que c'était là un lieu très-propre à passer le mois d'août, et l'asile que je cherchais contre la rage de la canicule, comme parle Horace. Le hasard me fit connaître un jeune baron qui venait d'hériter d'une jolie maison de campagne sur le bord du lac, à demi-lieue de la ville; nous allâmes ensemble la voir, et, sur l'assurance qu'il me donna de n'y jamais mettre le pied, j'y acceptai le logement d'où je vous écris, que j'occupe depuis un mois, et que je compte occuper jusqu'à la fin de septembre; car je ne crois pas que l'Italie, dans la partie où je veux aller, soit habitable avant ce temps.

Ma demeure est à mi-côte, en plein midi, au-dessus d'une vallée tapissée de vert, mais d'un vert inconnu à vous autres mondains, qui croyez être à la campagne auprès des grandes villes. J'ai en face une hauteur qu'on appellerait chez vous montagne, toute couverte de bois, et ces bois sont pleins de loups dont je reçois chaque matin les visites dans ma cour, comme M. de Champcenetz recevait ses créanciers; plus loin, je vois dans les grandes Alpes l'hiver au-dessus du printemps; à droite, d'autres montagnes entrecoupées de vallons; à gauche, le lac et la ville; et puis encore des montagnes ceintes de feuillages et couronnées de neige. Ce sont là ces tableaux qu'on vient voir de si loin, mais auxquels nous autres Suisses nous ne faisons non plus d'attention qu'un mari aux traits de sa femme après quinze jours de ménage.

Quant à ma vie, j'en fais trois parts : l'une pour manger et dormir, l'autre pour le bain et la promenade, la troisième pour mes vieilles études, dont j'ai apporté d'amples matériaux. Le jardinier et sa femme, qui me servent, n'entendent pas un mot de français : ainsi j'observe strictement le silence de Pythagore et à peu près son régime. Je ne vais jamais à la ville, où je ne connais personne, et où je ne suis connu que des femmes par une aventure assez drôle.

Je me baigne tous les jours dans le lac, et le plus souvent dans un endroit qui est un port pour les bateaux. Dimanche dernier, au soleil couchant, je m'étais déshabillé pour me jeter à l'eau. Les eaux de ces lacs, par parenthèse, sont toujours très-froides, et le baptême n'en est que plus salutaire. Mais on n'en use point ici, et je crois même qu'il n'y a personne dans tout le pays qui sache nager. Moi qui n'ai point d'autre plaisir, je m'en donne du matin au soir, et je m'en trouve très-bien. J'avais donc défait ma toilette. Un bouquet d'arbres, une espèce de lisière de taillis le long du rivage, m'empêcha de voir quelques barques qui venaient côte à côte prendre terre où j'étais, et qui, survenant tout à coup, me mirent au milieu de vingt femmes, dans le costume d'Adam avant le péché. Ce fut, je vous assure, une scène, non pas une scène muette, mais des cris, des éclats de rire; je n'ouïs jamais rien de pareil; les échos s'en mêlant redoublèrent le vacarme. Ces dames se sauvèrent où elles purent, et moi je m'enfuis sous les ondes, comme les grenouilles de la Fontaine. Je fus prier les nymphes de me cacher dans leurs grottes profondes, mais en vain. Il me fallut bientôt remettre le nez hors de l'eau; bref, les Lucernoises me connaissent, et c'est peut-être ce qui m'empêche de leur faire ma cour.

Je corrige un Plutarque qu'on imprime à Paris. C'est un plaisant historien, et bien peu connu de ceux qui ne le lisent pas en sa langue; son mérite est tout dans le style. Il se moque des faits, et n'en prend que ce qui lui plaît, n'ayant souci que de paraître habile écrivain. Il ferait gagner à Pompée la bataille de Pharsale, si cela pouvait arrondir tant soit peu sa phrase. Il a raison. Toutes ces sottises qu'on appelle histoire ne peuvent valoir quelque chose qu'avec les ornements du goût.

Voilà, monsieur et madame, comme se passe mon temps, fort doucement, je vous assure, mais avec une rapidité qui m'effrayerait, si j'y songeais. Je ne fais pas cette folie. Je ne songe qu'à vivre pour vous revoir un jour, et je m'y prends, ce me semble, assez bien. Ce qui rend mes heures si rapides, c'est que je ne suis guère oisif. Je puis dire comme Caton : Je ne fus jamais si occupé que depuis que je n'ai plus rien à faire. Enfin, si j'avais de vos nouvelles, je ne désirerais rien, et il y aurait au monde un homme content de son sort. Écrivez-moi donc bientôt.

Parlez-moi de ce bouton de rose que vous élevez sous le nom d'Hélène. Vous êtes là en vérité une trinité fort aimable, et bien mieux arrangée que l'autre. Vous êtes aussi *consubstantiels* et indivisibles. Chacun de vous est nécessaire à l'existence de tous trois. Agréez, je vous en supplie, l'assurance très-sincère de mon respect et de mon attachement.

A M. ET MADAME CLAVIER,

A PARIS.

Lucerne, le 30 août 1809.

Monsieur et madame, ne vous ai-je pas écrit deux ou trois fois au moins? N'ai-je pas mis moi-même mes lettres à la poste? Ne vous ai-je pas marqué mon adresse bien exacte? C'est à moi que je fais ces questions; car je suis moins sûr de moi que de vous, et je m'accuserais volontiers de votre silence. Le fait est que je ne reçois pas un mot. A toute force, il se pourrait que vous m'eussiez écrit, car dans mes longues erreurs j'ai perdu des lettres. Les vôtres sont, sans flatterie, celles que je regrette le plus, si tant est que vous m'ayez écrit, comme je tâche de le croire. Mandez-moi au moins ce qui en est, et si je dois m'en prendre à vous, à la poste ou à moi, qui, par quelque étourderie, *sicut meus est mos*, me serai privé du plaisir d'avoir de vos nouvelles. Quand je dis plaisir, c'est un besoin. Comptez que je ne puis m'en passer, et dépêchez-vous, s'il vous plaît, de m'adresser quelques lignes de la moins paresseuse de vos quatre mains. Ce sont quatre torts que vous avez, si vous êtes restés tant de temps sans me donner signe de souvenir.

Quand j'aurai des preuves que vous recevez mes lettres, je vous conterai par quelle chance je me trouve ici. Je m'y trouve bien, et j'espère me trouver encore mieux à Rome, où je passerai l'hiver. Je ne suis plus soldat, Dieu merci; je suis ermite au bord du lac, au pied du *Righi*. Je ne vois que bergers et troupeaux, je n'entends que les chalumeaux, et le murmure des fontaines; et, dans l'innocence de ma vie, je ne regrette rien de cette Babylone impure que vous habitez : s'entend, je n'en regrette que vous, qui êtes purs si vous m'avez écrit.

Vous ferez bien parvenir, je crois, mes respects à madame de Salm, quelque part qu'elle soit. Je lui écrirais si j'osais, si je savais où adresser ma lettre. Je pensai fort à elle sur les bords de ce lac de Zurich, où j'étais il n'y a pas huit jours : je pensai à elle d'une façon toute pastorale. Je regardais les eaux du lac, transparentes comme le cristal; celles de la Limate en sortent, et vont se jeter dans le Rhin : vous voyez comme mes pensées en suivant l'onde fugitive, allaient par le Rhin à la Roër. Mais quel séjour pour une muse, que le Rhin et la Roër! comment mettra-t-elle ces noms-là sur sa lyre? Cela est fâcheux pour ces pauvres fleuves; on ne les chantera point en beaux vers : on les abandonnera aux Buache et aux Pinkerton. Que ne s'appelaient-ils Céphise ou Asopus!

N'avez-vous jamais ouï parler du marquis Tacconi, à Naples, grand trésorier de la couronne, grand amateur de livres, et mon grand ami, que l'on vient de mettre aux galères? il avait 100,000 livres de rente, et il faisait de faux billets; c'était pour acheter des livres, et il ne lisait jamais. Sa bibliothèque magnifique était plus à moi qu'à lui; aussi suis-je fort fâché de son aventure. Tudieu, comme on traite la littérature en ce pays-là! L'autre roi fit pendre un jour toute son académie, celui-ci envoie au bagne le seul homme qui eût des livres dans tout le royaume. Mais, dites-moi, auriez-vous cru que la fureur bibliomaniaque pût aller jusque-là? L'amour fait faire d'étranges choses; ils aiment les livres charnellement, ils les caressent, les baisent.

Ce qui suit sera, s'il vous plaît, pour le docteur Coray. M. Basili, à Vienne, m'a rendu mille services, dont je remercie de tout mon cœur M. Coray, et dont le moindre a été de me donner de l'argent. Je devais remettre cet argent à son correspondant de Paris; mais comme je n'ai de mémoire que pour les choses inutiles, j'ai d'abord oublié le nom de ce correspondant, qui doit pourtant s'appeler M. Martin Pesch, ou Puech, ou Pioche; bref, on ne le trouve point à Paris. M. Coray peut et doit même savoir le nom et l'adresse de ce monsieur; qu'il ait donc la bonté de me l'envoyer bien vite : non pas le monsieur, mais l'adresse. J'ai écrit maintes lettres à M. Basili, mais il y a un sort sur toute ma correspondance; et puis je crains que dans ce temps-ci mes lettres ne lui parviennent pas. Enfin cela ne finira point, si Dieu et vous, gens charitables, n'y mettez la main; et M. Basili, qui m'a obligé on ne peut pas plus galamment, aurait assurément droit d'être mécontent.

Une idée qui me vient à présent : Seriez-vous à Lyon par hasard? mais non, vos lettres se sont perdues : car vous m'avez écrit, ou vous m'écrirez sitôt la présente reçue.

[Courier quitta Lucerne le 27 septembre, après y avoir passé deux mois. Ce fut pendant ce séjour qu'il fit la traduction libre de la vie de Périclès par Plutarque. De Lucerne il se rendit à Altorf, traversa à pied le mont Saint-Gothard, et vint par Bellinzona et Lugano à Milan, où il arriva le 3 octobre.]

A M. ET MADAME THOMASSIN,

A STRASBOURG.

Milan, le 12 octobre 1809.

Monsieur et madame, je ne sépare point ce que Dieu a joint, et je réponds à vos deux lettres par une seule. Ces deux bonnes lettres me sont parvenues avec celles que vous avez retirées pour moi de la poste. Mais celles-là, en vous priant de me les renvoyer à Lucerne, je n'entendais point du tout vous en faire payer le port. La plupart des gens obligent peu, lors même qu'il ne leur en coûte rien, et beaucoup vendent cher de médiocres services ; vous, vous obligez et payez : ma foi, il y a plaisir d'être de vos amis. Je devrais au moins ne pas abuser de tant de bonté ; mais comment m'y prendre pour tirer encore de votre maudite poste deux ou trois lettres que j'y dois avoir d'ancienne date ? Écrire au directeur, comme j'avais fait avant de recourir à vous, je n'aurai ni lettres ni réponse. Il faut donc toujours vous importuner ; mais, cette fois, sans rien débourser. Envoyez, je vous prie, à ce bureau quelqu'un qui, fouillant dans le fatras des lettres *poste restante*, y déterre les miennes, et fasse mettre au dos, *chez messieurs Molini et Landi, libraires à Florence ;* puis vous joindrez à cette bonté celle de m'en donner avis.

Les lettres de madame Thomassin sont ce que l'on m'avait dit, c'est-à-dire, après sa conversation, tout ce qu'il y a de plus aimable. Mais dussé-je être impertinent, je critiquerai celle que j'ai reçue ; aussi bien n'y suis-je pas trop ménagé.

Ce que j'y trouve à dire d'abord, c'est qu'elle est trop courte ; et puis c'est que madame n'y parle guère que de moi. Étais-je en droit d'espérer qu'elle me parlât d'elle-même, et de ce qui l'entoure ? Je ne sais, mais il me semble...... Enfin, pourquoi ne m'a-t-elle pas dit où en est son bâtiment ? J'aurais bien pu avoir aussi des nouvelles de la vache, du jardin, et d'autres choses. Franchement, comme vieille connaissance, j'avais droit à ces détails, et tout ce qui eût allongé sa lettre la rendait d'autant meilleure.

Vous voulez donc bien, madame, vous intéresser à mes courses; je n'en ai fait jusqu'au 30 septembre qu'aux environs de mon ermitage. J'ai vu dans les hautes Alpes ces gens qui vivent de lait et ignorent l'usage du pain; ils paraissent heureux. Je vous dirai l'année prochaine ce qui en est; car je compte passer l'été avec eux, et descendre après en Alsace. J'ai fait sur mon lac de Lucerne des navigations infinies. Ses bords n'ont pas un rocher où je n'aie grimpé pour chercher quelque point de vue, pas un bois qui ne m'ait donné de l'ombre, pas un écho que je n'aie fait jaser mille fois; c'était ma seule conversation, et le lac mon unique promenade. Ce lac a aussi ses nymphes; il n'y a si chétif ruisseau qui n'ait la sienne, comme vous savez. J'en vis une un jour sur la rive. Je ne plaisante point. J'étais descendu pour examiner les ruines du fameux château de Habsbourg; mais je vis autre chose que des ruines. Une jeune fille jolie, comme elles sont là presque toutes, cueillait des petits pois dans un champ; leur costume est charmant, leur air naïf et tendre, car en général elles sont blondes; leur teint, un mélange de lis et de roses; celle-là était bien du pays. J'approchai. Je ne pouvais rien dire, ne sachant pas un mot de leur langue; elle me parla, je ne l'entendis point. Cependant comme en Italie, où beaucoup d'affaires se traitent par signes, j'avais acquis quelque habitude de cette façon de s'exprimer, je réussis à lui faire comprendre que je la trouvais belle. En fait de pantomime, sans avoir été si loin l'étudier, elle en savait plus que moi. Nous causâmes; je sus bientôt qu'elle était du village voisin, qu'elle allait dans peu se marier, que son amant demeurait de l'autre côté du lac, qu'il était jeune et joli homme. Vous seriez-vous doutée, madame, que tout cela se pût dire sans parler? Pour moi, j'ignorais toute la grâce et l'esprit qu'on pouvait mettre dans une pareille conversation; elle me l'apprit. Cependant je partageais son travail, je portais le panier, je cueillais des pois, et j'étais payé d'un sourire qui eût contenté les dieux mêmes; mais je voulus davantage.

Toute cette histoire ne me fait guère d'honneur : me voilà pourtant, je ne sais comment, engagé à vous la conter, et vous, madame, à la lire. J'obtins de cette belle assez facilement qu'elle ôtât un grand chapeau de paille à la mode du pays; ces chapaux, dans le fait, sont jolis; mais il couvrait, il cachait...... et le fichu, c'était bien pis; à peine laissait-il voir le cou. Je m'en plaignis, j'osai demander que du moins on l'entr'ouvrît. Ces choses-là en Italie s'accordent sans difficulté; en Suisse, c'est une autre affaire. Non-seulement je fus refusé, mais on se disposa dès lors à me quitter. Elle remit son chapeau, remplit à la hâte son panier, et le posa sur sa tête. Quoique la mienne ne fût pas fort calme, j'avais pourtant très-bien remarqué que ce fichu, auquel on tenait tant, ne tenait lui-même qu'à une épingle assez négligemment placée; et profitant d'une attitude qui ne permettait nulle défense, j'enlevai d'une main l'épingle et de l'autre le fichu, comme si de ma vie je n'eusse fait autre chose que déshabiller les femmes. Ce que je vis alors, aucun voyageur ne l'a vu; et moi je ne profitai guère de ma découverte, car la belle aussitôt s'enfuit, laissant à mes pieds son panier et son chapeau, qui tomba; et je restai le mouchoir à la main. Quand elle s'arrêta, et tourna vers moi ses yeux indignés, j'eus beau la rappeler, prier, supplier, je ne pus lui persuader ni de revenir, ni de m'attendre. Voyant son parti pris, qu'y faire? Je mis le fichu sur le panier avec le chapeau, et je m'en allai, mais lentement, trois pas en avant et deux en arrière, comme les pèlerins de l'Inde. A mesure que je m'éloignais elle revenait, et quand je revenais elle fuyait. Enfin, je m'assis à quelque distance, et je lui laissai réparer le désordre de sa toilette; et puis je me levai, et je sus encore lui inspirer assez de confiance pour me laisser approcher. Je n'en abusai plus. Nous ramassâmes ensemble la récolte éparse à terre, et je plaçai moi-même sur sa tête, le panier que ses doigts seuls soutenaient de chaque côté; alors figurez-vous ses deux mains occupées, mêlées avec les miennes, sa tête immobile sous ce panier, et moi si près... J'avais quelques droits, ce me semble; l'occasion même en est un. J'en usai discrètement. Maintenant, madame, si vous demandez ce que c'est que le château de Habsbourg, en vérité je ne l'ai point vu, non que je n'y sois revenu plus d'une fois. Je revins souvent au pied de ces tours, mais sans jamais voir ce que j'y cherchais.

Quand je m'aperçus que les feuilles se détachaient des arbres, et que les hirondelles s'assemblaient pour partir, je coupai un bâton d'aubépine que je fis durcir au feu, et me mis en chemin vers l'Italie. Je fus deux jours dans les neiges, mourant de froid, car je n'avais pris aucune précaution; et je ne dégelai qu'à Bellinzona. Dieu et les chèvres de ces montagnes savent seuls par où j'ai passé. Il ne faut pas parler là de routes. Mon guide portait mon bagage. Il n'y en eut jamais de plus léger; aussi pouvais-je à peine le suivre. Ces montagnards ont des jambes qui ne sont qu'à eux.

Mon dessein n'était pas de m'arrêter ici; mais j'y ai trouvé un ami [1], et cet ami-là est un homme qui a du savoir et du goût, deux choses rarement unies. Me voilà donc à Milan, jusqu'à ce que le froid m'en chasse. Je compte être à Florence dans les premiers jours de novembre, à Rome bientôt après. Vous appelez cela courir, mais au vrai je ne sors pas de chez moi. Ma demeure s'étend de Naples à Paris. Je goûte avec délices les douceurs de l'indépendance. Quoique dans le vilain métier que j'ai fait si longtemps je fusse bien moins esclave qu'un autre, je ne connaissais point du tout la liberté. Si l'on savait ce que c'est, les rois descendraient du trône, et personne n'y voudrait monter.

Toutes ces ratures dans ma lettre vous prouveront, monsieur et madame, que je vous écris en conscience, comme disait Fontenelle, c'est-à-dire que je soigne mon style, et que je fais de mon mieux pour vous parler français. Ce long bavardage n'est pas de nature à se pouvoir transcrire. Que je vous fasse une autre lettre, il y aura d'autres sottises; autant vaut vous envoyer ce griffonnage-ci tel qu'il est.

Faites, je vous en supplie, que je trouve de vos nouvelles à Florence, et de celles de votre ange. Sa charmante figure m'est bien présente à l'esprit, et je pourrai l'année prochaine vous dire exactement de combien elle sera embellie. C'est un grand bonheur pour vous et pour elle, qu'on soit délivré des horreurs de la petite vérole : ayant plus à perdre qu'une autre, elle eût eu et vous eût causé d'autant plus d'inquiétudes. Cette petite vérole est pourtant bonne à quelque chose : c'est une excuse pour les

[1] Lamberti.

laids. Moi, par exemple, ne puis-je pas dire que, sans elle, j'étais joli garçon ?

A M. AKERBLAD,

A ROME.

Milan, le 14 octobre 1809.

Monsieur, j'ai trouvé ici votre lettre du 21 juin. Grand merci de vos soins obligeants pour mes livres, papiers, collations de manuscrits, etc. Mes affaires philologiques sont aussi bien entre vos mains que jadis les affaires politiques du roi votre maître. Je doutais que vous fussiez maintenant en Italie, et je vois avec grand plaisir que je puis encore espérer de vous retrouver à Rome, où, partant demain, j'arriverai un mois après cette lettre ; car je m'arrêterai tout autant à Florence, comme chargé par M. Clavier de certaines recherches relatives à son *Pausanias*. Je fouillerai aussi pour mon compte dans les vénérables bouquins.

Amati est bon de se figurer que je vais l'enrichir ; je ne peux ni ne veux dépenser un sou pour le grec ; voici tout ce que je peux faire : le libraire qui imprimera, Dieu sait quand, cet *Anabasis*, payera le travail d'Amati. Je ne donnerai le mien qu'à cette condition.

J'ai quelque souvenance d'avoir été soldat ; mais cela est si loin de moi, qu'en vérité je le puis ranger parmi les choses oubliées. J'étais, comme on vous l'a dit, rentré dans le tourbillon, comptant imprudemment sur l'amitié d'un comte avec qui je me trouvai loin de compte. Catherine de Navarre, dit-on, fut fille amoureuse et drue, qui eut un mari débile ; et comme on lui demandait, le lendemain de ses noces, des nouvelles de la nuit, elle répondit en soupirant : *Ah! ce n'est pas mon compte.* Elle entendait le comte de Soissons, dont le mérite lui était connu. Il m'est arrivé le contraire : je pensais trouver un ami ; mais, hélas ! c'était un comte. Vous saurez tout quand je vous verrai. Dites de moi, si vous voulez :

Il prit, quitta, reprit la cuirasse et la haire.

Pauvre hère, mais content, si jamais homme le fut.

A M. CLAVIER [1],

A PARIS.

Milan, le 16 octobre 1809.

Vite, monsieur, envoyez-moi vos commissions grecques. Je serai à Florence un mois ; à Rome tout l'hiver, et je vous rendrai bon compte de tous les manuscrits de Pausanias. Il n'y a bouquin en Italie où je ne veuille perdre la vue pour l'amour de vous et du grec. Laissez-moi faire ; je projette une fouille à l'abbaye de Florence, qui nous produira quelque chose. Il y avait là du bon pour vous et pour moi dans une centaine de volumes du neuvième et du dixième siècle. Il en reste ce qui n'a pas été vendu par les moines. Peut-être y trouverai-je votre affaire. Avec le *Chariton* de Dorville est un Longus que je crois entier, du moins n'y ai-je point vu de lacune quand je l'examinai ; mais en vérité il faut être sorcier pour le lire. J'espère pourtant en venir à bout à *grand renfort de bésicles*, comme dit maître François. C'est vraiment dommage que ce petit roman d'une si jolie invention, qui, traduit dans toutes les langues, plaît à toutes les nations, soit mutilé comme il l'est. Si je pouvais vous l'offrir complet, je croirais mes courses bien employées, et mon nom assez recommandé aux Grecs présents et futurs. Il me faut peu de gloire ; c'est assez pour moi qu'on sache quelque jour que j'ai partagé vos études, et que j'eus part aussi à votre amitié.

Le succès de votre Archéologie n'ajoute rien à l'idée que j'en avais conçue :

Je ne prends point pour juge un peuple téméraire.

Ce que vous m'en avez lu me parut très-bon, et ce fut dans ces termes que j'en dis ma pensée à madame Clavier d'abord, et depuis à d'autres personnes. Je ne suis point de ces gens qui

...Trépignent de joie ou pleurent de tendresse

à la lecture d'un ouvrage : Cela est très-bon, fut mon premier mot ; le meilleur éloge est celui dont il n'y a rien à rabattre.

Ce que vous appelez un autre coup de tête est l'action la plus

---

[1] Cette lettre est imprimée dans la lettre à M. Renouard, qui précède les *Pastorales de Longus*, édition de 1821.

sensée que j'aie faite en ma vie. Je me suis tiré heureusement d'un fort mauvais pas, d'une position détestable où je me trouvais par ma faute, pour m'être sottement figuré que j'avais un ami, ne me souvenant pas que dès le temps d'Aristote il n'y avait plus d'amis : ὦ φίλε, οὐκ ἔτ' εἰσὶ φίλοι. Celui-là, suivant l'usage, me sacrifiait pour une bagatelle, et me jetait dans un gouffre d'où je ne serais jamais sorti. Comme soldat, je ne pouvais me plaindre ; mon sort même faisait des jaloux, et je m'en serais contenté *si j'eusse été Parménion*; mais mon ambition était d'une espèce particulière, et ne tendait pas à vieillir

> Dans les honneurs obscurs de quelque légion.

J'avais des projets dont le succès eût fait mon malheur. La fortune m'a mieux traité que je ne méritais. Maintenant je suis heureux ; nul homme vivant ne l'est davantage, et peut-être aucun n'est aussi content ; je n'envie pas même les paysans que j'ai vus dans la Suisse : j'ai sur eux l'avantage de connaître mon bonheur. Ne me venez point dire : *Attendons la fin;* sauf le respect dû aux anciens, rien n'est plus faux que cette règle : le mal de demain ne m'ôtera jamais le bien d'aujourd'hui. Enfin, si je n'atteins pas le *mentem sanam in corpore sano*, j'en approche du moins depuis un temps.

Madame de Sévigné est donc aux Rochers ; je veux dire madame Clavier en Bretagne : je vous plains ; son absence est pire que celle de toute autre. Présentez-lui, je vous prie, dans votre première lettre, mes très-humbles respects.

J'irais voir madame Dumoret, appuyé de votre recommandation et d'un ancien souvenir qu'elle peut avoir de moi, si j'étais homme à tenir table, à jouer, à prendre enfin un rôle dans ce qu'on appelle société ; mais Dieu ne m'a point fait pour cela. Les salons m'ennuient à mourir, et je les hais autant que les antichambres. Bref, je ne veux voir que des amis ; car j'y crois encore, en dépit de l'expérience et d'Aristote. Je n'en suis pas moins obligé à votre bonne intention de m'avoir voulu procurer une connaissance agréable.

A M. CLAVIER,

A PARIS.

Milan, le 21 octobre 1809.

Dans ma dernière lettre je ne vous ai point indiqué d'adresse pour me faire parvenir votre dernier ouvrage, que je suis fort impatient de lire, et de faire lire à ceux qui en sont dignes deçà des monts. Voici maintenant par quelle voie vous pourrez me l'envoyer. M. Bocchini, rue des Filles Saint-Thomas, n° 20, est le correspondant de notre ami Lamberti (lequel Lamberti, par parenthèse, vous ἀσπάζει φιλοφρόνως; car c'est sur sa table que je vous fais *ces lignes,* et il me charge expressément de vous *riverire caramente*). M. Bocchini se chargera de tout ce que vous voudrez me faire parvenir sous l'adresse de M. Lamberti. Tâchez, je vous en prie, de m'envoyer aussi les volumes de Plutarque de M. Coray, à mesure qu'ils paraîtront; et de plus l'Eunapius de M. Boissonade. J'ai fort envie d'avoir tout cela : le prix en sera payé chez madame Marchand, en présentant cette lettre. — Notez, s'il vous plaît, que votre dernière lettre, la seule que j'aie reçue, ne me donne point l'adresse de je ne sais quel banquier correspondant de M. Basili, auquel banquier je dois payer.... Voyez, je vous supplie, mon autre lettre datée de Lucerne, et aidez-moi par charité à payer mes dettes, avec les intérêts, qui courent (notez encore ce point) à je ne sais combien pour cent. Si Dieu n'y met ordre, il faudra que je me cache à la triacade prochaine, comme les enfants de famille faisaient chez vos Athéniens. Je pars dans deux ou trois jours pour Florence, et je vous embrasse. Mes très-humbles respects à madame Clavier, quelque part qu'elle soit : ἔρρωσο.

[Courier quitta Milan le 27 octobre, et arriva à Florence le 4 novembre. Dès le lendemain, il se rendit à la bibliothèque de San-Lorenzo, pour examiner avec soin un manuscrit de Longus, *Daphnis et Chloé*, qu'il avait vu l'année précédente, et que, faute de temps, il n'avait pu que feuilleter. Il le trouva complet, et les jours suivants il en copia la valeur d'environ dix pages du premier livre, qu'il savait manquer dans toutes les éditions existantes de cet ouvrage, et même dans tous les manuscrits connus. La copie était terminée, lorsque, par malheur, il fit sur une des pages du morceau inédit une tache d'encre qui couvrait une vingtaine de mots. Pour calmer autant qu'il était en lui le déplaisir que cet accident causa à M. F. del Furia, bibliothécaire, il lui remit le certificat suivant, que l'on montre encore aujourd'hui avec le manuscrit :

« Ce morceau de papier, posé par mégarde dans le manuscrit pour « servir de marque, s'est trouvé taché d'encre : la faute en est toute à « moi, qui ai fait cette étourderie ; en foi de quoi j'ai signé.

« COURIER.

« Florence, le 10 novembre 1809. »

Le surlendemain, M. Renouard, libraire de Paris, qui se trouvait alors à Florence, et qui s'intéressait à la découverte de ce fragment, comptant le publier lui-même, arriva dans la bibliothèque. Les conservateurs lui présentèrent le manuscrit, auquel la feuille souillée d'encre était encore attachée. Il demanda la permission d'essayer de la décoller, et y réussit assez heureusement. Il faut lire la notice de 16 pages qu'il publia à ce sujet au mois de juillet 1810.]

A M. AKERBLAD,

A ROME.

Florence, le 5 décembre 1809.

Il est vrai, φίλων ἄριστε, que je ne suis point baron, quoique je vienne d'où on les fait. Je n'étais pas destiné à décrasser ma famille, qui en aurait un peu besoin, soit dit entre nous ; il est vrai aussi que je n'allais à l'armée d'Allemagne que pour voir ce que c'était. Je me suis passé cette fantaisie, et je puis dire, comme Athalie, *J'ai voulu voir, j'ai vu.* Je suivais un général que j'avais vu longtemps bon homme et mon ami, et que je croyais tel pour toujours ; mais il devint comte. Quelle métamorphose ! le bon homme aussitôt disparut, et de l'ami plus de nouvelles ; ce fut à sa place un protecteur : je ne l'aurais jamais cru, si je n'en eusse été témoin, qu'il y eût tant de différence d'un homme à un comte. Je sus adroitement me soustraire à sa haute protection, et me voilà libre et heureux à peu près, autant qu'on peut l'être.

Que me parlez-vous, je vous prie, d'entreprise littéraire? Dieu me garde d'être jamais entrepreneur de littérature : Je donne mes griffonnages classiques aux libraires, qui les impriment à leurs périls et fortunes ; et tout ce que j'exige d'eux, c'est de n'y pas mettre mon nom, parce que,

> Je vous l'ai dit, et veux bien le redire,

ma passion n'est point du tout de figurer dans la gazette ; je méprise tout autant la trompette des journalistes que l'oripeau des courtisans. Si j'étais riche, je ferais imprimer les textes grecs pour moi et pour vous, et pour quelques gens comme vous, *tutto per amore*. Mais, hélas! je n'ai que de quoi vivre ; et, pour informer cinq ou six personnes en Europe des trouvailles que je puis faire dans les bouquins d'Italie, il me faut mettre un libraire dans la confidence, et ce libraire fait *chiasso* pour vendre. Il n'est question, je vous assure, ni d'entreprise ni de début.

> Corrigez, s'il vous plaît, ces façons de parler ;

je ne débute point, parce que je ne veux jouer aucun rôle. Je ne prends ni ne prendrai jamais masque, patente, ni livrée.

Au lieu de me quereller pour avoir jeté là le harnais, que ne me dites-vous au contraire, comme Diogène à Denys : *Méritais-tu, maraud, cet insigne bonheur de vivre avec nous en honnête homme?* et ne devais-tu pas plutôt être condamné toute ta vie aux visites et aux révérences ;

> Faire la cour aux grands, et dans leurs antichambres
> Le chapeau dans la main, te tenir sur tes membres[1] ?

Voilà en effet ce qu'eût mérité ma dernière sottise d'être rentré sous le joug ; ce n'est ni humeur ni dépit qui m'a fait

> Quitter ce vil métier ;

je ne pouvais me plaindre de rien, et j'avais assez d'appui, avec ou sans mon comte, pour être sûr de faire à peu près le même chemin que tous mes camarades. Mais mon ambition était d'une espèce particulière ; je n'avais pas plus d'envie d'être baron ou général, que je n'en ai maintenant de devenir professeur ou membre de l'Institut. La vérité est aussi que, comme j'avais fait la campagne de Calabre par amitié pour Reynier, qui me traitait en frère, je me mettais avec cet homme-ci pour une folie qui semblait devoir aller plus loin, *tutto per amore*. Je vous suivrais de même contre les Russes, si on vous faisait maréchal de

---

[1] Regnier, satire IV, vers 29.

Suède; et je vous planterais là, si vous vous avisiez de prendre avec moi des airs de comte.

On me dit que madame de Humboldt est encore à Rome, et que vous habitez tous deux la même maison. Présentez-lui, je vous prie, mon très-humble respect. M. de Humboldt n'est-il pas à présent en Prusse? Donnez-moi bientôt de leurs nouvelles et des vôtres.

N'allez pas retourner, avant que je vous voie, dans votre pays, vilain pays d'aimables gens. Je ne sais bonnement pour moi quand je partirai d'ici; mais toujours ce sera pour vous aller joindre. A dire vrai, j'ai cent projets, et je n'en ai pas un. Dieu seul sait ce que nous deviendrons. Adieu.

LETTRE DE M. RENOUARD.

Paris, le 6 février 1810.

Monsieur, vous avez sans doute reçu la lettre que je vous ai écrite il y a quelques jours, et vous aurez vu que j'attends, non sans beaucoup d'impatience, le bienheureux fragment et tout ce qui s'ensuit : j'espère que vous allez m'envoyer bientôt tout cela, et je me repose sur votre activité et votre bonne amitié; mais il est question de bien autre chose. Connaissez-vous le bel article mis par nos honnêtes messieurs [1] dans le *Corriere Milanese?* en voici une copie pour votre édification. Comme ces excellentes personnes n'ont pas été jusqu'à signer leur petit libelle, il me semble que le remède est à côté du mal, et qu'on peut leur ménager un expédient pour chanter la palinodie, sans compromettre leur dignité, et leur grande réputation de sincérité et probité. Il suffirait qu'ils voulussent bien (sur la demande que leur en ferait monsieur le préfet) signer une déclaration, portant que l'article inséré dans le journal est faux dans presque tous les détails, expliquant par quel accident la tache a été faite au manuscrit, et par qui. Je suis persuadé qu'ils ne s'y refuseront pas, et ce sera une affaire terminée. Dans le cas contraire, j'ai tout prêt un factum moitié sérieux, moitié plaisant, dans lequel ces messieurs ne seront pas trop ménagés. Mais je vous avoue que cet expédient ne me plairait guère, et que je ne suis aucunement curieux de ce petit bruit qu'on fait en se querellant.....

[1] Les bibliothécaires de Florence Furia et Bencini.

EXTRAIT

DU CORRIERE MILANESE DU 23 JANVIER 1810.

Firenze, 14 gennajo 1810.

Ebbe qui luogo non ha guari un tratto vandalico che prova fino a qual punto la cupidigia possa acciecare, sui veri interessi della letteratura, quegli uomini medesimi che professano di concorrere a' suoi progressi. Un librajo francese, che viaggiava in questi ultimi tempi in Italia, si recò a visitare la biblioteca Laurenziana; i conservatori di questo celebre stabilimento gli comunicarono parecchi manoscritti, e fra gli altri quello di Longo sofista. I giornali hanno annunziato, in quel' epoca, che nel percorrerlo, lo ritrovò più completo di quello sul quale erano state fatte le edizioni del leggiadro romanzo di Dafni e Cloe, tradotto dal nostro Annibal Caro. Questo librajo copiò adunque colla più gran cura il frammento che non era stato pubblicato per anche, e quindi restituì il manoscritto. I conservatori nel riceverlo s'accorsero che tutta la parte fin'ora inedita era ricoperta d'inchiostro e sene lagnarono: il librajo si scusò col dire che sfortunatamente il suo calamajo eravisi rovesciato sopra. La sua scusa fu menata buona da' conservatori, che sperarono d'altronde di far isparire la macchia cogli esperimenti conosciuti; ma, dopo parecchie prove, riconobbero vani tutti i loro sforzi, poichè la macchia era stata fatta con un inchiostro indelebile che non trovasi ne alla biblioteca, ne in alcun officio.

In tal maniera quest' avido librajo, per essere il solo possessore del frammento di Longo non por anco pubblicato, si è privato d'ogni mezzo comprovante l'autenticità dell' edizione che si propone di farne.

A M. RENOUARD,

A PARIS.

Florence, le 3 mars 1810.

J'ai reçu, monsieur, vos deux lettres relatives à la tache d'encre. Je ne vois plus M. Fauchet [1]; mais je doute fort qu'il voulût entrer pour rien dans cette affaire. Vous comprenez que chacun évite de se compromettre avec la canaille : c'est le seul nom qu'on puisse donner à l'espèce de gens qui aboient contre nous. Pour moi, je ne m'en aperçois même pas. Les gazettes d'Italie sont fort obscures, et ne peuvent vous faire grand bien

[1] Le préfet.

ni grand mal. Au reste, je ne souffrirai pas qu'on vous pende pour moi, et je suis toujours prêt à crier : *Me, me, adsum qui feci.* Je déclarerai, quand vous voudrez, que moi tout seul j'ai fait la fatale tache, et que je n'ai point eu de complices.

Je vous envoie par la poste la traduction complète imprimée ici [1]. Cela ne se pouvait autrement. Notre première idée était folle. Le morceau déterré devait paraître à sa place, et je crois que vous en conviendrez.

On ne peut mettre assurément moins de génie dans un ouvrage qu'il n'y en a dans cette version. Voulez-vous avoir une idée de ma finesse comme traducteur ? Vous savez les vers de Guarini : *Sentirsi morir*, se sentir mourir, *e non poter dir*, et ne pouvoir dire : *Morir mi sento*, Je me sens mourir. Voilà comme j'ai fait tout du long du Longus. Si cette innocence ne désarme pas la critique, il n'y a plus de quartier à espérer pour personne. Au reste, ceci n'est pas public : c'est une pièce de société qu'il n'est pas permis de siffler. Si cependant quelqu'un s'en moque, je dirai comme d'Aubigné : *Attendez ce loyer de la fidélité.*

A M. FIRMIN DIDOT,

A ROME.

Florence, le 3 mars 1810.

Monsieur, je mets à la poste une brochure qui sûrement vous fera plaisir. Vous ne serez pas fâché, je crois, de savoir qu'il

---

[1] Tandis que M. Renouard attendait le fragment inédit et sa traduction pour les publier à Paris, Courier avait changé d'avis, et résolu de donner lui-même une édition complète du texte grec, et une autre de la traduction d'Amyot, retouchée et complétée. Celle-ci se trouvant prête la première, il l'avait fait imprimer à Florence chez Piatti, en février 1810, et tirer à soixante exemplaires seulement, in-8°. Voici la note qu'il avait mise en tête de cette édition :

« Le roman de Longus n'a encore paru complet en aucune langue. On a conservé ici, de l'ancienne traduction d'Amyot, tout ce qui est conforme au texte, et pour le reste on a suivi le manuscrit grec de l'*Abbaye*, qui contient l'ouvrage entier. On s'est aidé aussi de la version de Caro, dans les endroits où il exprime le sens de l'auteur. Le texte complet de Longus paraîtra bientôt imprimé : alors quelqu'un pourra en faire une traduction plus soignée, car ceci n'est presque qu'une glose mot à mot, faite d'ailleurs pour être vue de peu de personnes. »

existe un Longus complet ; et ma traduction, toute sèche et servile qu'elle est, vous donnera une idée de ce qui manque dans les imprimés. Je pars pour Rome, où je verrai d'autres manuscrits de Longus. En les comparant avec la copie que j'emporte de celui-ci, j'aurai un texte qui peut-être ne serait pas indigne de vos presses. Vous pourriez même lui faire encore plus d'honneur, si l'envie vous prend d'animer de quelques couleurs ces traits que j'ai calqués sur l'original. Enfin, mandez-moi ce que vous en penserez ; et s'il vous *duit*, nous pourrons donner au public un joli volume contenant le texte et les variantes des manuscrits de Rome et de Florence ; j'entends celles qui valent la peine d'être notées.

J'ai eu bien peu le plaisir de voir monsieur votre fils, et personne cependant ne m'intéresse davantage. Toute la Grèce en parle, et fonde sur lui de grandes espérances. Donnez-moi bientôt, je vous prie, de ses nouvelles et des vôtres, et trouvez bon que je finisse, sans cérémonie, en vous assurant de mon sincère attachement.

A M. BOISONNADE,

A PARIS.

Florence, le 3 mars 1810.

Monsieur, on vous remettra une brochure avec ce billet : vous verrez d'abord ce que c'est. La trouvaille que j'ai faite est assurément jolie : vous aurez le texte dans peu, et vous vous étonnerez que cela ait pu échapper aux Dorville, Cocchi, Salvini et autres, qui ont publié différentes parties du manuscrit original ; car c'est le même d'où ils ont tiré Chariton, Xénophon d'Éphèse, et en dernier lieu les fables d'Ésope, qu'on vient d'imprimer ici. Ne dites mot, je vous prie, de tout cela dans vos journaux. Ce n'est ici qu'une ébauche qui peut-être ne mérite pas d'être terminée ; mais, bonne ou mauvaise, elle n'est pas publique ; car, de soixante exemplaires, il n'y en aura guère que vingt de distribués. C'est une pièce de société qu'il n'est pas permis de siffler. Une grande dame [1], de par le monde, qui est maintenant

---

[1] La princesse Élisa, sœur de Napoléon.

à Paris pour le mariage de son frère, me fit dire, étant ici, qu'elle en accepterait la dédicace : je m'en suis excusé sur l'indécence du sujet. M. Renouard pourra vous conter cela ; il était présent quand on me fit cette flatteuse invitation.

J'entends dire que votre Eunapius s'imprime bien lentement. Donnez-moi, je vous prie, monsieur, de ses nouvelles et des vôtres. Personne ne s'intéresse plus que moi à vos travaux.

A Mme LA PRINCESSE DE SALM-DYCK,

A PARIS.

Florence, le 3 mars 1810.

Madame, vous recevrez avec ce billet une brochure où il y a quelques pages de ma façon, façon de traducteur s'entend. C'est un roman (comme Oronte dit : *C'est un sonnet*) non pas nouveau, mais au contraire fort antique et vénérable. J'en ai déterré par hasard un morceau qui s'était perdu : c'est là ce que j'ai traduit, et par occasion j'ai corrigé la vieille version, qui, comme vous verrez,

Dans son vieux style encore a des grâces nouvelles.

Si cela vous amuse, ne faites aucun scrupule, pour quelques traits un peu naïfs, d'en continuer la lecture. Amyot, évêque, et l'un des Pères du concile de Trente, est le véritable auteur de cette traduction, que j'ai seulement complétée : vous ne sauriez pécher en lisant ce qu'il a écrit.

Je vous supplie, madame, de vous rappeler quelquefois qu'il y a delà les monts un Grec qui vous honore, pour ne rien dire de plus ; et, si vous êtes paresseuse, comme je le crois, ne vous déplaise, ordonnez à M. Clavier de me donner de vos nouvelles.

LETTRE DE M. CLAVIER.

Paris, le 19 janvier 1810.

...... Il a paru à Florence une nouvelle édition des fables d'Ésope, d'après un manuscrit très-ancien ; je vous prie de me l'envoyer, si vous en trouvez l'occasion. Les Molini de Florence me doivent le prix de douze exemplaires d'Apollodore ; veuillez leur en parler : je prendrai volontiers des livres pour cela.

Je vous félicite de votre découverte, et je ne doute pas que vous n'en fassiez d'autres si vous vous donnez la peine de fouiller dans les manuscrits de Florence et de Rome, où depuis longtemps il y a peu de gens habiles en grec.

Je travaille, dans ce moment, à un nouveau dictionnaire des grands hommes, où je me suis chargé de faire toute l'histoire ancienne, tant civile que littéraire, les Romains exceptés. Beaucoup de membres de l'Institut prennent part à cet ouvrage.

...... Vous aviez sans doute appris que Gail a été reçu de l'Institut avant moi : c'est une *excellente* acquisition ; il est le seul qui nous fasse rire. Il nous a lu une dissertation pour prouver que l'ironie règne dans le *banquet* de Xénophon, et il s'est fort offensé de ce que je lui ai dit qu'on le contredirait d'autant moins là-dessus que personne jusqu'ici ne s'était avisé de prendre cet ouvrage au sérieux. Il nous a aussi prouvé que Xantippe était une excellente femme, douce, pleine d'attention pour son mari, et que tous les bruits qui avaient couru sur son compte étaient de pures calomnies. C'est bien généreux de sa part que de faire l'apologie des méchantes femmes. Ses sottises ont tellement déconcerté tous ses partisans, qu'il se trouve maintenant que personne ne lui a donné sa voix.

A M. ET MADAME CLAVIER,

A PARIS.

Florence, le 13 mars 1810.

Monsieur, voici ce que dit Molini. Il va vous envoyer les fables d'Ésope, qui, par parenthèse, sont tirées du même manuscrit que mon Longus. Il vous enverra en même temps le compte de ce qu'il a vendu de votre Apollodore.

Vous êtes bien bon de vous occuper des grands hommes : j'en ai vu de près deux ou trois ; c'étaient de sots personnages.

Lisez Daphnis et Chloé, madame ; c'est la meilleure pastorale qu'ait jamais écrite un évêque. Messire Jacques la traduisit, ne pouvant mieux, pour les fidèles de son diocèse ; mais le bon homme eut dans ce travail d'étranges distractions, que j'attribue au sujet, et à quelques détails d'une naïveté rare. Pour moi, on m'accuse, comme vous savez, de m'occuper des mots plus que des choses ; mais je vous assure qu'en cherchant des mots pour ces deux petits drôles, j'ai très-souvent pensé aux choses. Passez-moi cette *turlupinade*, comme dit madame de Sévigné, et ne doutez jamais de mon profond respect.

Il y a bien plus à vous dire. Amyot fut un des Pères du concile de Trente ; tout ce qu'il écrit est article de foi. Faites à présent des façons pour lire son Longus. En vérité, il n'y a point de meilleure lecture : c'est un livre à mettre entre les mains de mesdemoiselles vos filles tout de suite après le catéchisme.

[Courier quitta Florence le 24 mars, et vint à Rome. Il ne resta en ville que peu de jours, et alla s'établir à Tivoli avec ses livres pour travailler dans la solitude, et mettre la dernière main au texte de Longus, qu'il se proposait de publier. Au mois d'août il revint à Rome pour le faire imprimer : l'édition fut faite à ses frais, et l'ouvrage tiré à cinquante-deux exemplaires seulement, qu'il envoya à ses amis et aux hellénistes de sa connaissance, français, italiens et allemands.]

A M. LAMBERTI,

A MILAN.

Rome, le 9 mai 1810.

Je ne m'étonne pas qu'on vous ait bien reçu à Paris, avec ce que vous y portiez, et connu comme vous l'êtes en ce pays-là, où l'on aime les gens tels que vous. Cet accueil vous doit engager à y retourner, et ainsi j'espère que nous pourrons nous y revoir quelque jour.

Si les Molini de Florence ne vous ont point envoyé la brochure[1] qu'ils m'ont promis de vous faire tenir, écrivez-leur, ou faites-la réclamer par M. Fusi. Il y a un exemplaire pour vous, un pour Bossi, et un pour le sénateur Testi.

La tache d'encre au manuscrit est peu de chose, et les sottises qu'on a mises à ce sujet dans les journaux ne méritent pas que Renouard s'en inquiète si fort. Un papier qui me servait à marquer dans le volume l'endroit du supplément s'est trouvé, je ne sais comment, barbouillé d'encre en dessous, et, s'étant collé au feuillet, en a effacé une vingtaine de mots dans presque autant de lignes : voilà le fait. Mais le bibliothécaire est un certain Furia, qui ne se peut consoler, ni me pardonner d'avoir fait cette petite découverte dans un manuscrit qu'il a eu longtemps

---

[1] La traduction de Daphnis et Chloé, imprimée à Florence.

entre les mains, et dont il a même publié différents extraits :
et voilà la rage.

Vos notes sur Homère seront assurément excellentes, et pour ma part je suis fort aise que vous les vouliez achever. Mais, de grâce, après cela ne penserez-vous point tout de bon à ces Argonautes? Songez que quatre beaux vers, tels que vous les savez faire, valent mieux que quatre volumes de notes critiques. Assez de gens feront des notes, et même de bonnes notes; mais qui saura rendre dans nos langues modernes les beautés de l'antique? Il faut pour cela les sentir d'abord, c'est-à-dire avoir du goût, et puis entendre les textes, et puis savoir sa propre langue; trois choses rares séparément, mais qui ne se trouvent presque jamais unies. Et de fait, excepté votre OEdipe, avons-nous, je dis nous Français et Italiens, une bonne traduction d'un poëme grec? Celui d'Apollonius intéresserait davantage le public, et aurait plus de lecteurs que la tragédie. Le sujet en est beau, les détails admirables, et l'étendue telle, que vous en pouvez terminer avec soin toutes les parties, sans vous engager dans un travail infini. En un mot, c'est une très-belle chose à faire, et que vous seul pouvez faire. Ne me venez point dire : Ce ne sera qu'une traduction. La toile et les principaux traits, voilà ce que vous empruntez; mais les couleurs seront de vous. Vous en avez une provision de couleurs, et des plus belles; faites-en donc quelque chose. Je vous dirai plus : j'aime mieux cela qu'un poëme sur un sujet neuf, entreprise que je ne conseillerais à personne.

Mon dessein est toujours de vous aller voir avant les grandes chaleurs : mais n'y comptez pas; car je change souvent d'idée, n'en ayant de fixe que celle de vous aimer, et de vous faire traduire Apollonius. Adieu. Je vous recommande cette toison. Chantez-nous un peu de la toison. Si ce sujet-là ne vous anime, cher Lamberti, qu'êtes-vous devenu?

A M. MILLINGEN,

A ROME.

Tivoli, le dimanche 13 mai 1810.

Mardi, mardi; de grâce, monsieur, accordez-moi jusqu'à

mardi en faveur de la postérité. Madame, obtenez, je vous en prie, de M. Millingen que nous ne partions que mardi, c'est-à-dire mercredi ; car je ne puis être à Rome que mardi au soir.

Alexandre, sur le point de prendre je ne sais quelle ville, suspendit l'assaut jusqu'à ce qu'un peintre eût achevé son tableau. Alors apparemment on n'était pas pressé de toucher les contributions. Mais enfin ce grand homme se priva pendant huit jours du plaisir de massacrer. Passez-vous jusqu'à mardi du plaisir de courir la poste.

N. B. Il paraît que M. Millingen n'attendit pas, car ce voyage de Courier à Naples n'eut pas lieu.

A MADAME DE HUMBOLDT,

A ROME.

Tivoli, le 16 mai 1810.

Madame, ne sachant si j'aurai le plaisir de vous voir avant votre départ, je vous supplie de vouloir bien emporter à Vienne un petit volume qui vous sera remis avec ma lettre. C'est une vieille traduction d'un vieil auteur en vieux français, que j'ai complétée de quelques pages et réimprimée, non pour le public, mais pour mes amis amateurs de ces éruditions, et sans balancer j'en ai destiné le premier exemplaire à M. de Humboldt. J'ai cacheté le paquet, cet ouvrage n'étant pas de nature à être lu de tout le monde. Il n'y a rien contre l'État, pas le moindre mot que l'Église puisse taxer d'hérésie ; mais une mère pourrait n'être pas bien aise que ce livre tombât dans les mains de sa fille, quoique l'auteur grec, dans sa préface, déclare avoir eu le dessein d'instruire les jeunes demoiselles, apparemment pour épargner cette peine aux maris.

Ne remarquez-vous point, madame, comme je vous poursuis sans pouvoir vous atteindre ? Je pensais vous trouver à Rome ; mais, en y arrivant, j'apprends que vous êtes partie pour Naples, et quand je vais à Naples vous revenez à Rome, d'où vous repartirez sans doute la veille de mon retour.

Ce guignon-là, j'espère, ne me durera pas toujours ; et si vous me fuyez ici, je vous joindrai peut-être quelque jour à Berlin ;

car dans mes rêves de voyages je veux aller partout, mais là surtout où je puis espérer de vous voir, madame, et de voir une famille comme la vôtre.

A M. RENOUARD,

A ROME.

Tivoli, le 24 mai 1810.

Pour vous mettre l'esprit en repos sur la grande affaire de la tache d'encre, je ferai imprimer à Naples, où je me rends dans peu de jours, le morceau inédit, en forme de lettre à un de mes amis. Je marquerai d'un caractère particulier les mots effacés par ma faute dans le bouquin original, et j'y joindrai une note à peu près en ces termes : *Les majuscules indiquent des mots qu'on ne peut plus lire aujourd'hui dans le manuscrit, parce qu'un papier qui servait de marque en cet endroit, s'étant trouvé barbouillé d'encre, y fit, en se collant au feuillet, une tache indélébile*, etc. Cela vaudra mieux qu'une apologie dans les journaux. J'en reviens toujours à vous dire qu'il ne faut jamais se prendre de bec avec la canaille; mais si vous voulez à toute force faire à ces gredins l'honneur de leur répondre, attendez du moins ma demi-feuille de Naples, qui vous donnera beau jeu. Et sur ce, je prie Dieu qu'il vous ait en sa sainte garde.

A M. BOISSONADE,

A PARIS.

Tivoli, le 25 mai 1810.

Ne vous trompez-vous point, monsieur? est-ce bien M. Coray qui a donné un Longus? ou plutôt ne me nommez-vous point Coray pour Visconti, qui en effet a soigné l'édition grecque de Didot? Marquez-moi, je vous prie, ce que j'en dois croire, et ce que c'est que ce Longus de Coray, s'il existe.

Je sais bien que la préface du petit stéréotype donné par Renouard est de M. Clavier; mais je ne puis croire qu'il ait eu aucune part à l'édition, qui, en vérité, ne vaut rien. Ce n'est point là le texte d'Amyot; du moins n'est-ce pas celui que cite souvent Villoison, qui sans doute avait sous les yeux l'édition originale.

Comment voulez-vous que je connaisse celle de M. Falconnet? Hélas! je ne songeai de ma vie à jeter un regard sur Longus, jusqu'à ce que ce manuscrit de Florence, me tombant sous la main, me donnât l'envie et le moyen de compléter la version d'Amyot. Je n'avais donc nulle provision; et, sans M. Renouard, qui me procura Schœffer et Villoison, j'aurais tout fait sur la seule édition de Dutems que je portais avec moi.

Vous avez bien raison de louer M. Schœffer; c'est un fort habile homme. Aussi l'ai-je suivi en beaucoup d'endroits où j'ai rapetassé Amyot. Au reste, vous voyez, monsieur, ce que ce pouvait être qu'un pareil travail fait absolument sans livres, et combien il doit y avoir à limer et rebattre avant de le livrer tout à fait au public. J'y songerai quelque jour, si Dieu me prête vie; et c'est alors qu'il faudra tout de bon m'aider de vos lumières.

Je crois que vous-même ne pourriez lire les endroits de Chariton effacés dans le manuscrit. Il y a bien aussi quelques mots par-ci par-là qui ont disparu dans le supplément de Longus. Mais partout le sens s'aperçoit, et les savants n'auront nulle peine à deviner ce qui manque. Pour moi, je le donne tel qu'il est, sans le moindre changement; car je tiens que les éditions doivent en tout représenter fidèlement les manuscrits. Cela s'imprimera à Paris, s'il plaît à Dieu et à Didot.

Cette lettre critique de M. Bast à vous est toute pleine d'excellentes choses. Je l'ai trouvée ici par hasard, et lue avec grand plaisir. Quelqu'un le pourra blâmer d'avoir écrit en français sur de telles matières. Moi je goûte fort cette méthode, qui me facilite la lecture; et je voudrais qu'il continuât à vous faire ainsi part de ses observations.

Il me semble après tout que vous êtes content de *ma petite drôlerie*, ou au moins du supplément, car vous ne dites rien du reste.

Je ne reconnais point, pour moi, quand on se moque [1],

et je prends au pied de la lettre tout ce que vous me dites d'obligeant; vous êtes juge en ces matières. Je m'en tiens à votre opinion, sans vouloir examiner s'il n'y entre point un peu de

---

[1] Molière, *École des Femmes*.

complaisance ou de prévention pour quelqu'un dont vous connaissez depuis longtemps l'estime et l'attachement.

Sur le temps où je pourrai être de retour à Paris, je ne sais en vérité que vous dire. Ce qui me retient ici, c'est un printemps dont on n'a, où vous êtes, nulle idée; vous croyez bonnement avoir de la verdure et quelque air de belle campagne aux environs de Paris; vos bois de Boulogne, vos jardins, vos eaux de Saint-Cloud, me font rire quand j'y pense; c'est ici qu'il y a des bosquets et des eaux! Mon dessein est d'y rester,

Εἴτ' ἂν ὕδωρ τε ῥέῃ, καὶ δένδρεα μακρὰ τεθήλῃ,

c'est-à-dire jusqu'aux grandes chaleurs; car alors tout sera sec, verdure et ruisseaux, et alors je partirai, et m'en irai droit à Paris, si je ne m'arrête en Suisse, comme je fis l'an passé, pour fuir la rage de la canicule; ainsi faites état de me voir arriver au départ des hirondelles. Je resterai le moins que je pourrai dans vos boues de Paris; et si vous étiez raisonnable, vous me suivriez à mon retour en Italie; nous passerions fort bien ici le printemps prochain sans nous ennuyer, je vous en réponds. Les meilleures maisons du pays sont celles de Mécénas et d'Horace, où vous ne serez point étranger.

A M. ET MADAME CLAVIER,

A PARIS.

Tivoli, le 4 avril 1810.

Monsieur, c'est à présent que si j'avais votre histoire de la Grèce, je la lirais à mon aise et avec plaisir. Jamais je ne fus en lieu ni mieux en humeur de goûter une bonne lecture; celle-ci m'arrivera au milieu de la poussière ou des boues de quelque grande ville. Mais quoi! rien ne vient à point dans cette misérable vie. Je songe comment vous pourrez m'envoyer cela sans me ruiner, et voici ce que j'imagine. Il y a ici, c'est-à-dire à Rome, M. de Gérando, qui me connaît un peu et vous connaît beaucoup. Il est du gouvernement provisoire de ce pays-ci, et en relation, comme tous ses collègues, avec les ministres; ils s'envoient les uns aux autres de furieux paquets; la poste ne va que pour eux. Je ne lui ai point fait de visite, parce qu'il m'eût fallu pour cela une culotte et un chapeau d'une certaine façon, mais vous, ayant quelque ami chez la gent ministérielle, vous pourriez lui faire parvenir, à lui de *Gérando*, sous le contre-seing, votre ouvrage et celui de M. Coray, qui valent bien assurément les dépêches de ces Excellences. C'est ainsi qu'on m'a déjà adressé quelques volumes sous le couvert du général *Miollis*. Ce datif pluriel-là est aussi décemvir, et je ne le vois pas plus que le gérondif; tous ces noms de rudiment ne plaisent guère à ceux qui sont sous la férule.

Le bruit de cette tache d'encre a donc été jusqu'à Paris? Je ne reçois lettre qui n'en parle. Comment diable? des envieux, des détracteurs, des calomnies? Tout beau, mon cœur, soyons modeste; mais en vérité voilà des honneurs que personne avant moi n'avait obtenus en traduisant cinq à six pages.

Renouard a tout vu; il vous contera le fait, qui se réduit à une vingtaine de mots effacés dans autant de phrases; en sorte que, si j'eusse trouvé le manuscrit tel qu'il est, j'aurais aisément deviné ce qui ne se peut lire aujourd'hui. Un papier me servait à marquer dans le volume l'endroit du supplément; ce papier posé quelque part s'est barbouillé d'encre au-dessous, et, remis dans le volume, vous voyez ce qui est arrivé. Eh bien! voilà toute l'affaire. Mais le bibliothécaire est un certain Furia, qui ne me peut pardonner d'avoir fait cette trouvaille dans un manuscrit que lui-même a eu longtemps entre les mains, et dont il a publié différents extraits; et voilà la rage. Tous les cuistres, ses camarades, comme vous pouvez croire, font chorus, et toute la canaille littéraire d'Italie, en haine du nom français. On appelle *letterati*, en Italie, tous ceux qui savent lire *la lettre moulée*, classe peu nombreuse, et fort méprisée.

Au reste, les gens de la bibliothèque, gardes, conservateurs, scribes et pharisiens, jusqu'aux balayeurs, furent présents; trois d'entre eux, que j'ai bien payés, y compris le bibliothécaire, m'ont constamment aidé à déchiffrer, copier et revoir plusieurs fois tout le Longus, et ils ne m'ont pas quitté. Les sottises des journaux italiens à ce sujet ne méritent point de réponse. A dire vrai, quelques coups de bâton seraient peut-être bien placés dans cette occasion; mais c'est à Renouard d'y penser, car il est plus piqué que moi. Pour un petit écu, ces gens-là se rosseront les uns les autres.

La calomnie, comme le mal de Naples, est infuse dans les Italiens. Entre eux, elle est sans conséquence. Un homme vous accuse d'avoir tué père et mère, on sait ce que cela veut dire. C'est qu'il ne vous aime pas, et cela ne vous fait nul tort, tous vos parents d'ailleurs vivant.

Dieu seul est juge des intentions, et Dieu voit mon cœur, qui n'est pas capable de cette noirceur; car certes le *trait serait noir*, comme dit madame de Pimbèche. Jugez, monsieur, vous qui êtes juge, par la règle de Cassius, *cui bono?* Je ne pouvais craindre qu'on m'ôtât l'honneur de la découverte, puisque Renouard l'avait déjà fait annoncer dans les journaux. Le profit? on ne s'avise guère de spéculer sur du grec. J'imprime ici le texte, il ne s'en vendra point. Je le donnerai à tous ceux qui sont en état de le lire.

Ah! madame, que la gloire est à charge!

Les envieux mourront, mais non jamais l'envie.

Je mérite l'envie, et plus même qu'on ne croit, non pas pour les six pages traduites, mais c'est qu'en effet je suis heureux. N'en dites rien au moins! on crierait bien plus fort. Il est vrai que je m'en moque un peu. Il y avait une fois un homme qu'on soupçonnait d'être content de son sort, et chacun, comme de raison, travaillait à le faire enrager; il fit crier à son de trompe par tous les carrefours : *On fait à savoir à tous, etc., qu'un tel n'est pas heureux.* Cette invention lui réussit. On le laissa en repos. Moi, j'use d'une autre recette que j'ai apprise dans mes livres. Je dis, mais tout bas, à part moi : *Messieurs, ne vous gênez point; criez, aboyez tant qu'il vous plaira. Si la fièvre ne s'en mêle, vous ne m'empêcherez pas d'être heureux.*

Le Longus vous plaira, je crois; car outre le manuscrit de Florence, j'en ai un ici qui vaut de l'or. Il est cousin de celui-là; et quand ils sont d'accord, on ne peut les récuser.

Si Stone veut absolument achever mon Xénophon, qu'il l'achève, pourvu que vous ayez la patience de suivre cela d l'œil. Il m'a paru qu'on avait changé la ponctuation, j'en suis fâché. Il faut bien se garder d'y mettre mon nom, ni rien qui me désigne.

M. Labey me demande : Qu'est-ce que c'est donc que cette tache? Il en a entendu parler; et à qui n'en parle-t-on pas? on ne tait que la trouvaille. De lui copier ce griffonnage, ce serait pour en mourir; il servira pour vous deux. Tâchez de le lui faire tenir. Il demeure...... attendez...... c'est une rue qui donne dans celle des Cordeliers, vis-à-vis une autre rue qui mène dans la rue de la Harpe. Cela n'est-il pas clair? Faites mieux, prenez l'Almanach royal. M. Labey est professeur de mathématiques au Panthéon.

A M. LE GÉNÉRAL GASSENDI,

A PARIS.

Tivoli, le 5 septembre 1810.

On m'assure, mon général, que vous ou le ministre demandez de mes nouvelles, et que vous voulez savoir ce que je suis devenu depuis que j'ai quitté le service.

Ma démission acceptée par Sa Majesté, je vins de Milan à Paris, où après avoir mis quelque ordre à mes affaires, me trouvant avec des officiers de mes anciens amis qui passaient de l'armée d'Espagne à celle du Danube, je me décidai bientôt à reprendre du service. J'allai à Vienne avec une lettre du ministre de la guerre, qui autorisait le général Lariboissière à m'employer provisoirement. Cette lettre fut confirmée par une autre du major général de l'armée, portant promesse d'un brevet; et on me plaça dans le quatrième corps, toujours provisoirement.

Quelque argent que j'attendais m'ayant manqué pour me monter, j'eus recours au général Lariboissière, dont j'étais connu depuis longtemps. Il eut la bonté de me dire que je pouvais compter sur lui pour tout ce dont j'aurais besoin; et, comptant effectivement sur cette promesse, j'achetai au prix qu'on voulut l'unique cheval qui se trouvât à vendre dans toute l'armée. Mais quand pour le payer je pensais profiter des dispositions favorables du général Lariboissière, elles étaient changées. Je gardai pourtant ce cheval, et m'en servis pendant quinze jours, attendant toujours de Paris l'argent qui me devait venir. Mais enfin mon vendeur, officier bavarois, me déclara nettement qu'il voulait être payé, ou reprendre sa monture. C'était le 4 juillet, environ midi, quand tout se préparait pour l'action qui commença le soir. Personne ne voulut me prêter soixante louis, quoiqu'il y eût là des gens à qui j'avais rendu autrefois de ces services. Je me trouvai donc à pied quelques heures avant l'action. J'étais, outre cela, fort malade. L'air marécageux de ces îles m'avait donné la fièvre, ainsi qu'à beaucoup d'autres; et n'ayant mangé de plusieurs jours, ma faiblesse était extrême. Je me traînai cependant aux batteries de l'île Alexandre, où je restai tant qu'elles firent feu. Les généraux me virent et me donnèrent des ordres, et l'empereur me parla. Je passai le Danube en bateau avec les premières troupes. Quelques soldats, voyant que je ne me soutenais plus, me portèrent dans une baraque, où vint se coucher près de moi le général Bertrand. Le matin, l'ennemi se retirait, et, loin de suivre à pied l'état-major, je n'étais pas même en état de me tenir debout. Le froid et la pluie affreuse de cette nuit avaient achevé de m'abattre. Sur les trois heures après midi, des gens, qui me parurent être les domestiques d'un général, me portèrent au village prochain, d'où l'on me conduisit à Vienne.

Je me rétablis en peu de jours, et, faisant réflexion qu'après avoir manqué une aussi belle affaire, je ne rentrerais plus au service de la manière que je l'avais souhaité; brouillé d'ailleurs avec le chef sous lequel j'avais voulu servir, je crus que, n'ayant reçu ni solde ni brevet, je n'étais point assez engagé pour ne me pouvoir dédire, et je revins à Strasbourg un mois environ après en être parti. J'écrivis de là au général Lariboissière, pour le prier de me rayer de tous les états où l'on m'aurait pu porter; j'écrivis dans le même sens au général Aubry, qui m'avait toujours témoigné beaucoup d'amitié; et quoi que je n'aie reçu de réponse ni de l'un ni de l'autre, je n'ai jamais douté qu'ils n'eussent arrangé les choses de manière que ma rentrée momentanée dans le corps de l'artillerie fût regardée comme non avenue.

Depuis ce temps, mon général, je parcours la Suisse et l'Italie. Maintenant je suis sur le point de passer à Corfou, pour me rendre de là, si rien ne s'y oppose, aux îles de l'Archipel; et, après avoir vu l'Égypte et la Syrie, retourner à Paris par Constantinople et Vienne.

[Pendant que Courier s'occupait à Rome à faire imprimer le texte de Longus, le ministre de l'intérieur, sur le rapport du directeur général de la librairie, faisait saisir à Florence les vingt-sept exemplaires qui restaient de la traduction imprimée chez Piatti. Averti par ses amis de Paris qu'on se proposait de sévir contre lui-même, il sentit enfin la nécessité de se défendre, et composa pour cela, dans le courant de septembre, un pamphlet en forme de lettre, adressé à M. Renouard, comme à l'occasion de la notice que celui-ci avait publiée au mois de juillet sur l'accident de la tache d'encre. Il faut lire tous les détails de cette affaire dans l'avertissement que Paul-Louis a mis en tête de l'édition des Pastorales de Longus, qui a paru à Paris en 1821.]

A M. ***,

OFFICIER D'ARTILLERIE.

Tivoli, le 12 septembre 1810.

Ah! mon cher ami, mes affaires sont bien plus mauvaises encore qu'on ne vous l'a dit. J'ai deux ministres à mes trousses, dont l'un veut me faire fusiller comme déserteur; l'autre veut que je sois pendu pour avoir volé du grec. Je réponds au premier : Monseigneur, je ne suis point soldat, ni par conséquent déserteur.— Au second : Monseigneur, je me f... du grec, et je n'en vole point. Mais ils me répliquent, l'un : Vous êtes soldat, car il y a un an vous vous enivrâtes dans l'île de Lobau, avec L... et tels garnements qui vous appelaient camarade; vous suiviez l'empereur à cheval ; ainsi vous serez fusillé. — L'autre : Vous serez pendu ; car vous avez sali une page de grec, pour faire pièce à quelques pédants qui ne savent ni le grec ni aucune langue. — Là-dessus je me lamente, et je dis : Serais-je donc fusillé pour avoir bu un coup à la santé de l'empereur? Faudra-t-il que je sois pendu pour un pâté d'encre?

Ce qu'on vous a conté de mes querelles avec cette pédantaille n'est pas loin de la vérité. Le ministre a pris parti pour eux; c'est, je crois, celui de l'intérieur ; et, dans les bureaux de Son Excellence, on me fait mon procès sans m'entendre : on m'expédiera sans me dire pourquoi, et le tout officiellement. L'autre excellence de la guerre, c'est-à-dire Gassendi, a écrit ici à Sorbier, voulant savoir, dit-il, si c'est moi qui fais ce grec dont parle la gazette; que je suis à lui, et qu'il se propose de me faire arrêter par la gendarmerie. J'ai su cela de Vauxmoret, car je n'ai point vu Sorbier, et j'ignore ce qu'il a répondu. Au vrai, je ne m'en soucie guère; je me crois en toute manière hors de la portée de ces messieurs, quitte de leur protection et de leur persécution.

Je ne me repens point d'avoir été à Vienne, quoique ce fût une folie; mais cette folie m'a bien tourné. J'ai vu de près l'oripeau et les *mamamouchis*; cela en valait la peine, et je ne les ai vus que le temps qu'il fallait pour m'en divertir et savoir ce que c'est.

Vous avez raison de me croire heureux; mais vous avez tort de vous croire à plaindre. Vous êtes esclave; eh! qui ne l'est pas? Votre ami Voltaire a dit qu'*heureux sont les esclaves inconnus à leur maître*. Ce bonheur-là vous est *hoc*, et c'est là peut-être de quoi vous enragez. Allez; vous êtes fou de porter envie à qui que ce soit, à l'âge où vous êtes, fort et bien portant; vous ne méritez pas les bontés que la nature a eues pour vous.

Adieu; vous m'avez fait grand plaisir de m'écrire, et j'en aurai toujours beaucoup à recevoir de vos nouvelles.

A M. BOISSONADE,

A PARIS.

Tivoli, le 15 septembre 1816.

Il faut que vous croyiez mon affaire bien mauvaise, pour me chercher des protecteurs. Quant à moi, je ne sais ce qui en arrivera, mais je ne ferai assurément aucune réclamation; j'ai peur, si je redemandais mon livre saisi, qu'on ne me saisît moi-même.

Pour votre ami, qui est si bon de s'intéresser à moi, je suis bien fâché de ne pouvoir vous envoyer un exemplaire. On m'en a pris vingt-sept, j'en avais distribué trente, il m'en reste donc trois; car, comme vous savez, il n'y en avait que soixante; et ces trois-là sont condamnés à toutes les ratures et biffures que j'y pourrai faire, si l'on réimprime quelque jour cette bagatelle corrigée. Au reste, je ne veux point en donner du tout à Son

Excellence, que je n'ai pas l'honneur de connaître. Remerciez, je vous prie, ce bon monsieur de sa bonne volonté; mais qu'il se garde de me nommer, ni de dire jamais en tels lieux un mot qui ait trait à moi. Je n'aime point que ces gens-là sachent que je suis au monde, parce qu'ils peuvent me faire du mal, et ne me sauraient faire du bien.

Quoi qu'il en soit, je vous admire d'avoir été songer à cela, et surtout d'avoir pu trouver quelqu'un qui voulût dire un mot en ma faveur, comme s'il n'était pas tout visible que jamais je ne serai bon à rien pour personne.

Adieu; souvenez-vous de moi, et gardez-moi toujours cette précieuse amitié.

A M. DE TOURNON,

PRÉFET A ROME.

Rome, le 18 septembre 1810.

Monsieur, voici ma réponse aux demandes de monsieur le directeur de la librairie.

J'ai trouvé dans un manuscrit à Florence un morceau inédit de Longus, et en le copiant j'ai fait à l'original une tache d'encre qui couvre environ une vingtaine de mots. J'ai donné au public d'abord ce fragment en trois langues, ensuite tout le texte de Longus revu sur les manuscrits de Florence. On ne peut arrêter la vente de ce livre, parce qu'il ne se vend point. J'en ai fait tirer cinquante exemplaires, c'est-à-dire quatre fois plus qu'il n'y a de gens en état de le lire. Je le donne aux savants et aux bibliothèques publiques. Je n'en ai point envoyé à la *Laurenziana* de Florence, parce que cette bibliothèque ne contient que des manuscrits.

Au reste, je ne prétends, sur ce fragment trouvé par moi, ni sur aucun livre, aucun droit de propriété; chacun peut le réimprimer. Il me reste vingt exemplaires de mon édition grecque, qu'on peut saisir comme on a fait de ma traduction à Florence; je n'y aurai nul regret, et n'en ferai aucune réclamation.

M. le directeur peut apprendre des libraires et des savants de Paris que je m'occupe de ces études uniquement pour mon plaisir ; que je n'y attache aucune importance, et n'en tire jamais le moindre profit. Ma coutume est de donner mes griffonnages aux libraires, qui les impriment à leurs périls et fortune; et tout ce que j'exige d'eux, c'est de n'y pas mettre mon nom. Mais cette fois j'ai cru devoir faire moi-même les frais de l'impression, ayant appris que quelques gens, assez méprisables d'ailleurs, m'accusaient de spéculation dans l'affaire de la tache d'encre ; et je pensais qu'on pourrait bien se moquer de moi d'employer ainsi mon loisir et mon argent, mais non pas en faire un sujet de persécution.

A M. BOISSONADE,

A NAPLES.

Rome, le 7 octobre 1810.

Monsieur, je viens de lire votre article dans le Journal de l'Empire, où vous parlez beaucoup trop honorablement de moi et de ma trouvaille. Vous me traitez en ami, et je pense qu'ayant eu quelques nouvelles de la petite persécution qu'on m'a suscitée à cette occasion, vous avez voulu prévenir le public en ma faveur, action d'autant plus méritoire que probablement je ne serai jamais en état de vous en témoigner ma reconnaissance, si ce n'est par des paroles. J'avais souhaité, comme vous savez, qu'il ne fût point question de moi dans les journaux. Mais aujourd'hui qu'on me fait des chicanes qui, sans m'affliger beaucoup, ne laissent pas de m'importuner, je suis fort aise de me voir loué par un homme comme vous, à qui le public doit s'en rapporter sur ces sortes de choses. Cela pourra engager les satrapes de la littérature à me laisser en paix, et c'est tout ce que je désire.

A M. CLAVIER,

A PARIS.

Rome, le 13 octobre 1810.

Monsieur, j'envoyai à Paris longtemps y a, comme dit Amyot, dix-huit exemplaires d'un beau Longus grec, dix-huit des cinquante-deux en tout que j'en ai fait tirer. C'est trop, me direz-vous. Où trouver autant de gens à qui faire ce cadeau ? Vous avez raison, mais enfin il y en a, de ces dix-huit, un pour vous, et celui-là du moins sera bien placé; un pour M. Bosquillon, un pour le docteur Coray; ceux-là encore sont en bonnes mains. J'ai adressé le tout à madame Marchand, ma cousine, dont vous savez la demeure, et qui doit en être la distributrice. Voilà qui va bien jusque-là; mais le mal est que je n'ai de nouvelles ni de ma cousine ni de Longus. J'ai adressé directement à vous et à quelques personnes le morceau inédit imprimé à part. Mais je vois par votre lettre du 28 septembre, et par l'article de Boissonade dans le Journal de l'Empire, que rien n'est parvenu à Paris, ou n'a été remis à sa destination. Il faut assurément que les Italiens zélés pour la littérature aient tout fait saisir à la poste, comme ils ont fait saisir ma pauvre traduction par un ordre d'en haut. Pareil ordre est venu ici de confisquer tout de même le grec, c'est-à-dire vingt exemplaires environ qui m'en étaient demeurés. Il y en a heureusement huit ou dix dans différentes mains, et voilà madame de Humboldt qui en emporte un en Allemagne, où il sera réimprimé. Ainsi la rage italienne, secondée de toute l'iniquité des satrapes de l'intérieur, de la police et autre engeance malfaisante, n'y saurait mordre à présent. Un de ces derniers, se disant directeur de la librairie, a écrit ici au préfet une lettre fort mystérieuse, qui ne m'a été communiquée qu'en partie. J'ai répondu succinctement à ce qu'il demande; et pour conclusion je le prie de se contenter de mon livre, que je lui abandonne volontiers, trop heureux si je sauve ma personne *de ses mains redoutables*. Je l'assure que je ne ferai jamais aucune réclamation de mes griffonnages saisis par lui, convaincu qu'il aurait pu me saisir moi-même, et me faire pendre avec autant de justice. Je loue autant sa clémence, et suis avec grand respect son très-humble serviteur.

J'attends impatiemment votre Archéologie. Cela me viendra fort à propos. Bonne provision pour cet hiver, que je compte passer encore ici.

Gail me paraît trop sot pour être ridicule; en le montrant au doigt vous lui ferez trop d'honneur, et à vous peu; et puis la belle matière à remuer pour vous que son dégobillage! Fi laissez-le là. *Jam fœtet.*

Si j'avais su que quelqu'un songeât à répondre aux Italiens sur la grande affaire de la tache d'encre, je n'aurais pas pris la peine d'écrire et d'imprimer une longue diatribe[1] que je vous ai envoyée, mais que probablement vous ne recevrez point, vu l'embargo mis à la poste sur tout ce qui vient de moi. Je suis tenté de croire, comme Rousseau, que tout le genre humain conspire contre moi. J'en rirais, si j'étais sûr qu'on ne touchât qu'à mon grec. Boissonade m'a trop bien traité dans son journal. Je l'avais prié de ne dire mot de moi ni de mes œuvres; mais sans doute il aura voulu secourir un opprimé et me défendre un peu, voyant que je ne me défendais pas moi-même.

Je passe ici mon temps assez bien avec quelques amis et quelques livres. Je les prends comme je les trouve; car si on était difficile, on ne lirait jamais et on ne verrait personne. Il y a plaisir avec les livres, quand on n'en fait point, et avec des amis, tant qu'on n'a que faire d'eux. J'ai renoncé aux manuscrits : c'est une étude trop périlleuse. Ceux du Vatican s'en vont tout doucement en Allemagne et en Angleterre. Le pillage en fut commencé par le révérend père Altieri, bibliothécaire. Il les vendait cher, *cent dix sous le cent*, comme Sganarelle ses fagots. Je crois qu'on les a maintenant à meilleur marché. Mais notez ceci, je vous en prie. Altieri vend les manuscrits dont il a la garde; il est pris sur le fait; on trouve cela fort bon; personne n'en dit mot; on lui donne un meilleur emploi. Moi je fais un pâté d'encre, tout le monde crie haro! J'ai beau dépenser mon argent, traduire, imprimer à mes frais un texte nouveau, je n'en suis pas moins pendable, *et rien que la mort n'est capable*, etc. Je vous embrasse. Mille respects à madame Clavier.

A M. BOISSONADE,
A PARIS.

Rome, le 22 octobre 1810.

Grand merci, monsieur, de vos bons avis. Je suis enchanté que mon petit cadeau vous agrée. Je n'ai point eu d'autre dessein que de plaire aux gens comme vous. Il est sûr que les manuscrits m'ont fourni des choses très-précieuses; mais, à dire vrai, mon travail n'est rien. J'aurais fait quelque chose à Paris

---

[1] La Lettre à M. Renouard.

avec des livres et du temps ; car il faut vous imaginer qu'on ne soupçonne pas en Italie qu'il ait rien paru depuis les Aldes en matière de grec ou de critique. M. Furia, bibliothécaire, n'aurait jamais su sans moi qu'il y eût d'autres éditions de Longus que celle de Jungermann ; c'est ce que vous pouvez voir dans la préface de son Ésope. Voilà dans quelle misère il m'a fallu travailler ; logé à l'auberge, notez encore ce point, et dans les transes d'un homme qui voit les archers à ses trousses, car je savais à merveille ce qui se tramait contre moi. Pensez à tout cela, et puis querellez-moi sur les fautes d'impression, je vous répondrai comme Brunet : *Tu veux de l'orthographe avec une méchante plume d'auberge !*

Le vizir de la librairie a en effet donné un ordre de saisir tout mon grec ; mais cet ordre n'a pas été exécuté. Je ne sais bonnement pourquoi. Le fait est qu'on s'est contenté de prendre quelques informations, auxquelles j'ai répondu d'assez mauvaise humeur ; ma lettre a dû être envoyée à cette Excellence. Toutes ces chicanes m'ont déterminé à faire imprimer une complainte, diatribe ou invective, comme il vous plaira l'appeler, en forme de lettre à M. Renouard. On trouve que dans cette brochure je ne parle pas assez civilement des gens qui veulent me faire pendre. Je vous l'ai envoyée ; mais il se pourrait qu'on eût arrêté le paquet à la poste.

Si vous revoyez ce bon monsieur de la direction de la librairie, assurez-le bien, je vous prie, que je n'ai point la rage de me faire imprimer ; que le hasard,

> Et, je pense,
> Quelque diable aussi me poussant,

m'a fait traduire ce fragment ;

> Que cent fois j'ai maudit cette innocente envie ;

que je fais un vœu bien sincère et un ferme propos de ne jamais rien écrire en quelque langue que ce soit pour le public ; qu'enfin lui et son directeur, si j'échappe *de leurs mains redoutables*, peuvent compter qu'ils n'entendront jamais parler de moi.

A Mme LA PRINCESSE DE SALM-DYCK.

Tivoli, 12 juin et 1er octobre 1810.

Madame, vous deviez partir pour vos terres dans deux mois, lorsque vous me fîtes ces lignes très-aimables. Or, votre lettre est du 6 mai; la poste sera bien paresseuse, si celle-ci ne vous trouve encore à Paris.

Il y a quelques mots dans votre lettre qui pourraient faire croire que vous ne vous êtes pas toujours bien portée depuis la dernière fois que j'eus l'honneur de vous voir. Vous étiez alors fraîche et belle; si je m'y connais, et vous ne paraissiez pas pouvoir être jamais malade. Mais enfin, je vois bien qu'à l'heure où vous m'écriviez, votre santé était bonne; elle le serait toujours, s'il y avait quelque justice aux arrangements de ce monde.

Assurément, j'irai vous voir dans votre château, et plus tôt que plus tard, et voici comment. D'ici à Paris, quand je m'y rendrai, je passe à Strasbourg; je trouve de là le Rhin :

> Doutez-vous que le Rhin ne me porte en deux jours
> Aux lieux où la Roër y voit finir son cours?

J'ai depuis longtemps, madame, votre château dans la tête, mais d'une construction toute romanesque. Il serait plaisant qu'il n'y eût à ce château ni tourelles, ni donjon, ni pont-levis, et que ce fût une maison comme aux environs de Paris. J'en serais fort déconcerté; car je veux absolument que vous soyez logée comme la princesse de Clèves ou la Dame des Belles Cousines; et je tiens à cette fantaisie. Sur vos environs, je crains moins d'être démenti par le fait; je vois vos prairies, vos bois, votre Rhin, votre Roër, qui ne se fâcheront pas si je les compare au Tibre et à l'Anio, à moins qu'ils ne soient fiers de couler à vos pieds; mais, en bonne foi, rien ne se peut comparer à ce pays-ci, où partout de grands souvenirs se joignent aux beautés naturelles. C'est tout ensemble ce qu'il y a de mieux dans le rêve et la réalité. Votre idée de laisser là Paris tout cet hiver, si c'était pour venir ici, aurait quelque chose de raisonnable; mais là-bas, dans vos frimas, bon Dieu! J'ai passé un hiver sur les bords du Rhin; j'y pensai geler à vingt ans; je ne fus jamais si près d'une cristallisation complète.

Que vous manderai-je d'ici? Les rossignols ne chantent plus depuis quelques jours, dont bien me fâche. Si les nouvelles de cette espèce vous peuvent intéresser, je vous en ferai une gazette. Ma vie se passe à présent toute entre Rome et Tivoli ; mais j'aime mieux Tivoli. C'est un assez vilain village, à six lieues de Rome, dans la montagne. Pour la description du pays, on en a fait vingt volumes, et tout n'est pas dit. Si vous en voulez avoir une idée, il y faut venir, madame; vous ne sauriez faire, de votre vie, un plus joli pèlerinage. Tout ce que j'ai d'éloquence sera employé quelque jour à vous prêcher sur ce texte.

Vous avez l'air de parler froidement de mon Longus, comme si j'y avais fait quelque petit ravaudage ; mais, madame, songez que je l'ai ressuscité. Cet auteur était en pièces depuis quinze cents ans : on n'en trouvait plus que des lambeaux. J'arrive, je ramasse tous ces pauvres membres, je les remets à leur place, et puis je le frotte de mon baume, et l'envoie *jouer à la fossette*. Que vous semble de cette cure? la Grèce me doit des autels.

Je ne sais si dans votre château vous aurez plus qu'à Paris le temps de penser à moi, et de *m'en bailler par-ci par-là quelque petite signifiance,* comme dit le paysan de Molière. Ne seriez-vous point de ces gens qui, moins ils voient de monde, et plus ils sont occupés? Quoi qu'il en soit, comme on se flatte, et moi surtout plus que personne, je compte bien avoir de vos nouvelles *à tout le moins une fois l'an.*

J'ai lu avec très grand plaisir votre éloge de Lalande ; cela donne envie d'être mort, quand on est de vos amis. Je ne saurais prétendre aux honneurs de l'éloge ; mais pour mon épitaphe je me recommande à vous : c'est une chose que vous pouvez faire sans beaucoup y rêver. Il s'agit seulement de mettre en rimes que je m'appelais Paul-Louis, de Saint-Eustache de Paris, et que je fus toute ma vie, madame, votre très-humble, etc.

P. S. Ayant trouvé dans mes papiers ce griffonnage, que je croyais parti depuis six mois, je devine enfin, madame, pourquoi vous n'y répondez pas ; je vous l'envoie, tout vieux qu'il est. Mon étourderie vous fera rire, et cela vaudra mieux que tout ce que je pourrais vous mander à présent.

Je vous ai adressé dernièrement, par la poste, quelques exemplaires d'une brochure, espèce de factum pédantesque qu'il m'a fallu faire imprimer pour répondre à d'autres sottises imprimées contre mon Longus. Tout cela est misérable, et je n'ai garde de penser que vous en puissiez lire deux lignes sans mourir; mais quelqu'un de vos Grecs le lira, et vous dira ce que c'est. Je doute d'ailleurs que ce paquet vous parvienne, car depuis quelque temps les ministres s'amusent à saisir tout ce que j'envoie à Paris : c'est pour eux une pauvre prise : le grec ne se vend pas comme du sucre. Les bureaux en doivent être pleins, je veux dire de grec pris sur moi ; et les dépêches vont s'en sentir pendant plus de huit jours.

A M. SILVESTRE DE SACY,
A PARIS.

Rome, le 3 octobre 1810.

Monsieur, puisque mes lettres vous parviennent, j'espère qu'enfin vous recevrez l'espèce de factum littéraire dont je vous adresse de nouveau trois exemplaires. Vous trouverez cela misérable ; et si vous n'en riez, vous aurez pitié d'une telle querelle. Peut-être encore penserez-vous qu'il fallait se taire, ou parler plus civilement. Mais songez, s'il vous plaît, qu'on tâchait à me faire pendre. Que voulez-vous, monsieur? j'ai eu peur, non des cuistres, mais des satrapes de la littérature. Voyant à mes trousses chiens et gens, j'ai fait le moulinet avec mon bâton, sans trop regarder où je frappais.

Vous avez bien de la bonté de penser à mon Xénophon. Son malheur est d'être sorti de vos mains. Je ne sais bonnement où il est, ni ce qu'il deviendra. Un M. Stone l'avait imprimé à moitié, assez mal. Voilà tout ce que je puis vous en dire. Je serais fâché seulement que le manuscrit se perdît, car c'est un travail que ni moi ni autre ne saurait refaire, et qui, à vrai dire, ne se pouvait faire que dans les casernes et les écuries où je vivais alors.

Oui, monsieur, j'ai enfin quitté mon vilain métier, un peu tard, c'est mon regret. Je n'y ai pas pourtant perdu tout mon temps. J'ai vu des choses dont les livres parlent à tort et à travers. Plutarque à présent me fait crever de rire. Je ne crois plus aux grands hommes.

Sur ce que vous me demandez si je reste en Italie, je puis bien vous dire, monsieur, ce que je projette en ce moment ; mais ce qui en sera, Dieu le sait. Car, outre l'incertitude ordinaire de l'avenir, j'ai peu d'idées fixes, et je trouve même une espèce de servitude à dépendre trop de ses résolutions. Je veux maintenant aller à Naples, et de là, si je puis, à Corfou. Or, venu jusqu'à Corfou, ne suis-je pas aux portes d'Athènes ? Peut-être, au reste, n'irai-je ni à Naples, ni à Corfou, ni à Athènes, mais à Paris, où je me promets le plaisir de vous voir. Peut-être aussi ne bougerai-je d'ici : voilà comme ma volonté tourne à tous les points du compas. J'ai cependant un désir inné de visiter la Grèce. C'est pour moi, comme vous pouvez croire, le pèlerinage de la Mecque.

A M. BOSQUILLON,

A PARIS.

Rome, le 10 novembre 1810.

Je ne saurais vous dire, monsieur, combien vous me rendez aise par l'approbation que vous donnez à mon apologie [1]. Il vous semble donc que j'ai dit à peu près ce qu'il fallait ? Tout le monde n'en a pas jugé de même. M. Clavier pense comme vous, et m'assure que j'ai bien fait d'appeler un chat un chat ; mais M. de Sacy ne peut me le pardonner, et je vois bien, quoi qu'il en dise, que ma justification n'est à ses yeux qu'un crime de plus. Ici, en général, on est de cet avis ; et tous ceux qui me condamnaient auparavant sur mon silence, depuis que j'ai ouvert la bouche me veulent écorcher vif. Je vous parle de gens que je vois tous les jours, de connaissances de vingt ans ; pensez ce que disent les autres ! Les plus modérés trouvent que je puis avoir au fond quelque espèce de raison ; qu'à la rigueur je n'étais point tenu de me laisser opprimer par humilité chrétienne, sans faire entendre aucune plainte. Mais, selon eux, au lieu de dire, *vous mentez*, à mes calomniateurs, je devais dire : Messieurs, j'ose vous supplier de vouloir bien considérer que ce que disent Vos Seigneuries, dans le dessein de me faire pendre, pa-

---

[1] La Lettre à M. Renouard, du 20 septembre.

raît s'écarter tant soit peu de la vérité. Voilà comme il fallait parler, pour ne point choquer les honnêtes gens. Car on est sévère aujourd'hui sur les bienséances; et notez ceci, je vous prie. Deux articles paraissent contre moi et Renouard dans la gazette de Milan, remplis d'injures et d'impostures. Qui que ce soit n'y trouve à redire. M. Furia imprime que je lui ai *volé* (ce sont ses propres termes) ses papiers et sa découverte; *action atroce*, ajoute-t-il, *qui a fait frémir d'horreur toute la ville de Florence.* Ce petit mensonge, exprimé avec tant de délicatesse, ne scandalise personne. Moi je dis qu'il ne sait pas le grec; ah! cela est trop fort. Je m'amuse à le peindre au naturel, et il se trouve que c'est un sot. Ah! de tels emportements ne se peuvent excuser. Le seigneur Puzzini, que je ne connais point, se met dans la tête de me faire un mauvais parti. Il ameute sa clique, me dénonce au ministre, arme l'autorité pour me persécuter, parce que je suis Français, et qu'il me croit sans appui; cela est tout simple. J'insinue doucement qu'un petit chambellan qui vit de ses bassesses dans une petite cour, haïssant les Français, qu'il flatte pour avoir du pain, n'est pas un personnage à respecter beaucoup hors de son antichambre; voilà qui crie vengeance.

Pour moi, ces choses-là ne m'apprennent plus rien; ce n'est pas d'aujourd'hui que j'ai lieu d'admirer la haute impertinence des jugements humains. Ma philosophie là-dessus est toute d'expérience. Il y a peu de gens, mais bien peu, dont je recherche le suffrage; encore m'en passerais-je au besoin.

La suite prouvera si j'ai bien ou mal fait. Qu'on me laisse en repos, c'est tout ce que je désire; et *si la cour me blâme*, je prendrai patience comme le cocher de fiacre. Gardez-vous bien de croire que j'aie voulu répondre aux sottises des gazettes. Je les ai laissées dix mois entiers me huer, m'aboyer, sans seulement y faire attention; j'ai laissé confisquer, sans souffler, sans mot dire, les bagatelles que j'imprimais pour quelques savants. Mais quand j'ai vu qu'après mes livres on allait saisir ma personne, que le maire de Florence avait ordre *d'instruire mon procès*, qu'il fallait une victime à la haine nationale, et qu'on me livrait aux Italiens; me voyant enfin la corde au cou, j'ai dit comme j'ai pu ce que j'avais à dire pour qu'on me laissât aller.

L'ouvrage de M. Clavier nous est parvenu ici. Je ne l'ai point lu encore; mais d'autres l'ont lu, qui connaissent mieux que moi ces matières. On le trouve fort savant. Quant à moi, ôtez-vous de l'esprit que je songe à faire jamais rien. Je crois, pour vous dire ma pensée, que ni moi ni autre aujourd'hui ne saurait faire œuvre qui dure. Non qu'il n'y ait d'excellents esprits, mais les grands sujets qui pourraient intéresser le public et animer un écrivain lui sont interdits. Il n'est pas même sûr que le public s'intéresse à rien. Au vrai, je vois que la grande affaire de ce siècle-ci, c'est le débotté et le petit coucher. L'éloquence vit de passions; et quelles passions voulez-vous qu'il y ait chez un peuple de courtisans, dont la devise est nécessairement : *Sans humeur et sans honneur?* Contentons-nous, monsieur, de lire et d'admirer les anciens du bon temps. Essayons au plus quelquefois d'en tracer de faibles copies. Si ce n'est rien pour la gloire, c'est assez pour l'amusement. On ne se fait pas un nom par là, mais on passe doucement la vie. Prions Dieu seulement que ces études, si nécessaires à tous ceux qui en ont une fois goûté, ne fassent nul ombrage à la police.

A M. ET MADAME CLAVIER,

A PARIS.

Rome, le 28 janvier 1811.

Monsieur, je n'ai pu répondre plus tôt à votre lettre du 10 novembre, ni vous envoyer le chiffon que demandait ce directeur de la librairie, ni vous remercier comme j'aurais voulu de vos bons offices auprès de Son Excellence : tout cela, parce que j'ai eu mal au doigt, mais un mal qui me privait de mon bras, et qui a duré deux mois; et, pendant que j'attendais ma guérison pour vous écrire, il a écrit, lui directeur, ici au préfet, disant, comme il a dit à vous, qu'il voulait avoir cette copie du *Supplément de Longus*, et qu'il lâcherait aussitôt mon livre bleu [1] qu'il a saisi. J'ai vite donné toutes les copies dont je me suis pu aviser, non pas pour ravoir ma brochure, car, à vous dire vrai, je ne m'en soucie guère, mais pour me tirer, moi, de la gueule du loup ; et je pense que voilà qui est fait.

[1] La traduction imprimée à Florence, et couverte en papier bleu.

Ne croyez pas pourtant, madame, que je me sois fort tourmenté des disgrâces de ma Chloé. Je n'en ai pas perdu un coup de dent ni une partie de volant, quand j'ai trouvé des joueuses comme mesdemoiselles vos filles. Cela est rare malheureusement, et surtout ici. Les demoiselles, en Italie, ne jouent guère au volant; elles ont des pensées plus sérieuses, et l'*amour n'attend pas le nombre des années, aux filles bien nées,* s'entend, comme elles sont toutes en ce pays-ci.

Vraiment il y avait du bon dans nos commentaires sur Racine, et je suis ravi, madame, que vous vous en souveniez. Je ne l'entends bien, pour moi, que quand je le lis avec vous, je veux dire quand c'est vous qui me le lisez. Nul autre ne devrait s'en mêler. Je ne pense pas toutefois que vous l'ayez beaucoup étudié; mais c'est qu'il a écrit pour vous et vos pareilles. Vous avez le sentiment inné de ses divines beautés, et cela vaut mieux que le feuilleton [1].

J'ai furieusement dans la tête le pèlerinage d'Athènes; et si cette dévotion me dure, je pourrais bien partir au printemps. Le fait est que je veux, avant de mourir, voir la lanterne de Démosthène, et boire de l'eau d'Ilissus, s'il y en a encore. Voilà ce que je rêve à présent; ce qu'il en sera est écrit aux tablettes de Jupiter.

A MADAME PIGALLE,

A LILLE.

Rome, le 30 janvier 1811.

Ah! la bonne lettre, cousine, que je reçois de vous, et que vous employez bien cette fois votre jolie écriture! De tout mon cœur assurément je vous accuse la réception et vous remercie, non tant à cause des 1,200 francs; j'en avais besoin, à vrai dire; mais ce n'est pas par là que vous m'obligez le plus. Vous vous souvenez du pauvre cousin, et vous le défendez contre la médisance, quoique d'ailleurs vous n'en ayez pas trop bonne opinion : c'est cela, voyez-vous, qui me touche le cœur. Je ne vous en saurais aucun gré, si vous eussiez pris ma défense dans la pen-

[1] Feuilleton du Journal de l'Empire, rédigé par Geoffroy.

sée qu'on me faisait tort ; j'aime bien mieux des preuves de votre amitié que de votre équité. Pour vous rendre la pareille, je voudrais trouver quelqu'un qui dît du mal de vous. Cela se pourra rencontrer ; vous avez aussi des parents. *Messieurs et mesdames,* leur dirai-je, *je demeure d'accord avec vous que notre cousine… sans doute… tout ce qu'il vous plaira….* Car il ne me viendra jamais à l'esprit que ces bons parents puissent ne pas vous rendre une justice exacte, en disant de vous pis que pendre. *Mais, comme je l'aime,* ajouterai-je, *je soutiens qu'elle n'a point tant de torts.* N'est-ce pas comme cela, cousine, que vous plaidez ma cause aux assemblées de ma famille ?

Ce que vous dites pour justifier vos éternelles grossesses prouve seulement que vous en avez honte. Si ce sont là toutes vos raisons, franchement elles ne valent rien ; car enfin, qui diantre vous pousse ?… et puis ne pourriez-vous pas… ? Allons, cousine, n'en parlons plus ; ce qui est fait est fait. Je vous pardonne vos cinq enfants ; mais, pour Dieu, tenez-vous-en là, et soyez d'une taille raisonnable quand nous nous verrons à Paris. Vous me décidez à y aller, et ce projet, entre une douzaine d'autres, est maintenant mon rêve favori. Je me trouvais bien ici ; on m'appelait à Venise ; j'ai quelque affaire à Naples ; mais je vais à Paris, puisque vous y serez dans la saison des violettes. Voilà de mon langage pastoral. Que voulez-vous ? je suis monté sur ce ton-là ; il ne me manque qu'un flageolet et des rubans à mon chapeau.

C'était à quinze ans qu'il fallait lire Daphnis et Chloé. Que ne vous connaissais-je alors ! mes lumières se joignant à votre pénétration naturelle, ce livre aurait eu, je crois, peu d'endroits obscurs pour vous ; mais, après cinq enfants faits, que peut vous apprendre un pareil ouvrage ? aussi l'exemplaire que je vous destine, c'est pour l'éducation de vos filles. En vérité, il n'y a point de meilleure lecture pour les jeunes demoiselles qui ne veulent pas être, en se mariant, de grandes ignorantes ; et je m'attends qu'on en fera quelque jolie édition à l'usage des élèves de madame Campan.

Dieu permettra, je l'espère, que je me trouve à Paris quand vous y serez, cousine ; mais s'il en allait autrement, sachez que parmi mes projets il y en a un, et ce n'est pas celui auquel je tiens le moins, de me rendre à Leyde cette année, en passant par Lille. Je vous reverrai alors avec tous vos marmots ; ils doivent être grands, ne vous déplaise, non pas tous, mais enfin le *général Braillard* (vous souvient-il de cette folie?) doit avoir bien près de dix ans : ce serait quelque chose si c'était une fille ; vous avez fini justement par où il fallait commencer. Quand je dis fini, c'est que je suis loin, et ne sais guère de vos nouvelles ; car peut-être, en lisant ce mot, aurez-vous sujet d'en rire : grosse ou non, je vous embrasse vous et eux, j'entends la marmaille et M. Pigalle.

A M. ET MADAME CLAVIER,

A PARIS.

Albano, le 29 avril 1811.

Monsieur, pour avoir votre ouvrage je vois bien qu'il faudra que je l'aille chercher ; et cependant vous êtes cause qu'on se moque de moi. Je reçois avis l'autre jour qu'un monsieur venant de Paris m'apportait un paquet de la part de M. Clavier. Je cours où l'on m'indiquait ; ce n'était pas là, c'était à l'autre bout de la ville ; j'y vais, on se met à rire, et on me dit : *Poisson d'avril.* Or, imaginez que la veille j'expliquais à ces bonnes gens, à ceux même qui m'ont joué ce tour-là, ce que c'est chez nous que *poisson d'avril*; et ils ne comprenaient pas qu'on y pût être attrapé, sachant d'avance le jour. Il faut, disaient-ils, *que vos Français soient bien étourdis.* Vous pouvez croire qu'on n'en doute plus après cette épreuve.

J'ai enfin quitté Rome. J'y vins pour quinze jours, il y a un an ou plus. Me voici en chemin pour Naples ; je n'y veux être qu'un mois si je puis ; mais c'est un pays où je prends aisément racine. J'y trouve quelque chose de cette ancienne Antioche de Daphné, dont je m'accommode fort, en dépit de Julien et de sa secte.

J'ai passé ce dernier mois presque tout à la campagne ; mais quelle campagne, madame ! Si vous saviez ce que c'est, vous m'envieriez. Comme je vous plains d'être confinée à Paris, ville de boue et de poussière ! Ne me parlez point de vos environs ; voulez-vous comparer Albano et Gonesse, Tivoli et Saint-Ouen?

La différence est à la vue comme dans les noms. Au vrai, c'est ici le paradis. Je vais pourtant trouver mieux. Dans le pays où je vais, est le véritable Éden. Mais que dites-vous de ma vie ? Toujours de bien en mieux. C'est vivre que cela.

FRAGMENT [1].

A Rome, avril 1812.

.... Ce matin, de grand matin, j'allais chez M. d'Agincourt; et comme je montais les degrés de la Trinité du Mont, je le rencontrai qui descendait, et il me dit : Vous veniez me voir ? Il est vrai, lui dis-je; mais puisque vous voilà sorti..... Non, reprit-il, entrez chez moi, je suis à vous dans un moment. Je fus chez lui, et je l'attendis; et comme il tardait un peu, je descendis dans son jardin, et je m'amusai à regarder les plantes et les fleurs, qui sont fort belles et nombreuses, et pour la plupart étrangères, à ce qu'il me parut, et aussi rangées d'une façon particulière et pittoresque. Car il y a beaucoup d'arbustes, dont les uns, plantés fort épais, font comme une espèce de pépinière coupée par de jolies allées; les autres tapissent les murs, et du pied de la maison montent en rampant jusqu'au faîte. La maison est dans un des angles du jardin; de grands arbres grêles, qui sont, je crois, des acacias, s'élèvent à la hauteur du toit, et parent les rayons du soleil sans nuire à la vue; tellement qu'on voit de là tout Rome au bas du Pincio, et les collines opposées de Saint-Pierre *in Montorio* et du Vatican. Au fond du jardin, aux deux angles, il y a deux fontaines qui tombent dans des sarcophages, et dont l'eau coule par des canaux le long du mur et des allées. En me promenant, j'aperçus, parmi des touffes de plantes fort hautes, une tombe antique de marbre avec une inscription. Je m'approchais pour la lire, écartant ces plantes, cherchant à poser le pied sans rien fouler, quand M. d'Agincourt, que je n'avais pas vu : « C'est ici, me dit-il, l'Arcadie du Poussin, hors qu'il n'y a ni danses ni bergers; mais lisez, lisez l'inscription. » Je lus; elle était en latin, et il y avait dans la première ligne : *Aux dieux mânes;* un peu au-dessous,

---

[1] Ce morceau ne paraît pas être tiré d'une lettre.

Fauna vécut quatorze ans trois mois et six jours; et plus bas, en petites lettres : *Que la terre te soit légère, fille pieuse et bien-aimée!*...

A M. BOISSONADE,

A PARIS.

Frascati, le 23 mars 1812.

J'ai reçu, monsieur, votre lettre, que m'a remise M. Fauris de Saint-Vincent; c'est un homme de mérite, et je vous remercie de m'avoir voulu procurer une si belle connaissance. Mais malheureusement je ne suis plus du monde. Je fuis un peu le genre humain, et je le donnerais, ma foi, de bon cœur à tous les diables, n'était quelques gens comme vous, en faveur desquels je fais grâce à tout le reste. Il me charge, M. Fauris, de recommander à votre souvenir un sien ouvrage de l'*Art de traduire;* apparemment vous êtes au fait, et vous saurez ce que cela veut dire.

Je lis toujours avec plaisir vos Ω, quand cette feuille me tombe sous la main. Vous êtes riche en citations de vos auteurs; Dieu me pardonne, votre sac est plein. Vous avez quelque projet. On ne fait pas pour rien de telles provisions. Courage, monsieur, venez au secours de notre pauvre langue, qui reçoit tous les jours tant d'outrages. Mais je vous trouve trop circonspect; fiez-vous à votre propre sens; ne feignez point de dire en un besoin que tel bon écrivain a dit une sottise. Surtout gardez-vous bien de croire que quelqu'un ait écrit en français depuis le règne de Louis XIV; la moindre femmelette de ce temps-là vaut mieux pour le langage que les Jean-Jacques, Diderot, d'Alembert, contemporains et postérieurs; ceux-ci sont tous ânes bâtés, *sous le rapport* de la langue, pour user d'une de leurs phrases; vous ne devez pas seulement savoir qu'ils aient existé. Voilà qui est plaisant, je fais le docteur avec vous. Je vous tiendrais trop, à vous dire tout ce que j'ai rêvé là-dessus.

Ce n'est donc pas vous qui succédez à M. Ameilhon, ni Coray non plus, et il y a en France quelqu'un plus habile que vous deux? On me dit que c'est un commis de la trésorerie. Croyez-vous qu'il eût été reçu si le caissier se fût présenté?

Nous avons ici, vous le savez, le célèbre M. Millin ; mais vous serez bien surpris quand vous apprendrez qu'il arrive n'ayant que trois habits habillés. Il est clair qu'il a cru que Rome n'en méritait pas davantage. Il reconnaît sa faute, et, pour la réparer, il écrit à Paris qu'on lui envoie, ventre à terre, par une estafette, ses autres habits habillés, et le plus habillé de tous, son habit de membre de l'Institut. Rome verra sa broderie, son claque et sa dentelle. C'était le moins qu'il dût aux Césars et à l'impératrice Faustine, qui ne reçut jamais de membre d'aucun corps que dans l'état convenable. Il faut que cette science de l'étiquette et du savoir-vivre ait fait à Paris de grands progrès, car il nous en vient de temps en temps des modèles accomplis. M. Degérando était ici naguère. Chaque fois qu'il parlait en public, il ne manquait point de saluer le Capitole, et les sept collines, et le Tibre, et la colonne Trajane. Il avait toujours quelque chose d'obligeant à dire aux Scipions et aux Antonins. Sa civilité s'étendait à toute la nature et à tous les siècles. M. Millin projette d'aller jusqu'en Calabre, pays où l'on n'a jamais vu d'habits habillés ; à peine y habille-t-on les hommes.

Ne me parlez point des *papyri*[1], c'est le sujet de mes pleurs. Ils étaient bien mieux sous terre que dans les mains barbares où le sort les a mis. Il y a là force scribes et académiciens payés pour les dérouler, déchiffrer, copier, publier. Ce sont autant de dragons qui en défendent l'approche à tout homme sachant lire, et qui n'en font, eux, nul usage. Monsignor Rosini s'en occupa jadis ; mais depuis qu'il est prélat de cour, il n'a plus dans la tête que le *baciamano* et le petit coucher. Si vous y allez jamais, on vous les montrera, mais de loin, comme la sainte ampoule ou l'épée de Charlemagne. Je n'ai pu seulement obtenir qu'on en copiât un alphabet de la plus belle écriture.

La mort de M. Bast m'a vraiment affligé, quoique je ne le connusse point ; mais j'espérais le connaître un jour, et tous ceux qui cultivent comme lui ces études me sont un peu parents : mais c'est vous, monsieur, que je plains. Je ne vous dirai point que de telles pertes se puissent réparer : rien n'est si rare qu'un ami, et en trouver deux en sa vie, ce serait gagner deux fois le quine.

[1] Les manuscrits antiques trouvés à Herculanum.

Je compte être bientôt à Paris, où je me promets le plaisir de causer avec vous.

NOTE

ÉCRITE EN TÊTE DU RECUEIL DES LETTRES QUI PRÉCÈDENT (1804-1812).

Rome, le 19 mars 1812.

Si quelqu'un voit ceci, on s'étonnera que j'aie voulu conserver de pareilles misères. Mais le fait est que ces chiffons, qui ne signifient rien pour tout autre, me rappellent à moi mille souvenirs; et qu'ayant déjà passé la meilleure et la plus belle moitié de ma vie, je me plais désormais à regarder en arrière. J'ai regret seulement que cette idée me soit venue si tard; et plût à Dieu que j'eusse de semblables mémoires de mes premières années[1]

A MADAME LA PRINCESSE DE SALM.

Rome, le 20 juillet 1812.

[Le 23 octobre 1812, au moment même où la conspiration dite Mallet éclatait, M. Courier partit pour Tours. Il passa à Orléans le 24 ou le 25, et le lendemain il se rendit à Blois. Les gendarmes de cette ville lui demandèrent son passe-port, et comme il n'en avait pas, il fut arrêté et mis en prison. On lui permit d'écrire à ses amis de Paris, et ceux-ci obtinrent aisément du préfet de police, Réal, les ordres nécessaires pour le faire mettre en liberté. Après quatre jours entiers de détention, il continua son voyage vers Tours et Luynes.]

Tout à l'heure encore deux gendarmes me gardaient à vue jour et nuit; le jour ils me couvaient des yeux, et la nuit, avec deux chandelles, ils m'éclairaient de près pour dormir, crainte qu'on ne m'enlevât par l'air. Je ne pouvais, sauf respect, faire mon grand tour sans l'assistance de ces deux messieurs. On vous aura conté cela. J'étais un conjuré : j'avais entrepris de faire passer la couronne dans une autre branche. Si on m'eût coupé la tête pour crime d'État, c'eût été pour vous un grand lustre : rien n'honore plus une famille, et tous mes parents auraient mis cela dans leurs papiers. Malheureusement on s'aperçut que j'étais un pauvre diable qui ne savait pas même qu'il y eût des conspirations, et on m'a laissé aller. Tout cela ne me serait point arrivé si je vous avais vue cette année; car un bonheur amène l'autre. Mais une fois en guignon, tout tombe sur un pauvre homme.

On dit que nous avons à Hasbourg ou Hasbruck, ou Hasbroek, une cousine d'environ seize ans, dont la figure et le caractère ne font point du tout de déshonneur à la famille, une fort belle personne, aussi sage que belle, et tout à fait aimable. Sur un pareil bruit, chère cousine, il y a dix ou douze ans, j'aurais été rôder dans ce canton sans rien dire. Mais à présent je puis déclarer mon projet, et annoncer que j'irai là tout exprès pour voir cette merveille; car je ne puis croire ce qu'on en dit, que je ne l'aie vue et touchée.

Je vois vos enfants le dimanche chez M. Marchand; ils sont jolis et dignes de vous; l'aîné surtout montre de l'esprit. Je ne laisse pas, tout diables qu'ils sont, de leur apprendre quelquefois des polissonneries de mon temps, inconnues dans ce siècle-ci, où tout dégénère. Alfred fera ce qu'il voudra; mais je suis fâché qu'on les désole pour des études assommantes, et dont l'utilité, après tout, est douteuse

Ne comptez-vous pas, dites-moi, vous ou votre mari, venir bientôt à Paris? Si vous ne venez, je vais vous voir. Je pensais d'abord devoir attendre la belle saison; mais depuis, réfléchissant à l'incertitude de la vie, j'ai trouvé que c'était sottise de différer un plaisir, surtout quand on a comme moi quarante ans et des cheveux blancs : rien n'est plus vrai. J'en ai beaucoup, et je les garde précieusement pour vous les faire voir. Que direz-vous à cela? car enfin, ou le proverbe ment, ou ma tête n'est pas celle d'un fou, comme il vous a plu de le dire, sans reproches, en bien des rencontres. Je veux vous demander là-dessus une petite explication au coin du feu, nous deux, si je m'y trouve, comme je l'espère, avec vous cet hiver.

Répondez-moi bien vite. Vos lettres sont charmantes : j'aime fort à en recevoir, quoiqu'il n'y paraisse guère. J'en regrettai fort une que je devais avoir à Milan, et que je n'y trouvai point, sans doute par le retard de mon voyage. Vous avez un style naturel et fort agréable. Pour moi, je griffonne tout le jour des choses assez ennuyeuses, et je n'en puis plus quand il s'agit de faire une lettre qui m'amuserait.

LETTRE DE M. AKERBLAD.

Rome, le 22 décembre 1812.

Mon cher ami, j'ai eu de vos nouvelles par M. de Sacy, qui m'a instruit de l'aventure qui vous est arrivée. Cette petite admonition vous était nécessaire pour vous apprendre à connaître le prix d'un passe-port, chose qu'on n'a jamais pu vous mettre dans la tête. Je voudrais qu'en même temps cela vous dégoûtât d'un pays où l'on coffre les gens pour si peu de chose, et vous décidât à revenir en Italie, où votre bout de ruban rouge vous a toujours servi de passe-port. D'ailleurs, avouez franchement que vous n'êtes pas si bien à Paris que vous l'étiez à Frascati ou à Rocca di Papa. Vous m'aviez promis de m'écrire de Paris; mais vos amis de Rome sont tout à fait oubliés. Que dis-je vos amis? ni la princesse [1], ni madame Millingen, ni même votre maîtresse, ne reçoivent de vos nouvelles. La pauvre Rose dépérit à vue d'œil, et si elle ne se pend pas, elle finira par mourir de consomption; tout cela pour vos beaux yeux. Vous parlerai-je des fouilles? mais elles ne vous intéressent que faiblement. Vous rendrai-je compte des disputes qui ont eu lieu entre les antiquaires sur la statue de Pompée et sur l'arène de l'amphithéâtre? Il faudrait des volumes, et les combattants en préparent qui seront bientôt imprimés. Une nouvelle de Naples, si vous ne la savez pas, c'est qu'on va publier tous les *papyri* déroulés, sans traduction, notes, ni commentaires. C'est une idée que votre serviteur a suggérée à Millin, qui en parla à la reine. Cela fait enrager les Napolitains, qui avaient spéculé sur ces *papyri*, dont la publication, à leur manière, demandait au moins trois ou quatre siècles.

Le roi d'Espagne, c'est-à-dire le ci-devant, voulut l'autre jour visiter la bibliothèque Vaticane; là-dessus, grands préparatifs, avec ordre aux *scrittori* de se mettre en gala pour le jour fixé. Or, vous savez qu'Amati, qui se passe de chemise, n'a jamais eu d'autre habillement que la redingote que vous lui connaissez. Ses trois camarades, aussi philosophes que lui, ne sont pas plus élégants : ainsi, point de toilette extraordinaire. L'inten-

[1] Gaetani.

dant qui devait accompagner le roi, fort choqué de l'accoutrement de *MM. les scrittori*, leur ordonna sévèrement de ne point paraître devant Sa Majesté, au grand chagrin de mes quatre philosophes.

Adieu, mon cher ami, j'attends avec impatience de vos nouvelles. Parlez-moi de vous, de votre Xénophon, de Coray, de Clavier, et mille choses à ces messieurs et à l'aimable et savant ★★★.

[Courier, revenu à Paris à la fin d'octobre, y passa tout l'hiver et le printemps de 1813, partageant son temps entre l'étude et le jeu de paume, pour lequel son ancienne passion s'était réveillée. Au mois de juillet il alla s'établir à Saint-Prix, dans la vallée de Montmorency, pour y jouir de l'air de la campagne, et pour mettre la dernière main à une nouvelle traduction de Daphnis et Chloé, qui fut, à cette époque, imprimée chez Firmin Didot.]

A Mme LA PRINCESSE DE SALM-DYCK.

BILLET SANS DATE.

MADAME,

Je n'aurai pas le plaisir de dîner avec vous, et cela parce que je suis mort. Je m'enterrai hier avec les cérémonies accoutumées pour traduire un livre grec. C'est une belle entreprise, dont je suis fort occupé. Ainsi je n'y renoncerai guère que dans huit ou dix jours. Alors je ressusciterai, et je vous apparaîtrai. Ne soyez pas fâchée, madame, si je vous manque de parole. J'ai fait pis à madame Clavier. Après mille serments de dîner chez elle hier, je n'y suis point allé. Sérieusement je travaille comme un nègre. Je veux faire quelque chose, si je puis. Je pense à vous dans mon tombeau. J'en sortirai avant le jour du jugement, pour vous aller un peu présenter mon respect. Mais ce sera le matin, si vous le permettez.

DE PROFUNDIS.

A LA MÊME.

Saint-Prix, 25 juillet 1813.

MADAME,

Je ne voulais point vous écrire; je voulais vous aller voir, vous et M. le comte. Je me promettais de faire avec lui plus d'une partie de chasse et d'échecs. Ne devions-nous pas aller aux eaux d'Aix-la-Chapelle? J'ai cru de bonne foi jusqu'à présent que tous ces projets s'exécuteraient ; mais je vois qu'il y faut renoncer, et que mes amis qui me défiaient de quitter Paris me connaissent assez bien. Vous savez comme on s'habitue en ce pays-ci, et comme aisément on y prend racine, et comme on finit par ne plus pouvoir vivre ailleurs. Assurément, il vous souvient des querelles que je vous faisais là-dessus. Vous en voilà quitte, madame. Je commence à comprendre enfin que Paris ait pour vous quelque attrait, de la façon surtout dont vous y pouvez être, puisque moi, chétif, qui n'ai pas autant de raisons de m'y plaire, je ne puis m'en arracher, non pas même pour vous aller voir. Je suis à la campagne pourtant depuis quinze jours sans m'ennuyer ; mais de ma chambre je vois Paris, et j'y vais *de mon pied*, chaque fois que la fantaisie m'en prend. Faites-en autant, je vous prie, de votre château. Essayez avec vos carrosses de partir à la minute même où ce caprice vous viendra. Je m'attends que dans votre première lettre vous reconnaîtrez ingénument les avantages que nous autres *hères* avons sur vous autres châtelains. Mon Dieu, qu'on doit y être bien dans ce château et avec vous! je me le figure à merveille, et je crois, madame, sans vouloir vous dire une douceur, que j'y aurais bientôt oublié Paris et le reste du monde. Cela m'est arrivé quelquefois en bien moins bonne compagnie. Le difficile, c'est de bouger d'ici. Passé une fois la première poste, il n'y a plus pour moi de Paris, ou tout m'est Paris pour mieux dire. Si je vous contais les délices qui m'y retiennent à présent, vous seriez, je crois, bien surprise. Mais voilà ce que c'est. En paradis il n'y a qu'un plaisir pour tout le monde, celui de voir Dieu face à face ; ici chacun jouit à sa mode.

Vous me demandez ce que je fais : je travaille à mettre un peu d'ordre dans mes pauvres affaires; quand je dis pauvres, ne croyez pas que je me plaigne de mon sort, je sais combien de gens qui me valent sont plus pauvres encore que moi ; et, songeant à ce que possédaient mes amis Socrate et Phocion, j'ai honte de mon opulence. Enfin je mets ordre à mes affaires ; et savez-vous pourquoi? pour aller à Athènes. Riez-en si vous voulez. C'est un pèlerinage, un vœu dont je dois m'acquitter.

Tout chrétien brûle du désir de voir une fois les saints lieux ; tout Grec, un peu païen comme moi, meurt content s'il a pu saluer la terre de Minerve et des arts. J'en veux rapporter des reliques, soit la lanterne de Diogène, ou bien le miroir d'Aspasie.

Je vis l'autre jour le *Tartare* [1] : nous causâmes fort de vous, madame. Il vous aime et révère. Mais quand nous reviendrez-vous ? tout au plus, je m'imagine, à la fin de novembre. Vous venez tard et partez tôt, comme les tourterelles. Que ce style ne vous étonne pas. Je viens de lire l'Astrée, que je n'avais jamais lue ; cela m'ennuya d'abord, et puis j'y pris plaisir. C'est le rebours des autres lectures et de tout ce qui amuse. Vous éprouverez la même chose quelque jour dans votre château ; vous finirez par vous y plaire et ne plus penser à Paris. Alors il faudra bien que Paris vous aille voir. Ce qui nous y cloue, c'est qu'on sait que vous y viendrez.

Je suis avec respect, madame, votre, etc.

A M. LEDUC AÎNÉ,

A PARIS.

Saint-Prix, le 25 juillet 1813.

Puisque tu donnes des notices aux panégyristes des morts, tu m'apprendras peut-être quelque chose de la vie militaire de ***, tué avec ***. Je l'ai connu particulièrement avant qu'il se fît ingénieur ; je lui ai donné des culottes, et, je crois, les premières bottes qu'il ait jamais portées. Maintenant j'en veux faire un héros ; pourquoi non ? Le voilà tué en bonne compagnie, c'est là l'essentiel ; je ne te dis pas mon projet. Ramasse tout ce que tu pourras en entendre dire, et tu me conteras tout cela à notre première entrevue.

AU MÊME.

Saint-Prix, le 30 juillet 1813.

Tu as bien raison, mon héros était un franc animal. J'ai là-dessus des notices (*puisque notice y a*) fort exactes et sûres. Cela

---

[1] Langlès.

est vraiment fâcheux. J'en voulais faire l'éloge d'une certaine façon, c'est-à-dire de façon à pouvoir insinuer ce que je pense du métier, en donnant doucement à entendre que mon homme eût été capable de quelque chose de mieux; mais, ma foi, c'est tout le contraire. Voilà qui est fait, je n'y songe plus. Que ferai-je de mon éloquence? Les éloges sont à la mode: il faut hurler avec les loups; d'autres disent braire avec les ânes. Je trouve ici dans mon voisinage un sujet de panégyrique admirable, une madame de Broc ou du Broc, tombée dans un trou, à la suite de la reine de Hollande. Lis un peu la gazette; on ne parle d'autre chose. Eh bien! cette dame de Broc, on l'enterre à ma porte. Elle vient de plus de cent lieues s'offrir à ma plume. Lui refuserai-je un compliment, parce qu'elle est morte? elle avait du mérite; beaucoup même, si l'on m'a dit vrai. A vingt-cinq ans, belle comme un ange, elle dépensait en aumônes la moitié de son revenu, ne voulait ni parures ni diamants. Veuve depuis deux ans, c'était une Artémise. Nulle idée de se remarier, pas l'ombre d'un galant. On l'adorait, jeunes et vieux, pauvres et riches; tout le monde l'aimait. En un instant la voilà morte, d'une mort horrible, imprévue! Jeunesse, beauté, talents, tout s'engloutit dans ce gouffre.

> Je ne sais, de tout temps, quelle injuste puissance
> Laisse le crime en paix et poursuit l'innocence.

Ceux que chacun maudit engraissent. S'il y a quelque maraud qui fasse tout le mal qu'il peut, il vivra, sois-en sûr. Le modèle des grâces, l'exemple des vertus, le refuge du pauvre et l'ornement du monde périt dans sa fleur. Ou je me trompe, ou il y a là tout ce qu'il faut à un orateur, hors les six mille francs.

A propos, je suis fâché de n'avoir pu me trouver l'autre jour chez ton frère; il m'a fallu partir, ma voiture partait. Ce que c'est d'être gueux, on dépend du coche. Si j'avais un carrosse...... N'importe; j'irai te voir lundi avant la paume. Tu as l'air de vouloir te moquer de ma paume: jeu de grands seigneurs, dis-tu; non de ceux d'aujourd'hui.

> Faire la cour aux grands, et dans leurs antichambres,
> Le chapeau dans la main, se tenir sur ses membres,

c'est tout ce que la nouvelle noblesse a retenu de l'ancienne. Adieu, je t'embrasse.

A Mme LA PRINCESSE DE SALM-DYCK.

Paris, 29 septembre 1813.

Tout ce que vous me dites, madame, de vos courses à Aix-la-Chapelle et à Spa me donne des regrets, je dirais presque des remords, de vous avoir faussé compagnie; mais sachez, madame, que j'en ai bien été puni. Je suis tombé malade, peu s'en faut et je crois même que j'ai eu la fièvre. Cette campagne d'où je vous écrivais près de Montmorency est un endroit malsain; et comment ne le serait-il pas, à mi-côte, au midi, entouré et couvert par une montagne au nord? C'est le vent du nord seul qui fait la salubrité d'un pays. C'est Borée qui rend le teint frais aux femmes de Frescati. La remarque est de moi, prenez-y garde. On explique savamment le nom de cette ville par des étymologies qui ne me contentent pas. Je dis qu'on les nomme *Frescati* parce que les filles y sont fraîches comme roses au matin, ce que j'attribue aux caresses de l'amant d'Orithye; et puis dites que je n'observe pas dans mes voyages!

Vous avez bien raison, madame, nous ne sommes jamais du même avis, vous et moi; il est encore vrai que c'est pour cela précisément que nous sommes bien ensemble. Entendez ce mot comme il faut; c'est-à-dire que nous causons avec plaisir ensemble. Vous aimez la contradiction; vraiment vous n'êtes pas dégoûtée. C'est un des biens parmi tant d'autres qui manquent aux rois. Montaigne fait le conte de je ne sais quel grand qui, fatigué de la complaisance et de l'éternelle approbation de son confident, lui dit un jour: « Pour Dieu, conteste-moi quelque chose, afin que nous soyons deux! » J'en ai long à vous dire là-dessus quand nous nous reverrons, pourvu que vous preniez en main l'opinion contraire.

Il est mort un homme de l'Institut. On m'a parlé de me présenter pour le remplacer. Je ne puis encore m'y résoudre. Je ne suis point du tout fait pour remplir un fauteuil, et par bonheur je me trouve fort bien sur une escabelle. Il n'est pire compagnie, selon moi, qu'une compagnie de gens de lettres; et puis leurs habits, leurs visites, leurs cérémonies, tout cela me ferait crever de rire; d'autres choses me feraient mal au cœur. Vous pensez peut-être que c'est *** qui veut me pousser là; point du tout;

il ne m'en dit mot, lui qui me tourmentait l'autre fois, vous vous en souvenez. Il me fait la mine depuis quelque temps. Je devine pourquoi ; il a tort. Mais dites-moi, madame, comment faisait mon père ? Il avait des amis, et même il les garda jusqu'à la fin de sa vie. On valait mieux alors.

Tout le monde ici lit la gazette et parle de nouvelles. Je vois des gens qui suivent les armées sur la carte, et ne les perdent non plus de vue que s'ils répondaient de l'événement. Dieu me fait la grâce d'être là-dessus d'une parfaite indifférence ; mais je crains que tout ce vacarme, dont vous êtes plus près que nous, ne vous cause quelque inquiétude, et ne vous empêche de venir ici cet hiver.

Trouvez bon, madame, que je me rappelle au souvenir de M. le comte, et agréez l'assurance de mon très-humble respect.

[Au mois de mars 1814, Courier, vivement affecté des événements politiques auxquels il ne pouvait plus prendre part, projetait de quitter Paris pour échapper à l'odieuse nécessité de voir partout chez lui des figures russes et allemandes ; mais le hasard l'ayant rapproché d'une famille qu'il aimait, celle de M. Clavier, il s'avisa de penser qu'il pourrait être heureux, marié avec la fille aînée de son ami ; et cependant, un peu indécis de caractère, il voulait parce qu'il était amoureux, puis ne voulait plus, craignant de perdre sa liberté. Dans ces alternatives, ses parents ayant fait beaucoup pour le détourner, le mariage fut rompu. Mais au bout de deux jours Courier revint suppliant, obtint grâce, et le mariage fut conclu le 12 mai, sans que Courier fût encore bien décidé sur ce qu'il voulait faire. La lettre qui suit est écrite pendant la rupture, et exprime le repentir auquel la famille Clavier céda.

M. Lemontey était camarade de collége de feu M. Clavier, et ami intime de la famille.]

A MADAME CLAVIER.

Paris, le mercredi, avril 1814.

MADAME,

Je vous prie de vouloir bien me renvoyer par le porteur ma canne, que j'ai laissée chez vous. J'ai un mouchoir à vous que je vous renverrai, si vous me défendez de vous le porter moi-même.

Il y a quinze jours aujourd'hui que je vous dis ce mot dont vous vous souvenez : *Tout ce que j'aime est ici* ; cela était parfaitement vrai. Vous alors, madame, vous voyiez en moi un homme destiné à faire le bonheur de votre fille, et par là le vôtre et celui de toute votre famille. M. Clavier pensait comme vous. Sa sœur, me disait-il, *allait être contente.* M. Lemontey paraissait également satisfait. Tout le monde approuvait une union qui semblait de longtemps préparée et fondée sur mille rapports. Pour moi, je fus heureux ces huit jours que je me crus votre gendre. J'aimais, Dieu me pardonne, tout comme à vingt-cinq ans, et d'un amour que personne ne pouvait blâmer. Cette fois mon plaisir et mon devoir se trouvaient d'accord; j'éprouvais, dans cette passion qui a fait le tourment de ma vie, un sentiment nouveau de calme et d'*innocence.* N'en riez pas, non. C'est le mot, et je voyais s'offrir à moi un bonheur durable. Qui m'a enlevé tout cela en si peu de temps? ce qui perdit la pauvre Psyché : conseils de parents.

Il est fort assuré que vous ne trouverez personne qui vous soit aussi sincèrement attaché que je le suis, ni qui vous estime avec la même connaissance de cause, personne qui vous convienne aussi bien à tous égards, hors un point que vous ne regardez pas comme essentiel : et pouvez-vous sacrifier tant de convenances à un petit ressentiment de vanité offensée, lorsque vous savez que l'offense ne vient pas de moi, et que vous la voyez réparée par un si prompt retour? Toutes les autres raisons que vous et M. Clavier me donnâtes l'autre jour, franchement sont misérables; car tout se réduit à dire que je l'aime trop, et que je suis trop facile à me laisser conduire; fâcheuses dispositions dans un homme qui doit l'épouser, et vivre avec vous.

Je ne sais vraiment qu'imaginer pour vous faire changer de résolution. Dites à M. Clavier, madame, je vous prie, que je ferai pour lui toutes les traductions, recherches, notes, mémoires, qu'il lui plaira me commander. Je tâcherai d'être de l'Institut. Je ferai des visites et des démarches pour avoir des places, comme ceux qui s'en soucient. En un mot, je serai à lui, à ses ordres, en tout et partout. Trop heureux s'il me rend ce qu'il m'a déjà donné, et qui, à vrai dire, m'appartient. L'autre ne travailla que sept ans pour Rachel; moi je travaillerai aussi longtemps que M. Clavier voudra, et ce ne sera pas trop de lui consacrer toute ma vie, s'il la rend heureuse.

[L'irrésolution qui avait retardé le mariage de Courier dura quelques mois encore après. Son caractère indépendant se plia difficilement à l'idée d'être lié pour jamais. Un beau jour il partit, disait-il, pour la Touraine, et de fait il y fut. Mais de là revenant sans s'arrêter à Paris, il alla sur les côtes de la Normandie. Il y oublia mariage et famille, pour se livrer encore à cette vie aventureuse qu'il avait menée si longtemps; et, tenté par l'occasion d'un vaisseau frété pour le Portugal, il allait s'embarquer. Le souvenir et les lettres de sa jeune femme l'ayant rappelé, il se contenta d'une course à Rouen, le Havre, Dieppe, Amiens, Honfleur, etc.; et enfin, revenu à Paris, il se fit à sa nouvelle situation. Il ne quittait plus sa femme qu'à regret, et pour des affaires indispensables.

Madame Montgolfier était la femme de Joseph Montgolfier, fils du célèbre Montgolfier l'aéronaute.

La lettre qui suit est datée de ce voyage.]

A MADAME COURIER.

Au Havre, le 25 août 1814.

Je relis ta lettre du 14, car je n'en ai point d'autres de toi. Tu m'en as sûrement écrit depuis, qui viendront, j'espère; mais je n'ai reçu que celle-là. Ton sermon me fait grand plaisir. Tu me prêches sur la nécessité de plaire aux gens que l'on voit, et de faire des frais pour cela; et comme s'il ne tenait qu'à moi, tu m'y engages fort sérieusement et le plus joliment du monde. Tu ne peux rien dire qu'avec grâce. Mais je te répondrai, moi : *Ne forçons point notre talent;* c'est la Fontaine qui l'a dit. Si Dieu m'a créé bourru, bourru je dois vivre et mourir; et tous les efforts que je ferais pour paraître aimable ne seraient que des contorsions qui me rendraient plus maussade. D'ailleurs, veux-tu que je te dise? Je suis vieux maintenant, je ne puis plus changer; c'est toi qui pourrais te corriger, si quelque chose te manquait pour plaire. Et remarque encore, tu me compares à des gens...... Mais parlons d'autre chose.

Ma façon de vivre est assez douce, quoique je ne connaisse personne ici; ou peut-être est-ce pour cette raison que je m'y trouve bien. Je me promène, je griffonne pour passer le temps; mais surtout je nage deux fois par jour avec un plaisir infini; j'ai fait de grands progrès dans cet art. Mon école de natation à Paris m'a bien profité; j'y ai fait de nouvelles études en regardant les grands nageurs, et me voilà un tout autre homme, comme Raphaël quand il eut vu les peintures de Michel-Ange. Il me faut maintenant si peu de mouvement pour me tenir sur l'eau, que j'y reste des heures entières sans me fatiguer, ni penser seulement où je suis, et que j'ai sous moi un abîme, car je me fais conduire en pleine mer : là je suis bercé par les vagues ; j'oublie..., et mes chagrins et mes sottises, pires que tout le reste.

Mon bonheur dépend de toi... douces paroles dont peut-être à présent tu ne te souviens plus. C'est pourtant de ta dernière lettre. Ce ne sont pas seulement ces choses-là qui me les font aimer, tes lettres ; mais c'est que vraiment tu écris bien, et beaucoup mieux que ceux ou celles qui ont cette prétention. Ton expression est toujours juste, et tu as de certaines façons de dire.... Tu te peins toi-même dans ton style ; et moi qui te connais, je vois dans chaque mot ton geste, ton regard, et ce parler si doux, et ces manières qui m'ont conduit au 12 mai. Il y a cependant quelque chose à dire à cette lettre : c'est que tu ne me parles guère de toi. Tu n'entres dans aucun détail ; tu ne me dis point ce que tu fais, ce que tu vois, et sans doute tu ne peux pas tout me dire. Me conterais-tu, par exemple, tout ce qui s'est passé depuis mon départ jusqu'au jour où vous partîtes pour la campagne ? Non, sûrement ; et je n'ai garde d'exiger cela. J'imagine que quelque jour tu te tromperas d'adresse, et que je recevrai une lettre écrite pour madame Montgolfier, ou pour quelque autre personne de tes amis. Je le voudrais ; mais non, toute réflexion faite, j'aime mieux que cela n'arrive pas, et je te prie d'y prendre garde.

Quand je dis que je reste ici, c'est une façon de parler ; je vais bientôt retourner à Rouen, d'où je compte aller à Amiens ; mais écris-moi toujours à Rouen, poste restante.

[Nous avons, dans ce qui précède, conduit Courier jusqu'à son mariage, qui fut comme le dénoûment de cette vie si inquiète et si remplie de mouvement. Les lettres qui vont suivre nous le montrent dans ce nouvel état, avec ses affections de famille, mais poursuivant toujours ses études et prenant part aux événements publics avec les mêmes inquiétudes d'esprit. Les deux premières mêlent au récit d'un voyage d'affaires une peinture rapide des désordres qui affligeaient la Touraine, le Maine et l'Anjou, pendant les *cent jours*. On y voit que Courier prévoyait un mois d'avance la catastrophe de Waterloo.]

À MADAME COURIER.

Luynes, le 14 juin 1815.

Je vins ici avant-hier; le bien de Bourgueil est vendu. On m'assure que c'eût été pour moi une mauvaise acquisition. Je le crois, et je me console; c'est le meilleur parti, et puis, *ils sont trop verts*. Je demande à tout le monde de l'argent; personne ne m'en veut donner. Bidaut [1] se moque de moi; quand je lui parle d'affaires, il me parle politique. C'est la scène de M. Dimanche. Je n'ose lui rompre en visière, parce que je suis dans ses griffes; mais je tâche de m'en tirer tout doucement. Quel malheur de ne rien entendre à ce chien de grimoire! Je voudrais, comme M. Jourdain, avoir le fouet devant tout le monde, et savoir non pas le latin, mais quelque peu de chicane, assez pour ma provision.

Je ne m'ennuie point; Plutarque m'est d'un grand secours pour passer le temps : je serais heureux si je t'avais; mais, en bonne foi, je ne crois pas que tu puisses, dans un pays tel que celui-ci, être une semaine sans mourir. Il est vrai que tu t'occuperais. Enfin nous verrons quelque jour. Je me promène, je vais courir au haut et au loin, je revois les endroits où j'ai joué à la fossette et au cerf-volant : ces souvenirs me font plaisir.

Je ne sais que te marquer encore : rien de ce que je vois ne t'est connu. Quand je te dirai que la petite Bourdon mourut il y a quelques mois, n'en seras-tu pas bien fâchée? C'était la fille du boulanger, jeune, fraîche et gentille, petite blonde d'environ dix-neuf ans, mariée à un homme de vingt-deux; cela devait être heureux. Point du tout : au bout de cinq ou six mois de ménage, il lui prend un chagrin. La voilà qui ne dit mot, et maigrit à vue d'œil. Et mère de l'interroger, et voisines de la tourmenter, pour savoir où le mal la tient. Qu'a-t-elle? rien. Que veut-elle? que lui manque-t-il? on ne sait. Elle languit et meurt. Le mari n'en a cure; et c'est là, dit-on, ce qui l'a tuée. Il est le seul qui ne la regrette pas.

[1] Notaire de Tours.

Mais M. de Ferrières regrette trop la sienne. C'est un gentilhomme que tu connais comme Jean de Werth. Elle était jeune, belle et bonne. Elle lui laisse deux enfants. Il l'a tant soignée, tant veillée dans sa dernière maladie, et tant pleurée depuis, qu'il s'en va mourir, le pauvre homme, à quarante-cinq ans. Ceci a l'air d'un conte inventé à la gloire des *quadragénaires;* mais demande au petit Gasnault, quand tu le verras.

Veux-tu de la politique? Les chouans, les Vendéens, les brigands, les insurgés, les royalistes, les bourbonistes, sont à douze lieues d'ici, au Lude. Quand ils y entrèrent, un parent de M. Vaslin, qui demeure là, patriote, jacobin, terroriste, républicain, bonapartiste, comme tu voudras, fit feu sur eux, leur tua un homme. Ils l'ont pris, lui, et ne l'ont pas tué; mais ils ont pillé sa maison et quelques autres. Toute la gentilhommerie se sauve des campagnes, de peur des paysans. M. de la Beraudière s'est retiré à Tours avec sa famille; les petites en sont ravies, parce qu'elles s'amusent. Ce sont des gens qui de leur vie n'ont fait mal à qui que ce soit : ils font bien d'être sur leurs gardes.

> Je ne sais, de tout temps, quelle injuste puissance
> Laisse le crime en paix, et poursuit l'innocence.

C'est Racine qui dit cela, et il dit bien vrai.

Tours, le mercredi.

Voilà tes lettres de samedi, dimanche, lundi, mardi, mercredi. Je les ai lues avec grand plaisir et beaucoup plus de raison que je n'eusse imaginé. Continue, je t'en prie, ce journal, le seul qui me puisse intéresser. Je ne t'en écris pas davantage, parce que le temps me manque. Je ne suis pas non plus si bien ici qu'à Luynes pour causer avec toi : une maudite auberge, des allants et venants, un vacarme d'enfer. Et puis, de quoi te parlerais-je? d'hypothèques, de contrat, de principal, d'intérêts, et de cent autres misères auxquelles tu n'entends rien, et moi fort peu de chose. Que n'ai-je cent mille livres de rentes! j'en laisserais quatre-vingt-dix aux honnêtes gens qui me viennent dire :

> J'étais fort serviteur de monsieur votre père,

et je vivrais sans soins peut-être avec le reste. Mais quoi! on me le volerait encore, et il faudrait livrer bataille pour garder un morceau de pain. Je ne serais pas plus tranquille.

A MADAME COURIER.

Tours, le 17 juin.

Je reçois ta lettre de mercredi soir et jeudi, bien bonne et bien longue. Que te dirai-je? il faudrait t'adorer. Ta pauvre santé m'afflige bien. Je suis sûr que la campagne te rétablira. Mais ne songe point à venir ici, par cent raisons. D'abord, *le pays n'est pas tranquille, et il y a tel événement qui pourrait nous engouffrer dans une bagarre effroyable.* Moi seul je m'échappe aisément. Et puis tu me gênerais dans mes courses. Cette raison ne m'arrêterait pas, si ta santé y devait gagner. Mais Luynes est un endroit malsain dans cette saison-ci; j'y reste le moins que je puis, de peur de la fièvre, et je me sauve sur les hauteurs, où l'air est plus pur, mais où je ne pourrais me loger avec toi. Sitôt que je serai de retour, nous irons, si tu veux, nous établir quelque part, à Sceaux, à Saint-Germain. Au reste, attends quelques jours. Si l'empereur gagne la partie, ce pays-ci sera bientôt calme.

Je retourne à Luynes, et j'y achèverai mes affaires. Je visiterai mes biens, et ferai du tapage aux gens qui me doivent. Malheureusement ils me connaissent, et ne s'effrayent pas de mes menaces; ils finissent toujours par me payer quand ils veulent.

A MADAME COURIER.

(FRAGMENT.)

Tours, novembre 1815.

J'ai dîné chez M. de Chavaignes en grande compagnie, avec des chouans, des Vendéens, etc., plus extravagants royalistes que tout ce que tu as jamais vu, mais du reste bonnes gens. On a porté ta santé avec enthousiasme. Tu as une grande réputation. Il y avait là deux curés qui se sont enivrés tous les deux. Un d'eux avait ce jour-là un enterrement à faire; c'est la première chose qu'il a oubliée. A son retour il a trouvé, à dix heures du soir, le mort et sa sequelle qui l'attendaient depuis midi. Il s'est mis à les enterrer. Il chantait à tue-tête, il sonnait ses cloches,

P. L. COURIER.

c'était un vacarme d'enfer. L'autre curé, qui était le plus ivre des deux, voulait se battre avec moi. Ayant appris que j'avais une femme jeune et jolie, il fit là-dessus des commentaires à la housarde qui réjouirent fort la compagnie.

A MADAME COURIER.

Paris, 23 à 28 décembre 1815.

Ayant reçu la lettre de M. Lamaze, tu auras pensé, j'imagine, à envoyer les affiches au garde pour la coupe que nous voulons vendre cette année. Si tu ne l'as point fait, va voir Bidaut, et dis-lui de faire parvenir ces affiches dans les villages d'Azay-sur-Cher, Montbazon, Saint-Avertin, Véretz et Larçai. Les trois premiers sont les plus importants. Je ne puis te dire encore quand je partirai; je voudrais que ce fût après-demain, ou au plus tard dimanche. Je dînai hier chez ta mère, qui me fit dire le matin par Édouard de venir de bonne heure, parce qu'elle allait au spectacle; tout cela comme si elle m'eût invité et que j'eusse accepté : dans le fait, il n'en avait pas été question. Je répondis qu'on ne m'attendît pas, et je vins à quatre heures et demie. J'y trouvai Faye[1], qui me paraît assez attentif auprès de Zaza. On les mit côte à côte à table. Ta mère le choie; Zaza ne le néglige pas. Il comprend à merveille ce que cela veut dire. On voit qu'ils pensent à quelque chose. Moi je n'y nuis pas non plus; je les fais causer ensemble tant que je puis. Je serais enchanté que cela réussît, et toi aussi, je crois. Zaza est bonne personne; je trouve qu'elle gagne beaucoup depuis quelque temps. Elle est bien faite, quoique un peu forte : il y a de l'étoffe pour faire une belle et bonne femme, et le drôle ne serait pas malheureux. Il est aussi fort bon enfant, et plus uni, à ce qu'il me semble, que la plupart des jeunes gens. Enfin, il en sera ce qui est écrit au ciel.

A MADAME COURIER.

Tours, le 29 janvier 1816.

J'ai passé hier la soirée chez madame de la Beraudière. Il y avait une douzaine de femmes et quelques hommes, la plupart

---

[1] Devenu depuis beau-frère de Courier.

jeunes gens dont je serais le père. Cela ne m'a pas empêché de faire beaucoup de folies avec eux. Deux tables de boston et un colin-maillard dans leur salon que tu connais, outre M. Raymond et une petite fille de son âge; tu peux t'imaginer comme on était à l'aise. Colin-maillard l'a emporté. Le boston a été culbuté, deux carreaux cassés dans le vacarme. M. d'Autichamp en était, sans uniforme et sans aucune décoration. Il est vraiment aimable, tout uni et fort à la main. Enfin, nous étions là huit ou dix *jeunes gens* en train de nous divertir. Je suis sorti à minuit; personne ne songeait encore à s'en aller. Ils ont joué vingt sortes de petits jeux fort drôles, qui la plupart m'étaient nouveaux. Cela n'était point ennuyeux, comme sont d'ordinaire les petits jeux. Les jeunes personnes sont élevées on ne peut pas mieux, dans le ton à peu près des petites de la Beraudière. Celles-ci, ma foi, sont très-bien : décence parfaite, sans nulle espèce de gêne. Point de politique, tout le monde en bottes; quel délice! Ce qui m'a le plus amusé, c'est l'histoire d'un bal donné ces jours passés. Il y a eu des gens invités qui n'ont pas voulu y venir, aimant mieux donner aux pauvres l'argent que cela leur eût coûté. C'est l'épigramme qu'ils ont faite, et qui a porté coup. On la leur garde bonne. D'autres, au contraire, s'attendaient à être invités, et ne l'ont point été : ceux-là ne sont pas les plus contents. Selon eux, c'est un bal d'*épurés*. Tu entends ce que cela veut dire. D'autres invités y sont venus, et s'en sont allés parce qu'ils n'ont pas trouvé le bal assez épuré. Toute la capacité du gouverneur et des principaux magistrats a été employée à arranger ce bal, qui, définitivement, n'a contenté personne. Si tu t'étais trouvée ici, aurais-tu été assez pure? Tu es de race un peu suspecte. On t'eût admise à cause de moi, qui suis la pureté même; car j'ai été pur dans un temps où tout était embrené. C'est une justice qu'on me rend : madame de la Beraudière ne tarit point là-dessus. La conclusion que j'ai tirée de tout cela, c'est que quand nous serons nichés dans nos bois, sur les bords du Cher, il faudra nous y tenir, et n'avoir de liaison, d'amis ni de connaissances, qu'à Paris. Tu sais là-dessus mon système, dans lequel je me confirme par tout ce que j'observe ici.

A MADAME COURIER.

Tours, le.... 1816.

Mes marchands de bois m'ont promis de m'apporter aujourd'hui les cinq mille francs, mais je n'ai garde d'y compter ; il faudra en venir aux coups, c'est-à-dire aux assignations. Ils seront bien étonnés, car jamais je n'ai fait rien de pareil. Mais je vais les étonner bien plus, en leur demandant en justice des dommages et intérêts pour l'exécrable massacre de mon pauvre bois. Je comprends maintenant pourquoi mon père avait toujours quelque procès ; c'était pour ne pas se laisser manger la laine sur le dos. Moi, je suis tombé dans l'autre excès, et on me dévore depuis vingt-cinq ans. Croirais-tu bien que d'une pièce de quatorze arpents de bois il ne m'en reste plus que six ? les huit autres sont passés du côté de mes voisins. Il y a des morceaux plus petits qui ont disparu entièrement ; on sait seulement par tradition que je dois avoir là quelque chose. J'ai fait toutes ces découvertes dans l'énorme fatras des papiers de mon père. On ne me croyait pas homme à mettre le nez là dedans. J'ai fait bien d'autres découvertes. Par exemple, je croyais mes fermes au même prix que du temps de mon père ; cela me donnait de l'humeur. Le fait est qu'elles sont beaucoup plus bas. Il en est résulté cependant une sorte de bien, en ce que les fermiers, se regardant comme chez eux, ont beaucoup amélioré le fonds. Un seul m'a défriché, sans en être prié, six arpents de terre qui autrefois étaient incultes et inutiles; un autre a rebâti une grange. Aussi me garderai-je bien de les dégoûter par des augmentations trop fortes. Je veux seulement les engager à me faire meilleure part de mon bien.

Voici la nouvelle de Luynes : Le curé allait avec un mort, un homme venait avec son cheval. Le curé lui crie de s'arrêter ; il n'en a souci, et passe outre sans ôter son chapeau, note bien. Le prêtre se plaint, six gendarmes s'emparent du paysan, l'emmènent lié et garrotté entre deux voleurs de grand chemin. Il est au cachot depuis trois semaines, et depuis autant de temps sa famille se passe de pain.

Autre nouvelle du même pays. Le curé a défendu de boire pendant la messe ; tous les cabarets à cette heure doivent être fermés. Le maire y tient la main. L'autre jour mon ami Bourdon, honnête cabaretier, s'avise de donner à déjeuner à son beau-frère : or c'était un dimanche, et on disait la messe; le maire arrive, les voit, et les met à l'amende, qu'ils ont très-bien payée. Mais voici bien pis. Le curé a défendu aux vignerons, qui voulaient célébrer la fête de saint Vincent leur patron, d'aller ce jour-là au cabaret. J'ai vu le curé, et je lui ai dit : Vous avez bien raison; c'est une chose horrible d'aller au cabaret, un jour de fête surtout ; et vous faites très-bien, vous, monsieur le curé, de ne jamais vous griser qu'en bonne compagnie dans le courant de la semaine. Cependant raisonnons, s'il vous plaît. Saint Vincent aime les vignerons, puisqu'il est leur patron : aimant les vignerons, il doit aimer la vigne, et par conséquent le vin, et aussi le cabaret, car tout cela se suit. Comment donc trouve-t-il mauvais que le jour de sa fête on aille au cabaret? Il n'a su que me répondre.

Je te conte des balivernes; l'heure de la poste arrive; adieu.

A MADAME COURIER.

Tours, le 30 janvier 1816.

Tes lettres me ravissent. Tu as bien raison de dire qu'il ne faut point d'économie sur cet article. Le plaisir qu'elles me font ne peut se comparer aux dix sous qu'elles me coûtent.

J'ai vu I...... Sa maison est bien ce qu'il nous faudrait. Elle est plus simple que je ne l'aurais cru en la voyant de loin. Il dit qu'il ne veut point la vendre. Cependant il me l'a fait voir dans le plus grand détail, et il me la vantait du ton d'un homme qui veut faire valoir sa marchandise. Moi je l'ai fort approuvé de ne point vouloir s'en défaire, et j'ai refusé de voir les appartements, qu'il voulait aussi me montrer. C'est l'histoire de Vaslin. Il s'est mis en tête que je voulais avoir sa maison.

Demain je fais encore une course à Larçay, et puis une autre à Luynes pour mes marchands de bois, qui finalement se moquent de moi. Je m'en vais leur lâcher des huissiers, ce qui ne m'est jamais arrivé, sans compter un procès-verbal que je vais faire faire du dommage causé à mes bois. Je ne veux plus, ma foi, passer pour un benêt, et je vais leur montrer les dents. Je dis comme madame de Pimbêche : *Ces coquins viendront nous manger jusqu'à l'âme, et nous ne dirons mot!* ils vont me trouver bien changé. Ils t'attribueront ce changement; tu ne seras pas aimée *de tes vassaux*. Tu as pourtant une grande réputation dans le pays. Tu passes pour une beauté parfaite : heureux ceux qui t'ont vue ! A propos de beauté, un de nos fermiers a un fils qui passe avec raison pour le plus beau garçon du pays. Il est blond, et a dix-huit ans. Ce ne sont point ces gros traits des Anglais et des Allemands : sa tête est toute grecque. Il est loin de s'en douter, et cela lui donne une grâce et un naturel que n'ont point vos messieurs de Paris. Avec sa blouse et ses sabots, il a tout à fait l'air d'Apollon chez Admète.

Quand je serai revenu de Luynes, il faudra retourner à Larçay pour mes impositions. Tu vois quelle vie. Je me donne au diable, mais j'espère que cela finira. Le pis est que je ne puis m'occuper d'aucune étude, et que j'ai beaucoup de moments où je ne sais que faire. Alors je meurs d'ennui. J'ai trop ou trop peu d'occupations.

Je t'entretiens de mes sottes affaires : qui ne peuvent que t'ennuyer. Il vaut mieux répondre à tes lettres. Je suis bien aise que tu aies remarqué le monsieur en pantoufles. Rien n'est plus choquant, je t'assure.

> Je veux croire qu'au fond il ne se passe rien ;
> Mais enfin on en cause, et cela n'est pas bien.

Je t'assure que tu fais trop d'avances à ces gens, qui n'y répondent pas. Il faut se garder d'être dupe en amitié, c'est-à-dire, d'y mettre trop du sien. On joue un mauvais personnage.

Tu peins madame S. C'est une pauvre étude et un maigre sujet, mais cela vaut mieux que de ne rien faire. Je ne m'étonne pas que tu aies de la peine à te mettre au travail : j'éprouverais la même chose. Nous nous prêcherons l'un l'autre. J'ai des projets admirables, et je les exécuterai en dépit de la paume.

A MADAME COURIER.

Tours, le 6 février 1816.

Je me lève matin pour t'écrire. Il me faut aujourd'hui voir les gens du domaine pour réclamer la maison du garde, qui réellement nous appartient comme ayant de tout temps fait partie de la forêt. C'est une raillerie de prétendre avoir vendu le pot, et non l'anse. J'aurai encore une course à faire pour revoir cette maison à vendre, et puis je partirai pour Paris; je ne compte me reposer que dans la voiture.

Tu te rappelles ces gens qui ne veulent pas qu'un paysan mange, boive et porte une chemise. J'allai l'autre jour chez M. Précontais de la Renardière, qui est un de nos débiteurs; je le trouvai en famille. Il n'avait point d'argent, me dit-il; ce sont les paysans qui ont tout, et si cela continue, la noblesse mourra de faim, ou sera obligée de faire quelque chose. Qu'il se vende un quartier de pré, c'est un paysan qui l'achète; chacun a maintenant *sa goulée de benace*. Ces gens-là mangent de la viande, boivent du vin, ont des souliers : cela se peut-il souffrir? J'abondai dans son sens, et je le fis frémir en lui racontant une chose dont je venais d'être témoin. Croiriez-vous bien, lui dis-je, que Jean Coudray le vigneron...? Écoutez ceci, je vous prie. Je viens de chez Jean Coudray; il me devait quelque argent, qu'il m'a payé sur-le-champ. Sa femme m'a voulu donner à déjeuner. Mais elle, que pensez-vous qu'elle prenne à déjeuner? du café à la crème. Cela leur fit dresser les cheveux à la tête. Du café à la crème! Tout le monde s'écria : Du café à la crème! Nous convînmes tous que les choses ne pouvaient durer ainsi; et je les quittai en faisant des vœux bien sincères pour le retour du bon temps; car ils me payeront, j'imagine, quand les paysans mourront de faim et seront couverts de haillons.

Je voulais t'en dire plus long, mais Bidaut m'a envoyé chercher dès huit heures du matin. Je suis comme Petit-Jean, je n'aime pas qu'on m'interrompe. Adieu.

A MADAME COURIER.

Tours, le 7 novembre 1816.

Je ne poursuis point les marchands de bois, parce que Doré a un fils qui va, dit-on, faire un mariage fort avantageux; et mes poursuites contre le père empêcheraient, dit-on, ce mariage, qui pourra aider au payement de ce qu'on me doit. Je n'en crois rien, mais, pour ne pas empêcher ces gens de coucher ensemble, j'attends le lendemain de la noce pour lâcher contre eux les huissiers. J'ai la réputation d'un homme qu'on ne paye que quand on veut. Cela me fait donner au diable.

Je n'ai point vu les la Beraudière : la mère est malade. Ils se sont fort bien conduits dans une infâme affaire qui a eu lieu dernièrement à Luynes. Dans ce village d'environ 1200 habitants, douze personnes ont été arrêtées pour propos séditieux ou conduite suspecte. C'étaient les ennemis du curé et du maire. Les uns sont restés en prison six mois, les autres y sont encore. Une jeune fille se meurt des suites de la peur qu'elle a eue en voyant arrêter son père. Or, dans cette affaire, il paraît que M. de la Beraudière s'est employé tant qu'il a pu en faveur de ces pauvres diables. Cela fait qu'on en dit beaucoup de bien dans le pays. Dans le fait, ce sont des gens fort estimables.

Un curé me disait à Luynes qu'il ne voulait pas me *fleustrer* du plaisir..... Mets cela avec le *dénaturer* du médecin [1].

A MADAME COURIER.

Le 9 février 1818.

Tu vois comme je t'écris. Je te parle de moi. C'est comme il faut que tu fasses. Tout ce que tu fais, ce que tu penses, tout ce qui te vient à l'esprit sans examen, il me le faut coucher par écrit. Visconti est mort; je viens de recevoir son billet d'enterrement. Voilà trois places à l'Institut. En aurai-je une? Je ne sais. S'ils me reçoivent, j'en serai bien aise; s'ils me refusent, j'en rirai : je ne vaudrai ni plus ni moins, et le public sera pour moi. Je crois que je serai reçu. Mon *Ane* va paraître, je crois, la semaine prochaine. Il semble que Bobée ait envie d'en finir.

Adieu. Je m'arrange avec Rosine on ne peut mieux. Elle jouit du bonheur de voir son fils ne rien faire du tout. J'ai voulu hier l'envoyer porter quelques livres chez ta mère. Rosine s'en est emparée, et les a portés elle-même. Il ne faut pas qu'un gentilhomme sache rien faire, dit Molière. Adieu.

A M. RAOUL ROCHETTE.

Paris, le 15 avril 1818.

Monsieur, je n'aurai point l'honneur de dîner demain avec vous,

---

[1] Un médecin consulté par Courier lui répondit un jour gravement : Monsieur, ce symptôme me *dénature* votre maladie; voulant dire *dénote*.

parce que je pars pour la campagne, à mon grand regret, je vous assure.

Ne croyez pas que je me plaigne de votre académie ; je reconnais au contraire qu'elle a eu toute sorte de raison de me refuser ; que je n'étais point fait pour être académicien, et que c'était à moi une insigne folie de me mettre sur les rangs. Seulement, je ne veux pas qu'on me croie plus sot encore que je ne suis; et comme bien des gens s'imaginent que je me présente à chaque élection pour essuyer un refus, je ne dois pas négliger, ce me semble, de les désabuser. C'est là l'objet du petit mémoire que je vais publier, et dans lequel je ne prétends point justifier, mais atténuer ma sottise : je n'en ai guère fait en ma vie que par le conseil de mes amis. Ah! Visconti! Visconti!

A M. ÉTIENNE,

DE LA MINERVE.

Paris, le 14 juin 1818.

Monsieur, j'ai prié M. Bobée, mon imprimeur, de vous faire tenir une feuille qu'il vient d'imprimer sous ce titre : *Procès de Pierre Clavier Blondeau*, etc. Lisez cela, monsieur, si vous en avez le temps, et vous verrez ce que c'est pour nous, pauvres paysans, d'avoir affaire à un maire. Vous serez d'avis, comme moi, que ces faits sont bons à publier. Dites-en donc un mot, je vous prie, dans un de vos excellents articles, afin que Paris du moins sache comme on traite ceux qui le nourrissent : car vous ne vous doutez de rien, gens de Paris, dans vos salons; et comme vous sifflez les ministres s'il leur échappe à la tribune un mot impropre ou malsonnant, vous croyez que nous pouvons ici nous moquer d'un maire. Défaites-vous de cette idée. L'*opposition* réussit mal dans les départements, et je puis vous en dire des nouvelles. Mon exemple est une leçon pour tous ceux qui seraient tentés de prendre, comme j'ai fait, le parti des vilains, non-seulement contre les nobles, mais contre les vilains qui pensent noblement. Il m'en coûte mon repos et mon bien : les juges veulent me ruiner, et ils y réussiront avec l'aide de Dieu et de M. le procureur du roi. Enfin, depuis quelque temps, ma vie est un combat, comme disait Beaumarchais. Il était ferrailleur, et souvent cherchait noise. Moi, je ne me défendrais même pas, tant je suis bonne créature, si on me battait modérément.

Votre *Minerve* s'est déjà déclarée pour moi d'une manière qui m'a fait beaucoup de plaisir et d'honneur. Souffrez, monsieur, que je lui recommande à présent mon pauvre Blondeau, ainsi qu'à votre *Renommée*, qui, je l'espère, ne jugera pas de l'importance des faits par les noms des personnages. Une présentation à la cour ne lui fera pas oublier les doléances de Blondeau et de vingt millions de paysans opprimés, je veux dire *administrés*, comme lui.

A MADAME COURIER.

Saint-Germain, du 15 au 18 juillet 1818.

Je suis allé, comme je t'ai dit, aux Français avec ces jeunes gens; je croyais qu'ils allaient au parterre; point du tout, c'était aux galeries à quatre francs : j'y ai eu grand regret. On donnait *Andromaque*. Je n'ai rien vu au monde de si pitoyable. Tout était révoltant : Andromaque avait dix-huit ans, et Oreste soixante. Tantôt il hurle, il beugle; tantôt il parle tout bas, et semble dire : *Nicole, apporte-moi mes pantoufles*. Tout cela est entremêlé de coups de poing et de gestes de laquais dans les endroits de la plus noble poésie. Je t'assure que celui de la Gaieté qu'on nomme le Talma des boulevards, vaut beaucoup mieux que son modèle. Talma était fagotté on ne peut pas plus mal; des draperies si lourdes et si embarrassantes qu'il ne pouvait faire un pas : un gros ventre, un dos rond, une vieille figure; c'était un amoureux à faire compassion. Tu sais que je n'ai point de prévention; je ne demandais pas mieux que de m'amuser. Je crois d'ailleurs que le parterre, tout enthousiasmé qu'il était, ne s'amusait pas plus que moi. Le Crispin (c'était Monrose) ne m'a pas paru merveilleux. Le fait est, comme je l'ai toujours dit, que le Théâtre-Français, et tous les vieux théâtres de Paris, à commencer par l'Opéra, sont excessivement ennuyeux.

A MADAME COURIER.

Paris, dimanche.

Je trouve ici tes deux premières lettres. Je vois que tu vas garder mon mémoire jusqu'à ce que la chose soit jugée, ou, ce qui est la même chose, jusqu'à la veille du jugement. Comment ne comprends-tu pas que cela est plutôt fait pour le public que pour les juges? Tu ne me marques point quand on doit juger. Aussitôt ma lettre reçue, distribue tout ce que tu as, mais avec discernement. N'en donne qu'à ceux qui peuvent trompeter cela, et qui n'ont point d'intérêt à ce que la chose n'éclate pas.

A MADAME COURIER.

Le 9 janvier 1819.

Je suis bien content de Félix et d'Émilie. Cela m'a fait grand plaisir. Voilà qui sera un joli ménage, bien assorti. C'est un petit roman que cette course en Amérique, et la souffrance de la belle; je souhaite qu'elle soit heureuse. Je l'espère bien, et elle le mérite.

Ne te tourmente point, tout s'arrange avec le temps; l'essentiel, c'est la santé.

Ce qu'Hyacinthe t'a dit de ma réputation doit te rassurer pour l'avenir. La réputation à Paris vaut mieux que l'argent, et procure l'argent. Nous ne devons pas craindre d'être jamais embarrassés.

A MADAME COURIER.

(Fin de mars 1819.)

Ce qui nous aidera puissamment dans toutes nos affaires, c'est la lettre à l'Académie, dont le succès paraît certain. Il n'y a encore que trois ou quatre exemplaires de distribués, et déjà les têtes s'échauffent. Faye était prévenu peu favorablement sur ce que je lui en avais débité de mémoire; mais, après l'avoir lue et fait lire à d'autres, il en est enchanté. Haxo en est presque content.

J'allai voir Hyacinthe avant-hier; je le trouvai au lit. On l'avait saigné, on lui avait mis les sangsues; il avait eu un coup de sang. C'est tout le tempérament. Je lui recommande la fatigue et les exercices violents, pendant qu'il en est temps encore; il ne suivra pas mon conseil; il paraît un peu indolent; du reste, le meilleur garçon, et bien aimable. Il veut absolument être sous-préfet, et il le sera. Son père et sa mère iront vivre avec lui; sottise, selon moi. Il doit m'aboucher avec Villemain d'ici à quelques jours. Je crois que tout ira bien, et que nous aurons ici pleine satisfaction.

J'achèterai ici du sainfoin, qui est beaucoup meilleur marché que là-bas; j'en ai vu des tas à la halle, et je sais maintenant distinguer le bon du mauvais.

Fais toujours couper du mauvais bois. Si je n'arrivais pas le 2 ou 3 avril, fais vendre les bourrées par Blondeau. Tu en fixeras le prix avec lui; ce doit être de seize à vingt-deux ou vingt-trois.

Je suis bien aise que tu plantes des châtaignes; il faut les mettre loin du bois.

A MADAME COURIER.

Mars 1819.

J'ai vu hier M. Guizot. Il m'a promis solennellement la destitution, que je ne lui demandais pas. Je dois le revoir mercredi au soir; ainsi je ne puis partir que jeudi. Je dois voir d'ici à ce temps le ministre de la justice, dont j'espère beaucoup; ainsi j'espère que nous aurons raison de nos persécuteurs.

La lettre à l'Académie commence à faire sensation. B. m'a écrit une lettre d'une bêtise rare; tout le monde est content du style, excepté... M. Daunou, dont le suffrage n'est pas peu de chose, m'en a fait mille compliments; Villemain, Violet-le-Duc, il n'y a qu'une voix. Mais l'Académie est un peu sotte. Tout cela, je crois, me fera honneur. Villemain est enthousiasmé de mon Plutarque, et veut l'imprimer à tout prix.

Dis à Blondeau que ses affaires vont bien; que cependant je ne puis encore lui rien promettre.

A MADAME COURIER.

1819.

J'ai dîné hier avec Hyacinthe et Jules Bonnet chez Hardi. Jules est un peu pincé, mais du reste il m'a paru aimable. Après le dîner ils se sont mis à jouer au billard, et je suis rentré chez moi. Le matin j'allai voir Lemontey; je croyais qu'il pourrait par ses connaissances me faire parler au ministre de la justice. Je sais bien que ce ministre me donnera une audience quand je la demanderai ; mais je suis pressé, je veux m'en retourner là-bas. Au reste, Lemontey ne peut ou ne veut rien faire.

Je dois voir Villemain aujourd'hui à deux heures. Il me lira la lettre du ministre au préfet. Je regarde la destitution de Debaune comme certaine. On m'a proposé de me faire maire à sa place ; je n'ai pas voulu. Villemain a fort dans la tête l'impression de mon Plutarque, comme une chose qui pourrait faire honneur au ministre actuel. Nous parlerons de cela aujourd'hui : si la chose se fait, je reviendrai ici dans cinq ou six semaines.

Je vois que mes premières lettres t'ont inquiétée, tu verras par les lettres suivantes que tout s'arrange. Quand on saura à Tours que nous avons à Paris des gens qui pensent à nous, on nous laissera tranquilles ; et je crois que... regrettera plus d'une fois d'avoir pris parti contre nous. Si je puis rester ici seulement quelques jours, le procureur du roi aura aussi sa semonce ; et enfin nous serons en repos. Je vois qu'on se fait ici un honneur et une gloire de me protéger. Cependant il y a encore une chose qui pourrait changer tout : c'est ma lettre à l'Académie, que Villemain n'a point encore lue, et qui paraît à tout le monde trop âpre et trop violente. Il se pourrait que cette lecture le fît changer, non de sentiments, mais de conduite avec moi : ainsi ne comptons encore sur rien.

Regarde toujours le cachet de tes lettres.

A MADAME COURIER.

Paris, le 1er mai 1821.

J'ai vu le maréchal et sa femme. Grandes caresses et grandes amitiés. Mon Chambord a un grand succès ; il s'en vend beaucoup. M. d'Argenson en a fait acheter je ne sais combien d'exemplaires, outre ceux que je lui ai donnés. Bobée ne me dit pas tout, mais je sais que des libraires lui en ont demandé. Cela arrive bien à propos.

Tout Paris est en l'air pour le baptême. Je m'en vais à la campagne chez madame Viguier, qui fuit avec raison les fêtes et les embarras.

Demarçay m'a enseigné le moyen de défricher sans qu'on puisse m'en empêcher, et je crois que je ferai comme il me dit.

Je sèche ici, je meurs d'ennui. Mon impression étant finie, il me tarde d'être auprès de toi et de notre enfant.

A MADAME COURIER.

Paris, juin 1821.

Ma grande affaire du pamphlet marche; mais je ne sais encore si je serai mis en jugement. Cela sera décidé demain. On m'a beaucoup pressé, et même importuné, pour voir les juges; je m'y suis refusé, et je crois que je fais bien, et on finit par en convenir. Je suis sûr de n'avoir point de tort. J'ai le public pour moi, et c'est ce que je voulais. On m'approuve généralement, et ceux même qui blâment la chose en elle-même conviennent de la beauté de l'exécution. Deux personnes qui n'ont entre elles aucun rapport, car c'est M. Dubost et Étienne, m'ont dit que cette pièce est ce qu'on a fait de mieux depuis la révolution. Ainsi j'ai atteint le but que je me proposais, qui était d'emporter le prix. Plus on me persécutera, plus j'aurai l'estime publique.

A MADAME COURIER.

Paris, 6 juin 1821.

Je ne puis absolument t'écrire. Je n'ai pas un moment à moi; et d'ailleurs je crains que mes lettres ne soient décachetées. Rien encore de décidé sur l'affaire du pamphlet. Il y a encore beaucoup de formalités à remplir. Je ne puis m'expliquer là-dessus. Mais sois tranquille : j'ai pour moi tout le monde. Ton parent me sert bien, du moins par les informations qu'il me donne; car du reste il a une peur extrême de se compromettre. Je suis logé chez le philosophe dont tu as reçu la lettre après mon départ, et qui était d'avis que je ne bougeasse de là-bas. Je suis bien aise d'être venu, par plusieurs raisons que je ne puis te marquer. Je ne sors presque point de ma chambre, qui est un grenier ayant vue sur le Luxembourg. Je travaille du matin au soir à mon Longus et à d'autres choses. Les invitations me pleuvent de tous les côtés. Je n'en accepte aucune, et fuis les cliques de toute espèce, non-seulement par une aversion naturelle, mais aussi parce que je ne veux point perdre de temps. Je n'ai point encore vu le maréchal. Ils sont à la campagne. Je ne vois plus ni ta mère ni..... Je suis enterré pour tout le monde.

A MADAME COURIER.

Paris, 10 juin 1821.

Il est décidé que je serai jugé par la cour d'assises. On te signifiera je ne sais quel grimoire, qu'il faut me renvoyer. Ne t'inquiète point. On croit non-seulement possible, mais probable, que je m'en tirerai. Au reste, tu sais comme je pense. Mon but était de faire quelque chose qui fût bien, et il paraît que j'ai parfaitement réussi. Le reste s'arrangera.

J'ai vu aujourd'hui Hyacinthe, qui m'a reçu merveilleusement. Il a voulu absolument me mener chez son beau-frère. Autre réception, accueil, enthousiasme, etc. Sa mère se porte bien. Cassé était chez lui, qui est un peu maigri; assez spirituel. Ta mère et Amelin m'ont servi de toute leur puissance, et se sont mis en quatre.

Tu me renverras, poste restante, ce que tu recevras relatif aux assises.

J'ai pris un avocat que tu connais peut-être. Il se nomme Berville. Il venait chez ta mère autrefois. C'est un jeune homme de beaucoup d'esprit, et fort aimable.

Adieu, chère femme; ménage surtout ta santé; garde-toi de te rendre malade, car nous serions perdus tous. Toute l'existence de la famille roule sur toi seule à présent.

A MADAME COURIER.

Paris, août 1821.

J'ai parlé à Cotelle, qui m'offre de l'argent; mais je ne puis me faire à l'idée de vendre ce que j'écris. C'est une sotte idée avec laquelle je suis né, et qui m'empêche de pouvoir faire un marché avec ces libraires, quoique je sente la duperie de donner, et la nécessité de quitter cette méthode. Enfin je verrai. Je lui refuse mon fragment : il veut l'avoir absolument. Corréard aussi veut l'avoir. Au milieu de tout cela, je ferai quelque sottise.

Je travaille tout le jour à mon Longus, et me prépare pour le 28. Tout le monde croit que je m'en tirerai.

J'occupe tout seul l'appartement de Cousin; sa conduite avec moi est fort aimable, et en le voyant je suis tenté de croire qu'il y a des caractères francs et généreux; mais que penser de ceux qui dès la jeunesse sont avares, fourbes et de mauvaise foi?

Adieu, cher ange.

A MADAME COURIER.

Paris, août 1821.

Je viens de voir dans les gazettes que l'affaire de Cauchois-Lemaire sera jugée avant la mienne. Je crois cela fâcheux pour moi; je ne me repens point néanmoins de n'être pas venu le mois passé.

J'espère comme toi que notre Paul sera bon; mais il faut qu'il vive avec nous, ou du moins avec toi. Ainsi, soigne ta santé, d'où dépend la vie de nous trois.

Je vais voir aujourd'hui Bobée et Berville : nos jurés doivent être nommés. Je suis tout occupé à méditer ma harangue, que peut-être à la fin je ne prononcerai pas. Tous les avocats sont d'avis que je ne dise mot : le public s'attend que je parlerai. Nous verrons.

A MADAME COURIER.

Paris, août 1821.

Mon jury est abominable, et il y a peu d'espérance.

Quel bonheur que j'aie pu avoir cet appartement de Cousin! Sans cela, je ne sais ce que je serais devenu : la chaleur est affreuse et Paris inhabitable. Tu es bien heureuse d'être à la Chavonnière.

Je dois demain aller voir Berville à la campagne chez son père, pour concerter ensemble toute notre défense; il faut que je me prépare.

Dimanche.

J'ai fait hier un dîner d'avocats, où je me suis assez diverti;

chez Berville, à la campagne, aux Carrières de Charenton. J'ai pensé mourir de chaud en allant. On a beaucoup parlé de moi et de mon affaire : je te conterai tout cela. On croit généralement qu'ils n'oseront pas me condamner. Il y a des circonstances favorables que je ne puis t'écrire. On est fort curieux de savoir comment je me tirerai de ma harangue : les avocats croient et espèrent que je ne réussirai pas. Je suis à peu près sûr du succès, si je me décide à parler; mais peut-être trouverai-je plus à propos de me taire.

Quoi qu'il arrive, je vais sûrement te rejoindre bientôt; car, quand même on me condamnerait, j'aurais, selon toute apparence, du temps pour mettre ordre à mes affaires. Je ne m'arrêterai ici que pour faire imprimer le plaidoyer de Berville et mon discours, ce qui sera bientôt expédié. Je meurs d'impatience de me revoir auprès de toi et de notre cher enfant; sans vous deux je n'existe pas.

A MADAME COURIER.

Paris, 29 août 1821.

Deux mois de prison et deux cents francs d'amende, voilà le résultat d'hier.

Je ne puis absolument t'écrire. Je vais travailler à publier ma défense, et les plaidoyers pour et contre; je ne sais si on me donnera du temps.

Tes lettres me font un plaisir que tu ne peux imaginer, et c'est mon seul bien ici, où tout m'ennuie et m'excède. On me recherche, on veut me voir; mais, ma foi, je ne suis pas assez content de mes vieux amis pour en vouloir de nouveaux. Toute ma parentaille est venue à mon jugement. J'ai manqué tomber en syncope.

Je devrais être ivre de louanges et de compliments; j'en ai reçu hier à foison de toute part. Je m'étonne moi-même du peu de plaisir que cela me fait.

Si tu veux lire un rapport à peu près exact sur mon jugement de la cour d'assises, prends *le Courrier* d'aujourd'hui 29.

A MADAME COURIER.

Paris, septembre ou octobre 1821.

Toute réflexion faite, je crois que je ferai mieux de surveiller ici l'impression de mon Longus que l'on va commencer, et pour cela je me mettrai à Sainte-Pélagie. J'emploierai mon temps utilement, et ce temps passé, je serai quitte. Cependant je ne puis encore prendre aucune résolution. Mon Jean de Broë paraît demain. On y travaille le dimanche ; je crois qu'il aura du succès, et achèvera de me mettre bien avec le public.

La censure a rayé dans le *Miroir* l'annonce de mon Jean de Broë ; on ne sait si les autres feuilles pourront l'annoncer. C'est à présent le temps des élections.

Il faut que tu me copies deux passages de Brantôme ; c'est dans le tome IIIe, page 171 et page 333. Dans chacune de ces deux pages tu trouveras ces quatre mots : *quand tout est dit*. Copie, et envoie-moi les deux passages où se trouvent ces mots.

A MADAME COURIER.

Paris, jeudi matin, juin 1821.

Ma brochure a un succès fou ; tu ne peux pas imaginer cela ; c'est de l'admiration, de l'enthousiasme, etc. Quelques personnes voudraient que je fusse député, et y travaillent de tout leur pouvoir. Je serais fort fâché que cela réussît, par bien des raisons que tu devines. Je n'oserais refuser ; mais je suis convaincu que ce serait pour moi un malheur. Cela ne me convient point du tout. Au reste, il y a peu d'apparence, car je crois que je ne conviens à aucun parti.

Tu trouveras quatre exemplaires de la brochure avec tes souliers, qui doivent être partis aujourd'hui.

Vendredi.

Je n'ai point mis ma lettre, et j'ai mal fait ; tu l'aurais reçue demain samedi. Tous les gens que je vois sont dans l'enthousiasme de ma brochure. On l'a lue avant-hier *au parquet* du procureur du roi ; je ne sais ce que c'est que ce parquet. On la lisait tout haut, et il y avait foule. Tout cela ne peut manquer, je crois, de bien tourner pour nous. Tu m'entends.

Cherche dans Bonaventure Desperriers, nouvelle 74, vers la fin ; tu trouveras ces mots : *le plus du temps*, c'est-à-dire la plupart du temps. Copie cette phrase, et me l'envoie dans ta première lettre.

A MADAME COURIER.

Paris, jeudi matin, 11 octobre 1821.

Ce soir, je m'établis à Sainte-Pélagie, non sans beaucoup de répugnance. On y est fort bien ; on ne manque de rien ; on voit du monde ; on reçoit des visites de dehors plus que je n'en voudrais. Cependant..... Tu sais ce que je pense sur la sottise de ceux qui se mettent en prison. Dieu veuille que je ne m'en repente pas !

Le mari de Z... est furieux contre moi à cause de ma dernière brochure. Il prétend que cela le compromet beaucoup. Tu vois ce que c'est qu'une place. Tout le monde est pour moi ; je peux dire que je suis bien avec le public. L'homme qui fait de jolies chansons disait l'autre jour : A la place de M. Courier, je ne donnerais pas ces deux mois de prison pour cent mille francs. Ne me plains donc pas trop, chère femme, si ce n'est d'être séparé de toi.

Un vieux président que tu as vu chez ta tante a dit qu'il était fâcheux que cet arrêt ne pût être cassé ; qu'il était ridicule. Il paraît que ce n'est pas seulement son opinion. Il ne parle jamais, dit-on, que d'après d'autres.

Ne réponds pas à tout ceci, et ne me mets rien dans tes lettres qui ne puisse être vu de tout le monde.

J'allai hier voir le local qu'on me destine : il me paraît bien disposé, au midi, sec, en bon air. Tous ces gens-là ont la mine de se bien porter ; ils reçoivent des visites sans fin jusqu'à huit heures du soir. Il y avait là trois jeunes femmes ou filles très-jolies.

A MADAME COURIER.

Paris, dimanche, 14 octobre 1821.

Je suis entré ici le 11 ; c'était, je crois, jeudi dernier. Je suis étonné de n'avoir point de lettres de toi depuis ce temps. J'ai

peur qu'il ne s'en soit perdu quelqu'une; j'en serais bien fâché.
J'attends de toi des nouvelles importantes. Sois tranquille sur
mon compte; je suis aussi bien qu'on peut être en prison : bien
logé, bien nourri; du monde quand j'en veux, et des gens fort
aimables; logement sain, air excellent. J'espère n'être point malade; c'était tout ce que je craignais.

Te rappelles-tu deux volumes que nous avait prêtés la Homo [1]
sur l'*histoire de la peinture en Italie?* l'auteur [2] vient de me les
envoyer avec cette adresse : « Hommage au peintre de Jean de
Broë. » Je reçois *le Constitutionnel* sans y être abonné. Je ne sais
à qui je dois cette galanterie.

Je suis dans une chambre grande comme ta chambre jaune,
exposée au midi; point de cheminée; en hiver on met un poêle;
couché sur un lit de sangle et un matelas de crin que j'ai apporté;
une petite table pour écrire, une autre pour manger. Je mange
chez moi; on m'apporte de chez un restaurateur assez passable,
aux prix ordinaires. Ma chambre donne comme les autres sur
un long corridor. On m'enferme, le soir à neuf heures, à double tour; cela me contrarie extrêmement, quoique je n'aie nulle
envie de sortir. On m'ouvre le matin à la pointe du jour. Nous
avons une promenade grande comme le quartier de terre d'Isambert : nous n'en jouissons qu'à certaines heures. Le reste du
jour, elle appartient aux prisonniers pour dettes, qui sont séparés
de nous. On vient nous voir de dehors; mais il faut aller demander à la police une permission, qui ne se refuse pas; cependant
c'est un ennui. Il y en a qui aiment mieux être ici qu'en pays
étranger, et je crois qu'ils ont raison; cependant je maintiens
toujours que c'est une grande sottise de se mettre en prison. Il
y a ici un homme qui l'a faite cette sottise-là, et s'en repent
cruellement. Cauchois-Lemaire voit sa femme tous les jours,
et beaucoup d'autres gens; il me paraît tellement accoutumé à
ceci, qu'il n'y pense seulement pas. Pour moi, cinq jours, depuis
que je suis enfermé, m'ont paru longs, et les cinquante-cinq
qui me restent me paraissent aussi bien longs.

Adieu, trésor! Embrasse le cher Paul.

---

[1] Libraire de Tours.
[2] M. Beyle, connu sous le pseudonyme de *Stendal.*

A MADAME COURIER.

Sainte-Pélagie, mardi, octobre 1821.

J'ai eu des nouvelles d'Émilie par Béranger, avec qui j'ai dîné hier. Elle va partir pour l'Amérique avec son mari, qui la vient chercher. Béranger la dit fort aimable et très-spirituelle. Elle se vante de nous connaître, et d'être liée avec toi : c'est depuis qu'on parle de nous. On en parle beaucoup, et chaque jour j'ai des preuves du grand effet de ma drogue.

Vendredi.

J'ai encore dîné hier avec le chansonnier : il imprime le recueil de ses chansons, qui paraît aujourd'hui. C'est une grande affaire, et il pourrait bien avoir querelle avec maître Jean Broë. Il y a de ces chansons qui sont vraiment bien faites : il me les donne.

Samedi.

Je rêve souvent de Paul et de toi, et sans dormir je m'imagine souvent que je vous tiens dans mes bras l'un et l'autre. Le temps me paraît long, quoique je sois fort occupé. Ce n'est pas vivre pour moi que d'être sans vous deux.

A MADAME COURIER.

Sainte-Pélagie, octobre.

Ta description de Paul à table m'enchante. Que ne suis-je avec vous deux ! Cependant mon absence aura cela de bon, que tu t'accoutumeras à te passer de moi pour toutes les affaires.

Je reçois des visites qui me font perdre un temps bien précieux. C'est à présent surtout que mes journées sont chères. Ta tante m'a fait demander si je tenais beaucoup à la voir.

Les chansons de Béranger, tirées à dix mille exemplaires, ont été vendues en huit jours. On en fait une autre édition. On lui a ôté sa place ; il s'en moque : il en trouvera d'autres chez des banquiers ou négociants, ou dans des administrations particulières. Il était là simple copiste expéditionnaire. On ne sait s'il sera inquiété ; je ne le crois pas. Il a pourtant chanté des choses qui ne se peuvent dire en prose.

Mes drogues se vendent aussi très-bien, et le marchand est venu m'annoncer ici que nous pourrions bientôt compter ensemble. Je crois que j'ai bien fait de m'en tenir au marché à moitié. On le dit honnête homme; et c'est pour commencer. Je le tiens par l'espérance.

A MADAME COURIER.

Le 3 ou 4 novembre 1821.

Violet-le-Duc m'est venu voir avec Bobée. Il veut avoir mes notes sur Boileau. Je serai obligé de leur donner quelque chose qui me fera perdre un temps infiniment précieux.

B. vient aussi me tourmenter : il m'a tenu trois heures aujourd'hui. La perte de ces heures est irréparable pour moi et pour mon Longus, qui s'imprime. Il est probable que jamais je n'aurai le temps d'y retoucher après cette édition, qui n'est cependant pas telle que je la voudrais. J'ai heureusement donné quelques touches imperceptibles à ma lettre à Renouard, qui, sans y rien changer, raniment quelques endroits, mettent des liaisons qui manquaient. Je suis assez content de cela.

Je relis ton excellente lettre. Toute réflexion faite, je suis bien aise que tu sois jeune, pour moi et pour notre fils. Je lui parlais hier tout haut sans y penser. Tes détails me ravissent.

Il fait un bien beau temps. Que je serais heureux avec toi et notre cher Paul ! Il faut lui garder toutes nos lettres, afin qu'il voie quelque jour combien il a été aimé. Je ne puis me consoler d'avoir perdu celles de mon père.

A MADAME COURIER.

Le 31 octobre 1821.

J'ai reçu tes divines lettres, dont la dernière est du 26. J'en ai eu trois à la fois qui m'ont rendu bien heureux. Je t'avoue que l'endroit où tu me parles de tes talents enfouis, perdus, m'a fait pleurer. J'ai eu bien peur que quelqu'un n'entrât chez moi, car on n'aurait su ce que c'était. Pourquoi n'ai-je pas eu seulement ton portrait ? Tu as bien fait de ne pas aller au déjeuner. Il est sûr que tu as bien fait; car ne voyant personne ordinairement, il eût été mal de voir du monde en mon absence. Cela aurait fait croire que je te tenais malgré toi dans la solitude. Je comprends à merveille comment tu as accepté sans le vouloir. Cela m'est arrivé mille fois.

La lettre que je t'envoie est du frère de Dupin le fameux avocat. Ce frère est lui-même fameux par de fort bons ouvrages sur l'Angleterre. Je t'envoie cela, parce que tu aimes à voir les succès de ton mari.

A MADAME COURIER.

Le 16 novembre 1821.

Me voici levé à quatre heures, et l'homme qui tousse toujours m'empêche de travailler. Je l'écoute, et il me semble que j'ai mal à la poitrine.

Je quitte à l'instant Béranger, qui va être jugé, et sans doute condamné. J'ai vu le député qui se nomme comme ton charretier de Saint-Avertin. C'est un brave homme; il est de mon âge, et il a une jeune femme. Mais cette femme n'est pas une Minette; elle aime la dépense et le plaisir.

Madame Shœnée est venue ici voir un prisonnier son parent. Elle a fait un éloge de toi qui a charmé toutes ces bonnes gens. Ils sont venus me le redire, et je suis convenu avec eux qu'il en était quelque chose.

Samedi.

J'ai reçu tout à l'heure un colonel fameux [1], dont je te dirai le nom. Je le crois homme de mérite, et je ne m'étonne pas qu'il ait l'ambition de se distinguer.

A MADAME COURIER.

Jeudi matin, mars 1824.

On m'envoie ici *le Feuilleton*. Je ne sais pourquoi ni comment ils m'ont pu découvrir et savoir mon adresse. J'en suis fâché. Cette lecture aurait pu t'amuser là-bas.

J'ai dîné lundi chez Hersent, et de là on m'a mené chez madame Gay, auteur, où j'ai entendu la lecture d'une comédie. Il y avait là beaucoup de monde. Madame Regnault de Saint-

[1] Fabvier.

Jean d'Angely m'a fait de grandes amitiés; elle est encore belle. Lemontey y était; Elleviou, tellement vieilli que je ne l'ai pas reconnu; madame Dugazon, qui m'a parlé aussi, et d'autres; mademoiselle Delphine Gay, qui fait des vers assez beaux à dix-sept ans; mais je crois qu'elle en a bien vingt. Tout cela ne m'amuse point.

On imprime ma drogue, qui, je crois, ne sera point saisie. J'en ai débité quelques morceaux de mémoire. Ils font plaisir à tout le monde. On est furieusement prévenu en ma faveur.

Je dîne aujourd'hui chez Gasnault, demain chez madame***. Tout cela m'ennuie. J'aime mieux Hersent et sa femme. Ils ont une maison agréable. Ils gagnent beaucoup tous deux, et ils maudissent le métier. Leur santé est mauvaise.

FIN.

TABLE.

Pages.

Essai sur la vie et les écrits de P. L. Courier............ 1

PAMPHLETS POLITIQUES.

Pétition aux deux Chambres (1816)....................... 29
Lettres au rédacteur du *Censeur* (1819-1820)............... 36
    Ire lettre.. *ib.*
    IIe lettre... 38
    IVe lettre... 40
    V^e lettre.. 41
    VIe lettre... 44
    VIIe lettre.. 48
    VIIIe lettre... 53
    IXe lettre... 55
    X^e lettre.. 60
    XIe lettre... 64
A messieurs du conseil de préfecture à Tours (1820)........... 74
Lettres particulières.................................... 81
    Ire lettre.. *ib.*
    IIe lettre... 88
Simple discours (1821)................................. 98
Aux âmes dévotes de la paroisse de Véretz (1821).............. 114
Procès de Paul-Louis Courier (1821)....................... 119
Collection de lettres et articles publiés dans différents journaux, 1822-1824.. 161
Au rédacteur du *Drapeau blanc*........................... *ib.*
Au rédacteur du *Courrier Français*........................ 165
Au même.. 167
Au rédacteur du *Constitutionnel*.......................... 168
Au même.. 169
Notes insérées dans *le Constitutionnel*.................... 170
Au rédacteur de *la Quotidienne*.......................... 171
Annonces du Pamphlet des pamphlets..................... 174

	Pages.
Pétition à la Chambre des députés pour les villageois que l'on empêche de danser (1820)......................	175
Réponses aux anonymes qui ont écrit des lettres à Paul-Louis Courier, vigneron (1822)........................	186
Ire réponse..	ib.
IIe réponse...	195
Gazette du Village (1823)..................................	205
Au rédacteur de la *Gazette du Village*......................	217
Livret de Paul-Louis, vigneron..............................	219
Avertissement du libraire (1823)...........................	231
Pièce diplomatique (1823)..................................	233
Pamphlet des pamphlets (1824).............................	237

PROCÈS, MÉMOIRES.

A messieurs les juges du tribunal civil (1822)...............	250
Placet à Son Excellence Monseig. le Ministre................	257
Pierre Clavier, dit Blondeau, à messieurs les juges de police correctionnelle à Blois...................................	259

PAMPHLETS LITTÉRAIRES.

Lettre à M. Renouard, libraire, sur une tache faite à un manuscrit de Florence..	269
Lettre à messieurs de l'Académie des inscriptions et belles-lettres.	298

ŒUVRES DIVERSES.

Conversation chez la comtesse d'Albany.....................	311
Fragments d'une traduction nouvelle d'Hérodote.............	330
Livre premier. — Clio......................................	340
Les Pastorales de Longus, ou Daphnis et Chloé.............	345
Livre deuxième...	366
Livre troisième...	386
Livre quatrième..	404

LETTRES INÉDITES,

Écrites de France et d'Italie (1787 à 1812).

A sa mère, à Paris...	424
A la même..	425
A la même..	428

TABLE. 603

	Pages.
A M. Chlewaski, à Toulouse	428
Au même	434
A M. N., à Plaisance	436
A M. Danse de Villoison, à Paris	438
A M. Clavier, à Paris	441
A M. Leduc aîné	442
A M. Poydavant, commissaire ordonnateur	443
A M.***, officier d'artillerie, à Naples	444
A Madame ***	446
A M. Chlewaski, à Toulouse	449
A M. ***, officier d'artillerie à Cosenza	453
Au même	454
A M. le général Dulaloy, à Naples	457
A Madame Mariana Dionigi, à Rome	458
A M. le général Mossel	459
A M. de Sainte-Croix, à Paris	460
A M.***, officier d'artillerie, à Naples	464
A M. Leduc, officier d'artillerie, à Paris	468
A Madame Pigalle, à Lille	471
A la même, à Paris	473
A M. le général Reynier	474
A M.***, ministre de la guerre, à Naples	475
A M. Colbert, commissaire ordonnateur	476
Al signor Francesco Daniele, privato bibliotecario del re di Napoli, etc.	477
A Madame Pauline Arnou, à Paris	478
A M. le général Dedon, commandant l'artillerie	479
A M.***, colonel d'artillerie, à Naples	480
A M. le général Dedon, commandant l'artillerie de l'armée	ib.
A M. de Sainte-Croix, à Paris	481
A Madame Pigalle, à Lille	483
Au ministre de la guerre, à Naples	486
A M. de Sainte-Croix, à Paris	487
A S. Exc. le ministre de la guerre	489
A M. le général ***, à Naples	ib.
A M. Haxo, chef de bataillon du génie, à Milan	ib.
A M. le général d'Anthouard, à Milan	490
A M. de Sainte-Croix, à Paris	491
A Madame Mariana Dionigi, à Rome	ib.

	Pages.
A M. d'Agincourt, à Rome	493
A M. Coray, à Paris	494
A M. Akerblad, à Florence	495
Réponse de M. Akerblad	497
A M. de Sainte-Croix, à Paris	499
Lettre de M. Akerblad à M. Courier	501
A M. de Sainte-Croix, à Paris	502
A M. Griois, major du 4ᵉ régiment d'artillerie à cheval, à Vérone	503
A M. Akerblad	504
A Madame Dionigi, à Rome	505
A M. Silvestre de Sacy, à Paris	507
A M. et Madame Clavier, à Paris	509
A Madame la comtesse de Lariboissière, à Paris	ib.
A M. d'Agincourt, à Rome	511
A M. et Madame Thomassin, à Strasbourg	515
A M. et Madame Clavier, à Paris	516
A M. et Madame Thomassin, à Strasbourg	518
A M. Akerblad, à Rome	519
A M. Clavier, à Paris	523
Au même	525
A M. Akerblad, à Rome	526
Lettre de M. Renouard	528
Extrait du *Corriere Milanèse* du 23 janvier 1810	520
A M. Renouard, à Paris	ib.
A M. Firmin Didot, à Rome	530
A M. Boissonnade, à Paris	531
A Madame la princesse de Salm-Dyck, à Paris	532
Lettre de M. Clavier	ib.
A M. et Madame Clavier, à Paris	533
A M. Lamberti, à Milan	534
A M. Millingen, à Rome	535
A Madame de Humboldt	536
A M. Renouard, à Rome	537
A M. Boissonnade, à Paris	ib.
A M. et Madame Clavier, à Paris	539
A M. le général Gassendi, à Paris	542
A M. ***, officier d'artillerie	544
A M. Boissonnade, à Paris	545
A M. de Tournon, préfet à Rome	546

	Pages.
A M. Boissonnade, à Naples	547
A M. Clavier, à Paris	*ib.*
A M. Boissonnade, à Paris	549
A Madame la princesse de Salm-Dyck	551
A M. Silvestre de Sacy, à Paris	553
A M. Bosquillon, à Paris	554
A M. et Madame Clavier, à Paris	556
A Madame Pigalle, à Lille	557
A M. et Madame Clavier, à Paris	559
Fragment	560
A M. Boissonnade, à Paris	561
Note écrite en tête du recueil des lettres qui précèdent (1804-1812).	563
A Madame la princesse de Salm	*ib.*
Lettre de M. Akerblad	565
A Madame la princesse de Salm-Dyck	566
A la même	*ib.*
A M. Leduc aîné, à Paris	568
Au même	*ib.*
A Madame la princesse de Salm-Dyck	570
A Madame Clavier	571
A Madame Courier	573
A la même	575
A la même	577
A la même	*ib.*
A la même	578
A la même	*ib.*
A la même	580
A la même	581
A la même	582
A la même	583
A la même	584
A M. Raoul Rochette	*ib.*
A M. Étienne, de *la Minerve*	585
A Madame Courier	586
A la même	*ib.*
A la même	587
A la même	*ib.*
A la même	588
A la même	*ib.*

	Pages.
A la même	589
A la même	590
A la même	*ib.*
A la même	591
A la même	*ib.*
A la même	592
A la même	*ib.*
A la même	593
A la même	594
A la même	*ib.*
A la même	595
A la même	*ib.*
A la même	597
A la même	*ib.*
A la même	598
A la même	*ib.*
A la même	599
A la même	*ib.*

FIN DE LA TABLE.

A LA MÊME LIBRAIRIE

CLASSIQUES FRANÇAIS

COLLECTION IN-18 JÉSUS

Beaumarchais. Théâtre. 1 vol..	3 fr.
Bernardin de Saint-Pierre. Paul et Virginie. 1 vol.	3 fr.
— Études de la nature. 1 vol.....	3 fr.
Boileau. Œuvres. 1 vol.........	3 fr.
Bossuet. Sermons. 1 vol.......	3 fr.
— Oraisons. 1 vol...............	3 fr.
— Discours. 1 vol...............	3 fr.
Buffon. Époques de la nature. 1 vol.........................	3 fr.
— Les Animaux. 1 vol...........	3 fr.
Chateaubriand. Atala. 1 vol...	3 fr.
— Génie du christianisme. 2 vol..	6 fr.
— Martyrs. 1 vol................	3 fr.
— Natchez. 1 vol................	3 fr.
— Itinéraire de Paris à Jérusalem. 2 vol...........................	6 fr.
— Mélanges politiques et littéraires. 1 vol.....................	3 fr.
— Études historiques. 1 vol.....	3 fr.
— Analyse raisonnée de l'histoire de France. 1 vol..............	3 fr.
— Chefs-d'œuvre tragiques. 2 vol....	6 fr.
— Chefs-d'œuvre comiques. 8 vol.....	24 fr.
— Chefs-d'œuvre historiques. 2 vol.....	6 fr.
— Classiques de la table. 2 vol.......	6 fr.
Corneille. Théâtre. 2 vol.......	6 fr.
Courier (Paul-Louis). Œuvres. 1 vol........................	3 fr.
Cuvier. Discours. 1 vol........	3 fr.
D'Aguesseau. Œuvres choisies. 1 vol..........................	3 fr.
Delavigne (Casimir). Œuvres complètes. 4 vol...............	14 fr.
— Poésies, Messéniennes et œuvres posthumes..................	4 fr.
Delille. Œuvres choisies. 1 vol..	3 fr.
Diderot. Œuvres choisies. 2 vol.	6 fr.
Fénelon. Télémaque. 1 vol.....	3 fr.
— Éducation des filles. 1 vol....	3 fr.
— Existence de Dieu. 1 vol.....	3 fr.
Florian. Fables. 1 vol.........	3 fr.
Florian. Don Quichotte. 1 vol..	
La Bruyère. Caractères. 1 vol.	
La Fontaine. Fables. 1 vol.....	
La Rochefoucauld. 1 vol......	
Le Sage. Gil Blas. 1 vol.......	fr.
Maistre (Xavier de). Œuvres. 1 vol............................	
Malherbe, J.-B. Rousseau, Lebrun. 1 vol...................	
Marmontel. Littérature. 3 vol..	
Massillon. Petit Carême. 1 vol..	
Maury. Éloquence. 1 vol.......	fr.
Molière. Théâtre. 2 vol.......	fr.
Montesquieu. Grandeur. 1 vol.	
— Esprit des lois. 1 vol.........	fr.
Pascal. Provinciales. 1 vol....	fr.
— Pensées. 1 vol................	fr.
Rabelais. Œuvres. 2 vol.......	fr.
Racine (Louis). Poème de la Religion. 1 vol.....................	
Racine. Théâtre. 1 vol.........	
Regnard. Œuvres diverses. 1 vol.	
Ronsard. Choix de poésies. 2 vol.	
Rousseau. Nouvelle Héloïse. 1 vol...........................	
— Émile. 1 vol..................	
— Confessions. 1 vol............	
— Petits chefs-d'œuvre. 1 vol....	
Sévigné. Choix de lettres. 1 vol.	
— Lettres complètes. 6 vol......	
Staël (de). De l'Allemagne. 1 vol.	
— Corinne. 1 vol................	
— Delphine. 1 vol...............	
Voltaire. Commentaires sur Corneille. 1 vol...................	
— Henriade. 1 vol...............	
— Théâtre. 1 vol................	
— Louis XIV. 1 vol.............	
— Louis XV. 1 vol..............	
— Charles XII. 1 vol............	
— Contes. 1 vol.................	
— Romans. 1 vol................	fr.

www.ingramcontent.com/pod-product-compliance
Lightning Source LLC
Chambersburg PA
CBHW060413230426
43663CB00008B/1472